KB177664

존 로크(1632~1704)

로크의 대리석 흉상 켄싱턴 궁전

웨스트민스트 학교 웨스트민스트 사원에서 운영한 학교로 로크, 크리스토퍼 렌 경, 로버트 훅, 에드워드 기번 등 영국의 훌륭한 정치가·과학자·저술가들을 낳았다.

옥스퍼드 크라이스트 처치 칼리지 이 대학의 유명한 톰 타워는 크리스토퍼 렌 경이 건설한 것이고, 튜더 홀의 벽은 로크, 윌리엄 글레드스톤, 찰스 도지슨 등 동문들의 초상화로 장식되어 있다. 로크는 의학을 공부하여 운명의 외과의사가 된다.

섀프츠베리 백작(1621~1683) 1667년 로크는 외과의사로서 간종양으로 누워 있던 애슐리 경(뒤에 제1대 섀프츠베리 백작)의 외과수술을 집도했다. 성공률이 낮았음에도 수술을 훌륭히 완수하여 경의 생명을 구했다. 애슐리 경은 파란만장한 영국정치의 중심에 있던 인물이었기에 로크의 삶도 그 후견인을 따라 부침을 함께하게 된다.

윌리엄 3세(1650~1702) 왕비 메리 2세와 함께 오라녜 공 빌렘이라 알려진 윌리엄 3세는 영국과 아일랜드를 1689년에서 1702년까지 다스렸다.

로버트 보일(1627~1691) 화학자·물리학자·자연철학자인 보일은 로크와 옥스퍼드에서 만나 절친한 친구가 되었다. 그는 그 무렵 가장 영향력 있는 과학자였고, 1662년 '가스의 압력과 부피는 반비례한다'는 보일의 법칙을 만든 것으로 유명하다. 그는 1645년 왕립학회 전신인 '보이지 않는 대학'의 초대 회원이었다.

PETRVS GASSENDVS PREPOSITVS
CATHEDRAL.ᵗˢ ECCLESIÆ DINIENSIS

C. Mellan Gall.ⁱ del. et sculp.

가생디(1592~1655) 로크는, 프랑스의 철학자이자 과학자인 가생디를 따르는 학자들을 만났다.

TWO
TREATISES
OF
Government:

In the former,
The *false Principles*, and *Foundation*
O F
Sir *ROBERT FILMER*,
And his FOLLOWERS,
A R E
Detected and Overthrown.
The latter is an
ESSAY
CONCERNING THE
True Original, Extent, and End
O F
Civil Government.

LONDON,
Printed for *Awnsham Churchill*, at the *Black*
Swan in *Ave-Mary-Lane*, by *Amen-*
Corner, 1690.

《통치론 및 인간지성론》(초판, 1689) 속표지 '통치론'은 익명으로 했다.

세계사상전집061
John Locke
AN ESSAY CONCERNING HUMAN UNDERSTANDING

인간지성론 I

존 로크/추영현 옮김

동서문화사

디자인 : 동서랑 미술팀

인간지성론 I II
차례

인간지성론 I

인간지성론 II

제3권 말

존 로크*¹
인간지성*²론

바람의 길이 어떠함과 아이 밴 자의 태에서 뼈가 어떻게 자라는 것을 네가 알지 못함같이 만사를 성취하시는 하느님의 일을 네가 알지 못하느니라.

〈전도서〉, 11 : 5*³

무의미한 말을 지껄여 스스로 불쾌해지는 것보다는 모르는 것을 모른다고 고백하는 편이 훨씬 낫다.

키케로, 《신들의 본성에 대하여》, 제1편*⁴

1690년, 세인트 던스턴 교회 근처, 플리트 거리, 더 조지, 토머스 바셋 발행, 엘리자베스 홀트 인쇄*⁵

---

*1 John Locke. 저자의 이름은 제2판에 처음으로 적혔다. 로크는 젠틀맨(gentleman)이라 불리는 사회적 신분에 속하는데, 그는 이 계층, 즉 젠트리(gentry)가 그 무렵 영국에서 맡은 역사적인 역할을 사상과 행동으로 충실하게 현실화한 가장 대표적인 인물이다. 저작집판(著作集版)에는 표제가 없다.

*2 understanding. 감성적 감각도, 이른바 이성적인 합리적 지적 사유도 함께 포함하는 인간의 지적 기능의 총칭이며, 이것이 로크로 시작되는 영국 고전 경험론의 용어법이다.

*3 성경의 말은 제4판에서 더해졌다. 흠정영역성서(欽定英譯聖書 : the Authorized Version)에서 인용했다. 흠정영역성서에는 '만사를 성취하시는 하느님(God, who maketh all things)'에 things가 없다. 기억나는 대로 적은 듯하다. 다른 곳에서도 정확하지 못한 인용이 있다.

*4 키케로(Marcus Tullius Cicero : BC 106~43). 로마 공화정 말기의 정치가, 웅변가, 철학가. 《신들의 본성에 대하여(De natura deorum)》(BC 45~44)는 주요 저서의 하나이다. 인용문에는 시제, 어법 등이 글의 뜻에는 그다지 영향이 없는 차이가 있다. 로크의 기억이 잘못되었을 것이다.

*5 초판에는 다음과 같이 적은 다른 간행본이 있다. '1690년, T. 바셋 발행, 세인트 폴 교회 내, 삼성서당(三聖書堂) 에드워드 모리 발행.' 모든 간행본이 발행년을 1690년으로 하고 있지만 전년 12월에 출간되었다.

헌사

펨브로크와 몽고메리 백작, 카디프의 허버트 남작, 켄덜, 파, 피츠휴, 마로미옹, 세인트 퀸틴, 셔런드의 로스 경. 월츠 및 남웨일스주 주지사

토머스 각하께*¹

각하가 지켜보는 가운데 진행되어 그 말씀에 따라서 감히 이 세상에 나온 이 책은, 여러 해 동안 베풀어 주신 도움으로 이제 하나의 자연권에 의해 각하를 찾아뵙게 되었습니다. 하지만 책머리에 위대한 이름을 적었다고 해서, 책 안에서 발견될 과오*²를 이 이름으로 덮으려는 생각은 없습니다. 인쇄된 사항의 시비는 그 자체의 가치로, 또는 독자의 기호로 가려져야 할 것입니다. 그러나 공평하고 공명한 심리(審理)만큼 진리에 바람직한 것은 없으므로, 깊이 숨겨진 진리도 매우 잘 숙지하고 계시리라 널리 인정받는 각하이신 만큼, 제게 공평하고 공명한 심리를 주실 분은 달리 없다고 생각합니다. 각하께서는

---

*1 제8대 펨브로크(Pembroke), 제5대 몽고메리(Montgomery) 백작 토머스 허버트(Thomas Herbert, 1656~1733)는 이신론(理神論)의 시조라고 일컫는 처버리의 허버트 경(Lord Herbert of Cherbury)과 한 가문인 잉글랜드 굴지의 명문 출신이다. 1707~8년 아일랜드의 총독이 되었는데 그 인연으로 조지 버클리(George Berkeley)도 《인지원리론(A Treatise Concerning the Principles of Human Knowledge)》을 헌정했다. 로크는 1675년 말부터 1년 넘게 머문 프랑스의 몽펠리에(Montpelier)에서 아직 작위를 받기 전의 토머스 허버트와 친교를 맺고, 저작 활동을 격려받았다. 이 책이 헌정되었을 때 펨브로크 백작은 왕립협회장이었다. 초판은 '펨브로크와 몽고메리 백작, 카디프의 허버트 남작 등, 월츠 주지사, 추밀고문관', 제2, 3판은 '펨브로크와 몽고메리 백작, 카디프의 허버트 남작, 켄덜, 파, 피츠휴, 마르미옹, 세인트 퀸틴, 셔런드의 로스 경, 국새상서(國璽尙書), 월츠 및 남웨일스주 지사, 추밀고문관으로 쓰였다가 제4판부티 현재와 같이 되었다.

*2 초판은 the Faults are to be found it, 초판에 낱장을 인쇄해 붙여 in it으로 고친다. 각 판마다 the Faults are였다가 저작집판 이후는 the Faults that are로 현대문이 된다. 같은 예는 그 뒤에도 자주 볼 수 있다.

남달리 깊고, 또 일반적인 방법을 넘어서, 사물의 가장 추상적이면서도 일반적인 지식에 사색을 깊이 하신 분으로 알려져 있습니다. 그렇기에 각하께서 이 책의 의도를 승인하고 인정해 주신다면 적어도 읽히지 않고 힐난받는 일은 면하게 될 테고, 또 일반적인 길에서 조금 벗어나 있으므로 어쩌면 아무런 고찰의 가치가 없다고 여겨질지도 모르는 이 책을 얼마간 중히 여기게 하는 효력이 있을 것입니다. 인간의 두뇌를 가발*3과 마찬가지로 유행으로 판정해서, 기존의 가르침이나 설명 말고는 어떤 것도 옳다고 받아들이지 못하는 사람들에게 신기한 것에 대한 비난은 무서운 범죄 사실의 고발이나 다름없습니다. 진리가 그것이 등장한 처음에 투표로 이긴 일은 이제까지 한 번도 없습니다.

새로운 설은 아직 통설이 아니라는 이유만으로 늘 의심받고, 으레 반대에 부딪히게 됩니다. 그러나 진리는 황금과 마찬가지로 광산에서 갓 캐낸 상태로도 그것이 진리라는 데에는 변함이 없습니다. 값을 매기는 것은 음미와 검토이지 어떤 예스러운*4 조작이 아닙니다. 진리는 아직 공인의 도장이 찍혀 널리 쓰이지 않아도 자연과 마찬가지로 오래된 것이며, 자연에 못지않게 분명히 확실한*5 진짜입니다. 각하께서는 지금껏 몇몇 사람에게만 진리를 내보이셨습니다. 그러나 이 소수를 제외하고는 이제까지 알려지지 않았던 진리에 대해서 각하께서 하신 것과 같은 드넓고 커다란 발견 몇 가지를 대중에게 알릴 때 위에서 말한, '진리는 언제나 진리'라는 위대하고 승복하지 않을 수 없는 실례를 주실 수가 있습니다. 비록 저의 졸론(拙論)을 각하께 헌정하는 이유가 달리 또 있다고 해도, 이것만으로 충분합니다. 또 저의 이론은 각하께서 아주 새롭고 정확하고도 유익한 도면을 그리신 여러 학문의 매우 고귀하고 드넓은 체계의 어느 부분과 서로 호응하는 점이 있습니다. 그러므로 여러 부분에서 제가 각하와 전혀 다르지 않은 생각을 갖게 된 것은, 만약에 각하께서 저의 자찬(自讚)을 허락해 주신다면 영광으로 여기는 바입니다. 만일 각하께서 이 책을 세상에 내놓도록 격려하기를 잘했다고 생각하신다면, 이것이 하나의 동

---

*3 가발(peruke)을 쓰는 것은 후기 스튜어트 왕조 상류계급 풍습이었다.

*4 원저의 각 판마다 antick로 되어 있다. 이러한 오래된 철자는 예를 들어 shew(show), farther(further) 등 많이 볼 수 있다.

*5 certainly. 여기에는 일상적인 가벼운 뜻으로 쓰이고 있지만 분명히 확실한(certain) 및 분명한 확실성(certainty)과 함께 의혹의 여지가 없는 최고도의 확실을 함축하고 있다. 그러한 것이 영국 고전 경험론의 용어법이다.

기가 되어 각하의 학문적 진보가 더욱 앞으로 나아가게 되기를 바랍니다. 따라서 세상 사람들이 이 책을 참을 수만 있다면, 각하께서는 지금 세상 사람들의 기대에 진정으로 부응하는 선구적 존재를 그들에게 주시는 것이라고 감히 말한다 해도 반드시 허락해 주시리라 생각합니다.

각하, 이로써 제가 지금 각하께 어떠한 선물을 드리고 있는가를 알 수 있습니다. 그것은 마치 가난한 자가 부자이자 지체 높은 이웃에게 꽃병이나 과일 바구니를 선물하는 일과 같습니다. 그 이웃은 자기가 기른 훨씬 훌륭한 꽃이나 과일을 더 많이 갖고 있어도 가난한 자의 선물을 절대 하찮게 여기지 않을 것입니다. 가치가 없는 물건도 존경, 존중, 감사의 표시로 받을 때에는 가치를 지니게 됩니다. 지금까지 각하께서는 제가 각하께 이들 존경, 존중, 감사의 마음을 가장 깊이 품을 수 있는 크고 특별한 이유를 주셨습니다. 따라서 이와 같은 생각이 스스로의 크기에 걸맞은 가치를 더할 수 있다면 저는 자부심을 가질 수 있겠습니다만, 이에 각하께서 이제까지 받으신 것 가운데 가장 풍요로운 선물을 드리는 바입니다.

확실히 저는 무엇보다도 기회 있을 때마다 이제까지 각하께 받은 오랫동안의 사랑과 후원에 감사의 말씀을 드리지 않으면 안 됩니다. 이 사랑과 후원은 그것만으로도 소중하지만 여기에 각하의 열성과 배려와 호의 등 여러 고마운 사정이 늘 따라왔기에 한층 크고 소중합니다. 이들 모든 것 위에, 각하께서는 황송하옵게도 다른 모든 것을 한층 무겁고 바람직하게 하는 것을 더해 주십니다. 이렇게 말씀드리는 까닭은 다름이 아닙니다. 각하께서는 황송하옵게도 저를 중요한 자리에 써주시고, 제가 우정이라고 늘 말씀드려 온 호의를 베풀고 계십니다. 각하, 각하의 말씀과 행동은 저에 대한 호의 또는 우정을 온갖 기회에 끊임없이, 제가 없을 때에는 다른 사람에게도 베풀어 주십니다. 그렇기 때문에 모두가 이해하여 따른다고 말해도 그것은 결코 저의 자만이 아닙니다. 오히려 매우 많은 사람들이 증인이며, 제가 각하께 받고 있다고 날마다 말씀드리는 것들에 감사드리지 않는다면 예의에 어긋나는 일일 것입니다. 그들 대부분은, 각하께 감사 말씀을 드려야 하는 저의 책무를 크게, 아니 더욱 증가시키는 것을 저로 하여금 쉽사리 받아들이게 하지만, 그와 마찬가지 정도로 저의 감사를 도와주실 수가 있다면 고맙겠습니다. 각하, 만약에 제가 각하께 감사의 책무를 크게 느끼지 못하고, 이 기회를 이용해서 제가 각하의 매우 천하고 매우 온순한 종복이어야 하며 또 종복임을 세상에 증언하지 않는 다면 저는 조금의 지성도 없이 지성이 무엇인가를 쓴 사람이 될 것입니다.

1689년 5월 24일 도싯 코트*6

존 로크

---

*6 로크는 명예혁명 뒤에 귀국하여 구달 박사(Dr. Goodall)의 집에 있었으나 이어 스미스스비 여사(Mrs. Smithsby) 집으로 거처를 옮겼다.

독자에게 드리는 편지*¹

여러분, 내가 아무 하는 일도 없이 마음이 무거울 때 기분 전환으로 쓴 글을 이렇게 여러분에게 보냅니다. 다행히 당신이 이런 내 기분을 알아주고, 내가 느꼈던 즐거움의 절반이라도 느낀다면, 내가 헛수고를 했다고 생각하지 않는 것처럼 여러분도 헛돈을 썼다고는 생각하지 않을 것입니다. 그러나 내가 한 일을 스스로 치켜세운다고 오인하거나, 일을 기쁜 마음으로 했으므로 이 글을 마무리한 지금 좋은 일을 했다며 경솔하게 생각한다고 속단하지는 말기 바랍니다. 매사냥에서 종달새나 참새를 잡는 사람도, 더 좋은 사냥감을 잡는 사람에 비해 시시하기는 하지만 사냥을 하는 재미에는 변함이 없습니다. 그래서 지성은 영혼의 가장 고상한 기능인 만큼, 지성을 움직인다는 것은 다른 어떠한 기능 못지않게 기쁨이 크며, 그것이 단절된다고 이해하는 사람은 이 책의 주제인 지성을 알지 못하는 사람입니다. 지성의 진리 탐구는 매사냥이나 사냥놀이와 같아서 추구 그 자체가 큰 즐거움을 이룹니다. 참다운 앎*²을 지향하고, 마음이 나아가는 발걸음들이 어떤 발견을 합니다. 그 발견은 새로울 뿐만 아니라 적어도 그때에는 최고의 것이기도 합니다.

지성은 눈과 같아서*³ 사물을 오직 보이는 바에 따라 판단하므로 발견해내는 것으로 만족할 수밖에 없으며, 보지 않은 것은 알 수 없으므로 애석해하지도 않는 것입니다. 따라서 주어진 것에 고개를 숙이지 않고, 다른 사람에게서 얻은 의견 조각에 만족하여 멍하니 생활하지 않으며, 자기 자신의 생각으

---

*1 코스트판에서는 '저서 머리말'이라 되어 있고, 《인간지성론》이 집필된 사정이나 그 목적을 말하고 있다. 로크 철학을 이해하는 데에 중요하고 흥미 깊은 글이다.

*2 knowledge. 로크 및 영국 고전 경험론의 전문어로서 절대 확실한 참다운 지식을 뜻하지만, 원어는 한층 넓어서 식견과 신념을 포함하는 지식 일반을 나타내기도 한다. 그때에는 '지식'이라고 번역했다.

*3 지성을 눈으로 비유하는 것은 대상화가 인간 지성의 근원적 성격임을 깨달은 로크가 즐겨 쓰는 비유이다.

로 진리를 좇으려는 사람은 (무엇을 손에 넣든지 간에) 사냥을 하는 사람의 만족을 잃지 않을 것입니다. 추구할 때의 어떤 순간에도 노력은 기쁨으로 보답되어, 무엇인가 큰 수확이나 큰 만족을 얻지 못하더라도 시간을 허비하지 않았다고 당연히 생각할 것입니다.

여러분, 이것이 자기 자신의 생각대로 쓰는 사람의 즐거움입니다. 그러나 그러한 사람을 부러워할 필요는 없습니다. 여러분도 생각하면서 읽으면, 똑같은 기분 전환의 기회를 가질 수 있기 때문입니다. 내가 의지하는 것은 어떤 때의 여러분의 생각입니다. 만약 여러분의 생각이 다른 사람 것을 믿고서 빌린 것이라면 그것이 어떤 생각인지는 아무래도 좋습니다. 진리가 아닌 어떤 비천한 생각에 따르고 있기 때문이므로, 남의 지시에만 따르는 사람이 하는 말이나 생각에는 신경 쓸 필요가 없습니다.

여러분이 판단하면 그 판단은 공평할 것입니다. 그때에 나는 아무리 비난을 받아도 상처 입지 않고, 화도 내지 않을 것입니다. 왜냐하면 이 책에는 내가 진리라고 믿지 않는 것이 하나도 없지만, 여러분이 생각하는 것처럼 나도 내가 잘못을 저지를 수 있다 생각하며, 또 이 책에 대한 옳고 그름은 나의 의견이 아니라 여러분의 의견으로 가려져야만 한다고 믿기 때문입니다. 여러분이 이 책에서 새롭거나 유익한 것을 거의 발견하지 못해도, 그것 때문에 나를 탓해서는 안 됩니다. 이 책은 이 책의 주제를 이미 알고 있고 자기 자신의 지성에 환한 사람을 위해서가 아니라 나 자신의 공부를 위해, 그리고 주제를 충분히 생각한 적 없다고 스스로 인정하는 몇몇 친구들을 이해시키기 위해 쓴 것입니다. 당신이 번거롭게 여기지 않는다면 이 책이 어떻게 이뤄졌는지 말하겠습니다.*4 대여섯 명의 친구가 나의 거실에 모여 이 책과는 매우 동떨어진 어떤 주제를 논하고 있었는데, 여기저기에서 어려운 질문을 하는 바람에 친구들은 이내 어찌할 바를 몰랐습니다.

우리는 자신을 괴롭히는 의혹의 해결에는 한 걸음도 다가가지 못하고 잠시 머뭇거리고 있었습니다. 그런 나머지 나는 문득 우리의 길이 아주 잘못되어 있고, 이런 성질의 탐구를 시작하기 전에 우리 자신의 재능을 조사하여, 우리 지성이 다루기에 알맞은 대상과 적합하지 않은 대상을 헤아려 볼 필요가 있

---

*4 《인간지성론》의 성립에 대해 저자 자신이 말하는 이하의 글은 로크 철학, 나아가서는 영국 고전 경험론의 이해에 없어서는 안 될 글이다.

다고 생각했습니다. 나는 이것을 동료들에게 제안했고 모두 그 자리에서 동의하여, 이것이야말로 우리가 먼저 탐구해야 할 일이라는 데에 의견의 일치를 보았습니다. 나는 다음 모임을 위해서 이제까지 한 번도 고찰한 일이 없는 주제에 대해 서둘러 미숙한 생각을 적었습니다. 이것이 본 논의의 출발점이 되었습니다. 이렇게 우연히 시작된 논의는 재촉을 받아 이어지고, 틈나는 대로 조금씩 적었으며, 게을러서 오랫동안 쉬었다가 마음이 내키면 다시 손을 대, 마지막으로는 들어앉아서 건강에 신경을 썼으므로 여가가 생긴 장소에서 지금 보시는 것과 같은 모양새를 이루게 되었습니다.

이렇게 단편적으로 쓰였으므로 특히 두 가지 서로 어긋난 결점이 생겼는지도 모릅니다. 즉 본 논의에는 지나치게 언급을 하지 않은 점과 너무 언급을 한 점이 있을지도 모릅니다. 만약 여러분이 무엇인가 부족한 점을 느꼈다면, 내가 쓴 글이 여러분들로 하여금 더 써주기를 바라는 욕망을 일으킨 결과이므로 매우 기쁘게 생각합니다. 너무 많다고 여겨진다면 주제를 탓할 수밖에 없습니다. 왜냐하면 나는 처음 펜을 들었을 때 이 문제에 대해 해야 할 말을 한 장으로 끝마치려 했지만 써감에 따라서 시야가 넓어지고, 새로운 발견이 나를 차츰 이끌어 마침내 나도 모르게 오늘날과 같은 이러한 분량이 되었기 때문입니다. 이 책은 아마 현재보다도 작은 범위로 줄일 수 있고, 단축할 수 있는 부분도 있을 것입니다. 이것을 나는 부정하지는 않습니다.*5 왜냐하면 오랫동안 몇 번이고 멈추었다가 단편적으로 다시 쓰기를 거듭한 이 책의 집필 방법상 얼마간의 반복이 생기기가 쉽기 때문입니다. 그러나 사실을 털어놓자면, 이 책을 짧게 정리하기에는 나는 지금 너무 귀찮고 또 너무 바쁩니다.*6

나는 늘 더없이 날카로운 독자이자 명석한 사람들의 악평을 사리라는 결점을 알고도 이 책을 세상에 내놓을 때, 나 자신의 평판을 얼마나 고려하지 않고 있는가를 모르지는 않습니다. 그러나 태만이라는 것이 무엇인가 회피를 위

---

*5 로크 자신이 인정하는 대로 이 책에는 중복이나 지루한 말이 눈에 띈다. 발간에 앞서서 그 자신이 '개요'를 만들었고, 또 존 와인이 1695년에 이 책의 발췌본을 만들고자 했을 때 기꺼이 허락했다. 그 뒤에도 오늘날까지 발췌판이 몇 종류 편집되었다.

*6 《인간 지성론》이 출판되었을 때 로크는 57세였다. 그는 명예혁명의 공로자로서 국가적 인물이었으나 건강이 좋지 않아, 국왕으로부터 브란덴부르크 대사, 이어 빈 대사를 요청받았지만 모두 사양하고 소원국장(訴願局長 : Commissioner of Appeals)이란 한직을 골랐다. 그러나 여러모로 바빴다.

한 핑계에 쉽게 만족한다는 점을 아는 사람들은 (위에서 말한 것과 같은) 매우 훌륭한 회피를 위한 핑계가 있다고 생각할 때, 나의 태만이 나를 설득해 버렸다고 해도 용서해 줄 것입니다. 그래서 같은 사념*7에도 서로 다른 면이 있으므로, 같은 논의의 여러 부분을 증명하거나 해결하는 데에 같은 사념이 편리하거나 필요한 때가 있고, 본 논의의 많은 부분에서 바로 그러했다고 해서 둘러대는 일은 그만두기로 하겠습니다. 그러나 그건 그렇다 치고, 솔직하게 고백하건대 나는 가끔 전혀 다른 의도로 같은 논의에 오래 머물러, 이것을 여러 가지로 나타냈던 것입니다. 나는 박식하고 영리한 이들을 가르치기 위해 감히 이 이론을 쓴 것은 아닙니다.

그러한 학자들에 비하면 나는 학생에 지나지 않는다고 단언하는 바입니다. 따라서 그러한 이에게 미리 경고하는 바이지만, 나 자신의 조잡한 사유로 구성되어 있으므로 나와 같은 치수의 사람들에게 적합한 것, 그러한 것 말고는 그 무엇도 이 책에서 기대하지 말기 바랍니다. 나와 치수가 같은 그러한 사람들에게는 기성의 선입견이나 관념 자체의 추상성 때문에 어렵게 되어 있을지도 모르는 진리를, 그들을 위해 알기 쉽고 친해지기 쉽도록 내가 조금 고심했다는 사실은 아마도 환영받지 못할 이유가 없을 것입니다. 대상 가운데에는 사방팔방에서 보아야 할 것들도 있었습니다. 또 어떤 생각은 나에게는 새로운 것이라 고백하고, 다른 사람들에게는 상도(常道)를 벗어난 것처럼 보일지도 모르지만, 그러한 때에는 대상을 한 번 바라보는 것만으로 모든 사람의 지성에 대상이 들어가거나, 명석하고 오래 이어지는 인상*8으로 모든 사람의 지성에 머무를 수는 없을 것입니다. 어떤 제기 방법으로는 매우 불명확한 것이 다른 표현으로는 매우 명석하고 쉽게 이해되는 예를 누구나 한 번쯤은 자신에게서나 남에게서 관찰한 일이 있으리라고 믿습니다. 하기야 뒷날이 되어보면 마음은 어구의 차이를 거의 찾지 못하여, 이전에 꺼낸 것이 그 뒤의 표현에 비해서

*7 notion. 로크 철학에 기초한 전문용어로서는 관념(idea)과 같은 뜻이지만, 관념에서 가끔 볼 수 있는 것처럼, 생각이나 사상이라고 하는 넓고 막연한 뜻으로 쓰이는 때가 있다. 여기서는 그러한 뜻이다. 또 스콜라 철학의 전통을 이어받아 감성적 관념 그 자체가 아니라 거기에서 만들어지는 '개념'이라고 하는 뜻을 포함할 때도 있다.

*8 impression. 당대 생물학적 심리학의 식견에 기초한 전문용어로, 외적인 사물의 대상이 마음이나 뇌에 그 상(像)을 각인한다는 뜻이다. 언어심리학적인 '인상'이라고 하는 오늘날의 용어법은 흄에서 시작된다.

왜 이해가 되지 않았는지 그 까닭을 알 수가 없었습니다. 하지만 모든 것이 모든 사람의 상상*9(또는 구상)에 한결같이 잘 맞는 일은 없습니다. 우리는 서로 미각(味覺)이 다른 것처럼 지성이 다릅니다. 따라서 같은 진리는 같은 요리로 모든 사람이 똑같이 맛보기를 바라는 사람은, 마찬가지로 모든 사람에게 같은 조리법으로 음식을 대접하려고 하는 사람과 같을 것입니다. 먹는 것은 같고 영양도 있겠지만, 똑같은 맛에 모든 사람이 만족할 리가 없습니다. 튼튼한 체질을 가진 사람들이 먹게 하기 위해서는 다른 방법으로 요리를 해야만 합니다.

사실을 말하자면, 나에게 이 책의 출판을 권유한 사람들은 이러한 이유에서 현재의 모양으로 출판하도록 권한 것입니다. 또 나로서도 이 책을 세상에 내보고자 마음먹은 이상, 이 책을 읽어줄 수고를 할 모든 사람들이 이 책을 이해해 주기를 바랍니다. 나는 내 글이 인쇄되는 것을 전혀 좋아하지 않습니다. 그러므로 나의 보잘것없는 글이 나에게 유익했다고 내가 생각하듯이 다른 사람에게도 조금은 유익하리라는 격려의 말을 듣지 않았다면, 졸론을 낳도록 기회를 준 친구들에게 보이는 선에서 끝냈을 것입니다. 그런 까닭으로 이 책이 인쇄된 모습으로 사람들 앞에 나타나는 것은 가능한 한 쓸모가 있기를 바라므로, 되도록 모든 유형의 독자들이 알기 쉽고 이해하기 쉽도록 말해야 한다고 생각합니다. 그래서 나는 추상적인 사색에 익숙하지 않은 사람이나 생각에 사로잡힌 사람이 내가 뜻하는 바를 잘못 알거나 이해하지 못하는 것보다는, 사색적이고 혜안을 가진 이들이 이 책에 장황한 부분이 있는 점을 불만스럽게 여기는 쪽을 오히려 택한 것입니다.

현대와 같은 지성의 시대를 계발한다고 감히 말하면, 아마도 나의 대단한 자만이나 거만이라고 비난받을 것입니다. 왜냐하면 내가 다른 사람에게 쓸모가 있기를 희망하여 이 조촐한 이론을 썼다고 털어놓으면, 결국은 거의 같은 일이 되고 말기 때문입니다. 하지만 겸손한 체하여 자기가 쓴 것을 무익하다고 비난하는 사람들에게 터놓고 이야기해도 좋다면, 어떤 다른 목적으로 책을 쓴다는 것은 이보다 훨씬 자만이나 거만한 기미가 있는 것으로 나에게는 여겨짐

---

*9 imagination. '공상'에 가까운 뜻뿐만이 아니라 널리 심상 구성 일반 또는 이 기능으로 만들어진 심상을 나타낸다. '구상'이라고 해도 좋다. 단 이러한 심상 구성의 기능으로서의 상상은 로크에게 있어서는 중요한 역할이 주어지지 않고, 흄에 이르러 그렇게 되었다.

니다. 또 독자들이 자신과 남에게 유용한 것을 만나는 일을 생각지도 않는 사람, 그러한 것을 쓰고 나아가서는 그것을 사람들이 읽기를 기대하는 사람은, 세상 사람들로부터 받는 존경에 뚜렷이 어긋나는 사람입니다. 따라서 이 논저에서 자신과 남에게 유용한 것 말고는 아무것도 용인되는 것을 찾을 수 없다 해도, 나는 여전히 자신과 남에게 유용해야 한다는 견해를 지킬 것입니다. 그리고 나의 취지가 좋다는 것은 내 선물의 가치 없음을 조금이나마 변명해 줄 것입니다. 이것이야말로 내가 뛰어난 저작가들과는 달리 피할 수 있으리라고는 기대하지 않는 비난을 나로 하여금 두려워하지 않게 만드는 주된 원인입니다.

사람들이 갖는 원리나 생각이나 기호는 매우 다르므로 모든 사람을 기쁘게 하거나 불쾌하게 만드는 책은 어지간해서는 찾아볼 수가 없습니다. 또 나는 인정하건대 우리가 살아가는 시대는 무지하기 짝이 없는 시대가 아니며 따라서 가장 이해시키기 쉬운 시대는 아닙니다. 만약에 내가 불행히도 (독자를) 기쁘게 하지 못했다 해도, 아무도 나에게 화를 내서는 안 됩니다. 나는 (이 책을 낳는 계기가 되었던) 여섯 명의 친구를 제외하고 모든 독자에게 솔직하게 말합니다만, 이 논저는 처음에 그러한 독자를 염두에 두지는 않았습니다. 그러므로 그러한 독자는 내가 마음속에 둔 사람들 쪽에 애써 낄 필요는 없습니다. 하지만 그래도 이 논저에 화를 내고 싶은 사람이 있다면 안심하고 그렇게 하십시오. 그런 종류의 말을 주고받는 것보다는, 좀더 나은 시간의 용도를 나는 찾게 될 것입니다. 시시한 방법의 하나이지만, 진리와 유용성을 진지하게 지향해 왔다는 만족이 나에게는 늘 있을 것입니다. 하기야 오늘날, 학문*¹⁰을 전진시키는 훌륭한 설계로 후세에 오래도록 칭찬을 받을 만한 기념 건조물을 남긴다고 여겨지는 대건축가가 없는 것은 아닙니다. 하지만 누구나가 보일*¹¹이나 시드넘*¹²이 되려고 해서는 안 됩니다. 그래서 위대한 호이겐스*¹³나 유명한 뉴턴

---

* 10 science. 과학과 철학이 용어상으로 아직 나누어지지 않았을 무렵의 용법이다.
* 11 Robert Boyle(1626~91). 초대 코르크 백작(the first Earl of Cork)의 아들로 근대 화학의 아버지라고 일컬어졌다. 로크에게 끼친 영향은 잘 알려져 있다.
* 12 Thomas Sydenham(1624~89). 당대 가장 유명했던 근대 의학자.
* 13 Christian Huygens(1629~95). 네덜란드의 물리학자로 빛의 유동설을 세운 사람. 로크는 그와 직접 만난 적은 없었으나 그 이름은 알고 있어서 존경했다. 뉴턴 자연학의 수학적 이론이 옳은가의 여부를 호이겐스에게 물었다는 일화가 있다.

씨 등과 같은 거장이나 그 밖에 그와 같은 부류의 사람들을 낳는 시대에는, 참다운 앎의 길 위에 떨어져 있는 먼지나 쓰레기를 어느 정도 치우는 허드렛 일을 하는 것이 크게 요청됩니다. 만약에 총명하고 부지런한 사람들의 노력이 낯설고 젠체하는, 또는 이해할 수 없는 전문용어의, 학문적이기는 하지만 저속한 사용으로 뚜렷이 방해받지 않았다면, 참다운 앎에의 길은 절대적으로 확실하게 이 세상에서 놀랄 만한 진보를 이룩했을 것입니다. 여러 학문에서 전문용어가 그렇게 쓰여 거기에서 하나의 기술이 되었으므로, 사물의 참다운 지식이어야 할 학문*14이 우아한 모임이나 고상한 담화에 끌어들여지기에는 어울리지 않거나 좋지 않다고 생각되기에 이른 것입니다.

어려운 말이나 잘못된 용법의 말이 오랫동안 학문의 신비스러움으로 여겨져, 거의 또는 전혀 의미가 없는 상태로 관행에 따라 심오한 학식이나 고매한 사색으로 오인되는 권리를 얻었습니다. 때문에 그러한 말을 쓰거나 듣는 사람들에게, 그 말이 무식함을 덮고 참다운 지식을 가로막는 것에 지나지 않다는 점을 설득하기란 쉬운 일이 아닙니다. 나는 생각합니다. 허영과 무지의 안방으로 발을 들여놓는 것은 인간 지성에 조금이나마 봉사하는 일이 될 것입니다. 하지만 말의 사용으로 속이거나 속고 있다고 생각하는 사람, 또는 자기가 속하는 집단의 언어에 잘못이 있어서 검토되거나 정정되어야 한다고 생각하는 사람은 매우 드뭅니다. 그러므로 내가 이 책의 제3권에서 언어라고 하는 이 주제에 오래 머물면서 이것을 누구라도 알 수 있도록 노력했다 해도, 너그러이 봐주리라 생각합니다. 그렇게 되면 언어에 얽힌 뿌리 깊은 폐해가 만연되어 있는 풍습과, 자기 말의 뜻에 조심하려고도 않고 자기 표현의 의의를 탐구하려고도 않는 사람들의 변명은 조금도 허용되지 않을 것입니다.

내가 듣기로는 본 논저의 1688년에 인쇄된 개요를, 생득적 관념*15이 부정되었다고 해서 읽지도 않고 트집을 잡은 사람이 있었다고 합니다. 그 사람들은, 이를테면 생득적 관념을 상정하지 않았다면 여러 영(靈)*16에 대한 생각도 그

---

*14 philosophy. 당대 용어법으로는 철학뿐만 아니라 과학도 포함해서 학 또는 학문 일반을 가리키는 것이 통례이다.

*15 innate idea. 이의 부정은 이 책 제1권의 주제로, 당대에는 주로 신학적 견지에서 공격을 받았으나 로크 철학의 기조를 이루는 적극적 의의를 갖는 비판이었다.

*16 spirits. 원어는 '정신'이라고 하는 근대적인 심리학적 의미뿐 아니라 당대의 형이상학적 신학적 용어법에 따라서 신체와는 별개의 영적 존재자를 뜻하는 경우가 가끔 있다.

증명도 대부분은 없어질 거라고 너무 조급하게 결론을 내렸기 때문입니다. 만약에 본 논저의 첫머리(제1권)에서 마찬가지로 화를 내는 사람이 있다면, 본 논저를 통독해 주기를 바라겠습니다. 그렇게 되면 그런 사람도, 잘못된 밑바탕을 없애려는 것은 진리의 손해가 아니라 이익이며, 진리는 허위와 섞이거나 허위 위에 세워지는 때만큼 해를 입거나 위태로워지는 일이 결코 없다는 것을 알게 되리라고 생각합니다.

제2판에서 나는 다음과 같이 덧붙였습니다.

만약에 내가 이 제2판에 대해서 한 마디도 하지 않았다면, 서점은 승복하지 않을 것입니다. 제2판의 정정으로, 이전 판에서 저지른 많은 결점을 고치겠다고 서점은 약속했습니다. 서점은 또 제2판 제27장에 동일성에 관한 한 장이 전적으로 새롭게 설정되었고, 다른 곳에서도 많은 첨삭이나 수정이 이루어졌음을 알리기를 바라고 있습니다. 미리 말씀드리자면 이들은 모두 새로운 사항이 아니라 대부분은 이미 기술되어 있는 내용을 뒷받침하는 것이거나, 그렇지 않으면 앞서 발표한 내용을 다른 사람들이 오해하지 않도록 밝히는 것이지 나의 학설에 변동이 있는 것은 결코 아닙니다. 다만, 제2권 제21장에서 한 변경만은 예외로 해야 합니다.

그 장에서 자유와 의지에 대해 쓴 것은, 그 무렵 나의 생각으로는 최대한의 명확한 평론이라고 해도 좋은 것이었습니다. 왜냐하면 이들 주제는 도덕론이나 신학을 적지 않게 혼란시키는 의문이나 난문제로 어느 시대에나 학계를 괴롭혀왔기 때문입니다. 이 도덕론이나 신학이야말로 지식 가운데에서 사람들이 명백히 하려고 가장 신경을 쓰는 부분이기도 합니다. 그런데 사람들의 심리작용을 더욱 면밀하게 조사해서, 마음의 방향을 정하는 동기나 의향을 더욱 엄밀하게 검토한 결과, 모든 유의미한 행동에서 의지를 최종적으로 결정하는 것에 대해서 이전의 생각들을 조금 바꾸는 것이 옳다는 걸 알았습니다.[*17] 이 점을 나는 세상에 솔직하게 그리고 곧장 알리지 않을 수가 없었습니다. 그것은, 처음에 내가 옳다고 여긴 것을 그대로 그 무렵 솔직하게 바로 공표한 것과 마찬가지입니다. 왜냐하면 나는 나의 학설이 진리에 어긋나는 것처럼 느껴질 때,

---

[*17] 도덕론이나 신학에 대한 관심의 중요성을 이와 같이 승인한 것은 로크 철학의 바탕에 있는 그의 문제의식을 명백히 하고, 나아가서는 그를 이 책의 철학적 사색으로 이끈 문제가 무엇인지를 알아내는 단서가 될 것이다.

남의 학설에 반대하기보다는 나 자신의 어떠한 학설도 포기하고 부인하는 쪽으로 신경을 쓰는 사람이라고 스스로를 생각하기 때문입니다. 내가 찾는 것은 진리뿐이며, 진리가 언제 어디에서 오든 나는 환영할 것입니다.

나의 학설이나 내가 쓴 글에 어떤 잘못이 있다고 명확히 증명되면 나는 서둘러서 나의 그 어떤 학설이든 철회하고 내가 쓴 내용을 취소하겠지만, 나는 분명히 밝히겠습니다. 나는 다행히도, 나의 책 그 어떤 부분에서도 공표된 이론(異論)으로부터 배운 바가 이제까지 한 번도 없었고, 내 책을 강하게 반대해서 한 그 어떤 말도, 문제가 된 그 어떤 점에서도 나의 생각을 바꾸어야 할 만한 이유를 찾지 못했습니다. 하기야 내가 다루고 있는 주제가 필요로 하는 사유와 주의는 엉성한 독자, 적어도 선입견에 사로잡힌 독자가 받아들이고자 하는 사유와 주의를 초월해 있거나 또는 나의 표현에 어떤 불명료한 점이 있어서 그것이 주제를 흐리게 하거나, 아니면 나의 생각을 다루는 방법이 남들로 하여금 이해하기 힘들게 만들고 있거나 그 어느 쪽이건 내가 아는 바로는 나의 뜻은 가끔 오해되어 어디서나 올바르게 이해되는 행운을 지니지 못한다는 점입니다. 이 오해의 예는 매우 많습니다. 그래서 다음과 같이 결론을 내리는 것이 독자에게도 나에게도 옳다고 생각합니다. 즉 이 책은 독서를 할 때 기울여야 할 주의와 공평무사함을 가지고 자세히 읽는 사람이 올바르게 이해할 수 있을 정도로 충분히 알기 쉽게 쓰였거나, 그렇지 않으면 내가 고치려고 해도 헛수고가 될 정도로 애매모호하게 쓰였거나 둘 가운데 하나입니다. 어느 쪽이 진실이건, 이로써 영향을 받는 것은 나뿐입니다. 따라서 나는 이 책 곳곳의 어구에 대해서 이제까지 받은 몇 가지 반대론에 대답 가능한 것을 말함으로써 독자를 괴롭히는 일은 없을 것입니다. 나는 굳게 믿고 있는 바이지만, 그러한 반대론은 그것이 참인지 거짓인지 신경 쓸 정도로 중대하게 생각하는 사람도 나와 반대자가 하는 말을 모두 잘 이해한다면, 반대자가 하는 말은 충분한 근거가 없거나 나의 학설에 반대하지는 않는 다른, 둘 가운데 하나임을 알 수가 있을 겁니다.

또 자기의 훌륭한 생각을 하나도 잃지 않으려고 신경을 쓰는 사람이 있어서, 영광스럽게도 나의 논문을 하나의 시험적인 글로 놓아두지 않고 그에 대한 비난을 공표할지도 모릅니다. 그렇다면 그 사람들이 자신의 비판 글에 지는 책무의 평가는 세상 일반에 맡기고, (나의 처지로는) 내가 쓴 것에 반론하는 사람이 자기 자신에게 품는 만족 또는 남에게 주는 만족을 감소시키는 그런 시시한, 또는 질 나쁜 방법으로 시간을 허비해서, 다시 말하면 반론에 대답하는 쓸데없는 일로 독자의 시간을 낭비하는 일은 하지 않을 것입니다.

내 졸론의 제4판을 준비한 서점들은, 나에게 시간이 있다면 적당한 내용을 덧붙이거나 변경을 해도 좋다고 말해 주었습니다. 그래서 나는 곳곳에서 행한 몇 가지 정정 말고도, 독자에게 하나의 변경을 알리는 것이 좋다고 생각했습니다. 왜냐하면 이 변경이 책 전체를 통해서 이루어지고, 올바르게 이해되는 것이 중요하기 때문입니다. 이에 대해서 내가 한 말은 다음과 같습니다.

명석 판명한 관념이라고 하는 것은 많은 사람들의 입에 오르내리고 빈번하게 쓰는 명사(名辭)인데, 이것을 쓰는 사람들이 모두 완전하게는 이해하고 있지 않다고 생각해도 좋은 이유가 있습니다. 더욱이 이 관념이 자기 자신 또는 남에게 정밀하게 뜻하는 바를 알면 알수록 이 관념을 고찰하는 노고를 치르는 사람은, 아마도 여기저기에 겨우 몇 사람 있을 뿐입니다. 그래서 나는 대부분의 장소에서, 사람들의 사유를 이 문제와 관련하여 나의 뜻을 한층 잘 이끌기 쉬운 것으로서 명석 판명 대신에 '확정적 또는 확정되는'[18]이란 말을 골랐습니다. 이로써 내가 뜻하는 바는 마음에 있는, 따라서 확정된 대상, 즉 마음에 보이고, 있다고 지각[19]되는 것과 같은 것입니다. 이것을 확정적 또는 확정된 관념이라 불러도 적당하다고 나는 생각합니다. 다만 그때에는 마음에 대상적(對象的)으로(심적 대상으로서[20]) 있을 때이며 나아가서는 마음에 확정되어 있는 것과 같은 것, 그러한 것이 어떤 이름 또는 분절음(分節音)에 결부되어, 여기에 변동 없이 확정되어, 그 이름 또는 분절음은 마음의 바로 같은 대상 그 자체의, 다시 말하면 확정적인 관념의 기호여야 할 것입니다.

이것을 좀더 자세히 설명하기로 하겠습니다. '확정적'을 어떤 단순한 관념에 대해서 쓸 때 내가 뜻하는 것은, 이 관념이 마음에 있다고 일컬어질 때 마음의 시야에 있는, 바꾸어 말하면 마음이 자기 안에 지각하는 단순한 모습을 말합

---

* 18 clear and distinct. 널리 알려진 바와 같이 데카르트 철학의 전문어이다.
* 19 determinate of determined. 로크는 명석 판명 대신에 쓴다고 하면서 제4판을 간행할 때 제2권 제13장 등에서 바꾸었는데, 대부분은 이를 고치지 않았으며 관념의 명석성과 판명성을 주제로 하는 제2권 제29장도 그대로이다.
* 20 perceive. 지각(perception)과 함께 로크 철학의 기본적인, 그러나 다의적인 말이다. 로크는 제2권 제9장에서 전문어로서의 지각의 의미 한정에 노력한다.

니다. 또 '확정된'이란 말을 어떤 복합관념에 대해서 쓸 때 내가 뜻하는 것은 어떤 확정적인 수의 단순관념, 또는 비교적 복잡하지 않은 관념으로 이루어져, 다음과 같은 비율과 상황으로, 즉 이 확정된 복합관념에 어떤 사람이 이름을 부여할 때 이 복합관념은 마음에 실제로 있고 또 실제로 있어야 하는데, 그럴 때 마음 앞에 있어서 마음이 볼 수 있는 그러한 비율과 상황으로 결부되어 있는 관념입니다. 나는 '있어야 한다'고 말합니다. 모든 사람이 자신의 언어에 매우 주의를 기울여서, 어떤 말을 기호로 하기로 확정한 관념을 마음속에서 바라볼 때까지는, 말을 하나도 쓰지 않는다는 일은 있을 수 없고, 아마도 그런 사람은 아무도 없을 것입니다. 이러한 점이 결여되어 있으므로 사람들의 생각이나 논의를 적지 않게 모호하고 혼란하게 만드는 원인이 되는 것입니다.

사람들의 논의나 추리 속에 들어오는 다양한 관념에 모두 응할 정도의 말은 어느 국어에도 없습니다. 이것은 나도 알고 있습니다. 그러나 그것 때문에 누군가가 그 어떤 명사(名辭)를 쓸 때 어떤 확정적인 관념을, 즉 이 명사를 기호로 삼아, 현재의 논의가 이루어지고 있는 동안 그 명사에 줄곧 결부되어 있어야만 하는 어떤 확정적인 관념을 마음에 가질 수 없게 되는 것은 아닙니다. 이 확정적인 관념을 가지지 않을 때, 또는 가질 수 없을 때 명석 또는 판명한 관념이라고 말하는 사람이 있어도 안 됩니다. 그 사람의 관념은 누구나 알 수 있는 바와 같이 명석하거나 판명한 것이 아니고, 따라서 그렇게 정확하게 확정되지 않은 명사를 쓸 때에는 불명료와 혼란 말고는 아무것도 기대할 수가 없습니다.

이러한 근거로 나는, '명석 판명'보다도 '확정된' 관념 쪽이 오류가 적은 화법이라 생각하고 있었습니다. 그리고 사람들이 탐구하고 논의하는 모든 것에 대해서 이와 같이 '확정된' 관념을 얻고 나면, 그 사람들은 자기들의 의혹이나 토의의 대부분이 끝난다고 알게 될 겁니다. 이렇게 말하는 것도, 인류를 현혹하는 의문이나 논쟁의 가장 큰 부분은 말의 의심스럽고 불확실한 쓰임에, 또는 (같은 얘기지만) 말이 나타내는 '확정되지 않은' 관념에 기초하기 때문입니다. 나는 다음 두 가지 의미를 표시하기 위해 이러한 (확정된 관념이라고 하는) 전문용어를 선택했습니다. (1) 마음의 어떤 직접 대상으로, 그 기호로서 쓰이는 음(또는 말)과는 별개인, 마음이 지각하고 마음 앞에 있는 것. (2) 이와 같이 확정된 관념, 즉 마음이 자기 자신 안에 가지며 거기에서 알고 보는 관념, 그러한 관념이 그 (기호가 되는) 이름에 늘 변함없이 확정되어, 그 이름은 그 관념으로 확정된다는 것. 이를테면 사람들이 자기들의 연구나 논의에서 이러한 확정된 관념을 가졌다면, 그 사람들은 자기 자신의 탐구나 논의의 진행 상태를 식별함과 동시에, 다른 사람들과의 토의나 토론의 대부분을 회피했을 것입니다.

이 밖에 서점은 아주 새로운 두 가지 장(章), 즉 '관념의 연합에 대한' 장과 '열광에 대한' 장이 덧붙었다는 것을 독자에게 알릴 필요가 있다고 생각했습니다. 이 덧붙이는 글과 그 밖의 이제까지 전혀 인쇄되지 않은 약간의 비교적 큰 덧붙이는 글을, 이 논문의 제2쇄 때와 같은 방법, 같은 목적으로 그것만 인쇄하겠다고 서점은 약속해 주었습니다.

이 제5판에서는 덧붙이는 글 또는 변경은 아주 적습니다. 새로운 것의 대부분은 제2권 제21장에 포함되어 있으며, 가치가 있다고 생각하는 사람은 누구나 아주 적은 노력으로 이전 판의 빈칸에 옮겨 적을 수가 있을 것입니다.

제1권

타고난 사념*

---

* 제1권의 논구(論究)는 일반적으로 타고난 관념의 부정론으로 알려져 있는데, 로크가 관념이
라는 말을 피하고 사념이라는 말을 고른 것은, 관념 하나하나의 비생득성(非生得性)뿐만 아니
라 원리 또는 명제의 비생득성을 논하여 오히려 후자로부터 논구를 시작했기 때문일 것이다.

제1장
서론*1

1. 지성의 탐구는 즐겁고 유익하다

무릇 인간을, 감지하는 능력을 가진 인간이 아닌 다른 존재 위에 두고, 모든 점에서 이들 존재보다도 뛰어나게 하며 지배하게 하는 것은 지성이므로, 지성은 바로 그 귀중한 성질로 보아 절대 확실하게 우리가 애써 탐구할 만한 가치가 있는 주제이다. 이 지성은 눈*2과 같아서, 우리에게 다른 모든 사물*3을 보게 하고 지각케 하면서 자기 자신은 전혀 깨달아 알지 못한다. 그래서 지성을 어느 거리에 두고, 자기 자신의 대상으로 삼기 위해서는 기술과 수고가 필요하다. 하지만 이 탐구 과정에 가로놓인 어려움들이 무엇이든 간에, 이토록 지독하게 무엇인지를 알지 못하게 하는 것이 어떤 것이든 간에 확실히 우리가 자기 자신의 마음을 비추어 낼 수 있는 등불의 모든 것, 자기 자신의 지성에 대해 알 수 있는 모든 것은 매우 즐거울 뿐만 아니라, 다른 사물의 탐색에 있어서 우리의 사유를 이끄는 데에 커다란 이익을 가져올 것이다.

2. 계획

그러므로 내가 지향하는 바는 인간의 참다운 지식의 기원과 절대 확실성과 범위를 탐구하고, 아울러 신념·억견(臆見)·동의*4의 근거와 정도를 탐구하는

---

*1 서론(introduction)은 그 논술의 내용으로 보아 제1권의 서론이 아니라 이 책 전반에 대한 서론이다.

*2 눈의 인용으로 지성의 근원적 성격과 함께 자기 관찰의 방법이 언급된다.

*3 thing. 로크가 빈번하게 그리고 거의 전문적으로 사용하는 말. 모든 것을 대상화해서 정지적으로, 그로서는 사물뿐 아니라 사상(事象)도 사유도 '사물'이라는 뜻의 thing으로 여기고 정신도 같은 말로 표현된다.

*4 신념(belief), 억견(opinion), 동의(assent). 어느 것이나 절대 확실한, 참다운 지성이 아닌 개연적

일이다. 따라서 지금은 마음의 물성적(物性的) 고찰*⁵에 들어가지는 않을 것이다. 즉 마음의 본질*⁶은 어디에 존재하는가, 정기(精氣)*⁷의 어떤 운동 또는 신체의 어떤 변화로 그 어떤 감각*⁸을 감각기관이 가지게 되며, 또는 그 어떤 관념을 지성이 가지게 되는가, 또 이 관념은 그것이 형성됨에 있어 어느 것 또는 전부가 물질에 의존하는가 하는 그러한 검토로 결코 번거롭게 하지는 않을 것이다. 아무리 호기심이 자극을 받고 재미가 있어도, 이들 사색은 지금의 내 계획에서 벗어나 있기 때문이다. 현재의 내가 지향하는 바로는 인간의 식별 기능*⁹이 그것이 다룰 대상에 관여하는 상태를 고찰하면 충분하다. 그리고 만약에 이러한 사상(事象) 기술의 알기 쉬운 방법*¹⁰으로 우리 지성이 여러 사물에 대해서 우리가 갖는 생각을 얻게 되는 과정을 어떻게든 해명할 수 있고, 참다운 앎의 절대 확실성의 그 어떤 척도나 사람들 사이에서 발견하게 될 여러 신조*¹¹의 근거를 해명할 수 있다면, 나는 나의 사고 과정이 전혀 잘못되지 않음을 믿게 될 것이다. 이들 신조는 사람들마다 매우 다양하고 서로 달라서, 완전히 모순된다고 밝혀졌는데도 어딘지 모르게 대단한 확신과 자신*¹²을

인 지식을 나타내는 전문어인데, 흄은 오직 '신념'을 사용하고 있다. 로크는 오히려 억견을 많이 사용하는데, 이 원어는 또 '의견', '여론', '설(說)' 등 비전문어적 일상적 뜻으로도 쓰인다. '동의'는 개연적 지식의 진리성의 승인을 뜻하는 전문어. 그러한 지식과 그것에 대한 동의는 제4권 제15장과 제16장에서 논구된다.

＊5 physical consideration. 단순히 '물리적 고찰'뿐 아니라 원어의 어원적 의미의 '본성적 고찰'도 포함한다.

＊6 essence. 이 로크적인 해명은 제3권 제3장 제14절 참조. 여기에서는 전통적인 뜻이다.

＊7 spirits. 동물적 정기(animal spirits)와 전적으로 같다. 제2권 제8장 제12절 참조.

＊8 sensation. 로크에게 있어서, 의식심리학적 용어라고 하기보다는 오히려 당대의 생리학적 심리학의 지견(知見)에 기초해서 외적 대상이 감관에 각인되는 과정 또는 양식을 뜻한다. 이것이 로크의 가장 엄밀한 전문용어적 어법이다. 제2권 제1장 제3절 참조.

＊9 discerning faculty. 제2권 제11장 제1절 참조. '기능'을 실체적 뜻으로 이해해서는 안 된다는 점을 로크는 특히 강조한다. 제2권 제21장 제6절 참조.

＊10 historical, plain method. 로크 철학의 본디 방법이며, 또 그래야 할 방법이다. '사상 기술의'는 역사적 고찰로까지 발전하는 방향을 내포하지만, 로크 및 영국 고전 경험론 시대에는 역사의식은 아직 충분히 무르익지 않았었다. '역사적'이라는 역어를 피한 것은 이 때문이다.

＊11 persuasion. 신념 또는 억견과 같은 뜻이지만 전문용어로서 쓰이는 일은 적다.

＊12 확신(assurance), 자신(confidence)과 함께 전문용어로서 신념이나 억견이 개연적 지식의 유적 총칭(類的總稱)인 것에 대해 그러한 지식의 개연성 또는 확실성의 정도에 기초한 종적 명칭(種的名稱)이다. 제4권 제16장 제6, 7절 참조.

가지고 나타난다. 그래서 인간의 억견을 바라보고 그 대립을 살펴봄과 동시에, 이들 억견이 열애와 지나친 사랑으로 신봉되어 단호하고 열렬하게 주장되는 것을 살피는 사람은, 진리*[13]라는 것은 전혀 없다고 생각하거나, 인류에게는 진리의 절대 확실한 지식을 얻을 수단이 없다고 생각하겠지만 그것도 어쩌면 마땅하다 하겠다.

3. 방식

그렇기에 억견과 진리의 경계를 찾아내어, 우리에게 절대 확실한 참된 앎이 없는 사물에서는 어떠한 척도로 동의(同意)를 규정하고 신조를 완화시켜야 하는지를 검토한다는 것은 가치 있는 일이다. 이를 위해 나는 다음과 같은 방식을 쓰고자 한다.

첫째, 관념과 사념, 그 밖에 무엇이라고 불러도 좋지만, 어떤 사람이 자기의 마음에 있다 관찰하고 자기가 의식하는 것의 기원을 연구하여, 지성에 그러한 것이 갖추어지는 과정을 탐구할 것이다.

둘째, 이들 관념으로써 지성이 갖는 참다운 앎과 그 절대 확실성, 명증(明證), 범위를 명시하도록 노력할 것이다.

셋째, 소신 또는 억견의 본성과 근거를 어느 정도 탐구할 것이다. 소신 또는 억견이란 우리에게 아직 진리라고 절대 확실하게 알려지지 않은 어떤 명제에 참이라고 동의하는 일이다. 그래서 동의의 여러 이유와 정도를 검토하는 기회가 여기에 있을 것이다.

4. 우리가 이해할 수 있는 범위를 안다는 것은 유익하다

지성의 본능에 대한 이러한 탐구에서 내가 만약 지성의 힘*[14]을 발견하고 이 힘은 어디까지 미치는가, 어떠한 사물과 조금이라도 균형을 이루는가, 어디에 쓸모가 없는가를 알 수 있다면, 인간의 바삐 돌아가는 마음을 억누르고, 지성이 이해할 수 없는 사물에는 비교적 조심하여 발을 들여놓지 않도록 하여, 지성의 범위의 극한에 이르렀을 때에는 멈추게 하고, 검토한 결과 우리 능력이 닿을 수 없음을 안 사물에게는 얌전하게 무지한 채로 있게 하는 것이 유

---

*13 truth. 이의 로크적 정의는 제4권 제5장 제2절 참조.
*14 power. 전문용어로서의 뜻은 제2권 제21장 제1절 참조. 힘은 일상언어적 뜻으로 쓰인다.

익히리라고 생각한다. 그렇게 되면 모든 것을 샅샅이 알고 싶어한 나머지 우리의 지성에 적합하지 않고, 명석하며 판명한 지각을 조금도 형성할 수 없는, 또는 (아마도 지나칠 정도로 일어나는 일이지만) 조금도 생각이 없는 사물에 의문을 품고 그 토의에 우리 스스로는 물론 다른 이들을 당혹하게 하는, 지나치게 나아가는 일은 없을 것이다. 만약에 우리가, 지성은 그 눈길을 어디까지 미치게 할 수 있는가, 그 여러 기능은 절대 확실성에 어느 만큼 닿는가, 어떤 때에는 단지 그렇다 판단하고*15 억측할 수 있을 뿐인가를 찾아낼 수 있다면 우리는 현세에서 이룰 수 있는 것에 만족해하는 일을 배우게 되리라.

5. 우리 능력은 우리의 상태와 관심에 적합하다

우리의 지성이 이해할 수 있는 정도는 사물의 드넓은 범위에 도저히 미칠 수 없고, 더욱이 우리를 존재하게 한 자비심 많은 조물주가 우리가 살고 있는 이 주택의 모든 거주자들을 한참 초월하여 우리에게 준 지식의 분량과 정도 때문에, 조물주를 찬미해야 할 까닭은 충분하다. 인간은 신이 그들에게 걸맞다고 생각하는 것에 당연히 만족해야 한다. 왜냐하면 신은 사람들에게 (성 베드로가 말한 대로) '생명과 신앙에 관련된 모든 것,' 즉 생활의 편의와 덕을 아는 데에 필요한 모든 것을 주고, 쾌적하게 이 세상을 살아갈 수 있는 비축과 (내세의) 보다 더 좋은 삶에 이르는 길을 발견할 수 있도록 했기 때문이다. 사람들의 지식이 존재하는 모든 것을 완전히 이해하기에는 아무리 모자란다 해도, 사람들은 자신을 만든 조물주를 알고 자기 자신의 의무를 충분히 볼 수 있는 등불을 가지고 있으므로, 사람들이 매우 관심을 갖는(꼭 알고 싶은) 일은 확보할 수 있게(알 수 있게) 되는 것이다. 사람들이 모든 것을 쥘 정도로 손이 크지 않다 해서 불손하게도 자신의 체격을 핑계 삼아, 손에 가득 받은 것을 버리거나 하지 않는다면, 여러 가지로 기뻐하고 만족하면서 머리를 쓰고 손을 쓸 일들을 충분히 찾아낼 수 있을 것이다. 만약 우리가 자신에게 유익해 보이는 일에 마음을 쓰기만 한다면, 마음이 좁다는 점을 한탄할 이유는 많지 않을 것이다. 왜냐하면 이것은 마음에 의해서 할 수 있는 일이기 때문이다.

---

*15 judge. 판단(judgement)과 함께 로크의 전문용어로서의 특수한 용어법에서는 개연적 지식에만 관여한다. 제4권 제14장 제3절 참조. 그러나 이 뜻을 포함하면서 일상적 용어법으로 널리 사용되는 일도 있고 또 통상적인 논리학적 뜻을 나타내는 때도 있다.

그래서 우리 지식이 다다를 수 없는 사물이 있다고 해서, 우리 지식의 뛰어난 점을 가볍게 여기고, 우리에게 지식이 주어지는 까닭의 목적을 향하여 지식을 진보시키는 일을 게을리한다면, 그것은 유치할 뿐만 아니라 용서할 수 없는 자의적인 행동이다. 등잔불의 빛으로는 일에 정성을 다하려고 하지 않는 게으른 외고집쟁이 하인이 대낮의 햇빛이 없다고 투덜대도 변명은 되지 않는다. 우리 내부에 켜진 등불은 우리가 지향하는 모든 것을 충분히 밝게 비출 수가 있다. 이 등불로 찾을 수 있는 발견은 우리를 만족시킬 것이다. 그래서 우리의 기능에 맞는 방법과 정도로, 또 우리에게 제시되는 한의 근거에 기초해서 모든 사물을 마음에 품고, 개연성만을 얻을 수 있는 곳에서 고압적 또는 과도한 논증*16을 요구하지 않으며, 절대 확실성을 찾지 않을 때, 우리는 지성을 올바르게 쓰게 될 것이다. 그리고 우리가 관심을 갖는 일은 모두 이러한 개연성으로 다스려도 충분하다. 우리가 모든 사물을 절대 확실하게 알 수가 없다는 이유로 아무것도 믿지 않는다면, 그것은 날기 위한 날개가 없다는 핑계로 발을 쓰지 않고 가만히 앉아서 죽으려고 하는 사람과 다를 바가 없다.

6. 우리 능력에 대한 지식은 회의론이나 태만의 치료약이다

우리는 자기 자신의 역량을 알 때, 무엇을 계획하면 성공의 희망이 있는가를 더 잘 알게 된다. 그러므로 자기 자신의 능력을 잘 살펴서 거기서 기대할 수 있는 것을 어느 정도 가늠하게 되면, 우리는 아무것도 모른다며 절망해서 가만히 앉아 생각을 조금도 하지 않게 되는 일도, 또 도저히 이해 못 할 사물이 있다고 해서 모든 사물을 의심하고 지식을 부인하게 되는 일도 없을 것이다. 항해하는 사람이 자기가 가진 밧줄의 길이를 안다면, 그것으로 바다의 모든 곳을 측정할 수는 없다고 해도 매우 쓸모가 있다. 항해를 이끌어 난파할 우려가 있는 얕은 여울에 오르지 않도록 조심할 필요가 있는 장소에서, 바닥까지의 길이를 알면 좋은 것이다.

이 세상에서의 우리 임무는 무엇이든지 아는 게 아니라, 우리의 행위에 관련이 있는 것을 아는 일이다. 만약에 이 세계에서 인간의 상태로 존재하는 이 지적 피조물이 자기 의견과 이에 기초한 행동을 다스릴 수 있는, 또 다스려야

---

*16 로크 사상의 넓은 뜻에 있어서의 실용적인 성격을 단적으로 말해 주는 문장이다.

할 척도를 발견할 수 있다면, 우리는 자신에게 알려지지 않은 사물이 다른 데에도 있다는 사실에 괴로워할 필요가 없는 것이다.

7. 이 논문을 쓰게 된 동기

이렇게 해서 이 지성론은 태어났다. 인간의 마음이 매우 향하기 쉬운 약간의 탐구를 만족시키는 첫걸음은, 우리의 지성을 조사하고 자신의 능력을 검토해서 어떠한 사물에 지성이나 능력이 적응하는가를 보는 일이라고 생각했기 때문이다. 이것을 하지 않는 한 우리는 시작부터 잘못된 것이 되며, 마치 우리의 지성은 존재자의 한계가 없는 범위를 모두 (그 본성으로 해서) 자연히*[17] 의심하지도 않고 내 것으로 삼아, 그 가운데에는 지성의 결정이 면제된 것, 또는 지성의 이해를 벗어난 것은 마치 하나도 없는 것처럼, 우리의 사유를 사물의 드넓은 바다에 풀어놓으면서, 우리와 가장 관련이 있는 진리를 조용히 단단하게 지니는 선에서 만족하려고 헛되이 애썼을 것이다. 이렇게 해서 사람들이 능력 이상으로 탐구를 확대하여, 확고한 발판을 찾을 수 없는 심연으로 사유를 방황하게 할 때에는, 의문을 품고 토의를 거듭해도 이들 의문이나 토의는 결코 뚜렷한 해결에 이르지 못하며, 다만 의혹만이 이어져 이를 증대시키고, 마침내는 사람들의 완전한 회의론을 견고하게 할 뿐이라는 것도 전혀 이상한 일은 아니다. 그러나 그렇지 않고 우리 지성의 능력을 잘 살펴서, 인지(人知)의 범위를 일단 발견하여 사물의 밝은 부분과 어두운 부분을, 우리가 이해할 수 있는 것과 이해할 수 없는 것을 나누는 경계선을 찾아낸다면 아마도 사람들은 비교적 망설이지 않고 어두워서 이해할 수가 없는 것을 모른다고 솔직하게 인정하고, 밝아서 이해할 수 있는 것을 사유하여 그 논의에 이익과 만족을 한층 더하게 될 것이다.

8. 관념이 나타내는 것*[18]

인간 지성을 탐구하게 된 계기를 말할 필요가 있다고 내가 생각한 것은 이

---

*17 naturally. 자연(nature)이 어원학적으로 '본성'을 의미하고, 자주 그렇게 번역한 것처럼 본성적 또는 본연상이라는 뜻을 포함한다. 이러한 용어법은 영국 고전 경험론의, 나아가서는 당대의 특징이며 그 사상적 성격을 보여주는 것이다.

*18 초판의 내용 목차는 '관념의 변명'이라고 되어 있다.

상과 같다. 내가 생각한 이 주제로 나아가기에 앞서, 독자는 본 논문에서 앞으로 발견하게 되겠지만, '관념'이라는 말을 자주 쓴 점에 있어 먼저 독자들의 양해를 얻고자 한다. 이 말은, 인간이 생각을 할 때 지성의 대상이 되는 것을 나타내는 데에 가장 유익하다고 생각하는 명사(名辭)이므로 나는 심상·사념·형상(形象)이 뜻하는 일체를, 다시 말하면 생각을 할 때 마음이 관여할 수 없는 모든 것을 나타내기 위해 이 말을 썼고, 또 자주 쓸 수밖에 없었던 것이다.

이러한 관념이 사람들의 마음에 있다는 점을 쉽사리 이해해 주시라 생각한다. 누구나 자기 자신 안에 관념을 인식하거니와 사람들의 말이나 행동은, 다른 사람의 마음에 관념이 있다는 것을 누구에게나 충분히 이해하게 할 것이다.

제2장
타고난 이론적 원리는 없다

1. 지식이 얻어지는 진정한 방법을 보여주면, 그것이 타고난 것이 아님을 충분히 증명할 수 있다

지성에는 몇 가지 타고난 원리, 어떤 원생사념(原生思念), 공통사념,[*1] 말하자면 인간의 마음에 찍힌 문자(또는 각인)가 있어서, 영혼[*2]은 처음부터 이것을 받아서 세상으로 가지고 나온다는 것은 어떤 사람들 사이에서 확립된 설이다. 그러나 만약에 내가, 사람들은 (그 본성으로 보아) 자연스러운 기능을 일상적으로 쓸 뿐, 타고난 인상의 도움을 조금도 빌리지 않고도 사람들이 갖는 모든 참다운 앎에 닿을 수가 있고, 그러한 본원적인 사념이나 원리가 없어도 반드시 확실성에 닿을 수 있음을 (앞으로 본 논의에서 명시되기를 바라는 바이지만) 보여주기만 하면, 선입견에 사로잡히지 않은 독자는 이러한 상정이 거짓임을 충분히 이해할 것이다. (예를 들어) 신이 시각을 주었고 눈으로 외부 사물을 통해 색의 관념을 받아들이는 능력을 주신 피조물 안에, 색의 생득 관념을 상정하는 것은 어리석은 일임을 누구나 쉽사리 인정하리라고 나는 생각한다. 하지만 마찬가지로, 약간의 진리를 마음속에 본원적으로 각인되어 있는 것처럼 손쉽게 또 절대 확실하게 아는 데에 적당한 기능, 그러한 기능이 우리에게 있다고 관찰될 때, 이들 진리를 자연의 인상, 타고난 문자(또는 각인) 탓으로 돌리는 일은 도리에 맞지 않을 것이다.

그러나 진리의 탐구에서 자기 자신의 사유를 좇는 사람은, 그 사유로 말미

---

*1 스토아학파에서 나온 철학용어로, 근세에 에드워드 허버트가 생득설을 주장하면서 이 말을 핵심용어로 썼다.

*2 soul. 정신(spirit)과 같은 뜻을 가진 말로 둘 다 이따금 형이상학적 뜻으로 사용되지만 로크 본디의 용법에서는 심리학적, 경험론적 뜻이다.

암아 조금이라도 상도(常道)를 벗어날 때 비난을 면치 못한다. 그러므로 나는 (타고난 원리를 주장하는) 위와 같은 설의 진리성을 나로 하여금 의심케 하는 여러 이유를 들어, 설령 내가 잘못되어 있다 해도 그 변명으로 삼고자 한다. 진리를 발견할 수 있는 곳 어디에서나 나와 함께 진리를 받들 마음이 있는 사람들은 내가 드는 이유를 살펴봐 주기 바란다.

2. 일반적인 동의(同意)*³는 큰 논의의 대상

인류가 널리 합의하는 몇 가지 원리가 이론적이고 실천적인 양쪽에 걸쳐 있다는 것만큼 (왜냐하면 양쪽을 이야기할 수가 있으므로) 당연한 일로서 일반적으로 인정되는 것은 없다. 그래서 사람들은 이렇게 논한다. 이들 원리는 반드시 끊임없이 각인되어야 하며, 사람들의 영혼은 애초에 이 원리를 받아서 영혼의 고유한 어떤 기능과도 마찬가지로 필연적이고 진실하게 이 원리를 가지고 이 세상에 태어나는 것이다.

3. 보편적 찬동은 그 어떤 것도 타고난 것이라는 증명이 되지 못한다

이 보편적 찬동*⁴으로 하는 증명에는 다음과 같은 껄끄러운 면이 있다. 즉 비록 인류가 합의하는 약간의 진리가 있다는 것이 사실상 참이라 해도, 만약에 사람들이 실제로 서로 찬동하는 사물에 있어서 어떤 보편적 합의에 이르는 길을 따로 보여줄 수 있다면, 보편적 찬동은 이들 진리가 타고난 것이라는 증명이 되지 못한다. 나는 그렇게 믿는다.

4. '있는 것은 있다'*⁵와 '같은 사물이 있으면서 없는 일은 있을 수 없다'*⁶는 보편적 동의를 받지 못한다

그러나 더 나쁜 일은, 타고난 원리의 증명에 쓰이는 보편적 찬동이라고 하는 이 증명을 나는 그런 원리가 없다는 논증이라고 본다. 왜냐하면 인류가 널리 동의하는 원리는 하나도 없기 때문이다. 이론적 원리에서 출발하여 '있

---

*3 general assent. 동의는 일상적인 넓은 뜻으로, 로크의 전문용어로서 좁게 한정된 뜻이 아니다.
*4 universal consent. 처버리의 허버트 경은 이것을 생득진리의 '최고 기준'으로 삼았다.
*5 "What is, is."
*6 "It is impossible for the same thing to be and not to be."

는 것은 있다'와 '같은 사물이 있으면서 없는 일은 있을 수 없다'라고 하는 저 당당한 논증 원리를 예로 들어보자. 이들 원리는 특히 타고난 자격을 무엇보다 먼저 인정하는 것이라고 나는 생각한다. 이들은, 널리 받아들여진 공준(公準)*⁷이라는 확고한 명성을 가지고 있으며, 따라서 여기에 의문을 갖는 사람이 있다면 틀림없이 이상한 사람 취급을 받을 것이다. 더 솔직히 말하면 이들 명제는 널리 동의되기는커녕 인류에게 거의 알려져 있지도 않다.

5. 어린이나 바보 등은 알고 있지 못하므로 마음에 자연적으로 각인되어 있지 않다

무엇보다 아이들이나 바보는 명백히 이들 원리를 조금도 알지 못하고 또 생각하지 않기 때문이다. 그리고 인지하지도 생각하지도 못한다는 것은, 모든 타고난 진리에 꼭 수반되어야 할 보편적 동의가 없다는 것을 말한다. 영혼이 지각하지도 않고 이해하지도 않는 진리가 영혼에 각인되어 있다는 것은 모순이다. 각인하는 일에 무엇인가 의미 표시가 있다고 한다면, 어떤 진리를 지각할 수 있게 하는 일뿐이기 때문이다. 마음에 무엇인가를 각인하고도 이것을 지각하지 않는다는 것을 나는 도무지 이해할 수 없다. 그러므로 만약에 아이들이나 바보에게 영혼과 마음이 있고 이들 영혼이나 마음에 그러한 각인이 있다면, 아이들이나 바보는 싫어도 그 각인을 지각해야 하며, 이들 진리를 반드시 알고 그것에 동의할 수밖에 없다.

그러나 아이들이나 바보는 그렇지 않으므로 분명히 그러한 각인은 없는 것이다. 자연히 각인된 생각이 아니라면 어떻게 타고난 것일 수 있겠는가? 또 각인된 생각이라면 어떻게 알려지지 않을 수 있겠는가? 어떤 생각이 마음에 각인되어 있는데 마음이 이 생각을 알지 못하고 지금껏 지각한 일이 없다는 것은 이 각인은 없다는 사실을 잘 보여준다. 마음이 이제까지 알지 못했던 명제, 이제까지 의식하지 못했던 명제, 그러한 명제가 마음속에 있다고는 할 수가 없다. 왜냐하면 만약에 그러한 명제가 하나라도 마음속에 있다면, 같은 까닭으로 참(眞)인 명제로 마음이 언젠가는 동의할 수 있는 명제는 모두 마음속에 각인되어 있다고 말할 수 있기 때문이다. 마음이 여태껏 몰랐던 명제가 마

---

*7 maxim. 로크의 용법에서는 도덕적 격률(格率)뿐 아니라, 여기에서 볼 수 있는 것처럼 이론적인 원리도 아울러 가지고 있으며, 공리(axiom)와 같다. 공준 또는 공리는 자명한 진리지만 타고난 것은 아니다. 로크는 이것을 제4권 제7장에서 자세히 검토한다.

음속에 있다고 한다면 그 까닭은 다만 그러한 명제를 마음이 알 수가 있기 때문이어야 하고, 따라서 마음은 이윽고 알게 될 모든 것의 진리를 알 수가 있는 것이다. 그렇다면 마음이 결코 알 수 없었던 진리나 앞으로도 결코 알지 못할 진리도 마음속에 각인되어 있어야 한다.

인간은 오래 살아도, 결국은 자기 마음을 알 수가 있고 그것도 절대 확실하게 알 수가 있었던 많은 진리를 모른 채로 죽는 일이 있을 것이다. 그러므로 이를테면 아는 능력이 지금 문제가 되어 있는 자연의 인상이라고 한다면, 사람이 언젠가는 알게 될 모든 진리는, 그것(언젠가는 알게 된다고 하는) 때문에 모두가 타고난 것이어야 한다. 그래서 (타고난 진리가 있다고 하는) 이 중요한 논점은, 기껏해야 매우 부적절한 이야기에 지나지 않을 것이다. 그렇게 이야기한다는 것은 자칭 (타고난 원리를 부정하는 사람과) 반대를 주장한다고, 타고난 원리를 부정하는 사람과 똑같은 말을 하고 있는 것이다. 왜냐하면 마음은 몇 가지 진리를 알 수가 있었다는 것, 이것을 부정하는 사람은 이제까지 하나도 없었다고 나는 생각하기 때문이다. (하기야) 타고난 원리설을 주장하는 사람들은, 능력은 타고난 것이며 지식은 획득되는 것이라고 말한다.

그렇다면 일정한 타고난 공준을 찾기 위해 이렇게 다투는 것은 무엇 때문인가? 만약 진리를 몰라도 지성에 각인되어 있다고 한다면, 마음이 알 수 있는 진리 사이에 그 기원에 관해서 있어야 할 (선천적·후천적) 차이를 나는 모르겠다. 진리는 모두 선천적이거나 후천적이어야 한다. 진리를 구별하려고 하는 사람은 헛수고를 하게 될 것이다. 그러므로 지성에 있는 선천적 사념을 이야기하는 사람은 (그것으로 무엇인가 다른 종류의 진리를 말할 작정이라면) 지성이 이제까지 지각하지 않았고, 지금도 전혀 알려지지 않은 진리가 지성에 있다는 말로 끝내서는 안 된다. 왜냐하면 이러한 (지성에 있다고 하는) 말이 설령 알맞다 해도 이 말은 이해할 수 있다고 전제하기 때문이다. 그래서 지성이 이해할 수 없다거나 마음에 아직 지각되지 않았다고 하는 것은, 어떤 사물이 마음 또는 지성에 있는데도 없다고 말하는 일과 같다. 그러므로 만약에 '존재하는 것은 존재한다'와 '같은 사물이 있으면서 없는 일은 있을 수 없다'고 하는 두 명제가 생득적으로 각인되어 있다고 한다면, 아이들은 이들 명제를 모를 리가 없다. 유아를 비롯하여 영혼을 가진 모든 사람들은 지성에 이들 명제를 가지고 있어야 하며, 그것이 참이라는 것을 알고 명제에 동의해야 한다.

6. 이지(理知)를 쓰게 되어야 사람들은 '앎'이라는 논의에 대답한다

위에서 말한 논의를 피하기 위해 일반적으로 이렇게 대답할 수 있다. 사람은 누구나 이지[*8]를 쓰게 되면, 이들 명제를 알고 그것에 동의하게 되며, 이로써 명제의 선천성은 충분히 증명된다.[*9] 나는 이렇게 대답한다.

7.

무릇 선입견에 사로잡혀 자기 자신이 한 말까지도 검토할 수고를 하지 않는 사람에게는, 거의 아무런 뜻도 없는 의심스러운 표현도, 명석한 이유로서 적용되는 법이다. 왜냐하면 조금이라도 허용될 수 있을 만한 뜻을 가지고 이 답론을 현재의 논제에 적용하면, 다음 둘 가운데 하나를 나타내야 하기 때문이다. 즉 사람들이 이지를 쓰게 되자마자 이들의 이른바 타고난 기록이 이지에 의해 알려지고 관찰되어야 하거나, 아니면 사람들의 이지의 사용이나 행사가 그들을 도와서 이들 원리를 발견하게 하고 이것을 그들에게 절대 확실하게 알리거나 어느 한쪽이어야 한다.

8. 이지가 발견해 냈다 해도 생득은 증명되지 않을 것이다

(먼저) 이지의 사용으로 사람들이 이들 원리를 발견할 수 있고, 이로써 이들 원리의 선천적인 획득이 충분히 증명되었다고 한다면, 이 논의가 나아가는 방향은 이렇게 될 것이다. 즉 이지에 의해 절대 확실하게 우리가 발견할 수 있으며 굳게 동의할 수 있는 진리는, 그것이 무엇이든 모두 마음에 태생적으로 각인되어 있다. 왜냐하면 이러한 진리의 표시로 여겨지는 저 보편적 동의는 이러한 일, 곧 우리는 이지의 사용으로 이들 진리를 절대 확실하게 알고, 이에 동의하게 될 뿐이기 때문이다. 이렇게 되면 수학자의 공준과 거기에서 연역되는 정리 사이에 차이는 없을 것이다. 모든 것은 똑같이 타고난 것이라고 인정되어야 한다.[*10] 왜냐하면 모든 것이 이지의 사용에 의한 발견으로, 이지를 갖춘 피조

---

*8 reason. 엄밀하게는 연역적 추리 기능을 뜻하지만, 조금 느슨하게 논리적 사고 일반을 뜻하기도 한다. 어느 쪽이든 지성의 기능이며 경험에 관련되는 기능이다. 그래서 '이성'이라 하지 않고 '이지'라는 말을 사용했다.

*9 잠재적인 생득 원리가 경험이 진행되는 동안에 이지에 의해서 현재화(顯在化)되어 인지된다고 하는 소질생득론으로 부르는 사람도 있는 주장이다.

*10 라이프니츠는 바로 이와 같이 주장한다.

물이 사유를 그 방향으로 올바르게 돌리면 절대 확실하게 알게 되는 진리이기 때문이다.

9. 이지가 발견한다고 하는 것은 거짓이다

하지만 이지란(이 설을 주장하는 사람들이 하는 말을 믿어도 된다 치고) 이미 아는 원리, 또는 명제로부터 미지의 진리를 연역하는 기능이라고 할 때,*[11] 타고난 것으로 여기는 원리를 발견할 때 과연 이지를 사용해야 할까? 앞에서도 말했듯이, 이지가 가르치는 일체의 절대 확실한 진리는 타고난 것이라고 주장하지 않는 한, 발견하기 위해 필요한 이지가 타고난 것이라고는 도저히 생각할 수가 없다. 지성에 본디부터 각인되어 있으며, 더욱이 지성이 지각하지 않는 동안에는 지성에 있을 수가 없는 것, 그러한 것을 지성이 보게 하기 위하여 이지 또는 이지를 서야 할 필요가 있다면, 눈에 보이는 사물을 눈으로 하여금 발견하게 하는 것에도 이지의 사용이 필요하다고 해야 하리라. 그러므로 그런 식으로 각인된 진리를 이지로 하여금 발견하게 한다는 것은, 이지의 사용이 어떤 사람이 미리 알고 있는 것을 알린다는 뜻이다. 그리고 만약에 사람들이 이들 선천적으로 각인된 진리를 이지의 사용 이전에 본원적으로 가지고 있으며, 더욱이 이지를 쓰게 될 때까지는 줄곧 모른다고 한다면, 사람들은 결국 그러한 진리를 앎과 동시에 모른다고 해야 한다.

10.

이때 상황에 따라서는, 수학의 논증이나 그 밖의 타고난 것이 아닌 진리는 제안되어도 곧장 동의되지는 않는데, 여기에 그 공준이나 그 밖의 타고난 진리와의 차이가 있다고 할 수 있다. 제안되면 바로 이루어지는 동의*[12]는 뒤에서(제4권 제2장 제1절에서) 좀더 자세히 이야기할 기회가 있을 것이다. 여기에서는 다만, 그 공준과 수학의 논증이란 다음과 같은 점에서 다르다고 인정하기로 하자. 즉 수학의 논증을 명백히 하여 우리의 동의를 얻기 위해서는 이지가 필요하고, 여러 가지 입증의 사용이 필요하지만, 공준은 이해되자마자 아무

---

*11 로크 자신의 정의이다.

*12 '제출되면 곧 이루어지는 동의'는 직관적 참다운 앎에 동의하는 것이다. 직관적 참다운 앎은 제4권 제2장 제1절 참조.

런 추리도 없이 신봉되고 동의된다는 점이다. 그러나 내 생각에 이와 같이 말한다는 것은, 저 (이른바 타고난) 일반적 진리의 발견에 추리가 조금도 쓰이지 않는다고 고백해야만 하므로, 일반적 진리의 발견에 이지의 사용이 필요하다고 했던(제6절에서 말한) 평계의 약점을 드러내는 것이다. 그래서 이와 같은 답변을 하는 사람도, '같은 사물이 있으면서 없는 일은 있을 수 없다'는 공준의 지식이 이치의 연역이라고는 자진해서 단언하지 않으리라 생각한다. 왜냐하면 그와 같이 단언한다는 것은 이들 원리의 지식을 우리 사유의 노작(勞作)에 의지하게 하는 것이므로, 이 사람들이 매우 좋아하는 (타고난 기록이라고 하는) 자연의 혜택도 잃게 될 것이기 때문이다. 추리는 모두 탐색이며 숙고하는 일로서, 노고와 전념을 요구하니까 말이다. 그렇다면 우리 이지의 바탕이자 안내자로서 자연히 각인된 것을 발견하기 위해 다시 이지를 필요로 한다는 것을 어떻게 조금이라도 허용할 수가 있을까?

11.

지성의 작용을 조금이라도 깊이 내성(內省)하는*13 수고를 하려는 사람은 알게 되겠지만, 어떤 진리에 마음이 이와 같이 대번에 동의한다는 것은, 타고난 기록이나 이지의 작용에 기초하는 게 아니라, 뒤에서(제4권 제7장 제2절에서) 보는 바와 같이 전혀 다른 마음의 어떤 기능에서 비롯된다는 것이다. 따라서 우리로 하여금 위에서 말한 공준에 동의하게 하는 데에 이지는 아무 일도 하지 않으므로, 만약에 사람들이 이지를 쓰게 될 때 이들 공준을 알고 이에 동의한다는 뜻이, 이지가 우리를 도와서 이들 공준을 알려준다는 것이라면 그것은 완전히 거짓이며, 참이라 해도 이들 공준이 타고난 것이 아님을 증명하는 일이 된다.

12. 이지를 쓰게 되는 것은 그 공준을 알게 되는 시기가 아니다

이지를 쓰게 될 때 알고 동의한다는 말이, 마음이 공준을 지각하게 되는 시기로서 아이들이 이지를 쓰게 되면 곧 이 공준도 알고 동의한다는 뜻이라면, 이것 또한 거짓이자 어처구니없는 일이다. 첫째, 거짓이다. 왜냐하면 이지를 쓰

---

*13 reflect. 내성(reflection)과 함께 로크 지식론의 기본적 전문용어의 하나로, 제2권 제1장 제4절에서 정의된다. 일상어적 용법일 때에는 '성찰한다' '성찰'이라고도 옮겼다.

기 시작하는 그런 이른 시기에는 이들 공준은 아직 뚜렷하게 마음에 없으며, 따라서 이지를 쓰게 되는 것을 공준 발견의 시기로 보는 것은 거짓이기 때문이다. (예를 들어) '같은 사물이 있으면서 없는 일은 있을 수 없다'는, 위에서 말한 공준을 아이들이 조금이라도 알기 훨씬 이전에 이지를 쓰는 예를 우리는 아이들에게서 얼마나 많이 관찰할 수 있는가. 또 무지한 민중이나 미개인의 대부분은 이지를 써야 할 나이가 되어도 위에 든 것이나 그와 비슷한 일반 명제를 조금도 알지 못한 채 많은 세월을 보낸다. 하기야 사람들은 이지를 쓸 수 있게 되기까지 이러한, 선천적이라고 여겨지는 일반적이며 비교적 추상적인 명제를 알게 되지는 않는다. 그리고 나는 덧붙이건대 이지를 쓰게 되어도 알게 되지는 않는다. 왜냐하면 그러한 일반적인 공준은 일반 추상관념*[14]에 관계되지만 이 일반 추상관념은 사람들이 이지를 쓰게 된 뒤까지 마음에 형성되지 않기 때문이며, 일반적인 공준은 타고난 원리로 잘못 알려져 있으나 실은 발견되는 것이고, 아무리 상도에서 벗어난 사람도 타고난 것이라고 결코 생각하지 않는 다른 몇 가지 명제와 같은 방법으로 마음속에 들어와, 같은 절차로 발견되는 진정한 일이기 때문이다. 이 점을 나는 본 논의가 진행됨에 따라 (먼저 이번 장 제15절에서) 누구나 쉽게 이해할 수 있기를 바란다. 그러므로 사람들이 그러한 일반적 진리를 알기 전에 이지를 쓰도록 되어야 한다는 점은 나도 인정한다. 하지만 사람들이 이지를 쓰게 되는 것이 일반적인 진리를 발견하는 시기라는 점은 부정하는 바이다.

13. 이 (이지를 쓰게 되는 시기라고 하는) 점에서는 공준과 인지 가능한 다른 진리는 구별되지 않는다

어쨌든 이렇게는 말할 수 있다. 즉 사람들이 이지를 쓸 수 있게 될 때 그 공준을 알고 이에 동의한다는 말은, 사실상 이지를 쓰기 전에는 결코 공준은 알려지거나 지각되지 않고, 아마도 그 뒤 인간의 평생 동안에 언젠가는 동의하겠지만, 그것이 언제가 될지는 분명치 않은 일이 될 뿐이다. 그렇다면 공준뿐 아니라 우리가 알 수 있는 다른 모든 진리도 마찬가지일 것이다. 그러므로 우리가 이지를 쓰게 될 때 알 수 있다고 하는 이 특징 아래에서 공준은 다른 진

---

*14 general abstract idea. 제3권 제3장에서 고찰된다.

리보다 뛰어나지도 않고 구별되지도 않으며, 또 타고난 것이라고 증명되지도 않고 오히려 그 정반대이다.

14. 이지를 쓰게 되는 것이 공준 발견의 시기라고 해도 공준의 생득은 증명되지 않는다

둘째, 공준을 알고 이에 동의하는 시기는 사람들이 이지를 쓰게 될 때와 일치한다는 것이 이를테면 참이라 해도 이로써 공준의 생득이 증명되지는 않는다. 이러한 증명 방법은 증명 자체의 상정이 거짓임과 마찬가지로 터무니없는 일이다. 어떤 사념이 마음의 맨 처음 구조로 자연히 (생득적으로) 각인되어 있는 것은 (이지라고 하는) 작용 영역이 전혀 다른 마음의 어떤 기능이 행사되기 시작할 때 비로소 이 사념을 관찰하고 동의할 수 있기 때문이라는 것은 어떤 종류의 논리로 그렇게 되는 것인가? 이렇게 되면 유아가 말을 시작하는 시기가 위에서 말한 공준이 처음으로 동의되는 시기라고 해도(이 생각은 사람들이 이지를 쓰게 되는 시기와 같은 정도로 참이라고 할 수 있다), 이 능력의 발휘가 공준의 생득을 훌륭하게 입증하며, 이 점은 사람들이 이지를 쓸 수 있게 될 때 공준에 동의하므로 공준은 타고난 것이라는 말과 같다. 그렇다면 마음이 이지를 행사할 수 있게 될 때까지, 이러한 일반적이고 자명한 공준의 지식은 마음에 없다는 점에서는, 내 생각도 그 타고난 원리를 주장하는 사람들과 같다. 그러나 나는, 이지를 쓰게 된다는 것이 공준을 처음으로 지각하는 시기와 딱 일치한다는 점은 부정하며, 또 그 시기가 정확히 같다 하더라도 이로써 공준의 생득이 증명된다는 점은 부정한다. 사람들이 이지를 쓸 때, 공준에 동의한다고 하는 명제가 조금이라도 진정으로 뜻할 수 있는 것은 다음일 뿐이다. 즉 일반 추상관념을 만들고 일반명(一般名)을 이해한다는 것은 이지의 기능에 따른 사항으로서 이 기능과 함께 성장하므로, 아이들은 친숙해진 비교적 특수한 관념에 있어서 꽤 오랫동안 이지를 행사한 뒤, 다른 사람과의 일상 담론이나 행동에서 이지적 담화가 가능하다고 인정될 때까지는 그러한 일반관념을 얻는 일도, 일반관념을 나타내는 이름을 배우는 일도 없다는 것이 일반적이다. 사람들이 이지를 쓰게 될 때 그 공준에 동의한다는 것이 어떤 다른 뜻으로 참이 될 수 있다면, 바라건대 그것을 보여주기 바란다. 적어도 어떻게 해서 위와 같은 뜻 또는 다른 어떤 뜻으로 공준의 생득을 증명하는가를 보여주기 바란다.

15. 마음이 여러 가지 진리를 얻는 절차

먼저*[15] 여러 가지 감각기관이 개개의 관념을 받아들여, 그때까지 비어 있던 방(곧 마음)에 갖추어 둔다. 그리고 마음은 어떤 관념에 점차 익숙해지므로 관념은 기억에 머물고, 이것에 이름이 붙여진다. 그 뒤 이것은 더 나아가 마음은 관념을 추상하고, 일반명의 사용을 차츰 배우게 된다. 이리하여 마음은 그 추론 기능을 행사하는 재료인 관념과 언어를 갖추게 된다. 이지가 관여하는 이러한 재료가 늘어남에 따라, 이지의 사용은 날이 갈수록 두드러진다. 하지만 (이렇게 해서) 일반관념을 갖는 것과 일반이나 이지를 쓰는 일은 평소에 나란히 앞으로 나아가지만, 이것이 어떻게 일반관념의 생득을 증명하는지를 나는 모르겠다. 하기야 진리 가운데에는, 그 지식이 마음에 매우 일찌감치 있는 것도 있다. 그러나 그 진리가 타고난 것이 아님을 보여주는 방법으로 있는 것이다. 왜냐하면 잘 살펴보면 알 수 있는 일이지만, 그 지식은 타고난 관념이 아니라 (후천적으로) 얻어진 관념에 관계되기 때문이다. 즉 이 지식은 먼저 외부의 사물이 처음 각인되는 관념, 유아가 매우 일찍 관여하는 관념, 유아의 각 기관에 가장 빈번하게 입력되는 관념, 그러한 관념에 관계되는 것이다. 이렇게 해서 얻어진 관념으로 마음이 기억을 조금이라도 쓰면, 곧 (다시 말하면) 관념을 파악할 수 있고*[16] 받아들일 수 있으면 어떤 관념은 일치하고 다른 어떤 관념은 다르다는 점을 발견한다. 하지만 그때이건 그때가 아니건, 다음과 같은 점은 절대 확실하다. 즉 마음은 말을 쓰기 훨씬 이전에, 또는 이지를 쓰기 훨씬 이전에 관념의 일치와 차이를 발견하게 된다. 왜냐하면 아이는 말을 할 수 있기 전에 (예를 들어) 달다는 관념과 쓰다는 관념의 차이를 (즉 달다는 것은 쓰다는 것이 아니라는 사실을) 절대 확실하게 알고, 그것은 나중에 (말을 할 수 있게 되었을 때) 쑥과 알사탕은 같지 않다는 것을 아는 일과 같다.

---

*15 본 절에서 요약적으로 기술되는 것이 제2권부터 전개된다. 따라서 이 책의, 더 나아가서는 로크의 경험적 지식론의 조감도라고 할 수 있다.

*16 retain. 파악(retention)과 함께 제2권 제10장에서 다루어진다.

16.

(이를테면) 아이는 7까지 셀 수 있게 되고, 또 '동일'하다는 이름과 관념을 획득할 때까지 3과 4가 7과 같다는 것을 모른다. 그리고 7까지 셀 수 있고 '동일'하다는 이름과 관념이 얻어진 뒤 이와 같은 설명을 하면, 아이들은 이내 이 명제가 참이라는 데에 동의한다. 어떤 때에는 참이라는 것을 알아차리게 된다. 하지만 아이는 명제가 타고난 진리이기 때문에 바로 동의한 것이 아니며, 아이에게 이지의 사용이 결여되어 있었으므로 그때까지 아이의 동의가 없었던 것도 아니다. 명제가 진리라고 하는 것은, 그러한 이름이 나타내는 명석 판명한 관념을 아이들이 자기 마음에 받아들이고 나면, 어린이에게 이내 명백해지는 것이다. 따라서 아이가 이 명제가 진리임을 아는 근거와 수단은 (예를 들면) 작은 가지와 버찌가 같은 것이 아니라고 이전에 알았던 근거와 수단과 같으며, 또 '같은 사물이 있으면서 없는 일은 있을 수 없다'고 나중에 알게 되는 근거(와 수단)와 같다. 이 점은 뒤에 (제4권 제7장 제3절 이하에서) 한층 뚜렷하게 제시될 것이다. 그러므로 어떤 사람이 그러한 공준과 관련된 일반관념을 지니게 되는 것, 또는 공준을 나타내는 일반명사(名辭)의 의미와 표시를 알게 되는 것, 나아가서는 일반명사가 나타내는 관념을 마음속에 나열해 보게 되는 것, 이러한 것들이 늦으면 늦을수록 그 사람은 이 공준에 관한 동의가 늦어질 것이다. 공준의 명사(名辭)는, 명사가 나타내는 관념과 함께 (예를 들어) 고양이나 족제비와 같은 명사와 마찬가지로 타고난 것이 아니므로, 그러한 사람은 때가 되어 명사나 관념을 관찰하여 그것들을 알게 될 때까지 가만히 기다리고 있어야만 한다. 그러한 시기가 와서 공준의 명사나 관념을 알고 나면, 그 사람은 명사가 나타내는 관념을 마음속에서 늘어놓아, 공준의 명제에 표현되는 대로 관념이 일치하는가 그렇지 않은가를 살피게 되는 맨 처음의 기회에 이 공준의 진리를 알게 될 것이다. 그러나 그렇다고 해서 (예를 들어) 성인이 18과 19가 37과 같다는 것을 1과 2가 3과 같다는 것과 마찬가지로 쉽게 알 듯이 아이도 이를 쉽게 알아낼 수 있는 것은 아니다. 이는 아이에게 이지의 사용이 없어서가 아니라 18, 19, 37이 나타내는 관념이 1, 2, 3이 뜻하는 관념만큼 빨리 얻어지지 않기 때문이다.

17. 제안되고 이해되자마자 바로 동의한다는 것은 진리의 생득을 증명하지 않는다

그러므로 이지를 쓰게 될 때 일반적으로 동의하게 된다는 이 변명은 실제에 있어 실패하고, 타고난 것이라고 여겨지는 진리와 후천적으로 획득되고 학습되는 다른 진리와 다르지 않게 한다. 그래서 사람들은, 공준이라고 사람들이 부르는 것이 제안되고, 공준을 제안하는 명사가 이해되면 공준은 일반적으로 곧 동의된다고 해서, 이것으로 공준이라 불리는 것에 있어서 보편적 동의를 확보하려고 노력했다. 왜냐하면 그들은 모든 사람들이, 아이들마저도 그와 같은 명사를 듣고 이해하면 곧 그 명제에 동의하는 것을 보았으므로, 명제의 생득은 이것으로 충분히 증명된다고 생각하기 때문이다. 사람들이 (그러한 명제를 만드는) 말을 일단 이해하고 나면, 명제를 틀림없는 진리로 잘못 인정하는 일은 결코 없다. 그래서 사람들은 이와 같은 명제가 절대 확실하게 처음부터 마음속에 깃들어 있어서, 조금도 가르치지 않아도 이 명제가 안되었을 때부터 이내 이 명제에 동조하고 동의하여 그 뒤 두 번 다시 의심하는 일은 결코 없다고 추론했을 것이다.

18. 만약에 그러한 동의가 생득의 증거라면, '1과 2는 3과 같다'거나 '단 것은 쓴 것이 아니다'라는 이와 비슷한 수많은 일이 타고난 것이어야 한다

이에 대답해서 나는, 어떤 명제를 처음으로 듣고 명사를 이해하면 바로 이 명제에 동의하는 일이 생득원리의 절대 확실한 증거인가를 묻는 바이다. 만약에 그러한 표시가 아니라면, 그러한 일반적인 동의를 생득명제의 증거라고 내세워도 소용없는 일이다. 생득의 증거라고 한다면, 그렇게 말하는 사람들은, 들으면 곧 일반적으로 동의하는 명제를 모두 타고난 것으로 인정해야 하며, 따라서 이 사람들은 생득원리를 많이 저장하고 있다는 사실을 알게 될 것이다. 왜냐하면 사람들이 공준을 타고난 것으로 통용시키려고 한 것과 같은 근거, 즉 명사를 처음으로 듣고 이해하면 동의한다고 하는 동일한 근거에 기초해서, 우리는 수에 관한 약간의 명제도 타고난 것으로 허용해야만 하며, 예를 들어 '1과 2는 3과 같다' 또는 '2와 2는 4와 같다', 또는 그 밖에 많은, 누구나 명사를 처음 듣고 이해하면 곧 동의하게 되는, 수의 비슷한 명제는 앞서 말한 생득공리와 같은 위치에 놓여야만 하기 때문이다. 또 이것은 수만이 갖는 특권이 아니며, 수의 어떤 것에 만들어지는 명제의 특권도 아니다. 자연학*[17]이나 그 밖의 모든 학문도 이해되면 바로 동의를 틀림없이 만나는 명제를 만들어 낸다. (예를 들어) '두 개의 물체는 같은 장소에 있을 수가 없다'고 하는 것은 '같은 사물이 동시에 있고 없을 수가 없다', 또는 '하양은 깜장이 아니다', '정사각형은 원이 아니다'나 '노란색은 단 것이 아니다'라고 하는 공준과 마찬가지로, 누구나 망설이는 사람이 없는 진리이다.

이들 명제나 나머지 수많은, 적어도 우리에게 분명한 관념의 수많은 그러한 명제는, 지혜로운 사람이 처음으로 듣고 그 이름이 나타내는 것을 알면, 바로 필연적으로 동의해야만 한다. (그것뿐만이 아니다.) 만약에 이러한 (생득론을 주장하는) 사람들이 자기 자신의 규칙에 충실하기 위하여, 명사를 처음 듣고 이해하자 곧 동의하는 일을 생득의 표시라고 주장한다면, 이들은 사람들이 분명한 관념을 가지는 만큼, 그만큼 수많은 생득명제를 인정하지 않으면 안 된다. 뿐만 아니라 다른 관념이 서로 부정하는 명제를 사람들이 만드는 만큼, 그만큼 수많은 생득명제를 인정해야만 한다. 왜냐하면 하나의 관념이 이들과 다른 관념으로 부정되는 명제는 모두, '같은 것이 동시에 있으면서 없을 수가 없다'고 하는 일반명제와, 또는 이 명제를 바탕으로 한층 이해하기 쉬운 명제인 '같은 것은 다르지 않다'와 같은 명제와 마찬가지로, 명사를 처음으로 듣고 이해하면 절대 확실하게 곧 동의될 것이기 때문이다. 따라서 이러한 사람들은 다른 종류의 명제를 들지 않아도, 이 하나의 종(種)에 무수한 생득명제를 가질 것이다. 하지만 명제가 관련되는 관념이 타고난 게 아닌 이상, 그 어떤 명제도 타고난 것일 수가 없으므로,*[18] 위와 같이 말하는 것은 우리의 색이나 소리, 맛이나 모양 따위의 관념을 모두 타고난 것이라고 생각하는 일과 같다. 그러나 이처럼 이지와 경험에 반대되는 일은 없다. 명사를 듣고 이해하면 보편적으로 곧장 동의한다는 것은 (나도 인정하는 바이지만) 자명한 표시이다. 하지만 자명이라고 하는 것은 타고난 인상에 달린 게 아니라 (제4권 제7장 제2절에 나오는 바와 같이) 다른 어떤 것에 달려 있다. 따라서 타고났다고 감히 말할 정도

---

*17 natural philosophy. 물리적 자연에 관한 경험적인 법칙 정립의 학문으로, 뉴턴의 학문적 탐구도 자연학이라고 불렸다. 자연과학이라는 말은 아직은 성립되어 있지 않았다.

*18 명제의 생득성은 관념의 생득성을 전제하며, 관념은 생득적이 아니다. 이것이 본 권 제4장의 주제이다.

로 상도를 벗어난 사람이 없었던 약간의 명제에도 자명은 따르기 마련이다.

19. 이러한 비교적 일반적이 아닌 명제가 보편적인 공준보다도 먼저 알려진다

또 '1과 2는 3과 같다'나 '초록은 빨강이 아니다' 등의, 처음으로 듣고 곧 동의할 수 있는 비교적 특수하고 자명한 명제는, 생득원리로 보이는 가장 보편적인 명제의 귀결로서 받아들여진다고 말하지 말기 바란다. 지성에 일어나는 일을 살피는 수고를 하기만 하면 누구나 알 수 있다시피 위에서 말한 것과는 다른 비교적 일반적이지 않은 명제는, 가장 일반적인 공준을 전혀 모르는 사람도 절대 확실하게 알고 굳게 동의할 수 있다. 따라서 그러한 명제는 그 (그 사람들이 말하는) 제1원리보다 먼저 마음에 있으므로, 그러한 명제를 처음으로 듣고 곧 받아들이는 동의는 제1원리 때문일 리가 없는 것이다.

20. '1과 1은 2와 같다' 등은 일반적이 아니고 유용하지도 않다는 말에 답한다

만약에 위에서 말한 명제, 즉 '2와 2는 4와 같다'나 '빨강은 파랑이 아니다' 등은 일반적인 공준이 아니며 그다지 유용하지도 않다고 누군가 말했다고 하자. 그에 대답하자면, 그러한 일은 들어서 이해하면 보편적으로 동의한다고 하는 (생득론자의) 증명과는 아무런 관련도 없다. 만약에 이 (들어서 이해하면 보편적으로 동의하는) 점이 생득의 절대 확실한 표시라면, 들어서 이해하면 곧 일반적으로 동의되는 명제를 발견할 수가 있는 한, 그러한 명제는 '같은 사물이 동시에 있고 없을 수 없다'고 하는 명제와 마찬가지로 생득명제로 허용되어야만 한다. 왜냐하면 이 (들어서 이해하면 보편적으로 동의하는) 근거에서는 같기 때문이다. 또 공준이 한층 일반적이라는 차이가 있는데, 이것은 (오히려) 이 공준을 타고난 것으로부터 멀어지게 한다. 왜냐하면 (공준을 만드는) 저 일반적이고 추상적인 관념은, 보다 더 특수하고 자명한 명제의 관념에 비해 우리가 처음으로 인지하는 것과는 인연이 먼 것으로, 따라서 지성이 성장해서 일반적 추상적 관념을 인정하고 동의하기까지 오래 걸리기 때문이다. 또 칭찬을 받고 있는 공준의 유용성에 있어서는, 뒤에 알맞은 장소(즉 제4권 제7장 제11절)에서 좀더 자세히 살피게 되면 일반적으로 생각하는*[19] 정도로 크지 않다는 사실

---

*19 conceive. 상념(conception)과 함께 이른바 개념적 사고가 아니다. 적어도 로크는 그러한 개념적 사고를 구상적, 경험적 관념사고에 되돌리려고 노력한다. 또 일상적 용법일 때 '생각한

을 알게 되리라 본다.

21. 이러한 공준이 제안되기까지 알려지지 않은 때가 있다는 점은 공준이 타고난 것이 아님을 증명한다

그러나 명제의 명사를 처음으로 듣고 이해하자마자 곧 명제에 동의한다는 논의가 끝난 것은 아니다. 미리 확인해 두건대 이것은 명제가 타고난 것이라는 표시가 아니라 오히려 그 반대되는 증거이다. 왜냐하면 그렇게 말한다는 것은, 다른 사물을 이해하고 아는 사람들이 그 원리를 제안할 때까지 알지 못하고, 다른 사람으로부터 들을 때까지 이들 진리를 모른다고 생각하기 때문이다. 만약에 그러한 원리(또는 진리)가 타고난 것이라면, 이 원리는 자연의 본원적인 인상(예컨대 그러한 것이 있다고 한다면)에 의해서 지성에 존재하는 것이므로, 미리 알고 있다고 할 때 무슨 필요가 있어서 동의를 얻기 위해 원리를 제안하는 걸까? 또 원리를 제안하면 자연히 각인되어 있는 것보다 더 명석하게 마음에 새겨지는가? 그렇다면 그 귀결은, 이와 같이 원리를 (제안하여) 가르친 나중 것이 앞엣것(자연히 각인된 대로일 때)보다 원리를 잘 알게 될 것이다. 그렇게 되면 이러한 원리는, 자연히 각인되었을 때보다도 다른 사람한테 배우는 편이 우리에게 한층 뚜렷해지는 결과가 될 것이다. 하지만 이것은 생득원리설과 들어맞지 않고, 생득원리에 권위를 부여하는 일은 (없다고 해도 좋을 정도로) 매우 적다. 오히려 생득원리를, 다른 모든 지식의 바탕이라 일컬어지고 있는 것처럼 바탕이 되기에 걸맞지 않게 한다. 이러한 자명한 진리의 대부분이 제안되어야 비로소 사람들이 알게 된다는 것은 부정할 수 없는 사실이다. 그러나 분명히 그러한 사람들은, 누구나 자기 자신 안에서 발견하기는 하지만, 전에는 몰랐던 명제를 그때 처음으로 알기 시작하는 것이다. 그리고 그 이후에는 이 명제를 결코 의심하지 않게 되는데, 그것은 명제가 타고난 것이기 때문이 아니라 그러한 (명제를 만드는) 말에 포함되는 사물의 본성에 대한 고찰이 아무리, 또 몇 번이고 성찰하도록 만들어져도 다른 사고방식을 허용하지 않을 것이라는 이유에서이다. 그러므로 이를테면 명사를 처음으로 듣고 이해하자마자 바로 동의하는 것은 무엇이든지 생득원리로서 통용되어야 한다면, 충분한 근거

다와 같은 평이한 번역어를 고르는 때도 있다.

에 기초해서 개개의 사물로부터 일반규칙을 이끌어 내는 관찰은 모두 타고난 것이어야 한다. 하지만 절대 확실하게, 모든 사람들이 아니라 단지 총명한 두뇌를 가진 사람만이, 우연히 이러한 관찰을 해서 이것을 일반명제로 정리하는 것이며, 일반명제는 타고난 것이 아니라 개개의 사례에 관해 선행하는 식견과 성찰에서 모아진다. 사물을 잘 관찰하는 사람에 의해서 이러한 일반명제가 만들어지면, 깊이 관찰하지 않는 사람은 이 명제가 자기에게 제시될 때 그것에 동의하지 않을 수가 없는 법이다.

22. 제안되기 전에 잠재적으로 안다는 것은, 마음이 이해할 수 있다는 것을 뜻한다. 그렇지 않으면 아무런 뜻도 나타내지 않는다

또한 지성이 이러한 원리를 처음으로 듣기 전에, 그 현재적인 (분명한) 지식은 아니지만 잠재적인 지식을 갖는다고[20] 한다면(원리가 알려지기 전에 지성에 있다고 말하려는 사람은 그렇게 말해야 한다), 지성에 잠재적으로 각인된 원리라는 것은, 마음이 그러한 명제를 이해할 수 있고 굳게 동의할 수 있다는 뜻이 아닌 이상 그 의미를 생각하기 어렵다. 그리고 이렇게 되면 제1원리뿐 아니라 수학의 모든 논증은, 태어날 때부터 마음에 각인된 것으로 받아들일 수밖에 없다. 그러나 명제의 논증이 논증된 뒤에 동의하는 것보다도 어렵다는 것을 아는 사람은, 논증이 생득적으로 각인되어 있다고 인정하지는 않으리라 생각한다. 또 (예를 들어) 자기가 이제까지 그린 그림이 마음에 자연히 각인되어 있는 타고난 각인의 모사(模寫)에 지나지 않았다고 자진해서 믿으려는 수학자는 아마도 없을 것이다.

23. 처음으로 듣고 바로 동의한다는 증명은 선행한 가르침이 없다는 거짓된 생각에 기인한다

이제까지의 증명에는 또 다음과 같은 약점이 있다고 생각한다. 이 증명이 우리를 설득하려는 점은 이런 것 같다. 즉 사람들은 배우지도 않은 명제를, 다시 말하면 그 어떤 증명 또는 논증의 힘으로 받아들이는 것이 아니라, 다만 명사(名辭)를 천명(闡明)하거나 이해하는 것만으로 받아들이는 명제에 동의하므로,

---

*20 소질생득론이라 일컬어지는 주장의 가장 단적인 표현이다.

거기에서 사람들이 처음으로 듣고 곧 허용하는 공준은 타고난 것으로 생각해야 한다. (이런 뜻인 것 같다. 그런데) 이 증명에는, 사람들은 예정에 몰랐던 일을 가르침을 받고 배우는 것이 정상인데, 새로 가르침을 받거나 배우는 일이 없다고 생각하는 오류가 있다.

먼저 뚜렷하게, 사람들은 명사와 그 뜻이 나타내는 바를 배운 것이지, 그 어느 것도 태어나면서부터 가지고 있는 것이 아니다. 그러나 지금 획득된 지식은 이것이 전부가 아니다. 명제와 관련된 관념 자신이 그 이름과 마찬가지로 날 때부터 있는 게 아니라 나중에 얻어지는 것이다. 그러므로 처음으로 듣고 곧 동의하는 모든 명제에서 명제의 명사도, 명사가 이러이러한 관념을 나타내는 것도, 명사가 나타내는 관념 자신도 어느 하나 타고난 게 아니므로, 그러한 명제로 타고난 것으로 무엇이 남는지 알 수 있다면 기꺼이 알고 싶다. 왜냐하면 명사나 관념 가운데 타고난 것으로 여겨지는 어떤 명제를 누군가 다른 사람이 예시해 주면 즐겁기 때문이다. 우리는 관념이나 명사를 차츰 획득하여 서로의 적절한 결합을 배운다. 그리고 나서 다음과 같은 명제에, 즉 의미 표시가 이미 배운 명사로 만들어져서 (명사가 나타내는) 관념이 나열되면 이 관념으로 지각되는 일치나 불일치가 표현되어 있는 명제를 처음으로 듣고 동의하는 것이다. 하지만 명제 그 자체로서는 그러한 명제와 마찬가지로 절대 확실하고 뚜렷해도, (이 명제를 만드는 관념만큼) 그만큼 바로 또는 쉽사리 얻을 수 없는 관념에 관한 명제에는 (앞의 명제와) 동시에 동의할 수 없다. (예를 들어) 아이가 사과와 불을 잘 알고 이들 두 가지 서로 다른 사물이 분명하게 마음에 각인된 관념을 얻어, 사과라는 이름과 불이라고 하는 이름이 사과와 불을 나타낸다는 점을 배우고 나면 '사과는 불이 아니다'라는 명제에 재빨리 동의하지만, '같은 물건이 동시에 있고 없을 수는 없다'라는 명제에 그 아이가 동의하는 것은, 아마도 몇 년이 지난 뒤일 것이다. 왜냐하면 (뒤의 명제의) 말도 (앞의 명제의 예와) 마찬가지로 손쉽게 배울 수 있지만, 그 의미의 표시는 (사과나 불처럼) 어린이가 다루는 감지할 수 있는 사물에 얽힌 이름에 비해서 넓고 포괄적이며 추상적이므로, 그러한 말의 정확한 뜻을 아이가 배우는 데에는 오래 걸리고, 말이 나타내는 일반관념을 마음에 알기 쉽게 만들기 위해서는 한층 많은 시간이 필요하기 때문이다.

그렇게 될 때까지, 그러한 일반명사로 만들어진 명제에 아이를 동의하게 하려고 아무리 노력해도 헛수고일 것이다. 그러나 어린이가 그러한 관념을 얻고 이 이름을 배우고 나면, 아이는 위에 든 명제의 앞부분(즉 '사과는 불이 아니다')뿐만 아니라 뒷부분(즉 '같은 사물이 동시에 있고 없을 수는 없다')에도 곧 자진해서 동조한다. 그리고 어느 때나 같은 이유에 의해, 곧 아이의 마음에 있는 관념은, 이 관념을 나타내는 말이 그 명제에서 서로 긍정하거나 부정하는 대로 일치하거나 일치하지 않음을 발견하기 때문이다. 하지만 아이의 마음에는 아직 없는 관념을 나타내는 말로 어린이에게 내어놓으면, 명제 그 자체의 참 거짓이 아무리 뚜렷해도, 어린이는 이 명제에 동의도 반대도 하지 않으며 이 명제에 대해 아무것도 알지 못한다. 말은 우리 관념의 기호라는 것을 넘어서면 완전히 공허한 소리에 지나지 않으므로, 우리가 갖는 관념에 대응할 때에는 동의할 수밖에 없지만, 그 이상은 아니다. 그러나 우리 마음에 지식이 들어오는 단계나 과정을 보여주고, 또 여러 동의의 근거를 보여주는 것은 앞으로의 (제2권부터 할) 논의에 속하므로, 여기에서는 다만 나로 하여금 저 타고난 원리를 의심하게 하는 이유의 하나로서 가벼운 언급으로 충분하리라.

24. 보편적으로 동의되지 않으니까 타고난 것이 아니다

보편적 찬동이라고 하는 이 증명에 매듭을 짓자면, 만약에 타고난 것이라면 반드시 보편적으로 동의되어야 한다는 점, 나도 생득원리를 감싸는 사람들과 같은 의견이다. 왜냐하면 어떤 진리가 타고난 것인데 동의되지 않으리라고 하는 것은, 어떤 사람이 어떤 진리를 알고 있으면서 동시에 모른다고 하는 것과 마찬가지로 나로서는 이해할 수가 없기 때문이다. 하지만 그때에는 옹호자 자신이 털어놓은 대로, 이른바 타고난 원리는 타고난 것일 수가 없다. 명사(名辭)를 이해하지 못하는 사람은 동의하지 않을 것이고, 이해는 하지만 그러한 명제를 듣거나 한 번도 생각하지 않은 사람의 대부분도 동의하지 않겠지만, 이것은 적어도 인류의 반은 될 것이라고 생각한다. 그러나 그보다 훨씬 적은 수라도 보편적 동의는 이제 없어지고, 따라서 그러한 명제를 아이들만 모른다 해도 명제가 타고난 것이 아님이 증명될 것이다.

25. 공준은 처음부터 알려지는 것이 아니다

하지만 나는 유아의 생각에 기초해서 증명하고, 유아가 자기 지성에 일어나는 일을 (문자나 말로) 나타내기 전에 이를 바탕으로 결론을 내린다는, 그러한 비난을 받지 않기 위해 이렇게 말하고자 한다. 앞에 든 ('있는 것은 있는 것이다'와 '같은 사물이 있고 없는 일은 있을 수 없다'라고 하는) 두 가지 일반명제는, 아이들의 마음을 맨 먼저 차지하는 진리가 아니고, 획득된 모든 후천적인 생각에 앞서는 것도 아니다. 그러나 만약 이들 일반명제가 타고난 것이라고 한다면, 반드시 그래야만 한다. 시기를 결정할 수 있는가는 문제 삼지 않더라도, 아이들이 생각을 하기 시작하는 때는 분명히 있으며, 아이들의 말이나 행동은 아이들이 생각하기 시작한다는 것을 확신하게 한다. 그러면 아이들이 생각하거나 알거나 동의할 수 있을 때, 만약에 자연적으로 인상지어진 생각이 있다면, 이 생각을 아이들이 모를 수 있다고 이지적으로 생각할 수 있는가? 아이들은 바깥 사물로부터의 인상을 지각하고, 더욱이 그와 동시에 마음속에 새겨지도록 자연적으로 배려되어 있는 문자를 모르는 까닭을 상상할 수 있겠는가? 아이들은 후천적으로 생각을 받아들여 지각할 수 있는데, 아이들이 가지고 있는 원리 그 자체에 도입되어, 거기에 지울 수 없는 문자로 각인되어, 아이들이 앞으로 얻게 될 모든 지식과 추리의 기초이자 인도자라면, 그런 생각을 모르고 있을 수가 있는가? 이것은 헛된 수고를, 또는 적어도 서툴게 쓰는 노고를 공연히 하는 것이다. 이런 식으로 쓰인 문자는, 다른 사물을 매우 잘 보는 눈이라도 읽지 못할 것이다. 그러므로 처음에 알려지지 않고, 비록 알려지지 못했다해도 다른 여러 사물에 대한 의심 없는 지식을 얻게 되는 것을, 진리의 가장 명석한 부분이며 우리의 모든 지식의 바탕이라고 생각하는 일은 잘못이다. 아이는 자기를 길러준 유모가 데리고 노는 고양이나 무서운 깜둥이는 아니며, 먹기 싫은 회충약이나 겨자가 눈물겹도록 가지고 싶은 사과나 설탕이 아님을 절대 확실하게 안다. 아이는 이것을 절대 확실하게 의심하지 않고 안다. 하지만 아이 지식의 이러한 부분이나 다른 부분에 아이가 그 정도로 굳게 동의하는 것은, '같은 사물이 있고 없는 일은 있을 수 없다'라고 하는 원리 덕분이라고 말하는 사람이 있을까? 또는 아이가 누구나 아는 꽤 많은 다른 진리를 알고 있을 시기에, (같은 사물이 있고 없는 일은 있을 수 없다고 하는) 그 명제를 또한 조금이라도 생각하거나 인지한다고 말하는 사람이 있을까? 아이들이 우유병이나 장난감을 손에 들고 이러한 일반적이고 추상적인 사색을 한다고 말하려는 사람은, 그 나이 또래의 (어린) 사람에 비해 자기 주장에 대한 열정과 열의는 뛰어나지만, 진지함과 진실성은 뒤진다고 보는 게 옳다.

26. 따라서 타고난 것이 아니다

그러므로 비교적 일반적이고 추상적인 관념이나 이것을 나타내는 이름을 쓰게 된 성인에게 내어놓으면 으레 즉석에서 동의하게 될 몇 가지 일반명제가 있기는 하지만, 그러한 명제는 나이가 어린 아이에게서 찾아볼 수 있을 리가 없고, 그럼에도 어린아이는 다른 사물을 알고 있으므로 이러한 명제는 이해력이 있는 사람의 보편적 동의를 바랄 수 없으며, 더 나아가 타고났다고 생각할 수가 없다. 왜냐하면 나면서부터 터득한 진리는 (만일 그러한 진리가 있다고 한다면) 적어도 무엇인가 다른 사물을 아는 사람에게 알려지지 않을 수가 없기 때문이다. 만약에 그러한 명제가 타고난 진리라고 한다면, 마음이 아직 생각하지 않았던 진리가 마음에 있는 일은 없으므로, 타고난 생각이어야만 하는 것이다. 이로써 뚜렷해지듯이, 만약에 그 어떤 타고난 진리가 있다고 한다면, 이 진리는 필연적으로 생각할 수 있는 최초의 것이어야 하고, 마음에 나타나는 최초의 것이어야 한다.

27. 타고난 것이 가장 명석하게 모습을 드러내는 곳에서 나타나지 않으므로 타고난 것이 아니다

우리가 논의하고 있는 일반공준이 아이들이나 바보나 대부분의 인류에 알려져 있지 않다는 것, 이 점을 우리는 이미 충분히 증명했다. 이로써 명백한 바와 같이 공준에 보편적인 동의는 없으며, 공준은 일반적으로 각인되는 것이 아니다. 그러나 위의 말 속에는 공준의 생득에 반대하는 다음과 같은 증명이 또한 존재한다. 즉 만약에 그와 같은 (공준을 적은) 문자가 타고난 본원적 인상이었다고 한다면, 그러한 인상의 흔적도 찾아볼 수 없는 인물에게 가장 뚜렷하고 명석하게 나타난다는 점이다. 그리고 나의 의견으로는, 이것은 공준이 타고난 것이 아님을 강하게 추측하게 하는 점이다. 왜냐하면 만약에 공준이 타고난 것이라면, 가장 힘차고 활발하게 드러나야 할 사람에게, 공준은 전혀 알려져 있지 않기 때문이다. 아이들이나 바보, 미개인이나 배운 것이 없는 사람은 다른 사람에 비해서 습관이나 빌려온 의견들에 의한 부패가 가장 적다. 그리고 학습이나 교육이 이 사람들의 타고난 생각을 새로운 틀에 집어넣거나,

자신의 주장이 아니라 배운 이론들을 덧발라, 마음에 자연적으로 쓰여 있는 또렷한 문자를 흐리게 하지는 않는다. 그러므로 이 사람들의 마음에야말로 그러한 생득사념(生得思念)은 모든 사람에게 보이도록 또렷하고 공공연하게 있어서, 마치 아이들의 생각이 누가 보아도 절대 확실하게 또렷하고 공공연한 것과 마찬가지라고, 그렇게 떠올리는 사람이 있어도 마땅하리라. 그 (타고난) 원리는 타고난 바보에게 완전히 알려진다고 기대해도 좋을 것이다. 이 원리는 (생득론자의 생각으로는) 영혼에 직접 각인되므로, 타고난 바보와 그렇지 않은 사람의 유일한 차이라고 일반적으로 인정되는 신체적 소질이나 신체 기관에 좌우될 리가 전혀 없다. 생득론자의 원리에 따르면 이러한 (지성의) 타고난 빛은(이를테면 그러한 것이 있다 치고), 따로 무언가를 쌓아두지 않고 이를 숨기는 재주를 가지지 않은 사람일 때 샅샅이 널리 비치며, 그 존재는 그러한 사람이 틀림없이 쾌락을 좋아하고 고통을 싫어하는 것과 마찬가지로, 그 어떤 의심도 남기지 않는다고 생각하는 사람도 있을 것이다. 그러나 유감스럽게도 아이들이나 바보, 미개인이나 지독한 문맹자에게서 어떤 일반공준을 찾을 수 있단 말인가? 참다운 앎의 그 어떤 보편적 원리를 찾아볼 수 있단 말인가? 이 사람들의 생각은 소수이자 좁고, 이 사람들이 가장 많이 다루어 그 감각기관에 가장 빈번하게, 가장 강하게 인상지워져 온 것 같은, 그러한 사물에서 얻을 수 있을 뿐이다. 아이들은 유모나 요람을 알고, 조금 더 커야 장난감을 알게 된다. 젊은 미개인은 아마도 종족의 풍속에 따른 연애와 사냥으로 자기 머리를 채우게 될 것이다. 하지만 아직 가르침을 받은 일이 없는 아이나 숲의 야만인에게서 저 추상적인 공준이나 학문의 유명한 원리를 기대하려는 사람은 자신의 잘못을 알아차리리라고 생각한다. 그러한 종류의 일반명제가 인디언*[21]의 오두막에서 입에 오르내리는 일은 없을 테고, 아이들의 사상에서 일반명제가 발견되거나, 타고난 바보의 마음에 일반명제가 조금이라도 각인되거나 하는 일은 더더구나 있을 것 같지도 않다. 일반명제는, 토의가 자주 이루어지는 담화나 학습에 익숙해진 학식 있는 국민의 학교나 학회에서 이야기되고 다루어져야 한다. 왜냐하면 그러한 공준은 기교적인 논증에 알맞고 논적(論敵)의 유죄선고에 쓸모가 있지만, 진리의 발견이나 지식의 전진에 기여하는 일은 그리 많지 않기 때

---

*21 Indians. 미국 원주민에 대한 언급은 제4장 제12절 등에 있는데, 《통치론》 제2권에서 소유권의 기원을 말할 때에도 볼 수 있다.

문이다. 그러나 지식의 진보에 이익이 적다는 점은 제4권 제7장(제11절 이하)에서 좀더 자세히 이야기할 기회가 있을 것이다.

28. 요약

이제까지 한 말이 논증의 대가들에게 얼마만큼 불합리하게 보일지 나는 알 수가 없다. 아마도 처음 듣고 이해하는 사람은 없을 것이다. 따라서 내가 본 논의에 이어서 말하는 것을 끝까지 다 들을 때까지 선입견을 잠시 삼가고 비난을 멈춰 주기를 감히 부탁드린다. 뛰어난 비판에는 기꺼이 승복하고 싶기 때문이다. 또 나는 개인 의견을 떠나 진리를 탐구하는 것이므로, 나 자신이 생각하는 바에 너무 애착을 가지고 있다는 말을 들어도 유감스럽지는 않다. 고백하는 바이지만, 열심히 공부해서 머리가 자기 생각으로 가득 차게 되면 누구나 그것에 애착을 갖기 마련이다.

요컨대 ('있는 것은 있다'와 '같은 사물이 있으면서 없는 일은 있을 수 없다'고 하는, 이 장에서 거론한) 유명한 두 이론적 공준을 타고난 것으로 생각하는 근거를 나로서는 조금도 찾아낼 수가 없다. 왜냐하면 그러한 공준은 보편적으로 동의를 얻을 수 없으며, 이들 공준에서 널리 일반적으로 볼 수 있는 동의는, 생득이라고 인정되지 않은 약간의 명제도 똑같이 나누어 가질 수 있는 것 말고는 전혀 없기 때문이다. 또 그러한 공준에 주어지는 동의는, 앞으로의 논의로 명백해지리라는 점을 의심치 않지만, 다른 방법으로 주어지는 것이지 자연의 기록으로부터는 오지 않기 때문이다. 그리고 만약에 참다운 지식과 학문의 이들 제1원리가 타고난 것이 아님을 알게 되면, 그 어떤 다른 이론적 공준에도 (나는 생각하는 바이지만) 타고난 것이라고 주장할 권리는 더더구나 없다.

제3장
타고난 실천적 원리는 없다

1. 앞장에서 든 이론적 공준만큼 명확하고 일반적으로 받아들여지는 도덕원리는 없다

앞장에서 논의한 이론적 공준이 거기에서 증명했듯이 인류로부터 실제로 보편적 동의를 얻지 못한다면, 실천적 원리에서 보편적 수용을 얻을 수 없다는 것은 뚜렷한 사실이다. 그래서 '있는 것은 있다'만큼 일반적이고 즉각적인 동의를 요구할 수 있거나, '같은 사물이 있으면서 동시에 없을 수는 없다'만큼 명확한 진리일 것을 요구할 수 있는 도덕규칙을 하나라도 예로 들기란 어려우리라고 나는 생각한다. 이로써 명백한 바와 같이, 도덕원리는 타고난 것이라는 자격으로부터 한층 떨어져 있으며, 날 때부터 마음에 각인되어 있지 않은 의문은, 이 도덕원리 쪽이 이론적 원리보다도 한층 강하다. 그렇다고 도덕원리의 진리성이 조금이라도 의심스럽다는 뜻은 아니다. 도덕원리는 (이론적 공준과) 마찬가지로 진리이다. 그러나 똑같이 명증적이지는 않다. 앞장의 이론적 공준에는 자기 자신의 명증이 따른다. 그러나 도덕원리는 그 진리의 절대 확실성을 찾기 위해 추리와 논의를 필요로 하고, 마음을 조금 움직여야 한다.

도덕원리는, 마음에 새겨진 자연의 문자처럼 공공연하지는 않다. 만약에 그러한 도덕원리가 있다면 저절로 눈에 띄어야 하고, 원리 자체의 빛으로 모든 사람에게 절대 확실해야 하며 알려져 있어야 한다. 그렇다고 도덕원리의 진리성과 절대 확실성을 조금이라도 훼손해선 안 되며, 이 점은 삼각형의 세 각이 두 직각과 같다는 것이 '전체는 부분보다 크다'만큼 명증적이지 않고, 그 정도로 처음으로 듣고 곧 동의하기 쉽지 않다고 해서, 진리성이나 절대 확실성이 훼손되지 않는 것과 마찬가지이다. 이러한 도덕규칙은 논증되면 충분하다.*1

---

*1 로크는 도덕이 논증된다고 주장한다. 논증적 도덕과 경험적 도덕의 관계는 로크 사상의 과제이다.

따라서 우리가 도덕규칙의 절대 확실하고 참다운 앎에 이르지 않는다면, 그것은 우리의 잘못이다. 하지만 많은 사람들이 도덕규칙을 모르거나 (규칙을 아는) 다른 사람들도 규칙을 받아들일 때 동의하기까지 시간이 걸린다고 하는 것은, 도덕규칙이 타고난 것이 아니며, 탐색하지 않아도 보이게 되는 것이 아니라는 분명한 증거이다.

2. 모든 사람이 신의나 정의를 원리로 인정하지는 않는다

도대체 모든 사람이 동의하는 그러한 도덕원리가 있는가 없는가. 나는 인류의 역사를 어느 정도 알고 있으며, (말하자면) 자기 집의 굴뚝에서 나는 연기가 흘러가는 쪽을 바라본 일이 있는 (시야가 넓은) 사람에게 호소한다. 이를테면 실천적 원리가 타고난 것이라고 한다면, 이 진리는 의혹이나 의문 없이 보편적으로 받아들여져야 하는데, 그러한 실천적 진리가 어디에 있는가. (하기야) 정의와 계약 준수는 거의 모든 사람들이 동의하는 것처럼 보인다. 이것은 도둑의 소굴이나 최고의 악당 무리에게도 퍼져 있다고 여겨지는 원리이며, 인간성 자체를 내버린 자들이 자기들끼리는 신의를 지키고 정의의 규칙을 지킨다. 무법자들 사이에서도 마찬가지이다. 이것을 나는 인정한다. 그러나 이들 규칙을 타고난 자연법*2으로 받아들여서가 아니다. 이 패거리들은 자신의 공동체 안에서의 편리한 규칙*3으로서 실천하는 것이다. 그러나 같은 패거리인 노상강도가 공명하게 처신하여 다음에 만나는 정직한 사람을 위협하거나 죽이면서 동시에 정의를 실천적 원리로서 받든다고는 생각할 수 없다. 정의와 신의는 사회의 공통된 유대이다. 그러므로 바깥 세계와 완전히 인연을 끊은 무법자나 도둑도 자기들끼리는 신의를 지키고 공정한 규칙을 지킨다. 그렇지 않으면 뭉칠 수가 없는 것이다. 하지만 사기와 강탈로 세월을 보내는 자들 가운데 타고난 신의나 정의의 원리를 갖고 이것을 인정하며 이에 동의한다고 말하는 사람이 있을까?

＊2 natural law. 인간 생활의 바탕에 관련되는 보편적, 궁극적인 도덕법칙이다. 물리적 자연법칙은 물론 아니다.

＊3 rules of convenience. 로크의 공리주의적 도덕론을 여기에서 볼 수 있다. 제2권 제28장 제10절 참조.

3. 사람들은 실천에서는 부정하지만 사상으로는 허용한다는 반대론에 대답한다

어쩌면 이 친구들이 암암리에 동의하는 것은 그 실천에 모순되는 것과 일치한다(다시 말하면 실천하든 하지 않든 상관없이 타고난 도덕원리는 존재한다)고 주장할 수 있을 것이다. 나는 대답하건대, 첫째, 나는 이제까지 사람들의 행동이야말로 사상의 최고 해설자라고 줄곧 생각해 왔다. 그런데 거의 모든 사람의 실천과 몇몇 사람의 공공연한 언명은 절대 확실하게 도덕원리를 의심하거나 부정하고 있으므로, 보편적 찬동은 (비록 성인 사이에서만 구한다 하더라도) 확립할 수 없지만, 이것 없이 도덕원리는 타고난다고 단정할 수가 없다. 둘째, 사색으로만 끝나는 타고난 실천적 원리를 상정하는 것은 매우 이상한, 도리에 맞지 않은 일이다. 자연에서 생기는 실천적 원리는 작용하기 위해 있는 것으로, 그 진리에 다만 이론적으로 동의할 뿐만 아니라 행동과의 합치를 낳아야만 한다. 그렇게 되지 않으면 이론적 공준과 구별해도 소용이 없다. 과연 인간에게는 행복의 욕망과 불행의 혐오가 자연히 갖추어져 있다. 이들은 바로 타고난 실천적 원리로, (실천적 원리에서는 당연한 것처럼) 끊임없이 우리의 모든 행동에 계속 작용하여 영향을 준다. 이 원리는 모든 사람과 모든 시대에 틀림없이 보편적으로 관찰할 수 있을 것이다.

그러나 이 원리는 선(또는 행복)을 바라는 심적 경향*4이지 지성에 진리가 각인된 것은 아니다. 사람의 마음에는 자연의 경향이 새겨져 있어서, 감지*5하고 지각하는 사람의 마음에는 처음부터 기분이 좋은 사물과 고맙지 않은 사물이 있고, 사람의 마음이 기우는 사물과 달아나는 사물이 있다는 점을 나도 부정하지는 않는다. 그렇다고 우리의 실천을 얽매는 (이론적인) 지식의 원리이어야 할 타고난 문자가 마음에 있다는 뜻은 아니다. 그러한 자연적인 각인은, 이것으로 (자연적인 경향이 있는 것으로) 확인되는 게 아니라 오히려 이것은 자연의 각인을 부정하는 증명이다. 만약 일정한 문자가 지식의 원리로서 마음에 자연히 새겨져 있으면, 이 문자가 마음속에서 늘 작용하여 우리의 지식에 영향을 준다는 사실을 우리가 모를 리 없으며, 이 점은 (행복을 바라고 불행을 싫

---

*4 inclination. 이것이 자연히 태어나면서 있다는 것과 '지성에 진리가 각인'된다는 것은 별개이며, 생득론은 뒤엣것을 주장한다. 이것이 로크가 이해하는 생득론이다.

*5 sense. 전문어로서 감각(sensation)과 뜻이 같을 때에는 '감관각(感官覺)'이라고 옮겼다. 또 감각 수용기관으로서의 감관을 뜻할 때도 많다.

어하는) 다른 원리가 의지나 욕망에 작용하여 영향을 주는 것을 실제로 지각하는 일과 마찬가지이다. 이 다른 원리야말로 이제까지 쉬지 않고 우리의 모든 행동에 변함없는 활기와 동기를 주고, 우리는 이 원리가 우리를 행동으로 강하게 몰아가고 있음을 끊임없이 느끼고 있는 것이다.

4. 도덕규칙은 입증이 필요하다. 따라서 타고난 것이 아니다

또 하나, 타고난 실천적 원리를 나로 하여금 의심하게 하는 까닭은, 이유를 묻는 것이 정당하다고 할 수 없는 도덕규칙은 단 하나도 없다는 점이다. 만약에 도덕규칙이 타고난 것이거나 자명한 것이라면, 이런 일은 완전히 우스꽝스럽고 불합리할 것이다. 타고난 원리는 모두가 반드시 자명한 것이어야 하며, 그 진리를 확인하기 위해 입증이 필요하거나, 인정을 받기 위해 이유를 찾거나 해서는 안 되는 법이다. 같은 사물이 있으면서 동시에 없어서는 왜 안 되는가, 그 까닭을 한쪽에서 묻거나 다른 쪽에서 주는 사람이 있다면 상식이 없다고 여겨질 것이다.

이 원리는 자신을 비추는 빛과 명증을 스스로 가지고 있어서, 다른 입증을 필요로 하지 않는다. 명사(名辭)를 이해하는 사람은 그것만으로 동의할 것이고, 그 밖에는 아무리 애를 써도 동의하도록 설득할 수가 없을 것이다. 그런데 (예를 들어) '사람은 자기가 받기를 원하는 대로 남에게 해야 한다'*6고 하는, 도덕의 조금도 흔들리지 않는 규칙, 일체의 사회적 덕의 바탕을 어떤 사람에게 내놓았는데 만약 그 사람이 이 규칙을 전에 한 번도 들은 일이 없고, 더욱이 그 뜻을 이해할 능력이 있다고 한다면, 왜냐고 이유를 물은들 조금도 불합리하다고 말할 수는 없지 않겠는가. 또 이 규칙을 내놓은 사람은 이유를 묻는 사람에게 규칙의 진리와 합리성에 증거를 부여해야만 하지 않겠는가. 이러한 일은 누구나 알 수 있다시피, 이 규칙이 타고난 것이 아님을 보여준다. 왜냐하면 만약에 타고난 것이라면 그 어떤 입증을 요구하거나 받거나 할 리가 없고, (적어도 들어서 이해하면 곧) 사람이 의심하는 일이 결코 없는, 의문의 여지가 없는 진리로서 반드시 받아들여지고 동의되어야 하기 때문이다. 그러므로 이러한 도덕규칙의 진리는 모두 누구나 알 수 있도록, 규칙에 앞선 다른 어떤

---

*6 One should do as he would be done unto. 황금률이라 일컬어지는 산상의 수훈에 기초한 그리스도교 도덕의 최고원리의 하나이다. 〈마태복음〉 7 : 12.

것에 기초하여, 규칙은 있는 것으로부터 연역되어야 하지만, 이를테면 도덕규칙이 타고난 것이라고 한다면, 또한 자명한 것으로서도 이러한 일은 있을 리가 없었을 것이다.

5. 약정을 지키는 사례

사람이 약정을 지켜야 하는 것은 도덕의 커다란, 부정할 수 없는 절대 확실한 규칙이다. 하지만 세상의 행복과 불행을 생각하는 그리스도교도에게 왜 사람은 약속을 지켜야 하느냐고 물으면, 영원한 삶과 죽음의 능력을 가진 신이 우리에게 요구하기 때문이라는 이유를 들 것이다. 그러나 홉스주의자*[7]에게 왜 그러냐고 물으면, 사람들이 요구하는 데다 만약에 지키지 않으면 리바이어던이 벌을 내리기 때문이라고 대답할 것이다. 또 옛날의 이교철학자의 한 사람*[8]에게 묻는다면, 그렇게 하지 않는 것은 불성실하고 인간의 존엄이 결여되며, 인성의 최고 완성도인 덕에 어긋나기 때문이라고 대답했을 것이다.

6. 덕이 일반적으로 권장되는 것은 타고난 것이어서가 아니라 이득이 되기 때문이다

그래서 사람들이 바라는 행복의 종류에 따라서, 도덕규칙에 관해 사람들 사이에서 발견할 수 있는 매우 다양한 설이 자연히 생기게 된다. 그러나 만약에 실천적 원리가 타고난 것이고, 신의 손에 의해서 직접 우리의 마음에 각인되었다고 하면, 그러한 일은 없었을 것이다. 하기야 신의 존재는 여러 방면에서 명명백백하고,*[9] 신에게 우리가 해야 할 복종은 이지의 빛에 완전히 들어맞으므로, 인류의 대부분은 자연법을 증언한다. 더욱이 나는 인정해야만 한다고 생각하지만, 도덕규칙 가운데에는 인류가 도덕성의 참다운 바탕을 모르고, 또는 인정하지도 않고 매우 일반적으로 권장할 수 있는 것이 몇 가지 있다. (그러나 사실을 말하자면) 도덕성의 참다운 바탕일 수가 있는 것은 신(神)의 것*[10]인 의지와 법뿐이며, 신은 어둠 속에서 사람들을 보고, 상벌을 한 손에 쥐고, 불

---

*7 a Hobbist. 이 책에서는 홉스 사상을 명확하게 언급하는 유일한 대목이다.
*8 로크가 머릿속에 둔 '이교철학의 한 사람'은 스토아 철학자일 것이다.
*9 신의 존재에 대한 증명은 제4권 제10장 제2절 이하에서 주어진다.
*10 a god. 로크는 이러한 표현을 신(God) 또는 신(god) 말고도 가끔 사용한다. 그의 신관(神觀)
　　에는 자연종교적 색채가 있기 때문이다.

손하기 짝이 없는 배반자를 꾸짖는 능력을 충분히 가지고 있다.*[11] 신은 덕과 공공의 행복을 나눌 수 없는 결합관계로 맺고, 덕의 실천은 사회의 보존에 필요하며, 덕이 있는 자와 교제하는 모든 사람에게 이익을 눈에 보이게 가져오도록 했다.*[12] 그러므로 다른 사람들이 지켜주면 누구나 자기 자신에게 틀림없이 이 이익을 가져올 규칙을 인정할 뿐만 아니라, 다른 사람들에게 이 규칙을 권장하고 찬미하는 것도 이상한 일이 아니다. 누구나, 만약에 일단 짓밟히고 모독을 당하면 자기 자신이 안전하지도 않고 편안하게 있을 수 없는 사람은, 굳은 믿음에서가 아니라 이해관계로도 신성하다고 외칠 것이다. 이것은(도덕규칙을 이해에 결부시키는 일은) 이 규칙이 명백하게 가지는 도덕상의 영원한 책무를 조금도 손상시키지는 않지만, 이로써 명시된 것처럼, 사람들이 도덕규칙을 말로써 겉으로 승인한다는 것은, 이 규칙이 타고난 원리임을 증명하지는 않는다. 아니, 사람들이 자기 자신의 깨기 어려운 실천의 규칙으로서 자기 마음속에서 내면적으로 동의하는 일마저도 증명하지 않는다. 왜냐하면 우리가 알 수 있는 바와 같이, 자신의 이익과 현세의 편익은 많은 사람들에게 도덕규칙을 겉으로 공언하게 하며 권장하게 하지만, 사람들의 이와 같은 행동은 이 규칙을 제정한 입법자(곧 신)도, 또한 규칙을 어긴 자를 벌하기 위해 입법자가 정해 두었던 지옥도 이 사람들에게 아주 조금밖에 존재하지 않는다는 사실을 충분히 증명하기 때문이다.

7. 사람들의 행동은 덕의 규칙이 사람들의 내적인 원리가 아니라는 것을 우리에게 알게 한다

이렇게 말하는 까닭은, 만일 (도덕규칙에 있어) 대부분의 사람들이 공언하는 말에 지나친 진지함을 (그 사람들에 대한) 예의로 받아들이지 않고, 그 사람들의 행동을 이 사상의 해설자라 생각하려 한다면, 우리는 발견하게 될 것이다. 그 사람들은 도덕규칙을 마음속으로는 그다지 존중하지 않으며, 도덕규칙의 절대 확실성과 책무를 그렇게 빈틈없이 믿지도 않는다는 사실을 말이다. (예

---

*11 신에 의해 뒷받침되는 자연법적 초월도덕과 세속적 실증도덕이 로크에게 있어서 다 같이 언급되어, 이에 관련된 것은 그의 도덕론의 문제점이다.
*12 로크의 공리주의적 도덕론은 신에 의해 뒷받침된 신학적 쾌락론이라는 해석이 생겨나는 까닭이다.

를 들어) '자기가 받기를 원하는 대로 남에게 하는 것'이라는 도덕의 대원리는, 실천하기보다는 (말로만) 권고하는 사람이 많다. 그러나 이 규칙이 도덕규칙도 아니고 지킬 책무도 없다고 남에게 가르친다면 이것은 미친 짓으로, 사람들이 스스로 이 규칙을 깨뜨릴 때 자기를 바친 그 이익에 어긋난다고 여기겠지만, 이 (규칙을 깨뜨리도록 입으로 말하는) 일에 비하면 (실천으로) 규칙을 깨뜨리는 것이 더 큰 악덕이라고는 말할 수 없다. (그런데) 때에 따라서는 도덕규칙을 깨뜨리는 일은 양심이 가로막는다고 주장되며, 따라서 (마음속에서의) 이 규칙의 내적인 책무와 확립은 간직될 것이다. (이와 같이 말하는 사람이 있을지도 모른다.)

8. 양심은 타고난 도덕규칙의 증거가 아니다

이에 나는 대답하는 바이지만, 분명 많은 사람들은 도덕규칙을 가슴 깊숙이 새기지 않아도, 다른 사물을 알게 되는 것과 같은 방법으로 몇 가지 도덕규칙에 동의하여 이 규칙의 책무를 굳게 믿게 될 것이다. 또 교육이나 교우, 자기 나라의 습속 때문에 같은 마음이 되는 사람도 있을 것이다. 그러한 신조는 제아무리 (나중에) 얻어졌다고 해도, 양심을 작용시키는 데에 쓸모가 있을 것이다. 양심이란, 우리 행동의 도덕적 청렴 또는 열악에 관한 우리의 억견이나 판단이다. 그러므로 양심이 타고난 원리의 증거라면 서로 어긋나는 것은 둘 다 생득원리라고 할 수 있을 것이다. 왜냐하면 양심이라고 하는 마음의 동일한 기울어짐에 따르는 사람은, 다른 사람이 피하는 것을 추진하기 때문이다.

9. 후회하지 않고 이루어지는 불법행위의 예

만약 도덕원리가 타고난 것이고 사람들의 마음속에 각인되어 있다면, 어째서 사람들이 태연하게 그러한 도덕규칙을 어기는지 나는 알 수가 없다. 도시를 약탈하는 군대만 보아도, 그들이 저지르는 모든 나쁜 일에서 어떠한 도덕규칙을 관찰하고 감지할 수 있는지, 한 조각의 양심이라도 작용하고 있는지 살펴보기로 하자. 약탈이나 살인, 폭행은 처벌을 받거나 비난받을 걱정이 없는 사람들의 놀이이다. 이전에는 국민 전체가, 가장 교양 있는 사람들마저도 아이를 낳는 것과 마찬가지로 비난도 받지 않고 망설이지도 않고 굶어 죽거나 짐승에 물려 죽을 때까지 흔히 아이를 들판에 내버리곤 했던 그러한 국민이 있지 않았는가?*¹³ 그 지역에서는 지금도 아이를 낳다가 산모가 죽으면, 태어난 아이를 산모와 함께 묻지 않는가? 또 불행한 별이라고 자칭 점술사가 선언하면, 태어난 아이를 처분하지 않는가? 어떤 지방에서는, 일정한 나이가 된 부모를 죽이거나 버리는 데에 아무런 후회도 느끼지 않지 않는가? 아시아의 어떤 지방에서는, 병이 절망적이라고 여겨지면 숨을 거두기 전에 환자를 밖으로 끌어내어 땅바닥에 놓고 그대로 비바람을 맞게 하여, 죽을 때까지 간호도 하지 않으며 슬퍼하지도 않는다. 밍그렐리아족*¹⁴은 그리스도교 신앙을 공언하는 종족인데, 그들 사이에서 아무런 뉘우침도 없이 아이를 생매장하는 모습을 흔히 볼 수 있다.

자기 아들을 먹는 지방도 있다. 카리브인*¹⁵에게는 자기 아들을 살찌워 잡아먹기 위해 거세하는 습관이 있다. 가르실라소 데 라 베가*¹⁶에 따르면 페루 어느 종족은 포로로 잡은 여자에게 아이를 낳게 한 뒤 그 아이를 살찌워 잡아먹는 습관이 있다. 이를 위해 여자를 첩으로 두는데, 더는 아이를 못 낳게 되면 그 여자도 잡아서 먹는다. 투우피남보족*¹⁷이 죽은 뒤 낙원으로 가는 가치가 있는 덕은 복수이며 되도록 많은 적을 죽여 먹어치우는 일이었다. 이 종족에게는 신의 이름도 없고 그 어떤 신도 인정하지 않으며, 종교도 없고 예배도 없다. 터키인 사이에서 성자로 여겨지는 사람들은, 창피해서 입으로 차마 말할 수 없는 생활을 한다. 바움가르텐*¹⁸ 여행기는 좀처럼 볼 수 없는 책인데, 그 가운데에서 이 점에 대해 주목할 만한 한 구절을 원문으로 자세히 인용해 보기로 한다.

---

*13 로크는 고대 스파르타를 떠올렸을 것이다. 이 장 제12절에서 유아 유기는 그리스인이나 로마인의 풍습이었다 말하고 있다.

*14 Mingrelians. 흑해 동남부에 위치한, 현재 조지아 사회주의공화국 지방에 사는 인종으로 고대에는 콜키스인이라고 불렀다.

*15 Caribbees. 카리브해의 어원이 되었던 서인도 제도의 원주민.

*16 Garcilasso de la Vega(1539~1616). El Inca라고 불렸으며, 스페인 명문으로 잉카 공주인 어머니에게서 페루의 쿠스코에서 태어났다.

*17 Tououpinambos. 브라질 원주민.

*18 Martin von Baumgarten(1473~1535). 독일 귀족 출신으로 1507년 이집트 및 소아시아 지방을 여행했다.

'여기(곧 이집트의 벨베스*[19] 근처)에서 우리는 모래 산 사이에, 어머니의 태 안에서 나온 그대로의 벌거벗은 모습으로 앉아 있는 사라센 성자 한 사람을 보았다. 그 무렵 우리가 들은 바로, 마호메트교도들에게는 광기로 이성을 잃은 사람들을 성자로 숭상하는 습관이 있다. 또 그들은 오랫동안 더할 나위 없는 더러운 생활을 보낸 뒤 스스로 뉘우쳐 청빈을 감내하는 사람들을, 그 성덕 때문에 숭상될 사람이라고 단정한다. 이렇게 해서 이러한 사람들은, 아무런 제지를 받지 않고 자기가 바라는 집에 들어가거나 먹고 마시는 자유를 가지며, 또 놀랍게도 교합하는 자유를 갖는다. 이 교합으로 대를 이을 자식이 얻어지면, 그 또한 성스러운 자로 간주된다. 그래서 신자들은 이러한 사람들이 살아 있는 동안에는 그들에게 큰 영예를 주고, 죽은 뒤에는 웅장한 사원이나 기념비를 세운다. 그들을 만지거나 매장하는 일을 지상의 행복이라고 생각하는 것이다. 우리는, 우리나라의 무크렐루스 출신의 통역을 통해서 이와 같은 말을 들었으며, 또 말할 것이라고 들었다. 특히 이곳에서 우리가 본 성자는 성인이나 신인(神人) 또는 그 순결 때문에 귀인이라고 입을 모아 칭송받고 있는데, 그 까닭은 그가 여자와 아이들과도 잠자리를 같이하지 않고, 오로지 암탕나귀나 암노새하고만 자기 때문이라고 들었다.'

—《여행자 바움가르텐》, 제2권 1장 73페이지

또 터키인 사이의 이러한 거룩한 성자들에 대한 같은 종류의 기사를 피에트로 델라 발레*[20]의 1616년 1월 25일 편지에서 볼 수 있다. 이렇게 되면 정의, 경건, 감사, 공정, 순결이라는 타고난 원리는 어디에 있는가? 또 그러한 타고난 규칙이 있다고 우리를 확신시키는 보편적 찬동은 어디에 있는가? 결투의 살인도, 풍습이 이것을 명예라고 하면 양심의 후회 없이 이루어진다. 아니, 많은 지역에서 결투의 살인을 살인의 죄로 여기지 않는다는 사실은 가장 큰 수치이다. 그래서 널리 사람들을 있는 그대로 바라보면 우리는 발견할 수 있다. 어떤 지역에서 사람들이 (행하면, 또는 게을리하면) 칭찬받을 것이라고 생각하는

＊19 Belbes. 이집트, 카이로의 동북에 있는 작은 도시 Belbais와 같은 땅일 것이다.
＊20 Pietro della Valle(1586~1652). 이탈리아의 여행가. 1615~26년 이집트, 터키, 아라비아를 여행했다.

일을, 다른 지역에서는 행하거나 게을리하는 것을 후회하는 걸 말이다.

10. 사람들은 서로 상반되는 실천적 원리를 갖는다

인류의 역사를 기술한 것을 꼼꼼하게 조사하고 널리 인간의 여러 종족들과 그 행동을 공평하게 살펴보는 사람은 이해할 테지만, 도덕의 원리라 이름이 붙고 덕의 규칙이라고 여겨지는 것으로, 인간사회 전체의, 다른 사회와 전적으로 상반되는 실천상의 의견이나 생활의 규칙에 지배된 인간사회 전체의 일반적 풍습에 의해 가볍게 여겨지거나 비난받지 않는 것은 없다. (한 사회의 단결을 유지하는 데 절대 필요한 것은 예외이지만, 이것도 서로 다른 사회에서는 무시되는 것이 보통이다.)

11. 국민 전체가 거부하는 몇몇 도덕규칙이 있다

이때, 상황에 따라서는 규칙이 깨지기 때문에 알려지지 않는다고 하는 점은 아무런 증명이 되지 않는 것이라 해서 반대할 것이다. 사람들이 어겨도 법을 부인하지 않는 경우, 이 반대론은 옳다. 이때에는 수치나 비난이나 벌에 대한 공포가, 사람들의 마음에 이 법이 미치는 어떤 두려움이 새겨져 있다. 그러나 국민 각자가 절대 확실하고 정확하게 법으로 아는 것을 모든 국민이 나서서 공공연하게 배척하고 거부한다는 일은 생각할 수가 없다. 왜냐하면 마음에 법이 (본성상) 자연히 각인되어 있는 사람은 절대 확실하게 틀림없이 알아야 하기 때문이다. (분명히) 사람들은 때로는, 마음속으로 남몰래 생각할 때 참이라고는 믿지 않는 도덕의 규칙을, 단지 이 규칙에 대한 책무라 믿고 있는 사람들 사이에서 명성과 존경을 유지하기 위해서만 인정하는 그러한 경우도 없다고는 할 수 없다. 하지만 사회의 모든 사람들이 공공연하게 부인하는 규칙이, 그 사람들의 마음속에서는 법이라고 확실하게 인정할 수밖에 없는 것이거나, 그 사람들이 만나는 모든 사람들이 법으로 알고 있는 것을 그 사람들이 모를 수는 없으므로 누구나 (이 규칙을 어기면) 다른 사람으로부터 멸시와 기피당할 각오를 해야만 하고, 그와 같이 멸시되거나 기피되는 것도 인간성이 결여되었다고 스스로 공언하는 사람에게는 당연하며, 옳음과 그름에 대해 이제까지 알려진 자연의 척도를 교란하여 사람들의 평화와 행복의 공공연한 적으로 볼 수밖에 없는 사람에게는 당연하다는 그러한 일은 상상할 수도 없다. 만약에 실천적 원리가 타고난 것이라면, 그러한 원리는 옳고 좋은 것이라고 모든 사람에게 알려지지 않을 리가 없다. 그러므로 국민 각자가 어떻게 해도 깨지지 않은 명증에 의해 참이며 옳고 선이라 알고 있던 것에 대해서 전 국민이 입 밖에 내고 실천을 하는데도 한 사람도 남김없이 거짓말을 한 것이라고 생각하는 일은 모순이라고 할 수밖에 없다. 이로써 충분히 이해할 수 있는 바와 같이 보편적으로 위반되고, 그 위반이 공공연하게 승인 또는 인정되는 그러한 실천적 원리는 타고난 것이라고 할 수 없다. 하지만 나는 이 반대론에 대답하여 좀더 덧붙이고자 한다.

12.

반대론자의 말을 들어보면 규칙을 깨뜨리는 일은 규칙을 모른다는 것에 대한 증명이 아니다. 그것은 맞는 말이다. 나는 말하는 바이지만, 규칙을 깨는 일이 일반적으로 인정된다는 점은 규칙이 타고난 것이 아니라는 증거이다. 실례로서, 인간 이지(理知)의 가장 뚜렷한 연역이자 대부분 사람들의 자연적 성향에 서로 일치하므로, 이제까지 누구 하나 건방지게 부정하거나 의심한 사람이 없는 규칙, 그러한 규칙 가운데 한 가지를 들어보기로 한다. 태어날 때부터 각인된 규칙이 있다면, '부모여, 자녀를 보호하고 양육하시오'라는 규칙만큼 당당하고 타고난 것이라고 주장할 수 있는 것은 없다고 나는 생각한다. 그래서 이것은 타고난 규칙이라고 반대론자가 말할 때, 그 뜻은 어떤가. 모든 기회에 모든 사람의 행동을 불러일으켜 지도하는 타고난 원리여야 하거나, 아니면 모든 사람의 마음에 각인되어 있어서 누구나 알고 동의하는 원리여야 한다. 그러나 어느 모로 보아도 위의 말은 타고난 것이 아니다.

첫째, 모든 인간의 행동에 영향을 주는 원리가 아니라는 것은, 앞에서(본 장 9절에서) 인용한 실례로 이미 증명된 바가 있다. 또한 죄가 없는 유아를 연민의 정도 후회도 없이 유기하는 일은 그리스인이나 로마인들 사이에서 흔히 볼 수 있으면서 비난을 받지 않은 관습이었다는 점을 생각하면, 자신의 아이를 방치하거나 학대하고, 아니 죽이기까지 하는 자의 실례를 멀리 밍그렐리아나 페루에서 찾거나, 두서너 야만적인 민족의 극단적인 야만 행위로만 볼 필요는 없다. 둘째, 모든 사람들에게 알려진 타고난 진리라고 하는 것도 마찬가지로 거짓이다. 왜냐하면 '부모여, 아이를 보호하시오'라는 명령이지 명제가 아니고,

따라서 참이나 거짓이라고 말할 수 없으므로, 타고난 진리는커녕 전혀 진리도 아니기 때문이다. 이것을 참이라고 동의할 수 있게 하기 위해서는 '아이를 보호하는 것은 부모의 의무이다'라고 어떤 명제로 고쳐야 한다.

그런데 의무라고 하는 것은 법이 없으면 이해할 수가 없다. 그리고 법은 입법자나 상벌이 없으면 알려지지 않거나 상정되지 않는다. 그러므로 신·법·벌·내세의 관념을 타고난 것이라고 상정하지 않으면 위에서 말한, 그리고 그 밖의 어떤 실천적 원리도 의무로서 타고난 것, 즉 마음에 각인될 수 없는 것이다. 왜냐하면 이러한 규칙을 깨도 현세에서는 벌이 뒤따르지 않는다는 것, 따라서 일반적으로 인정된 관습이 규칙과 모순되는 나라들에서는 규칙이 법적인 힘을 가지지 않는다는 것 등은 그 자체로서 뚜렷하기 때문이다. 그런데 위에서 말한 여러 관념(만약에 무엇인가가 의무로서 타고난 것이라고 한다면 이들 관념은 모두 타고난 것이어야 한다)은 타고난 것이기는커녕, 배우는 사람 또는 생각하는 사람 모두에게서 이들 관념을 명석하고 분명하게 발견할 수 있는 것이 아니고, 하물며 태어난 모든 사람에게 있어서는 더더욱 그러하다. 그리고 그러한 관념 가운데에서도 가장 타고난 것처럼 보이는 하나의 관념이 생득적이지 않다는 사실은 (내가 말하는 것은 신의 관념이지만) 잘 생각하는 사람이라면 누구에게나 다음 장(제8절 이하)에서 매우 뚜렷해질 것이다.

13.
이제까지 말한 것으로부터 안심하고 결론을 내릴 수가 있다. 어떤 지역에서 일반적으로 위배되고, 더욱이 그것이 인정되는 실천적 규칙은 타고난 것이라고 할 수가 없다. 왜냐하면 신이 세운 규칙으로, 위반하면 절대 확실하게 벌을 주고(만약에 규칙이 타고난 것이라면 사람들은 그렇게 알고 있어야 한다), 위반자에게 매우 불리한 거래가 된다고 뚜렷하게 알아야만 하는 규칙, 그러한 규칙을 사람들은 부끄럽게 여기거나 두려워하지도 않고 자신 있고 태연하게 깨뜨릴 수가 없기 때문이다. 그러한 지식이 없으면, 인간은 무엇이 자기 의무인지를 절대로 확실하게 인정할 수는 없다. 법에 대한 무지 또는 의혹이나, 입법자에게 알려지고 싶지 않거나 그 권력으로부터 벗어나려는 희망이나, 그와 비슷한 것 때문에 사람들은 현재의 기호나 욕구에 지기도 할 것이다. 그러나 누구라도 좋다. 누군가에게, 과오와 그것에 의한 징벌의 매를, 위배와 동시에 즉시 벌하는 (응징하는) 불*21을 보이자. 유혹하는 쾌락과 눈에 분명히 보이는 천벌을 내리려고 하는 전능자의 손을 보이자. (왜냐하면 그 어떤 의무가 마음에 각인되어 있을 때에는 그래야만 하기 때문이다). 그리고 나서 나에게 말해 주기 바란다. 이러한 전망, 이러한 절대 확실한 지식을 가졌으면서, 사람들은 자기 안에 지울 수 없이 각인되어, 위반하고 있는 동안에도 자기를 바라보고 있는 법에 대하여 망설이지 않고 멋대로 어길 수 있는지 어떤지를. 사람들은, 전능한 입법자가 각인한 포고를 자기 내부에서 느낌과 동시에, 확신을 가지고 밝은 기분으로 그 거룩한 지령을 가볍게 여기고 발아래 짓밟을 수 있는가 없는가를. 그리고 마지막으로, 이렇게 공공연하게 이러한 타고난 법과 지고한 입법자에 반항하는 사람이 있을 때 주위의 모든 사람들은, 아니 사람들의 통치자와 지배자들까지 법과 입법자에 전적으로 같은 견해를 가지면서 반대를 드러내지 않고, 또는 반항을 조금도 꾸짖지 않고, 말없이 모르는 체할 수 있는가 없는가를. 물론 사람들의 기호와 욕구 속에 행동의 원리는 깃들어 있다. 그러나 이 기호와 욕구는 타고난 도덕원리와는 전적으로 동떨어져 있으므로 만약에 그것들이 가는 대로 내버려 두면, 끝내는 사람들의 모든 도덕을 뒤엎게 될 것이다.

도덕법은 이러한 어처구니없는 욕망에 재갈을 물리고 이것을 구속하는 것으로 세워지는데, 도덕법이 그러하려면 누군가가 법을 어기고 얻으려고 하는 만족을 넘어선 상벌에 의하지 않고서는 불가능하다. 그러므로 모든 사람의 마음에 법으로서 무엇인가가 각인된다면, 모든 사람들은 이 법을 어기면 절대 확실하게 또 불가피하게 벌이 따른다는 것을 절대 확실하고 불가피하게 알아야만 한다. 만약에 사람들이 타고난 것을 모르고 있거나 의심할 수 있다고 한다면, 타고난 원리를 설명하고 주장을 해도 아무 소용이 없다. 진리와 절대 확실성(이것이 추구하는 사물)은 이 타고난 원리로 조금도 확보되지 않으며, 사람들은 타고난 원리가 있으나 없으나 마찬가지로 불확실하고 불안정한 상황에 놓여 있다. 타고난 법과 함께 타고난 복음도 상정할 수 없는 것인 한, 타고난 법은 그 위반을 매우 바람직하지 않은 것이게 할 정도로 무거운 죄를 피할 수 없다는 뚜렷하고 의심할 수 없는 지식이 뒤따라야 한다. 그러나 내가 여기서 타고난 법을 부정했으므로 실정법 이외에는 법이 없다는 뜻으로 오해하지

---

*21 예를 들면 《신약성서》, 〈유다의 편지〉.

않기를 바란다. 타고난 법과 자연법 사이에는, 다시 말하면 우리 마음에 처음부터 각인된 어떤 사물과, 우리가 알지 못하는 것이므로 우리의 자연적인 여러 기능을 써서 올바르게 적용하면 알게 되는 어떤 사물, 이 두 가지 사이에는 매우 큰 차이가 있다. 그래서 내가 생각하는 바로는, 서로 어긋나는 양 극단으로 치달아 타고난 법을 긍정하거나, 또는 자연의 빛으로, 즉 실정적(實定的) 계시의 도움을 빌리지 않고 알 수 있는 법이 있다는 것을 부정하는 사람은, 모두 진리를 버리고 돌보지 않는 사람이다.

14. 타고난 실천적 원리를 부르짖는 사람도 이 원리가 어떠한 것인가를 우리에게 말해 주지 않는다

사람들 사이에 존재하는 실천적 원리(innate practical principles)의 차이는 매우 뚜렷하므로, 이 일반적 동의로는 타고난 도덕규칙을 발견할 수 없을 것이라는 점을 뚜렷이 하기 위해 더 이상 말할 필요는 없다고 생각한다. 이러한 차이는, 그와 같은 타고난 원리의 상정이 제멋대로 한 억견에 지나지 않는다는 것을 충분히 의심하게 만든다. 왜냐하면 타고난 원리를 자신만만하게 이야기하는 사람도, 어느 것이 타고난 원리인가를 알리는 데 매우 빈약하기 때문이다. 이것은 (타고난 원리를 보여준다는 것은) 이 (타고난 원리가 있다고 하는) 억견을 강조하는 사람에게 기대해도 좋았을 것이다. 또 이것을 기회로 이런 사람의, 즉 신은 사람들 마음에 지식의 바탕과 생활의 규칙을 각인했다고 언명하면서도, 더욱이 사람들을 괴롭히는 다양한 것(지식이나 규칙) 가운데서 무엇이 신이 각인한 것인가를 지적하지 않을수록, 이웃의 교양도 인류의 평안도 고려하지 않는 사람의 지식이나 인간애에 불신을 품게도 되는 것이다. 그러나 만약 그러한 타고난 원리가 있다고 한다면, 이것을 가르칠 필요는 없었으리라.

사람들이 자기 마음에 새겨진, 그러한 타고난 명제를 발견했다면 나중에 배워서 타고난 명제로부터 연역한 다른 진리를 쉽사리 가려냈을 것이다. 그래서 무엇이 타고난 명제이며, 몇 개가 있는가, 이것을 아는 것만큼 쉬운 일은 없었을 것이다. 손가락의 개수와 마찬가지로 타고난 명제의 수에 의심을 가지지는 않았을 것이다. 그렇다면 (생득설의) 어느 체계도 타고난 명제의 총체를 그 자리에서 가르치는 것을 뜻하는 듯하다. 하지만 내가 아는 그 누구도 타고난 명제의 목록을 감히 제시하는 사람이 없었으므로, 이 타고난 원리를 의심하는 사람을 그들이 꾸짖을 수는 없다. 왜냐하면 그러한 타고난 명제가 있다는 것을 믿으라고 사람들에게 요구하는 이들조차도, 무엇이 타고난 원리인가를 알려주지 않기 때문이다.

만일 다른 학파에 속하는 다른 사람이 이러한 타고난 실천적 원리의 표를 우리에게 제시하려고 한다면, 저마다 별개의 가설에 어울리며 각각의 특정 학파 또는 교회의 가르침을 지지하는 데에 적당한 것만을 들 것이다. 이것은 쉽사리 예견할 수가 있다. 이는 타고난 진리가 없음을 누구나 알 수 있는 명확한 증거이다. 아니, 꽤 많은 사람들은 이러한 타고난 도덕원리를 자기 안에서 찾아내지 못하고, 오히려 이들은 인류의 자유를 부정하며 이로써 사람을 단순한 기계에 지나지 않는다고 한다. 그리고*22 그 결과 타고난 도덕규칙을 없앨 뿐만 아니라 그 어떤 도덕규칙도 모두 없애, 자유롭게 작용하지 않는 그 사물이 어떻게 해서 법을 가질 수 있는가를 생각할 수 없는 사람에게 그 어떤 도덕규칙을 믿지 못하게 만든다. 그래서 이러한 근거에 기초해서, 도덕과 기계론을 양립시킬 수 없는 사람*23은 필연적으로 덕의 모든 원리를 거부해야만 하는데, 도덕과 기계론을 융화하는 일, 다시 말하면 서로 맞부딪치지 않도록 하는 것은 그리 쉬운 일은 아니다.

15. 허버트 경의 생득원리를 검토한다

여기까지 써왔을 때*24 나는 허버트 경*25이 《진리에 대하여》라는 책에서 이러한 타고난 원리를 설정하고 있다는 말을 듣고, 그토록 위대한 재능을 가진 분이 하는 말에서는 이 점에서 나를 이해시켜, 나의 탐구를 끝낼 수 있는 그 무엇을 발견할 수 있으리라고 생각하여 바로 책을 펴보았다. 그 책의 '자연적

＊22 no other than.

＊23 로크는 당대 사상가들이 이해한 홉스나 스피노자를 생각했을 것이다. 그들은 기계론자, 의 지결정론자로 도덕의 적으로 간주되었다.

＊24 When I had written this…… '여기까지 쓰고 나서(Since the writing of this)'라는 말을 1671년 후반에 쓴 것이라고 확실하게 추정되는 이른바 B원고에서 발견할 수 있다. 따라서 처버리의 허버트 경의 생득론을 로크가 안 것은 이 무렵이라는 것이 된다.

＊25 Lord Herbert. 초대 처버리의 허버트 남작 에드워드(Edward, First Baron Herbert of Cherbury : 1583~1648). 《진리에 대하여(De Veritate, 1624)》에 의해서 영국 이신론(理神論)의 시조로 알려졌다. 생득론자로서 이 책에 이름이 적힌 것은 그 사람뿐이다.

본능에 대해서'라고 하는 장(1656년판, p. 76)에서 나는 허버트 경의 공통사념(共通思念)의 다음과 같은 여섯 가지 징표(marks)를 만났다. 1. 선재성(先在性), 2. 독립성, 3. 보편성, 4. 확실성, 5. 필요성, 즉 허버트 경의 설명으로는 인류의 보존에 쓸모가 있는 일, 6. 준봉(遵奉) 방법, 즉 조금도 주저하지 않는 동의(同意). 또 〈재가(在家) 종교에 대하여〉라는 작은 논문 끝에서 이 타고난 원리에 대해 이렇게 말하고 있다. '그러므로 진리가 곳곳에서 명백히 하는 것은 어떠한 종교의 한계 안에도 가둘 수가 없다. 왜냐하면 문자로 기록되든 기록되지 않든, 그 어떤 전통에도 따르지 않고 기록된 것이 자기 자신 안에 선천적으로 있기 때문이다.'(p. 3) 또 '우리의 일반적인 진리, 그것은 신의 의심의 여지가 없는 말처럼 속마음의 법정에 기록되어 있다.'

이렇게 해서 생득원리 또는 공통사념의 징표를 들고, 이것이 신의 손으로 사람들의 마음속에 각인되었다 주장하고 나서, 허버트 경은 자진해서 이들 원리나 사념을 들고 있다. 그것은 다음과 같다. 1. 어떤 지고한 신성(神性)이 있다는 것. 2. 이 신성은 숭상되어야 한다는 것. 3. 경신(敬神)과 결부된 덕은 신을 숭상하는 최고의 방법이라는 것. 4. 죄를 뉘우쳐야 한다는 것. 5. 현세의 삶을 마친 뒤 상벌이 주어진다는 것. 나는 이들이 명확한 진리이며, 올바르게 해명하면 이지적 피조물이 동의하지 않을 수가 거의 없는 것들임을 인정한다. 하지만 허버트 경은 이들 원리 또는 생각이 마음속의 법정에 기록된 타고난 각인이라는 것을 결코 증명하지 않는다. 왜냐하면 다음과 같이 말할 수 있어야 하기 때문이다.

16.
첫째, 만약에 신만이 손가락으로 우리 마음속에 쓴 것이 있다고 믿는 것은 도리에 들어맞는다 해도, 앞에 적은 다섯 명제는 그와 같이 쓰인 공통사념의 전부가 아니거나, 또는 전부 이상이거나 둘 가운데 하나이다. 왜냐하면 허버트 경 자신의 규칙에 의해서도, 적어도 그가 늘어놓는 다섯 명제의 어떤 것과 마찬가지로 생득원리라고 허용해도 좋을 명제가 그 밖에도 있기 때문이다. 즉 '당신이 대접을 받고 싶은 것처럼 남에게 하여라'*26처럼 잘 생각하면 아마도

---

*26 Do as thou wouldst be done unto.

수백 가지의 다른 명제가 있는 것이다.

17.

둘째, 허버트 경의 다섯 명제에서 그가 드는 징표는 발견될 것 같지가 않다. 즉 그의 제1, 제2, 제3의 징표는 다섯 명제 가운데 무엇과도 완전히 일치하지 않으며 제1, 제2, 제3, 제4, 및 제6의 징표는 제3, 제4, 제5의 명제와는 불충분하게밖에 일치하지 않는다. 왜냐하면 우리는 많은 사람들이, 아니 전 국민이 이들 명제 가운데 어떤 것 또는 전부를 의심하거나 믿지 않는다는 것을 (본 장 제9절 이하의 기술에서) 확신하지만, 이에 더하여 (예를 들어) 덕이라고 하는 이름 또는 음(音)이 매우 이해하기 힘들고 그 뜻이 매우 불확실하여, 그것이 나타내는 바가 논쟁을 불러일으키고 알기 어려울 때, 제3명제, 즉 '경신(敬神)과 결부된 덕은 신을 숭상하는 최고의 방법이다'를 타고난 원리라고 어떻게 말할 수 있는지 나로서는 알지 못하기 때문이다. 그러므로 제3명제는 인간의 실천에 관한 매우 불확실한 규칙일 수밖에 없고, 우리의 생활 지도에 거의 쓸모가 없다고 말할 수 있을 뿐이며, 따라서 타고난 실천원리로서 설정하기에는 매우 부적당하다.

18.

이 명제를, 즉 덕은 신을 숭상하는 최고의 방법, 즉 신이 가장 기뻐한다는 명제의 뜻에 관하여 고찰해 보기로 하자(왜냐하면 원리 또는 공통사념이어야 하는 것은 그것이 지니는 의의이지 소리가 아니니까). 만약에 덕을 가지고, 가장 일반적으로 이루어지듯이 여러 나라의 여러 여론에 따라서 칭찬해도 좋은 행동이라고 한다면, 이 명제는 절대 확실한 명제이기는커녕 참이 아닐 것이다. 또 만일 덕을 가지고 신의 의지에, 바꾸어 말하면 신이 제정하는 규칙에 합치하는 행동이라고 한다면, 그리고 이것이야말로 덕이 그 자체의 본성상 옳고 좋은 것을 나타내도록 쓰일 때 덕의 참되고 유일한 척도이지만, '덕은 신을 숭상하는 최고의 방법이다'라는 명제는 더할 나위 없이 절대 확실하겠지만 인생에서 그 쓸모는 아주 적을 것이다. 왜냐하면 이 명제는 다음과 같은 일, 즉 신은 자신의 명령에 따르는 것을 기뻐할 따름이겠지만 인간은 절대 확실하게, 신이 실제로 명령하는 일을 몰라도 이 명제를 참이라 알고, 더 나아가 그러한 명제는 (행동과는 무관하며) 전과 마찬가지로 행동의 그 어떤 규칙이나 원리가 아니라는 것을 알게 되리라.

그래서 이러한 일, 즉 신은 자신이 내린 명령을 행하는 것을 기뻐한다는 명제는 (제아무리 참되고 절대 확실하다고 해도) 가르치는 바가 매우 적으므로, 이 명제를 모든 사람의 마음에 기록된 타고난 도덕원리로 삼는 사람은 아주 적으리라고 생각한다. 그와 같이(이 명제를 타고난 원리라고) 생각하는 사람은 누구나, 당연히, 수백에 이르는 명제를 타고난 원리로 생각할 것이다. 왜냐하면 이 명제와 마찬가지로 타고난 원리로 받아들여질 자격을 훌륭하게 갖춘 명제가 많이 있기 때문인데, 그러한 명제를 타고난 원리의 대열에 넣는 사람은 하나도 없을 것이다.

19.

또 제4의 명제, 즉 '사람들은 자기 죄를 뉘우쳐야 한다'도 마찬가지로, 어떤 행동이 죄를 뜻하는가가 결정되지 않는 동안에는 계발적이 아니다. 왜냐하면 죄[*27]라고 하는 말은 보통, 죄를 저지르면 벌을 받게 되는 옳지 않은 행동을 뜻한다고 여겨지므로, 어떠한 특정 행동이 우리에게 (죄라고 하는) 화를 가져오는지 알지도 못하는데 화를 가져오는 행동을 나쁘게 여겨선 안 된다는 말을 도덕의 대원리라고 할 수는 없기 때문이다. 사실 이것은 매우 참된 명제로, 어떤 행동이 어떤 상황에 죄가 되는가를 이미 알고 있다고 여겨지는 사람들이 듣고 받아들이기에는 적합하다. 그러나 이 명제나 앞의 절에 나온 명제도, 모든 덕과 악덕의 개별적 척도와 한계가 사람들의 마음에 새겨져 있어서, 이들도 타고난 원리가 아닌 이상 타고난 원리라고는 상상할 수 없고, 이를테면 타고난 것이라 해도 어떤 쓸모가 있다고는 상상할 수 없으며, 더욱이 모든 덕과 악덕 개개의 척도, 한계가 타고난 것이라고 하기에는 매우 의심스럽다. 따라서 서로 다른 사람들에게 서로 다른 사물을 나타내는 덕과 악덕과 같은 불확실한 뜻을 나타내는 말로써 신이 사람들의 마음에 원리를 새겼을 리는 없다고 생각한다. 아니, 그러한 원리의 대부분에서는 말은 매우 일반적인 이름이므로, 그 안에 포함되어 있는 개별적인 것을 알지 못하면 이해할 수 없는 것이며, 그

---

*27 peccata or sin. 로크는 라틴어를 먼저 적고 모국어로 다시 썼다. 학계나 종교계에서 라틴어가 우세했기 때문이었을 것이다.

러한 말로 (원리가) 적혔을 것이라고는 전혀 생각할 수가 없는 것이다.

그래서 실천의 경우 척도는 행동 자체의 지식에서 취해야 하고, 행동의 규칙은 말을 빼고 이름에 앞서지 않으면 안 되며, 이 규칙을 인간은, 영어건 프랑스어건 어떠한 언어를 우연히 배우든, 또는 벙어리에게서 일어나는 것처럼 언어를 배우지 않고, 다시 말하면 말의 쓰임을 전혀 이해하지 않아도 알고 있어야 한다. (그래서) 말을 알지 못하는 사람 또는 자기 나라의 법이나 습속을 배우지 않은 사람이, (예를 들어) 남을 죽이지 않는 일, 한 사람 이상의 여성을 알지 못하는 일, 낙태하지 않는 일, 아이를 버리지 않는 일, 자기에게 없어도 다른 사람으로부터 그가 가지고 있는 것을 빼앗지 않고 반대로 다른 사람의 모자람을 채워 주는 일, 이와 같은 일과 반대되는 일을 하면 늘 뉘우치고 나쁘다고 생각하며 두 번 다시 않겠다고 결심할 것, 이것들을 알았다고*28 입증될 때, 거듭 말하는 바이지만 이 모든 것이나 그 밖의 이런 식의 수천의, 위에서 쓴 두 가지 일반적인 말, 즉 덕과 죄(라고 하는 말)에 포함되는 규칙을 사람들이 실제로 알고 받아들인다고 증명될 때, (그때야말로) 이들 또는 이들과 비슷한 규칙을 공통사념으로 실천적 원리라 해서 허용하는 이유는 더욱더 있을 것이다. 그러나 (그렇다고 해도) 결국 진리에 대한 보편적 동의는 (예를 들어 도덕원리에 무엇인가 보편적 원리가 있다고 해도) 그 지식을 (타고난 것이 아닌) 다른 것에서 얻을 수가 있는 것으로, 보편적 동의가 진리의 생득을 증명하는 일은 없을 것이다. 이것이 내가 주창하는 모든 것이다.

20. 생득원리도 부패할 것이라는 반대론에 대답한다

또한 그다지 중요하지 않은 반론, 즉 도덕의 생득원리는 교육이나 습속이나 우리가 교제하는 사람들의 일반적 의견에 의해서 애매모호해지다가 마침내는 사람들의 마음으로부터 아주 없어질 것이라는 반론을 꺼내는 일은 그다지 중요하지는 않을 것이다. 만약에 이 논자의 주장이 참이라면, 그 주장은 논자들의 개인적인 신조 또는 그 패거리의 신조가 보편적 동의로서 당연히 통용될 것이라고 그들 논자들이 생각하지 않는 한, 생득원리설을 증명하려고 애

---

*28 살인이나 강간에 대한 타이름은 십계명에 나와 있지만, 그 밖의 것도 그리스도교 도덕의 선을 따라서 고려되고 있다. 낙태는 특히 로마 가톨릭교가 엄금했는데, 로크 시대에는 일반적으로 배덕한 짓이라고 여겨졌다.

쓰는 보편적 동의에 대한 논의를 전적으로 무(無)로 돌리는 일이다. 그러나 자신이나 동료의 신조를 보편적 동의라고 생각하는 것은, 사람들이 스스로를 올바른 이지의 유일한 주인이라고 어림짐작해, 다른 사람들의 찬반이나 의견을 고려할 가치가 없다고 버릴 때 드물지 않게 일어나는 일이다.

그때 이 사람들의 논의는 이렇다. 모든 인류가 참으로 인정하는 원리는 타고난 것이다. 올바른 이지를 가진 사람들이 허용하는 것은 인류가 인정하는 원리이다. 우리 그리고 우리와 같은 마음을 가진 사람은 이지의 사람이다. 그렇기 때문에 우리 의견이 서로 일치하므로, 우리의 원리는 타고난 것이다. 이것은 매우 유쾌한 논의 방법으로, 무오류로 가는 지름길이다. 왜냐하면 다른 방법으로는 모든 사람이 승인하고 동의하는 원리가 있어서, 더욱이 이들 원리의 어느 하나도 부패한 습속이나 옳지 않은 교육에 의해서 많은 사람들의 마음으로부터 지워지지 않고 있으면 이해하기가 매우 어려울 터이기 때문이다. 이것은, 모든 사람들이 원리를 허용하지만 많은 사람들은 이것을 부정하여 이에 동의하지 않는다는 뜻이다. 또 실제로 이러한 제1원리를 상정해도, 우리는 아주 조금밖에 쓸모가 없을 것이다. 만약에 제1원리가 교사의 의지나 동료의 의견과 같은 인간적인 능력에 의해서 우리 내부에서 바뀌거나 사라지거나 할 수 있다면, 제1원리가 있으나 없으나 똑같이 헷갈릴 것이다. 그래서 제1원리, 타고난 빛을 이런 식으로 아무리 자랑해도, 우리는 그러한 것이 전혀 없었다고 생각했을 때와 마찬가지로 혼란스럽고 불확실한 상태에 있게 될 것이다. 왜냐하면 규칙이 없는 것과, 어느 쪽으로도 휘는 규칙을 가지거나, 다양한 서로 어긋나는 규칙 안에서 옳은 것이 어떤 것인지를 모른다는 점은, 전적으로 같기 때문이다. 그러나 타고난 원리에 관해서 내가 이것을 주장하는 사람들에게 바라건대, 타고난 원리를 교육이나 습속에 의해 더럽히거나 지울 수 있는지를 말해주기 바란다. 만약에 할 수 없다면, 타고난 원리는 모든 인류에게서 발견되어야 하며 누구에게나 명확한 것이어야 한다. 또 만일 후천적 생각에 의해서 변화되는 일이 있다면, 타고난 원리는 그 원천에 가장 가까운 곳, 즉 외부 의견으로부터 아무런 영향을 받은 일이 없는 아이들이나 무식자에게서 가장 뚜렷하게 발견되어야만 한다. 생득론자는 어느 쪽을 선택하든 분명한 사실, 일상의 관찰에 맞부딪치게 된다는 사실을 절대 확실하게 알아차릴 것이다.

21. 세상에는 서로 어긋나는 원리가 있다

쉽사리 알 수 있는 바와 같이, 나라가 다르고 교육이나 기질이 다른 사람들에 의해서 수많은 의견들이 제1원리이자 의심할 수 없는 원리로 받아들여져 이를 받들고 있다. 그러나 그 대부분은 불합리하며 서로 대립하는 것으로, 참이라고는 할 수 없다. 더욱이 그러한 명제는 모두, 아무리 이지(理知)로부터 멀리 떨어져 있어도 어딘지 모르게 매우 신성한 것으로 여겨지고 있다. 때문에 다른 일로는 훌륭한 지성을 가진 사람도, 그 진리성을 스스로 의심하거나 남에게 묻기에 앞서 자기 생명이나 가장 소중한 것을 무엇이든지 버리려고 할 정도인 것이다.

22. 사람들이 그 원리를 얻는 일반적인 방법

이것은 아무리 우습게 보여도, 날마다 경험으로 확인하는 일이다. 또 이렇게 되는 경로와 준비를 고찰하고, 유모의 미신이나 노파의 권위보다 훌륭한 기원에서 생겨나지 않았던 가르침이 오랜 시간과 주위의 동의에 의해서 종교 또는 도덕의 존엄한 원리로 성장하는 일이 어떻게 진짜로 일어나게 되는가, 이 점을 살펴보면 아마도 그다지 놀라지 않을 것이다. 왜냐하면 (자기가 믿고 있는 한 쌍의 원리를 아이들을 위해 가지지 않는 사람은 없지만) 아이들에게 (그 사람들이 하는 말로는) 꼼꼼하게 원리를 잘 가르치는 사람은 (아이들의) 경계심을 가지지 않는, 더욱이 선입견이 없는 지성을 (왜냐하면 흰 종이는 그 어떤 글자도 받아들이니까) 아이들로 하여금 지니게 하고 신봉하기를 바라는 가르침을 베푸는 것이기 때문이다. 이러한 가르침은, 아이들이 조금이라도 인지력을 가지면 바로 가르칠 수 있고, 성장함에 따라서 아이들이 관계하는 모든 사람이 공공연하게 공언하거나 암묵적으로 찬성하거나 하기 때문에, 또는 적어도 아이들이 존경하는 지혜와 학식과 경건함을 가진 사람들이 그러한 명제를 자기들 종교나 생활양식의 기초나 바닥(으로 들고 그) 밖의 일은 결코 거론하려고 하지 않기 때문에 아이들에게 늘 확인하게 하는 것이 되어, 그것으로 의심할 수 없는 자명하고 타고난 진리라고 하는 평판을 얻게 된다.

23.

이에 덧붙여서 말해도 좋지만, 이런 식으로 가르침을 받은 사람들이 어른이 되어 자기 자신의 마음을 되돌아보면, 이 사람들은 기억이 행동의 기록을 간직하기 전에, 또는 무엇인가 새로운 사물이 자기에게 나타난 날짜를 처음으로 기록하기 전에 가르침을 받은 설, 그러한 설보다도 오래된 그 어떤 사물을 마음에서 찾아볼 수가 없다. 그래서 이 사람들은, 알기 시작한 기원을 자기 자신 속에서 발견할 수 없는 명제는 절대 확실하게 신과 자연이 마음에 새겨놓은 것이지, 누군가 다른 사람이 가르친 것이 아니라고 망설임 없이 단정한다. 이러한 명제를 사람들은 부모를 대하듯이 숭배의 마음을 가지고 받아들이며 따른다. 이 명제가 자연적인 것이기 때문이 아니라, 아이들은 누군가가 가르치지 않으면 그런 식으로 명제를 만나지 않지만, 늘 그런 식으로 가르침을 받아 이 존경의 시작을 기억하지 못하므로 자연이라고 생각하는 것이다.

24.

인간의 본성이나 인간에 관련되는 일들의 구조를 들여다보면, 앞서 말한 일은 매우 일어나기 쉬워서 거의 피할 수 없는 것처럼 보일 것이다. 대부분 사람들은 날마다 직장에서 시간을 보내지 않고서는 살아갈 수가 없고, 또 자기 사상을 놓아둘 바탕이나 원리가 없으면 편안한 마음으로 있을 수가 없다. 추리의 밑바탕이 되는 원리로서 참과 거짓, 옳고 그름을 판정해 줄 명제가 없는 매우 천박한 지성을 가진 자, 그러한 사람은 없다. 그리고 어떤 사람은 이 명제를 검토하는 기능과 여가가 없고, 다른 사람은 검토하고 싶은 심적인 성향이 결여되었으며, 또 어떤 사람은 검토해서는 안 된다는 가르침을 받고 있다. 그래서 무지에 의해서, 나태에 의해서, 교육에 의해서, 또는 경솔에 의해서 명제를 단지 믿지 않는 사람은 곧바로 찾을 수 있을 것 같지가 않다.

25.

이것은 분명히 모든 아이들과 젊은이들에게 해당된다. 그리고 본성보다 강력한 능력인 습관은, 이들 아이들이나 젊은이들의 마음을 돌려서 지성을 순종시키도록 길들인 것을 신적인 것으로 잘못 숭상하게 만드는 일은 좀처럼 없다. 그러므로 성인이 생활의 필요에 쫓기거나 쾌락의 추구에 열중하든, 진지하게 앉아서 자기 자신의 주의를 검토하지 않는 것도, 특히 그 사람들의 원리의 하나가, 원리는 의심해서는 안 된다고 할 때 그렇다는 것도 이상한 일은 아니다.

또 만약에 여가와 수단과 의지를 가지고 있다 해도, 감히 과거의 모든 사상 모든 행동의 바탕을 뒤흔들어서, 오랫동안 전혀 잘못이 없다는 착각 안에 있었다고 스스로 부끄럽게 생각하는 일을 견뎌낼 사람이 있을까? 자기 나라나 집단이 널리 인정하는 의견에 감히 동의하지 않음으로써 곳곳에서 기다리고 있는 비난을 감수할 정도로 굳건한 사람이 있을까? 세상의 일반적인 의견을 하나라도 망설이는 사람이 틀림없이 듣게 될 괴상한 사람, 회의주의자, 무신론자의 이름을 견딜 수 있는 참을성 강한 사람을 어디에서 찾는단 말인가? 이러한 원리를, 대부분의 사람들이 생각한 대로 신이 설정한 기준으로 다른 모든 견해의 규칙과 척도라고 할 때, 그러한 사람은 이 원리에 의문을 가지는 일을 훨씬 두려워할 것이다. 이들 원리는 모든 사상의 최초이자 사람들이 가장 숭상하는 것임을 발견할 때, 이러한 원리를 어떻게 신성하다고 하지 않을 수 있겠는가?

26.

이로써 사람들이 마음속에 자리를 잡아버린 우상*[29]을 숭배하고, 마음속에 오랫동안 숙지하고 있는 생각을 점점 애호하며, 불합리나 착오에 신성(神性)의 각인을 찍고, 지리멸렬한 어리석은 일의 열렬한 숭배자가 되며, 자기들의 견해를 옹호하여 다투기도 하고, 생사를 걸고 싸우는 일이 어떻게 일어나게 되는지 쉽사리 상상할 수 있다. 자기가 숭상하는 신만을 가져야 한다고 믿으므로. 왜냐하면 영혼의 추리기능은 늘 빈틈없이, 또는 현명하게 쓰이지는 않지만 거의 끊임없이 쓰며, 바탕이나 발판이 없으면 움직일 방법을 모르게 될 것이므로 대부분의 사람들, 즉 태만이나 쾌락 때문에 지식의 원리를 통찰해서 진리의 원천과 기원에 거슬러 올라가는 일을 하지 않고, 또는 시간이나 참다운 도움이 없거나 다른 이유가 있거나 해서 그렇게 할 수 없는 대부분의 사람들로서는 어떤 차용원리를 채용하는 것은 자연스러운 일로서 거의 피할 수 없는 일이며, 이 원리가 다른 사물의 명백한 증거로 간주되고 추정되므로 원리 자신은 다른 증거를 조금도 필요로 하지 않는 것처럼 보인다. 누구든 이 차용한 원리를 자기 마음속으로 받아들여, 원리에 일반적으로 보내는 존경의 마음

---

*29 idols, 로크는 프랜시스 베이컨의 '이돌라'를 생각했었는지도 모른다.

을 품고, 감히 검토하려 하지 않으며, 믿어야 하는 것이므로 믿도록 자기 마음을 길들이는 사람은, 그가 받는 교육이나 그 나라의 풍습으로부터 그 어떤 불합리도 타고난 원리로 채택하려 하고, 같은 대상을 오래 바라봄으로써 시력을 약화시켜, 자기 자신의 뇌에 깃드는 괴물을 신성한 자의 상(像), 신성한 자가 한 일로 알게 될 것이다.

27. 원리는 검토되어야 한다

이러한 경과로 얼마나 많은 사람들이 타고났다고 자기가 믿는 원리에 이르는가는, 모든 부류와 계층의 사람들이 대립하는 원리를 보유해서 서로 말다툼을 하는 가운데에서 쉽사리 관찰할 수가 있을 것이다. 또 대부분의 사람들이 자기 원리의 진리와 명증성에 갖는 확신으로 나아가는 방법은 이것이 아니라고 부정하는 사람은 아마도, 서로 어긋나는 주의를 굳게 믿으며 자신 있게 주장하고, 대부분이 그 어느 때나 즉각적으로 목숨을 걸고 지키는 일을, 무엇인가 다른 방법으로 해명하기란 어려운 일임을 알게 되리라. 실제로 검토되지 않고 자기 자신의 권위에 기초해서 받아들여지는 것이 생득원리의 특권이라 한다면, 믿지 않아도 되는 것은 무엇인가, 또는 어떤 사람의 원리를 어떻게 해서 의문으로 삼을 수 있는가 나로서는 알 수 없다. (그러나) 만약에 원리를 검토하고 심사해도 좋고, 또 그렇게 해야 한다면, 제1원리이자 타고난 원리라는 것을 어떻게 심사할 수 있는가를 나는 알고 싶다. 아니면 적어도, 진정한 타고난 원리를 다른 원리와 구별해서 (타고난 원리의) 왕위를 노리는 다양한 자들의 한가운데에서 이토록 중대한 점에서 그릇되지 않을 수 있게, 그러한 구별을 할수 있는 표지나 특징을 찾는 것은 도리에 맞는 일이다. 이것이 이루어질 때, 나는 이렇게도 좋은 또 유용한 명제를 곧바로 믿을 것이다. 그때까지 나는 신중하고 깊게 의심해도 좋을 것이다. 왜냐하면 제안되는 유일한 표지인 보편적 동의는, 어떤 타고난 원리를 내가 골라 확신하게 하는 데에 충분한 표지가 아니라는 점이 증명될 것이라고 생각하기 때문이다. 이제까지 살펴본 바, 모든 사람이 동의하는 실천적 원리는 없으며, 따라서 타고난 실천적 원리는 하나도 없다는 것, 이것은 의심할 수 없는 일이라고 나는 생각한다.

제4장
이론적과 실천적 두 가지 타고난 원리에 관한 다른 고찰

1. 타고난 것이 아닌 한, 원리는 타고난 것이 아니다

타고난 원리가 있다고 우리를 설득하려는 사람이 원리를 총체적으로 다루지 않고, 이들 (원리를 나타내는) 명제를 구성하는 부분을 따로따로 고찰했더라면 아마도 원리가 타고난 것이라고 그 정도로 조급하게 믿지는 않았을 것이다. 왜냐하면 그러한 진리를 만들어 내는 관념이 타고난 것이 아니었다면, 관념에서 만들어지는 명제를 타고난 것이라고 말할 수는 없기 때문이다. 다시말하면 명제의 지식이 우리에게 태어나면서 있을 수는 없기 때문이다. 관념이 타고난 것이 아니라면 마음에 그러한 원리가 없었던 시기가 있었고, 그렇다면 원리는 타고난 것이 아니라 다른 어떤 기원에서 올 것이다. 곧 관념 자체가 없는 곳에 참다운 앎이 있을 리 없고, 동의가 있을 리 없으며, 관념에 관한 심적 명제 또는 언어적 명제[*1]가 있을 리 없다.

2. 관념, 특히 원리에 속하는 관념은 아이들에게 날 때부터 존재하지 않는다

새로 태어나는 아이들을 주의 깊게 살펴보면, 먼저 이 아이들이 많은 관념을 가지고 이 세상에 태어난다고 생각할 까닭은 없을 것이다. 왜냐하면 어머니 배 속에서 느꼈을지도 모르는 갈증이나 따뜻함이나 어떤 아픔과 같은 약간의 희미한 관념을 제외하고는, 무엇인가 정리된 관념은 아이들에게 조금도 나타나지 않고, 특히 타고난 원리라고 여겨지는 보편적 명제를 만들어 내는 명사(名辭)에 상응하는 관념은 나타나지 않기 때문이다. 아이들의 마음에 관념이 나중에 점차로 들어오는 상태, 즉 아이들은 경험, 그러니까 아이들 앞에 나

---

*1 mental or verbal propositions. 이 두 명제는 제4권 제5장 제5절 참조.

타나는 사물의 관찰이 아이들에게 제공되는 것 이상 또는 그 밖의 것을 얻지 않는다는 사실은 누구나 알 수 있다. 이로써 우리는 관념이 마음에 새겨진 본원적 각인이 아님을 충분히 이해할 수 있다.

3.
'같은 사물이 있으면서 동시에 없을 수는 없다'는 (만약 타고난 원리나 그 무엇이 있다면) 절대 확실하게 타고난 원리이다. 그러나 불가능성과 동일성을 두 개의 타고난 관념이라고 생각할 수 있는 사람이 있을까? 또 그렇게 말하는 사람이 있을까? 이 두 관념은 모든 인류가 가지고 있으며 또 이를 가지고 이 세상에 태어나는 것인가? 아이들에게 이것은 최초의 관념으로, 모든 획득된 관념에 앞선 관념일까? 만약에 타고난 것이라면, 꼭 그렇게 되어야 한다. (그러나) 아이는 하얗다, 까맣다, 달다, 쓰다는 관념을 가지기 전에 불가능성이나 동일성의 관념을 갖는가? 또 이 원리에 기초해서 젖꼭지에 바른 쓴 쑥 맛은 평소의 젖꼭지에서 느끼던 맛과 같지 않다고 결론을 내리는가? 아이에게 어머니와 낯선 사람을 구별하게 하거나, 어머니를 좋아하게 하고 낯선 사람으로부터 달아나게 하는 것은 '같은 사물이 있으면서 동시에 없을 수 없다'라고 하는 현실적인 지식인가? 그렇지 않으면 마음은 아직 이전에 가진 일이 없는 관념에 의해서 자기 자신을 규제하며 동의를 규제하는가? 아니면 지성은 아직 알지 못하고 이해하지 못한 원리로부터 결론을 내는가? 불가능성과 동일성이라는 이름은 타고난, 즉 태어나면서 우리에게 있다고 하는 것과는 아주 동떨어진 두 관념을 나타내므로, 그러한 관념을 지성으로 하여금 올바르게 만들게 하기 위해서는 대단한 배려와 주의가 필요하다. 이 관념은 우리가 가지고 이 세상에 나오는 것이기는커녕 갓난아이나 유아의 생각으로부터 아주 멀다. 잘 검토해 보면 많은 어른들도 이것이 없다는 사실을 알 수 있다.

4. 동일성은 타고난 것이 아닌 관념
만약에 동일성이 (이것만을 예로 들어서) 타고난 관념이며, 따라서 우리에게 매우 명확하고, 요람 무렵부터 알고 있어야 한다면, 일곱 살 난 사람이나 일흔 살 된 사람이 해결을 해주면 좋겠는데, 영혼과 신체로 이루어진 피조물인 인간은 신체가 바뀔 때 동일한 사람*²인가 아닌가. (피타고라스학파의 가르침에 의하면) 에우포르보스*³와 피타고라스는 같은 영혼을 가지고 있었지만, 이 두 사람은 몇 년 동안 따로 살았음에도 같은 인간이었는가? 아니, 같은 영혼을 가진 수탉마저도*⁴ 이 두 사람과 같지 않았을까? 이것으로 알 수 있다시피 같다는 것에 있어서 우리의 관념은 타고난 것으로 여길 가치가 있을 정도로 일정하거나 뚜렷하지가 않다. 그러한 타고난 관념이 보편적으로 알려지고 자연스레 동의될 정도로 뚜렷한 것이 아니라면, 이 관념은 보편적이며 의심할 수 없는 진리를 짊어질 주체가 될 수 없고, 영원한 불확실성을 어쩔 수 없이 불러일으킬 것이다. 왜냐하면 동일성에 있어서 모든 사람의 관념은 피타고라스와 수천 명의 추종자들이 가진 관념과 같지 않을 것이라고 나는 생각하기 때문이다. 그렇다면 어느 쪽이 참일까? 어느 쪽이 타고난 것인가? 아니면 동일성이라고 하는 이들 서로 다른 관념은 모두 타고난 것인가?

5.

또 인간의 동일성에 관해 내가 여기에서 제기한 의문은 알맹이가 없는 텅 빈 추측이라고 생각하지 말기를 바란다. 만약에 공허한 추측이었다면 그것이야말로 사람들의 지성에 동일성이란 타고난 관념이 없었다는 사실을 충분히 보여줄 것이다. 부활이라는 것을 조금이라도 깊이 숙고하여, 신의 정의는 마지막 심판의 날에 이 세상에서 좋은 일을 한 사람 또는 나쁜 일을 한 사람에게 내세의 행복과 불행을 판결할 것이라고 생각하는 사람은, 아마도 무엇이 같은 인간을 만드는가, 또는 어디에 동일성은 존재하는가, 이것을 스스로 해결하기가 쉽지 않음을 알 것이고, 그 자신이나 어느 누구도, 아이들조차도 동일성의 관념을 자연스레 갖는다고 조급하게 생각하는 일은 하지 않을 것이다.

---

*2 the same man. 그 동일성은 제2권 제27장 제6절 이하 참조.

*3 Euphorbos. 호메로스가 《일리아스》에서 노래한 트로이아의 용사. 피타고라스를 시조로 하는 피타고라스 교단은 영혼의 불멸과 윤회를 믿으며, 피타고라스 자신이 에우포르보스의 영혼을 받았다고 전설적으로 말해지고 있다.

*4 수탉과 피타고라스와 에우포르보스의 동일성은, 그리스의 풍자작가 루키아노스(120?~180?)의 《닭》이라는 작품에 따른다. 이 작품에서 수탉은 피타고라스의 전생(轉生)이라고 여겨지며, 가난한 구두 수선공 미키로스와 부(富)의 불행에 대해 대화를 나눈다.

6. 전체와 부분은 타고난 관념이 아니다

수학의 원리, 즉 '전체는 부분보다 크다'를 검토해 보자. 나는 이것을 타고난 원리 안에 포함시킬 수 있다고 생각한다. 확실히 이 원리는 타고난 원리라고 생각할 수 있는 훌륭한 자격을 가지고 있다. 그러나 이 원리 안에 포함된 전체와 부분이라고 하는 관념은 완전히 관계적인 것으로, 이들 관념이 본디 직접 속하는 실정관념(實定觀念)은 연장(延長) 및 수(數)이며, 전체와 부분은 단지 연장과 수의 관계에 지나지 않는데,*5 그러한 일을 고찰하는 사람은 앞서 말한 원리가 타고난 것이라고 생각할 리가 없다. 그와 같이 (전체와 부분은 연장과 수의 관계이므로) 전체와 부분이 타고난 관념이라면 연장과 수도 타고난 관념이어야 한다. 왜냐하면 관계가 속해서 그 바탕이 되는 사물에 대한 관념 없이는 관계의 관념을 가질 수가 없기 때문이다. 그런데 사람들의 마음에 연장과 수의 관념이 자연스럽게 각인되어 있는가 어떤가, 생득원리의 옹호자들의 고찰에 맡기겠다.

7. 숭배 관념은 타고난 것이 아니다

'신을 숭배해야 한다'는, 인간의 마음속으로 들어올 수 있는 그 어떤 진리와 마찬가지로 큰 진리로서 모든 실천적 원리 가운데에서 분명 제1위에 속한다. 그러나 신 또는 숭배라는 관념이 타고난 것이 아닌 이상, 타고난 것이라고는 결코 생각할 수 없다. (그런데) 숭배한다는 명사(名辭)가 아이들의 지성에는 없고, 마음의 기원에 새겨진 특징이 아니라는 것, 이 점은 숭배한다는 명확하고 분명한 생각을 가진 사람이 성인들 가운데에도 별로 없음을 고려하면 손쉽게 인정하리라고 나는 생각한다. 그래서 생각건대, 아이들은 '신을 숭배해야 한다'는 타고난 실천원리를 가지고 있으며, 더욱이 아이들의 의무인 신의 숭배가 무엇인가를 모른다고 말하는 것처럼 우스운 일은 없는 것이다. 하지만 이 점은 대범하게 보기로 하자.

8. 신의 관념은 타고난 것이 아니다

어떤 관념이 타고난 것이라고 한다면, 신의 관념이야말로 특히 많은 까닭으

---

*5 부분이 관계적인 관념이라고 하는 것은 제2권 제25장 제6절에서 해설된다.

로 그렇게 생각할 수 있을 것이다. 왜냐하면 어떤 신들에 대한 타고난 관념 없이 어떻게 타고난 도덕원리가 있을 수 있는지 떠올리기 어렵기 때문이다. 입법자에 대한 생각 없이 법과 법을 지키는 책무를 생각할 수가 없다. 그러나 고대인이 인정하고 기록에 오점을 남긴 무신론자는 별도로 하고, 항해는 요 몇 해 사이에 솔다니아만(灣)*⁶이나 브라질, 보란데이, 카리브 제도 등에서 신이라는 개념도 종교도 찾아볼 수 없을 것 같은 민족을 발견했지 않은가.

니콜라우스 델 테초의 〈카이구아족(族)의 개종(改宗)에 관한 파라과이로부터의 편지〉에는 이런 말이 있다. '이 종족에게는 신이나 인간의 영혼을 뜻하는 이름이 없고, 신성한 것도 우상도 없다는 것을 나는 발견했다.' 이들은 연마되지 않은 자연(의 본성) 그대로 방치되어, 문자나 훈육의 도움도 없고 학예의 진보도 없는 민족의 실례이다. 하지만 그 밖의 점에서는 매우 수준이 높아서, 생각을 신(神) 쪽으로 올바르게 돌리지 않으므로 신의 관념과 지식이 결여된 민족이라고 보는 것 같다. 시암 사람을 이 부류의 민족에서 발견한다는 것은 나도 그렇지만 다른 사람에게도 틀림없이 놀라운 일일 것이다.

그러나 이 점에 대해서는, 최근 그곳에 간 프랑스 왕의 사절(라 루베르)의 의견도 들어보기 바란다. 그는 중국인에 대해서도 같은 말을 하고 있다. 그리고 라 루베르를 믿으려고 하지 않아도, 중국 선교사들은 중국인의 대찬미자인 예수회 수사들까지 한 사람도 빠지지 않고 동의해서, 중국의 오랜 종교를 지키는 유파(流派)의 학자나 중국의 지배층은 모두 무신론자라는 사실을 우리에게 확신시킬 것이다. (A 및 J. 처칠 편《항해(여행) 모음집》(1704년) 제1권 수록, D. 페르난데스 나바레테《중국제국기(中國帝國記)》및《중국제사지(中國祭祀誌)》(1700년) 참조.) 또 그다지 멀지 않은 사람들의 생활이나 논의를 눈여겨보아도 높은 문명의 나라에서 많은 사람들의 마음에 신이라고 하는 것이 매우 강하고 뚜렷하게 새겨져 있지 않아서, 설교단으로부터 무신론의 한탄이 들리는 것도 이유가 있다고 염려하는 일은 너무나도 당연하다. 그래서 지금은 방자한 인간이 뻔뻔스럽게도 고백할 뿐이지만, 만약에 위정자의 칼이나 이웃 사람의 비난을 걱정하는 마음이 사람들의 혀를 묶지 않았더라면, 아마도 현재보다 더 많은 사람들로부터 무신론 이야기를 들을 것이다. 사람들의 혀는

---

*6 the bay of Saldania. 남아프리카 케이프타운 북쪽에 있다.

벌(罰)이나 수치의 걱정이 없었다면, 사람들의 생활이 실제로 선언하고 있는 바와 마찬가지로 그들의 무신론을 공공연하게 선언했을 것이다.

9.

그러나 만약에 모든 인류가 그 어디에서나 신을 생각한다고 해도(하지만 기록은 그 반대를 말하고 있다), 그렇다고 신에 대한 관념이 타고난 것이 되지는 않을 것이다. 왜냐하면 신의 이름이나 그에 대한 막연한 생각도 가지지 않은 민족은 발견할 것 같지도 않지만, 그것이 신에 대한 생각이 마음에 자연스레 새겨져 있다는 증명이 되지는 않을 터이기 때문이다. 이 점은 불이나 태양이나 열 또는 물 등, 그러한 사물의 이름과 이들 사물의 관념이 인류 사이에서 매우 보편적으로 받아들여지고 알려져 있다고 해서, 그러한 이름은 그것이 나타내는 관념을 타고났다는 것을 증명하지 않는 일과 마찬가지이다. 또 반대로, 그러한 이름 또는 그러한 생각이 사람들의 마음에 없다는 것은, 신의 존재를 부정하는 증명이 아니며, 이것은 인류의 상당한 부분이 자석에 대한 생각이나 자석에 대한 이름을 가지고 있지 않다 해서 자석이라는 사물이 이 세상에 없다는 것을 입증하지 않는 일과 마찬가지이며, 또 천사, 즉 우리를 초월한 지능 있는 존재자(being)라는 관념도 그 이름을 우리가 가지지 않는다고 해서 그러한 천사가 없다는 증명이 되지 않는 것과 마찬가지이다. 왜냐하면 자기 나라의 공통된 언어에 의해서 말을 부여받고 있는 인간은, 자기들이 사귀는 사람이 자주 이름을 거론할 기회를 가지는 사물에 어떤 종류의 관념을 가지지 않을 수가 없기 때문이다. 그리고 만일 이 관념에 탁월이나 위대 또는 남다른 사물이라는 생각이 따르면, 관념에 걱정이나 우려가 따르면, 절대 불가항력적인 능력의 공포가 마음속에 관념을 단단히 새겨넣으면 관념은 더욱더 깊이 가라앉고 더 널리 퍼지기가 쉽다. 특히 신의 관념처럼, 관념이 이지(理知)의 공통된 빛으로 일치할 수 있고, 우리 지식의 모든 부분에서 자연스레 나오는 관념이라면 더욱 그러하다. 왜냐하면 뛰어난 지혜와 능력의 명백한 표지는 창조된 모든 작품에 걸쳐 매우 뚜렷하게 나타나 있으므로, 이지적 피조물이 이들 작품을 진지하게 성찰하려고만 한다면, 신을 발견 못할 리가 없기 때문이다.[7] 그리고 이러

---

[7] 당대 영국 사상가들, 특히 뉴턴을 비롯하여 자연학자 가운데 이를 채용하는 사람이 많았다. 신의 존재의 설계증명(design argument)은 로크가 제4권 제10장에서 신의 존재를 증명할

한 존재자의 발견이, 이것을 한 번이라도 들은 일이 있는 모든 사람의 마음속에 반드시 미칠 수밖에 없는 영향은 매우 커서, 이 존재자를 매우 강하게 생각하게 만들며, 또 (다른 사람들에게) 강하게 사상을 전달한다. 그러므로 모든 민족에 걸쳐 신에 대한 생각이 결여될 정도로 짐승과 같은 인간이 어딘가에서 발견되는 일은, 수나 불에 대한 생각이 조금도 없는 민족이 발견되는 것보다도 더 우스운 일이다.

10.

인간보다 위에 있으며 강력하고 현명한, 우리가 볼 수 없는 어떤 존재자를 표현하기 위해, 신이라고 하는 이름이 세계의 어느 곳에서 일단 입에 오르내리면, 이 생각은 (인간의) 공통 이지(理知)의 여러 원리에 들어맞아, 사람들은 이 생각에 늘 관심을 갖고 자주 말하게 되므로, 신이라는 이름은 필연적으로 멀리 퍼져서 후세에 언제까지고 전해질 것이다. 하지만 이 이름이 일반적으로 받아들여져서, 인류 가운데 생각을 하지 않는 (사람들의) 부분에 전달되어도, 이는 신의 관념이 타고났다는 것을 증명하지는 않는다. 단지 다음과 같은, 즉 신의 관념을 발견한 사람은 이지를 올바르게 쓰고 사물의 원인을 충분히 생각해서 기원까지 거슬러 올라갔던 것이며, 그 밖에 생각을 별로 하지 않는 사람들도 (신의 관념과 같은) 매우 중요한 생각을 그 발견자로부터 일단 받고 나면 이 관념을 다시는 잃을 수 없다는 것을 증명할 뿐이다.

11.

만약 신에 대한 생각이 모든 인류에게서 보편적으로 발견되고, 모든 나라의 성숙한 사람에 의해서 일반적으로 받아들여진 것이라 해도, 신에 대한 생각에서 추론할 수 있는 것은 이제까지 말해 온 것뿐이다. 왜냐하면 신을 인정한다는 일반성은 그 이상으로 미치지 않기 때문이다. 만약에 이 일반성이 신의 관념이 생득적이라는 점을 충분히 증명한다면, 일반성은 불의 관념이 타고난 것과 마찬가지로 증명할 것이다. 왜냐하면 신에 대한 생각은 가져도 불의 관념은 가지지 않은 그러한 사람은 이 세상에 하나도 없다고 생각하기 때문이다. 만

때 말하고 있지 않음에도 그가 마음속 깊이 가지고 있다 일컬어진 까닭이다.

일 불이 없는 섬에 어린아이들의 식민지가 설정된다고 하면, 그 밖의 세계에서 불이 아무리 일반적으로 인정되고 알려진다 해도, 어린아이들은 불이라는 것에 대한 생각도, 그에 대한 이름도 절대 확실하게 가지지 않았을 것이다. 또 아마도 불과 마찬가지로, 신의 이름이나 생각도 어린아이들의 인지(認知)로부터 멀리 떨어져 있었을 것이다. 그러나 이윽고 그 가운데 어떤 아이가 여러 사물의 구조와 원인을 탐구하게 되고, 이로써 그 아이는 신에 대한 생각으로 이끌려 갔을 것이며, 이 생각을 일단 다른 아이들에게 가르치고 나면 그 뒤는 이지, 즉 어린이 자신의 생각의 자연적인 흐름이 이 생각을 다른 아이들에게 퍼뜨리고, 이어지게 했을 것이다.

12. 모든 사람이 신의 관념을 갖는 것은 신의 자애로움에 어울린다. 따라서 신은 자연스럽게 각인했다는 이론에 대답한다

하기야 다음과 같이 주장할 수가 있다. 즉 사람들의 마음에 신 자신을 각인시키고 신에 대한 생각을 심어서, 이렇게도 중대한 관심사로 사람들을 (무지의) 어둠과 의혹 상태로 내버려 두지 않고, 인간만큼 지혜가 있는 피조물로부터 당연히 받을 경의와 숭배를 자신에게 확보하는 일은 신의 자애에 어울리는 일이며, 그렇기에 신은 이 일을 한 것이다.

(이에 나는 대답하는 바이지만) 만일 이 논의에 그 어떤 힘이 있다고 한다면 이러한 논의는, 이 논의를 지금 사용하는 사람들이 이 논의에서 기대하는 것보다 훨씬 많은 것을 증명하게 되리라. 왜냐하면 신이 사람들에게 가장 좋다고 판단하는 모든 일을 사람을 위해 한 것은 신의 자애에 어울리므로 그렇게 한 것이라 단정해도 상관없다면, 이것은 신이 자신의 관념을 단지 사람들의 마음에 새겨넣었다는 것을 증명할 뿐만 아니라, 신은 신에 대해서 알아야 하고 믿어야 할 모든 것을, 신의 의지에 복종해서 해야 할 모든 일을 누구나 알 수 있게 사람들의 마음에 뚜렷하게 새겼다는 것, 또 신은 그 의지에 어울리는 의지와 사랑(affection)을 사람들에게 주었다는 것도 증명할 터이기 때문이다. 이것은 틀림없이 모든 사람이 다음과 같은 일보다도 인간에게 좋은 일이라고 생각할 것이다. 즉 모든 국민은 신을 찾고 원한다고 성 바울은 말했는데(〈사도행전〉 17장 27절), 사람들이 (무지한) 암흑에서 참다운 앎을 찾는 것보다, 또 사람들의 의지가 그 지성과 부딪쳐 사람들의 기호나 욕구가 그 의무에 거스르는

것보다도 사람들에게 좋은 일이라고 생각할 것이다.

　로마 가톨릭교도는 지상의 논쟁에 무오류의 심판자가 있는 것이 사람들에게 가장 좋은 일이며, 나아가서는 신의 자애에 어울리며, 그러므로 무오류의 심판자는 있다고 말한다.*8 그래서 나는 같은 이유에서, 모든 사람이 자기 자신에 무오류의 상태로 있는 편이 사람들에게 좋다고 말한다. 이 논의의 힘에 의해서 모든 사람이 그러한가 아닌가는 로마파 사람들이 생각해 주기를 바란다. 무한히 현명한 신이 그렇게 했다. 그러므로 최상이다. 이렇게 말하는 것은 매우 훌륭한 논의라고 나는 생각한다. 그러나 '나는 최상이라고 생각한다. 그러므로 신은 그렇게 했다'라고 말하는 것은 우리 자신의 지혜에 약간 자신감이 넘친다고 여겨진다. 또 걸린 문제로, 그러한 논법을 전제로 하여 신은 그렇게 했다고 논하는 것은, 신이 그렇게 하지 않았다는 것을 약간의 경험이 보여줄 때 무효일 것이다. 하지만 참다운 앎 또는 관념의 그러한 본원적 각인이 마음에 찍히지 않아도, 신의 자애는 인간들에게 부족하지 않았었다. 왜냐하면 인간이라고 하는 존재자를 위해 필요한 사물을 충분히 발견하는 데에 쓸모가 있는 기능을 신은 인간에게 주었기 때문이다. 그래서 나는 의심하지 않지만, 인간이 그 자연의 여러 기능의 올바른 사용법에 의해서, 타고난 원리가 없어도 신과 인간이 관련되는 모든 사물의 참다운 앎에 이를 수 있다는 점은 보여지는 것이다. 신은 인간에게, 안다고 하는 인간이 갖는 여러 기능을 주었으므로, 그 자애에 의해서 인간의 마음에 여러 생각을 심을 필요는 없었던 것이다. 그것은 마치, 인간에게 이지와 손과 재료를 주었으므로, 다리나 집을 만들어 주지 않은 것과 마찬가지이다. 세상에는 제아무리 훌륭한 재능이 있어도 다리나 집을 가지지 않는 사람들 또는 그러한 설비가 나쁜 사람이 있고, 또 마찬가지로 신이나 도덕원리에 대한 생각이 전혀 없는 사람들, 또는 기껏해야 매우 나쁜 생각만 지닌 사람들도 있다. 그 까닭은 어느 상황에서나, 사람들이 자기 재간·기능·능력을 그 방향으로 부지런히 작용시키지 않고, 자기들 나라의 여론·풍습·사물이 발견되는 데 안주하며, 그 이상을 바로보지 않기 때문이다.

　만약에 독자 또는 내가 솔다니아만에서 태어났다면, 아마도 나의 사상이나

---

*8 교황의 무류설(無謬論 : infallibilism)을 가리킨다. 단, 이것이 로마 가톨릭교회의 통일적 교리로서 확립된 것은 1869~70년의 바티칸 공의회에서였다.

생각은 거기에 사는 호텐토트인*⁹의 어리석은 사상과 생각을 벗어나지 못했을 것이다. 또 버지니아(인디언)의 두목 아포칸카나*¹⁰가 영국에서 교육을 받았더라면 아마도 이 나라의 그 누구에게도 지지 않을 정도로 훌륭한 성직자, 수학자였을 것이다. 왜냐하면 아포칸카나와 영국의 진보된 사람의 차이는 단지 다음과 같은 점에 있었기 때문이다. 즉 아포칸카나의 여러 기능의 행사는 자기 나라의 방법, 관행, 생각의 한계 내에 머물러서 그 밖의 또는 그 이상의 탐구에는 결코 미치지 않았던 것이다. 그래서 아포칸카나가 신에 대한 생각을 전혀 가지지 못했다 해도 그 관념으로 이끄는 사상을 추구하지 않았을 뿐인 것이다.

13. 사람이 다르면 신의 관념도 여러 가지

만일 사람들의 마음에 (날 때부터) 각인되었다고 여겨지는 관념이 무엇인가 있다고 한다면, 신이 인간에게 그 의존과 의무를 상기시키기 위해, 자기 자신의 작품에 붙인 또 하나의 표지로서, 조물주의 생각이야말로 그러한 관념으로, 여기에 인간의 참된 앎의 첫 예증이 나타나리라고 기대해도 마땅하다. 그러나 이러한 생각을 아이들에게서 발견할 수 있는 것은 어느 정도 뒷날의 일일까? 또 발견했을 때 이 생각은 참다운 신을 나타내기보다는, 이것을 가르치는 사람의 억견이나 생각에 얼마만큼 좌우될까? 아이들의 마음이 갖는 지식에 이르는 진행 정도를 아이들 안에서 관찰하는 사람은, 아이들이 처음에 가장 친하게 마주하는 사물이야말로 아이들의 지성에 처음으로 새겨지는 것이라 생각할 수 있으며 그 밖에는 아무런 흔적도 찾지 않을 것이다. 아이들이 더욱더 다양한 감각 대상을 알고, 그 관념을 기억에 유지하여 관념을 혼합하고 확대해서 여러 가지로 조합하는 기능을 얻게 되어야 비로소, 아이들의 생각이 확대된다는 것은 쉽게 알 수 있다. 이와 같이 아이들이 자기 마음에, 신에 대해 사람들이 갖는 관념을 형성하게 되는 경로는, 나중에(제2권 제23장 제33절 이하에서) 살펴보기로 한다.

---

*9 남아프리카의 원주민으로 키가 작고 지능이 뒤떨어진 것으로 알려져 있다.

*10 버지니아 인디언의 추장으로 1622년 이래 제임스타운의 백인들과 다투어 많은 백인을 죽이고 1644년 체포되어 얼마 뒤 죽은 Opechancano일 것이다.

14.

우리는 같은 나라 안에서 하나의 같은 이름 아래 사람들이 신에 대해서 매우 다른, 아니 서로 어긋나는 관념이나 생각을 갖는 것을 자주 보게 되는데, 그럴 때 사람들이 신에게 갖는 관념을 신이 사람들의 마음속에 새긴 자신의 각인 또는 표지라고 생각할 수 있을까? 이름이나 소리의 일치가 신에 대한 타고난 생각을 증명하지는 않을 것이다.

15.

(이교도들, 즉) 수백의 신을 인정하고 숭배한 사람들은, 신이라고 하는 것에 어떠한 참다운 생각, 또는 일단 받아들일 수 있는 생각을 가질 수가 있었는가? 이 사람들은 어떤 신들이 다른 것보다도 위에 있다고 인정하는데, 이는 그때마다 신에 대한 그 사람들의 무지를 여지없이 드러내며, 유일성과 무한성과 영원성을 배제했을 때에는 사람들에게 신에 대한 참다운 생각이 없음을 입증하는 것이었다. 이에 더하여, 이 사람들이 지닌 신들의 형상 표상에 나타난 형체성의 조잡한 생각, 그리고 정사(情事), 혼인, 교합, 색욕, 투쟁 그 밖의 그 사람들이 자기들의 여러 신에게 귀속시킨 천한 성질을 생각하면, 이교세계(異敎世界), 즉 인류의 대부분은 신이 자신에 대해 사람들이 헷갈리지 않도록 배려해서 자신을 만든 신의 관념을 마음에 가지고 있었다고 우리가 생각하지 않는 것도 당연하리라.

만약 그토록 논의된 보편적 동의가 어떠한 타고난 각인을 증명한다면, 다만 다음과 같은 일뿐이다. 즉 신은 같은 언어를 쓰는 모든 사람의 마음속에 자신을 나타내는 이름을 새겨넣었지만, 관념을 각인하지 않았을 뿐인 것이다. 왜냐하면 이름으로는 일치하는 사람들이 의미가 표시되는 사물은 매우 다르게 인지했기 때문이다. 또 만약에 이교세계가 숭상하는 다양한 신들은, 저 헤아릴 수 없는 존재자의 여러 속성 또는 그 섭리의 여러 부분의 형상적인 표현 방법에 지나지 않았다고 말하는 사람이 있다면, 나는 이렇게 대답한다. 즉 나는 지금 여기에서, 다양한 신들의 기원이 무엇이었을까를 탐구할 생각은 없다. 하지만 세상 사람들의 사상 안에서 다양한 신들이 그와 같다고는(이 유일한, 헤아릴 수 없는 신의 형상적인 표현이었다고는) 아무도 긍정하지 않으리라고 생각한다. 그리고 베리트 주교의 여행담 제13장을 참조하면 (다른 증언을 들지 않아도) 시암 사람의 신학은 복수의 신들을 공공연하게 인정한다는 것을 알 수 있다. 또는 슈아지 수도원장이 시암 여행일지 107페이지에서 한층 명확하게 비평하는 바와 같이, 시암 사람의 신학은 본디 전적으로 신을 인정하지 않는 점에 있다.

16.

만약에 모든 나라의 현자들이 신들의 유일성과 무한성에 참다운 관념을 가지게 되었다고 한다면 나는 이것을 인정한다. 그러나 그때 이 논의는

첫째, 동의의 보편성을 이름 말고는 아무것도 허용하지 않는다. 왜냐하면 현자는 매우 소수여서 아마도 1000명에 한 사람이므로 그 보편성은 극히 한정되어 있기 때문이다.

둘째, 이 논의는 신에게 사람들이 갖는 가장 참되고 가장 좋은 생각이 (나면서부터) 각인된 것이 아니라, 사람들이 생각하고 명상하며 저마다의 기능을 올바르게 써서 획득된 것임을, 누구에게나 알기 쉽게 증명하는 일이라고 할 수 있다. 왜냐하면 세상의 현명하고 생각 깊은 사람은 그 생각이나 이지를 올바르고 꼼꼼하게 써서, 지금도 다른 사물과 마찬가지로 참다운 생각에 이르렀으나, 수가 훨씬 많으며 머리를 쓰지 않고 생각이 얕은 사람들은 자기 생각을 우연에 맡겨, 세간의 전통이나 세속의 통념에 따라서 머리를 쓰는 일 없이 선택하기 때문이다. 또 모든 현자는 신에 대한 생각을 가지므로, 이 생각은 타고난 것이라 여겨 당연한 것이라고 한다면, 덕(德)도 타고난 것으로 보아야 한다. 왜냐하면 이것도 현자만이 늘 지녀왔기 때문이다.

17.

이교에 있어서는 모두 명백하게 이러했었다. 또 신은 오직 하나뿐인 유대교도, 그리스도교도, 마호메트교도 사이에서까지도 이러한 (올바른) 교설(이들 민족에서는 신에 대한 참다운 생각을 갖는 것을 사람들에게 가르치는 배려가 이루어지고 있다)은 그다지 보급되지 않고, 사람들에게 신에 대한 참다운 관념을 지니게 하지 않았다. 우리 주위를 살펴보면 얼마나 많은 사람들이 인간의 모습으로 하늘에 앉아 있는 신을 마음속에 그리고, 그 밖에 많은 불합리하며 부적당한 생각을 가지고 있는지를 알 수 있다. (마호메트교도인) 터키 사람뿐

만 아니라 그리스도교도 또한 신은 인간의 모습을 하고 있다고 종파에 상관없이 인정하며, 이를 열심히 주장하는 것을 이제까지 볼 수가 있었다. 그리고 지금은 우리 사이에서 신인동형동성논자(神人同形同性論者)*¹¹라 자칭하는 사람은 거의 찾아볼 수 없으나(하기야 나는 그렇게 자인하는 사람을 만난 일이 있지만), 그러한 사람을 누군가 직접 찾아내려 한다면 무식하고 교양 없는 그리스도교도 사이에서 많이 발견할 수 있으리라고 나는 생각한다.

시골 사람은 어떠한 나이에서나, 젊은 사람은 어떠한 때에나 서로 이야기를 해보는 것만으로, 이 사람들의 입에 신의 이름은 자주 오르지만, 이 이름이 적용된 생각은 매우 기괴하고 저급하며 비천하므로, 이지를 가진 사람이 이런 생각을 가르쳤다고는, 하물며 이 생각이 신 자신의 손가락으로 쓴 문자라고는 아무도 떠올릴 수 없다는 것을 알게 될 것이다. 또 신이 자신의 그러한 (타고난) 관념을 갖추지 않은 마음을 우리에게 준 것은, 몸에 옷을 입히지 않고 우리를 이 세상에 보낸 거나, 우리에게 태어나면서부터의 기술이나 기능이 없는 것에 비해 얼마나 많이 신의 자애를 망가뜨리는 일인지 나는 알지 못한다. 왜냐하면 이들을 얻을 기능들은 갖추어져 있으므로, 우리가 그것들을 가지고 있지 않다 해도 근면과 고찰이 우리에게 없는 것이지, 신의 은혜가 모자란 것은 아니기 때문이다. 신이 존재한다는 것은 두 직선이 만나서 생기는 마주 보는 각이 같은 것과 마찬가지로 절대 확실하다. 이지를 가지고 있는 피조물로서 이들 명제의 진리성을 진지하게 검토해서 이에 동의할 수 없었던 사람은 이제까지 한 사람도 없었다. 하지만 그러한 쪽으로 생각을 돌린 적이 없으므로 어떤 명제도 모르는 사람은 많이 있다. 만약에 이것(진지하게 검토하면 진리성은 인정되지만 많은 사람들은 모른다)을 (그것이 최대한이지만) 보편적 동의라고 해도 된다면, 이러한 보편적 동의를 인정하기는 쉽다. 그러나 이러한 보편적 동의가 신의 관념을 타고난 것으로 증명하지 않는다는 점은, 서로 마주 보는 각에 대한 관념이 타고난 것임을 증명하지 않는 일과 같다.

---

*11 anthropomorphite. 여기서 로크가 비난하는 것은 우상숭배와 같은 소박한 신인동형동성론이다. 십계명이 금지하고 있는 바와 같이(《출애굽기》 20：4), 유대교도 그리스도교도 우상숭배를 금하고 마호메트교도 마찬가지이다.

18. 신의 관념이 타고난 것이 아니라면 타고났다고 생각할 수 있는 관념은 없다

이렇게 보면 신에 대한 지식은 인간 이지(理知)의 가장 자연스러운 발견이지만, 신의 관념은 이제까지 말해 온 것으로도 명백하다시피 타고난 게 아니다. 따라서 무엇인가 타고난 것이라고 말할 수 있는 관념이 달리 발견되는 일은 없을 것이다. 왜냐하면 만약에 신이 사람들 마음속에 그 어떤 인상, 그 어떤 각인을 했다고 하면, 우리의 연약한 여러 능력이 이렇게도 헤아릴 수 없이 무한한 대상을 받아들일 수가 있는 한, 신 자신의 어떤 명석하고 균일한 관념이었다고 기대한다는 것은 도리에 꼭 알맞은 일이기 때문이다. 그러나 우리 마음은, 우리가 가장 갖고 싶어하는 관념을 지니지 못하고 있다. 따라서 다른 모든 타고난 각인도 없다고 강하게 추정되는 것이다. 내가 관찰할 수 있는 한에서는 하나도 발견할 수 없다고 털어놓을 수밖에 없으며, 다른 사람이 알려준다면 그보다 더 기쁜 일은 없으리라.

19. 실체의 관념은 타고난 것이 아니다

또 하나 일반적으로 인류가 가지고 있는 것처럼 언급되고 있으므로, 만약에 가지고 있다면 인류에게 유익할 것으로 여겨지는 관념이 있다. 바로 실체*[12]의 관념이다. 하지만 우리는 감각에 의해서나 내성(內省)에 의해서도 이 관념을 가지고 있지 않으며, 또 가질 수가 없다. 만약에 자연의 배려 덕분에 그 어떤 관념이 우리에게 주어진다면, 그러한 관념은 우리 자신의 기능으로 우리에게 불러올 수 있는 관념이 아니라고 생각해도 좋을 것이다. (실체관념은 이런 종류의 관념이다.) 그러나 반대로 이 실체관념은 다른 관념이 마음에 일으키는 방법으로 생기지 않으므로 실체의 명확한 관념은 전혀 없고, 따라서 실체라고 하는 말로써 우리가 뜻하는 바로는, 우리가 자신이 아는 관념의 기본 또는 지지대로 삼는 무엇인가 알 수 없는 것(즉 분명한 실정적 관념이 없는 사물)이라고 하는 불확실한 생각뿐이다.

20. 관념이 타고난 것이 아닌데 명제가 타고난 것일 리가 없다

그렇다면 이론적 원리든 실천적 원리든, 타고난 원리에 대해서 우리가 무엇

---

* 12 substance. 실체의 관념은 제2권 제23장의 주제이다.

을 이야기하든, 어떤 명제에 관한 관념이 결코 타고났다고 생각할 수 없을 때에도 명제를 타고난 것이라고 하자. 그렇다면 (예를 들면) 어떤 사람이 주머니에 100스틸링을 가지고 있는데, 이 금액을 이루고 있을 페니·실링·크라운 같은 잔돈이 주머니에 없다고도 말할 수 있을 것이다. (명제가) 일반적으로 받아들여지고 동의된다는 것은, 명제에 표현된 관념이 타고난 것임을 결코 증명하지 않는다. 왜냐하면 대부분 관념이 어떠한 유래를 가지고 있든 (관념이 있으면) 그 관념의 일치나 불일치를 나타내는 말에 대한 동의는 반드시 그 뒤를 이어서 일어나기 때문이다. (그러므로) 신의 숭배에 참다운 관념을 갖는 사람은 모두, '신을 숭배해야 한다'는 명제가 그 사람이 이해하는 언어로 표현될 때 이 명제에 동의할 것이다. 그리고 이지를 가진 사람이 오늘 여기에 생각이 미치지 않았다 해도, 그 사람들은 모두 내일은 곧장 이 명제에 동의할 수 있을 것이다.

그럼에도 수백만 사람들이 그러한 관념의 하나 또는 둘이 오늘 결여되어 있다고 충분히 생각할 수 있으리라. 왜냐하면 비록 미개인이나 대부분의 시골 사람들이 신을 숭배하는 관념을 갖는다고 (그들과 대화하는 사람은 이를 스스로 믿게 되지는 않을 테지만) 인정하더라도 아이들이 이들 관념을 갖는다고는 생각할 수 없기 때문이다. 그러므로 아이들은 언젠가는 관념을 가져야만 하고, 그렇게 되면 아이들은 앞서 말한 명제에도 차츰 동의할 것이며, 그 뒤에는 언제까지나 이를 의심하는 일은 아주 적을 것이다. 그러나 이와 같이 말을 듣고서 동의한다는 것은 관념이 타고난 것임을 증명하지는 않는다. 이 점은 (예를 들어) 태어날 때부터 눈이 먼 사람이 (그는 내일 백내장 수술을 하기로 되어 있다) 시력을 되찾았을 때 태양이 빛난다거나 사프란은 노랗다거나 하는 명제에 절대 확실하게 동의할 것이라고 해서 태양, 빛, 사프란, 노란색에 타고난 관념을 가지고 있었다는 사실을 증명하지 않는 것과 마찬가지이다. 따라서 들으면 동의한다는 것이 관념의 생득성을 증명할 수 없다면, 그러한 관념에서 만들어지는 명제의 타고난 획득은 더더욱 증명할 수 없다. 만일 명제에 무엇인가 타고난 관념이 있다면 그것이 어떤 관념이고, 그것이 어느 정도 있는가를 말해주면 좋겠다.

21. 기억에 타고난 관념은 없다

또한 다음을 덧붙이고자 한다. 만약 어떤 타고난 관념이 있다고 한다면, 즉 마음이 실제로 생각하지 않는 그 어떤 관념이 마음속에 있다면 그 관념은 기억에 깃들어야 하며, 기억에서 이끌어 냄으로써 보여야 한다. 그러니까 환기(喚起)되면, 환기가 환기 없이는 존재할 수 없는 한, 이전에 마음의 지각이었다는 것이 알려져야 한다. 왜냐하면 환기한다는 것은 어떤 일을 기억과 함께, 바꾸어 말하면 전에 알았던, 곧 지각했었다는 의식과 함께 지각하는 일이기 때문이다. 이 의식이 없으면 마음에 들어오는 어떠한 관념도 새로운 것이지, 환기된 게 아니다. 왜냐하면 마음에 있었던 적이 있다고 하는 이 의식이야말로, 환기하는 일을 다른 모든 사고방식으로부터 구별하는 것이기 때문이다. 마음이 한 번도 지각하지 않았던 관념은 모두 마음에 한 번도 있었던 적이 없다.

마음에 있는 관념은 모두 현실의 지각이거나, 그렇지 않으면 한때 현실의 지각으로 (지금은) 기억에 의해서 다시 현실의 지각이 될 수 있도록 마음에 있는 것이거나 둘 가운데 하나이다. 관념의 기억이 모자란 어떤 현실적 지각이 있을 때, 그 관념은 지성에 완전히 새로운 것으로, 전에는 몰랐던 것으로 나타난다. (반대로) 기억이 어떤 관념을 현실로 보여줄 때에는 언제나, 전부터 마음에 있었던 것으로서 전혀 낯설지 않다는 의식이 뒤따른다. 이런지 아닌지, 나는 모든 사람의 관찰에 호소하는 바이다. 타고난 것이라고 일컬어지는 관념으로 (뒤에 제2권 제1장 제2절에서 말하는 방법으로 감각 또는 내성에 의해서 인상 지워지기 전에) 어떤 사람이 이전에 알고 있던 관념으로서 되살릴 수 있고 환기시킬 수 있는 관념, 그러한 관념의 예를 들어주었으면 한다. 이러한 이전의 지각 의식이 없으면 환기는 없다. 그래서 이 의식 없이 마음속으로 들어오는 관념은 모두 상기된 것이, 즉 기억에서 나온 것이 아니다. 다시 말하면 마음에 나타나기 전에 마음에 있었다고는 말할 수 없는 것이다. 왜냐하면 실제로 볼 수 없거나 기억에 없는 것은 마음에 전혀 없거나 한 번도 마음에 없었다고 할 때와 완전히 같기 때문이다. (예를 들어) 아이가 눈을 써서, 여러 색을 알고 식별할 수 있게 되었으나, 그 뒤 백내장이 눈의 창을 가리어 40년이나 50년 동안 어둠 속에 있어서 이전에 가지고 있었던 색의 관념에 대한 기억을 모두 잃었다고 하자.

내가 이전에 이야기를 주고받았던 장님의 예가 이것으로, 그 장님은 아이였을 때 천연두로 시력을 잃어 선천성 장님과 마찬가지로 색의 관념을 가지지 못했다. 이때 이 장님은 마음에 색의 관념을, 날 때부터 장님인 사람보다 조금 많이 가졌다고 말할 수 있을까? 어느 쪽의 장님이 색의 관념을 조금이라도 가졌다고 하는 사람은 아무도 없을 것이다. (그런데) 장님이 백내장 수술을 받아서 색에 대한 기억이 없는 관념을, 회복한 시력으로 마음으로 전해져서 새롭게 가졌을 때, 여기에는 이전에 알았던 의식은 아무것도 없다. 또 장님은 이들 색에 대한 관념을 지금은 어둠 속에서 되살릴 수 있고 떠올릴 수가 있다. (그렇게 되었다고 하자.) 이때 이들 색의 관념은 (현실적으로) 볼 수가 없다 해도, 이전에 알고 있었다는 의식과 함께 되살아날 수가 있고, 위에서 말한 것처럼 기억에 있다. 따라서 그러한 색의 관념은 모두 마음속에 있다고 일컬어지는 것이다. 이렇게 말하는 것은 다음과 같은 일을 알기 때문이다. 즉 실제로 보지 못하고 마음속에 있는 관념은 모두, 기억 속에 있는 것만으로 마음속에 있는 것이며, 기억 속에 있지 않으면 마음에 없고, 또 기억 안에 있으면 기억에서 왔다고 하는 지각, 곧 전에 알려진 적이 있었고 지금은 환기되어 있다고 하는 지각 없이는 기억에 의해 실제로 바라볼 수가 없는 것이다. 그러므로 만약 그 어떤 타고난 관념이 있다고 한다면, 이 관념은 기억 안에 있어야 하며, 그렇지 않으면 마음의 그 어디에도 없어야 한다.

만일 기억 안에 있다면, 그러한 관념은 밖으로부터의 인상이 없어도 되살아날 수가 있고, 그리고 (되살아남으로써) 관념이 마음에 옮겨질 때에는 언제나 관념은 환기된다. 즉 관념은 마음에 전적으로 새로운 것이 아니라는 지각을 수반한다. 기억에 있는 것, 바꾸어 말하면 마음에 있는 것과 그렇지 않은 것, 이 두 가지를 구별할 수 있는 차이점은 이러하다. 즉 기억에 없는 것은 마음에 나타날 때 늘 완전히 새롭게, 전에 알려진 적 없이 나타난다. 또 기억에 있는 것, 다시 말하면 마음에 있는 것은 기억이 이것을 시사할 때에 언제나 새롭지 않은 것으로서 나타나고, 마음은 자기 안에서 이를 발견하며, 또한 전에 마음에 있었다고 알게 되는 것이다. 이로써 감각 또는 내성에 기초한 인상 이전에 그 어떤 타고난 관념이 마음에 있는가 어떤가를 심의할 수 있을 것이다. 나는 다음과 같은 사람에게, 즉 이지를 쓸 수 있게 되었을 때나 또는 그 밖의 어떤 때에 어떤 타고난 관념을 환기해서, 그 사람에게 있어서 타고난 관념은 결코 새로운 것이 아니었다고 말하는 사람을 만날 수 있다면 기꺼이 만나고 싶다. 또 만약에 기억 안에 없는 관념이 마음에 있다고 말하는 사람이 있다면, 그 뜻을 분명히 해서, 하는 말을 이해할 수 있게 해주었으면 한다.

22. 원리는 대부분 유용하지도 확실하지도 않으므로 타고난 것이 아니다

이제까지 말해 온 것 외에 앞서 말한 원리도, 그 밖의 그 어떤 원리도 타고난 것이 아니라고 내가 의심하는 까닭이 따로 있다. 나는 무한히 현명한 신이 완전한 지혜 안에서 만물을 만들었다고 믿는 사람인데, 그러한 내가, 보편적 원리 가운데에서 타고난 것이라고 일컬어져 (이론적) 사색에 관련된 원리가 그다지 유용하지도 않고, 실천에 관계된 원리는 자명하지도 않아서 그 어느 쪽도 타고난 것이라고 인정할 수 없는 다른 몇 가지 진리와 구별할 수 없는데, 어떠한 이유로 신은 몇 가지 보편적 원리를 사람들의 마음에 새겨넣었다고 생각하는지 그 이유를 모르는 것이다.

나중에 (마음으로) 도입된 것보다 명석하지도 않고, 또는 이것과 구별할 수 없는 특성을 신은 무엇 때문에 마음에 새기셨는가? 후천적으로 얻어진 모든 관념, 명제로부터 명석함과 유용성이란 점에서 구별할 수 있는 타고난 관념 및 타고난 명제가 있다고 생각하는 사람이 있으면, 어느 것이 타고난 관념과 명제인가를 이야기한다는 것은, 그러한 사람에게는 어려운 문제는 아니리라. 그리고 그때에는 모든 사람이, 관념이나 명제가 타고난 것인가 아닌가를 판단할 적격한 심판자가 될 것이다. 만약에 모든 지각이나 지식으로부터 누구나 알 수 있도록 다른 타고난 관념 인상이 있다고 한다면, 모든 사람들이 자기 안에 진정으로 존재함을 알게 되리라. 이와 같이 생각된 타고난 공준의 명증성은 이미 (이제까지 여러 장에서 그러한 것이 없다는 점을) 말해 두었다. 그 유용성은 뒤에 (제4권 제7장 제11절에서) 이야기할 기회가 있을 것이다.

23. 사람들의 발견이 서로 다른 것은 그들의 여러 기능의 사용 방법이 다르기 때문이다

결론을 내리자면, 관념 가운데에는 모든 사람들의 지성에 자진해서 모습을 드러내는 것이 있다. (또) 어떤 종류의 진리는 마음이 그 어떤 관념을 명제로 정리하면 그 관념에서 이내 이끌려 나오며, 다른 진리는 관념을 순서 있게 계열로 늘어놓아 올바르게 비교하고 주의 깊게 연역하여, 비로소 발견할 수 있고 동의할 수가 있다. 최초의 어떤 종류의 것이 일반적으로 손쉽게 받아들여진다는 데서 이제까지 타고난 것으로 잘못 여겨져 왔다.

그러나 사실, 관념이나 생각이 생득적이지 않다는 것은 예술이나 학식과 마찬가지이다. 실제로 어떤 관념이나 생각은 다른 관념이나 생각에 비해서 우리의 여러 기능에 즉각 모습을 나타내며, 그 때문에 한층 일반적으로 받아들여진다. 하지만 이것도 우리의 신체적 여러 기능과 심적 여러 능력의 그때그때의 사용 방법에 따라 다른데 그것은 신이 인간에게 여러 기능이나 수단을, 즉 사용하는 방법에 따라 여러 진리를 발견하고 받아들이며 유지하는 기능과 수단을 갖추어 주었기 때문이다.

인간의 생각에는 큰 차이가 있다는 것을 알 수가 있는데, 그 차이는 인류가 그 여러 기능을 쓰는 방법에 따른다. 어떤 사람들(그들이 대부분이지만)은 여러 사물을 듣는 대로 믿지만, 이러한 사람들은 꼼꼼하게 검토해야 할, 맹목적으로 잠재적 소신을 가지고 그대로 삼켜서는 안 되는 의무가 있는 어떤 말을 대할 때, 태만하게도 자기 마음을 다른 사람의 가르침과 지배에 덮어놓고 따르게 해, 이로써 (심적 기능의 하나인) 동의라는 능력을 잘못 쓰는 것이다. 또한 다른 사람들은 어떤 몇몇 사물만을 생각하여 이를 충분히 숙지함으로써 그러한 사물에서는 고도의 지식에 이르지만, 생각을 다른 탐구의 탐색으로 결코 해방시키지 않았으므로 다른 모든 것에 있어서는 무지이다. 예를 들어 삼각형의 세 각의 합은 두 직각과 같다고 하는 것은 그 어떤 것 못지않게 절대 확실한 진리이며, 나는 원리로 인정되는 많은 명제들보다도 더욱 뚜렷하다고 생각한다. 그런데 이러한 각(角)을 생각하지 않았으므로, 다른 사물에서는 많은 것을 알고 있어도 이것을 전혀 모르는 수백만의 사람들이 있다. 또 이 명제를 절대 확실하게 아는 사람도 수학에서, 이 명제와 마찬가지로 명확한 다른 명제의 진리성은 전혀 모를 수도 있을 것이다. 왜냐하면 그러한 수학적 진리를 탐색할 때, 생각을 중단하여 앞으로 나아가지 않았기 때문이다. 마찬가지 일이, 신이 존재한다는 것에 대한 우리의 생각에도 일어날 것이다. 왜냐하면 신의 존재보다도 더욱 명백하게 인간이 자기 자신에게 증거를 부여할 수 있는 진리는 없지만, 그럼에도 이 세상에서 발견되는 그대로의, 자기 쾌락이나 정념*13을 섬

---

*13 passion. 마음의 감정적 사상(事象)을 기술하는 전문용어로는 '정서'라고 번역했으나 여기에 서처럼 도덕적 평가를 포함하고 조금 나쁜 뜻으로 쓰였을 때에는 '정념'이라고 번역했다.

기는 사물에 안주하여, 이들 사물의 원인이나 목적이나 찬탄할 연구를 조금이라도 자진해서 탐구하지 않고, 이와 같은 점들을 부지런히 주의 깊게 생각하지 않는 사람은, 신에 대한 그러한 생각이 없는 채로 오래 살 수 있을 터이기 때문이다. 또 어떤 사람이 그러한 생각을 듣고 그것이 머릿속에 들어오면 아마도 이것을 믿을 것이다. 그러나 한 번도 검토하지 않았다면, 이 생각에 대한 그 사람의 지식은 다음과 같은 사람의 지식보다도, 즉 삼각형의 세 각은 두 직각과 같다는 말을 들었으므로, 그 논증을 검토하지도 않고 그냥 받아들여 하나의 확실한 듯한 설(즉 개연적 억견)로서 동의할 수 있겠지만, 그 진리성에 대한 참다운 지식을 갖지 않는 사람, 그러한 사람의 지식보다는 완전하지 않을 것이다. 하지만 이러한 사람의 여러 기능이 꼼꼼하게 쓰였더라면, 그러한 지식을 그 사람에게 명백하게 할 수가 있었을 것이다. 그러나 이것은 단지 다음과 같은 점을 보여주기 위하여, 즉 우리의 참다운 앎은 우리에게 자연스레 주어진 여러 기능의 올바른 사용에 기초한다는 것, 또 모든 인류를 이끌기 위해 모든 인류 안에 있다고 착각할 수 있는 타고난 원리에 기초하는 경우가 적다는 것, 그러한 점을 보여주기 위해 말이 난 김에 덧붙일 뿐이다. 이러한 타고난 원리가 만약에 모든 인류 안에 있다고 한다면 모든 사람들이 알지 못할 리가 없고, 만약에 그렇지 않았다면 그것은 아무런 쓸모도 없이 인류 안에 있었을 것이다. 그래서 모든 사람들이 이러한 타고난 원리를 모르며, 다른 후천적 진리로부터 구별할 수 없으므로, 그러한 타고난 원리는 없다고 결론을 내려도 좋으리라.

24. 사람들은 스스로 생각해서 알아야 한다

이와 같이 타고난 원리를 의심한다는 것은 참다운 앎이나 절대 확실성의 예부터의 바탕을 뿌리째 흔드는 일이라고 사람들은 말하는데, 그 사람들의 비난에 어느 정도의 가치가 있는가는 나로서는 말할 수 없다. 그러나 적어도 나는 내가 추구해 온 길이 진리에 들어맞으므로, 이 길은 참다운 앎이나 절대 확실성의 바탕을 한층 확실하게 하는 것이라 믿고 있다. 나는 앞으로의 논의에서, 그 어떤 권위를 버리거나 또는 권위에 따르지 않았다는 것만은 확실하다. 진리야말로 내 이제까지의 유일한 목적이었다. 그래서 진리가 이끈다고 여겨지는 곳이라면 어디든지 나의 생각은 어김없이 따라갔고, 다른 사람의 발자

국이 그 길에 있는가 없는가에는 신경을 쓰지 않았다. 남의 설을 적절히 존경하는 마음이 나에게 부족하다는 말은 아니다. 그러나 결국 진리야말로 더없이 숭상되어야 하는 것이다. 그래서 만약에 이지적이고 관조적인 지식을 그 원천으로, 즉 사물에 대한 고찰에서 찾아서, 지식을 발견하기 위해 남의 생각을 쓰기보다는 오히려 자기 자신의 생각을 쓰면 지식의 발견을 한층 진보시켰으리라는 내 생각을 거만하다고 여기지 않기를 바란다. 왜냐하면 남의 지성으로 알고 싶다고 희망하는 것이 이지적이라면, 나의 눈으로 보고 싶다고 희망하는 것 또한 이지적일 것이라 생각하기 때문이다.

우리 자신이 진리와 이지를 고찰하고 이해하면, 그만큼 우리는 진실하며 참된 지식*[14]을 소유한다. 다른 사람들의 설이 우리 머리에 떠올라도, 이 설이 공교롭게도 참이라 해도 우리 지식을 조금도 늘려주지 않는다. 다른 사람에게는 학식인 것도, 우리가 (이 학식을 말한 사람의) 거룩한 이름에만 동의를 하고 그 사람에게 명성을 준 진리를 이해하기 위하여 당사자가 했듯이 자기 자신의 이지를 쓰지 않는 한, 우리에게는 맹신에 지나지 않는다. 아리스토텔레스는 절대 확실한 지자(知者)였다. 하지만 남의 설을 맹목적으로 신봉하고 자신 있게 말했으므로, 아무도 그를 지자라고 생각하지 않았다. 남의 원리를 검토하지 않고 주워 담는 것이 아리스토텔레스를 철학자(또는 학자)로 만든 게 아니었으므로, 다른 어떤 사람도 철학자로 만들 수는 없을 것이라고 나는 생각한다. 학식에서는, 누구나 갖는 학식은 자기가 참되게 알고 이해하는 때로만 한정된다. 믿기만 하는, 일러준 대로 믿는 그런 것은, 단지 조각들에 지나지 않는다. 이 조각들은 전체로는 아무리 좋아도, 이것을 모으는 사람의 (지식의) 비축을 뚜렷하게 증가시키지는 않는다. 이렇게 빌린 것들은 요정의 돈처럼, 그것을 준 사람의 손에서는 황금이었으나 막상 쓰려 하면 나뭇잎이나 쓰레기에 지나지 않을 것이다.

25. 생득원리설이 생기는 까닭

사람들이 이해하자마자 의심할 수 없는 일반적인 명제를 몇 가지 발견하고 나면 이것을 타고난 것이라고 단정하는 일이 쉽고 편안한 방법인 줄은 나도

---

*14 real and true. 진실 또는 참된 지식 또는 관념은 제2권 제30장에서, 참다운 지식 또는 관념은 제2권 제32장에서 고찰된다.

잘 안다. 일단 이것이 인정되면 게으른 자를 탐색의 노력으로부터 편안하게 만들고, 생득이라는 이름을 부여한 모든 것에 의심을 품는 자의 탐구를 멈추게 하고 마는 것이었다. 또 원리에 의문을 품어서는 안 된다는 것을 원리의 원리로 삼는 것은, 대가(大家)나 교사인 체하는 사람들에게는 적지 않은 이익이었다. 왜냐하면 타고난 원리가 있다는 교리가 일단 확립되고 나면 이 원리를 믿는 사람들은 어쩔 수 없이 어떤 가르침을 타고난 원리로서 받아들이게 되며, 이것은 그들로 하여금 자기 자신의 이지와 판단력을 쓰지 않게 하고, 가르침을 더욱 검토하지 않고 믿으며, 하라는 대로 믿게 하는 것이었기 때문이다. 이러한 맹목적인 믿음의 자세로는, 자신에게 원리를 가르치고 지도하는 데에 능숙하고, 이를 본분으로 삼는 어떤 부류의 사람들에게 한층 손쉽게 지배되고 이용될 것이다. 또 어떤 사람이 원리의 독재자로서 의심할 수 없는 진리의 교사라는 권위를 가지고, 가르치는 사람에게 유리한 것을 타고난 원리로서 이해시키는 일은, 그러한 사람에게 남을 다스릴 권력을 적지 않게 주는 것이다.*15 하지만 만약에 원리의 신봉자들이, 많은 보편적 진리를 알게 된 사람들의 길을 검토했다면 깨달았을 테지만, 보편적 진리는 사물 자체의 존재 양식을 알맞게 고찰할 때, 그 양식의 결과로서 사람들 마음속에 생긴 것으로, 사물에 대해서 적절하게 쓰일 때에는 사물을 받아들여 판정하도록 자연스럽게 장치된 여러 기능을 써서 발견된 것이다.

26. 결론

이때(보편적 진리를 발견할 때) 지성이 어떻게 나아가는지를 보여주는 것이 앞으로 해야 할 논의의 의도이다. 거기로 나아가기에 앞서, 나는 앞에서 다음과 같은 말을 했었다. 즉 참된 앎에 대해서 우리가 가질 수 있는 생각을 확립하는 참된 바탕이라고, 내가 그렇게 생각하는 바탕으로 이르는 길을 열기 위해 타고난 원리를 의심할 수밖에 없었던 까닭을 설명해야 했기 때문이다. 그리고 타고난 원리에 반대하는 논의의 어떤 것은 세상에 일반적으로 받아들여진 설에 기초해서 이루어져 있으므로 나로서는 몇 가지 사항을 당연한 일로 삼

---

*15 지식의 세계에서, 나아가서는 인간 존재 전체에 걸쳐서 인간의 자주성을 확립하기 위해 생득론을 배격하는 로크의 의도를 잘 알 수 있다.

을 수밖에 없었다.*16 이것은 어떤 근본 주장이 거짓이라는 것, 또는 확실하지가 않을 듯하다고 보여주는 것을 그 임무로 삼는 사람에게 거의 피할 수 없는 일이다. 왜냐하면 논쟁을 주로 하는 논의에서는, 도시를 공격하는 상황과 같은 일이 일어나기 마련이며, 그러한 때에는 공격 진지를 구축할 땅이 튼튼하면 누구로부터 빌렸다거나 누구의 것인가는 탐구하지 않고, 당면한 목적에 알맞은 높이를 제공해 주면 되는 것이다. 그러나 앞으로의 논의에서는 나의 경험과 관찰을 바탕으로 균일하고 자가당착이 없는 (이론의) 건물을 세울 계획이므로, 꾸거나 얻은 것의 바탕에 의지해서 버팀목이나 보조벽으로 건물을 지탱하는 것 같은, 그럴 필요가 없는 기초 위에 세우고 싶다. 아니면 적어도 내가 세우는 것이 공중누각이 분명하다 해도, 전체가 일관되어 가닥이 확실하도록 노력할 작정이다.

독자들에게 바라건대 다른 사람에게는 가지려고 하는 것이 신기하지도 않은 특권, 즉 나의 원리를 처음부터 당연한 것으로 여기는 특권이 나에게 받아들여지지 않는 한, 부정할 수 없는 설득적인 논증을 기대하지 않았으면 한다. (이 특권을 쓰면) 그러면 나라도 의심 없이 논증할 수 있는 것이다. 그러나 내가 논의를 진행시킬 때 원리로 삼기 위해 언급하는 모든 것은, 이 원리가 참이냐 아니냐를 사람들 자신의 선입견에 사로잡히지 않는 경험과 관찰에 호소*17할 수가 있을 뿐이다. 그리고 약간 곤란한 주제는, 편견 없이 진리를 탐구하는 일 말고는 어떠한 의도도 없이 공평하고 자유롭게 자기 자신의 추측을 적으려고 공언하는 사람에게는 이것으로 충분하리라.

---

*16 예를 들어 지식의 경험론적 기원이나 공준의 자명성이나 심적 명제와 언어적 명제 등 제2권 이후의 논술을 가리킨다.

*17 로크의, 나아가서는 영국 고전 경험론의 기본 태도는 이 말로 요약된다.

제2권
관념

제1장
관념과 그 기원

1. 관념은 생각의 대상이다

인간은 모두 생각한다[*1]고 스스로 의식하고 있으며, 생각하는 동안에 마음이 향하는 것은 마음에 있는 관념이므로, 틀림없이 사람들은 하양·딱딱함·단맛·생각·운동·인간·코끼리·집단·술 취함 등 말로 표현되는 몇 가지 관념을 마음에 가지고 있다. 그래서 먼저 탐구해야 할 일은, 인간이 이들 관념을 어떻게 해서 얻느냐는 것이다. 사람은 태어나면서 관념을 지니고 있으며, 태어날 때 마음에 새겨진 본원적 특성을 갖는다는 것이 널리 인정된 학설이다. 이 학설을 나는 이미 (제1권에서) 자세히 검토했다. 또 나는 생각하는 바이지만, 지성은 그것이 갖는 모든 관념을 어디에서 얻을까? 관념은 어떠한 방법, 어떠한 단계로 마음속으로 들어오는가? 그러한 점을 내가 드러내 보이면 앞에서 내가 한 말을 훨씬 쉽게 이해할 것이다. 이 (원천이나 방법, 단계의) 점을, 나는 모든 사람들 각자의 관찰과 경험에 호소하게 될 것이다.

2. 모든 관념은 감각 또는 성찰로부터 온다

마음은 말하자면 글자가 전혀 적히지 않은 흰 종이[*2]로서 관념은 하나도 없다고 가정하자. 어떻게 해서 마음은 관념을 갖추게 될까? 인간의 바쁘고 끝없는 심상(心想)[*3]이 거의 한없이 마음에 여러 모양으로 그려온 그 방대한 저

[*1] think. 전문용어로서는 데카르트와 마찬가지로 '의식하다'라고 할 정도로 넓은 뜻으로 쓰이며, 로크 용어법의 '지각하다'와 거의 같다.

[*2] 로크 철학에서 잘 알려진 표어이다.

[*3] fancy. 일상적 용어로 '공상'이라는 뜻으로 쓰일 때도 있으나, 전문용어로서는 '상상'과 마찬가지로 심상(心象)을 구성하는 기능, 또는 이 기능에 의해 마음에 나타나는 심상을 뜻한다. 뒤엣것일 때에는 '관념'과 같은 뜻이 된다.

제1장 관념과 그 기원 113

장을 마음은 어디에서 얻는가? 어디에서 마음은 이지적 추리*4와 지식의 모든 재료를 내 것으로 만드는가? 이에 나는 한 마디로 경험에서라고 대답한다.*5 우리의 모든 지식은 이 경험에 그 바탕을 가지며, 모든 지식은 이 경험으로부터 궁극적으로 생겨난다. 느껴서 알 수 있는 외적 사물에 있어서 이루어지는 관찰이든, 우리가 스스로 지각하고 성찰하는 마음의 내적 작용에 있어서 이루어지는 관찰이든 간에 관찰이야말로 우리 지성에 생각의 모든 재료를 공급한다. 이 두 가지가 지식의 원천으로, 우리가 갖는 관념 또는 (본성상) 자연스레 가질 수 있는 관념은 모두 이 원천에서 비롯된다.

3. 감각의 대상, 관념의 한 원천

첫째, 우리의 감관(感官)은 개개의 감지 가능한 대상에 관련하여, 이들 대상이 감각을 일으키는 여러 가지 방법에 따라서 사물의 개별적인 지각을 마음에 전한다. 이렇게 해서 (예를 들어) 우리는 노랑, 하양, 뜨거운 것, 차가운 것, 부드러운 것, 단단한 것, 쓴 것, 단 것 등 모든 감지할 수 있는 성질이라 불리는 것에 대해서 우리가 갖는 관념을 얻는다. 이들 관념을 감관이 마음에 전한다고 내가 말할 때는, 그러한 지각을 마음에 낳는 것을, 감관이 외적 대상으로부터 마음에 전한다는 뜻이다. 우리가 갖는 관념들 대부분의 이들 원천은 전적으로 감관에 의존하며, 감관에 의해 지성으로 옮겨오므로 나는 이 원천을 감각이라 부른다.*6

4. 우리 마음의 작용, 관념의 또 다른 원천

둘째, 경험이 지성에 관념을 갖게 하는 다른 원천은, 지성이 이미 얻은 관념에 작용할 때 우리 안의, 우리 마음의 여러 작용에 대한 지각이다. 이 작용은, 영혼이 내성하고 고찰하게 되면, 외부 사물에서 얻을 수 없었던 다른 한 쌍의 관념을 지성에 갖게 된다. 이것은 깨닫는 일이나 생각하는 일이나 의심하는 일이나 믿는 일, 추리하는 일이나 아는 일이나 의지하는 일을 말하며,

---

*4 reason. 원어는 가끔 이지적 기능이 누리는 추리(reasoning)의 뜻으로 쓰일 때가 있다.
*5 로크 철학의, 따라서 영국 고전 경험론의, 더 나아가서는 경험론 일반의 기본적 성격을 자각적으로 표현한 첫 대목이다.
*6 '감각'은 여기에 명시한 것처럼, 지각 또는 관념의 원천이다.

우리 마음의 모든 작용이다. 이들을 우리는 자기 안에서 의식하고 관찰하므로, 감관에 자극을 주는 물체에서 받는 것과 같은 분명한 관념을 우리는 이들로부터 지성으로 받게 되는 것이다. 관념의 이러한 원천을 누구나 자기 자신 안에 가지고 있다. 이 원천은 외적 대상과는 아무런 관계가 없으므로 감관각(感官覺)*7은 아니지만, 그것과 매우 비슷하다. 그러므로 내부 감관각이라 불러도 좋을 것이다. 그러나 나는 앞의 것을 감각이라고 했으므로 이것은 내성이라고 하겠다.*8 왜냐하면 이 원천이 가져오는 관념은, 마음이 자기 자신 안의 작용을 내성해서 얻어지는 것뿐이기 때문이다. 따라서 앞으로는 내성의 뜻을 마음 자신의 작용에 대해서, 또 지성에 이들 작용의 관념을 있게 하는 작용의 양식에 대해서 마음이 행하는 지각이라고 이해해 주기 바란다. 거듭 말하거니와 이들 둘, 즉 감각 대상으로서의 외부의 물질적 사물과 내성 대상으로서의 내부의 우리 마음의 작용, 이것만이 우리의 모든 관념이 시작되는 기원이다. 이때 나는 작용이라고 하는 용어를 넓은 뜻으로 써서, 관념에 관한 마음의 작용뿐 아니라, 무엇인가를 생각하는 데에서 일어나는 만족 또는 불안정과 같은, 마음의 작용으로부터 가끔 일어나는 어떤 종류의 정서도 포함된다.

5. 우리 관념은 모두 이들(감각적 사물과 심적 작용)의 어느 한쪽에 대한 것이다

지성에는 이들(감각적 사물과 심적 작용의) 두 가지 가운데 하나에서 받지 않는 관념은 하나도 없다. 외적 사물은 감각 가능한 성질의 관념을 마음에 갖추어 준다. 이 관념은 모두, 감지할 수 있는 성질이 우리 안에 낳는 여러 지각이다. 또 마음은 자기 자신이 작용한 관념을 지성에 갖추어 준다.

이들 여러 관념 및 여러 양상이나 집합이나 관계를 남김없이 조사해 보면, 우리가 지닌 모든 관념이 포함되어, 우리 마음에는 이들 두 가지 길의 하나로 들어오지 않은 것은 하나도 없음을 알게 될 것이다. 누구든지 자기 자신의 생

---

*7 sense. 지각 수용기관으로서의 생리적 신체적 '감관'이라고 하는 뜻 말고도, 여기에서 쓰이고 있는 것처럼 로크의 본디 의미로서의 '감각'과 같은 뜻을 가진 용어가 있다. 이때의 원어 차이를 고려해서 '감관각'이라고 번역했다.

*8 내성(內省)은 이와 같이 감각과 함께 관념의 원천이며, 관념이 얻어지는 하나의 길이다. 철학적 인식론적 방법으로서의 내관(introspection)이 여기에서 시작된다.

각을 검토하여 자기 지성을 구석구석까지 탐색해 보기 바란다. 그러고 나서 지성에 원초적으로 있는 모든 관념이 감관의 대상 관념 이외의, 또는 내성의 대상으로 여겨진 마음의 작용 관념 이외의 어떤 것인지를 이야기해 주었으면 한다. 그러면 그 사람은 아무리 많은 지식이 지성에 깃들어 있다고 상상하든, 엄격하게 바라보면 이들 (감관의 대상 또는 마음 작용의) 둘 가운데 하나가 각인해 둔 것 말고는 그 어떤 관념도 마음에 없다는 사실을 깨달을 것이다. 나중에 (본 권 제12장 이하에서) 볼 수 있는 바와 같이, 그러한 관념은 아마도 지성에 의해서 무한히 그리고 다양하게 복합되고 확대되어 있을 것이다.

6. 아이에게서 관찰할 수 있다

이 세상에 갓 태어난 아이의 상태를 주의 깊게 살펴보는 사람은, 아이가 장래의 지식 소재가 될 관념을 아주 많이 갖추고 있다고 생각하지는 않을 것이다. 아이는 그러한 관념을 조금씩 갖추게 되는 것이다. 그리고 대번에 알 수 있는 낯익은 성질의 관념은, 기억이 시간과 순서를 기록하여 간직하지 않는 동안에 인상되지만, 눈으로 보지 못한 성질은 훨씬 늦게 오는 때가 많으므로, 알기 시작한 때를 떠올리지 못하는 사람은 없을 것이다. 또 만약 허용된다면 아이를 타일러서, 어른이 될 때까지 일반적인 관념조차도 아주 조금만 갖게 하는 것도 분명 가능하리라. 그러나 이 세상에 태어나는 사람은 모두 자기에게 끊임없이 영향을 주는 여러 사물에 둘러싸여 있으므로, 의도하든 안 하든 다양한 관념이 아이들의 마음에 새겨진다. (예를 들어) 눈을 뜨고만 있으면 빛과 색이 어디에서나 바쁘게 작용을 해온다. 소리와 약간의 만질 수 있는 성질은, 그 본디 감관을 자극하여 마음에 들어오지 않을 수가 없다. 누구나 쉽게 이해하리라 믿지만, 만약에 아이가 어른이 되기까지 깜장과 하양 말고는 그 무엇도 보지 못하는 장소에 놓인다면 빨강이나 파랑의 관념을 가지지 않을 것이라는 점은, 어려서 감이나 파인애플을 맛본 적이 없는 아이가 이들 특수한 풍미의 관념을 가지지 않는 일과 같다.

7. 접촉하는 여러 대상에 따라서 여러 관념을 갖게 된다

그래서 사람들은 교섭하는 대상이 가져오는 크고 작은 다양성에 따라서, 밖이나 자기 마음의 작용을 성찰하는 정도에 따라서 단순관념을 많게도 적게도 갖추게 된다. 왜냐하면 자기 마음의 작용을 관조(contemplation)하는 사람은 이들 작용의 알기 쉽고 명확한 관념을 갖게 되지만, 그러한 사람도 생각을 그 쪽으로 돌려서 마음의 작용을 주의 깊게 살펴보지 않는 한, 마음의 모든 작용, 마음속에서 관찰할 수 있는 모든 것에 명석한 관념을 갖지는 않기 때문이다. 이 점은, 어느 그림이나 시계에 눈을 돌려 주의 깊게 그 모든 부분을 좇으려 하지 않는 사람은 그림이나 시계의 부분과 운동의 개개 관념을 전혀 갖지 않는 것과 같다. 그림이나 시계는 날마다 눈에 띄는 위치에 있을 것이다. 그러나 주의 깊게 자세히 고찰할 때까지는 그림이나 시계를 이루는 모든 부분의 혼란된 관념밖에 가지지 않을 것이다.

8. 내성의 관념은 주의를 필요로 하므로 더디게 온다

아이들의 대부분은 꽤 시간이 지나서 자기 자신의 마음 작용에 의한 관념을 얻게 되고, 그 가운데에는 마음 작용의 거의 전반에 걸쳐 매우 뚜렷하며 완전한 관념을 평생 동안 조금도 가지지 않는 사람도 있는데, 그 까닭을 알 수가 있다. 왜냐하면 마음 작용은 마음속에서 연속적으로 일어나지만, 지성이 안으로 자기 자신을 향하여, 자기 자신의 작용을 내성하여, 자기 자신을 성찰의 대상으로 삼지 않는 동안에는 떠도는 환상과 같아서, 마음에 명확한 영속하는 관념을 남길 정도로 깊이 새겨지지 않기 때문이다. 아이들은 세상에 태어나면 끊임없이 감관을 자극하여 마음을 끊임없이 끌어당기는 새로운 사물의 세계에 둘러싸이고, 자진해서 새로운 것에 주의를 기울이며, 다양하게 변화하는 사물을 기뻐한다. 이렇게 해서 처음 몇 년 동안은 밖을 내다보는 일에 쓰이고, 그리로 향하게 된다. 그사이에 사람이 하는 일은 밖에서 발견되는 것들을 아는 일이다. 그래서 (사람들은) 외부 감각에 끊임없이 주의하면서 성장하므로, 꽤 나이를 먹을 때까지 자기 안에서 일어나는 것을 조금이라도 뚜렷하게 내성하는 일은 없으며, 사람에 따라서는 전혀 없다.

9. 영혼은 지각하기 시작할 때 관념을 갖기 시작한다

(그런데) 인간이 언제 그 어떤 관념을 처음으로 갖는가 묻는 것은, 언제 지각하기 시작하는가를 묻는 것과 같다. 왜냐하면 관념을 갖는 일과 지각을 갖는 일은 같은 것이기 때문이다. 하기야 영혼은 늘 생각을 해서, 그것이 존재하

는 동안 끊임없이 자기 자신 안에 관념을 실제로 지각하여, 마치 연장(延長)의 어떤 것을 물체로부터 현실적으로 분리할 수 없는 것과 마찬가지로, 생각한다는 것은 영혼에서 분리할 수 없다는 설이 있다.[*9] 만약에 이 설이 참이라면, 어떤 인간의 관념의 시작을 탐구하는 일은 그 사람의 영혼의 시작을 탐구하는 것과 마찬가지이다. 왜냐하면 이 설명에서는 영혼과 그 관념은 물체와 그것의 연장처럼 동시에 존재하기 시작할 터이기 때문이다.

10. 영혼은 늘 생각한다고 할 수 없다. 왜냐하면 이것에는 증거가 없기 때문이다

그러나 영혼이 존재하는 것은 (인간의) 체제 형성의 첫 시작, 즉 신체의 생명보다 앞서는가, 동시인가, 어느 정도 시간이 흐른 뒤인가, 이것을 어떻게 생각하는가는 그러한 문제를 나보다 더 잘 생각하는 분들의 토의에 맡긴다. 고백하자면 나는 늘 관념을 관상(觀想)한다고 스스로 지각하지 않는 둔한 영혼의 하나를 가지고 있다. 또 물체는 늘 운동을 할 필요가 있다고 생각할 수 없는 것처럼, 영혼은 늘 생각할 필요가 있다고는 상상할 수 없다. 왜냐하면 관념의 지각과 영혼의 관계는 (내가 생각하는 바로는) 운동과 물체의 관계와 마찬가지로, 본질이 아니라 작용의 하나이기 때문이다. 따라서 생각은 영혼의 고유한 운동이라고 해도, 영혼은 늘 생각하고 활동할 필요는 없다. 그러한 일은 아마도, 사물이 결코 졸지 않고 자지 않는[*10] 무한한 조물주와 수호자의 특권이지만, 무엇인가 유한한 존재자의, 적어도 인간 영혼의 권한에는 없는 일인 것이다. (하기야) 우리는 가끔 생각을 하면, 경험상 절대 확실하게 알고, 거기에서 생각하는 능력을 가진 어떤 사물이 우리 안에 있다고 하는 틀림없는 결론을 꺼낸다. 하지만 이 실체가 끊임없이 생각하는가의 여부는, 경험이 알리는 이상으로는 확신할 수가 없는 것이다. 왜냐하면 실제로 생각을 하는 일이 영혼에 본질적이며 영혼으로부터 분리할 수 없다고 말하는 것은, 문제가 되어 있는 일을 미리 참이라고 여기는 것이지 이지적으로 증명하는 일은 아니기 때문이다.

그러나 만약에 이것이 자명한 명제가 아니라면 이지적 증명이 필요하다. 하지만 영혼은 늘 생각한다는 말이, 누구나 처음으로 듣고 동의하는 자명한 명

---

*9 물체의 속성을 연장, 정신의 속성을 사유라고 하는 데카르트설을 가리킨다.

*10 '보라, 이스라엘을 지키시는 분께서는 졸지도 않으시고 잠들지도 않으신다'. 〈시편〉 121 : 4.

제인지 어떤지, 나는 모든 사람에게 묻는 바이다. 내가 어제 밤새도록 생각을 했는지 어쨌는지 의심스럽다. 왜냐하면 이 문제는 사실문제이므로 (영혼은 늘 생각을 한다는) 토의되고 있는 사항인 하나의 가설을 이 문제의 증거로서 꺼내는 것은 논점을 미리 참으로 보는 일이기 때문이다. 이러한 방법으로는 무엇이든지 증명할 수 있다. (예를 들어) 시계의 평형추가 움직이고 있는 동안에는 모든 시계가 생각을 한다고 가정하면, 나의 시계가 어제 밤새도록 생각을 했다는 것은 충분히 증명되어, 이에 대한 의심은 없다. 그러나 자기를 속이려고 하지 않는 사람은 자기 가설을 사실 위에 구축해서, 감지할 수 있는 경험에 의해서 증거를 세워야지 가설을 이유로, 즉 그렇다고 생각하는 것을 이유로 사실을 미루어 판단해서는 안 된다. 그러한 증명 방법은 내가 늘 생각한다고 나 자신이 지각할 수 없음에도, 다른 사람이 나는 늘 생각을 한다고 여기므로, 나는 어젯밤 반드시 밤새도록 생각을 해야만 했다는 그러한 일이 되는 것이다.

하지만 자기 설을 사랑하는 사람들은 문제가 되어 있는 것을 상정할 뿐만 아니라, 옳지 않은 사실을 주장할지도 모른다. 그렇지 않다면 자고 있는 동안 어떤 사물을 우리가 감지하지 않으니까 그 사물은 없는 것이라고 내가 추론한다고 누가 말할 수 있는가? 나는 인간이 자고 있는 동안 감지하지 않으니까 인간에게는 영혼이 없다고 말하지는 않는다. 눈을 뜨고 있을 때나 자고 있을 때에도, 감지하고 생각하기란 불가능하다는 점을 말하고 있을 뿐이다. 우리가 어떤 사물을 감지한다는 것은 나의 생각(에 필요하며, 그) 이외의 어떤 사물에도 필요치 않은 것이고, 우리가 의식하지 않고 생각할 수 있는 것이 아닌 한, 감지한다는 것은 우리 생각에 필요하며, 또 우리의 생각에 언제나 필요할 것이다.

11. 영혼이 생각한다 해서 늘 의식하지는 않는다
하기야 눈을 뜨고 있는 사람의 영혼은 결코 생각을 하지 않고서는 있을 수가 없다. 생각한다는 것이 눈을 뜨고 있다는 조건이기 때문이다. 그러나 꿈을 꾸지 않고 자는 것이, 마음도 몸도 포함해서 모든 인간의 하나의 성질이 아닌가. 이 점은 눈을 뜨고 있는 사람의 고찰에 참고가 될 것이다. 왜냐하면 생각하면서 그것을 의식하지 않는 사람이 있다고 상상하기는 어렵기 때문이다.

만약에 잠을 자고 있는 상태에서 영혼이 의식하지 않고 생각을 한다면, 이러한 생각을 하는 동안 영혼은 기쁨과 괴로움을 느끼는가, 또 행복이나 불행일 수가 있는가? 확실히 이 인간은 그가 앉는 침대나 땅바닥과 마찬가지로 행복일 수도 불행일 수도 없다. 왜냐하면 의식하지도 않는데 행복하다 불행하다 하는 것은, 나로서는 전혀 조리가 맞지 않고, 불가능해 보이기 때문이다.

하지만 몸이 자고 있는 동안에도 영혼은 생각, 쾌락, 관심, 기쁨과 괴로움을 따로 가질 수 있는데, 이것을 의식하지 않고 이에 관여하지 않는 것이 가능하다면 (예를 들어) 자고 있는 소크라테스와 깨어 있는 소크라테스는 절대 확실하게 같은 인물(또는 인격)이 아니라, 자고 있을 때의 소크라테스 영혼과 깨어 있을 때의 신체와 영혼으로 구성된 인간인 소크라테스는 두 인물(또는 인격)인 것이다. 왜냐하면 깨어 있는 소크라테스는 자고 있는 동안에 그의 영혼만이 혼자서 누리는 행복이나 불행을 아무것도 지각하지 않고 전혀 모른 채 신경 쓰지 않으며, 그 점에서는 인도의 어떤 인간이 행복이나 불행을 모르고 괘넘치 않는 것과 같은 일이 되기 때문이다. 우리가 자기 행동이나 감각*[11]의 의식, 특히 기쁨과 괴로움의 의식과 그에 따르는 관심을 완전히 없애면, 인물(또는 인격)의 동일성을 어디에 두어야 하는지를 알기란 어려운 일이다.

12. 잠자고 있는 사람이 생각한다는 사실을 모르고 생각한다면, 자고 있는 사람과 깨어 있는 사람은 두 인물이다

논자는 영혼이 자고 있는 동안에도 생각을 한다고 말한다. (그에 의하면) 영혼은 생각하고 지각하는 동안 절대 확실하게 즐거움이나 고민의 지각이나 그 밖의 모든 지각을 가질 수 있으며, 자기 자신의 지각을 반드시 의식하고 있어야 한다. 그러나 이러한 지각을 영혼은 모두 (영혼만으로) 따로 갖는다. 자고 있는 사람은, 누구나 알 수 있는 바와 같이 이 지각을 조금도 의식하지 않는 것이다. (논자는 이와 같이 말한다.) 그래서 (예를 들어) 잠을 자고 있는 동안에는 카스토르*[12]의 영혼이 몸에서 떠났다고 가정해 보자. 이것은 여기에서 내가 상대하고 있는, 생각하는 영혼이 없는 생명을 다른 모든 동물에게 인심 좋게 허용하는 사람들에게는 불가능한 상정이 아니다. 그렇다면 이 사람들은 영혼

*11 '감각'은 여기에서는 감각의 의식 또는 관념의 뜻이다.
*12 castor. 그리스 신화에 나오는 인물. 폴룩스(Polux)와 쌍둥이 형제.

없이 몸이 사는 것이 불가능 또는 모순이라고도, 영혼이 신체 없이 존립하고 생각하여, 바꾸어 말하면 지각을 행불행의 지각까지도 갖는 일이 불가능 또는 모순이라고도 판정할 수 없다.

그러면 내 말대로 카스토르가 자고 있는 동안 그 영혼은 신체에서 분리되어 따로 생각한다 치자. 또 이 영혼은 생각의 무대에, 영혼 없이 잠자고 있는 다른 사람, 이를테면 폴룩스*[13]의 신체를 고른다 치자. 왜냐하면 카스토르가 잠자고 있는 동안 카스토르의 영혼이 카스토르가 결코 의식하지 않는 것을 생각할 수 있다면, 어떤 장소를 골라 생각을 하든 문제되지 않기 때문이다. 그러면 여기에는 두 사람의 신체가 있고, 둘 사이에는 단 하나의 영혼이 있다. 이 신체는 차례대로 자기도 하고 깨기도 한다고 치자. 그리고 영혼은 깨어 있는 인간으로서 늘 생각하지만, 자고 있는 인간은 결코 의식하지 못하고, 조금도 지각을 하지 않는 것이다. 따라서 나는 묻겠는데, 이와 같이 두 인간 사이에 단 하나의 영혼이 있어서, 한쪽 인간이 결코 의식하지 않고 신경 쓰지 않는 일을 다른 인간 안에서 생각하고 지각하는 카스토르와 폴룩스는 카스토르와 헤라클레스*[14] 또는 소크라테스와 플라톤처럼, 두 사람의 별개 인물인가 아닌가? 또 둘 가운데 한 사람이 매우 행복하고 다른 한 사람이 매우 불행한 일도 있지는 않은가? 이와 완전히 같은 이유로, 인간이 의식하지 않는 것을 영혼으로 하여금 따로 생각하게 하는 사람은, 영혼과 인간을 두 인물로 만드는 사람이다. 왜냐하면 인물의 동일성이 물질(즉 신체)과 전적으로 같은 수의 분자로 존재하는 사람은 아무도 없을 것이기 때문이다. 이것이 동일성에 필요하다면, 신체의 여러 분자의 끊임없는 변화 속에서 어떤 인간이 이틀이나, 또는 두 순간에 같은 인물이 될 수는 없다.

13. 꿈을 꾸지 않고 잠자는 사람들이 생각한다고 할 수는 없다

따라서 꾸벅꾸벅 졸 때마다 영혼은 늘 생각한다고 가르치는 사람의 학설은 옳지 못하다. 적어도 꿈을 꾸지 않고 자는 때가 있는 어떤 사람에게, 어떤 때 그 생각은 (예를 들어) 네 시간이나 알지 못하고 바쁘게 일을 했다고 설득할 수는 결코 없다. 만약에 잠자는 동안 한창 명상할 때 깨어나 명상 그 자체의

---

*13 앞의 주 12 참조.
*14 Heracles. 그리스 신화의 영웅.

작용에 열중한다 해도, 잠자는 동안 일어나는 명상을 설명하기란 절대로 불가능한 일이다.

14. 사람들은 기억하지 않고 꿈을 꾼다고 주장해도 소용없다

때에 따라서는 영혼은 잠잘 때에도 생각을 하지만 기억이 이것을 파악하고 보존하지 않는다고 할 수 있다. 그러나 잠을 자고 있는 사람의 영혼이 지금 이 순간에 바쁘게 생각하다가, 다음 순간에는 잠을 깬 상태에서 이들 생각 가운데 한 조각도 떠올리지 못한다는 것은 이해하기 어려운 일이며, 이를 믿게 하기 위해서는 단순한 주장 이상의 훌륭한 증거가 필요하다. 왜냐하면 거의 모든 사람은 평생토록 날마다 몇 시간 동안(자는 동안) 여러 가지 생각을 하는데, 이 생각이 한창일 때 무엇을 물어도 아무것도 기억할 수 없다고, 단지 그런 말만 듣기만 한다고 간단히 떠올릴 수 있는 사람은 드물기 때문이다. 나의 생각으로는 거의 모든 사람은 잠자는 대부분 시간에 꿈을 꾸지 않는다. 내가 이전에 알고 지냈던 사람은 학자로 자라서 기억도 나쁘지 않으나, 스물대여섯 살에 걸렸다가 그 무렵 막 나은 열병에 걸릴 때까지, 태어나서 한 번도 꿈을 꾸지 않았다고 나에게 말했다. 세상에는 이런 예가 많이 있을 것이라고 생각한다. 적어도 꿈을 꾸지 않고 대부분의 밤을 보내는 사람의 실례는 누구나 잘 알고 있는 사실로, 우리 주위에 얼마든지 있다.

15. 이 (잠자는 동안에도 생각을 한다는) 가설에 기초하면, 자고 있는 사람의 사상이 가장 이지적이어야 한다*15

자주 생각을 하고 그것을 단 한순간도 결코 보존하지 않는다는 것은 매우 쓸모없는 종류의 생각으로, 이러한 생각 상태에 있는 영혼은 비록 거울의 상태보다 낫다고 해도 매우 드물다. 거울은 끊임없이 다양한 형상이나 상형(象形)*16을 받지만, 하나도 보존하지 않는다. 상형은 없어지고 사라져서 흔적은 조금도 남지 않는다. 거울은 그러한 상형을 위해 조금도 쓸모가 없으며, 영혼

---

*15 이 요약은 오히려 다음 절 또는 다음다음 절에 어울린다.
*16 idea. 원어를 플라톤적 의미에서 파생시켜 사물의 모습과 형태의 뜻으로 쓰는 일은 드물지만 16, 7세기부터 볼 수 있다. 로크적인 관념도 마음속 사물의 모습과 형태라는 뜻에서 온다.

도 그러한 사상을 위해 조금도 쓸모가 없다. 때에 따라서는 깨어 있는 사람에게 있어서, 생각할 때 신체의 여러 재료가 쓰이고 이용되어, 뇌에 새겨진 인상과 이 생각 뒤에도 뇌에 남아 있는 흔적에 의해서 사상의 기억은 보존된다.

그러나 자고 있는 사람으로서는 지각되지 않는 영혼의 생각에 있어, 영혼은 (이 장 제11절에서 말한 바와 같이 신체와는) 별도로 생각하여 신체의 여러 기관을 이용하지 않고, 신체에 인상을 남기지 않으며, 나아가서는 그러한 사상의 기억도 남기지 않는다고 말할 수 있을 것이다. 이 생각에서 나오는 두 사람의 별개 인물이라고 하는 불합리는 다시 말할 필요도 없다. 나아가서 (이 생각에서는) 마음은 신체의 도움 없이 어떠한 관념을 받아서 관조하든, 이 관념을 신체의 도움 없이 보존할 수 있다고 미루어 판단하는 것이 도리에 맞다. 그렇지 않으면 영혼, 즉 어떤 분리된 정신은 생각에 의해서 아주 적은 이득밖에 얻지 못할 것이다.

만약에 영혼이 자기 자신의 사상을 기억하지 않는다면, 자신을 위해 상상을 저장할 수 없고 필요에 따라 생각해 낼 수 없다면, 과거를 돌아보고 이전의 경험과 추리와 정관(靜觀)을 이용할 수 없다면 무엇 때문에 영혼은 생각을 하는가? 영혼을 하나의 생각하는 존재로 보는 사람도 이런 식으로는, 이에 트집을 잡는 사람, 즉 영혼을 물질의 가장 미세한 부분에 지나지 않는다고 인정하는 (유물론)자[17]가 하는 이상으로 영혼을 고귀한 존재로 여기지는 않는다. 바람이 한 번 불면 꺼지는 먼지에 새긴 글자나, 원자 또는 동물 정기[18]의 집적에 새겨진 인상은, 생각 속에 사라지는 영혼의 사상, 즉 일단 사라지면 영원히 사라져서 자기 자신의 기억을 뒤에 남기지 않는 영혼의 사상과, 그것이 쓸모가 있는 정도, 각 주체를 고귀하게 만드는 정도는 전적으로 같다. 탁월한 사물이 쓸데없는 용도로, 또는 소용없게 만들어지는 일은 결코 없다. 그래서 우리의 무한히 현명한 조물주가 생각 능력과 같은 놀라운 기능을, 즉 조물주 자신의 헤아릴 수 없는 탁월한 존재에 가장 가까운 기능을, 이 기능이 현세에서 작용하는 시간의 적어도 4분의 1을 헛되이 써서, 끊임없이 생각해도 그 사

---

*17 그 무렵 유물론은 무신론에 통하여 도덕을 위태롭게 한다고 격렬하게 비난받았다.

*18 animal spirits. 갈레노스 이래의 전(前)과학적 생리학 용어로, 데카르트도 사용한다. 혈액을 조성하는 미세한 움직이기 쉬운 분자로, 심장에서 더워져서 뇌로 올라가 신경에서 근육으로 유도되어 신체 운동을 하게 한다.

상을 전혀 기억하지 못하며, 그 자신과 다른 사람을 위해 아무것도 되지 않고, 창조의 다른 부분에도 쓸모가 없도록 그런 식으로 만들었다고는 상상할 수 없다. 검토해 보면 우주 어느 구석의 아무리 시시한 물질의 운동도 이 정도로 무익하고 낭비되는 것은 찾아보기 어려우리라.

16. 이 가설에서 영혼은 감각이나 성찰로부터 나오지 않는 개념을 가져야 하는데 그러한 현상은 없다

사실 자고 있는 동안에 지각할 때도 우리에게 가끔 있어서, 우리는 이 사상의 기억을 보존한다. 그러나 그러한 사상의 대부분이 얼마나 터무니없고 앞뒤가 맞지 않는가, 이지(理知)를 가진 존재자의 완전과 질서에 어느 정도 들어맞지 않는가는, 꿈을 잘 아는 사람에게는 이야기할 필요가 없다. (또) 나는 다음과 같은 점이 이해된다면 기쁘게 생각하는 바이다. 즉 영혼이 앞서 말한 바와 같이 별도로 생각하고, 말하자면 신체에서 분리될 때, 신체와 연결해서 생각할 때에 비해서 이지적으로 작용하는가 작용하지 않는가? 만약에 영혼의 분리된 사상이 이지적인 점에서 뒤떨어진다면, 영혼의 완전한 이지적 생각은 신체 덕분이라고 논자들도 말해야 한다. 만일 뒤떨어지지 않는다면 우리 꿈의 대부분이 매우 쓸모없고 비이지적이라는 점과, 영혼이 한층 이지적인 독백이나 사색을 하나도 보존하지 않는다는 것은 이상한 일이다.

17. 만약에 내가 모르고 생각한다 하더라도 이것을 알 수 있는 사람은 아무도 없다

영혼은 늘 현실적으로 생각한다고 우리에게 자신 있게 말하는 사람이 있다면, 아이의 영혼이 신체와 결합되기 전 또는 결합될 때 감각에 의해서 그 어떤 관념을 받기 전에, 아이들의 영혼에 있는 관념은 어떠한 관념인가를 말해주었으면 한다. 내가 보는 바로는 잠을 자고 있는 사람들의 꿈은 모두 눈을 뜨고 있는 사람의 관념에서 만들어진다.

그리고 그 대부분은 이상하게 나열되어 있다. 그래서 만약 영혼이 감각 또는 내성(內省)에서 나오지 않은 자기 자신의 관념을 갖는다고 한다면(영혼이 신체로부터 그 어떤 인상을 받기 전에 생각했다고 한다면, 영혼은 자기 자신의 관념을 가져야 한다), 영혼이 은밀하게 (인간이 지각하지 않을 정도로 은밀하게) 생각하면서, 꿈에서 깨어난 그 순간에 그러한 관념을 조금도 보존하지 않고, 그 뒤에 인간으로 하여금 관념을 새롭게 발견하게 하고는 기쁘게 만든다는 것은 이상한 일이다. 도대체 영혼이 인간이 자고 있는 동안에 (신체를 떠나) 혼자 있어서, 몇 시간이고 생각하면서도 감각 또는 내성에서 얻지 않은 관념을 하나도 만나지 않는다는 것, 또는 적어도 신체를 계기로 하므로 영혼에게는 아무래도 부자연성이 큰 관념 말고는 아무런 기억도 영혼이 보존하지 않는다는 것이 도리에 알맞은 일이라고 보는 사람이 있는가? 영혼이 한 인간의 평생에 걸쳐 한 번도 영혼의 순수한 타고난 사상을 떠올리지 않고, 신체로부터 무엇인가를 얻기 전에 가진 관념을 생각하지 못하며, 신체와의 결부에서 기원을 얻는 관념 말고는 그 어떤 관념도 눈을 뜨고 있는 사람에게 결코 바라보게 하지 않는다는 것은 이상한 일이다. 만약에 영혼이 늘 생각을 하고, 따라서 신체와 결부되기 전 또는 신체로부터 어떤 관념을 받기 전에 관념을 가졌다고 한다면, 영혼은 자고 있는 동안에 그것이 타고난 관념을 떠올린다고 볼 수밖에 다른 도리가 없다.

그래서 영혼이 그와 같이 신체와의 연락을 그만두고 혼자서 생각하는 동안에 바쁘게 종사하는 관념은 다음과 같은 관념, 즉 신체에서 나오지 않고, 또는 영혼 자신이 관념에 작용하는 여러 작용에서 나오지 않고 영혼 자신 안에 갖는 것 같은, 한층 자연스럽고 영혼의 성미에 맞는 점이 많은 관념이어야 하며, 적어도 그러할 때가 있어야 한다. 하지만 깨어 있는 인간은 그러한 관념을 결코 떠올리지 않는다. 그러므로 이 가설의 결론은, 인간이 떠올리지 않는 것을 영혼은 떠올린다는 것이거나, 그렇지 않으면 기억은 신체에서 나오는 관념 또는 그러한 관념에 관한 마음의 작용에서 나오는 관념에만 속하는 그 어느 쪽이어야 한다.

18. 영혼은 늘 생각한다는 것을 누가 어떻게 아는가? 그것이 자명한 명제가 아니라면 입증이 필요하다

또 인간의 영혼은, 혹은 전적으로 같은 말이지만 인간은 늘 생각을 한다고 자신 있게 견해를 밝히는 사람들로부터, 그 사람들은 어떻게 해서 이것을 알았는지, 아니 자신이 생각을 한다고 스스로 지각하지 않을 때 생각한다는 것을 어떻게 아는지, 이 점을 배울 수가 있다면 기쁘게 생각하는 바이다. 이것은 (인간이 늘 생각한다는 것은) 논자가 말하는 대로라면 입증하지 않아도 확실하며, 지각하지 않고도 아는 것인 모양이다. 그러나 이것은 어느 가설에 유용하도록 채택된 혼란된 생각으로, 자기 자신의 뚜렷한 증명에 의해서 인정하도록 강요하는, 또는 보통의 경험에서 부정하면 뻔뻔스럽게 되는 명석한 진리의 그 어느 것도 아니라고 나는 생각한다. 왜냐하면 앞서 말한 것에 대해서 최대한으로 말할 수 있는 것은, 영혼은 늘 생각할 수 있다는 것, 하지만 기억을 늘 보존할 수는 없다는 것, 그러한 일이기 때문이다. 그러므로 영혼이 늘 생각하지 않을지도 모른다는 것도 가능하며, 때로는 생각하지 않는다고 하는 것은, 때때로 생각하고 오랫동안 줄곧 생각하며 생각한 다음 순간에는 스스로 의식하지 못한다는 것보다 훨씬 뚜렷해 보인다.

19. 인간이 바삐 생각하되, 다음 순간에는 이 생각을 계속 유지하지 않는다는 것이 가능할까

영혼이 생각하고 인간은 이것을 지각하지 않는다고 생각하는 것은, 이미 (본 장 제12절에서) 말한 대로 한 인간 안에 두 사람을 만드는 일이다. 그리고 이렇게 이야기하는 사람들의 방식을 잘 살펴보면, 그 사람들은 그대로 (두 인물을) 만들고 있다는 의심이 든다. 왜냐하면 영혼은 늘 생각한다고 우리에게 말하는 사람은, 내가 기억하는 한, 인간이 늘 생각한다고는 결코 말하지 않기 때문이다. 영혼은 생각을 할 수 있고, 인간은 생각을 할 수 없단 말인가? 그렇지 않으면 인간은 생각을 하지만 이를 의식하지 않는 것인가? 그런 일은 아마도 다른 사람들에게는 헛소리로 들릴 것이다. 만약에 논자가 하는 말이, 인간은 늘 생각하지만 이것을 언제까지나 의식하지 않는 뜻이라면, 인간의 신체는 부분을 가지지 않고 연장을 갖는다고 버젓하게 말할 수 있으리라. 왜냐하면 신체가 부분 없이 연장을 갖는다고 말하는 것은, 어떤 사물이 생각한다고 의식하지 않고, 바꾸어 말하면 생각하는 것을 지각하지 않고 생각한다고 말하는 것과 전적으로 같기 때문이다.

이러한 말을 하는 사람은 만약에 그 사람들의 가설에 필요하다면, 인간은 늘 굶주리고 있지만 늘 굶주림을 느끼지 않는다고도 당연히 말할 수가 있을 것이다. 그러나 생각이, 어떤 사람이 생각하는 것을 의식하는 데에 있는 것처럼 굶주림은 굶주림이라고 하는 감각 그 자체에 있다. 또 만약에 논자가, 인간은 생각하고 있음을 늘 스스로 의식한다고 말한다면, 나는 묻겠는데, 논자는 이것을 어떻게 해서 아는가? 의식이란 어떤 사람의 마음속에 일어나는 일의 지각이다. 내가 스스로 지각하지 않을 때, 내가 어떤 사물을 의식한다는 것을 다른 사람이 지각할 수 있는가? 이때 인간의 그 어떤 지식도 그 인간의 경험을 넘을 수는 없다. 어떤 인간을 깊은 잠에서 깨워서, 그 순간에 무엇을 생각하고 있었는지를 물어보자. 만약 그 사람이 그때 생각한 일을 조금도 의식하지 못한다면, 그에게 생각하고 있었다고 확신시킬 수 있는 사람은 사상이 훌륭한 점쟁이임에 틀림없다.

그 점쟁이는 이 사람이 잠을 자고 있지 않았다고 확신시킬 수가 있으며, 그렇게 하는 편이 훨씬 도리에 맞는 일이 아닐까? 이는 학문을 넘어선 일로, 내가 마음속에서 사상을 조금도 찾아볼 수 없을 때 내 마음속에 있는 사상을 남에게 알린다고 하는 것은 그야말로 계시이다. 그래서 내가 생각한다고 스스로 지각하지 않을 때, 또 나는 지각하지 않는다고 언명할 때 내가 생각하고 있다는 것을 절대 확실하게 알 수 있는 사람, 더욱이 개나 코끼리는 생각한다고 말하지 않을 뿐, 단지 이것을 제외하면 개나 코끼리가 생각하는 예증은 상상할 수 있는 한 모두 제시되어 있을 때 개나 코끼리는 생각하지 않는다고 알 수 있는 사람, 그러한 (데카르트파와 같은) 사람은 (인간의 마음속을) 꿰뚫어 알아차리는 시력을 꼭 가지고 있어야 한다. 이것은 장미십자회원*19을 한 발 넘어서고 있다고 생각하는 사람도 있을 것이다. 왜냐하면 (이 회원이 말하는 것과 같은) 어떤 사람 자신을 다른 사람에게 보이지 않게 하는 편이, 그 사람 자신에게 보이지 않는 타인의 사상을 나에게 보이게 하는 일보다도 쉬울 것 같기 때문이다. 그러나 이것도 영혼은 늘 생각하는 실체라고 정의하는 것만으로, 이 (남의 사상을 보이게 하는) 일은 성취되는 것이다. (하지만) 만일 이러한 정의에 조금이라도 권위가 있다 하고, 많은 사람들은 일생의 대부분을 생각하지 않고 지낸다 알고 있으므로, 이 정의는 그러한 사람들에게 자기들은 영혼을 가지지 않는다고 위험스럽게 여기게 하는 것 말고 무슨 소용이 있는지 나로서는 알 수가 없다. 왜냐하면 내가 아는 정의, 어떤 유파의 생각도 끊임없는 경험을 깨부술 수 있을 정도의 힘은 없으며, 우리가 지각하는 것을 넘어서 알려고 하는 열성적인 노력이, 아마도 세상에서 볼 수 있는 그토록 많은 쓸데없는 논의나

---

*19 Rosicrucians. 17세기 첫무렵 독일에서 결성된 신비주의 비밀결사.

난국을 만들 터이기 때문이다.

20. 아이들을 관찰하면 감각과 내성에서 나온 관념 이외의 것은 없음이 명백하다

그러므로 생각하기 위해서 감관이 관념을 영혼에 심기 전에 영혼이 생각한다고 믿는 까닭을 나는 알 수가 없다. 그리고 관념이 늘어나 보존됨에 따라 영혼은 여러 부분에서 생각 기능을 발휘해 이것을 진보시키고, 또 나중에는 그러한 관념을 복합하거나 영혼 자신의 작용을 내성하여 관념의 비축을 늘리며, 동시에 또 기억하거나 상상하거나 추리하거나 그 밖의 양상으로 생각하거나 할 때의 용이성을 증가시키는 것이다.

21.

관찰과 경험이 알려주는 바에 따라 자기 자신의 가설을 자연의 규칙으로 삼으려고 하지 않는 사람은, 새로 태어난 아이들 가운데에서 많은 생각에 익숙한 영혼의 징후를 발견할 수 없을 테고, 무엇인가를 추리하는 징후는 더더욱 찾아내지 못할 것이다. 더욱이 이지를 갖춘 영혼이 그토록 많이 생각하면서 조금도 추리를 하지 않는다는 것은 상상하기 어려운 일이다. 그래서 이 세상에 새로 태어난 어린이들은 대부분의 시간을 자면서 지내고, 배고픔에 엄마 젖을 찾든가, (모든 감각 가운데에서 가장 까다로운) 아픔이나 그 밖의 격렬한 신체적 인상이 마음으로 하여금 어쩔 수 없이 이것을 지각토록 해 주의시키든가 그 어느 때를 제외하고는 거의 눈을 뜨지 않고 있다는 것, 그러한 일을 고찰하는 사람은 다음과 같이 상상하는 까닭을 아마도 발견하게 되리라. 즉 어머니 배 속에 있는 태아는 식물 상태와 별로 다르지 않으며, 지각 또는 사상 없이 대부분의 시간을 보내고, 음식을 찾을 필요가 없이 일정하게 따뜻하고 거의 같은 조성으로 이루어진 액체에 둘러싸여 있는 장소에서 잠을 자는 것 말고는 하는 일이 매우 적으며, 그러한 장소에서는 눈에 들어오는 빛은 없고, 굳게 닫힌 귀는 소리에 그다지 민감하지 않으며, 감관을 뒤흔드는 다양한 사물 또는 변화하는 사물도 거의 없거나 전혀 없는 것이다.

22.

태어난 순간부터 어린이를 줄곧 바라보고, 시간과 함께 일어나는 변화를 살펴보기로 하자. 그러면 알게 될 테지만, 마음이 감관에 의해 더욱더 많은 관념이 배정됨에 따라 마음은 더욱더 눈을 뜨게 된다. 마음은 생각할 소재를 많이 가질수록 많이 생각한다. 어느 정도의 시간이 지나면 마음은 가장 낯익고 익숙해서 영속적으로 인상지워진 사물을 알기 시작한다. 이렇게 해서 마음은, 날마다 만나는 인물을 점차 알게 됨에 따라서 낯선 사람과 구별한다. 이것은 감관이 마음에 전하는 관념을 마음이 보존해서 식별하게 되는 실례이며 또 그 결과이다. 그래서 우리는 마음이 이와 같은 점에서 조금씩 향상해 가는 모습을 살펴볼 수 있고, 관념의 확대, 복합, 추상이나 관념에 대한 추리, 이들 모든 내성이나, 여러 가지 다른 기능을 행사할 수 있게 진보하는 모습을 살펴볼 수 있다. 이는 뒤에서 (본 권 제11장 등등에서) 이야기할 기회가 있을 것이다.

23.

그렇다면 사람은 언제 관념을 가지기 시작하는가 묻는다면 처음으로 무엇인가 감각할 때라는 것이 옳은 대답이라고 나는 생각한다. 왜냐하면 감관이 그 어떤 관념을 받아들일 수 없는 동안에는 마음은 아무런 관념도 가지지 못하는 것처럼 보이므로, 지성에 있는 관념은 감각과 동시라고 나는 생각하기 때문이다. 이 감각이란, 신체 어느 부분의 인상 또는 운동으로서 지성에 있는 지각을 낳는다. 마음이 지각·환기·고찰·추리 등이라고 일컬어지는 작용에 처음으로 관여한다고 여겨지는 것은, 외부 대상이 우리 감관에 작용하는 이러한 인상인 것이다.

24. 우리 모든 지식의 기원

이윽고 마음은 감각에 의해 얻어진 관념에 관한 자기 자신의 작용을 내성하게 되며, 이에 의해서 내성의 관념과 내가 말하는 새로운 한 쌍의 관념을 저장한다. 이들은 마음 밖의 대상이 감관에 주는 인상과 마음 본디의 고유한 능력에서 생기는 마음 자신의 작용이며, 이 작용도 마음이 내성하면 마음 관조의 대상이 되어, 이미 (본 장 제4절에서) 말한 대로 모든 지식의 기원이 되는 것이다. 그러므로 인간의 지혜가 갖는 능력은 이러하다. 즉 마음은 외부 대상이 감관을 통해서 마음에 만들어지는 인상이든, 이것을 내성할 때 마음 자신의 작용에 의해서 만들어지는 인상이든 간에 그러한 인상을 받도록 구조되어 있다는 것이다. 이것이야말로 인간이 무엇인가 사물의 발견을 향해서 나아가는 첫 걸음이며, 이 세상에서 인간이 자연스럽게 갖는 모든 생각이 구축되는 토대이다. 구름을 뚫고 하늘까지 닿는 숭고한 생각도 모두 여기에서 비롯되고, 이곳을 바탕으로 삼는다. 마음이 방황하는 저 커다란 영역의 어디에서나, 마음이 하늘을 날게 하는 것 같은 원대한 사색에서도, 마음은 관조하기 위해 감관 또는 내성이 제시한 관념을 조금도 벗어나지 않는 것이다.*20

25. 단순관념을 받아들일 때는 지성은 대부분 수동적이다

이 부분에서는 지성은 단지 수동적이며, (관념이라고 하는) 그 시초, 말하자면 지식의 재료를 가질 것인가의 여부는 지성 자신의 능력에는 없다. 왜냐하면 감관의 대상은, 대부분 우리가 바라든 바라지 아니하든 낱낱의 관념을 마음에 강요하고, 마음의 작용은 우리에게 이 작용을 적어도 우두커니 생각하게 하지는 않기 때문이다. 누구나 생각을 하고 있을 때, 자기가 하는 일을 전혀 모르고 있을 리는 없다. 이러한 단순관념이 마음에 제시되면 지성은 이를 거부하여 안 가질 수가 없고, 인상이 새겨지면 바꿀 수가 없으며, 삭제하고 새로운 관념을 스스로 만들 수가 없는데, 이것은 거울 앞에 놓인 사물이 거울에 낳는 형상 또는 상형을 거울은 거부할 수도 바꿀 수도 없앨 수도 없는 것과 마찬가지이다. 우리를 둘러싼 물체가 여러 기관에 여러 자극을 줄 때, 마음은 어쩔 수 없이 인상을 받아서 이 인상에 결부된 관념의 지각을 피할 수가 없는 것이다.*21

---

*20 로크 철학이 주관적 관념론이거나 적어도 그것으로 향하는 길을 연다고 일컬어지는, 잘 알려진 문구이다. 흄에게도 같은 취지의 비슷한 글이 있다.
*21 마음을 흰 종이라고 하는 비유와 함께 마음은 수동적이라고 하는 해석을 이끌어 내는 대목이다. 그러나 여기서 말하는 것은 첫머리 요약에 나와 있듯이 단순개념의 수동성이다.

제2장
단순관념

1. 비복합적 현상태(現象態)

우리 지식의 본성·양식·범위를 더 잘 이해하기 위하여 우리가 갖는 관념에서 주의해야 할 점이 하나 있다. 관념의 어떤 것은 단순하고 어떤 것은 복잡하다는 것이다.[*1]

감관을 자극하는 여러 성질은 그 자체로서 전적으로 하나이며, 서로 섞여 있고 성질 사이에 분리가 없으며 그들 사이에 거리가 없지만, 더욱이 누구나 알 수 있는 바와 같이 이들 여러 성질이 마음에 낳는 관념은 감관에 의해서 단순하고 혼합되지 않고 들어오는 것이다. (예를 들어) 한 인간이 운동과 색채를 동시에 보거나, 같은 밀랍의 한 조각으로부터 손이 부드러움과 따뜻함을 느끼는 것처럼, 시각과 촉각은 같은 대상에서 서로 다른 관념을 동시에 받아들이지만, 같은 주체(또는 대상)에서 이와 같이 하나가 되어 있는 단순개념은 (같은 대상 또는 서로 다른 대상에서) 서로 다른 감관에 의해 들어오는 관념과 마찬가지로 완전히 별개이다. 왜냐하면 (예를 들어) 어떤 사람이 한 조각의 얼음에서 느끼는 차가움과 단단함은 백합의 냄새와 흰색, 또는 설탕의 맛과 장미의 냄새와 마찬가지로 서로 다른 심적 관념이기 때문이다. 따라서 인간이 이들 단순개념에 갖는 명확한 지각만큼, 그 사람에게 분명한 것은 없다. 이 단순개념은, 각기 그 자체로는 복합되지 않으며, 따라서 이 관념에 포함되는 것은 마음에서의 하나의 균질한 현상태(appearance) 또는 생각뿐으로, 이 관념을 서로 다른 여러 개념으로 구별할 수는 없는 것이다.[*2]

---

*1 로크의 원자론적 구성주의를 잘 알 수 있는 대목이다.
*2 단순개념의 로크에 의한 정의이다. 이 정의에 포함되는 문제점은 제2권 제15장 제9절 참조.

2. 마음은 단순개념을 만들 수도 없앨 수도 없다

우리의 모든 지식의 재료인 이들 단순개념은 앞서 (앞장 제3절 이하에서) 든 두 가지 길, 즉 감각과 내성에 의해서만 마음에 제안되고 갖추어진다. 지성이 일단 이들 단순개념을 저장하면, 지성은 이들 단순개념을 거의 한없이 다양하게 되풀이하고, 비교하고, 종합하는 능력을 가지며, 따라서 새로운 복합관념을 마음대로 만들 수가 있다.[*3] 그러나 더할 나위 없이 높은 재능을 가진 또는 넓은 지성이 아무리 날카롭게 또는 다양하게 생각해도 앞에 든 경로로 받아들여진 새로운 단순개념을 마음에 하나라도 만들어 내거나 이루는 능력은 없으며, 또 지성의 그 어떤 힘도 지성에 있는 관념을 없앨 수는 없다. 왜냐하면 인간 자신의 지성이라고 하는 이 작은 세계에서 인간의 지배력은 눈에 보이는 사물의 큰 세계에서와 거의 같기 때문이다. 이 눈에 보이는 사물의 세계에서 인간의 능력은 제아무리 기술과 숙련에 의해 운영되어도 가까이에 준비되어 있는 재료를 섞거나 나누는 것보다 더 나아가지 못한다. 그 능력은 새로운 물질의 최소분자를 만들거나, 또는 이미 있는 것의 원자를 하나라도 없애거나 하는 일은 전혀 할 수가 없다. 외적 대상으로부터 감관에 받아들인 것이 아닌 단순개념, 또는 그러한 관념에 대한 자기 마음의 작용으로 내성에 의해 받아들여진 것이 아닌 단순개념, 그러한 단순개념을 하나라도 지성 안에 만들려고 애쓰는 사람은 누구나 같은 무능력을 자기 자신 안에서 발견할 것이다. 나는 누군가에게 위턱(즉 미각 감관)을 한 번도 동원한 일이 없는 어떤 맛을 생각하도록, 또는 한 번도 맡아본 적이 없는 냄새의 관념을 이루게 해보고 싶다. 이것을 할 수 있을 때 나는 장님도 색채의 관념을 가지며, 귀머거리도 소리의 분명한 관념을 갖는다고 결론 내릴 것이다.

3.

신은 어떤 피조물을, 즉 인간에게 준, 보통 계산법으로는 다섯 가지 기관보다 다른 기관을 가지고 있고, 형체적인 사물의 지각을 다섯 가지 이상의 방법으로 지성에 전하는 피조물을 만들지 못한다고 믿을 수는 없지만, 그럼에도 이제까지 말한 이유로 해서 소리·맛·냄새 또는 눈에 보이고 만질 수 있는 성

[*3] 복잡관념을 구성하는 마음의 능동성은 이렇게 해서 명백하게 승인된다.

질 외에 물체를 지각케 하는 성질을 어떤 구조의 물체가 되든 (인간은) 아무도 상상할 수 없다고 나는 생각한다. 또 만약에 인류가 단 네 가지 감관만으로 만들어져 있다고 한다면, 그렇다면 제5의 감관의 대상인 성질은 우리가 지각하고 상상하고 생각하는 것과는 동떨어져 있을 터이며, 이 점은 지금의 (인류가) 제6, 제7, 또는 제8의 감관에 속하는 성질을 지각할 수 없고 상상할 수 없고 생각할 수 없는 것과 마찬가지일 것이다.

하지만 이 광대한 엄청나게 큰 우주의 한 부분인 피조물이 그러한 제6 이상의 감관을 가질 수 없는지 어떤지, 이것을 부정하는 일은 심하게 근거 없는 판단이라 하지 않을 수 없다. 자기를 거만하게도 만물의 최상에 놓으려고 하지 않고, 이 (우주라고 하는) 구조물의 무한을 생각하며, 자기가 다루는 이 작은, 시시한 우주 부분에서 발견할 수 있는 큰 다양성을 생각하는 사람은 우주의 다른 곳에 자기 이외의 다른 지능을 가진 존재자가 있을지도 모르며, 그 여러 기능이 알려지지도 않고 인지되지도 않는다는 것은, 장롱 서랍에 갇힌 벌레가 인간의 감관이나 지성을 모르고 인지하지 않는 것과 마찬가지라고, 그렇게 생각하기 십상이다. 왜냐하면 이러한 다양성과 탁월성은 조물주의 지혜와 능력에 어울리기 때문이다. 나는 지금 여기에서는, 인간은 오관(五官)을 갖는다고 하는 보편적인 설에 따르고 있다. 그러나 때에 따라서는 더 많이 세는 것이 옳을지도 모른다. 그러나 어느 가설이나 나의 목적에 유용하다는 점은 같으며, 따라서 보통의 설에 따라도 괜찮다.

제3장
하나의 감관 및 그 관념

1. 단순관념의 구분

우리가 감각으로부터 받는 관념을 더 잘 알기 위해, 관념을 마음으로 가져와서 우리에게 지각시키는 여러 방식과 관련해서 관념을 살펴보는 일도 나쁘지 않을 것이다.

이때는 첫째, 단 하나의 감관에 의해 마음으로 들어오는 관념이 있다.

둘째, 하나 이상의 감관에 의해 마음에 전달되는 관념이 따로 있다.

셋째, 내성만으로 얻어지는 관념이 따로 있다.

넷째, 감각 및 내성의 모든 경로로 와서 마음에 제안되는 관념이 있다.

이들을 각기 살펴보기로 하자.*1

먼저, 어떤 관념을 받아들이는 데에 특별히 알맞은 하나의 감관을 통해서만 들어오는 관념이 있다. 이를테면 빛과 하양·빨강·노랑·파랑과 같은 색과 초록·짙은 다홍·보라·바다색 등과 같은, 색채의 여러 정도, 즉 색조나 혼색은 단지 눈에 의해서만 들어온다. 모든 종류의 소리, 음향, 음성은 단지 귀로만 들어온다. 여러 맛과 냄새는 코와 위턱에 의한다. 그래서 만약에 이들 기관이나 색·소리 따위를 외부에서 뇌, 즉 마음의 거실(그렇게 불러도 좋을 것이다)의 관망자(곧 지성)에 전달되는 경로인 신경의 어느 하나가 상처를 입어 기능을 다하지 못하게 되면, 들어오는 뒷문은 없고 관망되어 지성에 지각되는 다른 길은 없다.

촉각에 속하는 관념의 가장 주된 것은 뜨거움과 차가움, 그리고 고체성*2이

---

*1 이 장은 감관에 의한 관념을 고찰하고, 그 이하는 제5, 제6, 제7장에서 순차적으로 다루어진다.

*2 solidity. 다음 장의 주제이다.

다. 나머지 모두는 매끈함(smooth)과 거칢(rough)같이 거의 전적으로 감각적인 배치로 이루어져 있거나, 그렇지 않으면 단단함·무름, 튼튼함이나 연약함과 같이 부분의 고착도 정도에 존재하는 것으로 모두가 분명하다.

2. 이름을 지닌 단순관념은 얼마 되지 않는다

각 감관에 속하는 개개의 단순개념을 모두 열거할 필요는 없을 거라고 생각한다. 또 실제로 열거할 수도 없다. 왜냐하면 대부분의 감관에는 이름이 있는 것보다 훨씬 많은 단순개념이 속해 있기 때문이다. (예를 들어) 냄새는 비록 이 세상에 있는 물체의 종류보다 많지 않아도 물체의 종류만큼이나 다양하지만, 대부분은 이름을 가지고 있지 않다. 보통은 좋은 냄새와 싫은 냄새로 이들 관념을 나타낼 수 있지만, 이것은 결국 기분이 좋다거나 나쁘다고 하는 것과 거의 다르지 않으며, 더욱이 장미의 냄새와 제비꽃 냄새는 둘 다 좋은 냄새지만 절대 확실하게 매우 다른 별개의 관념이다. 위턱으로 관념을 받아들이는 여러 가지 맛도, 이름이 일일이 붙어 있지는 않다. 달다·쓰다·시다·떫다·짜다고 하는 것이 모든 종류의 피조물뿐 아니라, 같은 식물이나 과일, 동물의 여러 부분에서 따로따로 발견될 무수하게 다양한 풍미를 나타내기 위해 우리가 갖는 형용사의 거의 전부이다. 색과 소리도 마찬가지로 말할 수가 있을 것이다. 그러므로 나는 지금 여기에서 하고 있는 단순관념의 해명에서는, 당면한 과제에 가장 중요한 관념인지, 또는 매우 빈번하게 복합관념의 요소이면서 그 자신에게는 지각되기 어려운 경향이 있는 관념을 적는 것만으로 만족하고자 한다. 그러한 관념 속에 고체성[3]을 헤아려도 좋으리라고 생각한다. 그러므로 다음 장에서는 이것을 다루게 될 것이다.

---

[3] 고체성을 특히 들추는 데에는 여기에 드는 것 말고도 물체의 속성을 연장으로 하는 데카르트의 철학 및 자연학에 로크가 품는 대결의식이 있었을 것이다.

제4장
고체성

1. 우리는 이 관념을 촉각에서 받는다

고체성의 관념을 우리는 촉각에서 받는다. 이 관념은 어떤 물체가 그것이 차지하고 있는 장소를 떠날 때까지, 이 장소에 다른 물체가 들어오지 못하도록 하는, 그 물체에서 찾아볼 수 있는 저항에서 생기는 것이다. 고체성의 관념만큼 끊임없이 감각에서 받는 관념은 없다. 우리는 움직이든 멈추든, 어떠한 자세로 있든, 우리를 지탱하여 더 아래로 가라앉게 하지 않는 그 어떤 것을 우리 아래에서 늘 느낀다. 또 우리가 날마다 손에 쥐는 물체는 두 손 사이에 있는 한, 물체를 미는 두 손의 근접을 이겨낼 수 없는 힘으로 방해하는 것을 우리로 하여금 지각하게 한다. 이와 같이 두 물체가 마주 보고 움직일 때 두 물체의 근접을 방해하는 것을, 우리는 고체성이라고 부르는 것이다. (단단함을 뜻하는) 'solid'라는 말의 뜻이 수학자가 쓰는 (입체적이라고 하는) 뜻보다 본원적인 의미 표시[*1]에 가까운지 어떤지를 토의할 생각은 없다. 'solidity'의 일반적인 생각이 이 용어법을, 비록 옳지 않아도 받아들일 거라고 생각하는 것만으로 충분하다. 그러나 만약에 불가입성(不可入性)[*2]이라 부르는 것이 좋다고 생각하는 사람이 있다면 그래도 괜찮다. 다만, 나는 이 관념을 나타내는 데에 고체성이라는 전문용어 쪽이 한층 적절하다고 생각했다.

왜냐하면 앞서 말한 뜻으로 일반적으로 쓰일 뿐만 아니라, 불가입성에 비해 적극적인 것을 안에 가지고 있기 때문이다. 불가입성은 소극적이어서 고체성 그 자체라고 하기보다는 고체성의 귀결인 것이다. 이 고체성은 특히 물체에 가장 밀접하게 결합되어 있어서 본질적인 관념인 것처럼 여겨진다. 그 정도로 다

[*1] 어원적으로 라틴어의 'solidus'에는 '분할되지 않는', '종합된', '전체의'라는 뜻이 있다.

[*2] impenetrability. 물리학에서는 이쪽이 오히려 전문용어로서 일반적으로 쓰인다.

른 어디에서도 찾아볼 수 있거나 상상되거나 하지 않고, 단지 물질 안에만 있다. 그래서 우리 내부에 감각을 낳는 데에 충분한 부피의 물질 덩어리를 제외하고, 우리 감관은 고체성을 지각하지 않는다고는 하지만, 마음은 이러한 양감(量感)을 느낄 수 있는 물체에서 이 고체성 관념을 일단 얻고 나면, 이것을 더욱 추구하여 존재할 수 있는 물질의 미립자에까지 형태뿐만 아니라 고체성을 생각하고, 어디에서 어떻게 변용되든 고체성은 물질에 고유한 것으로, 분리할 수 없다는 사실을 발견하게 된다.

2. 고체성은 공간을 채운다

이 고체성 관념은 물체에 속해서, 물체가 공간을 채운다고 생각하게 하는 관념이다. 물체가 공간을 채운다는 관념은, 무엇인가 단단한 실체가 어떤 공간을 차지한다고 상상할 때 이 실체가 공간을 차지하므로, 다른 모든 단단한 실체를 배제하여, 서로 마주보고 일직선으로 움직이는 두 물체의 중간에서, 이 다른 두 물체가 움직이는 선과 일치하지 않는 선으로 옮기지 않는 한, 그 두 물체의 접촉을 영원히 방해할 것이라고 생각하는 일이다. 우리가 보통 손에 쥐는 물체는 공간을 채운다는 이 관념을 우리에게 충분히 안겨준다.

3. 공간과는 별개

어떤 물체가 차지하는 공간에서 다른 물체를 제거하게 하는 이 저항은 매우 커서, 그 어떤 큰 힘도 이를 이겨낼 수 없을 정도이다. 한 방울의 물에 온 세계의 모든 물체가 사방에서 압력을 가해도, 물체가 서로 다가가려고 하는 것에 대한 저항은, 물방울이 유연함에도 물체가 서로 가까워지는 길에서 물방울을 이동시키지 않는 한, 결코 극복할 수 없을 것이다. 이 점에서 우리의 고체성 관념은 저항도 운동도 있을 리가 없는 순수 공간(곧 진공)으로부터도, 굳기에 대한 일반적인 관념으로부터도 구별된다. 왜냐하면 어느 거리에 있는 두 물체가 단단한 물건에 닿거나, 이것을 밀어내거나 하지 않고, 표면이 서로 만나게 될 때까지 가까이 갈 수 있다고 생각할 수 있기 때문이다. 이로써 고체성이 없는 공간의 명확한 관념을 얻을 수 있으리라 생각한다. 그렇다면 (어떤 특정한 물체의 소멸까지는 가지 않더라도) 묻겠는데, 단 하나의 물체만 따로 움직여서, 그 장소에 다른 물체가 뒤이어서 들어가지 않는다는 관념을, 인간은 가질 수 있는가 없는가? 나는 분명히 가질 수 있다고 생각한다. 왜냐하면 한 물체의 운동 개념이 다른 물체의 운동 관념을 포함하지 않는다는 것은, 한 물체의 정사각형 관념이 다른 물체의 정사각형 관념을 포함하지 않는 것과 같기 때문이다. (이때) 내가 묻는 것은 한 물체의 운동이 다른 물체의 운동 없이는 진실로 있을 수가 없도록 물체가 존재하고 있는가의 여부가 아니다. 이것을 긍정 또는 부정 어느 쪽으로 결정한다는 일은 진공에 대한 긍정이나 부정을 미리 정하고 있는 것과 같다.

그러나 나의 물음은 이렇다. 한 물체가 운동한다는 관념을, 다른 물체가 멈춤에도 가질 수가 있을까? 그리고 이것은 그 누구도 부정하지 않으리라고 나는 생각한다. 만약에 그렇다면 그 물체가 버린 장소는, 고체성이 없는 순수공간의 관념을 우리에게 준다. 이 장소에는 어떠한 다른 물체도, 어떠한 사물의 저항도 없이, 다시 말하면 어떠한 사물도 밀어내지 않고 들어갈 수가 있을 것이다. (예를 들어) 펌프의 피스톤을 움직일 때 펌프관 안에서 피스톤이 차지하고 있던 장소는 어떠한 다른 물체가 피스톤 운동에 이어지건 말건 절대 확실하게 같다. 그리고 한 물체의 운동에 이것과 이웃하는 또 하나의 물체가 이어지지 않는다는 것은 모순을 포함하지 않는다.

이와 같은 (이웃하는 물체의) 운동이 있어야 한다는 것은 세계가 가득 차 있다는 가정에서 할 수 있는 말이지,[3] 공간과 고체성이라는 별개의 관념에 기초한 것은 아니다. 이 두 가지 관념은 저항할 때와 저항하지 않을 때, 밀어낼 때와 밀어내지 않을 때가 다른 것처럼 다르다. 또 사람들이 물체가 없는 공간의 관념을 갖는다고 하는 것은, 진공에 관한 사람들의 토의 자체가 누구나 알 수 있도록 논증한다. 이 점은 다른 곳(본 권 제13장 제24절)에서 보여지는 대로이다.

4. 딱딱함과는 별개

그래서 고체성은 또한 다음과 같은 점에서 딱딱함과도 구별된다. 즉 고체성이란 충실하다는 것이며, 더 나아가서는 그것이 차지하는 공간에서 다른 물체를 어디까지나 배제한다는 것이지만, 굳기란 어떤 느낌으로 알 수 있는 부

---

*3 데카르트파를 암암리에 가리킨다.

피 덩어리를 이루는 물체 부분이 단단하게 뭉쳐져서 전체가 그 모양을 쉽게 바꾸지 않는다는 것을 말한다.*⁴ 또 실제로 단단하다는 것과 무르다는 것은 우리 신체 구조와의 관계에서만 사물에 주어진 이름이다. 왜냐하면 어떤 것을 신체의 어느 부분이 누르면, 그것이 모양을 바꾸기 전에 우리에게 아픔을 느끼게 하는 것을 우리는 일반적으로 단단하다 말하고, 반대로 가볍게 닿아도 아픔을 느끼지 않고 만져도 부분의 상황이 바뀌는 것을 부드럽다고 하기 때문이다.

하지만 감지할 수 있는 부분 상호 간의, 또는 전체 모양의 상황을 바꾸는 데 있어서의 이러한 곤란은 이 세상에서 가장 단단한 물체에 가장 연한 물체보다도 많은 고체성을 부여하는 것이 아니며, 애더먼트*⁵가 물보다도 조금이라도 더 고체성을 갖는다는 뜻은 아니다. 왜냐하면 (예를 들어) 두 개의 대리석의 두 평면은 그 사이에 물이나 공기만 있는 편이, 다이아몬드가 중간에 있을 때보다도 한층 손쉽게 가까이 다가갈 수가 있겠지만, 다이아몬드의 여러 부분은 물의 여러 부분보다 고체성을 많이 갖는다는 것이 아니라, 다시 말하면 한층 저항한다는 뜻이 아니라 단지 물의 여러 부분은 비교적 서로 분리하기가 쉬우므로, 측방운동(側方運動)에 의해서 비교적 손쉽게 옮겨져 두 대리석의 근접에 길을 양보할 것이라는 까닭에서이다. 그러나 만약에 물의 여러 부분이 측방운동으로 장소를 비우지 않도록 할 수가 있다면, 이러한 두 대리석의 근접을 영원히 방해하는 것은 다이아몬드와 마찬가지로 어떤 힘도 물의 여러 부분의 저항을 이겨낼 수 없다는 점은, 다이아몬드의 여러 부분의 저항을 이겨낼 수 없는 것과 마찬가지이리라.

이 세상의 가장 연한 물체도 두 개의 다른 물체와 합해지는 길에서 비켜나지 않고 그 중간에 머물면, 가장 단단한 물체와 마찬가지로 두 물체가 합치는 일에 저항하여 이 저항을 이겨낼 수가 없을 것이다. 모양이 쉽게 바뀌는 부드러운 물체를 공기 또는 물로 가득 채우는 사람은 물이나 공기의 저항을 바로 알아차릴 것이다. 그래서 단단한 물체만이 자기 두 손을 접근하지 못하게 한다고 생각하는 사람은 (예를 들어) 축구공에 넣은 공기로 시험해 보기 바란다. 내가 전에 들은 바로는 속이 빈 황금공을 물로 채워 밀폐한 실험이 피렌체에

---

*4 로크는 고체성이 단단한 정도와 혼동하기 쉽다고 설명하고 있다.
*5 adamant. 매우 단단한 것을 말하며, 17세기에는 흔히 다이아몬드를 일컬었다.

서 이루어졌는데,*⁶ 이 실험은 물과 같은 부드러운 물체의 고체성을 다시 분명히 나타낸 것이다. 왜냐하면 이와 같이 (안을 물로) 채운 황금공을 압축기에 걸어 나사로 힘껏 조이면 물은 (황금이라고 하는) 매우 단단한 금속의 틈을 지나 (공의) 내부에서 물의 분자가 그 이상 접근할 여지가 없는 곳에서 밖으로 나와, 이슬처럼 솟아오르다가 나아가서는 물방울이 되어 떨어져, 그렇게 됨으로써 비로소 구(球)의 벽면은 구를 죄는 기계의 격렬한 압축에 질 수가 있었기 때문이다.

5. 충격, 저항, 밀어내기는 고체성 때문이다

이 고체성 관념으로 물체의 연장과 공간의 연장이 구별된다. 왜냐하면 물체의 연장은 고체성을 가지며 분리할 수 있고 운동할 수 있는 부분의 응집 또는 연속이며, 공간의 연장은 고체성을 가지지 못하고 분리할 수 없으며 운동할 수 없는 부분의 연속이기 때문이다. 또 물체 상호 간의 충격, 저항, 밀어내기도 물체 고체성 때문이다. 그래서 사람들 가운데에는(나도 그 가운데 한 사람이라고 인정하지만) 순수공간과 고체성에 명확한 관념을 가지고, 내부에 저항하는 사물이 없는, 또는 물체에 의해서 밀려나는 사물이 없는 공간을 생각할 수 있다고 믿는 사람이 있다. 이것이 순수공간 관념으로, 그 사람들은 물체의 연장에 가질 수 있는 관념과 마찬가지로 명확한 관념을 갖는다고 생각한다. 왜냐하면 움푹 들어간 표면의 서로 마주보는 부분 사이의 거리는 중간에 단단한 부분의 관념이 있으나 없으나 똑같이 명확하기 때문이다. 한편 그 사람들은 순수공간의 관념과는 별개로, 공간을 채우며 다른 물체의 충격에 의해서 밀려나거나 다른 물체의 운동에 저항하거나 할 수 있는 어떤 사물의 관념을 갖는다고 믿는다. 만약에 다른 사람들*⁷이 두 개의 관념을 따로 가지지 않고 둘을 혼동해서 순수공간과 고체성에 대해서 하나의 관념만을 만든다고 한다면, 서로 다른 이름 아래 같은 관념을, 또는 서로 다른 관념을 같은 이름 아래 갖는 사람들이 그때 어떻게 해서 서로 이야기를 주고받을 수 있는지 나로서는 알 수 없고, 그 점은 장님이나 벙어리도 아니고, 진한 빨강색과 트럼펫 소리에 저마다 다른 관념을 갖는 사람이 진한 빨강색의 관념은 트럼펫 소리와 비슷하다

---

*6 여기에서 실시된 가장 유명한 실험은 토리첼리의 진공에 관한 실험이다.
*7 데카르트파를 말한다.

고 생각하는 것 같은, 다른 곳(제3권 제4장 제11절)에서 다루었던 장님과 진한 빨강색에 대해서 어떻게 논의할 수가 있을지 모르는 것과 마찬가지이다.

6. 고체성이란 무엇인가

고체성이 무엇이냐고 묻는 사람이 있다면, 나는 그 사람의 감관에 알릴 생각이다. (예를 들어) 부싯돌이나 축구공을 두 손 사이에 놓고, 서로 합하도록 힘쓰게 해보자. 그러면 알게 될 것이다. 만약에 이것으로는 고체성이 무엇이고 어떤 뜻인가를 충분히 알 수 없다고 생각한다면, 나에게 생각이 무엇이고 어떠한 것인가를 말해 준다면 또는 연장이나 운동이란 무엇인가를 설명해 준다면 나는 고체성이 무엇이고 어떤 것인가 이야기해 주겠다고 약속하는 바이다. 아마도 (생각 등의) 이쪽이 훨씬 손쉬우리라 여겨진다. 우리가 갖는 단순개념은 경험이 가르치는 것이다. 그러나 경험을 넘어, 말로써 단순관념을 마음속에 또렷하게 새기려 애써도 성공하지 못한다는 것은, 장님 마음의 어둠을 말로써 걷어내고 빛이나 색의 관념을 논의에 의해서 장님에게 가지게 하려고 할 때와 같은 것이다. 그 까닭은 다른 곳(제3권 제4장 제7절)에서 이야기하게 될 것이다.

제5장
여러 감관 및 단순관념

　우리가 하나 이상의 감관에 의해서 얻는 관념은 공간 또는 연장, 모양, 정지 및 운동의 관념이다. 왜냐하면 이들은 눈과 감관에 인상되어 지각할 수 있고, 우리는 보거나 만져도 물체의 연장, 모양, 운동, 정지의 관념을 받아서 마음에 전달할 수가 있기 때문이다. 그러나 이들 관념은 다른 곳(본 권 제13, 14장)에서 자세히 이야기할 기회가 있으므로 여기서는 열거하는 것만으로 그친다.

제6장
내성의 단순관념

1. (내성의) 단순개념은 다른 관념에 대한 마음의 작용이다

마음은 이제까지의 몇 개 장에서 든 관념을 외부에서 받아들이지만, 시선을 자기 자신으로 돌려서 자기가 갖는 관념에 대한 자기 자신의 작용을 살필 때, 여기에서 다른 관념을 얻는다. 이 관념은 외부 사물에서 받은 관념의 그 어느 것에도 못지않게 마음이 관조하는 대상일 수가 있다.

2. 지각의 관념과 의지하는 관념은 내성으로 얻어진다

가장 자주 고찰되고, 매우 잦기 때문에 누구나 원하면 자기 내부에서 지각할 수 있는 마음의 중대한 두 가지 활동은 다음이다.

지각, 다시 말하면 생각하는 일과

결단, 다시 말하면 의지하는 일이다.

생각하는 능력은 지성이라 하고, 결단하는 능력은 의지라 한다. 그리고 이들 마음의 두 능력 또는 성능은 기능이라고 한다. 이들 내성의 단순관념의 어떤 양상, 예를 들면 기억·식별·추리·판단·지식·소신 등은 뒤(본 권 제10, 11장과 제4권 제1, 14, 15, 17장)에서 이야기할 기회가 있을 것이다.

제7장
감각과 내성 두 가지 단순개념

1. 기쁨과 고통

이제까지 말한 관념 말고도 감각과 내성의 모든 방법으로 마음에 전해지는 단순관념이 따로 있는 것 같다. 즉

기쁨 또는 즐거움과 그 반대인

고통 또는 불안,

능력,

존재,

단일.

2.

기쁨 또는 불안은 둘 다 감각 또는 내성의 거의 모든 관념에 이어져 있어서, 외부로부터 감관이 무엇인가에 의해 일어났든, 마음이 남몰래 생각하든 우리 안에 기쁨이나 고통을 낳지 않는 것은 없다. (이때) 기쁨과 고통은 우리 마음의 생각에서 일어나든, 신체에 작용하는 그 어떤 사물에서 일어나든 우리를 기분 좋게 하거나 초조하게 만드는 모두를 뜻하는 것으로 이해하면 된다. 왜냐하면 한쪽에서는 만족·즐거움·기쁨·행복 등으로 부르고, 다른 한쪽에서는 불안·괴로움·고통·고뇌·고민·불행 등이라 부르는데, 이들은 모두 같은 사물의 정도 차이에 지나지 않으며 기쁨과 고통, 즐거움이나 불안의 관념에 속하는 것이다. 이러한 이름을 나는 이들 두 종류의 관념 설명에 가장 일반적으로 쓰게 될 것이다.

3.

우리를 존재하게 만든 무한히 현명한 조물주는 우리 몸의 여러 부분에, 이들 부분을 우리가 적당하다고 생각하는 대로 움직이거나 멈출 수 있는 능력을 주었고, 또 신체의 여러 부분 운동에 의해서 우리 자신이나 다른 이웃하는 물체를 움직이는 능력을 주었다. 우리의 신체 활동은 모두 여기에 존재한다. 또 (조물주는) 여러 상황에 놓일 때 마음의 관념 안에서 생각하고자 하는 관념을 골라내서, 이런저런 주제의 탐구를 생각하고 깊이 주의해서 추구하는 능력을 우리 마음에 주었다. 여기서 (조물주는) 우리에게 될 수 있는 대로 이러한 생각이나 운동의 여러 활동을 불러일으키기 위해, 몇 가지 생각과 몇 가지 감각에 즐거움이라는 지각을 덧붙여 주었다.

만약에 이 지각이 우리의 모든 외부 감각과 내부의 생각에서 완전히 분리된다면, 우리는 하나의 생각 또는 행동을 선택하거나 집중하기보다는 멍하니 있는 편을 택하거나 정지보다 운동을 고를 까닭은 하나도 없을 것이다. 따라서 우리는 몸을 움직이지 않고, 마음을 쓰지 않으며, 생각을 (만약에 말해도 좋다면) 방향도 목적도 없이 헤매게 하여, 마음의 관념을 돌보지 않는 그림자처럼 마음에 나타나는 대로 맡기고 이에 주의하지 않을 것이다. 이러한 상태에서는 아무리 지성과 의지의 여러 기능이 주어져 있어도 인간은 매우 게으르고 비활동적인 피조물로서, 단지 멍하고 기력 없는 꿈과 같은 시간을 보낼 것이다. 그러므로 우리의 현명한 창조주의 생각에 따라서, 몇 가지 대상과 그로부터 우리가 받는 관념에, 또 우리의 생각 몇 가지에도 이에 뒤따르는 각 대상에 정도에 알맞게 연결되어, 조물주가 우리에게 준 여러 기능을 전혀 쓰지 않고 그대로 내버려 둘 수가 없도록 되어 있는 것이다.[*1]

4.

기쁨과 마찬가지로 고통에도 우리를 일하게 하는 효과와 효용은 있다. 왜냐하면 우리는 기쁨을 얻기 위해 우리의 여러 기능을 쓰는 것과 마찬가지로, 고통을 피하기 위해 여러 기능을 쓰기 때문이다. 다만, 우리에게 기쁨을 주는 대상과 관념이 때때로 고통을 가져다주기도 한다는 점은 살펴볼 만한 가치가 있

[*1] 이 절 이하의 논술은 로크에 의한 기쁨과 고통의 공리주의적 해명의 바탕에 신학이 있다고 해석할 수 있다.

다. 이와 같이 기쁨과 고통은 긴밀하게 이어져 있어서 우리가 기쁨을 기대했던 감각이 때로는 고통을 느끼게 하는데, 이에 의해서 우리에게는 우리 조물주의 지혜와 자애를 찬미하는 기회가 새롭게 주어지는 것이다. 조물주는 우리 존재의 보존을 계획하므로, 많은 사물이 신체에 닿을 때 이에 고통에 연결시켜 이 사물들이 끼치는 고통을 경고하여, 이들로부터 멀리 물러나도록 권하는 것이다. 그러나 조물주는 단순히 우리의 보존을 계획할 뿐 아니라 모든 부분, 기관(器官)의 완전한 보존을 꾀하므로, 대부분 우리를 아늑하게 해주는 관념 그 자체에 고통을 덧붙여 놓았다.

예를 들어 어느 정도에서는 우리에게 매우 기분 좋은 열이 그 정도가 조금 높아지면 예사롭지 않은 고뇌라는 것을 알 수 있고, 감각할 수 있는 모든 대상 중에서 가장 쾌적한 것인 빛도 지나치게 많으면, 즉 우리 눈에 적절한 비율을 넘어 증가하면 매우 고통스러운 감각을 낳는 것이다. 이러한 일은 자연스럽고 매우 현명하게 또한 유리하게 정해져 있어서, (눈이라고 하는) 매우 정밀하며 섬세한 감각 기구가 대상의 격렬한 작용에 의해서 상태가 교란되면 다음과 같이 되기 전에, 곧 기관이 완전히 고장이 나서, 나아가서는 고유의 기능을 앞으로 누리기가 곤란해지기 전에 멀리 물러나도록, 고통 또는 고통의 감각이 경고를 할 것이다. 고통을 낳은 대상을 고찰하면, 이것이 고통의 목적 또는 효용임을 충분히 믿을 수가 있을 것이다. 왜냐하면 강한 빛은 눈이 견디기 어렵지만 최고도의 암흑은 눈을 조금도 상하게 하지 않기 때문이다. 암흑은 (눈이라고 하는) 그 정교한 기관의 움직임에 전혀 변조(變調)를 낳지 않으므로, 이 기관을 자연 상태에서 상처를 입지 않도록 해두는 것이다. 하지만 지나친 열뿐 아니라, 지나친 추위도 우리에게 고통을 낳는다. 왜냐하면 지나친 추위는 생명의 보존과 신체의 여러 기능의 행사에 필요할 정도로 좋은 점을 (지나친 열과) 마찬가지로 파괴하기 때문이다. 이 필요한 정도는 적당한 따뜻함, 또는 신체가 느낄 수 없는 부분의 운동이 일정한 한도 내에 국한된다고 말해도 좋다면 그러한 점에 존재하는 것이다.

5.
이 밖에 또 하나, 우리를 둘러싸고 감각을 일으키는 모든 사물에 신은 여러 가지 기쁨과 고통을 뿌려서, 우리의 생각과 감관이 다루는 거의 모든 것 안에 기쁨과 고통이 뒤섞여 존재하게 한 이유가 무엇인지를 찾아볼 수가 있을 것이다. 다름이 아니라 우리는 피조물이 공여할 수 있는 그 어떤 즐거움으로부터도 불완전과 불만족을 발견하고 완전무결한 행복의 결여를 발견하므로 넘치는 기쁨과 함께 있고, 오른손에는 영원히 즐거움이 있는 분*²의 즐거움 속에서 이 완전무결한 행복을 찾을 수 있도록 인도되리라는 것이다.

6.

내가 여기에서 한 말은, 때에 따라서는 우리 경험이 기쁨과 고통의 관념을 명확하게 하는 이상으로 이 관념을 명확하게 하는 것이 아닐지 모른다. 우리 자신의 경험이야말로, 기쁨과 고통의 관념을 가질 수 있는 유일한 길인 것이다. 하지만 이 관념이 다른 많은 관념에 결부되어 있는 이유를 살펴보면 만물의 최고 관리자의 지혜와 자애에 관해 적절한 심정을 양성하는 데에 쓸모가 있으므로, 이런 고찰은 이 책 탐구의 주요 목적에 걸맞을 것이다. 만물의 최고 관리자를 알고 숭배하는 일은 우리의 모든 생각의 주된 목적이며, 모든 지성의 본디 일이기 때문이다.

7. 존재와 단일

존재와 단일*³이란, 외부의 모든 사물 및 내부의 모든 관념이 지성에 시사하는 두 가지의 다른 개념이다. 관념이 마음에 있을 때 우리는 관념이 현재 마음에 있다 생각하며, 마찬가지로 사물이 우리 밖에 있다고 생각한다. 왜냐하면 이들이 존재한다고, 또는 존재를 갖는다고 생각하기 때문이다. 또한 우리가 하나의 사물이라고 생각할 수 있는 사물은 모두 실재하는 존재자이든 관념이든, 단일관념을 지성에 제시한다.

8. 능력

능력도 감각 및 내성으로부터 받는 또 하나의 단순관념이다. 왜냐하면 우리는 자기 신체가 멈추고 있는 여러 부분을 원하는 대로 움직일 수 있음을 자기 안에서 관찰하고, 또 자연물이 서로 낳을 수 있는 결과는 순간마다 감관에 나

---

*2 '당신 앞에는 넘치는 기쁨이 있고, 당신 오른쪽에는 영원한 즐거움이 있다.' 〈시편〉 16 : 11.
*3 존재(existence). 단일(unity). 단일은 제2권 제16장 제1절 참조.

타나므로, 우리는 이들 어느 것으로부터도 능력의 관념을 얻는 것이다.

9. 계기(繼起)

이들 관념 말고 또 하나, 감관도 시사하는 것이지만, 우리 내부를 지나가는 것이 한층 끊임없이 제시하는 관념이 있다. 즉 계기*4의 관념이다. 우리가 자기 자신을 직접 들여다보고 거기서 관찰할 수 있는 것을 내성하면 눈을 뜨고 있는 동안에는, 즉 무엇인가를 생각하는 동안에는 늘 관념이 줄 지어 지나가고, 끊임없이 왔다 갔다 한다는 것을 알게 된다.

10. 단순개념은 우리 모든 지식의 재료

이들은 비록 전부는 아니라 해도 (나의 생각으로는) 적어도 마음속에서 다른 모든 지식이 만들어지는 가장 두드러진 단순관념이며, 마음은 이들 모든 것을 감관 및 내성이라고 하는 (본 권 제1장 제3절 이하의) 앞서 말한 두 가지 방법으로 받아들일 뿐이다.

그리하여 인간의 널따란 마음은 별보다 멀리 날아서 세계의 끝도 이를 제한할 수 없으며 때때로 물질의 범위를 넘어 생각을 넓혀 측정 불가능한 허공으로 나아가는데, 인간의 이와 같이 넓은 마음이 돌아다니기에는 이들(감각과 내성)은 너무 좁은 영역이라고 생각하지 말기 바란다. 인간의 생각은 광대무변하다. 그러나 모든 이에게 바라건대 이들 위에서 말한 (감관과 내성이라고 하는) 입구의 하나에서 받을 수 없는 단순관념을, 또는 그러한 단순개념으로부터 만들어질 수 없는 복합관념을 누군가 지적해 주었으면 한다. 이러한 수많은 단순관념은 재빠른 생각이나 보다 더 너그러운 능력까지도 작용하기에 충분하며, 다양한 모든 지식과 인류의 더욱 다양한 심상(心想)이나 억견의 재료를 충당하는 데에 충분하다고 여기는 것은, 24개 문자의 다양한 구성으로 얼마나 많은 어휘가 만들어지는가를 살펴보면, 또는 더 나아가서 앞에서 든 관념의 하나, 즉 수로만 만들어지는 무진장하고 무한한 축적의 다양한 구성을 살펴보기만 한다면 그다지 우스운 일은 아닐 것이다. 그리고 또 연장은 그것만으로 수학자에게 얼마나 넓고 끝없는 분야를 가져오는가.

---

*4 succession. 계기의 관념은 제2권 제14장 제6절 이하에서 다시 나온다.

1. 결여적 원인*2에 기초한 실정적인 관념

감각의 단순관념에 대해서는 다음과 같이 생각할 수 있다. 즉 감관을 자극해서 마음에 그 어떤 지각이 생기도록 구조가 자연히 그렇게 되어 있는 것은 이에 의해서 지성에 단순관념을 낳고, 이 단순개념은 외적 원인이 무엇이든 우리의 식별기능이 이것을 지각하게 되면, 원인이 주체의 결함에 지나지 않는 때에도 마음은 이 단순개념을, 다른 그렇지 않은 모든 관념과 마찬가지로, 지성에 있는 어떤 참된 실정적 관념이라 바라보고 생각하는 것이다.

2.

예를 들어 뜨거움과 차가움·빛과 어둠·하양과 검정·운동과 정치의 관념은 다 같이 마음속에 있는 명확하고 실정적인 관념이다. 그러나 경우에 따라서는 이들 관념을 낳는 원인 가운데에는, 이들 관념을 감관이 얻어오는 주체의 (안에 무엇인가가 없는) 결여에 지나지 않는 것이 있다. 지성은 이러한 관념을 바라볼 때 모두 명확하고 실정적인 관념이라 생각하고, 이를 낳는 원인을 지각하지 않는다. 이 원인을 지각한다는 것은 지성에 있는 것으로서의 관념에 속하는 탐구가 아니라, 우리 밖에 있는 사물의 본성에 속하는 탐구이다. 이 두 가지는 매우 다른 일로서, 주의 깊게 구별해야 한다. 왜냐하면 (예를 들어) 하양 또는 검정의 관념을 지각하여 아는 일과, 어떤 대상을 (마음에) 하

---

*1 이 장은 제목이 나타내는 바와 같이 단순개념의 전반에 걸친 고찰이 아니라, 감각의 단순관념에 대해서 그 원인으로 여겨지는 외적 사물과의 관련에 관한 고찰이다. 보충을 한 까닭이 여기에 있다.

*2 privative causes.

양 또는 검정을 나타내기 위해서는 어떤 종류의 분자이어야 하고, 겉에 어떤 식으로 나열되어 있어야 하는지를 검토하는 일과는 전혀 별개의 것이기 때문이다.

3.

(예를 들어) 화가나 염색가는 하양과 검정이나 다른 색의 관념의 원인을 한 번도 탐구한 일은 없으나 학자, 즉 이들 관념의 본성을 탐구해서 관념의 어느 쪽이 원인이면 어느 정도 실정적인가 결여적인가를 안다고 추측되는 학자*³와 마찬가지로, 하양과 검정이나 나머지 색의 관념을 명확하고 완전히 또한 분명하게 가지며, 경우에 따라서는 학자보다도 명확하게 갖는다. 그래서 검정의 관념은 그러한 사람의 마음에서는, 아무리 외적 대상으로 그 색의 원인이 단순한 결여적인 것에 지나지 않아도 하양의 관념에 못지않게 실정적인 것이다.

4.

만약에 내가 지금 설명하고 있는 원인이 지각의 자연적 원인 및 양식의 탐구*⁴라면, 적어도 결여적 원인이 실정적 관념을 낳을 수 있는 이유로서 다음과 같은 점을 제시했을 것이다. 즉 모든 감각이란, 단지 외적 대상에 의해서 다양하게 활동이 촉진된 동물 정기의 여러 정도 및 방식의 운동을 우리 안에 낳는 것이며, 따라서 이제까지의 어떤 운동의 감퇴는 운동의 변동 또는 증가와 마찬가지로 새로운 감각을 필연적으로 낳아야 하고, 더 나아가서는 해당 기관에서의 동물 정기의 (이제까지와는) 다른 운동에만 기초하는 새로운 관념을 이끌어 내야 하는 것이다.

5.

그러나 과연 이러한지 아닌지를 나는 여기에서 결정지을 생각은 없다. 다만 (예를 들어) 인간의 그림자는 빛의 부재로 생겨나는 것이지만(그리고 빛의 부재가 많으면 많을수록 그림자는 더욱더 식별할 수 있다), 인간은 그림자를 바라

---

*3 여기에서는 외적 자연 세계의 탐구에 관여하는 자연과학자이다.
*4 로크가 말하는 물성적 고찰에 속한 탐구이다.

볼 때 밝은 햇빛을 받고 있음에도 인간 자신과 마찬가지로, 뚜렷하고 실정적인 (그림자의) 관념이 마음속에 생기지는 않는지 저마다 자신의 경험에 호소하는 바이다. 그러므로 그림자의 심상(心象)은 실정적인 사물이다. 하기야 우리는 부정적인 이름들을 가지고 있으며, 이것은 무미(無味)나 무음(無音)이나 무(無)와 같이 실정적인 관념을 단적으로 나타내지 않고 그 부재를 나타내지만, 그러한 말은 부재를 뜻하면서 맛이나 소리, 유(有)와 같은 실정적 관념을 나타내고 있는 것이다.

6.

이로써 암흑을 바라본다고 진실로 말할 수 있을 것이다. 조금도 빛이 반사되지 않는 완전히 어두운 구멍이 있다면, 그 모양을 보거나 그리거나 하는 일을 절대 확실하게 할 수 있을 것이다. 또 내가 쓰는 잉크가 (검정으로부터) 어떤 다른 관념을 만드는지 의문이다. (하기야) 여기에서 내가 실정적 관념의 결여적 원인으로 삼은 것은 통설에 따른 것이지만, 사실을 말하면 결여적 원인에 입각한 그 어떤 관념이 진실로 있는가 없는가는, 정지가 운동보다 조금이라도 더 결여적인지 아닌지를 결정할 때까지 결론 내리기 힘들 것이다.

7. 마음에서는 관념, 물체에서는 성질

관념의 본성을 잘 찾아내서 관념에 관한 논의를 이해할 수 있게 하기 위해, 관념을 마음에 있는 관념 또는 지각으로 삼는 경우와, 그러한 지각을 우리 내부에 낳는 물체에서의 물질 변용으로 삼는 경우로 구별하는 게 편리할 것이다. 이와 같이 구별해서, 관념은 (물질적) 주체에 속하는 (고유한) 어떤 사물의 정확한 심상(心像), 유사물이라고 우리가 (아마도 일반적으로는 그렇게 생각하지만) 생각하지 않기 위해서이다. 왜냐하면 감각 관념의 대부분은 마음에서는 우리 밖에 있는 사물의 유사품이 아니며, 그 점에서는 관념을 나타내는 이름이 관념의 유사품이 아니라, 더욱이 이름을 들으면 우리 내부에 관념이 쉽게 떠오르는 것과 마찬가지이기 때문이다.

8.

마음이 자기 자신 안에서 지각하는 것, 다시 말하면 지각이나 사유나 지성의 직접적인 대상을 나는 관념이라고 부른다.*5 그리고 마음에 그 어떤 관념을 낳는 능력을, 이 능력이 존재하는 주체의 성질이라고 부른다.*6 예를 들어 눈덩이는, 하얗다거나 차다거나 둥글다는 관념을 우리 내부에 낳는 능력을 가지고 있다. 여기서 하얗다, 차다, 둥글다가 눈덩이에 있다 하고, 이들 관념을 우리 내부에 낳는 능력을 나는 성질이라고 부른다. 또 하얗다, 차다, 둥글다가 우리 지성 안의 감각 또는 지각이라고 하며, 이것을 관념이라고 부르는 것이다. 만약 이 관념을 내가 사물 자체에 있는 것처럼 이야기하는 때가 있다면, 우리에게 관념을 낳는 사물의 성질을 뜻하는 것이라고 이해하기 바란다.*7

9. 1차 성질*8

물체 안에 이와 같이 생각할 수 있는 성질은 첫째, 물체가 어떤 상태이건 물체에서 전혀 분리할 수 없는 것, 물체가 그 어떤 변경과 변화를 받더라도, 그 어떤 힘이 물체에 가해지더라도 이들을 통해서 물체가 끊임없이 보유하는 것, 지각하기에 충분한 부피를 가진 물질 분자의 모든 것에 감관이 끊임없이 발견하고, 또 비록 감관이 단독으로 지각하기에는 너무 작은 물질이라 해도, 모든 물질 분자로부터 분리할 수 없다고 마음이 발견하는*9 그러한 것이다. 예를 들어 한 알의 밀을 두 개로 쪼개자. 부분마다 고체성, 연장, 모양, 가동성을 가지고 있다. 다시 쪼개자. 역시 같은 성질을 가지고 있다. 이렇게 해서 부분을 감지할 수 없을 때까지 나누어 나가자. 부분은 저마다 그러한 성질을 틀림없이 가지고 있을 것이다.

왜냐하면 (제분기와 같은 어떤 물체가 다른 물체를 감지할 수 없는 부분으로 분쇄할 때, 다른 물체에 대해 하는 일은 전적으로 분할이라는 것뿐이지만) 분할은 어떤 물체에서 고체성·연장·모양·가동성의 그 어떠한 것도 결코 없앨 수가 없고, 전에는 단지 하나였던 물질 덩어리를 두 개 또는 그 이상의 덩어리로 나눌 뿐이며, 이들 별개의 덩어리들은 모두 나뉜 뒤 수가 늘어난 별개의 물체라

---

*5 여기에서도 관념의 정의를 논하고 있다.
*6 로크의 '성질'은 단순한 속성이 아니라 기능성을 갖는다고 해석할 수 있다.
*7 관념의 용어법이 엄밀하지 않다는 것을 로크 자신이 고백하는 대목이다.
*8 primary quality. 1차 성질과 2차 성질의 구별은 갈릴레이가 했는데, 로크는 데카르트와 가상디, 특히 보일로부터 배웠다.
*9 이와 같이 1차 성질은 지각적 경험을 초월한다는 것을 로크는 인정한다.

고 계산되어 어떤 일정한 수를 이루기 때문이다. 이러한 성질을 나는 물체의 본원적 성질 또는 1차 성질이라고 부른다. 이 성질이 우리 내부에 단순관념, 즉 고체성, 연장, 모양, 운동 또는 정지, 수*¹⁰를 낳는다는 것을 우리는 관찰할 수 있다.

10. 2차 성질

둘째, 사물 그 자체로서는 그 사물의 1차 성질에 의해서, 즉 사물의 감지할 수 없는 부분의 부피·모양·조직·운동에 의해서 다종다양한 감각을 낳는 능력에 지나지 않은 성질로서, 예를 들어 색·소리·맛 따위이다. 이것을 나는 2차 성질이라고 부르겠다. 여기에 단순히 능력이라고만 인정되는 제3의 종류를 더해도 좋을 것이다. 하지만 이것도 주체의 참된 성질로서, 그 점에서는 내가 일반적인 화법에 따라서 성질이라고, 단 (1차 성질과) 구별해서 2차 성질이라고 부르는 것과 완전히 같은 것이다. 왜냐하면 (예를 들어) 불의 1차 성질에 의해서 밀랍이나 점토에 새로운 색 또는 단단함을 낳는 불의 능력은 불의 성질로서, 그 점에서는 내가 이전에 느끼지 않았던 따뜻함이나 뜨거움과 같은 새로운 관념 또는 감각*¹¹을 (불의) 1차 성질에 의해서, 즉 (불의) 감지할 수 없는 부분의 부피·조직·운동에 의해서 우리 내부에 낳은 불의 능력과 전적으로 같기 때문이다.

11. 1차 성질이 관념을 낳는 방식

이번에 살펴볼 것은, 물체가 우리 내부에 관념을 생기게 하는 방식이다. 그리고 이것은 명명백백하게 물체가 작용한다고 생각할 수 있는 유일한 길인 충격*¹²에 의한 것이다.

12.

그래서 외적 대상이 우리 마음에 관념을 낳을 때 마음과 하나가 되어 있지 않다면, 더욱이 우리가 감관으로 들어오는 하나의 대상으로 앞서 말한 본원

＊10 number. 제2권 제16장에서 고찰된다.
＊11 idea or sensation. 로크 본디의 용어법에 따르면 감각의 관념(idea of sensation)을 뜻한다.
＊12 impulse. 원어는 늘 자연과학적 전문용어로 쓰이며 심리학적인 충동을 뜻하는 것은 아니다.

적 성질을 깨달아야 한다면 분명히 우리 신체의 어느 부분에 의한 어떤 운동이 이 대상으로부터 뇌, 다시 말하면 감각의 자리까지 우리의 신경 또는 동물정기에 의해 이어져, 이 뇌, 곧 감각의 자리에서 이들 본원적 성질에 대해 우리가 갖는 특정한 관념을 마음속에 낳는 것이어야 한다. 그래서 어떤 관찰할 수 있는 크기의 물체의 연장이나 모양·수·운동은, 시각이 어떤 거리를 두고 지각할 수 있는 것이므로 분명히 단독으로는 지각할 수 없는 어떤 물체가, 관찰할 수 있는 크기의 물체로부터 눈까지 와서 그 운동을 뇌에 전하는 것이어야 하고, 이 운동이 관찰할 수 있는 물체에 대해서 우리가 갖는 관념을 우리 내부에 낳게 되는 것이다.

13. 2차 성질이 '알려지는' 방식

이들 본원적 성질의 관념이 우리 내부에 생성되는 것과 같은 방법으로 2차 성질의 관념도 생기면, 감지할 수 없는 분자가 감관의 작용에 의한 것이라고 생각할 수가 있다. 왜냐하면 우리의 감관 어느 것에 의해서도 하나하나의 부피나 모양이나 운동을 발견할 수 없을 정도의 작은 물체가, 더욱이 많은 물체가 분명히 있기 때문이다. 이 점은 공기나 물의 분자, 그 밖에 그보다도 극단으로 작은 분자에 의해서 뚜렷하며, 그러한 분자는 때에 따라서는 공기나 물의 분자가 완두나 우박의 분자보다 작은 것처럼, 공기나 물의 분자보다도 작을 것이다.

그래서 여러 가지로 운동하는 여러 모양·부피·수의 이러한 분자가 우리의 여러 감관을 자극해서, 우리 내부에 물체의 색이나 냄새에서 오는 여러 감각을 낳는다고 먼저 생각하자. 예를 들어 제비꽃은 독특한 모양과 부피의, 여러 정도와 변용의 운동을 한다. 이러한 감지할 수 없는 물질 분자의 충격에 의해서, 우리 마음속에 이 꽃의 푸른색이나 좋은 냄새의 관념을 낳는다고 생각하자. 왜냐하면 신이 이와 같은 (제비꽃의 색이나 냄새의) 관념을 이것과 조금도 닮지 않은 (제비꽃 분자의 충격이라고 하는) 그러한 운동에 결부시켰다는 것은, 신이 아픔의 관념을 이 관념과 전혀 비슷하지 않은 살을 찢는 강철 조각의 운동에 결부시킨 것과 마찬가지로 불가능한 일은 아니기 때문이다.

14.

색이나 냄새에 대한 지금까지의 고찰은 맛이나 소리, 그 밖의 비슷한 감지할 수 있는 성질에도 적용할 수 있다. 이들은 아무리 잘못 실재한다 해도, 사실은 사물 자체에 있어서는 여러 감각을 우리 내부에 낳은 능력에 지나지 않고, 앞서 말한 바와 같이 사물의 1차 성질, 즉 부분의 부피·모양·조직·운동에 기초하는 것이다.

15. 1차 성질의 관념은 유사물이고 2차 성질은 그렇지가 않다

따라서 다음과 같이 말할 수 있다. 즉 물체의 1차 성질의 관념은 물체의 유사물이며, 그 유형은 물체 자신에 실재하지만,*13 이들 2차 성질에 의해서 우리 내부에서 생기는 관념은 물체와는 조금도 닮지가 않은 것이다. (2차 성질의 경우) 우리의 관념에 비슷한 것은 물체 자체에는 없다. 2차 성질은, 이 성질에 기초해서 (예를 들어 '달다'는 등의) 이름으로 부르는 물체에서는 그러한 감각을 우리 내부에 낳은 능력에 지나지 않는다. 그래서 관념에서 달다거나 푸르다거나 따뜻하다고 하는 것은, 우리가 그렇게 부르는 물체 자체에서는 감지할 수 없는 부분의 어느 부피·모양·운동에 지나지 않는 것이다.

16.

(예를 들어) 불꽃은 뜨겁고 밝고, 눈은 하얗고 차고, 만나*14는 하얗고 달고, 불꽃이나 눈이나 만나가 우리 내부에 낳은 관념에 의해서 이렇게 불린다. 보통은 이들 성질이 그 물체에 있는 것과, 그러한 관념이 우리 내부에 있는 것과 마찬가지로, 관념은 거울에 비치고 있는 것처럼 물체 성질의 완전한 유사물이라고 여겨지며, 만약에 그렇지 않다고 하는 사람이 있다면 터무니없는 이야기라고 많은 사람들로부터 비판을 받을 것이다. 하지만 어떤 거리에 있을 때는 우리 내부에 따뜻한 감각을 낳는 불이 보다 더 가까이 오면 아픔이라고 하는 매우 다른 감각을 낳는다고 생각하는 사람은, 불이 자기 내부에 낳는 따뜻

---

*13 로크는 1차 성질의 관념에 관해서 소박모사설(素朴模寫說)을 취한다.

*14 manna. 하느님이 이스라엘 백성에게 준 음식. 〈출애굽기〉 16 : 31. 그러나 여기에서의 만나는 제18절의 글로 미루어 보면 남유럽에서 나는 manna ash(서양물푸레나무)에서 채집한 달콤하고 끈적한 액체로, 설사에 효력이 있다고 여겨졌다.

하다는 관념은 실제로 불 안에 있고, 같은 불이 낳는 아픔의 관념은 불 안에 없다고 어떠한 까닭에서 그렇게 말하는지 곰곰이 생각해야 할 일이다. 또 눈은 '하얗다' '차다'와 같은 관념과 '아프다'는 관념을 우리 내부에 낳는데, 어느 것이나 눈의 단단한 성질, 어느 부분의 부피·모양·수·운동에 의하지 않으면 낳을 수가 없는데 왜 '하얗다'와 '차다'는 눈에 있고 아픔은 없는가?*15

17.

불이나 눈의 여러 부분의 특정한 부피·수·모양·운동은, 누군가의 감관이 불이나 눈을 지각하든 않든 간에, 불이나 눈에 실제로 있다. 따라서 이들 물체에 실재하므로 실재적 성질이라고 불러도 좋다. 그러나 '밝다·뜨겁다·하얗다·차다'는 불이나 눈에 없는데, 이 점은 구토나 아픔이 만나에 없는 것과 마찬가지이다. 그러한 (밝기나 뜨거움 등의) 감각을 걷어내자. 눈이 빛이나 색을 보지 못하도록, 귀가 소리를 듣지 못하게, 위턱이 맛을 보지 못하도록, 코가 냄새를 맡지 못하게 하자. 그렇게 하면 색도 맛도 소리도 모두 그러한 특정한 관념으로서는 사라져 없어지고, 이들 원인으로, 즉 (관념을 낳는 물체) 부분의 부피·모양·운동으로 환원되는 것이다.

18.

감지할 수 있는 부피를 지닌 한 개의 만나는, 둥근 모양 또는 네모 모양의 관념을 우리 내부에 낳을 수가 있고, 한 장소에서 다른 장소로 옮기면 그것으로 운동의 관념을 낳을 수가 있다. 이 운동의 관념은 운동을, 움직이는 만나에 진실로 있는 것으로 나타낸다. 원 또는 사각형은, 관념 안에 있는 존재 안에 있든, 마음에 있든 만나에 있든 똑같다. 그래서 이 운동도 모양도 만나에 진실로 있어서, 이것을 우리가 지각하는지 아닌지에 상관하지 않는다. 이것에는 누구나 쉽게 동의한다. 게다가 만나는 그 여러 부분의 부피·모양·조직·운동에 의해서 구토의 감각을, 때로는 격렬한 아픔 또는 복통의 감각을 우리 내부에 낳는 능력을 가지고 있다. 이러한 구토나 아픔의 관념이 만나에는 없고,

---

*15 2차 성질의 관념 주관성은 앞으로도 계속해서 주장되는데, 이 견해를 1차 성질의 관념을 확대적으로 적용하는 데에 버클리 및 흄에 의한 로크 철학의 가장 잘 알려진 역사적 발전의 하나가 있다.

우리에게 만나가 작용한 결과이며, 우리가 느끼지 않을 때에는 어디에도 없다는 것, 이것 또한 누구나 쉽게 동의한다. 더욱이 사람들은 단맛이나 흰색이 만나에 정말로 없다고 생각하지는 않는다.

그러나 단맛이나 흰색은 만나가 그 여러 분자의 운동·치수·모양에 의해서 (우리의) 눈이나 위턱에 작용한 바로 그 결과이며, 이 점은 만나가 낳는 아픔이나 구토가 뚜렷하게, 만나의 감지할 수 없는 여러 부분의 치수·운동·모양에 의해서 (왜냐하면 이미 본 장 제13절 이하에서 명백히 한 것처럼 이들 이외에서는 물체는 작용하지 않기 때문이다) 위나 장에 만나가 작용한 결과인 것과 마찬가지이다. (그럼에도) 만나가 장이나 위에 작용해서 만나 자신에게는 없는 (구토나 아픔의) 분명한 관념을 낳을 수가 있다고 인정하는 것과 마찬가지로, 만나가 눈이나 위턱에 작용해서 만나 자신에게는 없는 (단맛과 흰색의) 특정하고 분명한 관념을 낳을 수가 없는 것처럼 생각하기가 쉽다.

(하지만) 이들 관념은 모두, 만나가 그 여러 부분의 치수·모양·수·운동에 의해서 우리 몸의 여러 부분에 작용한 결과이므로, 눈이나 위턱이 낳는 (흰색이나 단맛의) 관념이, 위나 장이 낳는 (구토나 아픔의) 관념에 비해 어째서 만나에 진실로 있다고 여겨지는가? 다시 말하면 만나의 결과적 관념인 아픔이나 구토는 이것을 느끼지 않을 때 그 어디에도 없다고 여겨지는데, 똑같이 알 수 없는 방식에 의한 같은 만나의 (위나 장이라는) 다른 신체 부분의 결과인 단맛이나 흰색은 보여지거나 맛을 보지도 않는데 만나에 존재한다고 여겨지는가? 이 점을 설명하려면 약간의 이유가 필요할 것이다.

19.

반암(斑岩)*[16]의 빨간색과 흰색을 생각해 보자. 빛이 바위에 닿지 않게만 하자. 그러면 색은 사라진다. 바위는 이제 우리 내부에 색의 관념을 조금도 낳지 않는다. 빛이 돌아오면, 바위는 색의 형상을 다시 낳는다. 빛이 있느냐 없느냐에 따라서 반암에 무엇인가 진실된 변화가 이루어져서, 어두운 곳에서는 누구나 알 수 있듯이 빛을 가지지 않는데, 빛 속에서의 반암에는 흰색과 빨간색 관념이 진실로 있다고 누구나 생각할 수가 있는가? 하기야 이 단단한 바위의 어

---

*16 화성암의 하나. 화학적 조성은 화강섬록암이나 석영섬록암에 해당한다.

떤 부분으로부터는 반사하는 빛에 의해서 빨간색의 관념을 우리 내부에 낳고, 다른 부분으로부터는 흰색 관념을 낳는 적성이 있는 분자의 배치를 바위는 밤이나 낮이나 가지고 있다. 그러나 바위에는 그 어떤 때나 흰색이나 빨간색은 없으며, 다만 그러한 감각을 우리 내부에 낳는 능력을 가진 조직이 있을 뿐이다.

20.

아몬드*17를 부수면 깨끗한 흰색은 지저분한 색으로, 단맛은 기름기가 섞인 맛으로 변한다. 절굿공이로 찧는 일이 어떤 물체의 조직 변경 말고 어떤 물체를 진실로 바꿀 수 있는가?

21.

관념을 이와 같이 (1차와 2차로) 구별해서 이해하면, 같은 물이 동시에 한쪽 손에는 차가운 관념을 낳고, 다른 한쪽 손에서는 뜨거운 관념을 낳는 상태를 해명할 수 있을 것이다. 그러나 만일 이들 관념이 물 안에 정말 있다고 한다면, 같은 물이 동시에 뜨겁고 찰 수는 없다. 왜냐하면 우리 손에 있는 따뜻함은 우리의 신경 또는 동물 정기의 아주 작은 분자의 어떤 종류 및 정도의 운동이라고 생각하면, 같은 물이 동시에 한쪽 손으로는 뜨겁다는 감각을 낳고 다른 한쪽 손으로는 차다는 감각을 낳을 수가 있는 상태를 이해할 수 있을 터이기 때문이다. 이러한 일을 모양은 결코 하지 않는다. 왜냐하면 한쪽 손으로 구(球)의 관념을 느낀 사람은 다른 손으로 결코 정사각형의 관념을 느끼지 않기 때문이다. 그러나 뜨겁고 차다는 감각이, 무엇인가 다른 물체의 입자에 의해서 생긴, 우리 몸의 아주 작은 부분의 운동 증감이라고 한다면, 다음과 같은 일은 쉽게 이해할 수 있을 것이다. 즉 만약에 이 운동이 한쪽 손에서는 다른 쪽 손보다 크다고 할 때, 아주 작은 분자의 운동이 한쪽 손의 아주 작은 분자(의 운동)보다 크고 다른 한쪽 손의 아주 작은 분자보다 작은 물체가 양손에 닿으면, 이 물체는 한쪽 손의 (아죽 작은 부분) 운동을 증가시키고 다른 한쪽 손의 운동을 감소시켜, 더 나아가서는 그러한 운동의 증감에 기초하여 '뜨겁다'

---

*17 almond. 터키가 원산지인 식물이며 씨앗을 말려 식용한다.

와 '차다'는 서로 다른 감각을 낳을 것이다.[18]

22.

나는 방금 질문을 한 곳에서, 내가 의도한 것보다 물성적 고찰로 너무 깊이 들어간 듯하다.[19] 그러나 이 탐구는 감각의 본성을 조금이라도 이해시켜, 물체의 성질과 이 성질이 마음에 낳는 관념과의 차이를 뚜렷하게 하는 데에 필요하며, 이 구별 없이는 관념을 이해할 수 있는 논의는 불가능하므로 이와 같이 자연학으로 조금 들어가는 것도 이해해 주리라 믿는다. 왜냐하면 물체에 늘 있는, 물체의 1차적이고 실재하는 성질(곧 고체성·연장·모양·수·운동 및 정지로, 어떤 경우 곧 이들 성질의 어떤 물체가 단독으로 식별될 정도로 클 때 우리는 지각한다)과 이들 1차 성질이 뚜렷하게 구별되지 않고 작용할 때, 이들 1차 성질의 여러 집성(集成) 능력에 지나지 않는 것 같은, 2차적이고 가탁(假託)된 성질(과, 이 두 가지 성질)을 가려내는 일은 현재의 탐구에서 필요하기 때문이다. 이 구별에 의해서 우리는 또, 어떤 관념이 그 관념에 기초해서 이름하는 물체에 실재하는 어떤 사물의 유사물이며, 어떤 관념이 그렇지 않은가도 알 수 있게 될 것이다.

23. 물체의 세 가지 성질

따라서 물질에 있는 성질은 올바르게 고찰하면 세 가지이다.

첫째, 물체의 고체성이 있는 부분의 모양, 수, 위치, 운동, 정지 또는 나머지 부분. 이들은 우리가 지각하든 안 하든 물체에 있고, 우리가 발견할 수 있는 치수(의 크기)일 때에는, 이 성질에 의해서 사물 자체의 있는 그대로의 관념을 얻을 수 있다. 이 점은 인공적인 사물에서 누구나 알고 있는 그대로이다. 나는 이것을 1차 성질이라고 부르겠다.

둘째, 어떤 물체에 있고, 그 물체의 감지할 수 없는 1차 성질에 의해서, 어떤 특정한 방식으로 우리의 감관 어느 것인가에 작용하여, 이에 따라 우리 내부에 색·소리·냄새·맛 따위의 여러 관념을 낳는 능력. 보통 이것은 감지할 수 있는 성질이라고 불린다.

---

*18 버클리도 2차 성질의 관념 주관성을 같은 예로 말하고 있다.
*19 물성적 고찰은 로크가 관여하지 않겠다고 선언한 것이다.

셋째, 어떤 물체에 있고, 그 물체의 1차 성질 특정 구조에 의해서 다른 물체의 부피·모양·조직·운동을 바꾸어서, 우리 감각에 이 물체의 작용을 전과 다르게 하는 능력. 예를 들면 태양은 밀랍을 하얗게 하는 능력을 가지고, 불은 납을 녹이는 능력을 갖는다. 이것은 능력이라고 불린다.

이들 가운데 첫째는 이미 (본 장 제9절에서) 말한 대로 실재적 성질, 본원적 성질, 또는 1차 성질이라 불러도 적절하리라고 생각한다. 왜냐하면 지각되든 지각되지 않든 사물 자체에 있으며, 그 여러 변용에 2차 성질이 의존하기 때문이다.

다른 두 가지는, 다른 사물에게 여러 가지로 작용하는 능력에 지나지 않고, 그 능력은 이들 1차 성질의 여러 변용의 결과이다.

24. 제1은 유사물이고 제2는 유사물이라 여겨지지만 실은 그렇지 않고, 제3은 유사물이 아니고 그렇게 여겨지지도 않는다

이들 뒤의 두 가지 성질은 단순히 능력으로서, 다른 여러 물체와 관계함으로써 생겨난 본원적 성질의 여러 변용의 결과인 능력에 지나지 않지만, 일반적으로는 그렇게 여겨지지 않고 있다. 왜냐하면 제2종, 즉 감관에 의해서 우리 내부에 여러 관념을 낳는 능력은, 이와 같이 우리를 자극하는 사물의 실재적 성질이라고 볼 수 있는데, 제3종은 단순히 능력이라 불리며 그렇게 여겨지기 때문이다. 예를 들어 우리가 눈이나 촉각에 의해서 태양에서 받는 열이나 빛의 관념은, 태양 안에 존재하는 실재적 성질로서 태양의 단순한 능력 이상의 어떤 사물이라고 보통은 여겨지고 있다. 그러나 태양이 녹이거나 하얗게 하는 밀랍과의 관련에서 태양을 고찰하면 우리는 밀랍에 생겨난 흰색이나 연한 성질을 태양의 성질로는 보지 않고, 태양의 능력이 낳는 결과라고 본다. 하지만 올바르게 관찰하면, 태양이 우리를 따뜻하게 하거나 비추거나 할 때 우리 내부에 있는 지각인 빛이나 따뜻함의 성질은 태양 안에 있지 않은데, 이 점은 밀랍이 하얗게 되거나 녹거나 할 때 밀랍에 만들어지는 변화가 태양 안에 없는 것과 같다. 이들은 모두 똑같이 태양의 1차 성질에 기초한 능력이며, 이 능력에 의해서 한쪽에서는 나의 눈 또는 손이 느낄 수 없는 부분의 부피·모양·조직 또는 운동을 변경해서 빛이나 열의 관념을 우리 내부에 낳게 할 수가 있고, 다른 한쪽에서는 밀랍의 느낄 수 없는 여러 부분의 부피·모양·조직 또는 운동을 변경해서 하얗다는 것과 유동적이라고 하는 분명한 관념을 우리 내부에 낳게 하는 데에 알맞게 할 수가 있는 것이다.

25.

앞엣것(즉 2차 성질이라고 일컬어지는 제2종 능력)이 보통은 실재적 성질로 여겨지고, 뒤엣것(즉 제3종 능력)이 단순히 능력이라고만 여겨지는 까닭은 다음과 같다. 즉 여러 색이나 소리 따위에 우리가 갖는 관념은 그 안에 부피나 모양이나 운동을 조금도 포함하지 않으므로, 우리는 자칫 색이나 소리 따위의 관념이 부피나 모양 등 1차 성질의 결과가 아니라고 생각하기 쉽다. 우리 감관에는 색이나 소리들의 관념을 낳는 데에 1차 성질이 작용하는 것으로는 보이지 않고, 양자는 조금도 합치하지 않는 것처럼 보여, 그 결합은 조금도 생각할 수가 없다. 그래서 우리는 매우 조급하게 색이나 소리 따위의 관념이 대상 자체에 존재하는 어떤 사물의 유사물이라고 떠올린다. 왜냐하면 색이나 소리 따위의 관념을 낳을 때 감각은 (대상의) 여러 부분의 부피와 모양 또는 운동에서 아무것도 찾아내지 못하고, 이지(理知)도 물체가 그 부피나 모양이나 운동에 의해서 파랑이나 노랑 따위의 관념을 마음에 낳는 상태를 명시할 수가 없기 때문이다. 하지만 다른 (단순한 능력의) 상황, 한 물체의 성질이 다른 물체의 성질을 바꾸는 작용에서는, 산출되는 성질은 이를 낳는 사물 안에 있는 그 어떤 사물과 보통은 조금도 비슷하지 않다는 것을 누구나 알 수 있도록 발견되어, 따라서 산출되는 성질은 (이를 낳는 사물의) 능력의 단순한 결과라고 여겨진다. 왜냐하면 태양에서 열이나 빛을 받으면 우리는 자칫 이 관념이 태양의 그러한 (열이나 빛의) 성질의 지각, 유사물이라고 여기기 쉽지만, 밀랍이나 하얀 얼굴이 태양으로부터 색의 변화를 받으면 태양 자신에게서 이러한 색의 차이를 발견하지 않으므로, 이 변화가 태양 안의 그 어떤 사물을 받아서 그것과 비슷해졌다고 상상할 수가 없기 때문이다. 왜냐하면 우리의 감관은 두 개의 다른 외적 대상의 감지할 수 있는 성질이 비슷한가 그렇지 않은가를 관찰할 수 있으므로, 우리는 어떤 감지할 수 있는 성질을 낳는 사물에게서 그러한 감지할 수 있는 성질을 발견할 수 없을 때, 어떤 주체에 있는 감지할 수 있는 성질이 생성되는 것을 가지고 (이것을 낳는 다른 작용자의) 단순한 능력의 결과이며, 작용자에게 진실로 있는 그 어떤 성질이 전달된 것이 아니라고 자진해서 단정하기 때문이다. 그러나 (한편) 우리의 감관은 우리 내부에 생성되는 관념과 이를 낳는 대상의 성질이 비슷하지 않다는 점을 발견할 수가 없다. 그래서 우리는 우리 (2차 성질의) 관념이 대상 가운데 어떤 사물의 유사물로서, 대상의 1차 성질의 변용에 귀결되는 어떤 능력의 결과가 아니라, 이 1차 성질과 우리 내부에 생성되는 (2차 성질의) 관념과는 조금도 닮지 않았다고 생각하기 쉽다.

26. 2차 성질은 첫째, 직접 지각할 수 있는 것 둘째, 간접 지각할 수 있는 것의 두 가지이다

결론을 내리자면 물체의 앞서 말한 1차 성질, 즉 물체의 고체성을 가진 부분의 부피·모양·연장·수·운동을 제외하면, 그 밖의 우리로 하여금 물체를 지각시켜 서로 구별하게 하는 모든 것은, 물체의 이들 1차 성질에 바탕을 둔 여러 가지 능력이며, 물체는 이 능력에 의해서 우리 몸에 직접 작용하여 우리 내부에 여러 가지 서로 다른 관념을 낳거나 그렇지 않으면 다른 물체에 작용하여 그 1차 성질을 바꾸어, 앞서 낳은 관념과 다른 관념을 우리 내부에 생성하거나 그 어느 쪽이 되는 것이다. 그 가운데 앞엣것은 직접 지각할 수 있는 2차 성질이라 불러도 좋고, 뒤엣것은 간접으로 지각하는 2차 성질이라 불러도 상관없으리라고 생각한다.

제9장
지각

1. 지각은 내성의 첫 번째 단순관념

지각(知覺)은 마음이 관념에 작용하는 첫 번째 기능이지만, 마찬가지로 내성으로부터 얻는 첫 번째 가장 단순한 개념으로, 생각 일반이라고 부르는 사람도 있다.*¹ 영어의 올바른 어법에서는, 생각은 관념에 관한 마음의 작용 가운데 마음이 능동적임을 나타내고, 이때 마음은 그 어떤 사물을 어느 정도까지 의지적으로 주의해서 고찰한다. 왜냐하면 지각 그 자체만으로는 마음은 대부분 단순히 수동적이며, 그것이 지각하는 것을 피할 수가 없기 때문이다.

2. 지각은 마음이 내성을 할 때에만 있다

지각이 어떠한 것인가는, 누구나 보거나 듣거나 만지거나 할 때, 또는 생각을 할 때, 자기가 하는 일을 내성(內省)해 보면 내가 애써 논의를 하는 것보다도 더 잘 알 것이다. 자기 마음 안에 일어나는 일을 내성하는 사람은 그 누구도 이를 놓칠 리가 없다. 그리고 내성을 하지 않으면 세계의 그 어떤 말로도 지각했다는 생각을 나타낼 수가 없다.

3.

다음과 같은 점은 절대 확실하다. 즉 신체에 그 어떤 변경이 가해지든 간에 마음에까지 이르지 않으면, 바깥 부분에 그 어떤 인상이 주어지든 내부에서 이것이 지각되지 않으면 지각은 없는 것이다. (예를 들어) 불이 몸을 태워도, (불이 몸을 태우는) 운동이 뇌에까지 이어져서, 거기에서 열의 감각 또는 아픔

---

*1 데카르트파를 염두에 둔 것 같다.

의 감각이 생기지 않는 한, 불이 편지를 태우는 것과 결과는 마찬가지일 것이다. 이 (관념이 마음에 새기는) 일에 바로 실제의 지각이 존재한다.

4.

(예를 들어 소리의 관념을 낳기 위해서는 물체가 청각기관에 인상을 만드는 변화가 평소에 있는데) 마음이 어떤 대상의 정관(靜觀)에 열중해서, 마음에 있는 관념을 꼼꼼하게 살피고 있는 동안에는, 평소에 소리의 관념을 낳는 변화와 마찬가지 변화로 발음체가 청각기관에 만드는 인상을 마음이 지각하지 않는다는 사실을 누구나 자기 자신 안에서 관찰하고 있을 것이다. (이때) 충분한 충격(또는 인상)이 기관에 가해져 있다. 그러나 마음이 관찰하는 단계에는 이르지 않으므로, 지각은 이어서 일어나지 않으며, 평소에 소리 관념을 낳는 운동이 귀에서 이루어져도 소리는 조금도 들을 수가 없다. 이때 감각의 결여는 기관의 결여 때문이 아니다. 다시 말하면 그 사람의 귀는 소리를 듣는 다른 때에 비해서 유발되는 일이 적은 것이 아니다. 하지만 평소에 관념을 낳는 것이 평소의 기관에 의해서 전달되어도 지성에서 지각되지 않고, 따라서 마음에 관념을 새기지 않으므로, 감각은 계속해서 일어나지 않는다.*2 그러므로 감각 또는 지각이 있으면, 어떤 관념이 현실적으로 형성되어 지성에 이르는 것이다.

5. 아이는 태내에서 관념을 갖지만, 타고난 관념은 가지지 않는다

그러므로 나는 확신하건대, 아이들은 태내에서 감관을 자극하는 대상에서 감관을 작용시켜 아이들을 둘러싼 여러 물체나, 그렇지 않으면 아이들을 괴롭히는 여러 결여 또는 불안이나 그 어느 쪽의 피할 수 없는 결과로서, 태어나기 전에 약간의 관념을 가지고 있으며, 그 가운데에서 (만약에 잘 검토할 수 없는 일을 추측해도 좋다면) 굶주림이나 따뜻함에 대한 관념은, 아마도 아이들이 갖는 최초의 관념으로, 두 번 다시 헤어지는 일이 없는 두 관념이라고 생각한다.

---

*2 '관념을 인상지우지 않는다'나 '감각은 계속해서 일어나지 않는다'라고 하는 표현은 로크의 엄밀한 용어법으로는 부정확하다. 후자는 감각이 아니라 지각이다. 그러나 이러한 부정확도 로크 철학의 성격이며 영국 고전 경험론의 그 뒤 추이에 영향을 미친다.

6.

아이들은 이 세상에 태어나기 전에 얼마쯤 관념을 받는다고 상상하는 것은 도리에 맞는 일이라고 할 수 있지만, 그러한 단순관념은 타고난 원리, 즉 어떤 사람들이 주장하고 앞서 (제1권에서) 우리가 배척한 그 타고난 원리와는 거리가 멀다. 여기에 든 관념은 감각의 결과이며, 태내의 아이들에게 가끔 일어난 신체의 어떤 자극에 기초할 뿐으로, 따라서 마음 밖에 있는 것에 의존하는 것이며, 그것이 생성된 방식은 시간적으로 앞선다는 점을 제외하면 감관에서 생기는 다른 관념과 다르지 않다. 그런데 이 타고난 원리는 본성이 전혀 다른 것으로, 신체의 우연적 변화 또는 작용에 의해서 마음에 들어오지 않고, 말하자면 마음의 존재, 구조 자체의 최초 순간에 마음에 새겨진 본원적 특성이라 할 수 있다.

7. 어떤 개념이 맨 처음 나타나는가는 명백하지 않다

태내 아이들의 생명과 거기에 있는 데에 필요한 사항에 따라서, 태내 아이들의 마음에 들어올 것이라고 도리에 맞게 생각할 수 있는 관념이 있듯이, 아이들이 태어난 뒤에는 우연히 맨 처음 만나는 감지할 수 있는 성질을 가진 관념이 가장 빨리 각인되며, 그중에서도 빛은 가장 시시한 것도 아니고 효력이 가장 약한 것도 아니다. 그리고 마음이 고통이 따르지 않는 관념만을 얼마나 받고 싶어하는지는, 갓 태어난 아이들에게서 관찰할 수 있는 일로서 어느 정도 예측할 수가 있을 것이다. 아이들은 어떻게 뉘어도 빛이 오는 쪽으로 늘 눈을 돌린다. 그러나 아이들이 가장 익숙해하는 최초의 관념은, 이 세상에서 처음으로 겪는 여러 사정에 따라 다양하므로, 관념들이 들어오는 순서도 매우 다양하며 불확실하다. 또 이것을 안다는 것은 그리 중요한 일은 아니다.

8. 감각의 관념은 가끔 판단으로 바꿀 수 있다

지각에서는 또한 다음과 같은 점을 고찰해야 한다. 즉 감각으로 받는 관념은, 성인에게 있어서 판단[*3]에 의해 자주 바뀌면서도 우리는 이를 알아차리지 못하는 것이다. (예를 들면) 똑같은 색을 가진, 이를테면 황금이나 설화석고,

---

[*3] 이 '판단'은 일상적 용어로서 좋지만, 엄밀하게 말하면 개연적 지식에만 관련되는 로크의 전문용어의 뜻이 들어 있다.

흑옥 같은 둥근 구(球)가 우리 눈앞에 있을 때, 이에 의해서 우리 마음에 각인되는 관념은 절대 확실하게, 여러 정도의 밝기와 휘도(輝度)를 가지고 눈에 들어오는 다양한 음영(陰影)의 평평한 원의 관념이다. 그러나 우리는 철면체(凸面體)가 우리 내부에 어떤 종류의 현상을 만들어 내는지, 물체의 감지할 수 있는 형태 차이에 따라 빛의 반사에 어떠한 변경이 일어나는지를 관습적으로 지각하는 데에 익숙해져 있으므로, 판단은 이내 하나의 습성이 된 습관에 의해서 이 현상을 그 원인(인 철면체)으로 바꾼다. 그래서 사실은 다양한 음영 또는 색을 가진 것으로부터 모양을 미루어 판단하여, 이 음영 또는 색을 모양의 표지에 통용시켜, 철면체와 한결같은 색의 지각을 자기 나름대로 형성한다.

하지만 이때 우리가 그 현상으로부터 받는 관념은, 그림에 있어서 명백한 것처럼, 다양한 색의 평면에 지나지 않는다. 이 점에서, 나는 참된 지식의 매우 열렬한 추진자인 박식하고 존경할 만한 몰리뉴*4 씨가 몇 달 전에 편지로 보내주신 문제를 여기에 소개하겠다. 문제는 이렇다. 즉 태어나면서 장님인 사람이 지금은 성인이 되어, 같은 금속의 거의 같은 크기의 정육면체와 구체(球體)를 촉각으로 구별하는 법을 배우고, 각기 그것을 만졌을 때, 어느 쪽이 정육면체이고 어느 쪽이 구체인가를 알 수 있게 되었다고 하자. 그러고 나서 탁자 위에 정육면체와 구체를 놓고, 장님이 눈으로 볼 수 있게 되었다고 하자. 물음. 장님은 눈으로 볼 수 있는 지금, 만지기 전에 시각으로 구별하여 어느 쪽이 구체이고 어느 쪽이 정육면체라고 말할 수 있는가? 날카롭고 명석한 문제 제기자는 말할 수 없다고 대답한다. 왜냐하면 장님은 구체가 일으키는 촉각과 정육면체가 일으키는 감각의 경험을 이미 지녔지만, 이러이러한 촉각을 불러오는 것은 시각을 이러이러하게 일으켜야 한다는 경험, 즉 손에 불규칙하게 닿는 정육면체의 뾰족한 각이 눈에는 어떠한 식으로 보이는지를 겪지 않았기 때문이다. 나는, 내가 자랑스럽게 친구라 부르는 사려 깊은 이 신사의 문제에 대한 대답과 생각이 일치하여, 장님은 촉각으로 정육면체와 구체를 착오 없이 이름을 댈 수 있고, 닿는 모양의 차이로 절대 확실하게 구별할 수 있지만, 이것을 눈으

---

*4 William Molyneux(1656~98). 아일랜드의 지식인으로 그곳에 로크의 철학을 소개했다. 그는 1693년 3월 2일 편지에서 이 문제를 로크에 제기했다. 이 문제는 버클리도 다루어 이른바 몰리뉴의 문제로 알려져 있다. 라이프니츠도 이 문제를 다루어 로크와 반대되는 주장을 펼친다.

로 보게 될 때에는 처음으로 보고 어느 쪽이 구체이며 어느 쪽이 정육면체인가를 절대 확실하게 말할 수 없을 것이라는 의견이다. 나는 이것을 적어서, 독자가 경험이나 (지식의) 개선이나 이미 획득한 생각을 조금도 이용하지 않으면, 다시 말해 이러한 것의 도움을 조금이라도 받지 않는다면 생각할 때 어느 정도 이들의 도움을 받고 있는지를 헤아리는 기회로 삼는 바이다. 그리고 관찰력이 날카로운 이 신사가 덧붙여서, 나의 저서(이 책 초판)를 계기로 재능이 뛰어난 여러 사람들에게 이 문제를 제기했는데, 맞다고 여겨지는 답을 처음부터 주는 사람을 만난 적은 거의 없고, 까닭을 듣고 비로소 이해를 했다 말하고 있으므로 더더욱 그러한 기회로 삼는 바이다.

9.

그러나 이것은 어느 관념에서나 평소에 볼 수 있는 것은 아니며, 시각으로 받는 관념에서 볼 수 있는 일이다. 왜냐하면 우리의 모든 감관 가운데에서 가장 포괄적인 시각은 이 감관에만 특유한 빛과 색의 관념을 우리 마음에 전하지만, 또한 (촉각도 전하는) 공간·모양·운동이라고 하는 매우 다른 관념도 전하여, 이들 공간 등의 다양성은 시각에 고유한 대상, 즉 빛과 색의 현상태를 바꾸게 되고, 여기에서 우리는 빛이나 색의 현상태에 의해서 모양 따위를 판단하도록 관습이 붙게 되기 때문이다. 이러한 일은 대부분 빈번하게 경험하는 사물에서는 하나의 고정된 습성에 의해서 끊임없이 또 재빨리 영위되기 때문에, 우리는 우리 판단이 만든 관념을 감각의 지각으로 하며, 나아가서는 한쪽, 즉 감각의 지각은 다른 것(즉 판단에 의한 관념)을 환기하는 것에만 유용하여 감각의 지각 자신은 거의 지각되지 않는 것이다. (예를 들면) 주의 깊게 이해하면서 읽거나 듣는 사람이 문자나 소리를 거의 지각하지 않고, 문자나 소리가 그 사람에게 환기시키는 관념을 지각할 때가 그렇다.

10.

또 마음의 활동이 어느 정도 민첩하게 영위되는가를 생각하면, 이러한 (판단의 관념을 감각의 지각으로 하는) 일이 이토록 지각되지 않고 이루어지고 있다는 것을 이상하게 생각할 필요는 없다. 왜냐하면 마음 자신은 공간을 차지하지 않고 연장되지도 않는다고 여겨지지만, 마찬가지로 마음의 활동은 시간을 필요로 하지 않는 것처럼 보이며, 많은 활동이 한순간에 떼를 지어 일어나는 것처럼 보이기 때문이다. 나는 물체의 활동과 비교해서 이렇게 말하는 것이다. 자기 생각을 내성하는 수고를 하려고 하는 사람이라면 누구나 자기 생각 안에 이러한 일을 쉽사리 관찰할 수가 있을 것이다. (예를 들어) 긴 논증이라고 불러도 좋을 논증을 말로 나타내서, 다른 사람에게 순차적으로 제시하는 데에 드는 시간을 생각하면, 우리 마음은 그러한 논증의 모든 부분을 한순간에 해치우지 않는가. 또 일을 하는 습관이 붙어서 손쉽게 할 수 있게 되어, 사물이 가끔 지각되지 않고 우리가 할 수 있다는 것을 생각하면 앞서 말한, 즉 감각의 지각과 판단의 관념을 바꾸는 일이 그토록 지각되지 않고 우리에게 이루어지는 것에도 그다지 크게 놀라지 않을 것이다. 습성, 특히 매우 빨리 시작된 습성은, 마침내는 우리가 인식하지 못하는 동작을 낳게 된다. (예를 들어) 우리는 하루 동안에 매우 자주 눈을 깜박이면서도 어둠 속에 있다고 지각하지는 않는다. 어떤 첨가적인 말을 습관적으로 쓰게 된 사람들은, 거의 한 구절마다 다른 사람에게는 지각되지만 자기 자신에게는 들리지 않는 소리를 낸다. 그러므로 우리 마음이 감각의 관념을 가끔 판단의 관념으로 바꾸고, 한쪽을 다른 한쪽의 환기에만 이용하며 이를 지각하지 않는 것도 그다지 이상한 일은 아니니다.

11. 지각은 동물과 식물의 차이를 만든다

이러한 지각 능력은 동물계와, 그보다 하위 존재를 구별짓게 한다. 식물류는 대부분 어느 정도 운동을 하며, 다른 물체가 이에 닿는 방법에 따라 매우 활발하게 모양이나 운동을 바꾸고, 나아가서는 동물의 감각에 이어지는 운동과 비슷한 운동을 한다고 해서 유감식물(有感植物)*5이라는 이름을 얻고 있다. 이것은 모두 단순한 기계 작용으로, 그것이 낳은 것은 수증기의 분자가 스며들었으므로 야생 귀리의 수염이 굽거나, 물을 부었을 때 새끼줄이 오그라드는 것과 같은 일이라고 나는 생각한다. 이 모든 것은 주체의 감각이 하나도 없이, 다시 말하면 어떤 관념을 가지거나 받지 않고 이루어지는 것이다.

---

*5 sensitive plant. 많은 식물류를 이렇게 부를 수 있는지 수긍하기 어려운 점이 있다.

12.

(그러나) 지각은 어느 정도까지 모든 부류의 동물에 있다고 나는 믿고 있다. 어떤 부류에서는 아마도 감각을 받기 위해 자연히 갖추어진 통로는 매우 적고, 받아들여지는 지각은 매우 불명료하며 둔하므로 다른 동물의 민첩하고 다양한 감각에는 극도로 미치지 못하지만, 그와 같이 만들어진 동물종(種)의 상태와 조건에는 충분하여, 이에 현명하게 대응하고 있다. 그러므로 조물주의 지혜와 자애는 이 거대한 (우주) 구조의 모든 부분에, 또 그 안의 여러 정도, 계층의 피조물 모두에게 누구나 알 수 있도록 나타나 있는 것이다.*6

13.

(예를 들어) 굴이나 새조개의 생김새로 보아, 인간이나 그 밖의 몇몇 동물만큼 많은 또는 민감한 감관을 가지지 못하고, 이를테면 가지고 있다 해도 그 상태로 한 장소에서 다른 장소로 이동할 수 없으면 좀처럼 나아지지 않을 것이라고 합리적으로 단정할 수 있을 것이다. 멀리 있는 사물의 좋은 점이나 나쁜 점을 지각해도, 그 사물 쪽으로 또는 그 사물로부터 멀리 운동할 수 없는 피조물에게 시각이나 청각은 무슨 소용이 있는가? 또 우연히 놓인 곳에 가만히 있어서, 거기에서 우연히 흘러들어오는 차가운 물이나 따뜻한 물, 깨끗한 물이나 더러운 물을 받게 되는 동물에게 예민한 감각은 불편한 일이 아닐까?

14.

하지만 이러한 동물에게는 완전한 무감각과 구별하는 보잘것없는 둔한 지각이 조금 있다고 생각하지 않을 수가 없다. 그리고 그러하리라는 점을, 인류 누구나 알 수 있는 사례가 있다. 노쇠하여 과거의 기억이 모두 없어져 마음에 저장해 두었던 관념이 깨끗이 씻겨나가고, 시각·청각·후각은 모두, 미각은 상당한 정도로 못쓰게 되어, 새로운 관념이 들어올 통로가 거의 닫힌 사람, 또는 몇몇 입구가 아직 반쯤 열려 있다 해도 만들어진 인상은 거의 지각되지 않고 전혀 유지할 수 없는 사람, 그러한 사람을 생각해 보자. 이러한 사람은 (타고난 원리에 대해서 강력히 주장하는 모든 것에도 불구하고) 지식이라는 점에서, 영지

---

*6 신의 존재의 설계 증명에 이어지는 발상이다.

(英智)의 여러 기능이라는 점에서 새조개나 굴 상태를 어느 정도 넘어서고 있는지 생각해 보기 바란다. 그리고 이러한 상태에서 3일 동안 지낼 수 있을 뿐만 아니라 60년 동안을 지낼 수 있지만, 그렇게 지냈다고 해서 이 사람과 최하등 동물 사이에 영지와 같은 재능 면에서 어떤 차이가 있는지 의심스럽다.

15. 지각은 지식의 입구

이렇게 보면 지각은 지식의 첫걸음, 제1단계로서 지식의 모든 재료의 입구이므로, 인간 이외의 어떠한 피조물들은 물론이고, 그 어떤 인간도 그것이 갖는 감관이 소수일수록, 또 감관이 만드는 인상이 소수이고 둔할수록, 또 더 나아가서 인상에 행사되는 기능이 둔할수록 그러한 사람은 어떤 사람들에게서 발견될 수 있는 지식보다 훨씬 멀어져 있는 것이다. 그러나 이 점은 (사람들 사이에서 볼 수 있는 바와 같이) 매우 정도가 다양하므로, 여러 종의 동물에서 절대 확실하게 발견할 수는 없고, 개체에서는 더구나 발견할 수가 없다. 나로서는 지금, 지각은 우리 모두의 영지적 기능의 최초 작용으로, 우리 마음속 모든 지식의 입구라고 주의해 두는 것으로 충분하다. 또 나는, 최저한도의 지각이 하위 계층의 피조물과의 경계를 이룬다고 생각한다. 하지만 이것은 단지 나의 추측으로서 말이 난 김에 말하는 것뿐이다. 이것은 학자들이 어떻게 결정하든, 눈앞의 문제와는 관계가 없기 때문이다.

제10장
보존

1. 정관(靜觀)

지식에의 발걸음을 더 나아가게 하는 다음의 심적 기능은, 내가 보존이라고 부르는 것, 즉 마음이 감각 또는 내성으로부터 받아서 어떤 관념을 유지하는 일이다. 그 방법에는 두 가지가 있다. 먼저 (감각 또는 내성으로부터) 마음으로 옮겨오는 관념을 한동안 실제로 바라보는 방법으로 이것은 정관(contemplation)이라고 불린다.

2. 기억

보존의 다른 방법은 인상을 받은 뒤에 사라져 버린 관념, 다시 말하면 보이지 않게 되어버린 관념을 마음에 되살리는 능력으로, (예를 들면) 대상이 제거된 뒤 열이나 빛, 노랑이나 단맛 따위를 생각할 때 우리는 이러한 일을 한다. 이것이 기억으로, 기억은 말하자면 우리 관념의 저장소이다. 왜냐하면 인간의 좁은 마음은 많은 관념을 한꺼번에 바라보고 생각할 수가 없으므로 언젠가 쓸지 모르는 관념을 모아두기 위해서 창고를 가질 필요가 있었기 때문이다. 우리 관념은 마음속에서의 현실 지각이고, 지각되지 않을 때에는 그 어떤 사물이 되지 못하므로, 이 기억의 창고에 관념을 쌓아두는 것은 다음을 의미할 뿐이다. 즉 마음은 이전에 가지고 있던 지각을, 대부분 전에 가지고 있던 지각을 덧붙이고 결부시켜 되살리는 능력을 갖는다는 것이다. 그래서 이런 뜻에서 우리의 관념은 다음과 같은 경우에 기억에 있다고 말할 수가 있다. 즉 관념은 아무 데도 없으나 마음이 하려고만 하면 관념을, 곤란이 많을 때도 적을 때도 있고, 생생할 때도 있고 애매모호할 때도 있지만 되살려서 마음에 새롭게 그리는 재능이 있다고 할 때, 그때 관념은 기억에 있다고 할 수 있다. 이렇게 이

기능의 도움을 받아 우리는 다음과 같은 관념을, 즉 현실적으로 보고 있지는 않으나 마음에 이 관념을 처음으로 각인한 감지할 수 있는 성질의 도움을 빌리지 않고, 다시 보이게 하며 나타나게 할 수가 있어, 생각의 대상으로 삼을 수 있는 그러한 관념을 모두 지성에 갖는다고 말할 수가 있는 것이다.

3. 주의와 반복, 기쁨과 고통은 관념을 고정시킨다

주의와 반복은 기억에 어떤 관념을 고정시키는 데에 큰 도움이 된다. 그러나 가장 깊게, 가장 영속적으로 각인되는 관념은 기쁨과 고통이 따른 관념이다. 왜냐하면 감관이 하는 큰일은 신체를 해치는 것과 이롭게 하는 것을 우리에게 지각시키는 것이므로, (앞서 본 권 제7장 제4절에서 명시한 대로) 약간의 관념 수용에는 고통이 따르도록 자연은 현명하게 정하고 있기 때문이다. 이 고통은 아이들에게 있어서는 고찰과 추리를 대신하며, 성인에게 있어서는 고찰보다 기민하게 작용하므로 나이를 먹은 사람에게나 젊은 사람에게나 자기 보존에 필요한 속도로 고통의 대상을 피하게 하여, 젊은이나 성인은 미래에 대한 조심을 기억에 정착시키는 것이다.

4. 관념은 기억에서 흐려진다

관념이 기억에 각인될 때 영속성의 여러 정도는 다음과 같이 말할 수가 있다. 즉 어떤 관념은 감관을 단 한 번만 일으키고 한 번 이상은 일으키지 않는 대상에 의해서 지성에 생성된 것이며, 또 여러 번 감관에 나타났으나 거의 지각되지 않은 것도 있다. 마음은 아이들처럼 알아차리지 못했거나, 오직 한 가지 일에 몰두하고 있는 어른들처럼 다른 일로 향하여, 마음속 깊이 새기지 않았던 것이다. 또 사람에 따라서는, 관념이 꼼꼼하게 되풀이해서 각인되어도, 신체의 상태나 그 밖의 결함으로 기억이 매우 약할 수도 있다. 이 모든 경우 마음속 관념은 급속히 희미해지며, 그림자가 보리밭 위를 날아서 지나가면서 흔적을 남기지 않는 것처럼 가끔 지성으로부터 아주 자취를 감추고, 다시 말하면 자기 자신의 특성을 보존하지 못하고 이제까지 한 번도 없었을 때와 마찬가지로 마음에 관념이 결여되는 것이다.

5.

이렇게 해서 아이들이 감각하기 시작했을 때 아이들 마음에 생기는 관념의 대부분은(그중에는 어떤 기쁨과 고통의 관념처럼 아마도 태어나기 전에 있었던 것도 있고 다른 관념은 유년기에 있었다), 만약에 그 뒤의 생활 과정에서 두번 다시 되풀이되지 않았다고 한다면 전적으로 사라져서 그 흔적도 볼 수가 없다. 이것은 매우 젊었을 때 그 어떤 불운으로 시력을 잃은 사람에게서 관찰할 수 있을 것이다. 이러한 사람에게 있어서 색의 관념은 희미하게밖에 지각되지 않고 되풀이되지 않으므로 아주 없어지고, 따라서 몇 년 뒤에는 선천성 장님과 마찬가지로 색에 대한 생각이나 기억은 마음에 남지 않는다. 하기야 사람에 따라서는 기억이 매우 강해서 기적이라고 말해도 좋을 사람이 있다.

그러나 그렇다고 해도 모든 관념은 가장 깊이 느껴지며, 마음에 가장 잘 보존되는 관념까지도 끊임없이 시들어 가는 것처럼 여겨져, 관념을 처음으로 불러일으킨 종류의 대상에 감관 또는 내성을 되풀이해서 사용하여 관념을 이따금 되새기지 않으면 (관념의) 흔적은 사라져서 마침내는 아무것도 보이지 않게 된다. 그리하여 우리가 젊었을 때의 아이들뿐만 아니라, 젊었을 때의 관념은 가끔 우리보다 먼저 죽는다. 그래서 우리 마음은 우리가 다가가고 있는 무덤을 우리에게 그려내 보인다. 무덤의 놋쇠나 대리석은 남아 있어도 묘비는 시간과 함께 지워지고, 조각상은 부서진다. 마음에 그려지는 그림은 엷어져 가는 색으로 칠해지며, 다시 칠을 하지 않으면 사라져 없어진다.

이러한 일에 우리 체질과 동물 정기의 구조가 어느 정도 관계하는가, 뇌의 상태에 따라서 뇌에 기록된 특성이 대리석처럼 보존되는 일도 있고, 부서지기 쉬운 돌과 같을 때도 있으며, 모래와 거의 다를 바 없는 때도 있는 차이가 생기는가 안 생기는가에 대해서는 앞으로도 탐구하지 않을 것이다. 하지만 체질이 기억에 영향을 주는 때가 있다. 왜냐하면 병이 마음으로부터 모든 관념을 빼앗거나, 며칠 동안의 고열이 대리석에 새겨진 것과 마찬가지로 영속적으로 보이는 심상을 모두 불태워 가루로 만들어 버리는 경우를 우리는 자주 볼 수 있기 때문이다.

6. 끊임없이 반복되는 관념은 사라지지 않는다

그러나 관념 자신에 대해서는, 쉽게 인정할 수 있다시피 관념을 낳는 대상 또는 활동이 자주 되풀이되므로, 갱신되는 일이 가장 많은 관념(그중에는 하나 이상의 방식으로 마음에 전달되는 관념이 있다)은 기억에 가장 잘 고정되어 가장 명확하게, 그리고 오래 머문다. 그러므로 물체의 본원적 성질, 즉 고체성·연장·모양·운동 및 정지에 대한 관념이나 뜨거움과 차가움과 같이 신체를 거의 끊임없이 자극하는 관념이나 존재·지속·수처럼 모든 부류의 존재자 감관을 자극하는 거의 모든 사물이나 마음을 작용하게 하는 모든 생각이 따르는 관념, 거듭 말하거니와 이러한 관념 및 비슷한 관념은 적어도 마음이 그 어떤 관념을 보유하는 한 사라지는 일이 전혀 없다.

7. 지난 일을 돌이킬 때 마음은 때때로 능동적이다

2차적 지각이라 불러도 좋을 이것은, 말하자면 기억에 깃든 관념을 다시 바라볼 때에 마음은 단순히 수동적 이상의 것이 된다. 왜냐하면 이들 잠자는 그림의 출현은 의지에 기초할 때가 많기 때문이다. 마음은 매우 자주 어떤 숨은 관념을 찾기 위해 작용하기 시작하여, 영혼의 눈을 이 관념으로 돌린다. 그러나 때로는 숨은 관념이 스스로 마음에 갑자기 나타나 지성 앞에 모습을 드러내며, 광란하는 폭풍의 격정에 잠이 깨어 숨어 있던 어두운 방에서 밝은 대낮으로 튀어나오는 일도 잦다. 왜냐하면 우리의 감동이, 그것이 없을 때 돌아보지 않아 방치되었던 관념을 기억으로 가져오기 때문이다. 나아가서 기억에 깃들어 있다가 마음이 필요에 따라 되살리는 관념에 대해서 다음과 같은 점을 말해야 할 것이다. 즉 그러한 관념은 (되살린다는 말이 뜻하는 것처럼) 전혀 새롭지 않을 뿐 아니라, 마음은 이 관념을 이전에 각인된 것으로 지각하고, 전에 알았던 관념을 인식하여 되살린다. 그러므로 이전에 각인된 관념 모두를 끊임없이 바라볼 수 있는 것은 아니지만, 기억에서는 관념이 이전에 각인된 적이 있는 것 같다고, 즉 지성이 이전에 바라보며 지각한 적이 있었던 것 같다고 끊임없이 알려지는 것이다.

8. 기억의 두 가지 결함. 망각과 느린 속도

영지(英知)가 있는 피조물에게 기억은 지각에 이어 없어서는 안 되는 것이다. 기억은 매우 중요해서, 이것이 없으면 우리의 다른 모든 기능은 뚜렷하게 쓸모없는 것이 되고, 기억의 도움이 없으면 우리의 생각도 추리도 지식도 현재의 대상을 넘어 앞으로 나아갈 수가 없었을 것이다.*¹ 그런데 이 기억에는 두 가지 결함이 있다고 할 수 있다.

첫째, 기억이 관념을 모두 잃어 완전한 무지를 낳는다는 점이다. 왜냐하면 우리는 사물에 갖는 관념을 넘어서는 아무것도 모르므로*² 관념이 없어지면 완전한 무지 상태에 있는 것이기 때문이다.

둘째, 기억의 작용은 느려서 기억에 쌓인 관념을 필요에 따라 마음에 활용할 정도로 재빨리 꺼낼 수 없다는 점이다. 이 정도가 심하면 어리석음이다. 그래서 기억의 이러한 단점 때문에 기억에 보존되어 있는 관념을 필요에 따라 곧 돌려쓸 수 없는 사람은 관념이 아무 소용이 없는 것이므로, 관념이 전혀 없어도 거의 같을 것이다. 자기가 하는 일에 유용한 관념을 마음에서 찾으면서 기회를 놓치는 어리석은 인간은, 완전히 무지한 사람에 비해 지식의 혜택을 받는 때가 훨씬 많다는 것은 아니다. 그러므로 기억이 하는 일은 지금 필요한, 잠자고 있는 관념을 마음에 나누어 주는 일이며, 그러한 관념을 필요할 때 언제든지 활용할 수 있는 때 창안이나 착안, 기민한 자질이라는 말이 적용되는 것이다.

9.

이러한 것들은, 한 인간의 기억을 다른 사람과 비교해서 관찰할 수 있는 결함이다. 그런데 또 하나, 인간보다 우월하게 창조된, 영지를 가진 존재자와 비교해서 인간의 기억 일반에 있다고 여겨지는 결함이 있다. 그러한 상위 존재자의 기억 기능은 인간보다도 훨씬 뛰어날지도 모른다. 따라서 과거의 모든 활동의 전체 장면을 끊임없이 바라볼 수가 있어서, 이제까지 생각된 것의 어느 하나도 간과하지 않을지도 모른다. 전지전능한 신은 과거도 현재도 미래도 모든 것을 알며, 신을 향한 사람들 가슴에 있는 생각은 늘 열려 있는데, 신의 전지전능함은 그러한 (뛰어난 기억이 있다는) 사실의 가능성을 우리에게 이해시킬 수 있을 것이다. 신이 직속 수행원인 저 영광의 여러 성령으로 하여금 그 완전

---

*1 예를 들어 과거의 행동을 자기 행동으로 하고, 더 나아가서는 행동자의 인격 동일성을 성립시키기 위해서는 기억이 필요하다고 로크는 생각한다. 제2권 제27장 제20절 참조.

*2 관념을 넘어서는 아무것도 알 수가 없다고 하는 것은 로크의, 더 나아가서는 영국 고전 경험론의 원리이다.

성의 어느 것인가를 유한한 피조물에게 뜻하신 대로의 비율로 가능한 한 전달할 수 있다는 것을 의심할 수 있는 자가 있는가? (인간도) 저 재주 많은 영재 파스칼 씨에 대해서, 건강의 쇠약이 기억을 해칠 때까지, 이지가 분명했던 나이의 어느 단계에서 행하거나 읽거나 생각한 것을 하나도 잊지 않았었다고 전하고 있다. 이것은 대부분의 사람에게는 알려지지 않은 특권이므로 보통의 방식에 따라 자기 자신을 기준으로 다른 모든 사람을 재는 자로서는 거의 믿을 수 없는 일처럼 여겨지지만, 잘 생각하면 우리의 생각을 확대해서 인간보다 높은 위계에 있는 여러 성령의 한층 완전한 기억으로 향하게 하는 도움으로 삼을 수가 있을 것이다.

왜냐하면 파스칼 씨의 기억은, 매우 다양한 관념을 한꺼번에가 아니라 다만 계기적(繼起的)으로 갖는다고 하는, 인간의 마음이 이 세상에서 제한을 받고 있는 협소함을 지니고 있지만, 여러 계급의 천사는 아마도 한층 넓은 시야를 가지며, 어떤 천사는 과거의 모든 지식을 함께 보존해서 하나의 그림처럼 모두를 끊임없이 한꺼번에 눈앞에 놓을 수 있는 능력이 부여되어 있는지도 모르기 때문이다. 만약 과거의 모든 생각과 추리를 늘 자신에게 떠올릴 수 있다면, 생각하는 인간의 지식에 적지 않은 이익이 될 것이다. 그러므로 이것은 (신체와는) 다른 여러 성령의 지식이 우리 지식을 훨씬 넘어설 수 있는 여러 방식 가운데 하나라고 생각해도 괜찮다.

10. 동물도 기억을 갖는다

마음에 불러일으켜진 관념을 쌓아두고 보존하는 이 기능은 인간뿐 아니라 다른 몇몇 동물들도 꽤 많을 정도로 가지고 있는 것으로 여겨진다. 왜냐하면 다른 실례를 들지 않아도, 새가 노래를 배우거나 가락을 올바르게 맞추는 노력을 새에게서 관찰할 수 있다는 것은 새가 지각을 하고, 관념을 기억에 보존하며, 이 관념을 양식(樣式)으로 쓴다는 점에 나는 의심을 품을 수가 없기 때문이다. 새에게 가락의 관념이 없다면 그 가락에 소리를 맞추려고 노력하는 일은 (새가 그렇게 한다는 것은 누구나 알고 있는 일이다) 불가능하게 여겨진다. 왜냐하면 비록 다음과 같은 점을 인정한다 해도, 즉 가곡이 실제로 연주되고 있을 때, 소리가 그 새의 뇌 안에서 동물 정기의 일정한 운동을 기계적으로 낳고, 이 운동이 날개의 근육까지 계속되어, 나아가서는 새의 자기 보존에 이바지한다는 점에서 새는 일정한 음향에 의해서 기계적으로 쫓기게 되리라는 것을 인정한다 해도, 이것이 다음과 같은 사실의 원인이 된다고는 결코 생각할 수가 없기 때문이다. 즉 가곡이 연주되고 있는 동안에, 가곡이 끝난 뒤에는 더욱 그렇지만, 이러한 (가곡의) 소리가 새의 음성 기관에, 흉내를 내도 새의 보존에 조금도 유용하지 않은, 그와는 관계없는 그러한 소리의 가락에 새의 음성(울음소리)을 합치시킬 수 있는 운동을 기계적으로 낳는 원인이라고는 결코 생각할 수가 없다. 그리고 새가 감관도 기억도 없이 어제 연주된 가곡에 자기 가락을 점차 접근시킬 수가 있다고는 전혀 생각할 수가 없다(더더욱 증명할 수도 없다). 만일 새의 기억에 관념이 없다면, 어제의 가곡은 그 어디에도 없으며, 새의 가락이 흉내를 낼 수 있는 양식일 수도 없고, 아무리 거듭 시도해 보아도 새의 가락을 가까이 가져갈 수는 없다. 왜냐하면 (새에게 기억이 없다면) 어떤 피리 소리가 새의 뇌에 흔적을, 즉 처음에는 비슷한 소리를 낳지 않으나 노력을 한 뒤에 낳는 것 같은 흔적을 남길 까닭이 없고, 또 피리 소리뿐 아니라 새가 자신이 내는 소리가 새가 따라야 할 흔적을 (만들 것 같은데) 왜 만들지 않는지를 생각할 수가 없기 때문이다.

제11장
식별 및 그 밖의 심적 작용

1. 식별이 없으면 지식은 없다

우리 마음이 지각할 수 있는 또 하나의 기능은 마음에 있는 몇 가지 관념을 식별하여 가려내는 기능이다. 어떤 사물의 혼란된 지각 일반을 가지는 것만으로는 불충분하다. 마음은 여러 대상과 그 여러 성질의 분명한 지각을 가지지 않는 한, 우리 감관에 작용하는 물체가 우리에게 작용하여 마음이 생각을 계속해도 아주 적은 것밖에 알 수가 없었을 것이다. 이제껏 타고난 진리라고 통용되어 온 몇 가지 매우 일반적이기까지 한 명제의 명증성(明證性)과 절대 확실성은 하나의 사물을 다른 사물로부터 구별하는 이 기능에 기초한다. 왜냐하면 사람들은 이러한 명제에서 보편적 동의를 발견할 수 있는 참다운 원인을 간과하고, 보편적 동의를 전적으로 (명제가 모든 사람에게) 태어나면서 한결같이 각인된 탓으로 돌리기 때문이다. 그러나 사실 보편적 동의는 마음이 명석하게 식별하는 기능에 기초하며, 이 기능으로 마음은 두 개의 관념이 같다거나 다르다는 것을 지각한다. 이 점은 뒤에 (예를 들어 제4권 제2장 제1절 등에서) 더 말하게 될 것이다.

2. 재치와 판단의 차이

하나의 관념을 다른 관념으로부터 판별하는 일이 불완전하다는 것은, 어느 정도까지 감각기관의 둔함과 결함에 있는가, 그렇지 않으면 지성의 날카로움·연마·주의의 결여에 있는가, 또는 어느 기질에 자연스럽게 존재하는 조급함과 경솔함에 있는가를 여기에서 검토할 생각은 없다. 식별 기능이란 마음이 자기 자신을 내성하고, 자기 자신 안에서 관찰할 수 있는 작용의 하나라는 점에 주의하면 충분하다. 이 작용은 마음의 다른 지식에게는 매우 중요하여, 따라서 이 기능이 하나의 사물을 다른 사물로부터 구별할 때 둔하면, 또는 올바르게 쓰이지 않으면 그만큼 우리의 생각은 혼란되고 이지와 판단은 방해받거나 잘못 이끌린다. 만약 기억에 있는 관념을 즉시 꺼내는 기민한 재간이 있다면, 이와 같이 관념을 혼란시키지 않고, 보잘것없는 차이밖에 없을 때 하나의 사물을 또 하나의 사물로부터 명확하게 구별할 수 있는 데에, 어떤 사람이 다른 사람보다 뛰어나다고 여겨지는 정확한 판단이나 명석한 이지가 존재한다. 그리고 이 점으로 해서, 뛰어난 재치와 재빠른 기억의 소유자가 늘 가장 명석한 판단 또는 가장 심오한 이지의 소유자가 아니라고 하는, 일반적으로 알려져 있는 이유를 조금이나마 제공할 수가 있을 것이다. 왜냐하면 재치는 관념을 긁어모아 조금이라도 유사한 점이나 서로 같은 점을 찾아낼 수 있는 관념을 재빠르고 다양하게 늘어놓아, 이에 의해서 기분 좋은 심상(心象), 쾌적한 환상을 심상(心想)에 만들어 내는 데에 있기 때문이다.

이와는 전혀 반대로, 판단은 보잘것없는 차이라도 찾아낼 수 있는 관념을 서로 꼼꼼하게 분리하여, 이에 의해서 서로 비슷하다거나 가깝다는 이유로 하나의 사물을 다른 사물로부터 착오를 일으켜 잘못 인도되는 것을 피하는 데에 존재한다. 이 판단이라고 하는 것은, 은유와 인유(引喩)와는 전혀 반대되는 방법이지만 재치의 즐거움과 재미는 대부분 은유나 인유에 있다. 이 재치의 즐거움이나 재미는 심상을 생생하게 자극하여 모든 사람들에게 매우 환영을 받는데, 그 까닭은 재치의 아름다움이 한눈으로 보아 분명하며, 거기에 어떠한 진리 또는 이지(내지는 추리)가 있는가를 검토하는 데에 생각의 노력을 필요로 하지 않기 때문이다. 마음은, 그 이상을 조금도 보지 않고 쾌적한 심상(心象), 화려한 심상(心想)에 만족하고, 진리와 이지의 엄격한 규칙으로 재치를 검토하려고 한다는 것은 (재치에) 하나의 모욕이다. 따라서 재치가 그러한 규칙에 맞지 않는 어떤 사물에 존재한다는 것은 분명하다.

3. 명석만이 혼란을 막는다

관념을 잘 구별하기 위해서는 관념이 명석하고 확정적이어야 하는 점이 주로 공헌한다. 관념이 그러할 때에는, 비록 감관이 (가끔 그러한 것처럼) 같은 대상으로부터 다른 기회에 관념을 잘못 전달하고, 나아가서는 잘못된 것처럼 보여도 마음은 관념에 혼란이나 오류를 낳는 일은 없을 것이다. 왜냐하면 (이를테면) 열이 있는 사람은, 그렇지 않을 때에는 단맛을 내는 설탕에서 쓴맛을 느끼겠지만, 이 사람의 마음에 있는 쓴맛의 관념은, 담즙을 맛보았을 때와 마찬가지로 명석하며, 단맛의 관념과는 별개이다. 또 (설탕이라고 하는) 같은 종류의 물체가 어느 때 (즉 열이 있을 때) 미각에서 쓴맛을 낳고, 그렇지 않을 때 단맛을 내도 단맛과 쓴맛의 두 관념에 혼란이 생기지 않는 것은, 같은 설탕 덩어리가 마음에 동시에 희다거나 달다거나, 희다거나 둥글다는 관념을 낳아도, 두 관념에 각각 혼란이 생기지 않는 것과 같다. 백단(白檀)*1을 우려낸 국물의 같은 양이 마음에 낳는 오렌지색과 하늘색의 관념은, 이 두 가지 같은 색의 관념이 두 개의 매우 다른 물체로부터 얻어진 것과 마찬가지로 별개 관념이다.

4. 비교

관념을 범위·정도·시간·장소, 그 밖의 그 어떤 사정에 있어 서로 비교한다는 것은 관념에 관한 마음의 또 하나의 작용으로, 관계 아래에 포괄되는 커다란 관념 무리는 모두 비교에 기초한다. 그 범위가 어느 정도 넓은가는 뒤에 (본 권 제25장 또는 제28장에서) 살펴볼 기회가 있을 것이다.

5. 동물류는 불완전하게밖에 비교하지 않는다

동물류가 이 기능을 얼마만큼 갖고 있는가는 쉽게 결정할 수가 없다. 나는 동물류가 대단한 정도로는 가지고 있지 않다고 생각한다. 왜냐하면 동물류는 분명히 몇 가지 관념을 별도로 가지고 있다고는 하지만, 인간의 지성이 어떤 관념을 충분히 구별해서, 그것들은 완전히 다르며, 따라서 두 개라고 지각할 때, 그 관념을 비교할 수 있는 여러 사정을 고찰한다는 것은 인간 지성의 특권이기 때문이다. 그러므로 내 생각으로는, 동물류는 대상 자체와 결부된 어떤 감지할 수 있는 사정을 넘어 관념을 비교하는 일은 없다. (또) 인간에게서 관찰할 수 있는 비교하는 능력은 일반 관념에 속하며, 추상적 추리에만 유용하므로, 동물류에게는 이러한 능력이 없다고 해도 상관없다.

---

*1 이것을 우려낸 즙은 신장병에 효과가 있다고 하며, 또 그 무렵 자연학자는 그 색에 흥미를 가졌고 보일이나 뉴턴도 이를 보고하고 있다.

6. 복합

관념과 관련해서 마음이 관찰할 수 있는 다음 작용은 구성으로, 이에 의해서 마음은 감각 및 내성으로부터 받은 단순관념 몇 가지를 모아, 복합관념을 이룬다. 확대 작용도 이 구성 작용에 넣어도 좋다. 확대에서는 비교적 복잡한 관념의 경우만큼 구성은 뚜렷하지 않지만, 그럼에도 확대는 같은 종류이기는 하나 몇 가지 관념을 모으는 일인 것이다. 예를 들어 몇 가지 단위를 서로 더하여, 한 타(打)의 관념을 만들고, 몇 퍼치*²의 관념을 반복해서 모아, 퍼롱*³의 관념을 이룬다.

7. 동물류는 몇 가지밖에 복합하지 않는다

여기에서도 동물류는 인간보다 매우 뒤떨어진다고 나는 생각한다. 왜냐하면 (예를 들어) 개 주인의 모습이나 냄새나 목소리는 개가 주인에게 갖는 복합관념을 만드는 것처럼, 또는 이들은 각기 개가 주인을 아는 명확한 표지인 것처럼 동물류는 단순관념의 집성을 들여와 보존하지만, 그렇다고 해서 동물류가 스스로 관념을 복합하여, 복합관념을 만들어 낸다고는 생각하지 않는다. 또 동물류가 복합관념을 갖는다고 여겨지는 때라 해도, 단 하나의 단순관념이 동물류에 각종 사물을 알게 하는 것이지 우리가 상상하는 정도로 사물을 시각에 의해 구별하지 않는 것이다. 믿을 수 있는 사람으로부터 다음과 같은 이야기를 들은 적이 있다. 즉 새끼 여우가 암캐의 젖을 받아먹을 수 있는 동안 줄곧 그 젖을 먹도록 일단 길들일 수만 있으면, 암캐는 자기 새끼와 마찬가지로 새끼 여우를 길러 함께 놀아주고 귀여워할 것이라고 한다. 또 새끼를 한꺼번에 많이 낳는 동물은, 새끼들의 수를 전혀 모르는 것 같다. (새끼를) 보거나 (울음소리를) 듣는 동안에 새끼들을 떼어놓으면 매우 걱정을 하지만, 없을 때, 또는 소리를 내지 않고 새끼를 한 마리나 두 마리 훔쳐도 동물은 새끼를 잃은 것을 슬퍼하지 않는 것처럼, 다시 말하면 새끼들의 수가 줄어든 사실을 조금도 눈치채지 못하는 것 같다.

---

*2 perch. 5.03m.

*3 furlong. 약 201.17m.

8. 명명(命名)

(그런데 우리 인간을 보면) 아이들이 거듭 감각하고, 관념을 기억에 고정시켜 버리면, 아이들은 점차로 기호를 쓰기 시작한다. 그리고 아이들이 발성 기관에 분절음을 만드는 기능을 획득하고 나면, 다른 사람들에게 자기 관념을 나타내기 위해 말을 쓰기 시작한다. 이 (언어라고 하는) 기호를 아이들은 다른 사람으로부터 빌려오는 일도 있고, 또 아이들이 언어를 쓰기 시작할 무렵 귀에 익지 않은 새로운 이름을 사물에 곧잘 부여하는데, 그러한 이름에서 관찰할 수 있는 것처럼 아이들이 직접 만들기도 한다.

9. 추상(抽象)

말을 쓰는 것은 우리 안의 관념을 밖으로 나타내기 위한 표지이며, 이 관념은 개별적인 사물에서 얻어지는 것이므로, 만약에 우리가 받아들이는 하나하나의 관념이 모두 저마다 이름을 갖는다고 하면 이름은 한없이 있어야 한다. 이를 막기 위해 마음은, 하나하나의 대상으로부터 받은 하나하나의 (특수한) 관념을 일반적인 것으로 만든다. 이것은 이들 관념을 이에 동반되는 관념, 즉 다른 존재물이나, 시간이나 장소와 같은 실제로 존재할 때의 여러 사정으로부터 분리시켜 마음에 나타나는 것으로서 고찰할 때 이루어진다. 이것은 추상이라 불리며, 이에 의해서 하나하나의 존재물에서 얻어진 관념은 모든 같은 종류의 일반적 대표가 되어 그 이름, 즉 일반명이 그러한 관념에 들어맞아 존재하는 그 어떤 것에도 해당된다. 마음의 그러한 현상, 즉 어떻게 해서, 어디에서, 어떠한 다른 것과 함께 등은 생각하지 않는, 정확히 그 자체만의 생생한 현상, 이것을 지성은 (여기에 이름을 결부시켜서) 저장하여 그것을 기준으로 삼아 여러 실재물을 이 유형에 일치하는 대로 종(種)으로 나누어 구별하여, 이에 따라서 이름을 붙인다. 예를 들어 마음이 어제 우유에서 받은 것과 같은 색이 오늘은 초크 또는 눈(雪)에서 관찰되므로 마음은 이 색의 형상만을 생각하고 이것에 그 종류의 모든 색을 대표하게 한다. 그리고 마음은 여기에 흰색이라는 이름을 부여하며 그 (이름의) 소리로 떠올리거나 또는 마주치는 모든 같은 성질을 뜻하고 표시한다. 이렇게 해서 관념이든 명사(名辭)든 보편이 만들어지는 것이다.

10. 동물류는 추상하지 않는다

(이 장 제7절에서 말한 바와 같이) 동물류가 (인간과 같은) 방식으로 관념을 어느 정도까지 복합, 확대할 수 있는지가 의심된다면 다음과 같은 점은 단연 확실하다고 할 수 있다. 즉 추상하는 능력은 동물류에는 전혀 없고, 일반관념을 갖는다는 것은 인간과 동물류를 완전히 구별짓는 일이며, 동물류의 기능이 결코 닿을 수 없는 (인간의) 뛰어난 점인 것이다. 왜냐하면 동물류에서는 보편적인 관념의 일반적인 기호를 쓰는 흔적을 뚜렷하게 관찰할 수 없기 때문이다. 즉 동물류는 말이나 그 밖의 어떤 일반적인 기호를 쓰지 않으므로 추상 기능, 즉 일반관념을 만드는 기능을 가지지 않는다고 할 수 있다.

11.

그러나 동물류가 일반적인 언어를 쓰지 않고 또 모른다는 것을, 분절음의 형성에 적당한 기관이 동물류에 없는 탓으로 돌릴 수는 없다. 왜냐하면 우리가 아는 바로는, 많은 동물류는 분절음을 만들어서 말을 아주 또렷하게 발음할 수 있지만 그러한 (일반적인 말과 같은) 적용은 결코 하지 않기 때문이다. 다른 한편으로는 기관에 결함이 있어서 언어가 결여된 사람도 일반적인 언어 대신에 유용한 기호로 보편적인 관념을 나타내는 데 불편을 겪지 않는다. 이것은 우리가 보는 바로는, 동물류가 미칠 수 없는 기능이다. 그러므로 이 점에서 여러 동물류는 인간과 구별되어, 이것이 동물류를 전적으로 (인간으로부터) 분리하는 본디 차이이며, 이 차이는 마침내는 (동물류와 인간의) 그토록 넓은 간극까지 넓히면, 그렇게 생각해도 좋을 것이다. 왜냐하면 만약에 동물류가 어쨌든 관념을 가지고 있어서 (어떤 사람[4]이 주장한 것처럼) 단순한 기계가 아니라고 한다면, 동물류에 조금의 이지(또는 추리 기능)가 있다는 점은 부정할 수 없기 때문이다. 어떤 동물류가 어떤 때에 (이지를 작용시켜) 추리를 한다는 것은 감각을 갖는 일과 마찬가지로 뚜렷하다고 나는 생각한다. 하지만 동물류는 감각으로부터 받은 개별적 관념대로 추리할 뿐이다. 동물류는, 그 최고라고 할 수 있는 동물조차도 이러한 좁은 한도 안에 갇혀서 그 어떤 종류의 추상으로 생각을 넓히는 기능을 (나의 생각으로는) 가지지 않는 것이다.[5]

---

[4] 데카르트파의 사람들이다.
[5] 동물의 심적 기능과 인간의 그것과의 비교는 흄도 하고 있다.

12. 바보와 광인(狂人)

바보는 앞에 든 여러 기능의 어느 한 가지 또는 전부의 결여, 혹은 약점과 어느 정도 관계가 있는가? 이 점은 바보의 (마음의) 여러 착란 상태를 정확히 관찰하면 틀림없이 발견할 수 있을 것이다. 왜냐하면 둔한 지각밖에 가지고 있지 않거나, 마음으로 들어오는 관념을 잘 보존할 수 없는 사람, 관념을 즉시 환기할 수 없고 복합할 수 없는 사람, 그러한 사람은 생각하는 재료를 거의 가지지 않을 것이기 때문이다. 또한 구별을 할 수 없고, 비교를 할 수 없으며, 추상도 할 수 없는 사람은 언어를 이해하고 쓰는 일을 거의 할 수 없었을 것이다. 다시 말하면 조금이라도 승인할 수 있는 정도로 판단하거나 추리를 거의 할 수 없어서, 단지 현재 있는 감각에 잘 나타나는 사물에 약간의 불완전한 판단 또는 추리를 할 뿐일 것이다. 실제로 앞서 말한 기능의 어느 것인가가 결여되거나 어긋나면, 인간의 지성과 지식에 그에 알맞은 결함이 나타난다.

13.

결국 태어날 때부터 바보는 영지(英智)의 여러 기능의 기민성이나 활동, 운동의 결함으로부터 생기는 것으로 여겨지며, 이 때문에 이 사람들은 이지를 빼앗긴 것인데, 다른 한편으로 광인은 정반대의 결함으로 괴롭힘을 당하고 있는 것으로 여겨진다. 왜냐하면 나에게는 광인이 추리 기능을 잃었다고는 보이지 않기 때문이다. 다만 광인은 관념을 매우 올바르지 않게 결합하여 이것을 진리라 잘못 알고, 옳지 않은 원리를 가지고 올바르게 논하는 사람이 잘못을 저지르는 것과 똑같이 잘못을 저지른다. 왜냐하면 광인은 그 상상의 격렬성으로, 공상을 사실로 잘못 알고 공상으로부터 연역하기 때문이다. 예를 들어 독자도 알겠지만, 자기를 왕이라고 망상하는 사람은 거기서 추론해서 왕에 어울리는 종복이나 존경이나 복종을 요구할 테고, 자기가 유리로 만들어졌다고 생각하는 다른 착란자는 유리처럼 부서지기 쉬운 물체의 보존에 필요한 조심을 한다.

그러므로 어떤 하나의 특수한 일로 강한 인상을 받거나, 또는 한 종류의 생각에 마음을 오랫동안 고정하거나 해서 앞뒤가 닿지 않는 관념을 강력하게 밀착시켜 그것을 내버려 두는 일이 있으면, 다른 모든 일에서는 제정신이며 올바른 지성을 가진 사람도 베들럼 정신병원*6의 환자와 마찬가지로 정신이 이상한 사람이 될 것이다. 그러나 광기에도 어리석음과 마찬가지로 정도가 있다. 관념을 난잡하게 긁어모으는 데에도 심한 경우와 그렇지 않은 경우가 있다. 요컨대 바보와 광인의 차이는 다음과 같은 점에 있다고 여겨진다. 즉 광인은 관념을 올바르지 않게 긁어모으고, 나아가서는 옳지 않은 명제를 만들지만, 거기에서 올바르게 논하고 추론한다. 하지만 바보는 명제를 매우 적게밖에, 또는 하나도 만들지 않고 전혀 추론을 하지 않는다.

14. 방식

지성(知性)에서 쓰이는 최초의 심적 기능과 작용은 앞에서 말한 것과 같다. 그리고 이들 기능이나 작용은 모든 일반관념에 행사되지만, 내가 이제까지 든 사례는 주로 단순관념이었다. 그래서 내가 이러한 심적 기능의 설명을 단순관념의 설명에서 더하여 복합관념을 논하기에 앞서 말한 것은 다음과 같은 이유에서였다.

첫째, 이들 기능의 몇 가지는 처음에는 주로 단순관념에 행사되므로 (단순관념에서 시작하는) 자연의 통상적인 방식에 따르면 이들 기능의 시작, 진행, 단계적 진보를 추적하여 뚜렷하게 할 수가 있기 때문이다.

둘째, 마음의 여러 기능이 단순관념에 작용하는 모양을 관찰하면, 단순관념은 대부분의 사람 마음에서 복합관념보다 일반적으로 훨씬 명석하고 정확하며 뚜렷하므로, 훨씬 틀리기 쉬운 복합관념에 대해서 마음이 추상하거나 이름을 붙이거나 비교하거나 그 밖에 여러 작용을 행사하는 모양을 한층 잘 검토할 수가 있고 배울 수가 있기 때문이다.

셋째, 감각에서 받는 관념에 대한 이러한 심적 작용 자체가 내성될 때 지식의 (감각과는) 별개의, 내가 내성이라 부르는 원천에서 나오고, 그러므로 감각의 단순관념 뒤에 이 장소에서 고찰하는 데에 적합하기 때문이다. 복합하며 비교하고 추상하는 일은 (본 권 다음 장 이하나 제3권 제3장 등) 다른 곳에서 더 자세히 다룰 기회가 있으므로 간단하게만 말해 두었다.

---

*6 Bedlam. 런던의 St. Mary of Bethlehem 정신병원을 말한다. 1247년에 수도원으로 설립되었으나 1547년부터 정신병원으로 바뀌었다.

15. 이것들이 인지(人知)의 시작이다

이렇게 해서*7 나는 인지의 시작, 즉 마음은 어디에서 그 최초의 대상을 얻어 어떠한 단계로 나아가 관념을 받아들여 보존하고, 그 관념에서 마음에 생기는 모든 지식을 형성하는가에 대해서 짧지만 내가 진실이라고 생각하는 것을 말했다. 이때 내가 옳은지 어떤지를 나는 경험과 관찰에 호소해야 한다. 진리에 이르는 최선의 길은 사물을 있는 그대로 검토해서 자기가 공상하는 대로라든가, 다른 사람으로부터 배워서 상상하는 대로라고 미루어 판단하지 않는 일이기 때문이다.

16. 경험에 호소한다

내가 성실하게 행동하면 경험에 호소하는 이 일이야말로 사물의 관념을 지성으로 가져오는 길로서 내가 발견할 수 있는 유일한 방법이다. 만약에 다른 사람들이 타고난 관념이나 주입된 원리 따위를 갖는다면 그것들을 누리는 것은 당연하며, 만약에 굳게 믿고 있으면 다른 사람보다 더 많이 가지고 있는 특권을 부정한다는 것은 그 사람들과 다른 사람으로서는 할 수 없는 일이다. 내가 말할 수 있는 점은, 나 자신 안에 발견되는 것, 또 사람들의 온갖 나이나 사는 나라, 받은 교육의 전반에 걸쳐 사람들의 (마음의) 경과를 검토하려고 하면, 내가 말해 온 바탕에 기초하는 것으로 여겨지고, 모든 부분 및 정도에 걸쳐서 앞서 적은 방식에 대응하는 것으로 여겨지는 그러한 생각에 일치하는 것, 그러한 것뿐이다.

17. 암실

나는 가르친다고는 말하지 않는다. 다만, 탐구한다고 말할 뿐이다. 따라서 나는 여기에서 또, 안과 밖의 감각만이 지식이 지성에 이르는 통로로서 내가 찾아낼 수 있는 유일한 것이라고 고백하지 않을 수가 없다. 이 안팎의 감각만이, 내가 발견할 수 있는 한, (지성이라고 하는) 이 암실로 빛이 들어오는 창이다. 왜냐하면 지성은 빛으로부터 완전히 차단되어, 다만 외부의 눈으로 볼 수 있는 유사물, 즉 밖의 사물 관념을 안으로 넣는 작은 틈만이 있을 뿐인 작은

---

*7 단순관념의 고찰을 끝마치는 기회에 본 절 이하에서 로크는 새삼 그의 철학의 기본자세를 천명한다.

방과 그다지 다르지 않기 때문이다. 만일 이러한 암실에 들어온 그림이, 어쨌든 거기에 있어서 필요할 때 찾아낼 수 있도록 순서 바르게 나열되어 있다고 한다면, 이 작은 방은 시각의 전체 대상과 관념에 관련된 인간 지성과 매우 닮은 것이 될 것이다.

지성이 단순관념과 그 양상을 가지고, 이것을 보존하게 되는 수단 및 단순관념에 관한 그 밖의 약간의 작용을 나는 이런 식으로 생각한다. (그래서) 이번에는 더 나아가 그러한 단순개념과 그 양상을 좀더 자세히 검토해 보기로 한다.

제12장
복합관념

1. 단순관념이 마음을 만든다

우리는 이제까지 마음이 단순히 수동적으로 받아들이기만 하는 관념을 고찰해 왔다. 그와 같은 관념은 전에 (제2권 제1장 제3절 및 4절에서) 기술한 감각과 내성에서 이해하는 관념으로서, 마음은 그와 같은 관념을 하나도 자기 자신에게 만들 수 없거니와 그와 같은 관념에서 조성(組成)되지 않는 어떤 관념도 가질 수 없다. 하지만 마음은 그 모든 단순관념을 이해함에 있어서 완전히 수동적인데, 또 마음 자체의 작용을 여러 가지로 일으켜서 단순관념 이외의 관념을 그 재료이자 바탕인 단순관념에서 형성한다. 마음이 그 단순관념 위에 능력을 발휘시키는 작용은 주로 다음의 세 가지이다. 1. 몇 개의 단순관념을 하나의 복합관념으로 한데 모으는 것, 이렇게 해서 모든 복합관념*¹이 만들어진다. 2. 두 번째는 단순관념이건 복합관념이건 두 관념을 하나로 해서 서로 곁에 두고 하나의 관념으로 합하지 않고 한 번에 바라보는 것인데, 이 방법으로 관련이 있는 모든 관념을 얻을 수 있다. 3. 세 번째는 관념을, 그것이 실재할 때에는 따르는 다른 모든 관념에서 분리하는 것이고, 이것은 추상으로 불리는데 이렇게 해서 모든 일반관념이 만들어진다. 이것으로 알 수 있듯이 인간의 능력과 작용 방법은 물질의 세계와 예지의 세계가 대체로 같다. 왜냐하면 어느 세계에서나 재료는 이것을 만들거나 없애는 능력이 인간에게는 없으므로 인간이 할 수 있는 일은 단지 재료를 한데 뭉치거나, 서로 곁에 두거나, 완전히 분리하거나 그 어느 한쪽일 뿐이기 때문이다. 나는 여기(본 장 이하)에서 그런 것들의 맨 처음 것에서부터 시작해 (먼저) 복합관념을 고찰하고 다른 둘

---

*1 complex idea. 로크의 원자구성론에서 단순관념을 제외한 우리의 대부분 관념은 모두 복합관념이다. 본 장에서 제28장까지를 이 관념의 해명에 할애한다.

은 제각기 적절한 장소(제2권 제25장 이하, 제3권 제3장 및 제5장 이하)에서 살펴볼 것이다. 대체로 단순관념은 여러 가지가 모여 하나를 이루어 존재하는 것으로 관찰되는데, 마찬가지로 마음은 여러 단순관념을 함께 모아 하나의 관념으로서 고찰하는 능력을 지니고 있다. 더구나 단순관념이 외적 사물로 합일되어 있는 상태로 관찰할 뿐만 아니라 마음 자체가 단순관념을 결합시킨 채로 고찰하는 능력이다. 이와 같이 여러 단순관념을 모아서 만든 관념을 나는 복합관념으로 부르겠다. 이를테면 아름다움, 감사, 인간, 집단, 우주(와 같은 관념)이며, 다양한 단순관념으로부터의, 또는 단순관념으로 만들어진 복합관념으로부터의 복합체(複合體)인데 더구나 마음은 자기가 원할 때 제각기 그것만으로 하나의 완벽한 사물로서 고찰해 하나의 이름으로 그 뜻을 표시한다.

2. 유의적(有意的)으로 만들어진다

관념을 되풀이하고 결합시키는 이 기능에서 마음은 감각 또는 내성이 제공하는 것을 무한히 뛰어넘어 사유의 대상을 바꾸고 늘리는 커다란 능력을 갖는데 이것도 모두 단순관념에, 즉 그 두 원천에서 받아 마음의 온갖 구성의 궁극 재료인 단순관념에 국한된다. 왜냐하면 단순관념은 모두 사물 자체에서 온 것이고, 마음은 이에 대해 마음에 시사된 것보다 많이 가질 수 없고 또 그 밖의 것도 가질 수 없기 때문이다. 마음은 감각기관에 의해서 밖으로부터 오는 것 이외의 감각 가능한 성질의 관념을 갖지 못하며, 생각하는 실체의 작용에 있어서 마음이 자기 자신 안에 발견하는 것 말고 다른 종류의 작용관념을 조금도 갖지 못한다. 하지만 마음은 이와 같은 단순관념을 한 번 얻으면 단순히 관찰에 국한되지 않고, 밖으로부터 제시되는 것에 국한되지 않는다. 마음은 자신의 능력에 의해서 그 지닌 관념을 모아, 그와 같이 합일해서는 한 번도 받은 적이 없는 새로운 복합관념을 만들 수 있는 것이다.

3. 양상(樣相)이거나 실체이거나 관계의 어느 한쪽이다

복합관념은 아무리 복합·재복합을 거듭해도, 비록 그 수는 무한하고 사람들의 사유를 한없이 다양하게 채워 즐겁게 해주어도 모두 다음의 세 항목으로 귀착된다.

1 양상*²
2 실체
3 관계

4. 양상

첫째로 양상이란 아무리 복합되어 있어도 그 안에 자기 자신이 존립한다는 추정이 포함되지 않고 실체에 의존하는 것으로, 다시 말해서 실체의 성질이나 상태로 생각되는 복합관념 같은 단어가 (이를테면) 삼각형이라든가 고마움이라든가 살인 같은 단어가 의미 표시를 하는 관념이 그러하다. 만일 이 점에서 내가 양상이란 언어를 일상적인 의미 표시와 약간 다른 뜻으로 쓴다고 해도 용서해 주기 바란다. 그것은 흔히 받아들여지고 있는 생각과 논의에서는 새로운 언어를 만들거나 낡은 언어를 조금 새로운 의미 표시로 쓰거나 그 어느 한쪽으로 하지 않을 수 없는데, 지금은 뒤쪽이 무난할 것이다.

5. 단순양상과 혼합양상

양상에는 두 종류가 있는데 각각 고찰해 볼 만하다. 첫째, 한 타나 한 스코어*³처럼 순수한 관념의 변태, 다시 말해서 잘못된 집성에 지나지 않고 다른 관념이 조금도 섞이지 않은 것이 있다. 이것은 제각기 별개인 단위를 그 수만큼 더한 관념에 불과하며 하나의 단순관념 범위에 포함되므로 나는 이것을 단순양상으로 부르겠다. 둘째, 몇 종류의 단순관념을 모아서 하나의 복합관념을 이루도록 결합한 것이 달리 있다. 이를테면 아름다움은 보는 자에게 평안함을 낳게 하는 그러한 같은 색과 형태가 있는 구성으로 이루어지며, 절도는 소유자의 동의 없이 어떤 사물의 소유를 은밀히 바꾸는 것으로서 몇 종류의 관념의 집성(또는 조합)을 뚜렷이 포함하고 있다. 그러므로 나는 이것을 혼합양상으로 부르겠다.

---

*2 mode. 대륙에서는 데카르트 및 그 이후의 철학에서 사용되어 친숙해진 전문용어인데, 잉글랜드에서 옥스퍼드 영어사전에 의하면 글랜빌(Glanville) 등 소수의 예를 볼 수 있고 홉스에서도 발견된다고는 하지만 로크 이전의 학계에서 일반적으로 사용되지는 않았다. 로크는 다음 절에서 이 용어의 사용을 해명한다.
*3 a score. 20을 말한다.

6. 단독실체 또는 집합실체

둘째로 실체의 관념은 자기 스스로 존립하는 하나하나의 사물을 표시하는 것과 같은 단순관념의 집성이고, 이 집성 안에서 실체라는 추정된 관념 또는 혼란한 관념이 추정되어 혼란한 관념이면서 언제나 가장 주된 관념이다. 이를테면 일정한 정도의 무게·굳기·늘어나는 성질·녹는 성질을 수반한 둔탁한 하얀색이라는 단순관념이 실체에 결부되면 우리는 납의 관념을 지닌다. 또 어떤 종류의 형태를 지닌 관념과 운동·사유·추리 능력과의 집성이 실체에 결부되면 인간의 일반관념을 만든다. 그런데 실체에도 두 가지 관념이 있다. 하나는 단순실체의 관념으로 한 인간이라든가 한 마리의 양처럼 개별로 존재하는 것이고, 또 하나는 인간의 집단이라든가 양 떼처럼 몇 개의 실체를 모은 관념인데 이와 같이 모아진 몇몇 실체의 집합관념은 제각기 한 인간이라든가, 하나의 단위와 마찬가지로 하나의 단독관념이다.

7. 관계

셋째로 마지막 종류의 복합관념은 관계라고 불리는 것이다. 관계는 하나의 관념을 다른 관념과 아울러 생각해 비교하는 곳에 존재한다. (복합관념의) 이와 같은 종류들은 (다음 장 이하에서) 차례로 다루어질 것이다.

8. 가장 난해한 관념도 두 개의 원천에서 온다

우리가 자기 마음의 진행 정도를 묻고 감각 또는 내성에서 받은 단순관념을 되풀이하거나 서로 보태거나 합일하는 것을 주의해 살펴본다면 처음에 상상한 것보다 다분히 깊게 파고들게 될 것이다. 거기에서 우리 사념의 기원(起源)을 주의 깊게 관찰하면 발견하리라고 나는 믿는데 가장 난해한 관념도 감각기관에서 또는 우리 마음속의 작용에서 아무리 멀리 떨어져 있는 것처럼 보여도 지성이 감각기관의 대상에서 얻은 관념, 또는 이 대상에 대한 지성 자체의 작용에서 얻은 관념을 되풀이하거나 결합해서 스스로 형성하는 것들뿐이고, 따라서 완전히 광대하며 추상적인 관념도 감각 또는 내성에 나오는 것이다. 그것은 그와 같은 관념은 마음이 자기 자신의 기능을 일상적인 방법으로 감각기관의 대상에서 받은 관념에 대해서 작용할 때 얻을 수가 있으며, 얻은 것과 같은 것이기 때문이다. 나는 이것을 (다음 장 이하에서) 공간·시간·무한이나, 그 밖에 이와 같은 기원으로부터 매우 멀게 느껴지는 두세 가지의 것에 대해서 보여주고자 한다.

제13장
단순양상
먼저 공간 단순양상

1. 단순양상

나는 지금까지 우리 모든 지식의 진정한 자료인 단순관념을 가끔 말해 왔는데 단순관념이 마음에 들어오는 방법이란 점에서 다루고, 더욱 복합된 다른 관념과 구별해서 다루어 오지 않았다. 그러므로 이 구별을 고찰하면서 약간의 단순관념을 다시 바라보고, 같은 관념의 다양한 변용을 검토하는 일은 나쁘지 않을 것이다. 마음은 그와 같은 변용을 존재하는 사물로 발견하거나, 또는 밖의 사물의 도움 없이, 다시 말해서 '마음 이외의' 밖으로부터의 어떠한 제안 없이 마음 안에 만들 수 있는 어느 한쪽이다.

어느 한 단순관념의 이와 같은 변용(이것을 나는 이미 기술한 것처럼 단순양상으로 부른다)은 더할 나위 없이 거리가 먼 관념 또는 반대인 관념과 마찬가지로 마음속에서 완전히 다른 별개의 관념이다. 그것은 (이를테면) 2라는 관념이 1의 관념과 별개인 것은 파랑이 열(熱)과 별개이고, 또는 파랑과 열의 어느 쪽이기도 한 수와 별개인 것과 같다. 그런데 더구나 2의 관념은 1의 수라는 그 단순관념의 되풀이만으로 만들어지는 것이며 이와 같은 종류의 되풀이를 함께 결합시키면 1타라든가, 1그로스라든가, 백만 같은 별개의 단순양상을 만들 수 있는 것이다.

2. 공간의 관념

먼저 공간의 단순관념부터 시작하자. 나는 전에(본 권) 제5장에서 공간의 관념이 시각과 촉각의 어느 쪽에 의해서도 얻을 수 있음을 밝혀두었다. 이것은 매우 명백하다고 생각되므로 사람들이 다양한 빛깔의 물체 간의 거리 또는 같은 물체의 부분 사이의 거리를 시각에 의해서 지각하면 (일부러) 증명하는 것은 사람들이 빛 자체를 보는 때와 마찬가지로 불필요할 것이다. 사람들이 어둠 속에서 촉감과 촉각에 의해서 거리를 지각할 수 있는 것도 이에 못지않게 또렷하다.

3. 공간과 연장

이 공간을 임의의 두 사물 사이 길이만으로 생각하고 그 사이에 있는 사물을 전혀 고려하지 않을 때 거리로 불린다. 만일 길이와 너비와 부피로 생각하면 용적으로 불러도 좋을 것이다. 연장이란 전문어는 보통, 어떠한 공간에나 적용된다.

4. 무한성

잘못된 거리는 제각기 공간의 잘못된 변용이며, 어느 잘못된 거리 또는 공간의 관념은 저마다 이 (공간)관념의 단순양상이다. 사람들은 측정에 쓰기 위해, 또 측정상의 습관으로, 이를테면 인치·피트·야드·발(양팔을 벌린 길이)·마일·지구 지름 따위와 같은 일정한 길이의 관념을 마음에 정한다. 그것들은 제각기 공간에서만 만들어지는 별개의 관념이다. 사람들의 사유가 이렇게 정해진 공간의 길이 또는 척도에 익숙해지면 사람들은 물체나 그 밖의 어떤 사물의 관념도 섞거나 결부시키지 않고 이 길이 또는 척도를 원하는 만큼 얼마든지 마음에 반복할 수 있으며 피트·야드·발의 길이라든가 그것들의 제곱이라든가 세제곱 같은 관념을 이 우주의 여러 물체 사이에서, 또는 모든 물체의 극한 경계를 넘어 마음 자체에 형성할 수 있고, 더욱 이를 어디까지나 서로 보완해 공간의 관념을 원하는 만큼 넓힐 수 있다. 이와 같이 어느 거리에 대해서 우리가 지닌 어느 관념을 되풀이하거나 배가해 얼마든지 바라는 만큼 예전 관념에 보충을 하고, 원하는 만큼 아무리 거리를 넓혀도 결코 정지 또는 휴지(休止)에 이를 수 없다는 능력은 우리에게 무한성의 관념을 부여한다.

5. 형(形)

이 '공간' 관념에 또 하나 변용이 있고, 그 변용은 연장 또는 구분이 된 공간의 종결 부분 상호 간의 관계이다. 이 관계를 촉각은 말단에 닿을 수 있는 감지 가능한 물체에서 발견하고, 눈은 물체와 색의 한계가 시각 내에 있을 때 물체로부터도, 색으로부터도 얻는다. 이때 말단이 확실하게 식별할 수 있는 각을 이루며 만나는 직선으로 끝나는지, 각을 지각할 수 없는 곡선으로 끝나는지를 관찰해 어느 물체 또는 공간 말단의 모든 부분에 걸쳐서 이와 같은 말단 상호 관계의 상황을 고찰하면 (물체의) 형*¹으로 불리는 관념을 얻을 수 있다. 이 관념은 마음에 무한한 다양성을 가져온다. 그것은 물질이 응집한 덩어리(즉, 물체)에 실재하는 방대한 수의 형에 더해서 마음의 능력 안에 있는(형의), 즉 공간관념의 겉모습을 바꾸어 그것으로 마음이 원하는 만큼 자기 자신의 관념을 되풀이해 결합하면서 새로운 구성을 언제나 만들어 나가는 데 따른 마음의 능력 안에 있는 (형의) 저장은 완전히 그치는 일이 없다. 따라서 마음은 형을 무한히 늘리는 것이다.

6.

왜냐하면 마음은 똑바로 뻗은 어느 길이의 관념을 되풀이해 이 관념을 같은 방향의 또 하나의 (같은 길이의) 관념에 덧붙인다는 것은 그 직선의 길이를 곱절로 하는 것이기 때문이다. 그런 식으로 덧붙이는 능력이나, 그게 아니면 마음이 적당하다고 생각하는 어떤 기울기를 지닌 직선에도 덧붙이고 나아가서는 원하는 종류의 각을 만드는 능력을 지니고 있으며 또 마음이 상상하는 임의의 선에서 반이라든가, 4분의 1이라든가 원하는 만큼 부분을 취해 그 선을 짧게 할 수 있으나, 그와 같은 (선의 단축 또는) 분할을 멈추게 할 수는 없으므로 임의의 크기의 각을*² 만들 수 있다. 마찬가지로 또 각의 변을 이루는 선이 마음이 원하는 대로 어떤 길이이건, 마음은 이 선을 다시 다른 길이로 다른 각도의 선에 덧붙여 이윽고 어느 공간을 완전히 에워싸고 만다. 그러므로 마음은 명백히 모습에서나, 용적에서나 형을 무한히 늘릴 수가 있다. 이와 같은 여러 형은 저마다 공간이 다른 단순양상에 지나지 않는다.

＊1 figure. 앞에서는 근원적인 1차 성질이었는데 지금은 연장의 단순양상이 된다. 제2권 제8장 제9절 참조. 라이프니츠는 형이 공간관념의 단순양상이란 점에 의문을 갖는다. Cf. Leibniz, *Nouveaux Essais* II, xii.

＊2 an angle of any biggness. 각도의 크기가 아니라 각을 만드는 변의 길이에 따른 임의 크기의 각이다.

마음은 직선으로 할 수 있는 것과 똑같은 것을 곡선으로도 할 수 있고, 곡선과 직선과 함께라도 할 수 있다. 또 선으로 할 수 있는 것과 똑같은 것을 면으로도 할 수 있다. 이렇게 해서 한없이 다양한 형을 마음껏 그려낼 수 있다. 마음에는 그처럼 끝없이 다양한 형을 만들어 그것으로 공간의 단순양상을 늘리는 능력이 있는 것이다.

7. 장소

이 (공간관념의 단순양상이라는) 항목에서 이에 속하는 또 하나의 관념은 장소*3로 불리는 관념이다. 우리는 단순한 공간에서 임의의 두 물체, 또는 두 점 사이의 거리 관계를 생각하는데, 마찬가지로 장소의 관념으로 어느 사물과 임의의 두 개 또는 그 이상의, 서로 같은 거리를 유지하는 것으로 생각되고 따라서 멈춰 있다고 여겨지는 점 사이의 거리 관계를 생각한다. 그것은 어느 사물과 임의의 둘, 또는 그 이상의 점과의 거리가 오늘도 어제도 같다는 사실이 발견되어 그러한 점은 어제부터 서로의 거리를 바꾸지 않고, 오늘도 그와 같은 점과 어느 사물을 비교했다고 할 때, 우리는 어느 사물이 같은 장소를 유지해 오고 있다 말한다. 하지만 이 사물이 그 점 가운데 어느 것과의 거리를 감지할 수 있을 정도로 변경해 버리면 그 사물은 장소를 바꾸었다고 말한다. 물론 보통의 화법으로는 장소의 보통 개념이고 우리는 언제나 바로 그와 같은 점으로부터의 거리를 정확하게 관찰한다고는 볼 수 없으며 감지할 수 있는 사물의 더 넓은 구성 부분으로부터의, 즉 어느 장소에 놓여 있는 사물과 관계가 있는 것으로 생각되어 이 사물과의 거리를 관찰해도 좋은 이유가 있는 것 같은 감지 가능한 사물의 더욱 넓은 구성 부분으로부터의 거리를 관찰하는 것이다.

8.

예를 들어 한 조(組)의 체스 말이 판의 같은 곳에 놓인 채로 있으면 설사 판이 다른 방으로 옮겨져도 우리는 말이 모두 같은 장소에 있다고, 다시 말해서 움직이지 않았다고 말한다. 왜냐하면 우리는 말을 판의 여러 부분하고만 비

---

*3 place. 본 절에서 장소에 로크가 부여한 정의는 뉴턴의 '물체가 차지하는 공간의 일부'라는 정의와 다르다. Cf. Newton, *Principia*, Def. Ⅷ. Schol. Ⅲ.

교하며, 이 여러 부분은 서로 똑같은 거리를 유지하고 있기 때문이다. 우리는 또 체스판이 선실(船室)의 똑같은 곳에 머물러 있으면 비록 배가 계속 움직이고 있어도 판은 전과 같은 장소에 있다고 말한다. 또 배가 가까운 땅의 여러 부분과 같은 거리를 유지하고 있다면 배는 같은 장소에 있다고 말하는데 지구는 틀림없이 돌고 있으며, 더 나아가 말도 판도 배도 모두 한층 면(여러 천체라는) 서로 같은 거리를 유지하고 있는 여러 물체에 관해서는 장소를 바꾸고 있다. 그렇지만 판의 일정한 여러 부분으로부터의 거리가 말의 장소를 결정하는 것이고, 선실의 고정된 여러 부분(이것과 우리는 비교했다)으로부터의 거리가 판의 장소를 결정하는 것이며, 지구의 고정된 여러 부분이 배의 장소를 결정하는 것이므로 이러한 (말이라든가, 판이라든가, 배라든가 하는) 사물은 그와 같은 점에서 같은 장소에 있다고 말해도 좋다. 하지만 지금 상황에 생각하지 않았던 다른 어느 사물과의 거리는 달라지고 있으므로 그 점에서는 틀림없이 장소를 바꾸고 있으며 우리 자신이 그와 같은 다른 사물과 비교할 필요가 있을 때 장소를 바꿨다고 생각할 것이다.*4

9.

우리가 장소로 부르는 이와 같은 거리의 변모는 일상적으로 쓰기 위해 만드는 것이고, 그것은 사물의 특정 위치를 가리킬 필요가 있을 때 이 장소에 의해서 지정할 수 있게 하기 위해서이므로 사람들은 눈앞의 목적에 가장 도움이 되는, 가장 가까운 사물과의 연관으로 이 장소를 고려해 결정하며, 다른 목적으로는 같은 사물의 장소를 더욱 잘 결정하는 다른 사물을 생각하지 않는 것이다. 예를 들어 체스판에서는 제각기 말을 지시하는 용도는 (판이라는) 흑백의 바둑판 모양의 목재 안에서만 결정된다. 따라서 다른 어떤 사물로 장소를 측정하면 그 목적을 거스르게 될 것이다. 하지만 이 말 자체를 자루에 넣고 있을 때 흑의 킹 소재를 묻는다면 킹이 있는 방의 부분들로 장소를 결정하고 체스판에서 결정하지 않는 게 적절할 것이다. 흑의 킹이 지금 있는 장소를 지정하는 용도는 체스를 두는 도중에 판에 있었을 때와 다르기 때문이며, 따라서 (장소는 판 이외의) 다른 물체에 의해서 결정되어야 하는 것이다. 마찬가지로

---

*4 데카르트도 버클리도 배의 예로 장소의 상대성을 주장한다. Cf. Descartes, Principia, Ⅱ. 13 ; Berkeley, Principles of Knowledge, 114.

니소스와 에우리알로스*[5]의 이야기를 전하는 시구(詩句)가 있는 곳을 묻는 자가 있다면 지구의 이런 부분에 있다거나, 보들리 도서관*[6]에 있다고 말해 그것으로 이 장소를 결정하는 것은 매우 부적절하다. 장소의 올바른 지시는 베르길리우스의 저작 부분에 따른 것이며 그 시구는 《아이네이스》*[7] 제9권의 중간쯤에 있고, 베르길리우스의 저서가 인쇄된 뒤부터 언제나 같은 곳에 있었다는 것이 적절한 답이리라. 이것은 책 자체가 천 번을 움직여도 사실이다. 이때 장소관념의 용도는 책의 어느 부분에 그 이야기가 있느냐를 아는 것뿐이기 때문이며, 그것은 그렇게 해서 필요에 따라 이야기가 발견되는 장소를 알고 이에 따라서 우리가 활용하기 위해서이다.

10.

장소에 대한 우리 관념이 어느 사물의 앞서 말한 바와 같은 상대적 위치에 지나지 않는다는 것은 누구나 알 수 있는 일이고, 우주의 부분에서는 모두 장소를 갖는데 우주의 장소(그 자체)의 관념은 가질 수 없음을 고찰할 때 쉽게 허용될 것이다. 왜냐하면 우주를 초월하면 우리에게는 어느 고정한 별개의 특정한 사물, 즉 이와 관련시켜서 우주는 어느 거리에 있다고 상상할 수 있는 자의 관념은 없고 우주를 초월해서는 모두 한결같은 공간 또는 넓이일 뿐, 그곳에서 어떠한 다양성도, 어떠한 표시도 마음은 발견하지 못하기 때문이다. 세계가 어딘가에 있다고 말하는 것은 세계가 바로 존재한다는 것보다 많은 것을 뜻하지 않는다. 왜냐하면 이것은 장소에서 빌려온 어구인데, 단순히 세계의 존재를 의미 표시할 뿐 세계가 있는 곳을 의미 표시하지 않기 때문이다. 그래서 우주의 장소를 명석하고 확실하게 발견해 형성할 수 있는 사람이 있을 때에, 그렇게 한 사람은 우주가 무한한 공간의 구별이 안 되는 허공 가운데서 운동하거나 가만히 있거나 우리에게 말할 것이다. 물론 장소라는 언어가 더욱 복잡한 뜻을 지니며, 어느 물체가 차지하는 공간*[8]을 나타낼 때도 있기는 하다. 그

─────────

*5 Nisus. 에우리알로스—Euryalus. 본 장 *7 참조.

*6 Bodley's library. 토마스 보들리 경(Sir Thomas Bodley, 1545~1613)이 재건해 그 이름으로 불리는 옥스퍼드대학 도서관을 말함.

*7 Aeneis. 로마의 시인 Publicus Vergillius Maro(BC 70~19)의 서사시. 니소스는 친구 에우리알로스를 위해 몸을 희생한다.

*8 뉴턴에 의한 장소의 정의이다.

리고 그때에 우주는 어느 곳에 있다. 그러므로 장소의 관념은 공간의 관념(이 것을 단순히 특정해 제한해서 생각한 것이 장소의 관념이다)을 얻는 것과 같은 수단으로, 즉 우리의 시각과 촉각에 의해서 얻게 되는 것이며, 이 어느 한쪽에 의해서든 우리는 연장 또는 거리를 마음에 받는 것이다.

11. 연장과 물체는 같지 않다

(그런데) 물체와 연장은 똑같은 사물이라고 우리를 설득하려는 자가 있다. 그 사람들은*⁹ 언어의 의미 표시를 바꾸고 있다는 것이 (그 사람들에 대해서 생각할 수 있는 것의) 하나인데 나는 그렇게 생각하고 싶지 않다. 왜냐하면 그들은 다른 사람들의 철학*¹⁰을 수상쩍게 생각하거나 의미 표시가 없는 명사의 불확실한 의미나 사람을 현혹시키는 불명료함 가운데 지나치게 놓여 왔다며 몹시 비난해 왔기 때문이다. 그래서 (지금 하나의 사고방식으로서) 이 사람들의 물체와 연장의 뜻이 다른 이들의 뜻과 같다면, 즉 물체는 고체성과 연장을 지니고 부분을 다양하게 분리할 수 있으며 움직일 수 있는 어느 사물을 의미하고, 연장은 단순히 이러한 고체성이 있는 응집 부분의 말단 사이에 가로놓여 이러한 부분에 점유되는 공간만을 의미한다면*¹¹ 그 사람들은 대단히 잘못된 관념을 혼동하고 있다. 나는 모든 사람이 스스로 생각해 주길 바라는데, 공간의 관념은 진빨강의 관념과 별개인 것과 마찬가지로 고체성의 관념과 별개가 아닐까? 과연 연장 없이 고체성은 존재할 수 없고, 진빨강도 연장 없이 존재할 수 없다. 하지만 그렇다고 해서 연장과 고체성이, 또 연장과 진빨강이 별개의 관념이 아니라고 말할 수는 없다. 많은 관념은 그 존재 또는 상념에 있어서 똑같이 다른 관념을, 더구나 별개의 관념을 필요로 한다. (예를 들어) 공간이 없으면 운동은 있을 수도 상념할 수도 없는데 운동은 공간이 아니고, 공간은 운동이 아니다. 공간은 운동이 없어도 존재할 수 있으며 공간과 운동은 전혀 별개 관념이다. 그래서 공간의 관념과 고체성의 관념은 같다고 나는 생각한다. 고체성은 물체에서 완전히 분리하지 못해 물체가 공간을 채우는 일도, 물체의

---

*9 데카르트를 가리킨다. Cf. Descartes, Principia, Ⅱ. 11. 1755년판 코스트 역은 데카르트파로 각주한다.

*10 1755년판 코스트 역은 스콜라철학으로 각주한다.

*11 로크에게 물체는 연장 외에 고체성을 지닌다. 제2권 제4장 제2절 이하 참조.

접촉도 충격도, 충격에 의한 운동의 전달도 고체성에 의거한다. (하지만 공간과 고체성은 별개의 관념이다.) 그래서 만일 다음과 같이 증명하는 것이, 즉 생각은 그 가운데 연장의 관념을 포함하지 않으므로 정신은 물체와 다르다고 증명하는 것이[*12] 하나의 이지적 추리라고 한다면, 공간은 고체성의 관념을 포함하지 않으므로 공간은 물체가 아니라고 증명하는 이지적 추리도 타당하다. 그것은 공간과 고체성은 생각과 연장처럼 별개 관념이고 마음속에서 서로 완전히 분리할 수 있기 때문이다. 그러고 보면 물체와 연장은 명백히 두 개의 별개 개념이다. 왜냐하면,

12.

첫째, 연장은 물체처럼 고체성을 포함하지 않는다. 다시 말해서 물체의 운동에 대한 저항을 포함하지 않는다.[*13]

13.

둘째, 순수공간의 부분은 서로 분리할 수 없고 따라서 (순수공간과) 같은 연속태(連續態)를 분리하는 것은 실제로도 심적으로도 불가능하다. 누구든지 순수공간의 임의 부분을 이것과 연속하는 다른 부분에서 분리해보기 바란다. 내 생각으로는 실제로 나누어 떨어지게 하는 것은 부분 상호를 떼어놓아, 전에는 하나의 연속태였던 곳에 두 개의 면을 만드는 것이다. 또 마음으로 분리한다는 것은 전에는 하나의 연속태였던 곳에 마음속으로 두 개의 면을 만들어 이것을 서로 떨어져 있다고 생각하는 것인데, 이와 같은 일을 할 수 있는 것은 단지 다음과 같은 사물, 즉 마음이 분리할 수 있다 생각하고 분리에 의해서 그때에는 지니고 있지 않은데 지닐 수 있는 새로운 별개의 면을 획득할 수 있다고 생각하는 사물, 그와 같은 사물뿐이다. 그런데 이와 같은 분리 방법은 실제로 심적이건, 모두 내 생각으로는 순수공간과 양립하지 않는다.

과연 인간은 (이를테면) 1피트에 들어맞는, 즉 같은 양의 공간만을 나머지 공간을 고려하지 않고 생각할 수 있을 것이다. 하지만 이것은 사실 부분적 고찰이지 심적 분리 또는 분할조차도 아니다. 인간은 서로 연결되지 않은 두 면을

---

*12 데카르트가 말한다.
*13 연장이 고체성을 포함하지 않고 운동에 저항하지 않는다.

이루는 것이어야 실제로 분할할 수 있는 것과 마찬가지로 두 면의 분리를 고려하지 않고 마음으로 분할할 수는 없는데, 부분적 고찰은 분리가 아닌 것이다. (이를테면) 인간은 햇빛을 열 없이, 물체의 가동성을 연장 없이 그러한 분리를 고려하지 않고 고찰할 수 있을 것이다. (마찬가지로) 한쪽(즉 1피트의 공간을 생각하는 것)은 한쪽(즉 1피트의 공간)만으로 그치는 부분적 고찰에 지나지 않으며 (두 면의 분할을 생각하는) 다른 쪽은 양자가 따로 존재하는 것으로 고찰하는 것이다.

14.

셋째, 순수공간의 부분은 운동을 할 수 없다. 이것은 부분이 분리할 수 없는 데서 나온다. 그것은 운동이 어느 두 사물의 거리 변화이기 때문이다. 그러나 이와 같은 것은 분리할 수 없는 부분 사이에서는 있을 리가 없다. 그러므로 그와 같은 부분은 반드시 서로 끊임없는 정지 상태로 있지 않으면 안 된다.

이렇게 해서 단순(또는 순수)공간이 확정된 관념은 물체와 충분히 또렷하게 구별된다. 그것은 단순공간의 부분은 분리할 수 없고 운동할 수 없으며 물체의 운동에 저항하지 않기 때문이다.

15.

연장의 정의도 그것(공간)을 설명하지 않는다. 내가 말하는 이 공간이란 무엇이냐고 묻는 자가 있다면, 그 사람이 자신의 연장이란 무엇인가를 이야기할 때 대답하겠다. 우리가 흔히 말하듯이 '연장이란 부분 외에 부분을 갖는*¹⁴ 것'이라고 말하는 것은 단지 연장은 연장이라고 말하는 것이다. 왜냐하면 연장이란 연장의 어느 부분 바깥쪽에 연장이 있는 부분을 갖는다고, 즉 연장은 연장이 있는 부분으로 이루어진다고 할 때 나는 연장의 본성에 대해 더한층 좋은 일을 배울 것이기 때문이다. 이것은 (이를테면) 섬유란 무엇인가라고 묻는 자에게 몇 가지 섬유로 만들어지는 사물로 대답하는 일과 같다. 이것으로 그 사람은 섬유란 무엇인가를 전보다 더 잘 이해할 수 있었을까? 오히려 나의 목적은 그 사람을 진지하게 가르친다기보다는 오히려 놀리는 것이라고 그 사람이 생

---

*14 partes extra partes. 연장을 정의하는 스콜라철학의 말.

각한다 해도 당연하다.

16. 소유자를 물체와 정신으로 나누어도 공간과 물체가 같다는 것은 증명되지 않는다

공간과 물체는 같다고 주장하는 (데카르트파의) 사람들은 다음의 양도논법 (兩刀論法)을 끄집어 낸다. 즉 이 공간은 어떤 사물인가, 무(無)인가? 만일 (공간이 무라고 해) 두 물체 사이에 무가 있다고 한다면 (다시 말해서 아무것도 없다고 한다면) 두 물체는 필연적으로 맞닿지 않으면 안 된다.[*15] 또 만일 어느 사물로 인정한다면 물체인가 정신인가를 묻는다. (하지만 정신일 리는 없다. 따라서 공간은 모두 물체로 채워져 공간과 물체는 같다. 이렇게 그 사람들은 말한다.) 이에 나는 다음과 같은 다른 질문으로 대답하겠다. 즉 생각할 수 없는 어떠한 고체성과 연장 없이 생각하는 일 말고는 아무것도 없고, 있을 리가 없다고 그 사람들에게 알린 것은 누구인가? (그 사람들 자신은 아닌가?) 이것이 그 사람들이 뜻하는 육체 및 정신이라는 명사(名辭)의 전부이다. (그리고 보면) 그 사람들은 물체가 없는 공간을 처음부터 제외하고 있는 것이며, 따라서 사물을 물체와 정신으로 나누는 것은 물체가 없는 공간이 없다는 점을 증명하지는 않는다.

17. 우리가 모르는 실체는 물체가 없는 공간을 부정하는 증거는 아니다

또 (평소에 질문을 받듯이) 물체가 없는 이 공간은 실체인가 우유성(偶有性)인가[*16]라고 물으면 나는 곧바로 대답할 것이다. 묻는 자가 실체의 명석하고도 뚜렷한 관념을 나에게 보여줄 때까지 나는 모르거니와 나의 무지를 고백해도 부끄럽게 여기지 않을 것이다.

18.

(본디) 나는 언어를 사물로 삼으려다 자칫 빠지기 쉬운 오류에서 가능하면

---

*15 두 개의 중간이 무(無)일 때 두 물체는 필연적으로 접촉한다고 데카르트는 생각한다. Cf. Descartes, Principia, Ⅱ. 18.

*16 accident. 라이프니츠는 이 물음이 중요하다고 말한다. Cf. Leibniz, Nouveaux Essais Ⅱ. xiii. 전통적인 용어법에서 우유성은 실체인 비본질적 우유적 성질을 의미하며 본질적인 속성 attribute와 구별된다. 그러나 실체에 대해서 회의적 태도를 취하는 로크는 속성이라든가 우유성이라든가 하는 언어를 그 자신의 전문어로서 사용하지 않는다. 본성 nature와 성질 quality 또는 특성 property라고 말한다.

벗어나려 노력하고 있다. 명석하고도 또렷한 의미 표시도 없이 여러 음으로 하나의 목소리를 만들어 지식이 없는 곳에 지식을 만들어도 우리의 무지는 구원되지 않는다. 이름이 확정된 관념의 기호이며, 그와 같은 관념을 나타내는 때를 제외하고 멋대로 만들어진 이름은 사물의 본성을 바꾸지 못하고 사물을 이해시키지 않는다. 그래서 실체라는 둘로 엮어진 음에 그토록 힘을 쏟는 사람들에게, 그 사람들*17이 하는 것처럼 이 음을 무한하며 헤아릴 수 없는 신과 유한한 정신과 물체에 적용하는 것은 같은 뜻인지, 즉 이와 같은 세 개의 대단히 다른 사물이 제각기 실체로 불릴 때 같은 관념을 나타내는지를 생각하기 바란다. 만일 같은 뜻이라면 이제부터 다음과 같이 되지 않을까 즉 (이를테면) 나무와 작은 돌은 똑같은 뜻에서 물체이고, 물체의 공통, 본성에서 일치하므로 이 공통적인 물질의 변용에서만 다르듯이 신과 정신과 물체는 실체가 같은 공통의 본성에서 일치하므로 그 실체의 단순히 다른 변용에서 다른 것 외에는 조금도 다르지 않게 되지는 않을까, 이것은 (신과 물체를 같게 하는) 매우 귀에 거슬리는 학설일 것이다.*18 또 만일 신과 유한한 정신과 물체에 실체를 다른 세 가지 의미 표시로 적용하고, 신이 실체라고 말할 때에는 어느 관념을, 영혼이 실체로 불릴 때에는 다른 관념을, 물체가 그렇게 불릴 때에는 제3의 관념을 나타내는 것이라고 말한다면, 즉 만일 실체라는 명칭이 세 개의 관념을 표시한다면, 그 사람들은 그러한 별개 관념을 알게 된다면 또는 적어도 세 가지 이름을 그러한 별개 관념에 부여해 대단히 의심스러운 명사의 무차별적인 사용에서 자연스럽게 발생하는 혼란과 착각을 이만큼 중요한 사념에 있어서 방지하면 (그쪽이) 잘한 일일 것이다. 그런데 (그렇게 하면 실체라는) 이 대단히 의심스러운 명사는 세 가지 의미 표시를 하게 되는 것으로 (그럼으로써 하나의 명사인 것이 이상하게 되는데 사실은 세 가지 의미 표시를 갖는 것으로) 생각되는 건 아니고 일상 용법에서는 하나의 명석하고 명료한 의미 표시도 갖지 않는 것이다. 또 어느 사람들이 이렇게 해서 실체인 세 별개 관념을 만들 수 있다면 다른 사람이 제4의 관념을 왜 만들 수 없는지, 이를 방해하는 것이 있는가?

---

*17 데카르트파를 가리킨다. Cf. Descartes, Principia, 51f.
*18 물체를 실체로 하는 데카르트설에 신을 물체로 하고 나아가 무신론을 초래할 위험을 느끼는 자는 당대의 신학자나 철학자에게 적지 않았다.

19. 실체와 우유성은 철학에서는 불필요

본디 내속(內屬)하는 사물을 필요로 하는 하나의 실재하는 자로서의 우유성이란 사념에 처음으로 다다른 사람들은 우유성을 지지하는 실체라는 언어를 좋든 싫든 발견하기 시작했다. 그래서 이를테면 만일 (대지도 이를 싣는 어떠한 사물을 추구하는 것으로 상상했다) 가련한 인도 철학자가 이 실체라는 언어를 생각해 내기라도 했다면 힘들여 대지를 지탱하는 코끼리나 그 코끼리를 지지하는 거북이를 발견하지는 못했으리라.*¹⁹ 실체라는 언어가 이를 효과적으로 했을 것이다. 그리고 탐구하는 자는 실체가 무엇인지 모른 채 대지를 지탱하는 것이라는 이유로 인도 철학자로부터의 훌륭한 답으로 해버릴 수 있었을 터이며, 그 점은 실체가 무엇인지를 모른 채 우유성을 지지하는 것을, 우리 유럽철학자로부터의 충분한 답이고 훌륭한 학설이라고 우리가 평가하는 것과 같다. 그러므로 실체에 대해서 우리는 어떠한 관념을 갖지 않고 단순히 무엇을 하는 것인가 하는 뚜렷하지 못한 관념을 가질 뿐이다.

20.

학식이 있는 자가 이때 어떻게 하건 (이를테면) 지능이 있는 미국 원주민*²⁰으로 사물의 본성을 탐구하는 자가 만일 우리 건축술을 배우길 원해 기둥이란 기초에 의해서 지지되는 것이고, 기초란 기둥을 지지하는 것이라고 알려주었다면 이것으로 만족할 수 있는 해명이 되는 일은 먼저 없을 것이다. 이 미국 원주민은 이런 해명으로 배웠다고 말하는 대신에 우롱당했다고 생각하지는 않을까? 또 책을 모르는 자가 모든 학술서는 종이와 문자로 이루어지고 문자는 종이에 내속하는 사물이며 종이는 문자를 보유하는 사물이라고 알려주

＊19 힌두교(Hinduism) 비슈누파(Vaisnava)의 성전인 바가바타 푸라나(Bhagavata purana)에 의하면 세계는 최고의 신 비슈누에 의해 창조되고 이 신이 동서남북에 배치한 코끼리에 의해서 지지되고 있다. 거북은 비슈누의 화신이다. 이 설화는 제23장 제2절에도 회의론의 시점에서 되풀이된다. 스틸링플리트(Stillingfleet)는 실체를 코끼리나 거북으로 비유하는 것을 실체의 사념을 조롱하는 일로 비난하고 로크는 그에게 보낸 제3편지에서 그와 같은 의도가 없음을 해명한다. 하지만 이 대응의 탓이었는지 영국 철학 내부에서는 잘 알려져 있는 것 같아, 흄이 이를 거론하고 가깝게는 버트런드 러셀도 원용한다. Cf. Works, Ⅳ. p. 448 ; Hume, Dialogues on Natural Religion, Pt. Ⅳ ; Bertrand Russell, Autobiography, vol. 3, p. 220.

＊20 American. 이와 같은 용어법은 뒤에서도 볼 수 있다. 제14장 제20절 참조.

었다면 서책과 그것이 포함하는 사물과의 본성을 대단히 잘 가르쳐 주었다고 말할 수 있을 것이다. (이것은) 문자와 종이의 명석한 관념을 지닌 주목할 만한 방법이다. 하지만 만일 라틴어의 inhaerentia(내속)과 substantia(실체)를 그것에 상응하는 뚜렷한 영어로 해 sticking on(들러붙다)와 under—propping(밑에서 버팀목이 된다)로 부르면 이러한 언어는 실체와 우유성의 학설에 있는 대단히 큰 명석성(실은 불명석성)을 우리에게 한층 잘 알게 하며, 실체라든가 우유성이 과학의 여러 의문을 푸는 데 어떤 도움이 되는지(실은 쓸모없는가)를 보여줄 것이다.

21. 물체의 궁극 경계를 넘어선 진공

우리의 공간관념으로 돌아가자. 만일 물체는 무한하다고 상정하지 않으면 (누구도 무한하다고 단언하는 자는 없으리라 생각한다), 묻겠는데 신이 인간을 형체적인 자의 말단에 두었을 때 그 인간은 자신의 신체보다 앞으로 손을 뻗을 수 있었을까? 만일 뻗었다면 전에는 물체가 없는 공간이었던 곳에 팔을 둔 것이고 그곳에서 손가락을 펼치면 손가락 사이에 물체가 없는 공간이 역시 있을 것이다. 또 만일 손을 뻗을 수 없었다면 어느 외적 방해 때문이어야 한다 (왜냐하면 우리는 이 인간이 살아 있고, 자기 신체의 여러 부분을 움직이는, 지금 지니고 있는 바와 같은 능력을 갖추고 있는 것으로 상정하는 것이며, 이와 같은 능력은 신이 갖게 하려고 한다면 그로선 불가능하지는 않기 때문이다. 또는 적어도 신이 그런 식으로 인간을 움직이는 것은 불가능하지 않기 때문이다). 그러면 인간의 손이 밖으로 움직이지 못하도록 방해하는 것은 실체인가, 우유성인가, 어느 사물이 무(無)인가? 그리고 이를 해결해 내는 자가 있으면 그때 그 사람들은 어느 거리를 둔 두 물체 사이에 있으며 또는 어느 것이 가능해 물체가 아니고 고체성을 갖지 않은 것, 그와 같은 것이 무엇인가를 스스로 해결할 수 있을 것이다. 아무튼 (모든 물체의 궁극 경계를 넘는 것과 같은) 방해하는 게 아무것도 없는 곳에서는 운동을 시키게 된 물체는 운동을 계속 시켜야 한다는 것은 중간에 무가 있는 (즉 아무것도 없는) 곳에서 두 물체는 필연적으로 접촉하지 않으면 안 된다*21는 것과 적어도 같은 정도로 훌륭하다. 그것은 (중간이

＊21 중간이 무인 두 물체는 접촉한다는 데카르트설은 본 장 ＊15 참조.

무라는 형이상학적 상정인 경우는 별도로 치고 두 물체의) 가운데 순수공간은 상호 접촉의 필연성을 없애기에 (다시 말하면 접촉시키지 않는 것에) 충분한데 (운동하는 물체) 사이의 단순한 공간은 운동을 멈추기에는 충분하지 않기 때문이다.

실제로 그 사람들(데카르트파)은 입 밖에 내기를 싫어하는데 물체는 무한하다고 고백하지 않으면 안 되거나,*²² 그렇지 않으면 공간은 물체가 아니라고 단언해야만 한다. 그것은 생각하는 인간이며 자신의 사유 가운데서 지속하여 경계를 둘 수 있는 이상으로 공간에 경계를 둘 수 있는 자, 바꾸어 말해서 생각에 의해 어느 쪽의 끝이라도 닿길 희망할 수 있는 자, 그와 같은 자가 있으면 기꺼이 만나고 싶다. 거기에서 만일 그와 같은 사람의 영원한 관념이 무한하다면 끝없는 관념도 무한할 것이다. 그러한 관념은 어느 쪽이나 똑같이 유한하거나 무한하다.

22. 소멸의 기능은 진공을 증명한다

그리고 물질 없이 존재하는 공간의 불가능을 주장하는 자는 물체를 무한으로 해야 할 뿐 아니라 물질의 임의 부분을 소멸하는 신의 능력도 부정하지 않으면 안 된다. 나는 생각하건대, 신은 물질에 있는 모든 운동을 끝내게 해 우주의 모든 물체를 완전한 정적(靜寂)과 정지(靜止)로 고정해 이를 원하는 만큼 지속할 수 있다는 점을 부정하는 자는 없을 것이다. 그렇게 하면 이와 같은 전반적 정지 사이에 신은 (이를테면) 이 책이라든가 그것을 읽는 자의 신체를 소멸할 수 있다고 인정하는 자는 진공의 가능성을 필연적으로 허용하지 않으면 안 된다. 왜냐하면 소멸한 물체의 부분을 채우고 있었던 공간은 여전히 남아 명백히 물체가 없는 공간일 테고, 주위의 물체는 완전한 정지에 있으므로 철벽(鐵壁)이며 그 상태에서는 무언가 다른 물체가 그 공간에 들어오는 것을 완전히 불가능하게 하기 때문이다.*²³ 또 실제로 어느 물질분자가 이동이 된 장소

＊22 연장을 물체의 유일한 속성으로 하는 데카르트설이 물체의 무한성을 인정하고 나아가 신을 위협한다는 비판 또는 우려는 그 무렵 신학자·철학자가 안고 있던 것이며, 로크도 그것을 걱정했다. 그의 진공시인론에는 과학적 견해 외에 이와 같은 호교론적 측면도 있다.

＊23 호교론적(護敎論的) 진공시인론(眞空是認論)이 여기에 기술된다. 뒤에 흄이 이 이론을 다루어 의식현상론적 경험론의 관점에서 비판한다. Cf. Hume, Treatise, Ⅰ. Ⅱ, 5.

에 다른 물질분자가 필연적으로 운동을 한다는 것은 충만을 상정하는 귀결에 지나지 않는다. 그러므로 이것은 (충만이라는) 실지경험[24]이 결코 증명할 수 없는 어느 상정된 사실보다도 더 좋은 증거를 필요로 할 것이다.

그것은 우리의 명석하고 뚜렷한 관념은 고체성이 없는 공간을 상정할 수 있으므로 공간과 고체성에는 필연적 결합이 없다고 누구나 알 수 있도록 이해하게 하기 때문이다. 또 진공의 긍정 부정을 토의하는 자는 토의를 함으로써 진공과 충실공간의 뚜렷한 관념을 갖는 것을, 즉 고체성이 없는 연장의 존재를 부정함에도 그와 같은 관념을 가졌음을 고백하는 것이다. 그렇지 않으면 그 사람들은 전혀 없는 사물에 대해서 토의하는 것이다.[25] 그것은 연장을 물체로 부를 정도로 심하게 언어의 의미 표시를 변경하고 나아가 물체의 모든 본질을 고체성이 없는 순수공간이라고 주장하는 자는 진공의 이야기를 할 때 언제나 그 말이 불합리하지 않으면 안 된다. 왜냐하면 (그 사람들은 진공은 물체가 아닌 공간, 즉 연장이 없는 공간인데) 연장이 연장 없이 존재할 수는 없기 때문이다. 그것은 진공의 존재를 긍정하건 부정하건 진공이란 물체가 없는 공간을 의미 표시하는 것이고, 그와 같은 진공의 존재 자체가 가능한 것은 물질을 무한으로 해 신으로부터 물질분자를 조금이라도 소멸하는 능력을 빼앗으려고 하지 않는 자라면 아무도 부정할 수 없는 일이다.

23. 운동은 진공을 증명한다

한편 진공을 발견하기 위해 멀리 우주의 궁극 경계를 넘어서까지 가지 않아도, 또 신의 전능에 호소하지 않아도 우리가 보는 가까운 물체의 운동은 진공을 누구에게나 알 수 있도록 확증(確證)[26]하는 것으로 나에게는 생각된다. 누구든지 자기가 원하는 크기의 고체성이 있는 물체를 분할해 다음과 같이 하기 바란다. 즉 위에서 말한 고체성이 있는 물체를 분할해 최소부분과 같은 크기의 빈 공간이 면적 가운데 남겨지지 않는다고 해도 (분할된) 고체성이 있는

---

* 24 experiment. 제2권 제4장 제4절에서 물체의 양성에 관한 실험에 언급했는데 심적 사상에 관한 그 무렵 학문적 수준에서는 '실지에 임하는', '실지로 경험하는' 정도의 뜻이다.
* 25 본 장 제24절 참조. 이 이론도 흄을 거론해서 비판한다. Cf. Hume, ibid.
* 26 누구나 아는 바와 같이—plainly. 초판은 plain. 흄은 이 이론도 다룬다. 단, 자연학적 문제로서 비판 밖에 둔다. Cf. Hume, ibid.

부분을 그 면적의 범위 내에서 어느 쪽으로 자유롭게 움직일 수 있도록 하기 바란다. (이것은 불가능하다. 그러므로 적어도 분할된 부분과 동일한 정도의 진공이 없어서는 안 된다.) 거기에서 분할된 물체의 최소분자가 (이를테면) 겨자씨(또는 크기)와 같은 공허한 공간이 필수이므로 물질분자가 겨자씨보다 1억 분의 1 작은 경우에는 고체성이 있는 물질이 없는 공간도 겨자씨의 1억 분의 1[*27] 크기가 되어야 한다. 왜냐하면 한쪽에서 (겨자씨 크기로도) 괜찮다면 다른 쪽에서도 (그 1억 분의 1로도) 될 것이기 때문이다. 이렇게 해서 한없이 작아지게 될 것이다. 그리고 이 빈 공간이 아무리 작아도 충만이라는 가설은 깨뜨릴 수 있다. 그것은 대체로 지금 자연에 존재하는 물질의 개별 최소분자에 똑같은 물체가 결여된 공간이 있을 수 있다면 이 공간은 역시 물체가 없는 공간이고, 그 공간이 거대한 심혈(深穴)[*28] 즉 자연에 있는 끝없이 넓은 거리였던 때와 마찬가지로 공간과 물체를 동떨어지게 하는 것이다. 그러므로 비록 운동에 필요한 공간을 분할된 고체성이 있는 물질의 최소분자와 같은 것으로 상정하지 않고, 그 10분의 1 또는 1000분의 1과 같다고 상정해도 물질이 없는 공간에 대해서는 언제나 같은 귀결이 될 것이다.

24. 공간관념과 물체관념은 별개
그러나 지금 여기에서 문제인 것은 공간 또는 연장의 관념이 물체의 관념과 같은가이므로, 진공의 실재를 증명할 필요는 없으며 진공의 관념을 증명하면 된다. 이 관념은 누구나 알 수 있듯이 사람들이 진공의 실재 여부를 탐구하고 토의할 때 그 사람들에게 있는 것이다. 왜냐하면 그 사람들이 물체가 없는 공간의 관념을 가지고 있지 않았다면 그와 같은 공간의 존재를 문제삼을 수 없었을 터이기 때문이다. 또 그 사람들의 물체관념이 단순한 공간관념 이상의 어느 사물을 안에 포함하지 않았다면 세계의 충만을 의심할 수도 없었을 것이다. 그러므로 물체가 없는 공간이 있는지를 묻는 것은 공간이 없는 공간, 또는 물체가 없는 물체가 있는지를 묻는 것과 마찬가지로 불합리했을 것이다. 그것은 공간과 물체는 같은 관념의 다른 이름이었을 뿐이기 때문이다.

---

*27 100,000,000 part 욜튼판(版)만 100,000,000th part.
*28 커다란 심혈(深穴)—명계(冥界)의 가장 밑에 있는 타르타로스(Tartaros)에 이를 때까지 1년이 걸리는 깊은 구멍. Cf. Hesiodos, Theogonia, 740.

25. 연장을 물체와 분리할 수 없는 것도 연장이 (물체와) 같다는 것을 증명하지 않는다

분명 연장의 관념은 모든 볼 수 있는 성질과 대부분의 만질 수 있는 성질을 전혀 분리할 수 없도록 결부되어 있으며, 따라서 우리는 연장의 각인(또는 인상*29)을 받아들이지 않고는 외적 사물을 하나도 볼 수 없고 아주 약간만 접할 수 있다. 이와 같이 연장은 언제나 다른 관념을 수반하면 바로 깨닫게 되는데, 나의 추측으로는 이것이 기회원인(또는 계기)*30이 되어 물체의 모든 본질은 연장에 존재한다는 사람들이 있게 된 것이다. 이와 같은 것도 사람들 가운데에는 (우리의 모든 감각기관 가운데서 가장 바쁜) 시각과 청각에 의해서 자기 마음을 완전히 연장의 관념으로 채워, 이른바 이 관념으로 완전히 차지하게 하고 연장을 갖지 않은 사물에 존재를 조금도 인정하지 않는 자가 있으므로 그리 이상한 일도 아니다. 나는 지금 모든 사물의 척도와 가능성을 자신의 좁고 조잡한 상상으로만 얻으려는 사람들과는 논의를 하지 않을 것이다. 단, 여기에서는 어떤 물질의 어떤 감지할 수 있는 성질도 연장 없이는 상상할 수 없기 때문이라 말하고, 그러므로 물체의 본질은 연장이라고 결론 짓는 사람들을 상대로 한다. 따라서 맛이나 향의 관념을 시각·청각의 관념과 같은 정도로 잘 성찰하면, 굶주림과 그 밖에 몇 가지 고통의 관념을 검토하면 이러한 관념에는 연장의 관념이 조금도 포함되지 않음을 발견할 수 있다는 것을 생각하기 바란다. 이 연장이라는 것은 우리의 감각기관이 발견할 수 있는 (맛 등) 다른 감각 유발체와 마찬가지로 물체의 그것에 지나지 않으며, 우리 감각기관은 사물의 순수한 본질을 들여다볼 수 있을 정도로 날카롭지는 않다.

26.

만일 다른 모든 관념과 끊임없이 결부되어 있는 관념은 그 때문에 다음과 같은 사물의, 즉 이 관념과 끊임없이 결부되어 있어 이것과 분리할 수 없는 사물의 본질로 결론을 내려야 한다면 단일이야말로 모든 사물의 본질이다. 왜냐하면 하나의 관념을 수반하지 않는 관념 또는 내성(內省)의 대상은 아무것도

＊29 impression. 여기에서는 감각의 관념(idea of sensation)의 뜻이고 흄에게서 볼 수 있는 것과 같은 심적 사상으로서의 '인상'이다. 이 용어법은 로크에서는 예외이고도 비본디적이다.
＊30 occasion.

없기 때문이다. 하지만 이 같은 이론의 약점은 (앞의 절 그 밖에 이제까지 말해 온 곳에서) 이미 충분히 명시해 두었다.*31

27. 공간관념과 고체성관념은 별개

결론적으로 말해서 진공의 존재를 사람들이 어떻게 생각하건 다음의 것은 누구나 알 수 있다. 즉 우리는 운동과 별개인 고체성의, 또는 공간과 별개인 운동에 명석한 관념을 갖도록 고체성과 별개인 공간의 명석한 관념을 지니고 있다. 이 이상으로 별개인 두 관념은 우리에게 없다. 우리는 물체도 운동도 공간 없이는 존재할 수 없다는 것이 완전히 절대적인 사실임에도, 운동이 없는 물체 또는 공간을 쉽게 떠올릴 수 있는 것처럼 고성이 없는 공간을 쉽게 상상할 수 있다. 하지만 공간은 어느 거리를 둔 여러 다른 사물의 존재 결과로 생겨나는 하나의 관계에 지나지 않는다고 하는 자가 있을까? 그렇지 않으면 지혜로운 솔로몬 왕의 '하늘도 지극히 높은 하늘도 당신을 받아들일 수 없다'*32는 말을, 또는 영감을 받은 철학자 성 바오로의 '우리는 신 안에 살아, 움직이고, 존재하고 있다'*33는 한층 힘찬 말을 문자 그대로 의미 있게 이해해야 한다고 사람들은 생각할까? 이와 같은 점은 모든 사람의 생각에 맡긴다. 나는 다만, 우리의 공간관념이 이미 언급한 바와 같은 것이며 물체관념과 별개라고만 생각한다. 그것은 물질 자체에서 응집한 고체성이 있는 여러 부분의 거리를 고려하고, 이 거리를 그러한 고체성이 있는 여러 부분과 연관시켜서 연장으로 부르건, 그 거리를 여러 차원에서 임의의 물체 말단 사이에 가로놓이는 것으로 생각해 길이·너비·부피로 부르건, 또는 중간에 어떠한 물질이 있는지를 조금도 생각하지 않고 임의의 두 물체 즉 실정적인 사물 사이에 가로놓인 것으로 생각해 (단순히) 거리로 부르건, 어떻게 이름이 붙여지고 또는 생각되건 언제나 (우리 마음에 있는) 그것은 우리의 감각기관이 관계해 온 사물에서 얻어진

---

*31 본질에 관한 비판적 고찰이 특히 행해진 곳은 이제까지는 없다. 하지만 실체에 관한 고찰 등을 통해서 이와 같은 형이상학적 사념에 대한 비판적 태도는 표명되어 왔다고 말할 수 있을 것이다. 제3권에서는 실재적 본질과 유명적(唯名的) 본질에 관한 고찰이 이루어진다.

*32 〈열왕기(列王記)상〉, 8장 27절. 로크는 제15장 제2절에도 이 말을 인용한다.

*33 〈사도행전〉, 17장 28절. 로크는 솔로몬의 말과 함께 이 언어로 헨리 모어나 뉴턴의 신적 절대공간의 사고를 암시한다. 말브랑슈 및 버클리도 이 언어를 원용한다. Cf. Malebranche, Recherche de la verité, II. 6 : Berkeley, Principles of Human knowledge, 66.

한결같고 단순한 공간의 관념인 것이다.

우리는 이에 대해서 자기 마음에 관념을 정착시킨다. 거기에서 이 공간 또는 거리를 다음의 어느 쪽, 즉 고체성이 있는 부분으로 채우고 따라서 앞에 있었던 물체를 장소를 바꾸어 몰아내지 않으면 다른 물체는 그곳에 올 수 없다고 상상하거나, 아니면 고체성을 빼고 따라서 그곳에 있었던 어떤 사물을 이동 또는 배제(하는 것과 같은 일은)하지 않고 이 비어 있는, 즉 순수한 공간과 같은 크기의 물체를 그곳에 둘 수 있다고 상상하거나 그 어느 한쪽으로 상상할 수가 있는 것이다. 그런데 이 문제의 논의에서 혼란을 피하기 위해 연장이라는 이름을 물질에게만, 다시 말해서 하나하나의 물체 말단 거리에만 적용해 넓이라는 명사를 공간 전반에, 공간을 차지하는 고체성이 있는 물체가 있거나 없거나 상관없이 적용해 공간은 넓고 물체는 연장한다고 말하는 것이 아마도 바람직했으리라. 그런데 이 점은 모든 사람에게 자유가 있다. 나는 명석하고도 또렷하게 말하기 위해 이를 제안하는 것뿐이다.

28. 명석한 단순관념은 사람들마다 거의 같다

대체로 우리 언어가 나타내는 것을 정확하게 알면 지금도 다른 많은 경우와 마찬가지로 토의를 재빠르게 끝내게 할 것이라고 생각한다. 그것은 사람들이 단순관념을 검토하게 되면 다음의 것을 깨닫기 때문이다. 즉 사람들의 단순관념은 서로 논의하는 경우는 이름이 다르므로 틀림없이 서로 혼동되는데 일반적으로 모두 일치하고 있음을 깨닫게 된다. 사람들이 자신의 사유를 (언어로부터 분리해) 추상하고 스스로 마음의 관념을 잘 검토하면 그런 사람들은 그렇게 자라온 여러 학파 또는 유파의 화법에 따르느라 헷갈리기는 해도 생각에서 심하게 틀리는 일은 없다. 물론 세심하고 치밀하게 자기 자신의 관념을 검토하지 않으며, 사람들이 관념 대신에 쓰는 (언어의) 표시에서 관념을 벗겨내지 않고 관념과 언어를 혼동하는, 깊이 생각하지 않는 그런 자들에게는 끝없는 토의, 논쟁, 허튼소리가 틀림없이 있다.*[34] 특히 그와 같은 사람들이 어느 유파에 헌신적인, 그 유파의 언어에 익숙해진 박식하며 젠체하는 자이며 남이 말하는 대로 배웠다면 그렇다.

---

*34 로크는 '독자에 대한 편지'를 비롯해서 기회 있을 때마다 언어의 오용을 말하고 제3권에서는 1장을 이에 할애한다.

하지만 만일 깊이 사색하는 두 사람이 다른 관념을 갖는 일이 일어났다고 하면 그들은 서로 어떻게 논의할 수 있을지 나로서는 모른다. 이럴 때 나는 사람들의 뇌리에 떠오르는 모든 상상이 곧 내가 말하는 종류라고 오해해서는 안 된다. 마음이 습관이나 엉성함이나 일상의 대화에서 흡수하고 만 혼란한 사념이나 선입견을 버리기는 쉽지 않다. 마음이 관념을 검토해 이 관념에 복합되는 명석하고도 또렷한 단순관념으로 환원할 수 있게 되려면, 그리고 단순관념 가운데서 어느 것이 필연적으로 결합해 서로 의존하는지, 또 그렇지 않은지를 알려면 노고와 숙고가 요구된다. 하지만 인간은 사물의 일차적 본원적 사념으로 이와 같은 일을 하지 않는 한, 떠다니는 불확실한 원리에 의존하여 가끔 어찌할 바를 몰라 하는 것이다.

제14장
지속과 그 단순양상

1. 지속은 지나치는 연장

거리 또는 길이에 다른 한 종류가 있고 그 관념은 공간의 항구적인 부분에서 얻을 수 없으며 계기(繼起)가 지나치는 영원히 사라지지 않는 부분에서 얻을 수 있다. 이것을 나는 지속*1으로 부른다. 그 단순양상은 지속의 다양한 길이이고 이에 대해서 우리는 시(時)·일(日)·년(年) 등이나 시간과 영원 같은 또렷한 관념을 지닌다.

2. 지속의 관념은 우리 관념계열에 대한 내성에서

시간이란 무엇인가 묻는 자에게 어느 위인*2은 Si non rogas intelligo(당신이 묻지 않으면 나는 이해한다)(이것은 결국 내가 생각해 나가면 나갈수록 나는 더욱더 이해하지 않는다는 것이다)라고 대답했는데, 이 답으로 다른 모든 사물을 밝혀주는 시간 자체는 도저히 알 수 없으리라고 굳게 믿는 자가 때에 따라서는 있었을지도 모른다. 지속이나 시간이나 영원한 본성에는 몹시 난해한 게 있다고 생각되는 것도 이유가 없지는 않다. 하지만 이러한 지속·시간·영원이 우리 이해에서 어느 정도 먼 것처럼 보여도, 더구나 우리가 그러한 것을 그 기원까지 올바르게 더듬어 가면 우리의 모든 지식의 원천, 즉 감각 또는 내성의 하나가 이와 같은 관념을 계속 또렷하지 않은 것으로 생각되는 다른 많은 관념과 마찬가지로 우리에게 명석하고 또렷하게 제공할 수 있으리란 점을 의심치 않는다. 또한 영원한 관념 자체도 우리의 다른 관념과 똑같이 공통의 기원

---

*1 duration. 지속은 시간에 관한 우리 관념의 가장 근원적인 단순관념이며 시간은 오히려 지속의 양상이다. 시간의 정의는 본 장 제17절에서 부여된다.

*2 a great man. 아우구스티누스를 가리킨다. Cf. Augustinus, Confessions, XI. XIV. 17.

에서 생겨나고 있음을 알 수 있을 것이다.

3.

시간이나 영원을 올바르게 이해하려면 우리가 지닌 지속의 관념이 어떤 것이고, 이 관념을 어떻게 얻는지 주의 깊게 살펴야 한다. 누구나 자기 마음에 지나가는 것을 살피기만 하면 그 사람에게는 뚜렷한데, 깨어 있는 한 지성에 관념이 끊임없이 계열을 이루어 연달아 일어난다. 우리 마음에 이처럼 여러 관념이 잇따라 나타나는 것의 내성이야말로 우리에게 계기의 관념을 제공하는 것이며, 이 계기의 임의 부분 간의 거리, 다시 말해서 임의의 두 관념이 마음에 나타나는 사이의 거리를 우리는 지속이라 부르는 것이다. 그것은 우리가 생각하고 있는 동안, 다시 말하면 우리가 마음에 여러 관념을 계기적으로 받는 동안 우리는 자신이 바로 존재함을 안다. 거기에서 우리는 자기 자신의, 또는 자기 마음속 관념의 계기와 같은 양을 지닌 다른 사물의 존재 또는 존재의 연속을 우리 자신의 지속 또는 우리의 생각과 공존하는 무언가 그와 같은 다른 사물의 지속이라 일컫는 것이다.

4.

이와 같은 기원에서, 즉 우리 마음에 잇따라 나타나면 발견되는 관념계열의 내성에서 우리는 계기와 지속의 사념을 갖는 것, 이것은 우리의 지성 가운데서 (차례로) 나타나는 관념의 계열을 고찰하지 않으면 지속의 지각이 조금도 없는 것으로서 대단히 또렷하다. 관념의 이 계기가 없어지면 지속에 대한 우리의 지각도 함께 없어진다. 이 점은 누구나 (이를테면) 한 시간이건 하루건 한 달이건 일 년이건, 잠을 자고 있는 동안 자기 스스로 명석하게 실제로 겪는 것이다. 그 사람이 잠자고 있는 동안, 다시 말해서 생각하지 않는 동안 사물의 그와 같은 지속의 지각은 없고 그 사람으로부터 완전히 잃게 된다. 생각하는 것을 멈춘 순간부터 다시 생각하기 시작하는 순간까지 그 사람에게는 거리가 없는 것처럼 여겨진다. 깨어 있는 사람이 마음에 오직 하나의 관념을 변동 없이, 다른 관념의 계기도 없이 보유할 수 있었다면 깨어 있는 사람도 그렇게 했을(지속의 지각은 없었을) 것이고 또 사유를 하나의 사물로 매우 전념해 고정하며, 그 때문에 이렇게 열심히 정관(靜觀)하고 있는 동안은 마음속에서 지나가는 관념의 계기를 약간만 지각할 정도의 사람은 그 지속의 꽤 많은 부분을 (시간의) 계산에서 빼 그 시간을 실제보다 짧게 생각하는, 그와 같은 것을 볼 수 있다. 그런데 잠의 지속이 벌어진 부분을 이어 붙인다면 그것은 잠들어 있는 동안 우리 마음에 관념의 계기가 없기 때문이다. 왜냐하면 만일 어느 인간이 잠들어 있는 동안에 꿈을 꾸어 마음에 잇따라 다양한 관념을 지각할 수 있다면, 그때에는 그와 같이 꿈꾸고 있는 동안에도 지속과 그 길이를 느껴 알 수가 있기 때문이다. 이로써 사람들은 자기 자신의 지성에 잇따라 일어나는 일을 관찰하는 관념계열의 성찰에서 지속의 관념을 얻고 있는 것이며, 이와 같은 관찰이 없으면 세상에 무슨 일이 일어나건 지속의 사념(思念)은 가질 수 없다.

5. 지속의 관념은 잠자고 있는 동안의 사물에도 적용할 수 있다

사실 자기 자신의 사유가 잇따라 일어나 수많은 것을 내성해서 거기에서 지속의 사념 또는 관념을 얻은 인간은 생각을 하지 않는 동안에도 존재하는 사물에 이 지속의 사념을 적용할 수가 있다. 그 점은 시각 또는 촉각에 의해서 물체로부터 연장관념을 얻은 자가 물체를 볼 수도 만질 수도 없는 거리에 연장관념을 적용할 수 있는 것과 같다. 그러므로 인간은 잠자고 있었던 사이, 또는 생각하지 않았던 사이에 지나간 지속의 길이는 지각하지 않는다고 하지만, 그럼에도 밤낮의 반복을 관찰해 그 지속의 길이가 외견상으로 규칙적·항상적임을 발견하면 밤낮의 반복은 잠들어 있었던 사이 또는 생각하지 않았던 사이에도, 그렇지 않을 때 평소에 이루어지고 있었던 것과 똑같이 일어나고 있었던 것으로 상정해 이에 따라 잠든 사이의 지속의 길이를 떠올릴 수 있으며 그 길이를 인정할 수 있다. 거듭 말하는데 그렇게 할 수 있는 것이다. 그렇지만 만일 (이를테면) 아담과 하와가 (이 세상에 그들만 있었을 때) 일상적인 밤의 잠 대신에 24시간 전체를 하나의 연속적인 잠 속에 지나쳤다면, 이 24시간은 아담과 하와에게 상실되어 회복하지 못하고 그들의 시간계산에서 영구히 제외되고 말았을 것이다.

6. 계기의 관념은 운동에서 온 것은 아니다

이렇게 지성에 다양한 관념이 잇따라 나타나는 것을 내성해 우리는 계기의 사념을 얻는다. 만일 누군가가 우리는 계기의 사념을 오히려 감각기관에 의한 운동의 관찰에서 얻는다고 생각하면, 그 사람은 운동이 마음에 여러 가지 가려낼 수 있는 관념의 연속적 계열을 낳을 때가 아니면 운동도 계기의 관념을 낳지 않음을 감안할 때 틀림없이 나와 같은 의견이 될 것이다. 왜냐하면 진실로 운동하는 물체를 바라보는 인간도 이 운동이 계기하는 관념이 끊임없는 계열을 낳지 않는 한 운동을 아직 완전히 지각하지 않기 때문이다. 이를테면 맑게 갠 날에 육지가 보이지 않는 바다 위에서 무풍 상태가 된 남자는 태양이나 바다나 배를 그동안 계속 보고 있어 어느 것에서도 운동을 전혀 지각하지 않을 것이다. 그렇지만 이런 것들 가운데 (태양과 배의) 두 가지, 틀림없이 모두가 절대로 확실하게 그동안 꽤 움직이고 있었던 것이다. 하지만 이것들 가운데 어느 것이 다른 어느 물체와의 거리를 바꾸었다고 남자가 지각하자마자 이 운동이 남자에게 어떤 새로운 관념을 낳게 해 그는 운동이 있었다고 지각한다. 그렇지만 주위의 사물이 모두 멈춰져 있고 인간이 운동을 조금도 지각하지 않는 때라도 이 정적의 시간 사이에 만일 생각하고 있었다면 그 사람은 언제나 자기 자신의 마음에 사유의 다양한 관념이 잇따라 나타나는 것을 지각할 터이며, 이것으로 아무런 운동도 관찰할 수 없었던 곳에서 계기를 관찰하고 발견할 것이다.

7.

이와 같은 이유로 대단히 느린 운동은 끊임없이 이어져도 우리는 지각하지 않는 것이라고 나는 생각한다. 왜냐하면 그와 같은 운동은 하나의 감지할 수 있는 부분에서 감지할 수 있는 다른 부분으로 옮길 때 거리의 변화가 대단히 느려서 상당한 사이를 두지 않으면 새로운 관념을 낳지 않기 때문이다. 따라서 우리 마음에 새로운 관념이 끊임없는 계열을 낳으므로 우리에게 운동의 지각은 없으며 이 계기는 끊임없는 계기에 존재하는데, 운동에서 일어나는 변동하는 관념의 끊임없는 계기가 없으면 우리는 그와 같은 계기를 지각할 수 없는 것이다.

8.

또 반대로 매우 빨리 움직여 운동의 각 거리를 구별해 별도의 감각을 일으키지 않고, 따라서 관념의 계열을 마음에 조금도 낳지 않는 사물도 움직임으로는 지각되지 않는다. 왜냐하면 (예를 들어) 우리 마음에서 관념이 잇따라 일어나 익숙해지고 있는 보다 적은 시간에 동그라미를 그리며 움직이는 사물은 움직이는 것으로 지각되지 않으며, 그 물질 또는 색의 완전한 원으로 보이지 움직이는 원의 부분으로 보이지 않기 때문이다.

9. 관념의 계열에는 일정한 속도가 있다

거기에서 나는 다른 사람들에게 판단을 맡기고 싶은데, 우리가 깨어 있는 동안 관념이 어느 거리에서 잇따라 마음에 일어나 촛불의 열기로 도는 등불 안의 영상과 몹시 비슷한 그와 같은 일은 있을 것 같지도 않다. 관념의 이러한 계열적 출현은 틀림없이 빠를 때도 늦을 때도 있겠지만 깨어 있는 사람에게서는 몹시 심하게 변동하지 않으리라 나는 추측한다. 그와 같은 관념이 우리 마음에 잇따라 일어나는 빠름과 느림에는 어느 한도가 있어 이것을 초월하면 느리게도 빠르게도 될 수 있는 것으로 생각된다.

10.

내가 이런 이상한 추측을 하는 까닭은 우리 감각기관의 어딘가에 각인이 이루어질 때 어느 정도 지각할 수 있는지를 관찰하기 때문인데, 각인이 몹시 빠르게 이루어지면 실제로 잇따라 일어나는 명백히 있는 경우에도 계기의 감지는 없어지는 것이다. (이를테면) 소총의 총알로 방을 관통시키고 도중에 어떤 사람의 손발 또는 살집이 있는 부분을 꿰뚫으면 총알이 방의 양쪽에 (잇따라) 계기적으로 맞게 되리란 것은 할 수 있는 한의 논증과 마찬가지로 명석하다. 또 마찬가지로 명백히 총알은 먼저 살이 있는 부분에 닿고, 뒤에 다른 부분에 닿는다. 따라서 잇따라 스치게 될 것이 틀림없다. 더구나 나는 믿는데 이렇게 해서 아픔을 느낀 자, 또는 떨어져서 두 벽에 맞는 것을 들은 자 가운데 누구 한 사람, 이렇게 빠르게 맞은 아픔에서도, 소리에서도 계기를 조금도 지각하지 못했을 것이다. 계기가 지각되지 않는 이와 같은 지속부분은 일순간으로 불러도 무방하며, 우리 마음에서 단 하나만의 관념시간을 취할 뿐 다른 관념의 계기는 없다. 그러므로 이때는 계기가 전혀 지각되지 않는 것이다.

11.

이와 같은 (계기가 지각되지 않는) 것은 운동이 매우 느려서 마음이 그 안에 새로운 관념을 받아들일 수 있는 속도로 신규 관념의 끊임없는 계열을 공급하지 않는 때에도 생긴다. 그러므로 (이때는) 우리가 생각하는 다른 관념이 움직이는 물체에 의해서 감각기관에 제시되는 관념 사이로 (헤집고 들어가) 마음에 들어올 여지가 있어 그로써 운동의 감지는 잃게 되고 물체는 실제로 움직이는데, (운동의 지각에 필요한 조건을 결여하므로 즉) 우리 마음의 관념이 자연스럽게 계열을 이루어 잇따라 일으키는 속도와 같은 속도로 지각할 수 있는 다른 여러 물체와의 거리를 바꾸지 않아 사물은 가만히 머물러 있는 것처럼 보인다. 이 점은 (이를테면) 시계의 바늘이나 해시계의 그림자나 그 밖에 끊임없지만 느린 운동일 때에 명백하고, 그와 같은 때에는 어느 사이를 둔 뒤에 우리는 거리 변화에 의해서 움직인 것을 지각하는데, 그럼에도 운동 자체는 지각되지 않는다.

12. 이 계열이 다른 계기의 척도

그러므로 나에게는 깨어 있는 인간의 끊임없이 일어나는 규칙적인 관념이 다른 모든 계기의 이른바 척도·기준으로 생각된다. 만일 이러한 다른 계기의 어느 하나가 우리의 관념속도를 초월해 (이를테면) 두 개의 소리 또는 아픔 등의 계기가 단 하나의 관념의 지속인 경우, 아니면 어느 운동이나 계기가 대단히 느려 우리 마음의 관념 또는 이 관념이 교대하는 속도하고 맞지 않아 (이를테면) 움직이고 있는 물체의 지각할 수 있는 다양한 거리에 의해서 시각에 제시되는 관념 사이에, 또는 잇따라 발생하는 소리나 냄새 사이에 하나나 그 이상의 관념이 일반적 경로로 우리 마음에 들어오는 것과 같은 경우 등에도 (다시 말해서 지나치게 빠르거나 지나치게 느리거나 하는 경우에는) 끊임없이 이어진 계기의 감지는 상실되어 중간에 있는 간극의 정지를 수반하지 않으면 이를 지각하지 않는 것이다.

13. 마음은 하나의 변동 없는 관념에 오래 머물 수 없다

(그런데) 대체로 마음에 관념이 있는 한, 우리 마음의 관념은 연속해서 계기를 이루어 끊임없이 변화하고 옮아가므로 인간은 어느 하나의 사물을 오래

도록 생각할 수 없을 것이라고 말하는 자가 있을지도 모른다. 하나의 사물을 길게 생각한다는 뜻이 인간은 하나의 자기와 같은 단독관념을 오랫동안 전혀 변동 없이 마음에 가질 수 있다는 것이라면 사실상 불가능하다고 나는 생각한다. 그 이유를 나는 (어떻게 해서 내 마음의 관념이 형성되고, 어떤 재료로 만들어지며, 어디에서 비쳐지고, 어떻게 나타나게 되는지 그와 같은 경험을 초월한 물성적 고찰은 모르기 때문에) 경험 말고는 부여할 수 없다. 하나의 변동 없는 단독관념을 자기 마음에 꽤 오랜 시간 계속해서, 다른 아무런 관념도 없이 유지할 수 있는지를 누군가에게 시험해 보기 바란다.

14.

시험 삼아 누군가에게 어떤 형태라든가, 어느 정도의 밝기 또는 하양이라든가, 그 밖에 무엇이든 좋아하는 것(의 관념)을 갖게 하자. 아마도 그 사람은 자신의 마음에서 다른 관념을 계속 없애기란 어려우며, 될 수 있는 한 아무리 주의를 해도 다른 종류의 어떤 관념이 그 관념의 다양한 고찰(이 고찰의 하나하나는 새로운 관념이다)이거나 어느 하나가 자신의 사유에 끊임없이 나타나는 것을 발견하게 되리라.

15.

이때 인간의 능력은 지성에 번갈아 나타나는 관념이 무엇인가를 실제로 관찰하는 것이든가, 그렇지 않으면 (관념의) 종류를 지시해 자신이 원하는 관념인지, 이용할 관념인지를 마음에 불러들일 뿐이라고 나는 생각한다. 하지만 관념을 충분히 주의해서 관찰하고 고찰할 것인가의 여부는 선택하는 게 보통일지라도 신규 관념의 끊임없는 계기를 막는 것은 인간으로선 불가능하리라 여겨진다.

16. 관념은 어떻게 만들어진 것이건 운동의 감지를 포함하지 않는다

인간의 마음에 있는 이러한 여러 관념이 어떤 운동에 의해서 만들어지는지를 나는 지금 여기에서 토의하지 않겠다. 그런데 그러한 관념은 그것이 나타날 때 운동의 관념을 포함하지 않는다는 것, 이것만은 확실하다. 그래서 만일 운동의 관념을 지니지 않고 있다면 인간은 이 관념을 전혀 가지지 않았을 것으로 생각한다. 이것으로 나의 현재 목적에는 충분하며, 잇따라 마음에 나타나는 내 마음의 관념에 대해서 우리가 하는 지각이 계기와 지속의 관념을 우리에게 부여하고, 그와 같은 지각이 없으면 계기나 지속 같은 관념은 전혀 없었을 것이라는 점은 충분히 명시된다. 그러고 보면 지속의 관념을 우리에게 제공하는 것은 운동이 아니라 깨어 있는 동안 계속 내 마음에 있는 관념의 끊임없는 계열이며, 운동은 앞서 (본 장 제6절 이하에서) 제시했듯이 관념의 끊임없는 계기를 마음에 낳을 때가 아니면 지속의 지각을 조금도 부여하지 않는 것이다.[3] 우리는 운동에서 얻는 두 물체 사이의 멈추지 않고 감지할 수 있는 거리의 변화가 낳는 관념계열에 의한 것과 마찬가지로 분명한 운동의 관념이 전혀 없어도, 마음에 잇따라 일어나는 운동을 제외한 관념계열에 의해서 계기와 지속의 명석한 관념을 지닌다. 그러므로 비록 운동의 감지가 전혀 없었다고 해도 우리는 똑같이 지속의 관념을 훌륭하게 지닐 것이다.

17. 시간이란 척도로 구분된 지속이다

이렇게 해서 지속의 관념을 얻으면 마음이 다음에 자연스럽게 하는 일은, 이 공통 지속의 어떠한 척도를 얻어 이에 의해서 지속의 다양한 길이를 판정할 수 있어 여러 사물이 존재하는 또렷한 순서를 고찰할 수 있게 하는 것이다. 이와 같은 척도가 없으면 우리의 지식 대부분은 혼란해지고 역사[4] (또는 과거의 사실 기술)의 대부분은 전혀 도움이 안 될 것이다. 이와 같이 일정한 주기로 구분하고, 일정한 척도 즉 기간으로 구분한 것으로 지속을 생각하는 것이 시간으로 부르기에 가장 적절하다.

18. 시간의 올바른 척도는 시간의 지속 전체를 같은 주기로 나누지 않으면 안 된다

연장을 측정할 때에 가장 요구되는 일은 우리가 쓰는 기준 또는 척도를 우리가 연장을 가르치려는 사물에 적용하는 것이다. 그러나 지속의 측정에서는 이것은 불가능하다. 왜냐하면 계기의 두 가지 다른 부분은 늘어놓아 서로 측

---

[3] 지속관념의 이와 같은 의식현상론적 해명에 라이프니츠는 반대한다. Cf. Leibniz, Nouveaux Essais, Ⅱ. xiv.

[4] history. 근대적 역사의식이 아직 충분히 확립해 있지 않은 당대에는 과거 사상의 시간적 경과에 대응한 기술에 머문다.

정할 수 없기 때문이다. 그래서 연장의 척도는 연장 이외에 없는 것처럼 지속의 척도는 지속 이외엔 없으므로 우리는 끊임없이 지나가는 계기라는 지속이 있는 정상 무변동인 척도를 스스로는 보유할 수 없으며, 그 점은 물질의 항구적인 한 조각 한 조각으로 구분된 인치·피트·야드 등, 연장이 있는 길이의 정상 무변동인 척도를 보유할 수 있게 하는 수밖에 없다. 그러고 보면 시간의 편리한 척도로서 가장 도움이 되는 것은 시간 지속의 길이 전체를 끊임없이 되풀이되는 주기에 의해서 외견상 같은 구성부분으로 나누는 일 말고는 있을 리가 없다. 지속의 구성부분에서 이와 같은 주기에 의해서 구별되지 않는 것, 또는 구별되고 측정되리라 생각되지 않는 것, 그와 같은 것은 '모든 시간의 앞에'라든가 '시간이 더 없을 때'라는 구절로도 뚜렷하듯이 시간의 사념에 그다지 적절하지 않다.

19. 태양과 달의 주기는 시간의 가장 적절한 척도

태양의 나날 및 해마다의 주기는 자연 자체가 처음부터 항상적이고 규칙적으로 인류가 모두 관찰할 수 있고 매회 같은 것으로 상정된다. 그러므로 지속의 척도로 쓰여온 것도 당연하다. 하지만 날이나 해의 구별은 태양의 운동을 바탕으로 해왔으므로 이 구별에는 다음의 잘못이 따르고 말았다.

즉 운동과 지속은 앞엣것이 뒤엣것의 척도로 생각되고 만 것이다. 그것은 시간의 길이를 측정할 때 사람들은 분·시·일·월·연(年) 따위의 관념에 익숙해져서 시간 또는 지속을 언급할 때 자기들이 그와 같은 관념을 생각해 내면 바로 발견하는데, 시간의 이와 같은 구성부분은 모두 (태양 등) 여러 천체의 운동으로 측정되므로[5] 사람들은 시간과 운동을 혼동하게 되었으며, 적어도 시간과 운동은 서로 필연적으로 결합한다고 생각하게 된 것이다. 그렇지만 대체로 관념의 항상적이고 주기적인 출현 또는 그 지속의 간격이 등거리로 보이는 것은, 만일 이것을 항상적이고도 보편적으로 관찰할 수 있으면 이제까지 이용해온 것과 똑같이 시간의 차이를 잘 구별했을 것이다. 태양은 불이라고 하는 자

---

[5] 고대인은 하늘이 7층 또는 9층을 이루고 각층에 천체가 고정해 있다고 생각했다. 이 오랜 천체관에 바탕을 둔 제3판까지의 표현을 제4판에서 근대적 표현으로 고친 것이고, 로크는 본 절의 서술에서 또 물리적 자연세계에 관한 그의 유일한 논거인 '자연학요론(Elements of Natural Philosophy)'으로 알 수 있듯이 지동설에 동의했다. Cf. Works, Ⅲ. pp. 301~330.

가 지금도 있는데, 만일 그 태양이 (움직이지 않고) 날마다 같은 자오선에 오는 것과 똑같은 시간과 거리로 불이 켜졌다가 다시 열두 시간 뒤에 꺼지고, 또 해마다 같은 간격으로 빛과 열을 늘렸다가 다시 줄이는 것을 감지할 수 있었다고 해보자. 이와 같은 규칙적인 출현은 이것을 관찰할 수 있는 모든 자에게 있어서 운동을 수반하는 것과 마찬가지로 수반하지 않아도 지속거리를 측정하는 데 도움이 되지 않을까? 그것은 출현이 항상적이고, 보편적으로 관찰할 수 있으며, 등거리의 주기였다면 운동이 없었다고 해도 시간의 척도로서 똑같이 인류에게 도움이 되었을 것이다.

20. 태양이나 달의 운동에 따르지 않고 주기적 출현에 따른다

왜냐하면 (예를 들어) 지구의 모든 부분에서 같은 주기로 되풀이되는 물의 동결(凍結)이나 식물의 개화도 태양의 운동과 마찬가지로 사람들이 해를 헤아리는 데 도움이 될 것이기 때문이다. 실제로 알고 있는 바와 같이 미국 원주민*6 가운데에는 일정한 계절에 일정한 새가 그들에게 왔다가 다른 계절에 떠남으로써 자기들의 나이를 헤아리는 사람들이 있다. 그것은 (이를테면) 통풍의 발작·배고픔·갈증·향기나 맛, 그 밖에 같은 주기로 항상적으로 되풀이되고 보편적으로 지각하게 된 관념은 무엇이건 계기의 경과를 측정해 시간의 거리 측정에 실패하는 일은 없을 것이다. 이를테면 알고 있는 바와 같이 태어날 때부터 앞을 못 본 사람은 해가 갈수록 시간을 충분히 잘 헤아리는데 그가 지각하지 않은 운동에 의해서 한 해 한 해의 주기를 구별할 수는 없다. 여름의 무더위나 겨울의 추위에 의해서, 봄의 어느 꽃향기나 가을의 어느 나무 열매에 의해서 세월을 구별하는 맹인은 율리우스 카이사르의 달력 개정보다*7 이전의 로마인에 비해서, 또는 태양의 운동을 이용한다고 하면서 시간의 흐름이 매우 불규칙한 많은 사람에 비해서 시간의 뛰어난 척도를 갖지 않았을지도 모른다. 그래서 각 국민이 헤아리는 시간의 정확한 길이는 몹시 다르며 또 나는 전부가 태양의 적확한 운동과 다르다고 말해도 괜찮다고 생각하므로 각 국민

---

*6 American. 제13장 *20 참조.

*7 either by heat of summer or cold of winter. 제3판까지 or이 아니고 and이다. 율리우스 카이사르 (Julius Caesar)의 달력 개정은 그의 이집트원정에 의해서 생각이 떠올라 기원전 46년에 이루어졌다. 개정된 달력이 율리우스력이다.

의 시간의 정확한 길이를 알기 어려운데, 이것은 연대기에 적지 않은 문제점을 더 보태는 것이다. 그래서 만일 최근의 재치와 지혜가 풍부한 저자[*8]가 상정하듯이 태양이 천지창조에서 (노아의) 홍수까지 적도를 항상적으로 움직이고, 따라서 회귀선으로의 연차적 변동 없이 모든 해가 똑같은 길이이며 그 빛과 열을 거주가 가능한 지구의 모든 부분에 똑같이 뿌렸다고 한다면 (태양의 운동에도 불구하고) 사람들은 홍수 이전의 세계에서 처음부터 해마다 헤아렸다고, 다시 말해서 (이 상정에 의한 태양의 운동과 같은) 매우 또렷하게 감지할 수 있는 구별의 표시를 갖지 않은 주기로 시간을 측정했다고 상상하기란 쉽지 않다.

21. 지속하는 두 부분이 같다고 절대로 확실하게 알 수는 없다

그러나 다음과 같이 말할 수도 있을 것이다. 즉 태양과 그 밖의 것의 규칙적인 운동이 없으면 그와 같은 (운동이 없는) 주기가 같다는 사실이 도대체 어떻게 알려졌을까? 이에 나는 대답한다. (운동이 없는) 다른 무언가의 반복 출현의 동일성은 일상의 동일성이 알려진 방식 또는 처음에 알려진 것으로 추정된 방식과 똑같은 방식으로 알려졌을 것이다. 그 방식이란 (일상 저마다의 시간적) 거리 가운데서 사람들의 마음에 지나가는 관념계열에 의해서 나날을 판정할 뿐인 방식이었다. 이 관념계열은 자연일 속에서 부등성을 발견하지만 인공일[*9]에선 조금도 발견하지 않는다. 거기에서 인공일 또는 일주야(一晝夜) 같은 것으로 억측이 되고 이것이 인공일을 충분히 측정하는 데 도움이 되게 했다. 그리고 정확한 탐색이 그 뒤 태양의 일상적인 회전에서 부등성을 발견하고, 또 해마다의 회전도 부등인지 아닌지 우리는 모르는데 더구나 이러한 (태양의 회전은) 그 추정된 외견상의 같음으로 인해서 (지속의 여러 부분

---

*8 토마스 버넷(Thomas Burnet, 1635~1715)을 가리킨다. 그는 1681년에 《지구의 거룩한 이론(Telluris Theoria Sacra)》을 저술하고 그 개정 증보된 영어판인 《지구론(Theory of the Earth)》은 1684년에 출판되었다. 그 저서에서 그는 노아의 홍수(《창세기》 7장)에 의한 지구 대이변으로 적도와 황도가 현재처럼 일치하지 않게 된 것이며 홍수 이전의 낙원시대에는 두 가지가 일치하고 있었다고 주장했다. 그 무렵에는 성경과 근대적 자연탐구를 융화시키려는 다양한 노력이 이루어졌는데 이것도 그 하나이다. 버넷은 뒤에 《인간지성론 논평(Remarks on An Essay concerning Human Understanding)》(1697)을 저술하고 로크는 반론을 스틸링플리트에게 보낸 제2편지에 첨부했다.

*9 자연일(自然日)―natural day. 인공일(人工日)―artificial day.

이 정확하게 측정되지 않음에도) 정확하게 같은 것으로 증명이 되었다고 할 때와 마찬가지로 시간을 헤아리는 데 자주 도움이 되는 것이다. 그러므로 우리는 지속 그 자체와 하나의 늘 한결같은 진행방법으로 나아간다고 생각해야 하는데*10 우리가 이용하는 지속의 척도가 그와 같은 진행을 하리라고는 전혀 알 수가 없다. 다시 말해서 척도에 할당된 부분, 즉 주기의 지속이 서로 같다고 확신할 수는 없다.

왜냐하면 지속이 잇따라 일어나는 두 개의 길이는 아무리 측정해도 같다고 결코 논증할 수 없기 때문이다. 세계가 그토록 오랫동안, 그처럼 자신을 가지고 지속의 정확한 척도로 쓴 태양운동은 내가 (바로 위에서) 말한 바와 같이 그 각 부분이 같지 않다는 것이 발견되고 있다. 그리고 사람들은 태양의 운동 또는 (더한층 사실을 말하자면) 지구의 운동보다 흔들림 없이 규칙적인 운동으로서 최근 진자(振子)를 이용해 오고 있는데, 더구나 누군가에게 어떻게 해서 진자의 계기하는 두 개의 흔들림이 같다고 절대로 확실하게 아느냐고 물으면 틀림없이 같다고 그 사람을 이해시키기란 매우 어려울 것이다. 왜냐하면 우리에게 알려지지 않은 진자운동은 원인이 언제나 똑같이 작용하는 것은 확실하다고 말할 수 없으며, 진자가 움직이는 주위 사정이 늘 같지 않은 것은 확실하기 때문이다. 이들(원인과 주위의 사정)의 어느 한쪽의 변동은 이러한 (진자운동의) 같은 주기를 변경하고, 그에 따라서 운동에 의한 척도의 절대 확실성과 정확성을 잃게 될 것이다. 그 점은 (척도로 쓰이는) 다른 (되풀이되는) 출현의 어떤 주기도 마찬가지이다. 하지만 지속하는 우리의 척도는 어느 하나도 정확하다고 논증할 수 없음에도 지속의 사념은 여전히 명석하다. 그러고 보면 계기의 두 구성부분을 하나로 할 수 없는 한 그 같음을 절대로 확실하게 알기란 거의 불가능하다. 시간의 척도를 위해 우리가 할 수 있는 모든 것은 외견상 등거리인 주기이고, 연속적 계기적으로 출현하는 것과 같은 것을 (척도로) 채용할 뿐이며, 그와 같은 주기의 외견상 같음은 우리의 관념계열이 기억에 새겨지고 다른 여러 가지 확실할 성실은 이유의 협력을 얻어 주기가 같음을 믿게 하는 그러한 척도, 그런 것 말고는 아무런 척도도 우리에게는 없는 것이다.

---

*10 로크도 자연학적 관점에서는 항상 등속(等速)인 지속이 상정되는 것을 승인한다. 그러나 지속의 관념은 의식현상론적으로 해명된다.

22. 시간은 운동의 척도가 아니다

(그런데) 나는 이상하게 생각하는 것이 하나 있다. 즉 모든 인간이 시간을 눈에 보이는 큰 물체의 운동에 의해서 측정한 것은 명명백백한데 시간을 운동의 척도로 정의해야 한다는 것이다. 그러나 이 점을 약간이라도 성찰하는 자라면 누구에게나 또렷한데, 운동의 측정에는 시간과 마찬가지로 공간이 필요하다. 그리고 좀더 상세하게 바라보는 자는 깨닫겠지만 운동을 평가 또는 측정해 올바르게 판정하려는 자는 움직이는 사물의 부피(또는 크기)를 계산에 넣을 필요도 있는 것이다. 또 실제로 운동은 일정하게 감지할 수 있는 관념의 되풀이를 외견상 등거리나 주기로 항상적으로 가져올 때가 아니면 지속의 측정에 조금도 도움이 되지 않는다. 왜냐하면 태양의 운동이 정해지지 않은 바람으로 나아가는 배의 운동처럼 같지 않고 때로는 매우 느리며 때로는 불규칙하게 매우 빠르다고 하면, 또는 늘 같은 속도라고 해도 순환적이지 않고 같은 출현을 (되풀이해) 낳지 않았다고 하면 혜성의 외견상 부등의 운동과 마찬가지로 우리의 시간 측정에 전혀 도움이 되지 않았을 터이기 때문이다.

23. 분·시·연(年)은 지속이 필요한 척도가 아니다

분·시·일·연은 연장에서 어떠한 물질로 구분된 인치·피트·야드가 필요치 않은 것과 마찬가지로 시간 또는 지속에 있어서 필요치 않다. 왜냐하면 우리는 우주의 이(우리가 사는) 부분에서 태양의 회전에 의해서 구분된 주기로서 또는 그와 같은 주기의 알려진 부분으로서 분·시 따위를 끊임없이 쓰고 이에 따라서 마음에 그와 같은 길이의 지속관념을 고정시켜 우리가 길이를 고찰하려고 하는 시간의 모든 부분에 이 관념을 적용하는데, 더구나 우주의 다른 부분에서는 (이를테면) 일본에서는 인치나 피트나 마일을 쓰지 않는 것처럼 우리의 이와 같은 척도를 쓰지 않는 곳이 있을지도 모르기 때문이다. 하지만 그럼에도 분 따위로 비교되는 사물은 없어서는 안 된다. 그것은 어느 규칙적인 주기적 반복이 없으면, 설령 동시에 세계가 오늘날과 같이 운동으로 가득 찼다고 해도, 운동의 어느 부분도 규칙적으로 외견상 등거리 회전을 하도록 배치되어 있지 않으면 우리는 어떤 지속의 길이도 스스로 측정할 수 없고 다른 사람에게 의미 표시를 할 수 없었던 것이다. 그러나 시간계산에 쓸 수 있는 여러 다른 척도는 측정되는 사물인 지속의 사념을 조금도 변경하는 것은 아니다.

이 점은 (이를테면) 피트와 큐빗*¹¹이라는 다른 기준이 이와 같은 다른 척도를 쓰는 자에게 연장의 사념을 변경하지 않는 것과 같다.

24. 우리의 시간척도는 시간 이전의 지속에 적용할 수가 있다

마음은 태양의 해마다의 회전과 같은 시간의 척도를 일단 얻고 나면 이 척도 자체가 존재하지 않았던 것과 같은, 척도의 진실한 모습과는 아무런 관계도 없는 지속에 이 척도를 적용할 수가 있다. 그것은 (이를테면) 만일 아브라함이 율리우스 주기*¹²인 2712년에 태어났다고 말하는 자가 있다고 치면, 그만큼 멀리 거슬러 올라가면 (어느 설에 따를 때, 한 해를 구분하는) 태양의 운동도, 그 밖에 어떤 운동도 전혀 없는데*¹³ 그럼에도 (세계의 맨 처음부터 현재와 같은 태양운동이 있었다고 했을 때) 세계의 맨 처음부터 헤아린 것과 똑같이 잘 이해할 수 있다. 왜냐하면 율리우스 주기는 태양의 회전에 의해서 구분된 낮이나 밤이나 연(年)이 진실로 있었던 것보다 수백 년도 더 전에 시작된 것으로 상정되는데, 우리는 그때 태양이 진실로 존재해 지금과 똑같은 일상적 운동을 계속하고 있었을 때와 똑같이 정확하게 헤아려 이것으로 지속을 훌륭하게 측정해내기 때문이다. (이를테면 1년이라는) 태양의 해마다의 회전 1회와 똑같은 지속의 관념은 우리 사유 가운데서 태양도 운동도 없는 지속에 쉽게 적용할 수가 있으며 그 점은 (우리가 있는) 이곳에서 물체로부터 취한 피트나 야드의 관념이 세계의 끝을 넘어선, 물체가 전혀 없는 거리에 쉽게 적용할 수 있는 것과 같다.

25.

그것은 (이를테면) 현재 시점부터 세계에 어떤 물체가 처음으로 존재하기까지 5639년이라고 상정하듯이*¹⁴ 현재 장소에서 우주의 가장 먼 물체까지 5639

＊11 cubit. 팔꿈치에서 가운뎃손가락 끝까지의 길이. 약 45~56cm.

＊12 Julian period. 율리우스 카이사르(Julius Caesar Scaliger, 1484~1558)가 창안한 기년법(記年法)이고 기원전 4713년을 기점으로 하며, 7980년을 주기로 한다. 아브라함이 태어난 해는 창세기 기술에 의거해 정하고 이를 율리우스 주기로 적용한 것이다.

＊13 프레이저판의 편집자 각주에 의하면 로크는 이 논술에서 태양계가 비교적 새롭게 이루어졌다는 설을 상정하고 있다.

＊14 〈창세기〉의 기술에 따라 헤아린 것이고 현재시(this time)는 본 장 제29절의 문장으로 알 수 있듯이 1689년이다. 본 장 ＊16 참조.

마일 또는 수백만 마일이라고 상정하면 (유한하기 때문에 그 물체는 어느 거리에 있지 않으면 안 된다) 우리는 마지막 물체를 초월한 공간에 이 마일이라는 척도를 적용할 수가 있듯이 우리 사유 가운데서 창조 이전의 지속으로, 즉 물체 또는 운동의 지속을 넘어선 지속에 연(年)이라는 이 척도를 적용할 수가 있으며, 물체가 없는 공간을 마일이라는 척도에 의해서 사유 가운데서 측정할수 있는 것처럼 운동이 없는 지속을 연이라는 척도에 의해서 측정할 수 있다.

26.

만일 이때 시간의 이와 같은 설명으로 나는 전제해서는 안 될 것을 미리 전제하고 말았다고, 즉 세계가 영원도 무한도 아니라고 미리 전제하고 말았다고 그렇게 반대한다면 나는 대답하겠다. 세계가 지속에서도 연장에서도 유한하다고 증명하는 여러 이론을 이곳에서 이용하는 것은 나의 현재 목적에 있어서 필요치 않다. 하지만 적어도 세계의 유한은 그 반대와 똑같이 상념할 수 있으므로 누구라도 반대를 상정하는 자유를 갖는 것처럼 나는 세계의 유한을 상정할 자유를 절대로 확실하게 지니고 있다. 또 나는 의심치 않는데 이 점을 생각하려는 자는 누구나 모든 지속의 시작을 상념하지 못할망정 운동의 시작은 마음의 준비로 상념할 수 있고, 나아가서는 운동의 고찰에 있어서 정지점에 올 수가 있으며, 그 이상으로는 미치지 못할 것이다. 마찬가지로 모든 사람은 사유 속에서 물체와 물체에 속하는 연장을 한정할 수도 있을 것이다. 그러나 물체가 없는 공간은 한정할 수가 없다. 그것은 공간 및 지속의 궁극 경계는 사유의 도달을 뛰어넘고 있기 때문인데 그 점은 수의 궁극 경계가 마음의 가장 넓은 이해를 뛰어넘고 있는 것과 같고, 다른 장소에서 보게 되듯이 모두 같은 이유에 따른 것이다. (그러므로 나는 물질세계의 유한은 인정하지만 무한공간을 부정하는 자는 아니다.)

27. 영원

여기서 우리는 시간의 관념을 갖게 되는 것과 같은 수단과 같은 기원에서 영원이라고 부르는 관념도 갖는다. 즉 우리가 깨어 있는 사유 속으로 끊임없이 들어오는 관념의 자연적 출현에 의해서 우리 사이에 낳게 되거나 그렇지 않으면 감각기관을 계기적으로 일으키는 외적 사물에 의해서 낳거나 한, 우리 자신의 관념계열을 내성해 계기와 지속의 관념을 얻고, 또 태양의 회전에서 지속이 있는 길이의 관념을 얻고 말았으므로 우리는 이와 같은 지속의 길이를 자신의 사유 속에서 원하는 만큼 몇 번이고 서로 보충할 수가 있고 이렇게 보충해 지나간 지속 또는 다가올 지속에 그 길이를 적용할 수가 있다. 또한 이를 한도 또는 제한 없이 계속해 나아갈 수가 있으며, 이렇게 해서 태양의 해마다의 운동을 태양 그 밖의 어떤 운동도 없었던 이전으로 상정되는 지속에 적용할 수가 있는 것이다.

이것은 우리가 오늘 해시계 위를 그림자가 한 시간 동안 움직인 일에 대해서 지닌 사념을 지금은 모든 현실의 운동에서 분명 멀어져 있는 어젯밤의 일, 이를테면 촛불이 타는 것을 지속에 적용하는 데 비해 한층 곤란하지도 불합리하지도 않다. 또 어젯밤의 한 시간 촛불의 지속은 세계가 시작되기 이전에 있었던 운동의 어느 부분도 지금의 태양운동과 공존할 수 없는 것과 같다. 하지만 그렇다고 해서 나는 그림자가 해시계 위에서 둘의 시간 표시 사이를 움직인 길이의 관념을 지니고 있으므로 지금 존재하는 어떤 사물의 지속을 또렷하게 측정할 수 있도록 어젯밤 촛불의 지속을 나의 사유로 또렷하게 측정할 수 있다는 것은 막을 수 없다. 이것은 만일 (어젯밤의) 그때 태양이 해시계 위에서 반짝이고 지금과 똑같은 비율로 움직였다면 촛불이 이어지는 사이에 해시계 위의 그림자는 하나의 시간선으로 옮겨갔을 것이다. 그 이상은 아니다.

28.

분명 한 시간이라든가 하루라든가 1년이라든가 하는 사념은 어느 주기적이고 규칙적인 운동의 길이에 대해서 내가 지닌 관념에 지나지 않으며, 그와 같은 운동의 어느 것도 나의 감각 또는 내성에서 유래해 나의 기억 속에 있는 그런 운동에 대해서 내가 지닌 관념 속에만 존재하고 그 밖에는 대체로 존재하지 않는다. 따라서 나는 같은 수월함과, 같은 이유에서 바로 이 순간에 태양이 하고 있는 운동에 겨우 1분 또는 하루 앞선 어떤 사물에도 위의 사념을 적용할 수 있을 뿐만 아니라 온갖 양식의 운동에 앞선 지속에 이 사념을 적용할 수가 있는 것이다. 대체로 지나간 사물은 모두 똑같이 완전히 멈춰져 있다. 그래서 그러한 사물에 대한 이와 같은 사고방식에 있어서는 세계의 시작 이전에 있었던 것이건, 불과 오늘 있었던 것이건 모두 같다. 왜냐하면 어떤 운동에 의한 지속의 측정은 그 운동 또는 다른 어떤 주기의 회전과 그 사물과의 진실한 공존에 전혀 의거하지 않고 알려진 주기적 운동의 길이 또는 다른 여러 거리의 지속길이에 대해서 명석한 관념을 우리 마음에 갖는 것과, 이 관념을 내가 측정하려고 한 사물의 지속에 적용하는 것에 따르기 때문이다.

29.

그러므로 알다시피 세계가 존재하기 시작한 뒤부터 1689년인 올해[*15]까지 세계의 지속은 5639년이라고, 다시 말해서 태양의 5639회 회전과 같다고 상상하는 자가 있으며, 또 이보다 꽤 많다고 상상하는 자도 있다. 이를테면 옛 이집트인은 알렉산드로스 시대에 태양의 지배부터 2만 3000년을 헤아렸고[*16] 지금의 중국인은 세계 나이를 3,629,000년 또는 그 이상으로 계산한다.[*17]

이들의 계산에 의한 세계의 이와 같은 한층 긴 지속을 실제로 믿지는 않지만 그럼에도 그 사람들과 똑같이 상상할 수 있고 (이를테면) 메투셀라의 일생이 에녹의 일생보다 길었다고[*18] 이해하는 것과 똑같이 진정으로 이해해 (중국인 쪽이) 이집트인보다 길다고 말한다. 또 5639라는 보통의 계산이 사실이라해도(왜냐하면 다른 어떤 할당과도 마찬가지로 진실일 수가 있을 테니까), 다른 사람이 세계를 1000년[*19] 더 오래되었다고 해도 내가 상상하는 그 의미는 조금도 방해를 받지 않는다. 왜냐하면 모든 사람이 세계의 나이를 5639년이라고도 5만 년이라고도 똑같이 아주 다르게 상상할 수 있고(믿는다고는 말하지 않는다), 5639년과 마찬가지로 5만 년의 지속을 상념할 수 있기 때문이다. 이것

---

* 15 1689. 이것으로 로크가 이 부분을 집필한 시기를 알 수 있고 나아가 출간 직전까지 원고를 쓰고 있었음을 알 수 있다. 5639년이란 〈창세기〉 등, 모세오경의 기술에 의거해 창세기부터 기원까지의 햇수를 3950년으로 헤아린 것인데 4000년 또는 4004년으로 헤아리기도 한다.

* 16 이집트 역사에 대한 가장 오랜 문헌으로 알려져 있다. 기원전 300년 무렵의 마네토(Manetho)가 쓴 것으로 알려진 문서에는 30,000년으로 기록되어 있다. 알렉산드로스의 이집트 지배는 기원전 332~305년에 걸친다. 태양의 지배—the reign of the sun. 태양을 신으로 떠받드는 고대 이집트인은 세계 최초의 통치자를 헬리오스(태양)라고 했다.

* 17 한(漢) 무렵에 씌어진 《위서(緯書)》 가운데의 〈춘추위(春秋緯)〉에 천지개벽부터 획린(獲麟)의 세(歲)(노의 애공 14년)까지 327만 6000년으로 기록이 되어 있다.

* 18 '메투셀라(Methuselah)의 나이는 합쳐서 969세였다.'(〈창세기〉 5장 27절) '에녹(Enock)의 나이는 합쳐서 365세였다.'(〈창세기〉 5장 23절)

* 19 제4판까지 a 1000 years.

으로도 뚜렷하듯이 시간으로 사물의 지속을 측정하는데 그 사물과 우리에게 (지속을) 측정케 하는 운동 또는 다른 어떤 주기적 회전이 공존하는 것은 필수가 아니다. 이 목적에 있어서는 규칙적이고 주기적으로 출현하는 길이의 관념을 우리가 지니고 있으면 충분하며, 이 관념을 우리는 마음속에서 운동 또는 출현이 결코 공존하지 않았던 지속에 적용할 수가 있는 것이다.

30.
왜냐하면 모세가 말하는 창조의 역사 가운데서 태양이 창조되기 이전의 빛의 지속은 (만일 태양이 지금과 똑같이 움직이고 있었다면) 태양의 일상적인 회전의 셋과 같았을 정도의 길이었다 생각할 뿐이고, 나는 태양이 있었던 것보다 또는 어떤 운동을 한 것보다 3일 전에 빛은 있었다고 상상할 수 있는데[20] 이와 똑같은 방법으로 빛 또는 어떠한 연속적 운동이 있기 1분 전·한 시간 전·하루 전·1년 전 또는 1000년 전에 혼돈 또는 여러 천사가 창조되었다는 관념을 가질 수 있기 때문이다. 그것은 만일 내가 어떤 물체의 존재나 운동이 있기 전의 1분과 같은 지속을 생각할 수만 있다면 나는 더욱 1분을 보태 60분에 달하며, 똑같이 분·시·연(즉 태양의 회전 또는 내가 관념을 지닌 무언가 다른 주기의 그와 같은 각 부분)을 보충하는 방법으로 무한히 나아가 내가 원하는 만큼 얼마든지 보태고 내가 헤아릴 수 있을 만큼 많은 그와 같은 주기를 초월하는 지속을 상정할 수 있다. 이것이 영원에 대해서 내가 지닌 사념이고, 그 무한성에 대해서는 언제까지나 끝없이 보탤 수 있는 수의 무한성에 대해 지닌 사념보다 다른 사념을 우리는 갖지 않는 것이다.

31.
이로써 누구나 알 수 있으리라 생각하는데 전에(본 권 제1장 제2절 이하에서) 기술한 모든 지식의 두 원천, 즉 내성과 감각에서 우리는 지속의 관념과 지속의 척도를 얻는다.

그것은 첫째로 마음에 지나가는 것을, 즉 마음에 계열을 이루는 관념이 끊임없이 어느 것은 사라지고 어느 것은 나타나는 상황을 관찰해 이것으로 우리

---

*20 19절에 의하면 태양은 제4일에 창조되었다고 한다.

는 계기의 관념을 얻는다.

둘째로 이 계기의 여러 부분의 거리를 관찰해 이것으로 지속의 관념을 얻는다.

셋째로 어느 규칙적이고 외견상 등거리인 주기에서의 일정한 출현을 감각에 의해서 관찰해 이것으로 분·시·일·연 등 지속의 일정한 길이, 즉 척도의 관념을 얻는다.

넷째로 이와 같은 시간의 척도, 다시 말해서 지속의 정해진 길이의 관념을 마음속으로 몇 번이고 원하는 만큼 되풀이할 수 있으며, 이로써 우리는 실제로는 아무것도 존속 또는 존재하지 않는 지속을 상상할 수 있고, 이렇게 해서 내일이라든가 내년이라든가 7년 후 등을 상상한다.

다섯째로 시간의 어느 길이에 대해서 1분·1년·한 시대와 같은 어느 관념을 우리의 사유 속에서 몇 번이고 원하는 만큼 되풀이할 수 있고 서로 보완해서 언제나 보태는 수의 종말에 다다를 수 없는 것과 마찬가지로 이 보충하는 것의 종말에 결코 다다르지 못하는데, 이것으로 우리는 언제나 반드시 존재하고 있었던 것이어야 하는 무한한 자의 영원뿐만 아니라 우리 영혼의 미래, 영원한 지속과 같은 영원한 관념을 얻는다.

여섯째로 주기적 척도로 구분된 무한지속의 임의 부분을 고찰해 이것으로 우리는 시간일반이라 일컫는 관념을 얻는다.

제15장
지속과 확산을 합친 고찰[*1]

1. 어느 쪽이나 크고 작음을 허용한다

이제까지의 서너 장에서 공간과 지속의 고찰에 꽤 길게 머물고 말았는데 이 공간과 지속은 일반적으로 중요한 관념이고, 그 본성에는 매우 난해하고도 특이한 것이 있다. 그러므로 둘을 비교하는 것은 그것을 이해하는 데 있어서 유익하며, 둘을 합쳐서 바라보면 더한층 명료한 관념을 가질 수 있을 것이다. 나는 혼란을 피하기 위해 거리나 공간의 가장 단순하고 추상적인 관념을 확대라고 함으로써 연장과 구별하겠다. 연장은 사람에 따라서는,[*2] 이 거리가 물질의 고체성이 있는 부분에 어느 때만을 나타내도록 쓰여짐에 따라서 물체의 관념을 포함하고, 또는 적어도 이 관념을 암시하는데, 순수한 거리의 관념은 이와 같은 사물을 전혀 포함하지 않는다. 또 나는 공간보다 확대라는 언어를 선택한다. 왜냐하면 공간은 간격이라는 뜻에서 가끔 (동시에 존재하는) 항구적인 것(즉 공간)에만이 아니라 결코 함께 존재하지 않는 것과 같은 지나가는 계기적인 여러 부분의 거리에 적용되기 때문이다. 이들 양자(즉 확대와 지속)에서 마음은 더 많거나 더 적은 양을 허용하는 연속된 길이라는 공통의 관념을 지닌다. 인간은 (이를테면) 1인치와 1피트의 길이 차이의 관념과 마찬가지로 한 시간과 하루의 길이 차이의 명석한 관념을 갖기 때문이다.

[*1] 원저 각판의 차례는 '연장과 지속을 합친 고찰'이다. 내용 차례는 본문 표제와 같다. 공간의 근원적 기본적 관념을 연장이라고 할지 확대로 할지를 두고 로크는 동요했으며 그 논술은 정합적(整合的)이지 않았는데 이것도 그 예이다.

[*2] 연장의 이와 같은 이해가 공간적 거리 전반을 확대로 일컫게 하는데 이는 철학용어로 정착되지 않았다. 또 물체의 부분 간의 거리만을 연장으로 부르는 생각은 물체의 속성을 연장으로 하는 데카르트에서 나온 것인지도 모르는데 데카르트 자신은 연장을 공간적 거리 전반으로 한다. Cf. Descartes, Regulae, 14.

2. 확대는 물질로 한계를 지을 수 없다

마음은 (이를테면) 1스팬이건, 1보폭이건*³ 원하는 대로 어떤 길이라도 좋다. 확대의 임의 부분 길이의 관념을 얻고 나면 이미 (본 권 제13장 제4절에서) 기술한 바와 같이 이 관념을 되풀이할 수 있다. 따라서 이 관념을 앞의 관념에 보충해 길이의 관념을 확대할 수 있으며 2스팬 또는 2보폭과 같게 할 수가 있고, 그와 같이 몇 번이고 원하는 만큼 할 수 있다. 결국 길이의 관념은 지구의 임의 부분 상호 거리와 같게 되어 이렇게 늘어나서 결국 태양 또는 더욱 먼 별의 거리가 된다. 이와 같은 진행 방법으로 마음은 실제로 있는 장소 또는 다른 임의의 장소에서 출발해 나아갈 수가 있고 그와 같은 모든 길이를 통과할 수가 있으며, 물체 안이건 밖이건 앞길을 가로막는 사물은 아무것도 발견하지 못하는 것이다. 과연 우리는 사유 속에서 고체성이 있는 연장의 종말에 쉽게 다다를 수 있다. 모든 물체의 말단·경계에 다다르는 데 어려움은 없다. 하지만 마음이 그 말단·경계에 있을 때 마음은 끝없는 확대 속으로 나아가는 것을 방해하는 사물을 아무것도 발견하지 못한다. 마음은 끝없는 확대의 종말을 조금도 발견하지 못하고 상념할 수 없다. 또 누구건 신을 물질의 구역 안에 국한시키려 하지 않는 한 물체의 경계를 뛰어넘어 어떤 사물도 전혀 없다고 말하지 않게 하자. 지혜로 지성이 충만해 확대된 솔로몬이 '하늘도 지극히 높으신 하늘도 당신은 받아들일 수는 없습니다'*⁴ 말할 때에는 다른 생각처럼 생각된다. 신이 있는 먼 곳에 사유를 미치게 하면, 다시 말해서 신이 없는 확대를 무언가 상상할 수 있다고 믿는 자는 자기 지성의 능력을 몹시 칭찬하고 있다고 나는 생각한다.

3. 지속도 운동으로 한계를 지을 수 없다

지속에서도 바로 그렇다. 마음은 지속이 있는 길이의 관념을 얻고 나면 마음 자체의 존재를 초월할 뿐만 아니라 온갖 형체적인 것의 존재와 세계의 커

---

*3 a Span. 손을 폈을 때의 엄지와 새끼손가락 사이의 길이. 약 23cm. 한 걸음 너비—a space. 약 80cm.

*4 솔로몬의 말은 제13장에도 인용이 된다. 거기에서는 절대공간을 시인하는 사상으로서 거론되고 또한 그와 같은 공간의 신적 성격을 시사하는 것처럼 보이는데, 여기에서는 반대로 신이 없는 공간을 허용하는 사상으로 해석되어 있다.

다란 물체 및 그 운동에서 얻은 온갖 시간척도를 뛰어넘어 지속하는 길이의 관념을 배가할 수 있고 중복(重複)할 수 있으며 넓힐 수 있다. 모든 사람이 쉽게 허용하는 바이지만, 우리는 지속을 절대로 확실하게 무한계로 하는 데 있어 온갖 사물을 뛰어넘어 넓힐 수는 없다. 신은 모든 사람의 준비를 인정하듯이 영원을 채워준다. 그래서 신이 끝없음을 채워준 것을 어떤 자는 왜 의심하는지, 그 이유를 찾아내기는 어렵다. 신의 무한한 존재는 연장 쪽도 지속 쪽도 절대로 확실히 무한계이며 물체가 없는 곳에 어떤 사물도 없다고 말하는 것은 내가 생각하건대 물질로 지나치게 돌리는 것이다.[5]

4. 사람들이 무한한 확대보다 무한한 지속을 쉽게 허용하는 까닭

거기에서 나는 생각하는데, 왜 모든 사람이 허물없이 조금도 망설이지 않고 영원을 이야기하고 상정해 지속을 무한으로 만들기를 망설이지 않으면서 공간의 무한한 힘은 많은 사람이 허용 또는 상정하기를 한층 의심해 미루는지 그 원인을 배울 것이다. 나는 그 까닭을 이렇게 생각한다. 즉 지속도 연장도 (신으로부터) 다른 여러 존재의 성질이나 상태의 이름으로서 쓰이는데 우리는 신에게 무한지속을 쉽게 상념해 그렇게 하는 것을 피할 수 없다. 그런데 연장은 신의 속성으로 하지 않고 유한인 물질의 속성으로만 하므로 우리는 자칫하면 물질이 없는 확대의, 즉 연장을 속성으로 하는 유일한 것으로 상정되는 것이 보통인 물질이 없는 확대의 존재를 (지속에 비해서) 한층 의심하기 쉬운 것이다. 그러므로 사람들이 공간의 사유를 추구해 갈 때 자칫하면 공간도 물체의 끝에서 끝나고 그 이상 다다르지 못하는 것처럼 물체의 끝에서 멈추기 쉬운 것이다. 또는 만일 사람들이 자신의 관념을 고찰해 더욱 멀리 난다고 해도 우주의 구역을 초월한 곳에, 그곳에 존재하는 물체가 없으므로 어떤 사물도 없는 것처럼 상상적 공간[6]으로 이름을 붙인다. 그렇지만 모든 물체에 앞서고, 지속을 측정하는 운동에 앞서는 지속에 사람들은 결코 상상적으로 이름을 붙이지 않는다.

왜냐하면 지속은 다른 어떠한 실재하는 것을 빼놓고는 결코 상정되지 않

---

*5 그 무렵 잉글랜드 사상계에서 이해된 데카르트 사상에 대한 비판을 포함한 논술이다.

*6 imaginary space. 실재적 공간(real space)에 대한 언어. 로크에게서는 물질이 없는 진공성에 착안이 된다.

기 때문이다. 또 만일 사물의 이름이 어쨌든 우리의 사유를 사람들의 관념 기원으로 (더 나아가 언어의 기원으로) 향할 수가 있다면(나는 크게 할 수 있다고 생각한다), 지속이란 이름으로 다음과 같이 생각할 기회를 갖는 자도 있으리라. 즉 대체로 사물을 없애는 힘에 대한 어떤 저항을 수반하는 존재의 연속(즉 지속)과 (물체의) 고체성(이것은 경도와 혼동되기 쉽고 만일 물질의 아주 작은 분석부분을 조사하면 경도와 거의 다름이 없는)의 연속은 하나의 비교를 지닌 것으로 생각되어 durare(지속한다)와 durum esse(단단하다)처럼 연관이 있는 언어를 낳는 것이다. 그리고 durare가 존재의 관점뿐만 아니라 견고함의 관념에도 적용되는 것은 호라티우스《서정시집》제16장의 ferro duravit saecula(철을 지니고 시대를 견고하게 하는 것)에서 볼 수 있다.*7 하지만 그것이 어떤 것이건 다음의 일은 절대적으로 확실하다. 즉 자기 자신의 사유를 좇는 자는 누구나 때로는 물체의 범위를 뛰어넘어 무한한 공간 또는 확대 속으로 나아갈 때가 있음을 발견할 것이다. 그와 같은 무한한 공간 또는 확대의 관념은 물체 및 다른 모든 사물과 별개로 분리되어 있다. 하지만 이것은 (숙고하려는 자에게 있어서) 더욱 숙고해야 할 주제일 것이다.

5. 시간과 지속의 관계는 장소의 확대와 같다
(본론으로 돌아가) 전반적인 시간과 지속은 확대와 같다. 시간과 장소는 영원히 끝이 없는 대양에서 이른바 경계표로 나머지와 구별된 것뿐이고, 따라서 지속과 공간의 그처럼 한결같이 무한한 대양 가운데서 유한인 실재 존재의 상호 위치를 표시하기 위해 쓰인다. 시간과 장소는 올바르게 고찰하면 구별할 수 있으며 감지할 수 있는 사물 가운데 고정되어 서로 같은 거리를 유지하는 것으로 상정되는, 이미 알고 있는 일정한 여러 점으로부터의 확정적인 거리 관념에 다름 아니다. 우리는 감지할 수 있는 존재 가운데 고정된 이와 같은 여러 점에서 헤아려 그 무한한 양에서 우리의 몫을 측정한다. 이렇게 생각된 몫이 우리의 시간 및 장소로 불리는 것이다. 지속과 공간이란 그 자체로는 모두 무한계이므로*8 이와 같은 이미 알고 있는 고정된 여러 점이 없으면 사물의 순서와 위치는 지속과 공간 가운데 잃어 모든 사물은 치유하기 어려운 혼란 속

*7 Quintus Horatius Flaccus(BC 65~8) 영국명 Horace.
*8 의식현상론의 관점을 떠난 자연학적 또는 형이상학적 지속 및 공간이다.

에 어지럽게 가로놓이게 될 것이다.

6. 시간과 장소는 모두 여러 물체의 존재 및 운동에 의해서 구분된 것이다

이와 같이 시간과 공간을, 공간 및 지속의 그 무한한 심연에서 표시 즉 이미 아는 경계에서 남은 것으로 구분된, 또는 구별된 것으로 상정된 확정적으로 구별할 수 있는 몫이라고 한다면 저마다 두 가지 뜻이 있다.

첫째로 시간 전반은 우리가 우주의 커다란 여러 물체에 대해서 무언가를 아는 한 무한한 지속 가운데에서 그와 같은 여러 물체의 존재와 운동에 의해서 측정 구분되어 이것과 공존하는 것으로 여겨지는 게 보통이다. 그리고 이런 뜻에서는 '모든 시간 전에'라든가 '시간이 더 없을 때'라든가, 앞에서(본 권 제14장 제18절에서) 거론한 어구처럼 시간은 이 감지할 수 있는 세계의 구성과 함께 시작되고 이것과 함께 끝난다. 마찬가지로 장소는 무한공간에서 물질세계에 의해 점유되고 그 안에 포괄되어 그것으로 말미암아 나머지의 확대와 구별되는 몫이 될 때가 있다. 물론 이것은 장소라고 하기보다 연장이라고 하는 것이 한층 적절할지도 모른다. 모든 형체적인 것의 낱낱의 시간 또는 지속과, 낱낱의 연장 및 장소는 이와 같은 (의미의 시간과 장소의) 두 가지로 국한되며 그 관찰할 수 있는 부분에 따라서 측정되고 결정되는 것이다.

7. 때로는 둘 다 물체의 부피 또는 운동에서 얻은 척도에 의해서 우리가 의도하는 것이다

둘째로 시간이라는 언어는 때때로 넓은 뜻으로 쓰여 그 무한한 지속의 다음과 같은 부분에 적용된다. 즉 물체의 실재와 최초부터 기호 때문에, 계절 때문에, 나날 때문에, 여러 해 때문에 지정된 주기적인 물체운동에 의해서 진실로 구별되어 측정되고, 따라서 우리의 시간척도와 같은 부분이 아니라 그 무한하며 한결같은 지속 가운데서 우리가 어떤 필요로 일정하게 측정된 시간의 길이와 같다고 상정하고 더 나아가 한계가 지어진 한정된 것으로 생각하는 것과 같은 무한지속의 다른 몫에도 적용이 되는 것이다. 왜냐하면 만일 우리가 천사의 창조 또는 타락은 율리우스 주기의 시초였던 것으로 상정했다 치고, 천사의 창조로부터가 세계의 창조로부터에 비해 764년만큼 긴 시간이라고 말한다면 그렇게 말하는 것은 충분히 적절한 일로 이해될 테니까. 여기에서 우리는 구별이 없는 그 지속에서 현재 움직이는 비율로 움직이는 태양의 764회에 이르는 해마다의 회전과 같다 상정하고 그렇게 허용하려고 했던 것만큼을 구분한 것이다. 또 이렇게 해서 우리는 커다란 허공 속에서 세계의 끝을 뛰어넘은 장소와 거리나 부피에 대해서 똑같이 말할 때가 있다. 그때 우리는 그 '커다란 허공이라는 무한한' 공간 속에서 (이를테면) 1세제곱 피트와 같은 할당된 크기의 물체와 같은 것만을, 다시 말해서 그와 같은 받아들일 수 있는 것만을 생각하거나 또는 우주의 어느 부분에서 그와 같은 일정거리에 있는 허공 속의 한 점을 상정하는 것이다.

8. 시간도 장소도 어느 존재에 속한다

어느 곳과 언제는 모든 유한한 존재에 속하는 의문이다. 이를 우리는 언제나 이 감지할 수 있는 세계의 기존에 아는 부분에서 헤아리고, 또 세계 안에 관찰할 수 있는 운동이 우리에게 구분하는 일정한 어느 기간부터 헤아린다. 이와 같이 어느 고정한 부분 또는 주기가 없으면 사물의 질서는 지속과 확대의 무한계 무변동인 대양 가운데서 우리의 유한한 지성으로 사라지게 될 것이다. 이 지속과 확대의 대양은 그 가운데 온갖 유한한 존재를 포괄하고 빈틈없는 그 모든 범위에 걸쳐서는 오로지 신들에게만 속하는 것이다. 그러므로 우리가 이 지속과 확대의 대양을 이해하지 않고 그 자체를 추상적으로 생각하거나, 어떠한 방법으로 최초의 헤아릴 수 없는 존재(즉 신)의 속성으로 생각하거나 할 때, 우리의 사유는 어찌할 바를 모르게 되는 것을 가끔 발견하는데 그것도 의심해야 할 일은 아니다. 하지만 무언가 특정의 유한한 존재에 적용할 때 어느 물체의 연장은 그 무한한 공간에서 그 물체의 부피를 취할 뿐이다. 그리고 장소는 어느 물체가 다른 어느 물체로부터 일정한 거리에 있는 것으로 생각되었을 때 그 물체의 위치이다. 또 어느 사물의 특정지속의 관념은 무한지속 속에서 그 사물이 존재하는 동안에 지나가는 것과 같은 몫의 관념이며, 똑같이 그 사물이 존재했을 때란 어느 알려지고 고정된 지속주기와 그 사물의 존재와의 사이에 지나간 지속간격의 관념이다. 한편(즉 사물의 특정연장과 지속은) (이를테면) 1피트 제곱이라든가 2년 계속했다든가처럼 같은 사물의 부피 또는 존재의 양 끝의 거리를 표시한다. 한편 (때와 장소는) (이를테면) 링컨스 인 필즈의 중앙 또는 황소자리의 제1도에 있었다거나, 기원 1671년 또는 율리

우스 주기의 1000년에 있었다거나 하는 식으로,*9 공간 또는 지속의 다른 고
정된 점으로부터의 그 사물의 장소 또는 존재의 거리를 표시한다. 이러한 모든
거리를 우리는 (공간에서는) 인치·피트·마일이나 도(度)와 같은, 또 (지속에서
는) 분·일·연(年) 따위와 같은 공간 및 지속의 일정한 길이의 미리 상정된 관념
에 의해서 측정하는 것이다.

9. 연장부분은 모두 연장이고 지속부분은 모두 지속이다

또 하나, 공간과 지속에 크게 합치하는 점이 있다. 즉 공간도 지속도 단순관
념으로 헤아려 마땅한데 우리가 어느 쪽에 갖는 명료한 관념도 어느 것 하나,
어느 양식의 구성도 전혀 결여되어 있지 않다는 점이다.*10 부분으로 이루어

---

*9 Lincoln's Inn−Field. 링컨스 인 필즈는 영국의 사법관·변호사가 배우고 소속된 법조학원 the
Inns of Court의 하나. 황소자리—Taurus. 황도의 제2궁. 1671년—본서가 저자의 마음에 깃든
해. 율리우스 주기—앞 장 *13 참조.

*10 로크에 대해서 다음과 같은 반대론이 있었다. 즉 만일 이 곳곳에서 고백하듯이 공간이 여
러 부분으로 이루어졌다면 로크는 공간을 단순관념의 수에 넣어야만 했다. 왜냐하면 이것
은 로크가 다른 곳(제2권 제2장 제1절)에서 말하는 것과, 즉 단순관념은 '복합되지 않고 이
관념에 포함되는 것은 마음에서의 하나의 균질한 현상태 또는 상념뿐이며 이 관념을 여러
다른 관념으로 구별할 수는 없다'고 말하는 것과 모순되는 것처럼 생각되기 때문이다. 그
리고 로크는 단순관념에 대해서 말하기 시작한 제2권 제2장에서 로크가 단순관념이란 언
어로 이해하는 것의 정확한 정의를 부여하지 않고 있다며 반대를 한다. 이러한 이의에 로
크는 이렇게 대답한다.*11 먼저 뒤쪽에서 시작하면 로크는 다음과 같이 언명한다. 즉 로크
는 이 주제를 완전한 학원풍의 순서로 다루지 않고 있다. 그것은 저서의 집필 중 그 같은
책에 많이 친숙해 있지 않았고 그 같은 책이 쓰여지는 방법을 전혀 기억하고 있지 않기 때
문이며, 그러므로 독자는 제각기 새로운 주제의 첫머리에 정의가 규칙적으로 자리잡기를
기대해서는 안 되는 것이다. 로크는 주요한 명사를 사용하는 쪽에서 그 뜻을 쉽게 이해할
수 있도록 사용하는 것에 만족한다. 하지만 단순관념이라는 명사에 관해서는 로크는 다행
히도 반대론이 인용한 장소에서 이 명사를 정의해 두었다. 그러므로 위에서 말한 결함을
보충할 이유는 아무것도 없는 것이다. 그래서 문제는 연장의 관념이 이 정의와 일치하는지
를 아는 것이다. 연장의 관념은 만일 로크의 견해가 주로 담고 있는 의의를 이해하게 되면
정의와 잘 일치할 것이다. 그것은 그 정의로 로크가 배제를 의도한 구성은 마음속에서의
여러 다른 관념의 구성이고 같은 종류의 부분을 갖는 것에 본질이 있는 듯한 사물에서의
같은 종류의 구성은 아니었던 것이며. 이와 같은 (구성인) 경우에는 그러한 구성을 완벽하
게 만날 수 있는 부분에 이르는 것은 결코 안 되는 일이다. 그러므로 만일 연장의 관념이
(학원이 말하는 것처럼) 부분 외에 부분을 갖는 것에 있다고 한다면 언제나 로크의 뜻에서
단순관념이다. 왜냐하면 부분 외에 부분을 갖는다는 관념은 (종류가 다른) 두 관념으로 나

지는 것이 공간과 지속 모두의 본성인 것이다. 그렇지만 그 둘의 부분은 같은 종류이며 다른 어떤 관념도 섞여 있지 않다. 따라서 부분이 있다고 해서 공간과 지속이 단순관념 사이에 자리를 차지하는 것은 방해를 받지 않는다. 만일 마음이 수처럼 가분성(可分性)을 배제할수록 작은 연장부분 또는 특정부분에 다다를 수 있었다면 이 부분이야말로 이른바 불가분의 단위 또는 관념이고 그 반복에 의해서 마음은 더욱 확대된 연장관념과 지속관념을 만들었을 것이다. 그러나 마음은 부분이 없는 (연장 또는 지속이 있는) 간격의 관념을 형성할 수 없으므로 그 대신에 마음은 각 나라에서 익숙해진 기억에 각인된 공통척도(이를테면 연장에서는 인치와 피트, 큐빗과 파라상,*12 또 마찬가지로 지속에서는 초·분·시·일·연)를 쓴다. 거듭 말하는데 이러한 관념을 단순관념으로서 쓴

눌 수 없기 때문이다. 연장의 본성에 관해서 로크에게 가해진 반대론의 나머지는 제2권 제15장 제9절에서 볼 수 있듯이 로크는 이를 깨닫고 있었다. 그 부분에서 로크는 이렇게 말하고 있다. 즉 공간 또는 연장에 대해서 우리가 명석하고 명료한 관념을 지닌 최소 구성부분은 공간과 연장의 우리의 복잡한 양상을 만드는 것과 같은 종류의 단순관념으로서 우리에게 생각되는 게 틀림없이 가장 적당할 것이다. 그러므로 로크에 따르면 그와 같은 구성부분은 단순관념으로 불러야 한다. 이것은 마음이 자신에게 만들 수 있는 최소의 공간관념이며, 마음은 이 관념을 더욱 작은 무언가의 관념으로 나눌 수 없고 그와 같은 더욱 작은 관념에 확정된 지각은 마음 자체에는 아무것도 없기 때문이다. 이에 따라서 이 관념은 마음에 있어서 하나의 단순관념이 되고 이것으로 위에서 말한 반대론을 없애기에 충분하다. 그것은 이 부분에서 마음의 관념에 대해 이 밖에 무언가를 논의하는 것은 로크의 목적이 아니기 때문이다. 하지만 만일 이의를 밝히는 데 이것으로 충분하지 않다고 해도 로크는 다음의 일 말고는 덧붙여야 할 어떤 사물도 갖지 않고 있다. 즉 만일 연장의 관념이 몹시 특이하기 때문에 그 단순관념에 부여해 둔 정의와 정확하게 일치할 수가 없고 따라서 그 (단순관념이라는) 종류의 다른 모든 관념과 어느 점에서 다르다고 해도, 로크는 로크에게 유리한 새로운 구분을 하기보다는 연장의 관념을 위에서 말한 이의에 그대로 드러내놓는 게 좋으리라 생각하는 것이다. 로크에게 있어서는 로크의 의미를 이해할 수 있다는 것, 그것으로 충분하다. 잘 알 수 있는 논의를 지나치게 잘게 구분하는 일은 매우 흔히 볼 수 있는 일이다. (확실히) 우리는 이론을 위해 가능한 한 사물을 잘 정리해야 한다. 하지만 결국 몇 개의 사물은 우리의 명사와 화법으로 한 묶음이 되지는 않을 것이다.

*11 1755년판 코스트 역 각주에서는 '그로닝의 법학교수 바르베이락 씨가 이 반대론을 편지로 나에게 알려주고 나는 이를 로크에게 보여주었다. 며칠 뒤에 로크가 써서 보낸 답론이 여기에 있다'에서 이하를 인용문으로 한다. 흐로닝언(Groningen)의 바르베이락(Jean Barbeyrac, 1674~1744)은 그로티우스(Grotius) 등의 프랑스어 역자. 프레이저판 각주도 이 글을 기술하는데 Barbyrac로 잘못 쓴다.

*12 parasang. 고대 페르시아의 거리단위. 약 5km.

다. 그래서 이 관념은 한층 커다란 관념의 구성부분이고 마음은 필요에 따라서 마음이 숙지하는 이와 같은 알려진 길이를 보충해 이 커다란 관념을 만드는 것이다. 다른 한편 마음이 공간 또는 지속을 분할에 의해서 한층 작은 단편으로 줄이려고 하면 어느 쪽에서든 우리가 지닌 일상적 최소척도는 수적으로 하나의 단위로 볼 수 있다. 그리고 공간이건 지속이건, 즉 보태는 쪽도 나누는 쪽도 고찰되는 관념이 대단히 커지거나 대단히 작아지거나 하면 그 정확한 부피는, 매우 불명료하고 혼란하게 되어 관념을 되풀이해서 채우거나 나누거나 하는 수가 명석 명료하게 남을 뿐이다. 이 점은 누구나 공간의 엄청난 확대 또는 물질의 가분성 가운데 자신의 사유를 해방하려는 (다시 말해서 기어이 이루려는) 자에게는 명확할 것이다. 지속의 모든 부분은 이것 또한 지속이고 연장의 모든 부분은 연장이며, 둘 다 무한으로 채울 수 있고 나눌 수 있다. 하지만 어느 쪽도 우리가 명석 명료한 관념을 지닌 최소 구성부분은 다음과 같은 종류의 단순관념으로서, 즉 공간·연장·지속이 우리의 복잡한 양상을 만들고 또 이 양상을 다시 또렷하게 분해할 수 있는 종류의 단순관념으로서 생각하는 편이 더욱 적당할 것이다. 지속의 이와 같은 작은 부분은 일순간으로 불러도 좋고 마음의 일상적인 관념계기의 계열 가운데서 하나의 관념이 마음에 있는 시간이다. 다른 한편(즉 연장의 최소부분)은 적절한 이름이 없어 이것을 감지할 수 있는 점[13]이라 해도 괜찮은지 나로서는 알 수 없는데, 감지할 수 있는 점이란 뜻은 우리가 가려낼 수 있는 최소분자의 물질 또는 공간이라는 것이며, 흔히 눈을 중심으로 하는 원의 거의 1분이고 더욱 날카로운 눈으로도 30초 이하의 것은 없다.

10. 연장도 지속도 부분은 분리할 수 없다

확대와 지속은 다음의 점에서 더욱 일치한다. 즉 양자 모두 부분을 지닌 것으로 우리는 생각하는데 더구나 그런 부분은 서로 분리할 수 없다. (실제로 분

---

*13 sensible point. 이와 같이 식별할 수 있는 최소부분을 승인하는 것은 의식현상론의 관점이고 무한가분성을 부정하는 것으로 이어진다. 버클리도 흄도 이와 같은 극소를 인정한다. Cf. Berkeley, Principles, 132, Hume, Treatise., Ⅰ. Ⅱ, i. 그러나 로크는 제17장 제12절에서는 연장의 무한가능성을 긍정하는 관점을 취하고 제23장 제31절에서는 이것이 어려운 문제임을 고백한다.

리할 수 없을 뿐만 아니라) 사유조차 분리할 수 없는 것이다. 물론 우리가 확대의 척도를 취해 오는 물체의 여러 부분과 지속의 척도를 취해 오는 운동의 여러 부분 또는 오히려 내 마음 안의 관념계기는 멈춰지고 분리될 수가 있다. (물체는 말할 나위도 없다.) 운동은 멈춰지고, 계기는 또 우리가 정지로 부른 잠에 따른 것이다.

11. 지속은 선과 같고 확대는 고체와 같다

그렇지만 확대와 지속 사이에는 다음의 분명한 차이가 있다. 즉 확대에 있어서 우리가 지닌 길이의 관념은 어느 쪽으로든 향할 수 있고, 나아가서는 형태와 너비와 두께를 만든다. 반면에 지속은 이른바 무한으로 뻗는 일직선의 길이일 뿐이며 중복도 변동도 형도 허용하지 않고 대체로 온갖 존재의 하나의 공통 척도로서 모든 사물은 그 존재하는 사이에 이 공통 척도에 똑같이 참여하는 것이다. 그것은 지금 이 순간은 현재 모든 사물에 공통이고 모든 사물의 존재의 (현재의 순간이라는) 그 부분을, 그러한 사물이 모두 단 하나의 단독 존재였을 때와 마찬가지로 똑같이 포괄한다.

그래서 우리는 그러한 사물이 모두 시간의 같은 순간에 존재한다고 말할 수 있는 것이다. 여러 천사나 영혼을 확대에 관해서 이것과 비교할 수 있는지 없는지는 나의 이해력을 뛰어넘으며, 틀림없이 자기 자신의 보존과 자기 존재의 여러 목적에는 알맞은데 다른 모든 존재의 실재와 범위에는 적합하지 않은 지성과 이해력을 지닌 우리로서는, 모든 양식의 확대를 완전히 부정한 어느 실재자의 존재를 상상하거나 관념을 갖는 것은 모든 양식의 지속을 완전히 부정한 어느 실재의 관념을 갖는 것과 마찬가지로 어렵다.*14 그러므로 여러 영혼이 공간과 어떻게 관계를 갖는지, 다시 말해서 어떻게 참여하는지 우리는 모른다. 우리가 아는 것은 단지 물체가 제각기 고체성이 있는 부분의 범위에 따라서 물체에 고유한 확대의 몫을 차지하고, 그리하여 그곳에 머무는 동안은 모든 물체가 공간의 이 특정한 몫을 조금이라도 나누어 갖는 것을 배제한다는 것뿐이다.

---

*14 신은 영원한 지속을 지님과 동시에 어떠한 양식의 확산을 지닌다. 이 발상에선 헨리 모어의 영향을 볼 수 있고, 뉴턴도 똑같이 생각하고 있다. Cf. Newton, Principia, Scholium Generale.

12. 지속은 두 부분을 결코 함께 갖지 않지만 확대는 함께 갖는다

지속과 그 부분인 시간은 사라지는 거리에 우리가 갖는 관념이며, 그 두 부분은 함께 존재하지 않고 잇따라 발생한다. 또 확대는 영속하는 거리의 관념으로서 그것의 부분은 함께 존재하고 또 잇달아 일어날 수 없다. 그러므로 우리는 잇달아 일어날(繼起) 수 없는 지속을 조금도 상상할 수 없으며 (예를 들어) 지금 있는 사물이 내일 존재하면, 다시 말해서 지속의 현재 순간보다 많은 순간을 한 번에 소유하면 사유 속에서 지속을 함께할 수 없는 것이다. 그렇지만 우리는 인간 말고 어떤 유한의 존재자하고도 훨씬 다른 전능자의 영원한 지속을 상상할 수 있다. 왜냐하면 인간은 그 지식 또는 능력에 과거와 미래의 사물 모두를 포괄하지 않기 때문이다.

인간의 사유는 단지 어제에 대해서뿐이고 내일 무엇이 일어날지를 모른다. 한 번 가버린 것을 인간은 결코 돌이킬 수 없으며, 이윽고 다가올 것을 현재에 있게 할 수는 없는 것이다. 인간에 대한 이러한 것들은 모든 유한한 존재에 대해서도 마찬가지이다. 그것들은 지식과 능력이고 인간을 훨씬 넘어서는데 더구나 신에 비하면 더욱 하찮은 피조물을 벗어나지 않는 것이다. 아무리 큰 유한도 무한과의 비율이라는 것은 전혀 없다. 신의 무한지속은 무한한 지식과 무한한 능력을 수반하며, 따라서 신은 과거와 미래의 모든 사물을 보고 있다. 모든 사물은 현재의 사물보다 신의 지식에서 벗어나지 않으며, 신이 바라보는 곳에서 벗어나 있지 않다. 모든 것은 똑같이 보이고 신이 생각하는 순간마다 존재하게 할 수 없는 사물은 하나도 없다. 만물의 존재는 신의 뜻에 따르고 있으므로 신이 존재하게 해도 좋다고 생각하는 모든 순간에 만물은 존재하기 때문이다.

결론을 짓자면 (신에게는) 연장과 지속은 서로 받아들이고 서로 포괄한다. 그것은 공간이 있는 모든 부분은 지속하는 모든 부분에 있고, 지속의 모든 부분은 확대의 모든 부분에 있기 때문이다. 두 별개 관념의 이와 같은 합성은 내가 생각하건대 우리가 상상하고, 또는 상상할 수 있는 그 커다란 모든 다양성에 걸쳐서 좀처럼 발견될 것 같지는 않으며 더욱 사색할 문제를 제공한다고 말할 수 있을 것이다.

제16장
수

1. 수는 가장 단순하고 보편적인 관념

우리가 지닌 모든 관념 가운데서 단일, 즉 하나의 관념만큼 여러 방법으로 마음에 암시되는 게 없는 것과 마찬가지로 이토록 단순한 관념은 없다. 하나로는 다양이나 구성[*1]은 그 그림자도 없다. 감각기관이 관여하는 온갖 사물, 지성의 온갖 관념, 마음의 온갖 사유에는 하나의 관념이 뒤따른다. 그러므로 하나의 관념은 다른 여러 사물과 일치한다는 점에서 우리가 지닌 가장 보편적인 관념일 뿐만 아니라 우리 사유에 가장 친숙한 관념이다. 그것은 수의 경우 (이를테면) 인간·천사·행동·사유에 대체로 존재하거나 상상할 수 있거나 하는 온갖 사물에 적용할 수 있기 때문이다.

2. 수의 양상은 더함으로써 만들어지게 된다

이러한 '수'의 관념을 마음으로 되풀이하고 그 반복을 하나로 더해 수의 양상의 복합관념을 얻을 수 있게 된다. 이를테면 1에 1을 더해 우리는 한 쌍의 복합관념을 얻을 수 있고, 12의 단위를 하나로 해 1타의 복합관념을 얻는다. 이렇게 해서 1스코어라든가 백만이라든가 그 밖에 임의의 수의 복합관념을 얻는다.

3. 저마다의 양상은 별개

수의 단순양상은 모든 단순양상 가운데서 가장 명료하다(또는 구별된다). 그것은 약간의 변동도 모두 하나의 단위이며 단위집성을 가장 가까운 단위집

[*1] 흄은 같은 근거로 기하학의 학문적 엄밀함을 의심한다. Cf. Hume, Treatise., Ⅱ. 4.

성과 명석하게 다르게 하고, 그 명석함은 가장 먼 단위집성과 다르게 하는 것과 같다. 왜냐하면 2가 1과 별개인 것은 200과 별개인 것과 같고, 2의 관념이 3의 관념과 별개인 것은 지구 전체의 크기가 한 마리의 진드기 크기와 별개인 것과 같기 때문이다. 다른 단순양상에서는 이렇게는 안 되며, 그때에는 근접해 있지만 실제로는 다른 두 관념 사이를 구별하기란 우리로서는 그리 쉽지 않고 때에 따라서는 불가능할 것이다. (이를테면) 이 종이의 하양과 다음 정도의 하양과의 차이를 발견하려 하는 자가 있을까? 또는 연장의 약간 초과의 모든 것에 대해서 별개인 관념을 만들 수 있는 자가 있을까?

4. 그러므로 수의 논증은 가장 정확

(이렇게 해서) 수의 양상은 제각기 (수의) 다른 양상에서조차 명석 명료하므로 수의 논증이 연장의 논증에 비해 비록 한층 명증적이고 정확하지 않아도 더 일반적으로 쓰이며, 그 적용은 한층 확증적으로 생각하기 쉽다. 왜냐하면 수의 관념은 연장에서보다 한층 정확하게 구별할 수 있고 연장에서는 동등이나 초과는 그다지 쉽게 관찰되거나 측정되지 않기 때문이다. 우리의 사유는 연장일 때, 단위처럼 그 이상은 사유를 진행할 수 없는 어느 확정된 작은 것에 다다르지 못한다. 따라서 무언가 약간만 초과하는 양 또는 비율은 발견할 수 없는 것이다. 하지만 수에서는 명석하게 그렇지 않고 여기에서는 이미 (앞의 절에서) 기술한 바와 같이 (이를테면) 91은 90의 가장 가까운 초과 수임에도 91을 90과 구별할 수 있는 것은 9000부터인 것과 같다. 그러나 연장에서는 이렇게 안 되며, (이를테면) 대체로 정확히 1인치나 1피트보다 (약간) 많은 것을 1피트 또는 1인치의 기준으로는 구별할 수 없다. 그래서 똑같은 길이로 보이는 선에서 한쪽이 다른 한쪽보다 헤아릴 수 없는 (약간의) 부분만 길 때도 있을 것이고 직각의 바로 다음에 큰 것 같은 각은 누구도 설정할 수 없는 것이다.

5. 이름은 수에 필요

이미 (본 장 제2절에서) 기술한 바와 같이 한 단위의 관념을 되풀이하고, 이것을 하나의 단위에 결부시켜서 우리는 2라는 이름으로 표시되는 하나의 집합관념을 만든다. 이를 계속해서 언제나 1을 더하여 자기가 어느 수에 대해서 지니고 있으며 이름을 부여한 마지막 집합관념에까지 갈 수 있는 사람, 그런 사람은 누구나 헤아릴 수가 있을 것이다. 다시 말해서 그 사람은 여러 단위집합의 관념을, 즉 잇따르는 수에 대해서 일련의 이름을 지니고 저마다 이름과 함께 이 일련을 견지하는 기억을 갖는 한, 서로 구별할 수 있을 것 같은 여러 단위집합의 관념을 가질 수 있을 것이다. 왜냐하면 수를 헤아린다는 것은 언제나 하나의 단위를 더 보태 하나의 관념으로 포괄되는 것으로서 하나에 대해서 하나의 새로운, 다시 말해서 별개인 이름 즉 기호를 부여하고 이에 따라서 이 전체를 앞뒤의 것과 구분하여 알고, 그보다 작은 단위군이나 큰 단위군을 구별하는 일이기 때문이다. 그러므로 1에 1을 더하고, 마찬가지로 2에 더해 모든 수열에 붙여진 별개 이름을 언제나 보유하면서 자신의 계산을 진행할 수가 있으며, 다시 자기 집합에서 1단위를 빼 후퇴해서 수를 적게 할 수가 있는 자, 그런 자는 자신의 언어 범위 안, 다시 말해서 이름을 지니고 있는 모든 수의 관념을 지닐 수가 있다. 하지만 틀림없이 그 이상은 갖지 못할 것이다. 왜냐하면 수의 각 단순양상은 우리 마음속에서는 제각기 단위집성에 지나지 않고 그러한 집성은 다양성을 갖지 못하며 많고 적은 것 외에 아무런 차이도 없으므로, 제각기 별개인 집성의 이름 및 표시는 다른 어떤 종류의 관념보다 필요한 것으로 생각되기 때문이다. 이와 같은 이름이나 표시가 없으면 헤아릴 때 수를 거의 이용할 수 없으니 말이다. 특히 어떠한 큰 단위군에서 집성이 만들어질 때에는 그렇다. 하나로 모아진 집성이 그 집합 자체를 (다른 집성과) 구별하는 이름이나 표시가 결여되면 그와 같은 집성은 혼란스런 집성이다.

6.

이것이 일찍이 나와 대화를 나눈 아메리카 원주민에[2] (그 사람들은 다른 점에서 더 말할 나위 없이 재빠르고 이지적이었다), 20까지는 대단히 잘 헤아렸는데 우리가 할 수 있듯이 1000까지는 도저히 헤아리지 못하고 그 수의 명료한 관념을 갖지 못한 자가 있는 원인이다. 왜냐하면 그 사람들의 언어는 부족하며, 상거래도 수학도 모르는 가난하고 단순한 생활에 약간의 필요한 것에 적응할 뿐이므로 그 언어에는 1000을 나타내는 말이 없었기 때문이다. 그래서 그들은 그와 같은 큰 수의 이야기를 할 때 자신들이 헤아리지 못했던 (수의) 큰

―――――――――
[2] 로크가 대화를 나눈 아메리카 원주민은 분명하지 않음.

무리를 나타내기 위해 자신들의 머리카락을 표시하려고 했다. 이와 같이 헤아리지 못했던 것은 이름이 결여된 데서 왔다고 나는 생각한다. 또 투우피남보족(族)에게는 5 이상 수의 이름이 없다. 이를 넘어선 수는 무엇이건 자신들의 손가락과, 함께 자리한 사람의 손가락을 표시해 만들어 냈다. 그래서 나는 의심치 않는데 우리도 만일 평소에 언어로 헤아리고 있는 것보다 많은 수를 의미 표시하는 적당한 호칭을 발견하기만 하면 그와 같은 수를 언어로 따로 헤아렸을 것이다. 그런데 지금 이름이 붙어 있는 백만의 백만의 백만 등과 같은 방법으로는 10진법으로 18계단 이상, 기껏해야 24계단 이상 혼란 없이 진행하기란 어려울 것이다. 하지만 별개인 이름을 잘 헤아리는 것에, 다시 말해서 수의 유용한 관념을 갖는 것에 얼마나 기여하는지를 보여주기 위해 하나의 수의 표시로서 다음 숫자를 한 줄로 늘어놓아 보자.

이를테면

Nonilions	Octilions	Septilions	Sextilions
857324	162486	345896	437916
Quintilions	Quatrilions	Trilions	Bilions
423147	248106	235421	261734
Milions	Units*3		
368149	623137		

이와 같은 수에 영어로 이름을 붙이는 일상적 방법은 백만의 백만의 백만의 백만의 백만의 백만의 백만의 백만(이것이 두 번째 6의 숫자 이름이다)으로 계속 되풀이하는 것이다. 이 방법에서는 이 수를 (다른 것과) 구별하는 사념을 갖기란 대단히 어렵다. 하지만 모든 6의 숫자에 새롭게 차례대로 올바른 이름을 부여함으로써 위에 든 것이나 훨씬 많은 수열의 숫자를 별개로 헤아리는 것이 쉽게 가능하며, 그 관념은 우리에게 더욱 쉽게 얻어지며 남에게 더욱 알기 쉽게 의미 표시가 가능하지 않을는지 생각해 보기 바란다. 내가 이렇게 말하는 까닭은 단지 헤아리는 것과는 별개인 이름이 그토록 필요한가를 보여주기 위해서이지 내가 고안해 낸 새로운 이름을 도입하려는 것은 아니다.

---

*3 100만의 9(乘). Quintilion-100만의 5승. Quatrilion-100만의 4승. Trilion-100만의 3승. Bilion-100만의 2승 또는 조(兆). Milion-100만. unit-1의 수.

7. 아이들이 어릴 적에 헤아리지 않는 까닭

이로써 아이들은 수의 여러 열(列)을 표시하는 이름이 결여되거나 흩어진 관념을 하나의 복합관념으로 모아 규칙적인 순서로 조절하고 나아가 기억으로 견지하는, 헤아리는 데 필요한 기능이 아직 없다. 따라서 아주 어릴 적에 헤아리는 일은 없으며 상당히 뒤에 다른 많은 관념의 축적을 충분히 갖출 때까지 헤아리는 것이 멀리까지 나아가거나 착실하게 진행하는 일은 없는 것이고, 가끔 관찰할 수 있겠지만 아이들은 20을 말하기 전에 매우 잘 논의하고 추리해 수 이외의 여러 사물의 아주 명석한 상념을 갖는다. 또 어떤 자는 기억이 모자라서 수의 여러 집성을 이 수의 또렷한 순서로 결부된 이름과 함께 견지하지 못하고 대단히 긴 계열의 수열이 이어지는 정도나 상호 의존을 지키지 못해 어느 정도의 수의 계속을 헤아리는 일, 다시 말해서 규칙적으로 더듬어 가는 일을 평생 하지 못한다. 왜냐하면 20을 헤아리려는 사람, 곧 이 수에 대해서 어떠한 관념을 가지려는 사람은 19가 그 앞에 있었음을 19와 20의 순서를 따라 붙여져 있는 다른 이름, 즉 기호와 함께 알아야 한다. 그렇지 않으면 언제나 (수의 열에) 균열이 생겨 연결고리가 끊어지고 헤아려 나갈 수 없게 되기 때문이다. 그러므로 올바르게 헤아리기 위해서는 다음의 것이 요구된다. 1. 하나의 단위를 더하거나 빼는 것만으로 서로 다른 두 관념을 마음이 꼼꼼하게 구별하는 것. 2. 마음은 하나의 단위에서 그 수까지의 여러 집성의 이름, 즉 표시를 기억에 견지하고 혼란스럽게 하는 것이 아니라 수가 잇따라 이어지는 정확한 순서를 지킬 것. 이 어느 한쪽으로 마음이 기울어지면 전체가 흐트러져 (수의) 무리의 혼란스런 관념만 남게 되는데, 또렷하게 헤아리는 데 필요한 관념은 얻지 못할 것이다.

8. 수는 모든 측정 가능한 것을 측정한다

그리고 수에는 다음의 것을 말할 수 있다. 즉 수는 우리가 측정할 수 있는 모든 사물을 측정할 때 마음이 사용하는 것이고, 이 측정할 수 있는 사물이란 주로 확대와 지속이다. 그래서 무한에 대한 우리의 관념을 확대와 지속으로 적용할 때조차 무한한 관념은 수의 무한으로 생각된다. 영원이나 끝없는 우리의 관념은 지속 및 확대의 상상된 부분을 더하기한 끝에 다다를 수 없다는 수의 무한을 수반해 되풀이해서 더하는 것이 아니고 무엇인가? 이와 같이 수야말로 끊이지 않는 축적을 모든 사람에게 또렷하게 하다시피 우리의 다른 모든 관념보다 더 명석하게 우리에게 제공하는 것이다. 어느 인간에게 그가 바라는 만큼 많은 수를 하나의 총계로 모으게 해보자. 수의 이 무리는 아무리 커도 그것에 더하는 기능을 조금도 줄이지 않고, 다시 말해서 수의 끊임이 없는 축적 끝에 그 인간을 조금도 근접하지 못하게 하고 이 축적에는 언제나 제거된 것이 없었다고 했을 때와 마찬가지로 더할 게 많이 남아 있는 것이다. 그래서 마음에 아주 뚜렷한, 수의 이와 같은 끝없이 채우는 것, 또는 부가 가능성(이 언어를 한층 선호하는 자가 있다 치고)은 무한한 가장 명석하며 가장 또렷한 관념을 우리에게 부여하는 것이라고 나는 생각한다. 이는 다음 장에서 더 살펴 보기로 하자.

제17장
무한

1. 무한은 그 본디 취지로는 공간과 지속과 수의 속성이라 할 수 있다

우리가 무한이라는 이름을 부여하는 것이 어떤 종류의 관념인가를 알려고 하는 자가 있다면 무한을 귀속시키는 게 어떤 것인가를 살펴본 뒤에 마음은 무한한 관념을 어떻게 형성하는가를 고찰하는 (이 두 가지의) 일에 의해서 아는 것보다 더 잘 알 수는 없다.

대체로 마음은 유한과 무한을 양(量)의 양상으로 바라보며 먼저 유한 또는 무한이라고 처음 지명할 때에는 다음과 같은 사물의 속성, 즉 부분을 지니고 최소부분을 더하거나 빼거나 해도 증감할 수 있는 사물의 속성에 한한다고 나는 생각한다. 이와 같은 것은 이제까지 (본 권 제13장 이하의) 여러 장에서 고찰해 온 공간과 지속과 수의 관념이다. 과연 만물의 귀착이자 시작인 위대한 신은 헤아릴 수 없이 무한하다고 우리는 굳게 믿지 않을 수 없다. 그렇지만 우리의 약하고 속좁은 사유 가운데서 이 최초의 지고한 자에게 우리의 무한관념을 적용할 때에는 먼저 지속과 '공간적' 편재에, 이어서 더 비유적이라고 생각하는데 본디는 끊이지 않고 헤아릴 수 없는 것 등인 능력·지혜·자애 그밖의 속성에 적용하는 것이다. 이들 능력 그밖의 것을 무한으로 부를 때 이무한에 대해서 우리가 지닌 관념은 다음과 같은 관념 말고는 없다. 즉 신의 능력·지혜·자애의 작용이나 대상의 수 또는 범위는 끝이 없는 수의 완전한 무한을 지니며 우리의 사유 가운데서 그러한 작용이나 대상의 수 또는 범위는 끝이 없는 수의 완전한 무한으로 우리 사유 속에서 그러한 작용이나 대상을 가능한 한 늘려도 신의 속성이 언제나 극복하고 넘어서는 일은 없을 것이라고 말할 정도의 크기, 또는 많은 수라고 결코 상정할 수 없는 (다시 말해서 신의 속성은 그 작용이나 대상의 수나 범위를 넘어 한이 없다는) 어떤 성찰과 암시*1를 수반하는 관념 말고는 없는 것이다. (하지만 그렇게 말해도) 나는 이와 같은 여러 속성이 신에게 존재하는 방식을 말하려는 것은 아니다. 신은 우리의 좁은 능력의 도달 범위를 무한으로 넘는다. 신의 여러 속성은 의심할 것도 없이 온갖 가능한 완전을 안에 포함한다. 하지만 이것이 신의 여러 속성을 헤아리는 우리의 길이며, 이렇게 말하는 것이 신의 여러 속성의 무한에 대한 우리의 관념인 것이다.

2. 유한한 관념은 쉽게 얻을 수 있다

그리고 보면 마음은 유한과 무한을 확대와 지속의 변모로서 바라본다. 따라서 다음에 살펴봐야 할 것은 마음이 무한이라든가 유한이라든가를 어떻게 얻느냐 하는 점이다. 유한의 관념에서는 커다란 어려움은 없다. 우리 감각기관의 감각을 일으키는 연장의 또렷한 구성부분은 유한한 관념을 마음속에 수반하고 시·일·연(年)처럼 시간과 지속을 측정하는 계기의 일상적인 주기는 한계가 지어진 길이이다. 곤란은 영원 및 끝없음이라는 그 무한한 관념을 우리가 어떻게 얻느냐 하는 것이다. 왜냐하면 우리가 만나는 사물은 그와 같은 광대함에 조금도 다가가지 못하며 그것과는 전혀 어울리지 않기 때문이다.

3. 우리는 어떻게 해서 무한한 관념을 얻을까

(이를테면) 1피트처럼 공간의 어느 정해진 길이의 관념을 지닌 자는 누구나 발견하겠지만, 이 관념을 되풀이할 수 있고 이 (반복된 새로운) 관념을 앞의 관념에 덧붙여 2피트의 관념을 만들고, 다시 제3의 관념을 보태 3피트*2로 하며, 이렇게 해서 더하기의 끝에 다다르지 않고 계속 보탤 수가 있다. 이 보태는 것은 1피트와 동일한 관념에서도, 또 원한다면 1피트를 곱절로 한 관념에서도 그밖의 1마일이라든가 지구의 지름 또는 대궤도*3의 지름이라든가, 어떤 길이에

---

*1 intimation. 초판은 imitation. 욜튼판은 '신의 능력·지혜·자애의 작용이건 대상이건 수 또는 범위는—우리의 사유 가운데서 그런 작용이나 대상을 가능한 한 늘려도—신의 속성이 끝나는 일이 없는 수의 완전한 무한으로 언제나 극복하고 넘어서는 일은 없을 것이다' 등으로 되어 있다. 1755년판 코스트 역은 원문의 불명료를 각주한다.
*2 two foot, 3피트—three foot. 욜튼, 저작집, 프레이저의 제판은 feet.
*3 orbis magnus. 태양의 주위를 공전하는 지구 궤도를 가리킨다.

대해서 갖는 관념이라도 상관없다. 왜냐하면 이들 가운데 어느 것을 취하든 몇 번을 배로 하고, 그 밖에 아무리 늘려도 사유 가운데서 계속 배로 해 원하는 만큼 관념을 넓힌 것도 처음 시작한 때에 비해서 멈추는 이유는 많아지지 않으며, 그와 같은 셈의 마지막에 약간이라도 다가가면 발견되기 때문이다. (이렇게 해서) 자신의 공간관념을 더욱 채워 확대하는 능력은 언제나 같은 채로 있으므로 앞으로 무한공간의 관념을 얻을 수 있다.

4. 우리의 공간관념은 한계가 없다

내 생각으로는 마음이 무한공간의 관념을 얻는 방법은 이렇다. (그런데) 이와 같은 한계가 없는 공간이 실제로 존재한다는 관념을 마음이 갖는지 아닌지를 검토하는 것은 전혀 다른 고찰이다. 왜냐하면 우리 관념이 언제나 사물의 존재증거라는 보장은 없기 때문이다. 그러나 이러한 것이 지금 다뤄지고 있는 고찰에 들어 있으므로 나는 말을 해도 좋다고 생각하는데, 우리는 자칫하면 공간 자체를 한계가 없는 것으로 생각하기 쉽고, 이 상상에 공간 또는 확대의 관념 자체가 우리를 자연으로 이끄는 것이다. 왜냐하면 우리는 공간을 물체의 연장으로 생각하거나 어떠한 고체성이 있는 물질에 의해서 점유되지 않고 그것만으로 존재한다고 생각하거나(그와 같은 공허한 공간의 관념을 우리는 갖지 않는다. 나는 물체의 운동에서 그 필연적 존재를 (본 권 제13장 제23절에서) 증명했다고 생각한다) 그 어느 한쪽인데, 그와 같은 공간의 끝을 발견하거나 상정하는 것, 다시 말해서 마음이 아무리 사유를 연장해도 이 공간 안 어딘가에서 마음의 진행이 막히게 되는 일 등은 대체로 불가능하기 때문이다. 물체가 만드는 어떠한 한계도, 견고하기 비길 데 없는 벽조차도 공간과 연장 가운데서 마음이 더욱 나아가는 것을 막는 게 아니라 오히려 마음의 진행을 촉진해 확대한다. 그와 같은 물체가 다다르는 한 누구도 연장을 의심할 수는 없다. 또 우리가 물체의 끝에 이르렀을 때 그곳에서 막아 마음을 다음과 같이 이해시킬 수 있는 것, 즉 공간의 끝에 있지 않다고 마음이 지각할 때, 물체 자체가 공간 속으로 (더욱) 움직이면 마음이 이해할 때 공간의 끝에 있으면 마음을 이해시킬 수 없는 것, 그와 같은 것이 있을까? 왜냐하면 이곳(우리가 있는 이 세계)에서는 물체 간에 아무리 작아도 비어 있는 공간이 물체의 운동에 있어서 필요하며, 물체가 비어 있는 공간 속을 또는 그것을 지나 움직이는 일이

가능하다면, 어떤 물질분자도 빈 공간 속이 아니면 움직이는 일이 불가능하다면 물체 간에 흩어져 있는 공허한 공간만이 아니라 물체의 궁극 한계를 뛰어넘은 공허한 공간으로 물체가 움직일 가능성은 똑같이 명백하게 남아 있을 터이기 때문이다. 하늘의 순수공간의 관념은 모든 물체 끝의 안쪽이건 바깥쪽이건 정확하게 똑같고, 부피(또는 크기)가 달라도 본성은 다르지 않아서 물체가 순수한 공간 속으로 움직이는 일을 막는 사물은 아무것도 없다. 그러므로 마음이 어느 사유에 의해서 마음 자체를 물체의 사이에 두건, 물체에서 멀리 떨어진 곳에 두건 마음은 이 한결같은 공간관념 속에서 한계와 끝을 어디에서도 발견하지 못하고, 더 나아가 공간의 본성 자체와 각 부분의 관념에 의해서 공간은 실제로 무한하다고 필연적으로 결론을 짓지 않으면 안 된다.

5. 지속의 관념도 그렇다

(이와 같이) 공간관념을 몇 번이고 생각하는 만큼 되풀이한다는, 우리 자신 속에 발견되는 능력에 의해서 그러한 끝없는 관념을 얻게 되는데 그와 마찬가지로 우리는 자기 마음에 있는 지속의 어느 길이의 관념을 되풀이할 수 있어 언제까지나 끝남이 없이 수를 채울 수 있다는 점에서 영원한 관념을 얻는다. 그것은 우리가 수의 끝남에 이를 수 없는 것과 마찬가지로 이와 같은 (지속이) 되풀이되는 관념의 끝에 이를 수가 없다고 자기 자신 안에서 발견해 모든 사람이 자기는 할 수 없다고 보는 것이다. 하지만 여기에서 지속이 영원이었던 것과 같은 어느 실재의 존재가 있었는지를 아는 것은 우리가 영원한 관념을 갖는 일과는 전혀 다른 문제이다. 이에 대해 말하면, 현재 존재하는 어떤 사물을 생각하는 사람은 필연적으로 영원한 어느 사물에 이르지 않으면 안 된다. 그렇지만 이 점은 다른 곳(즉 제15장 제4절)에서 말해 두었으므로 더는 언급하지 않고 무한관념의 다른 고찰로 나아가기로 한다.

6. 왜 (공간과 지속보다) 다른 관념은 무한일 수 없는가

(그런데) 만일 우리의 무한관념이 자기 자신의 관념을 끝없이 되풀이할 수 있다는 우리가 지닌 관찰 능력을 얻을 수 있는 것이라면, 왜 우리는 무한을 공간관념 및 지속관념만이 아니라 다른 여러 관념으로 귀속시키지 않는 것인가 물을지도 모른다. 그것은 다른 관념도 공간이나 지속의 관념과 마찬가지로 쉽

게, 또 가끔 우리 마음속에서 되풀이할 수 있기 때문이다. 이에 나는 대답한다. 대체로 부분을 갖는 것으로 생각되고 무언가 같은 부분이거나 그보다 작은 부분을 보태서 늘릴 수 있는 관념은 모두 이 반복에 의해 우리에게 무한한 관념을 갖게 한다. 왜냐하면 이 끝이 없는 반복에서 끝이 있을 리가 없는 확대가 이어지기 때문이다. 하지만 다른 관념에서는 그렇지 않다. 왜냐하면 내가 현재 지닌 가장 큰 연장관념 또는 지속관념에 어떠한 가장 작은 부분을 보태면 어떤 증대가 되는데 (이를테면) 가장 하얀 것에 대해서 내가 지닌 가장 완전한 관념은, 비록 그보다 작거나 똑같은 하얀 관념을 보태도 (그리고 내가 지닌 것보다 더한층 희다는 관념은 비교의 관념에 지나지 않으므로 보태지 않는다) 증대되지는 않고 나의 관념은 조금도 확대되지 않기 때문이다. 그러므로 희다는 등의 여러 다른 관념은 정도로 불린다.

그것은 부분으로 이루어지는 관념은 최소부분을 보탤 때마다 증가할 수 있는데 만일 (예를 들어) 눈 한 송이가 어제 당신의 시각에 생긴 하양의 관념과 오늘 보는 또 한 송이의 눈으로부터 또 하나의 하양의 관념을 받아들여 당신 마음속에서 하나로 만들었다고 해도 그 두 관념은 이른바 합체를 해 하나가 되어도 하양의 관념은 전혀 증대하지 않는다. 또 우리가 작은 정도의 하얀 것을 큰 정도의 하얀 것에 보태면 증대시키기는커녕 감소시킨다. 부분으로 이루어지는 것이 아닌 관념은 사람들이 선호하는 어떤 비율로도 증가하지 못하고 감각기관이 받아둔 것을 뛰어넘어 커질 수가 없다. 하지만 공간·지속·수는 반복에 의해서 증대할 수 있으므로 그 이상이라는 끝없는 여지의 관념을 마음에 남기고 더욱 보태는 일에, 다시 말해서 나아가는 것에선 어떤 곳에서도 정지를 상상할 수 없다. 따라서 이러한 관념만이 우리 마음을 무한한 사유로 이끄는 것이다.

7. 공간의 무한과 무한한 공간의 차이

대체로 우리의 무한관념은 양(量)을 정관(靜觀)하는 것에서 시작해 양이 원하는 것만큼의 구성부분을 되풀이해서 보충함으로써 마음이 양 속에 만들 수 있는 (양의) 끝없는 증대에서 일어나는 것이다. 그렇지만 마음이 지닐 것으로 생각되는 어느 상정된 양관념에 무한을 결부시켜 나아가 어느 무한량에 대해서, 즉 무한공간 또는 무한지속에 대해서 논의나 추리를 할 때에는 우리의 사유에 커다란 혼란을 낳게 되리라 추측된다. 왜냐하면 우리의 무한관념은 내 생각으로는 하나의 끝없이 성장하는 관념인데 마음이 지닌 어떠한 양의 관념은 그때 그 관념으로 끝나므로(그것은 아무리 그 관념이 커도 현재 있는 것보다 커지지는 않는다) 이 관념에 무한을 결부시키는 것은 어느 성장(폭 또는 크기)에 어느 (양이라는) 정상적인 척도를 맞추는 일이기 때문이다. 그러므로 내가 공간의 무한이라는 관념과 무한한 공간이라는 관념을 꼼꼼하게 구별해야 한다 말해도 무의미한 속임수는 아니라고 생각한다. 공간의 무한관념은 마음이 원하는 만큼 반복된 공간관념에 대해서 상정된 끝없는 마음의 진행에 지나지 않는데, 무한공간의 관념을 마음에 실제로 갖는 것은 끝없는 반복이 마음에 결코 전체를 표상할 수 없는 것과 같은 거듭된 공간관념의 모든 것을 마음이 이미 지나쳐 현실로 바라보는 것을 상정하고 누구나 알 수 있는 모순이 그 안에 들어오고 있는 것이다.

8. 우리는 무한공간의 관념을 갖지 않는다

이 점은 틀림없이 수로 고찰하면 좀더 알기 쉬울 것이다. 수의 무한, 즉 더하기의 끝에 다가가는 일이 없으면 누구나 보게 되는 수의 무한은 이를 성찰하는 사람 누구에게나 명확하다. 하지만 수의 무한의 이와 같은 관념이 어느 정도 명확해도 무한수의 현실적 관념의 불합리는 매우 뚜렷하다. 어느 공간, 지속, 또는 수에 대해서 우리가 마음에 지닌 실정관념은 아무리 커도 여전히 유한이다. 그런데 내가 끊이지 않는 나머지를, 즉 모든 한계가 사라지고 마음은 결코 완성하지 않고 끝없이 사유를 진행한다고 인정되는 끝이 없는 나머지를 상정할 때 우리의 무한관념을 얻을 수 있다. 이 관념은 그 안에서 끝의 부정 이외에 어떠한 사물도 고찰하지 않을 때 꽤 명석한 것으로 생각된다. 그러나 우리 마음에 무한공간 또는 무한지속의 관념을 형성하려 할 때에는 이 관념은 서로 모순되지는 않더라도 매우 다른 두 부분으로 만들어지기 때문에 대단히 또렷하지 않고 혼란하다. 그러니까 어떤 사람에게 그 생각대로 커다란 어느 공간 또는 수의 관념을 형성하게 하자. 누구나 알 수 있듯이 마음은 무한관념, 즉 끝없는 진행의 상정 속에 있는 무한관념과 반대인 관념에서 멈추어 이 관념으로 끝나는 것이다. 그러므로 우리는 무한공간이나 무한지속 따위에 대해서 논의하고 추론할 때 매우 당황하게 된다. 왜냐하면 이와 같은 관념의 여러 부분은 정합(整合)하지 않는데도 그렇게는 알아차리지 못해 어느 쪽이건, 다른 쪽에서 끄집어 내는 결론을, 어떤 결론이건 언제나 헷갈리게 하고 교란시키기 때문이다. 이것은 마치 통과하지 않는 운동이라는 관념이 있으면 그와 같은 관념에서 통과하는 어떤 사람이든지 혼란스럽게 만드는 것과 같으며, 이 관념은 정지하는 운동이라는 관념보다 뛰어나지는 않다. 그래서 이와 같은 관념의 또 하나가 무한공간 또는 (똑같은 것인데) 무한수의 관념, 즉 마음이 실제로 바라보고 끝나는 공간이나 수의 관념이고 또한 끊임없이 그침이 없이 확대 진행해 마음의 사유가 결코 다다르지 못하는 공간이나 수의 관념인 것 같다. 왜냐하면 아무리 커다란 공간관념도 내가 마음에 받아들이면 이 관념은 다음 순간에는 배가할 수 있고 나아가 무한으로 배로 할 수 있어도 내가 이 관념을 지니고 있는 순간에는 그 관념이 있는 이상으로 광대하지는 않기 때문이다. 한계가 없는 것, 그것만이 무한하며 우리의 사유가 조금도 한계를 발견할 수 없는 것, 그것이 무한의 관념이다.

9. 수가 무한의 가장 명석한 관념을 우리에게 제공한다

그러나 수야말로 온갖 관념 가운데서 이미 (앞장 제8절에서) 언급해 둔 바와 같이 우리가 할 수 있는 가장 명석하고 또렷한 무한관념을 제공하는 것으로 생각된다. 왜냐하면 공간이나 지속에서도 마음이 무한관념을 추구할 때 마음은 거기에서 (이를테면) 마일이나 연(年)의 수백만의 수백만과 같은 수의 관념과 수의 반복을 이용하는 것이고, 이 마일이나 연의 수백만의 수백만이라는 것은 그만큼 많은 별개의 관념이며 수가 가장 잘 이것을 (관념의) 혼란한 집적에, 즉 마음이 자기 자신을 상실하는 혼란한 집적으로 빠져들지 않도록 하는 것이기 때문이다. 거기에서 마음이 공간 또는 지속의 알려진 길이를 원하는 만큼 몇 백만 따위로 채워버릴 때, 무한에 대해서 마음이 얻을 수 있는 가장 명석한 관념은 끝없이 더할 수 있는 수의 정지 또는 한계의 전망을 제공하지 않는 막연하고도 헤아릴 수 없는 나머지이다.

10. 수·지속·확대의 무한에 대한 우리의 다양한 상념

수는 흔히 무한으로는 생각되지 않는데 지속과 연장은 무한으로 생각되기 쉽다는 점을 고려하면 틀림없이 무한에 대해서 우리가 지닌 관념을 좀더 뚜렷하게 해 무한이란 우리 마음에 또렷한 관념이 있는 일정한 부분에 적용된 수의 무한임을 우리에게 알려줄 것이다. (왜 수의 무한을 말하면서 수는 무한하지 않다 생각하며 지속이나 연장은 무한하다고 생각하는가?) 이와 같은 일은 수에서 우리가 이른바 하나의 종말에 있는 것에서 생긴다. 왜냐하면 수에서는 하나의 단위보다 작은 것은 없으므로 그 단위가 있는 곳에서 우리는 멈추고 끝에 있는 것이기 때문이다. 하지만 수를 채울 때, 다시 말해서 수의 증대에서 우리는 한계를 둘 수 없다. 따라서 수를 채우는 것은 한쪽 끝이 우리로 끝나면서 다른 한편에서는 우리가 상상할 수 있는 모든 것을 뛰어넘어 더욱 앞으로 뻗어 있는 선과 같은 것이다.

그런데 공간이나 지속에서는 이렇지 않다. 왜냐하면 (먼저 지속으로 말하자면) 지속에서 우리는 지속을, 이 수의 선이 양쪽으로, 상상할 수 없으며 확정되지 않고 무한인 것 같은 어느 길이로 뻗는 것처럼 생각하기 때문이다. 이 점은 영원에 대해서 무엇을 생각할 것인가를 성찰하려는 자에게는 뚜렷하다. 그와 같은 자는 발견하게 되리라 나는 생각하는데 영원은 수의 이 무한을 양쪽으로, (학원) 사람들이 이야기하는 앞부분과 뒷부분으로 향하는 것에 다름 아니다.

앞부분으로의 영원을 생각하려고 했을 때, 우리는 자기 자신과 자기가 있는 현재에서 시작해 연(年)이라든가 시대라든가 그 밖에 지나간 지속이 있는, 설정할 수 있는 구성부분의 관념을 마음속에서 되풀이하면서 수의 온갖 무한으로 이렇게 채워 가는 전망을 갖는 일 말고 무엇을 할 것인가? 또 뒷부분에 영원을 생각하려고 했을 때 우리는 바로 똑같은 비율로 자기 자신부터 시작해 앞으로 다가올 주기를 중복해서 헤아리고 언제나 수의 그 선을 전과 마찬가지로 연장한다. 그리고 이 둘이 하나로 합쳐지면 우리가 영원으로 부르는 그 무한지속인 것이다. 이 영원은 우리가 시선을 앞쪽이나 뒤쪽 그 어느 쪽으로 돌릴 때 무한으로 보인다. 왜냐하면 우리는 언제나 그쪽으로 수의 무한한 종말을, 즉 언제나 채우는 능력을 향하기 때문이다.

11.
똑같은 일이 공간에서도 발생한다. 공간에서 우리는 자기 자신이 중심에 있는 줄로 상상해 수의 어느 확정할 수 없는 선을 모든 방향으로 추구하고 (이를테면) 야드·마일·지구 또는 큰 궤도의 지름을 수의 무한에 의해서 우리 자신이 어느 방향으로나 헤아리면서 생각할 수 있는 한 몇 번이고 선에 선을 보탠다. 그리고 수에 한계를 두는 이유가 없는 것과 마찬가지로 그런 되풀이된 관념에 한계를 둘 까닭이 없으므로 우리는 끝없음이란 그 확정할 수 없는 관념을 갖는 것이다.

12. 무한가분성

또 물질의 어느 부피에서 우리의 사유는 결코 궁극의 가분성(可分性)에 이를 수 없다.[4] 따라서 그곳에도 우리에게 있어서 뚜렷한 무한이 있으며 그와 같은 것에는 또 수의 무한도 있다. 단, 다음의 점은 다르다. 공간 및 지속의 무한이라고 말하기 전의 고찰에서 우리는 수를 더하기만 하는데(물질의 무한가분성이라고 말하는) 이것은 단위를 작게 분할하는 일과 같은 것이다. (하지만) 여기에서도 마음은 전에 (공간과 지속에서 수를) 채운 것과 똑같이 무한으로 나아갈 수가 있다. 왜냐하면 작은 조각으로의 분할은 실제로 새로운 수를 언제나 채우는 일과 같기 때문이다. 물론 공간을 채울 때에 우리가 무한으로 큰 공간의 실정관념을 가질 수 없는 것과 마찬가지로 물질의 분할에서도 무한히 작은 물체의 (실정적인) 관념을 가질 수는 없다.[5] 우리의 무한관념은 언제나 한계 없이 나아가 어디에도 멈출 수 없이 성장해 달아나는 관념인 것이다.

13. 무한한 실정관념은 없다

대체로 현실의 무한수에 대해서 실정관념(實定觀念)을 가졌다고 말할 정도로 불합리한 자는 발견하기 어려우리라 나는 생각한다. 수의 무한은 단지 어느 단위집성(單位集成)을 앞에 있는 수로 언제나 채우는 능력, 그것도 뜻대로 길게 많이 채우는 능력에만 있다. 또 공간과 지속의 무한한 경우와도 닮았고, 그러한 무한이란 능력은 끝없이 보충하는 가능성을 언제나 마음에 남기는 것

---

[4] 여기에서는 제15장 제9절과 달리 연장의 무한가능성을 인정한다. 그러나 '궁극의 가분성에 이를 수 없다'는 것은 '우리의 사유'이다. 뒤에 제23장 제31절에서는 무한가분성이 어려운 문제임을 고백한다.

[5] 물질 또는 물체의 무한으로 작은 관념은 없고, 실정적으로는 감지할 수 있는 아주 작은 것에 머문다.

이다. 더구나 무한한 지속 및 공간의 실정적인 관념을 갖는다고 상상하는 자가 있는 듯하다. 이와 같은 무한한 실정적인 관념을 깨뜨리려면 이 관념을 지닌 자를 향해서 더욱 채울 것인지 아닌지를 물으면 충분할 것이다. 이 물음은 그와 같은 실정적인 관념의 잘못을 쉽게 보여줄 것이다. 나는 생각하건대 (이를테면) 피트나 야드 또는 일(日)과 연(年)의 거듭된 수로 만들 수 없고 이것과 같은 양이 아닌 것 같은, 어떤 공간 또는 지속의 실정적인 관념도 우리는 가질 수가 없다. 그런 피트 따위는 우리 마음에 그 관념이 있고, 그것으로 그와 같은 종류의 양의 크기를 판정하는 공통 척도인 것이다.

그러므로 무한공간 또는 무한지속의 관념이 반드시 무한한 부분으로만 만들어져야 하는 한 이 관념은 언제나 더욱 채울 수 있는 수의 무한보다 다른 무한을 가질 수 없으며, 무한수의 현실적·실정적인 관념을 가질 수 없다. 왜냐하면 나는 뚜렷하다고 생각하는데 (실정적인 관념을 우리가 지닌 모든 길이의 경우처럼) 유한한 사물을 함께 채우는 것은 수가 낳는 무한관념 이외에 무한관념을 결코 낳지 못하기 때문이다. 수는 유한한 단위를 서로 채우는 것에서 이루어지므로 단지 다음과 같은 능력에 의해서만, 즉 총수를 언제나 늘려서 같은 종류의 총수를 더욱 채우면서 이와 같은 (수의) 진행의 끝에 조금이라도 접근하지 않는다는, 우리에게 있으면 발견되는 능력에 의해서만 무한관념을 암시하는 것이다.

14.

무한관념이 실정적임을 증명하려는 자는 종말의 부정에서 얻게 되는 하나의 유쾌한 논의에 의해서 증명을 하는 것 같다. (그 증명에 의하면) 종말은 부정적이므로 종말의 부정은 (긍정적 또는) 실정적이다. (그러나) 물체에서는 종말이 그 물체의 말단 내지 면(面)임을 고찰하는 자는 틀림없이 종말이 단순한 부정이라고 앞질러 인정하지는 않을 것이다. 자신의 펜 끝이 검다거나 희다고 지각하는 자는 이 종말을 단순한 부정 이상의 어떤 사물로 생각하기 쉬울 것이다. 또 지속에 적용할 때에도 종말은 존재의 단순한 부정이 아니라 한층 적절하게 말해서 지속의 마지막 순간이다. 하지만 종말은 존재의 단순한 부정에 지나지 않는다고 주장하는 자가 있다 해도 확실히 그 사람들은 시초가 존재의 첫 순간이고, 누구도 단순한 부정으로 상상하지 않음을 부정할 수 없다.

그러므로 그 사람들 자신의 논의에 의해서도 영원한 이전 부분에 대한 관념, 즉 시초가 없는 지속의 관념은 단순히 부정적인 관념이다.

15. 우리 무한관념 안의 실정적인 것, 부정적인 것

고백하건대 무한한 관념은 우리가 이를 적용하는 모든 사물 가운데에 실정적인 어느 사물을 지니고 있다. 우리가 무한공간 또는 무한지속을 생각하려 할 때 우리는 보통 틀림없이 수백만의 시대라든가 수백만 마일과 같은 매우 드넓은 관념을 만들어 다분히 이를 몇 번이나 곱절로 중복한다. 이와 같이 내가 나의 사유 가운데서 쌓아두는 것은 모두 실정적이고, 공간 또는 지속의 많은 실정관념의 집단이다.

그런데 이를 뛰어넘어 남는 것에 대해서는 (이를테면) 선원이 바다의 깊이에 명료한 실정적 생각을 갖지 않듯이 또렷한 실증적 생각을 갖지 않는다. 바다에서 선원은 측심연(測深鉛)의 긴 구성부분을 내리는데 바닥에 닿지 않는다. 그래서 선원은 또렷한 생각을 전혀 갖지 않는다. 만일 선원이 언제나 새로운 선을 보충할 수 있고 측심연이 언제나 가라앉아 결코 멈추지 않는 것을 발견했다면 선원은 무한이 완성한 실정적인 관념에 닿으려는 마음의 자세가 얼마간 있을 것이다. 이런 경우 이 측심연이 10넓이의 길이이건, 1만 넓이의 길이이건 측심연은 이를 초월하는 것을 똑같이 발견해 이것이 전부가 아니고 더욱 갈 수 있다는 막연한 비교의 관념만을 부여한다. (마찬가지로) 마음이 어느 공간을 이해하는 한, 마음은 그만큼 그 공간의 실정적인 관념을 지닌다. 하지만 이 공간을 무한으로 하려고 노력하면 공간은 언제나 더 크게 하고 언제나 전진하므로 관념은 언제나 불완전하며 미완성이다.

마음이 크기를 예상해 바라보기만 하는 공간은 지성의 명석한 그림이고 실정적이다. 그러나 무한은 더욱 크다. 1. 그리고 보니 그것만이라는 관념은 실정적이고 명석하다. 2. 한층 크다는 관념도 명석하다. 다만 이것은 비교의 관념에 지나지 않는다. 3. 이해할 수 없을 정도로 크다는 관념, 이것은 누구나 알 수 있듯이 부정적이며 실정적이지 않다. 왜냐하면 어느 연장의 여러 차원에 대해서 이를 이해하는 관념을 갖지 않는 자는 이 연장의 광대함의 명석한 실정관념(이것이 무한의 관념이고 탐구되는 것이다)을 갖지 않는데, 무한한 것에 이와 같은 관념을 요구하는 자는 없다고 나는 생각하기 때문이다. 어떤 사람이 어느 양이 어느 정도로 큰지를 모르고 그 양의 명석한 실정관념을 갖는다고 말하는 것은 (이를테면) 바닷가 모래가 어느 정도 많이 있는지를 모르고 단지 20 알쯤으로만 아는 자가 모래 수의 명석한 실정관념을 갖는다고 말하는 것과 같은 정도로 이치에 닿는다. (다시 말해서 같은 정도로 불합리한 것이다.) 왜냐하면 다음과 같이 말하는 자, 즉 무한공간 또는 무한지속은 10이나 100이나 1000이나 그 밖에 어느 수의 마일 또는 연(年)의 범위 또는 지속이라는, 자신이 실정관념을 갖는 것, 또는 지닐 수 있는 것보다 크면 그렇게 말하는 자는 무한공간 또는 무한지속에 대해서 마침 그와 같이 완전하고 실정적인 (실은 불완전하며 부정적인) 관념을 지니고 있는 것이며, 나는 이것이 무한에 대해서 우리가 지닌 관념의 모든 것이라 생각하는 것이다. 그러므로 무한으로 향해 우리의 실정관념을 뛰어넘고 있는 것은 또렷하지 않은 것 안에 있고 부정적 관념의 불확정한 혼란을 지니고 있다. 이럴 때 나는 내가 이해하려는 모든 것이 (인간처럼) 유한하고 좁은 능력에는 지나치게 드넓으므로 이를 이해하지 않고 이해하지 못하는 것으로 알고 있는 것이다. 그래서 그와 같은 것은 실정적이고 완성된 관념과는 꽤 멀다고 말하지 않을 수 없다. 거기에서는 내가 이해하려는 것의 가장 큰 부분이 더욱 크다는 불확정한 암시 아래에 있는 (것뿐인) 것이다. 그것은 어느 양으로 이것만 측정해 버리고, 또는 이 정도로 해버리고 아직 끝나지 않았다고 말하는 것은 그 양이 더욱 크다고 말하는 것일 뿐이다. 그러므로 어느 양으로 종말의 부정을 다르게 말하면 그 양이 더욱 크다고 말하는 것뿐이며, 종말의 전면적 부정은 양의 사유를 진행해 나갈 때 그 전부에 걸쳐서 언제나 더욱 큰 것을 수반하고 있고 양에 대해서 지닌 관념 또는 더욱 상정할 수 있는 모든 관념에 언제나 더 크다는 관념을 채우고 있는 것에 지나지 않는다. 그런데 이와 같은 관념이 실정적인지 아닌지는 생각해 보기 바란다.

16. 무한지속의 실정관념은 없다

또 영원한 실정관념을 지녔다고 말하는 자에게 나는 묻는데 그 사람의 지속관념 가운데 계기(繼起)가 포함되는가? 만일 포함되지 않는다면 지속을 영원한 자에게 적용했을 때와 유한한 자에게 적용했을 때, 그 사람들의 지속사념(持續思念)의 차이를 보여주어야 한다. 왜냐하면 나뿐만 아니라 그 밖에도 그 사람들을 향해 이 점에서의 지성의 나약함을 고백해 지속에 대해서 자신들이 지닌 사념은, 지속하는 어떤 것도 어제보다 오늘이 길게 이어지고 있다고 생각케 하면 그렇게 인정하려는 사람이 틀림없이 있을 터이기 때문이다. 또 영원한 존재와 관련해 지속을 회피하기 위해 누군가가 학원에서 말하게 되는 정지점(靜止點)*6에 구원을 요청한다고 해도, 나는 생각하건대 그 사람들이 이로써 사태를 개선하는 일은 매우 적을 것이다. 다시 말해서 무한지속이 한층 명석하고 실정적인 관념의 도움이 되는 일은 매우 적을 것이다. 왜냐하면 나로선 계기가 없는 지속만큼 상상할 수 없는 사물은 없기 때문이다. 그리고 이 정지점은 비록 어떤 사물을 뜻한다고 해도 양은 아니므로 유한하다거나 무한하다는 것은 정지점에 속하지 않는다. 하지만 만일 우리의 약한 인지력이 어떤 지속에서도 계기를 분리할 수 없다면 우리의 영원한 관념은 어느 사물이 존재하는 지속순간의 무한계기 관념 말고는 어떤 사물도 있을 리가 없다. 그래서 누구나 (무한계기라고 할 때) 현실의 무한수의 실정관념을 갖거나 또는 가질 수 있는지, 나는 그 사람이 자신의 무한수가 매우 커서 더 이상 채울 수 없을 정도가 될 때까지 생각해 주기 바란다. 그렇게 하면 그 사람은 수를 늘릴 수 있는 한, 무한수에 대한 자신의 관념이 실정적 무한에는 지나치게 빈약하다고 스스로 생각할 것이다. 그 점을 나는 걱정한다.

17.

대체로 자기 자신의 존재 또는 무언가 다른 존재를 검토만이라도 하려고 하는, 자주 사물을 생각하는 모든 이지적인 피조물에게 있어서 시작이 없이 영원히 현명한 자라는 사념을 갖는 것은 피하기 어렵다고 나는 생각한다. 그리고 무한지속의 이와 같은 관념을 나는 확실히 지니고 있다. 하지만 처음의 이 부정은 어느 실정적인 사물의 부정과 같으므로 먼저 이 부정이 무한한 실정관념을 나에게 주는 일은 없다. 나는 내 생각을 무한한 실정관념에까지 미치고자 애쓸 때 언제나 어찌할 바를 모르게 된다 고백하고, 무한한 실정관념의 명석한 이해를 얻기란 전혀 불가능하다는 사실을 발견하는 것이다.

---

*6 punctum stans. 아리스토텔레스가 주장하고 스콜라철학이 이어받았다.

18. 무한공간의 실정관념은 없다

(더욱이) 무한공간의 실정관념을 지녔다고 생각하는 자는 이 관념을 고찰할 때 최소공간의 실정관념을 갖지 않는 것과 마찬가지로 최대공간의 실정관념을 가질 수 없음을 알게 될 것이다. 왜냐하면 둘 가운데 쉬운 것처럼 보이고 우리의 이해범위 안에 있는 것처럼 보이는 최소공간에서도 우리는 자기에게 실정관념이 있는 아무리 작은 것보다 언제나 작을 것이라는 작음의 비교관념을 가질 뿐이기 때문이다.

대체로 어느 양의 실정관념은 모두 크건 작건 언제나 한계를 지닌다. 다만 비교의 관념은 이에 따라서 큰 것에 채우고 작은 것에서 취하는 것이 언제나 가능하며 한계를 갖지 않는다. 크건 작건 남는 것은 우리가 지닌 실정관념에 포괄되지 않고 따라서 또렷하지 않은 채로 있으며, 우리는 이 남은 것에 어쩔 수 없이 큰 쪽을 늘리고 작은 쪽을 줄이는 능력 말고는 관념을 갖지 않기 때문이다. (이를테면) 절굿공이와 절구는 수학자의 더할 나위 없이 날카로운 사유와 마찬가지로 어떤 물질분자도 바로 불가분성으로 다가올 것이다. 또 철학자가 마음의 매우 빠른 비상에 의해서 무한공간에 다다르고, 또는 생각에 의해서 무한공간을 이해하는 것과 마찬가지로 양을 검사하는 자는 그 측량 고리에 의해서 무한공간을 바로 측정할 것이다.

이와 같은 일이 무한공간의 실정관념을 갖는 것이다. (하지만 그때에는 이미 무한공간이 아니고 유한한 공간이며 나머지 공간의 관념은 실정적이지 않다. 무한가분성을 말하자면 예를 들어) 지름 1인치의 정육면체를 생각하는 자는 이 정육면체의 명석하고 실정적인 관념을 마음에 지니고 있으며 나아가 2분의 1, 4분의 1, 8분의 1의 (실정적인) 관념을 마음에 형성해 결국에는 꽤 작은 어느 사물에 대해서까지 마음속으로 관념을 갖게 될 수가 있다. 그렇지만 이 사람은 분할이 낳는 어떤 헤아릴 수 없는 작은 관념에는 다다르지 않는다. 작음의 나머지는 처음 시작했을 때와 마찬가지로 그 사람의 생각이 미치지 않은 곳이고, 그러므로 무한가분성의 귀결인 듯한 (한없는) 작음의 명석하고 실정적인 관념을 도저히 갖게 되지 않는 것이다.

19. 우리 무한관념의 실정적인 것, 부정적인 것

무한을 멀리서 보는 자는 누구나 이미 (본 장 제3절에서) 말한 것처럼 먼저 바라보고 공간이건 지속이건 무한을 적용하려는 것에 꽤 드넓은 관념을 만들며 이 첫 번째 커다란 관념을 마음속에서 중복함으로써 생각을 지치게 한다. 그러나 이렇게 해도 실정적 무한관념을 만들어내기 위해 남는 것의 명석한 실정관념을 지닌 쪽에 조금도 접근하지 못하게 되는 것은 농부가 강의 물길로 흘러와 이윽고 흘러가 버리는 물에 명석한 실정관념을 갖지 못하는 것과 같다.

강의 흐름이 그치는 것을 기다리는 시골 사람이다.

더구나 강물은 소용돌이치면서 흐르고

미래영겁으로 흐를 것이다.

20. 영원의 실정관념은 갖지만 공간의 실정관념은 갖지 않는다고 생각하는 사람이 있다

내가 만난 사람 가운데 무한지속과 무한공간에 대단한 차이를 두고 자기들은 영원의 실정관념을 갖지만 무한공간의 (실정) 관념은 갖지 않거니와 가질 수 없다고 굳게 믿는 자가 있다.[7] 이 잘못의 원인을 나는 이렇게 생각한다. 즉 그 사람들은 원인 결과를 제대로 파악하여 어느 영원한 존재를 허용할 필요가 있고 나아가 자신의 영원한 관념을 채우는 존재, 이것과 같은 양의 존재로서 이 영원한 존재의 실재를 생각하는 것이 필요함을 발견하게 된다. 한편 물체가 무한하다는 것은 필요치 않으며 반대로 뚜렷이 불합리하다는 것을 발견한다. 따라서 이 사람들은 무한물질의 관념을 갖지 못하기 때문에 무한공간의 관념을 갖지 못한다고 일찌감치 결론을 내린다. 이 귀결은 내가 생각하건대 매우 좋지 않은 판단이다. 왜냐하면 물질의 존재는 공간의 존재에 조금도 필요치 않고 그 점은 지속이 운동 또는 태양에 의해서 측정되어 있음에도 운동 또는 태양의 존재가 지속에 필요치 않은 것과 같기 때문이다. 그래서 나는 의심치 않는데 인간은 1만 년이나 오랜 물체가 없어도 이 세월의 관념을 가질 수 있는 것과 마찬가지로 1만 마일 제곱 정도로 큰 물체가 없어도 이 크기의 관념을 가질 수 있다. 물체가 (없는) 빈 공간관념을 갖는 것은 (이를테면) 밀이 들어 있지 않은 1부셸의 용적이나, 견과의 핵이 없는 속 빈 껍질을 생각하는 것과 마찬가지로 쉽다. 우리가 공간의 무한에 대한 관념을 갖는다고 해서 무한

---

*7 데카르트파를 가리킨다. Cf. Descartes, Pricipia, I. 27. 본 절의 논지는 제15장 제4절에서 이미 볼 수 있다.

연장의 고체성이 있는 물체가 존재할 필요가 없는 것은, 무한지속이 있는 관념을 가졌다고 해서 세계가 영원일 필요가 없는 것과 같다. 그러면 지나간 무한지속과 마찬가지로 다가올 무한지속의 명석한 관념을 갖게 됨을 우리가 발견할 때, 왜 우리의 무한공간 관념은 이를 지지하는 물질의 실재를 요구한다고 생각하는가?

그렇지만 (미래의 무한지속의 명석한 관념이라고 말했는데) 그 미래의 지속에 어떠한 사물이 존재한다거나 존재했었다고 상상할 수 있다 믿는 자는 아무도 없으리라 나는 생각한다. 또 미래의 지속에 대한 우리의 관념을 현재 또는 과거의 존재와 결부시킬 수 없는 것은 어제, 오늘, 내일의 여러 관념을 똑같게 하거나 과거 시대와 미래 시대를 하나로 엮어 동시로 만들 수 없는 것과 같다. 하지만 (만일 무한공간의 관념을 부정하는) 이런 사람들이 신은 의심 없이 영원부터 존재했는데 무한공간과 똑같이 연장이 실재하는 물질은 없으므로 무한공간의 관념보다 명석한 무한지속의 관념을 갖는다는, 그와 같은 의견이라면 (다른 철학자, 즉) 신의 영원한 존재에 의해서 무한공간을 차지할 수 있다고 주장하는 철학자는 무한지속과 마찬가지로 무한공간의 명석한 관념을 갖는 것으로 인정되어야 한다. 그러나 어느 쪽의 논자도, 어느 쪽의 경우에도 무한한 실정관념을 조금도 갖지 않는다고 나는 생각한다.

그것은 어떠한 양에 어떤 사람이 마음에 갖는 어떤 실정관념도, 그 사람은 되풀이해서 앞의 관념에 쉽게 보탤 수가 있고 그 점은 (이를테면) 그 사람이 지닌 길이의 실정관념인 2일이라든가 2보폭이라든가 하는 관념을 쉽게 채우고 나아가 원하는 만큼 길게 채우는 것과 같은데, 이 방법으로 만일 어느 인간이 지속이건 공간이건 무한한 실정관념을 갖는다고 하면 그 사람은 두 가지 무한을 서로 채울 수가 있을 것이다. 하나의 무한을 다른 하나의 무한보다 무한으로 크게 할 수 있었을 것이다. (이것은) 논박을 하기에는 지나치게 불합리하다.

21. 무한으로 상정된 실정관념이 잘못의 원인

이제까지 고찰해 왔음에도 무한의 명석하며 실정적 이해가 가능한 관념을 지닌다고 굳게 믿는 사람들이 있으면 그들은 자신의 특권을 마땅히 누려야 한다. 나는 (그런 관념을 갖지 않았다고 스스로 인정하는 다른 지인들과 함께) 기꺼이 그 사람들의 이야기를 듣고 한층 더 배우고 싶다. 이제까지 공간이건 지속이건 가분성이건, 무한에 관한 모든 논의를 영겁으로 끌어들이는 떼려야 뗄 수 없는 커다란 어려움이야말로 우리 무한관념의 하나의 결함, 즉 우리 좁은 능력의 이해력에 대한 무한의 본성상 불균형의 표시로 생각하기 쉬운 것이었다. 왜냐하면 사람들이 무한한 공간 또는 지속에 대해서 마치 그것들을 위해 사람들이 쓰는 이름에 대해서 지닌 것과 똑같은, 또는 (이를테면) 1야드라든가 한 시간이라든가 그 밖에 어떠한 확정적인 양에 대해서 갖는 것과 똑같은 그러한 (무한한 공간이나 지속의) 완성된 실정적 관념을 갖는 것처럼 이야기하거나 토의하는 동안은, 사람들이 논의하거나 추리하는 사물의 헤아릴 수 없는 본성이 사람들을 곤혹과 모순으로 이끌며, 그들이 조사해 처리하기에는 지나치게 강력한 대상이 마음을 무겁게 짓눌러도 의심해야 할 일은 아니기 때문이다.

22. 이러한 관념은 모두 감각과 성찰에서

만일 이제까지 내가 지속이나 공간이나 수, 또는 그런 관조에서 일으키는 것, 즉 무한과 같은 것의 고찰에 꽤 오래 머물러 왔다 해도 어쩌면 사항들이 필요로 하는 것보다 더 길지는 않았으리라. 왜냐하면 단순관념으로서 그 양상이 이런 지속 등보다 사람들의 사유를 더욱 훈련시키는 것은 없기 때문이다. 그런 관념을 빠짐없이 모든 범위에 걸쳐서 다룬다고는 감히 말하지 않는다. 그런 것들은 그와 같은 (사유를 훈련하는 어려운) 관념인데 마음이 그런 것들을 감각 및 내성에서 받아들이는 양상을 보여주고 무한에 대해서 우리가 갖는 관념조차 어떤 감각기관의 대상 또는 우리 마음의 작용으로부터 어느 정도 먼 것처럼 보여도, 그럼에도 우리의 다른 모든 관념과 마찬가지로 기원은 그곳(감각과 내성)에 있는 상황을 보여주면 그것으로 나의 의도는 충분하다.

때에 따라서 진전이 된 사색을 하는 수학자[*8] 가운데에는 무한한 관념을 그 사람들의 마음에 받아들이는 다른 방법을 지닌 자가 있을지도 모른다. 그렇더라도 그 수학자들 자신이 다른 모든 사람과 마찬가지로 무한에 대해서 지닌 최초의 관념을 이 책에서 기술해 둔 방법으로 감각 및 내성에서 얻은 것이 아니라고는 말할 수 없을 것이다.

---

*8 자진해서 사색을 하는 수학자—로크는 뉴턴을 떠올리고 있을지도 모른다.

제18장
(감각의 단순관념) 그 밖의 단순양상

1. 운동의 양상

나는 이제까지(본 권 제13장 이하) 여러 장에서 감각을 받아들인 단순관념으로부터 마음이 무한으로까지 미치게 되는 양상을 명시해 왔는데[*1] 이 무한은 아무리 다른 어떠한 것보다 뛰어나게 어떤 감각할 수 있는 지각으로부터 먼 것처럼 보여도 결국 그 안에는 단순관념으로 만들어진 것, 즉 감각기관에 의해서 마음에 받아들여지고 뒤에 마음이 자기 자신의 관념을 되풀이하도록 지니고 있는 기능에 의해서 나란히 합쳐진 것, 그와 같은 것 말고는 어떤 사물도 없다. 거듭 말하는데 이제까지 기술해 온 것은 감각의 단순관념의 단순양상 사례로 충분하며 마음이 그와 같은 단순양상을 얻는 모습을 보여주기에 충분하겠지만, 순서상 간단하게나마 단순양상을 좀더 해명하고, 거기에서 더한층 복잡한 관념으로 나아가게 될 것이다.

2.

미끄러진다, 구른다, 넘어진다, 걷는다, 긴다, 춤춘다, 뛴다, 붕 뜬다, 그 밖에 많이 이름을 붙일 수가 있는데 그것들은 누구나 영어를 이해하는 사람이 들으면 순간 마음에 또렷한 관념을 갖는 언어이고 모두 운동의 다양한 변모에 지나지 않는다. 운동의 양상은 연장의 양상에 해당한다. (이를테면) 빠르고 느림은 운동의 두 가지 다른 관념인데 그 척도는 시간적 거리와 공간적 거리를 합쳐서 만들어진다. 그러므로 빠르고 느림은 운동과 함께 시간과 공간을 포괄하

[*1] 물리적 자연의 이론 구성의 기본을 이루는 공간·시간 및 수의 여러 관념을 단위관념으로 한다. 시간지속의 바탕에 있는 계기는 내성의 관념인데 시간은 자연이해의 기조관념이고 자연사상에 의해서 측정되므로 감각의 관념으로 간주해도 괜찮다.

는 복합관념이다.

3. 음(音)의 양상

음에도 비슷한 다양성이 있다. 대체로 분절어(分節語)는 모두 음의 다양한 변모이다. 이것으로 알 수 있는데 청각기관에서 그와 같은 변모에 의해 마음에는 거의 무한한 수에까지 여러 가지 별개 관념이 제공된다. 음은 또 새나 짐승의 여러 가지 별개 울음소리 외에 다른 길이의 다양한 가락을 합쳐서 변모되며, 이것이 가락이라 불리는 복합관념을 만든다. 음악가는 조금도 음을 내거나 듣거나 하지 않을 때에도 자기 자신의 심상 속에서 음을 내지 않고 그와 같은 가락이 되도록 배열된 음의 관념을 내성해 마음속으로 이 복합관념을 지닐 수가 있는 것이다.

4. 색의 양상

색의 양상도 매우 다양하다. 그 가운데에는 같은 색의 다른 정도, 즉 전문어로 말하는 색도로서 지각되는 것이 있다. 그러나 실제로 쓰기 위해서나 즐거움을 위해서나 우리가 색(만의) 집단을 만드는 경우는 아주 드물고 그리거나 짜거나 깁거나 할 때처럼 형(形)도 받아들여져 어느 역할을 갖기 때문에 지각된 것은 종류가 다른 관념, 곧 형과 색으로 만들어진 것으로서 (이를테면) 아름다움이나 무지개처럼 혼합양상에 속하는 것이 가장 보통이다.

5. 맛(과 향)의 양상

모든 복합된 맛과 향도 그런 (맛과 향의) 감각기관의 그와 같은 (맛과 향의) 단순관념으로 만들어진 단순양상이다. 하지만 그런 것들은 일반적으로 이름이 없으므로 지각되는 일이 비교적 적어 기록할 수가 없다. 그러므로 열거하지 않고 독자가 생각해 주길 또 경험해 주길 바랄 수밖에 없다.

6.

다음의 것을 일반적으로 말할 수 있을 것이다. 즉 같은 단순관념의 다른 정도로서만 고찰되는 단순양상은 그 자체로선 대부분이 매우 별개인 관념임에도 흔히 별개의 이름을 갖지 않으며, 또 서로의 차이가 아주 약간뿐인 경우에는 별개인 관념으로서 잘 지각되는 일이 없다. 사람들은 이와 같은 양상을 뚜렷이 가려내는 척도가 결여되어 무시하고 이름을 부여하지 않는 것인지, 그렇지 않으면 뚜렷이 가려내어져도 그 지식이 일반적으로 사용되지 않고 또 사용할 필요도 없으므로 그렇게 하는 것인지는 그들의 생각에 맡기겠다. 나의 목적에 있어서는 우리의 모든 단순관념이 감각과 내성만으로 우리 마음에 들어온다는 것, 또 마음이 단순관념을 얻었을 때 이 단순관념을 다양하게 되풀이할 수 있고 복합할 수 있으며 나아가 새로운 복합관념을 만들 수 있다는 것, 이와 같은 점을 보여주면 충분하다. 하지만 (이를테면) 하양이나 빨강이나 단맛 따위는 이름을 붙여 그것으로 종으로 분류하도록 변모되지 않았고, 그런 식으로는 여러 집성에 의해서 복합관념으로 만들어지지 않았는데 단순관념의 다른 어느 것, 즉 이제까지 예시한 단일·지속·운동 따위의 단순관념이나 또 (제21장과 다음 장에서 고찰하는) 능력이나 생각은 위에서 기술한 바와 같이 대단히 다양한 복합관념으로 변모되어 이름이 붙여져 온 것이다.

7. 이름이 있는 양상과 없는 양상이 있는 까닭

그 원인은 이런 것이었다고 나는 생각한다. 즉 사람들의 커다란 관심사는 사람들 사이의 일이므로 사람들 및 그 행동의 지식이나 이런 것들을 서로 의미 표시를 하는 것이 가장 필요하며, 그러므로 사람들은 행동의 여러 관념을 매우 세밀하게 변용해 그런 복합관념에 이름을 부여하고, 사람들이 일상적으로 관여하는 사물을 긴 우회로 없이 한층 쉽게 기록하고 논의할 수 있게 하여 사람들이 끊임없이 알리거나 알림을 받는 사물을 한층 쉽고 빠르게 이해할 수 있도록 한 것이다. 이런 식이었으므로 사람들이 다양한 복합관념을 형성하고 거기에 이름을 부여할 때 이야기 전반(그것은 사람들의 사상을 서로 전달하는 아주 짧고 빠른 길이다)의 목적에 의해서 많이 지배되어 온 것은 여러 기술에 발견되어 온 이름, 즉 사람들이 여러 일을 지시하거나 논의하거나 할 때 일의 처리상 그런 일에 속하는 여러 가지 변모된 행동의 여러 복합관념에 적용된 이름, 그와 같은 이름으로 또렷하다. 이와 같은 관념은 그런 작업에 관여하지 않은 사람들 마음에는 일반적으로 형성되지 않는다. 그래서 그와 같은 작업을 표시하는 이름을 같은 언어를 쓰는 대부분의 사람들이 이해하지 못하는 것이다. 이를테면 틀송곳, 여과(濾過), 재증류(再蒸溜)는 일정한 복합관념을 나타내는 언어인데 특수한 직업상 어느 쪽을 향해도 그 복합관념을 상상할 수 있는 사람들을 제외하면 누구의 마음에도 이와 같은 복합관념은 거의 없다. 따라서 그런 관념의 이름은 금속세공인과 화학자를 제외한 일반에게 이해되지 않는 것이다. 그들 금속세공인이나 화학자는 그와 같은 언어가 나타내는 복합관념을 이루고 있어 이 복합관념에 이름을 부여하거나 다른 사람으로부터 이름을 부여받고 있으므로 대화로 그 이름을 들으면 자기 마음에 그와 같은 관념을 즉시 떠올린다. 이를테면 재증류(라는 언어)에서 증류하는 것과 어느 사물에서 증류된 액을 나머지 물질에 붓는 것과 이를 다시 증류한다는 모든 단순관념을 떠올린다. 이렇게 해서 우리는 알 수 있는데 맛이나 향처럼 이름은 없지만 매우 다양한 단순관념이 있으며, 양상에는 더욱 많은 것이 있다.[2] 그런 것들은 전반적으로 잘 관찰되지 않았거나 사람들의 실무나 교제로 지각될 정도로 많은 것이 유용하지 않았거나, 그 어느 한쪽이므로 그런 관념은 이름이 붙지 않았고 나아가 종(의 관념)으로서 통용되지 않는 것이다. 이 점은 뒤에 언어를 이야기할 때 (제3권 제5장 제10절 그 밖에서) 자세히 살펴볼 기회가 있을 것이다.

---

[2] 본 장에서 고찰되는 양상은 반드시 단순양상에 한하지 않는다고 라이프니츠는 지적한다. Cf. Leibniz, Nouxeaus Essais, Ⅱ. 18.

제19장
생각의 양상

1. 감각, 기억, 정관(靜觀) 등

마음이 그 시선을 안으로 향해 자기 활동을 정관할 때 먼저 불러일으키는 것은 생각이다. 이 생각 속에서 마음은 매우 다양한 변모를 관찰하고 거기에서 여러 별개의 관념을 얻는다. 이를테면 외적 사물이 몸에 만든 어떤 각인에 실제로 함께 결부되는 지각은 생각의 다른 모든 변모와 별개이며, 우리가 감각이라 부르는 별개의 관념을 마음에 제공한다. 감각은 이른바 감각기관에 의해서 어느 관념이 지성에 실제로 들어가는 것이다.*¹ 같은 관념이 외부감각기관의 비슷한 사물에 작용하지 않는데 (마음으로) 되돌아가면 기억이고, 만일 마음이 관념을 애써 찾아내 또 바라보면 상기(想起)이며, 주의 깊은 관찰 아래 오래도록 마음에 담아두면 정관이다. 정관이 아무런 지성의 성찰이나 고려 없이 마음에 떠오를 때 프랑스인은 레브리(우리 언어에는 이에 해당하는 게 거의 없다)로 부르는 것이고, (마음에) 제시되는 관념(이란 이미 다른 곳(이를테면 제2권 제1장 제11절, 제14장 제3절 등)에서 말해 둔 것처럼 깨어 있는 동안은 우리 마음에 잇따라 계기하는 관념의 계열이 언제나 있을 것이다)이 지각되어 기억에 이른바 등록이 될 때에는 주의이며, 마음이 매우 진지하게 선택해 시선을 어느 관념으로 고정하고 그 관념을 모든 면에 걸쳐서 고찰해 다른 관념의 일상적인 권유로는 다른 곳으로 옮기려 하지 않을 때 이른바 전심 또는 연구이며, 꿈을 꾸지 않는 잠은 이런 모든 것이 없는 안식이다. 또 꿈을 꾸는 것 자체는 (외부감각기관이 멈춰 그 때문에 평상시의 속도로 외부대상을 받아들이지 않는 동안에) 외부대상 다시 말해서 이미 알고 있는 기회원인*²이 조금도 암시하

---

*1 감각은 여기에서 생각의 단순양상으로서 지각에 속한다. 로크의 본디 용어법과 다르다.
*2 occasion. 기연 또는 기회라는 일상의 의미로도 좋은데 기회원인론은 그 무렵 잉글랜드에 알려져 있고 로크는 말브랑슈 비판의 글을 쓰고 있다. Cf. Works, IX. pp. 211~255.

지 않은 마음, 또는 지성의 선택이나 지도가 전혀 없는 마음, 그와 같은 마음에 관념이 있는 것이다. 따라서 이른바 망아(忘我)는 눈을 뜨고 꿈을 꾸는 것은 아닌지 검토하기 바란다.

2.

이러한 것은 마음이 자기 자신 안에서 관찰할 수 있고 나아가 (이를테면) 하양이나 빨강, 정사각형 또는 원의 관념과 마찬가지로 별개인 관념을 지닐 수 있는 생각의 다양한 양상 가운데 몇몇 사례이다. 나는 이러한 양상을 모두 열거하거나 내성에서 얻을 수 있는 이런 관념을 상세하게 다룰 생각은 없다. 그것은 한 권의 책을 이루게 될 것이다. 나의 현재 목표는 여기에서 몇몇 실례에 의해서 이러한 관념이 어떤 종류인지, 어떻게 해서 마음은 그런 관념을 얻는지 등을 보여주면 충분하다. 특히 마음의 가장 중요한 작용에서 생각의 양상 가운데 드는 추리, 판단, 자유의지, 지식을 뒤에(유의는 그다음 장에서 그 밖에는 제4권에서) 한층 상세하게 다룰 기회가 있을 터이므로 그것으로 충분하다.

3. 생각에 즈음한 마음의 다양한 주의

때에 따라서는 위에 든 주의라든가 레브리라든가 꿈을 꾸는 따위의 사례가 자연스럽게 충분히 암시하는, 생각에 즈음한 마음의 다양한 상태를 여기에서 성찰해도 우리의 현재 의도에 있어서 허용되지 않을 정도로 옆길로 벗어나는 일은 아니라 해도 완전한 착각이 아닐 것이다. 깨어 있는 사람의 마음에 언제나 무언가의 관념이 현존하는 것은 모든 사람의 경험이 이를 받아들이게 한다. 물론 마음은 여러 주의로 그와 같은 관념에 종사하는 것이다. 때로는 마음을 매우 열심인 대상의 관조에 고정해 관념을 모든 쪽으로 돌려 관념의 여러 관계나 사정들에 주목해 관념의 부분들을 모두 극히 세밀하게 전념해 바라보므로 다른 모든 사유를 몰아낸다. 그때 감각기관에 이루어져 다른 시기였으면 매우 감지할 수 있는 지각을 낳는 것과 같은 일상적인 각인을 조금도 지각하지 않는다. 또 다른 때에 마음은 지성에 잇따라 일어나는 관념계열을 관찰할 뿐, 관념의 어느 것도 지시하지 않고 추구하지 않는다. 그리고 다른 때에는 거의 전혀 돌아보지 않으며, 아무것도 각인하지 않은 희미한 그림자로서 관념을 통과시킨다.

4. 그러므로 생각이 영혼의 활동이고 본질이 아닌 것은 확실해 보인다

이렇게 해서 생각할 때 마음에는 전심(專心)과 방심(放心)의 차이가 있고 (앞엣것의) 열심인 연구와 (뒤엣것인) 어느 사물도 마음에 담지 않는 극히 가까운 것 사이에는 매우 여러 양상이 있는데, 모든 사람은 자기 내부에서 이 차이를 실제로 겪고 있다고 나는 생각한다. 이 점을 좀더 추구해 보자. 그러면 알 수 있게 되는데, 잠자고 있는 마음은 이른바 감각에서 은퇴해 있고, 감각의 여러 기관에서 이루어지는 운동으로서 다른 때에는 매우 활기에 차 감지할 수 있는 관념을 낳는 것 같은 그러한 운동이 다다르지 않는 곳에 있는 것이다.

이 사례로서 깨어 있는 자는 잘 감지할 수 있는데 천둥소리를 듣지 않고 번개를 보지 않고, 집이 흔들리는 것을 느끼지 않고 폭풍이 휘몰아치는 한밤중에 잠을 푹 자는 자의 예를 들 필요도 없다. 하지만 이렇게 감각에서 마음이 은퇴를 해도 마음은 가끔 꿈을 꾸는 것으로 알려진 더한층 산만하고 이치에 맞지 않은 생각의 양식을 견지한다. 그리고 가장 마지막으로 깊은 잠이 (생각의) 장면을 완전히 닫고 모든 (관념의) 출현을 끝내게 한다. 나는 생각하건대 거의 모든 사람이 이와 같은 일을 그 사람 자신 안에서 겪고 그 사람 자신의 관찰이 여기까지 오는 데 어려움은 없다.

하지만 이제부터 내가 더욱 결론 내리려는 것은 다음이다. 즉 마음은 감지할 수 있을 정도로 확실하게 여러 시점에 여러 생각을 할 수 있고 어느 때는 깨어 있는 사람의 마음조차 전혀 아무것도 생각하지 않는 것과 매우 약간밖에 떨어져 있지 않은 정도로 생각을 희미하고 또렷하지 않게 할 정도로 방심 상태에 있을 수 있으며, 마지막에는 깊은 잠의 어두운 은퇴 장소에서 온갖 관념을 모두 잃어버리는 것이므로 거듭 말하건대 실제로 겪는 끊임없는 경험이 명백히 그런 것이므로 나는 묻는다. 생각은 영혼의 활동이고 본질은 아니라는 것이 확실하지 않을까? 왜냐하면 작용자의 작용은 전심과 방심을 쉽게 허용하는데 사물의 본질은 무언가 이와 같은 변동이 가능하다고 상상할 수 없기 때문이다.[*3] 하지만 이것은 여담이다.

[*3] 로크는 데카르트에 반대해 생각을 정신의 속성으로 여기지 않는다.

제20장
쾌락과 고통의 양상

1. 쾌락과 고통은 단순관념

　대체로 마음이 감각과 내성의 양쪽에서 받는 단순관념 가운데서 쾌락과 고통은 대단히 중요한 두 관념이다. 그것은 신체에 감각이 단순히 그 자체로 있거나, 그렇지 않으면 쾌락 또는 고통에 따르고 있는 것처럼, 마음의 사유 내지 지각은 단순히 사유 내지 지각이거나 그렇지 않으면 쾌락 또는 고통에, 기분 좋음 또는 고뇌에, 어떻게 부르건 좋은데 그와 같은 것에 따르고도 있는 것이다. 이런 것은 다른 단순관념과 마찬가지로 기술할 수 없으며 그 이름은 정의를 내릴 수 없다. 이를 아는 길은 감각기관의 단순관념처럼 단지 경험에 따를 뿐이다. 왜냐하면 선이나 악의 현존으로 쾌락과 고통을 정의하는 것은 선악의 다양한 작용이 그 차이에 따라서 우리에게 작용할 때, 또는 생각될 때 우리 마음에 대한 그와 같은 작용에 의거해 느끼게 되는 것을 돌아보게 하며, 이에 따라서 쾌락과 고통을 우리에게 알리기 때문이다.

2. 선과 악이란 무엇인가

　그러고 보면 사물은 단순히 쾌락과 고통과의 연관에서만 선 또는 악이다. 대체로 우리 가운데에 쾌락을 낳거나 늘리고, 또는 고통을 줄이는 적성(適性)이 있는 것, 그것이 아니라면 무언가 다른 선을 갖게 하거나 지속하게 하고, 또는 어떠한 악을 없애거나 없는 채로 두는 적성이 있는 것, 그와 같은 것을 우리는 선(善)으로 부른다. 또 반대로 우리 가운데 고통을 낳거나 늘리고 또는 쾌락을 줄이는 적성이 있는 것, 그것이 아니면 어떠한 악을 갖게 하거나 선을 빼앗는 적성이 있는 것, 그와 같은 것에 악이라고 이름을 붙인다.*¹ (여기에서

＊1 good or evil. 로크에 의한 정의의 가장 전형적인 표현이고 가끔 인용된다.

말하는) 쾌락과 고통은 보통의 구별에 따라서 몸이나 마음의 쾌락과 고통을 뜻하는 것으로 이해하지 않으면 안 되는데 사실은 심적 구조의 차이에 지나지 않고, 어느 때에는 신체의 이상(異常)으로 인해서 불러일으키게 되며 어느 때에는 마음의 사유에 의해서 일어날 따름이다.*2

3. 우리의 정서는 선악에 따라 움직이게 된다

쾌락과 고통 및 이를 낳는 것, 즉 선과 악은 이를 둘러싸고 우리의 여러 정서를 일으키는 축이다. 그래서 만일 우리가 자기 자신을 내성해 이러한 쾌락과 고통, 선과 악은 다양하게 고려되어 우리 가운데서 어떻게 작용하는지, 마음의 어떤 변용 즉 기분을, 어떤 내부감각(그렇게 불러도 좋다면)을 우리 안에 낳는지를 관찰하면 여기에서 우리는 여러 정서의 관념을 만들 수 있을 것이다.

4. 사랑

예를 들어 현재 있는 사물 또는 없는 사물을 자기 안에 낳기 쉬운 좋은 기분에 대한 생각을 내성하는 사람은 우리가 사랑이라 부르는 관념을 갖는다. 그것은 (이를테면) 어떤 사람이 가을에 포도를 먹고 있을 때 또는 봄에 포도가 없을 때, 포도를 사랑한다고 말하면 포도의 맛이 그 사람의 기분을 좋게 하는 것과 같다. 건강 또는 신체구조가 바뀌어 포도의 달콤함이 없어졌다고 치자. 그때에는 이미 포도를 사랑한다는 말을 할 리가 없다.

5. 증오

반대로 현재 있는 사물 또는 없는 사물이 우리 안에 낳기 쉬운 고통에 대한 생각은 쾌락과 고통의 다양한 변모에 의거한 우리 정서의 있는 그대로의 관념의 탐구 이상의 무언가를 탐구하는 것이었다면 다음을 주의해야만 한다. 즉 생명이 없고 감각이 없는 것에 대한 우리의 사랑과 증오는 비록 이것을 줄이고 사용해 그것이 우리 감각기관에 어떠한 방법으로 부딪치는 것에서 우리가 받는 쾌락과 고통을 바탕으로 하는 것이 보통이다. 하지만 행복하거나 불행할 수 있는 자(즉 나와 같은 인간)에 대한 사랑은 가끔 그것의 존재나 행복 그 자

---

*2 로크는 신체적 쾌락과 고통을 포함해 모든 쾌락과 고통을, 나아가 정서의 여러 모습을 심적 표상으로서 파악하고 그 특성을 다음 절 이하에서 내성 또는 내관에 의해서 기술한다.

체를 생각하는 것에서 생겨 우리 자신 안에 발견되는 불쾌함 또는 상쾌함이다. 이를테면 어느 인간에게 아이나 친구가 있어 행복하다는 것이 그 사람에게 끊임없이 상쾌함(또는 기쁨)을 낳으면 그 사람은 아이나 친구를 끊임없이 사랑한다고 말한다. 하지만 (지금 여기에서는 그와 같은 탐구에 끼어들지 않고 단지) 우리의 사랑과 증오의 관념은 우리 안에 어떻게 낳게 되건, 쾌락과 고통 전반에 관한 마음의 성향에 지나지 않음을 기술하면 충분하다.

6. 욕망

현재 지니고 있으면 기분 좋은 관념을 불러일으키는 어떠한 사물이 실제로 없는 데서 인간이 자기 안에서 발견하는 불안은 욕망이라 불린다. 그 불안의 정도에 따라서 욕망은 커지기도 하며 작아지기도 한다. 내친김에 다음의 점을 주의하는 것은, 즉 인간의 근면과 행동을 격려하는 것이 비록 유일지는 않지만 불안임을 주의하는 것은 때에 따라서는 유익할지도 모른다. 그것은 어떤 선이 제안되건, 그 없는 것이 불쾌함이나 고통을 가져오지 않는다면, 적어도 인간이 마음 편하게 만족한다면 그 선의 욕망도 없고 그것을 추구하는 노력도 없다. 그곳에는 단순한 욕망 이상의 아무것도 없다. 이 전문용어는 최소한의 의미 표시를 하기 위해 쓰이고 그 다음은 전혀 아무것도 아닌 것과 마찬가지이며, 그때에는 어느 사물이 없어도 불안함은 매우 적으므로 없는 사물에 대한 이 희미한 욕망 이상으로는 인간을 몰고가지 않고 그것을 얻는 수단을 효과적으로 또는 활발하게 쓰는 일은 조금도 없는 것이다. 욕망은 또 제안된 선의 불가능, 다시 말해서 손에 넣을 수 없는 것에 대한 고찰이 불안을 치유하거나 덜어주는 한 그와 같은 취득 불가능을 생각하면 멈추거나 가벼워진다. 여기서 이 점을 더욱 생각하는 것이 적절했다면 고찰을 더 진행해도 좋았으리라.

7. 기쁨

기쁨은 어떤 선(善)을 현재 소유하면, 또는 가깝게 소유하는 것이 보증되어 있으면 생각하는 데서 오는 마음의 유쾌함이며 우리가 원할 때 어떠한 선을 쓰듯이 그 선을 우리의 능력 가운데 가졌을 때 우리는 어느 선을 지니고 있는 것이다. 예를 들어 굶주린 사람은 구급 식량이 도착하면 먹는 기쁨을 느끼기 전이라도 기쁨을 맛본다. 또 아이들의 안녕 자체가 유쾌함을 낳는 아버지는 아이들이 그와 같은 상태에 있는 한, 그 선을 언제나 소유하고 있다. 왜냐하면 그 쾌락을 가지려면 그 선을 성찰하기만 해도 되기 때문이다.

8. 슬픔

슬픔은 더 길게 누릴 수 있었을지도 모를 잃어버린 선을 생각하는 것에 따른다. 또는 현재의 악의 감각에 따른 마음의 불쾌함이다.

9. 희망

희망은 모든 사람이 자신을 유쾌하게 해주는 성질이 있는 사물을 미래에 누려 이익을 얻을 것을 생각해, 자기 자신 안에서 발견하는 마음의 유쾌함이다.

10. 두려움

두려움은 우리에게 덮쳐올 것만 같은 미래의 악을 생각하는 것에 따른 마음의 불쾌함이다.

11. 절망

절망은 어떠한 선을 얻을 수 없다고 생각하는 것인데, 사람들의 마음에 잘 못된 작용을 하고 불쾌함이나 고통을 낳을 때도 있는가 하면 안식과 태만을 낳기도 한다.

12. 분노

분노는 어느 위해를 받아 보복할 의향을 현재 갖는 데 따른 것이며, 마음의 불쾌함 또는 초조함이다.

13. 원망

원망은 만일 우리가 바라는 선이 우리 앞에 있었다면 그 선을 갖지 않은 줄 로 알고 있던 사람이 그와 같은 선을 지녔다고 생각하는 데서 생기는 마음의 불쾌함이다.

14. 모든 사람이 지닌 정서

마지막 두 가지, 즉 원망과 분노는 단순히 쾌락과 고통 자체에서 생기는 것은 아니다. 그 가운데에는 나 자신과 남과의 어떤 혼합된 고찰이 있으며 따라서 모든 사람에게 발견되는 것은 아니다. 왜냐하면 남의 가치를 존중하거나 보복을 지향한다거나 하는 (쾌락과 고통 이외의) 다른 부분은 그와 같은 것(정서)을 갖지 않은 사람들에게 결여되어 있기 때문이다. 그렇지만 다른 나머지 정서는 순수하게 쾌락과 고통으로 끝나므로 모든 사람에게서 발견되는 것이라고 나는 생각한다. 그것은 우리가 단지 쾌락에 관해서만 사랑하고 욕망하며 희망하고, 또 궁극적으로는 단지 고통에 관해서만 증오하고 두려워하며 비탄에 빠진다. 요컨대 그런 정서는 모두 쾌락과 고통의 원인으로 보이는 것 같은, 또는 무언가로 쾌락과 고통이 결부되어 있는 것으로 보이는 그러한 사물에 의해서만 움직여진다. 이를테면 우리는 흔히 자기 안에 고통을 낳은 주체에 (적어도 감지할 수 있는 또는 유의적인 작용자라면) 증오를 미치기 마련이다. 왜냐하면 (우리에게) 남기는 두려움은 끊임없는 고통이기 때문이다. 그렇지만 우리는 자기에게 선한 것을 해준 대상을 그렇게 끊임없이 사랑하지는 않는다. 왜냐하면 쾌락은 우리에게 고통만큼 강하게 작용하지 않기 때문이며 또 우리는 다시 선한 일을 해줄 것이라고 곧바로 희망하지는 않기 때문이다. 하지만 이것은 여담이다.

15. 쾌락과 고통이란 무엇인가

쾌락과 고통, 유쾌함과 불쾌함(또는 불안함)에 대한 내 말의 뜻은 모두 다음과 같음을 이해해야 한다. 즉 신체적 쾌락과 고통을 뜻할 뿐만 아니라 무슨 일이건 기분 좋은 감각 또는 내성이거나, 마음에 안 드는 감각 또는 내성 가운데 어느 것에서 일으켜 우리가 유쾌함이나 불쾌함 (또는 불안함)을 느끼는 모든 것을 뜻한다.

16.

그리고 다음의 점을 고찰해야 한다. 즉 여러 정서와의 연관에서 고통의 제거나 경감은 쾌락으로 생각되어 쾌락으로서 작용하고, 쾌락의 손실이나 감소는 고통으로 생각되어 고통으로서 작용하는 것이다.

17. 부끄러움

대부분의 정서는 또한 대부분의 인물에게 신체에 작용해 다양한 변화를 낳는다. (하지만) 이 변화는 언제나 감지되는 것은 아니며 따라서 제각기 정서의 관념에 없어서는 안 될 부분을 이루지 않는다. (이를테면) 부끄러움은 어느 보기 흉한 일을, 다시 말해서 남이 나에 대해 지닌 존중을 떨어뜨리고 말 것 같은 일을 했다고 생각하는 데 따른 마음의 불쾌함으로 얼굴이 빨개지는 것이 언제나 그것에 따른다고는 말할 수 없다.

18. 이러한 사례는 우리의 정서관념이 감각과 내성에서 얻게 되는 과정을 보여준다

이 기회에 내가 이번 장의 논술로 정서의 (전반적이고도 용의주도한) 논의를 할 생각이었던 것처럼 잘못 이해하지 말기 바란다. 정서는 본 장에서 이름을 거론한 것보다 훨씬 많고 또 내가 유의해 둔 정서도 제각기 훨씬 넓고 훨씬 명확한 논의가 필요할 것이다. 나는 단지 여기에서 그런 것의 정서를 선악의 다양한 고찰에서 우리 마음에 결과적으로 나타나는 쾌락과 고통의 양상을 많은 사례로서 다루었을 따름이다. 때에 따라서는 쾌락과 고통의 양상에서 본 장의 정서보다도 더욱 단순한 다른 양상을 거론하려고 했다면 가능했을 것이다. 이를테면 배고픔의 고통과 이를 제거하는 음식의 쾌락, 약한 시력의 고통과 음악의 쾌락, (그리고 복잡한 정서인데) 말꼬리를 잡는 무익한 논쟁에서 오는 고와 친구와의 이지적 대화의 쾌락, 또는 진리를 탐구해 발견하는 올바른 방향의 연찬의 쾌락이다. 하지만 이 장의 정서는 우리와 훨씬 많은 관계가 있으므로 나는 오히려 그런 것을 사례로 삼고 이에 대해서 우리가 지닌 관념이 감각과 내성에서 나온 과정을 보여주는 쪽을 택한 것이다.

제21장
능력*[1]

1. 이 관념은 어떻게 얻을 수 있을까

마음은 일상적으로 밖의 사물에서 관찰하는 단순관념의 변경을 감각기관을 통해 알게 되며, 어느 관념이 끝나게 되어 없어지고 전에는 없었던 다른 관념이 존재하기 시작하는 양상을 지각한다. 또 마음속에 지나가는 것을 내성해 관념이 있을 때에는 감각기관에 대한 외부대상의 각인에 의해서, 어느 때는 마음 자체가 선택하는 결정에 의해서 끊임없이 바뀌는 것을 관찰한다. 그리고 이제까지 이루어져 온 것과, 끊임없이 관찰해 온 곳에서 앞으로도 똑같은 사물과 비슷한 변화가 비슷한 작용자에 의해서 비슷한 방법으로 이루어지리라 판단한다. 거기에서 마음은 어느 사물에 그 단순관념의 어느 것이 변화될 가능성을 생각하며 지금 또 하나의 사물에서 변화의 가능성을 생각한다. 이렇게 해서 마음은 우리가 능력으로 부르는 관념을 얻는 것이다.*[2] 이를테면 우리는 불이 금을 녹이는 능력, 즉 금의 감지할 수 없는 부분의 견고함을 없애고 따라서 금의 견고함을 없애 금을 유체로 만드는 능력을 지니며, 금은 녹는 능력을 지닌다고 말한다. 또 태양은 납을 하얗게 하는 능력을 지니고 납은 태양에 의해서 하얗게 되어 이에 따라서 노랑이 없어지고 대신에 하양이 존재하게 하는 능력을 지닌다고 말한다. 이럴 때에 우리가 생각하는 능력은 지각할 수 있는 관념의 변화와 연관이 있다. 그것은 우리가 사물이 감지할 수 있는 관념의 변화를 관찰하는 것에 따른 게 아니면 어느 사물에서 이루어지는 무언

---

*1 power. 이번 장은 이 책에서 가장 긴 장이며 로크의 윤리사상을 엿보는 데 있어서 빼놓을 수 없는 장이다. 특히 초판의 고찰을 제2판에서 크게 바꾸고 있어 두 판의 비교는 중요하다. '독자에게 드리는 편지' 참조.
*2 로크는 사물에 속해서 다른 사물을 낳는 실체적 능력을 인정한다.

가의 변경, 다시 말해서 그 사물의 작용을 관찰할 수 없고 그 사물의 관념의 어떠한 변화를 상상하는 데 따른 것이 아니면 변경이 이루어진다고 생각할 수 없다.

2. 능동적 능력과 수동적 능력

이렇게 능력을 생각하면 능력에는 두 가지, 즉 무언가 변화시킬 수 있는 것과 변화될 수 없는 것이 있다. 능동적 능력이라 해도 좋고 뒤엣것은 수동적 능력으로 불러도 좋다. (그런데) 조물주인 신이 사실상 모든 수동적 능력을 초월해 있는 것처럼 물질은 능동적 능력이 모두 결여되어 있는 것은 아닌지, 창조된 여러 영혼(또는 정신)의 중간상태가 능동적 능력과 수동적 능력을 함께 지니는 것이어야 하는지, 이 점은 살펴볼 만한 가치가 있을지도 모른다. 하지만 나는 지금 이 탐구에는 들어가지 않을 것이다. 왜냐하면 내가 하는 현재의 일은 능력의 기원 탐색이 아니라 우리가 능력의 관념을 어떻게 얻을 수 있는지의 탐색이기 때문이다. 그렇지만 능동적 능력은 (제2권 제28장 제7절 이하에서 보게 되는데) 자연적 실체의 매우 중요한 부분을 이루고 있으며, 나는 보통의 인지(認知)에 따라서 자연적 실체를 그와 같은 (능동적 능력을 지닌) 것으로서 드는데, 자연적 실체인 능동적 능력은 우리의 경솔한 사유가 나타내기 쉬운 정도로 진정한 능동적인 능력이 분명 아니므로 위에서처럼 암시적으로 말하고, 이에 따라서 우리 마음을 능동적 능력의 가장 명석한 관념을 얻기 위해 신과 여러 영혼(또는 정신)으로 향하는 것은 부당하지 않다고 나는 판단한다.

3. 능력은 관계를 포함한다

터놓고 말해서 능력은 그 안에 있는 어느 종류의 관계(활동 또는 또는 변화와의 관계)를 포함한다. 또 실제로 우리의 어떠한 관념도, 어느 종류이건 주의해서 고찰하면 그렇지 않을까? 왜냐하면 (예를 들어) 연장이나 지속이나 수에 대한 우리의 관념들은 안에 부분이 숨겨진 관계를 가지고 있지 않는가? 형태와 운동 안에는 관계적인 어느 사물이 한층 많이 눈에 보이고 있다. 그리고 색이나 향 따위의 감지할 수 있는 성질, 그런 것들은 우리의 지각 등과의 관계에서 다양한 물체의 능력이 아니고 무엇인가? 또 사물 자체로 생각하면 감지할 수 있는 성질은 (사물의) 여러 부분의 부피·형태·조직·운동에 바탕을 둔 것이 아닌가? 이런 모든 것은 어느 종류의 관계를 내포하고 있다. 그러므로 우리의 능력관념은 다른 단순관념에 넣어서 하나로 생각해도 상관없다고 나는 생각한다. 그것은 뒤에 (제2권 제23장 제7절 이하에서) 말할 기회가 있겠지만 능력은 실체에 관한 우리 복합관념의 주요한 요소를 이루는 단순관념의 하나이기 때문이다.

4. 능동적 능력의 가장 명석한 관념은 정신에서 얻을 수 있다

수동적 능력의 관념은 거의 모든 종류의 감지할 수 있는 사물에 의해서 우리에게 풍부하게 제공된다. 그런 사물의 대부분에서 우리는 사물의 감지할 수 있는 성질이 사물의 실체 그 자체가 끊임없이 이어지는 유전(流轉) 속에 있음을 관찰하지 않을 수 없으며, 따라서 언제나 똑같이 변화하기 쉬운 것으로 당연히 간주하는 것이다. 또 능동적 능력(이것이 능력이란 언어의 한층 본디 의미 표시이다)의 사례도 그에 못지않게 많다. 왜냐하면 어떤 변화가 관찰되어도 마음은 사물 자체가 변화될 가능성뿐만 아니라 어딘가에 그 변화를 시킬 수 있는 어느 능력을 판단하지 않으면 안 되기 때문이다. 그렇지만 주의 깊게 살펴보면 우리 마음 작용의 내성에서 얻을 수 있을 정도로 명석하고 또렷한 능동적 능력의 관념을 물체는 우리의 감각기관에 제공하지 않는다. 그것은 능력이 모든 활동과 관계가 있고 우리가 관념을 갖는 활동은 기껏해야 두 종류, 즉 생각과 운동뿐이므로 그와 같은 활동을 낳는 능력의 가장 명석한 관념을 우리는 어디에서 얻는지를 살펴보자. 첫째, 생각에 있어서 물체는 생각의 관념을 전혀 제공하지 않는다. 우리가 이 관념을 얻는 것은 단지 내성으로부터뿐이다. 둘째, 물체로부터도 운동의 시작이라는 관념은 조금도 얻을 수 없다. 멈춘 물체는 움직인다는 능동적 능력의 관념을 전혀 주지 않고 물체 자체가 운동상태에 놓이면 그 운동은 이 물체에서는 능동이라기보다 오히려 수동이다. 왜냐하면 (예를 들어) 당구공이 채에 맞고 이에 따를 때에는 공의 능동은 전혀 없이 단순한 수동이기 때문이다. 또 공이 충격에 의해서 도중에 다른 공을 운동상태로 두면 공은 다른 공에게서 받은 운동을 또 다른 하나의 공에 전달해 이 공이 받은 만큼만 잃는 것에 지나지 않는다. 이렇게 되면 물체가 어느 운동을 옮기는 것을 관찰할 뿐, 운동을 낳는 것을 관찰하지는 않으므로 물체에서의 움직인다는 능동적 능력의 매우 불명료한 관념밖에 주어지지 않는다. 왜냐하면 능동을 낳는 데까지 이르지 않고 수동의 운동에 머무는 것과 같은 건 능력의 매우 불명료한 관념에 지나지 않기 때문이다. 다른 물체가 추진한 물체에서의 운동은 그와 같은 (수동의 연속인) 것이다. 왜냐하면 이 물체에 생긴 정지에서 운동으로의 변경의 연속은(다시 말해서 정지에서 운동으로 바뀌고 그대로 운동을 계속한다는 것은) 능동이 아닌 것과 마찬가지로 능동이 아니기 때문이다. 운동의 시작 관념을 우리는 우리 자신 안에 지나가는 것의 내성에서 얻을 뿐이다. 우리 안에서는 경험에 의해서 발견하듯이 단지 의지(意志)할 뿐이고, 단지 마음의 사유뿐이며, 우리 몸 앞에 정지하고 있던 부분을 움직일 수 있다. 그러므로 감각기관에 의한 물체 작용의 관찰에서는 능동적 능력의 매우 불완전하고 불명료한 관념밖에 얻지 못할 것으로 나는 생각한다. 왜냐하면 물체는 운동이건 사유건 어떤 활동을 시작하는 능력에 대해서 물체 자체에 있는 관념을 조금도 제공하지 않기 때문이다. 만일 물체끼리 이루어지는 것으로 관찰되는 충격에서 능력의 명석한 관념을 얻을 수 있다고 생각하는 사람이 있다면 이것으로도 나의 목적에는 도움이 된다. 감각은 마음이 능력의 관념을 얻는 방법의 하나이기 때문이다. 다만 나는 여기에서 어떤 외적 감각보다 마음 자체의 작용의 내성 쪽이, 마음은 능동적 능력의 관념을 더욱 명석하게 받지 않을까 생각하는 것은 가치가 있다고 생각했을 뿐이다.

5. 의지와 지성은 두 능력

(마음에서는) 적어도 다음과 같은 점은 뚜렷하다고 나는 생각한다. 즉 이런 어느 특정의 활동을 하라거나, 하지 말라는 명령을 한다. 다시 말해서 이른바 호령을 한다. 마음의 사유나 선택에 따를 뿐이고 마음의 여러 활동이나 신체 운동을 시작하거나 멈추거나, 계속하거나 끝내는 능력을 자기 자신 안에서 발견한다. 이와 같이 어느 특정한 때에 마음이 있는 관념을 생각하거나 생각을 멈추도록 명령하는, 또는 신체의 정지보다 어느 부분의 운동을 선택하거나 그 반대였거나 하는 이 능력이야말로 우리가 의지라고 부르는 것이다. 이 능력이 있는 특정의 활동 또는 멈춤을 지시해 실제로 이루어지면 유의 또는 의지한다고 불린다. 마음의 이와 같은 명령이나 호령의 결과로서 이 활동을 (낳게 하는 것 또는 억지) 하는 것은 유의적(有意的)으로 불린다. 그리고 마음의 이와 같은 사유 없이 영위되는 활동은 모두 무의적으로 불린다. (다음으로) 지각의 능력

은 지성이라 한다. 지성의 작용으로 알려진 지각은 세 종류이다. 1. 우리 마음에서의 관념의 지각, 2. 기호(또는 언어)의 의미 표시 지각. 3. 관념의 어느 것 사이에 있는 결합 또는 배치, 일치 또는 불일치의 지각. 이런 모든 것은 지성[3](또는 이해하는 능력), 다시 말해서 지각 능력에 속하는 것이 된다. 다만 이해한다고 말하는 것이 우리에게 관용으로 인정되는 것은 뒤의 두 가지뿐이다.

6. 기능

마음의 이와 같은 능력, 즉 지각하는 능력과 선택하는 능력은 다른 이름으로 불리는 것이 통례이며 일상적인 화법은 지성과 의지가 마음의 두 기능이라고 말한다. 이 기능이라는 언어는, 모든 언어가 그래야만 하는데 사람들의 사유에 어떤 혼란을 자아내게 하는 일이 없도록, 즉 영혼에 있어서 지성이나 유의의 앞서 기술한 활동을 하는 실재의 존재를 나타내는 것으로 상정되어(이제까지 그렇게 상정되어 왔다고 나는 생각하는데) 그 때문에 사람들의 사유에 어떤 혼란을 일으키는 일이 없도록 쓰인다면 대단히 적절한 언어이다. 그것은 (예를 들어) 의지는 영혼이 호령하는 상위의 기능이라든가, 자유 또는 자유가 아니라거나, 하위의 기능들을 결정한다거나 지성의 훈령에 따른다는 그와 같은 일을 우리가 말할 때, 이러한 것 및 비슷한 표현은 자기 관념을 신중하게 표현하고 언어의 소리보다 사물의 명증에 의해서 자신의 사유를 이끄는 자는 명석 명료한 의의로 이해할 수 있다. 거듭 말하지만 기능의 이와 같은 화법은 많은 사람을 다음과 같은 혼란한 사념에, 즉 우리에게 그만한 수의 별개인 작용자가 있으며 저마다 영역과 권력을 지녀 그만한 수의 별개인 존재자로서 여러 활동을 호령하거나, 활동에 복종하거나, 활동을 영위하는 것이라고 말하는 혼란스런 사념에 잘못 이끌린 것이라고 나는 생각한다. 이 혼란한 사념이 기능과 관계된 여러 문제에서 볼 수 있는 말다툼·불명료·불확실의 적지 않은 기회 원인이었던 것이다.[4]

---

[3] 지성(understanding)은 글자 그대로 이해하는 것이고 그와 같은 능력 또는 기능인데 감성적 지각을 포함한다. 반면 지각은 지적 이해를 포함한다. 이것이 로크의 지성 또는 지각이다.

[4] 로크는 기능(faculty)을 실체화해 능력(capacity)과 동일시하지 않도록 특히 주의한다. 이 주의는 로크 및 영국 고전 경험론을 이해하는 데 유익하다.

7. 자유와 필연의 관념이 나오는 곳

(그런데) 나는 누구나 자기 자신에게 여러 행동을 시작하거나 억지하거나, 계속하거나 끝나게 하는 능력을 자기 자신 안에서 발견하리라고 생각한다. 이와 같은 능력, 즉 누구나 자기 자신 안에서 발견하는, 인간의 행동에 작용하는 마음의 이와 같은 능력 범위의 고찰에서 자유와 필연의 관념은 생기는 것이다.

8. 자유란 무엇인가

대체로 우리가 어떠한 관념을 갖는 모든 활동은 귀착하는 바가 이미(본 장 제4절에서) 기술한 바와 같이 다음의 두 가지, 즉 생각과 운동이다. 그러므로 인간이 자기 마음의 선택 또는 지시에 따라서 생각하거나 생각하지 않거나, 움직이거나 움직이지 않는 능력을 지니는 한, 인간은 자유이다. 무언가를 영위하거나 하지 않는 것이 똑같이 인간의 능력에 없을 때, 하거나 하지 않는 것이 이를 지시하는 마음의 선택에 이어서 똑같이 일어나지 않거나 할 때, 그와 같은 때에는 행동은 언제나 유의적이어도 인간은 자유롭지 못하다. 그러므로 자유의 관념은 어느 행동자 안에 있는 능력, 즉 어느 특정 행동을 하면 억지하는 어느 한쪽을 다른 쪽에서 선택하는 마음의 결정 또는 사유에 따라서 이 행동을 하거나 억지하는 능력의 관념이다. 행동을 하느냐 억지하느냐의 어느 한쪽이 행동자의 능력에 없어 그 유의에 따라서 낳게 되지 않을 때 이 행동자는 자유롭지 못하다. 행동하는 자는 필연 아래에 있다. 그러므로 사유가 없고 유의가 없으며 의지가 없는 곳에는 자유가 있을 리가 없다. 하지만 자유가 없는 곳에도 사유는 있을지 모르며, 의지는 있을지도 모르고, 유의는 있을지도 모른다. 또렷한 한두 사례를 살펴보면 이 점은 명석하게 할 수가 있을 것이다.

9. '자유'는 지성과 의지를 상정한다

(이를테면) 라켓에 맞아 움직이고 있건 멈추어 있건, 테니스공을 자유로운 행동자로 보는 사람은 아무도 없다. 그 까닭을 탐구하면 우리는 발견하겠지만 테니스공은 생각하지 않고 따라서 조금도 유의(有意)하지 않으며, 바꿔 말하면 정지에서 운동을 선택하거나 그 반대이거나 하지 않고, 그러므로 자유를 갖지 않는다. 자유로운 행동자가 아니며 운동도 정지도 모두 필연성인 우리의 관

넘 아래로 들어가 그와 같이 (필연적으로) 불리면 그렇게 상념하기 때문이다. 마찬가지로 (발밑의 다리가 무너져) 강에 빠진 사람은 강에 빠졌다는 점에서는 자유롭지 못해 자유로운 행동자가 아니다. 왜냐하면 이 사람은 조심해도, 빠지는 것보다 빠지지 않는 쪽을 선택해도 빠진다는 운동의 억지는 그 사람의 능력에 없으므로 운동의 중지 또는 휴지는 그 사람의 유의에 계속해서 생기지 않기 때문이다. 그러므로 그 점에서 그 사람은 자유롭지 않다. 또 마찬가지로 팔의 경련운동—유의, 다시 말해서 마음의 지시에 의해서 멈추거나 억지하는 것이 자기 능력에는 없는 팔의 경련운동에 의해서 자기 자신 또는 친구를 치는 인간은 그런 점에서 자유를 갖는다고 아무도 생각하지 않는다. 모든 자가 그 사람은 필연성 때문에 또는 강제로 행동한다고 동정을 한다.

10. (자유는) 유의에 속하지 않는다

그리고 어떤 사람이 숙면 중에 자기를 만나 대화를 하려고 하는 인물이 있는 방으로 인도되어 그곳에 꼼짝없이 갇혀서 나갈 능력이 없다. 그 사람은 잠에서 깨어나 자기가 그토록 바랐던 사람의 동료가 된 것을 기뻐하고 (스스로) 원해 그 동료로 머무는, 즉 나가기보다는 머무는 쪽을 선택한다고 가정하자. 이와 같이 머무는 것은 유의적이 아닐까? 누구도 유의적임을 의심하지 않으리라고 생각한다. 더구나 굳게 갇혀 있으므로 머물지 않을 자유는 명백히 없다. 나갈 자유는 그 사람에게 없다. 그러므로 자유는 유의, 다시 말해서 선택에 속하는 관념은 아니며, 마음이 택하거나 지시에 따라서 행하거나 행하는 것을 억지하는 능력을 지니고 있는 인물에 속하는 관념이다. 자유로운 우리의 관념은 이 능력까지 다다르지만 그 이상에는 미치지 않는다. 왜냐하면 구속이 이 능력을 저지하게 되면, 또는 (앞 절의 예처럼) 강요가 행동하는 쪽도 행동하는 것을 저지하는 쪽도 할 수 있는 무차별을 배제하면 자유는, 또 자유로운 우리의 관념은 언제나 순식간에 없어지기 때문이다.

11. 유의적(有意的)은 무의적(無意的)과 대립하며 필연적과는 대립하지 않는다

(이와 같은) 사례는 우리 몸에 충분하고 가끔 그 이상 있다. (이를테면) 어떤 사람의 심장이 고동치고 혈액이 순환한다. 이를 멈추게 하는 것은 어떤 사유에 의해서나 유의에 의해서도 그 사람의 능력에는 없다. 그러므로 정지가 그

사람의 선택에 따르지 않고 비록 마음이 정지를 선택했다 해도 마음의 결정에 이어서 정지를 일으키지 않는 이와 같은 운동에 관해서 그 사람은 자유로운 행동자가 아니다. 경련운동이 그 사람의 다리를 흔들어 (무도병으로 불리는 기묘한 질환일 때처럼) 아무리 멈추게 하려고 해도 자기 마음의 능력으로 다리의 운동을 멈추지 못해 부단히 춤을 추고 있다. 이와 같은 사람은 이 행동에서 자유롭지 못해 떨어지는 돌이나 라켓에 맞은 테니스공처럼 움직이는 필연성 아래에 있다. 다른 한편 마비나 족쇄는 마음이 그 결정에 의해서 몸을 다른 곳으로 옮기려 해도 마음의 이 결정에 다리를 복종시키지 못한다. 이런 경우에는 모두 자유의 결여가 있다. 그렇지만 중풍환자가 가만히 앉아 있는 것조차 이동보다 그쪽을 선택하고 있는 동안은 진실로 유의적이다. 그렇게 보면 유의적은 필연적과 대립하지 않으며 무의적과 대립한다. 왜냐하면 인간은 자기가 할 수 없는 것보다 할 수 있는 쪽을 선택할 터이기 때문이다. 자신이 실제로 놓여 있는 상태를, 그 상태가 없어지거나 변하거나 하는 것보다, 설령 필연성이 이 상태를 변경 불가능하게 하고 있어도 선택할 수 있을 것이다.

12. 자유란 무엇인가

우리 마음의 사유도 신체의 운동과 같다. 어느 사유를 마음의 선택에 따라서 다루거나 버릴 능력이 우리에게 있다. 그와 같은 사유에서 우리는 자유롭다. (이를테면) 깨어 있는 인간은 그 마음에 끊임없이 관념을 지닌 필연성 아래에 있어 생각하거나 생각하지 않을 자유는 없는데 그 점은 그 사람의 몸이 무언가 다른 물체에 닿거나 닿지 않거나 하는 자유가 없는 것과 같다. 우리는 자주 하나의 관념에서 다른 관념으로 관조를 옮길지 옮기지 않을지를 선택하고, 그때에는 자기 관념에 있어서 그 사람은 자기가 의존하고 있는 물체에서 자유로운 것과 마찬가지로 자유롭다. 그 사람은 마음대로 하나(의 관념 또는 물체)에서 다른 하나(의 관념 또는 물체)로 옮길 수가 있다. 그렇지만 신체가 취하고 있는 어느 운동과 마찬가지로 마음에 취하고 있는 관념은 어떤 때에는 마음이 피할 수 없고 가능한 한 힘껏 노력을 해도 없앨 수 없는 관념이다. (이를테면) 고문대 위의 인간은 고통의 관념을 버리고 다른 관념으로 마음을 달릴 자유가 없다. 때로는 폭풍이 우리 몸을 심하게 움직이듯이 광란의 격정이 우리 사유를 심하게 움직여 오히려 선택하고 싶은 다른 사물을 생각할 자유를 우리에게 남기지 않는다. 하지만 마음이 이러한 외적인 신체의 운동 또는 내적인 사유의 어느 것을 막거나 계속하거나 시작하거나 억지하는 가운데 어느 쪽을 다른 쪽보다 선택하는 것이 좋다고 생각함에 따라서 그렇게 할 능력을 되찾자마자 우리는 그때 그 사람을 자유로운 행동자로 생각하는 것이다.

13. 필연이란 무엇인가

대체로 사유가 완전히 결여되어 있는 곳, 또는 사유의 지시에 따라서 행동하거나 억지하거나 하는 능력이 결여되어 있는 곳에는 필연이 생긴다. 이 필연은 유의(有意)할 수 있는 행동인 경우, 어느 행동의 시작이나 계속이 그 행동자의 마음이 그와 같은 선택에 반할 때 강요로 불린다. 또 어느 행동을 방해하거나 만류하거나 하는 것이 그 행동자의 유의에 반할 때 구속으로 불린다. 전혀 아무것도 사유하지 않고 유의하지 않은 행동자는 모든 일에 필연적인 행동자이다.

14. 자유는 의지에 속하지 않는다

이렇다면(나는 그렇다고 상상한다) 이 고찰은 오랫동안 시끄럽던 그 문제, 그리고 나로서는 이해할 수 없으므로 도리에 맞지 않은 문제, 즉 인간의 의지는 자유인가 자유가 아닌가 하는 문제에 마침표를 찍는 데 도움이 되지 않을는지 생각해 주기 바란다. 왜냐하면 만일 내가 잘못되어 있지 않으면 이제까지 말해 온 것에서 문제 자체가 완전히 부적절하며 인간의 의지가 자유인지 아닌지를 묻는 것은 (이를테면) 일찍 잠자리에 드는지 아닌지라든가, 인간의 덕은 정사각형인지 아닌지를 묻는 것과 마찬가지로 무의미하기 때문이다. 자유가 의지에 들어맞지 않는 것은 운동의 속도가 잠에 들어맞지 않고, 정사각형이 덕에 들어맞지 않는 것과 같기 때문이다. 모든 사람이 이(잠이 이른가라거나 덕은 정사각형인가라는) 질문의 불합리를 비웃을 것이다. 왜냐하면 운동의 여러 변모가 잠에 속하지 않으며, 형태의 여러 차이가 덕에 속하지 않은 것은 또렷하기 때문이다. 그래서 누구나 이 점을 잘 생각하면 똑같이 또렷하게 능력에 지나지 않는 자유는 행동자에게만 속하고, 똑같이 능력임에 지나지 않은 의지의 하나의 속성이나 변모일 리가 없다고 알아채는 것이다. 그렇게 나는 생각한다.

15.

본디 (언어라는) 음으로 (마음의) 내적 활동을 설명해 명석한 사념을 부여하기란 매우 곤란하므로 나는 이 기회에 독자에게 경고를 하지 않으면 안 되는데, 독자의 의지가 있을 때 자기 자신이 하는 일을 잘 내성해서 하지 않는 한 내가 이제까지 사용해 온 명령한다·지시한다·선택한다 등(의 언어)은 유의라는 것을 충분히 또렷하게 표현하지 않을 것이다. 예를 들면 선택한다는 것은 유의의 작용을 표현하는 데 틀림없이 최상으로 생각되지만 정확하게 표현하지는 않고 있다. 왜냐하면 (예를 들어) 어느 인간이 걷기보다 나는 쪽을 선택하려 해도, 그에게 그런 의지가 있다고 아무도 말할 수 없기 때문이다. 누구나 알고 있는 바와 같이 유의란 마음의 어떤 작용, 즉 마음이 인간의 어느 부분 위에 있다고 스스로 생각하는 지배력을 (그 부분의) 어느 특정활동에 쓰거나 (쓰지 않도록) 억제하거나 함으로써, 알면서 (의식해서) 발동하는 것과 같은 마음의 어느 작용이다. 그리고 의지란 이와 같은 일을 하는 게 아니고 무엇이겠는가? 그래서 이 기능은 결국 어느 능력, 즉 어느 활동이 우리에게 좌우되는 한 그 활동을 낳거나 계속하거나 멈추거나 하는 것처럼 마음의 사유를 결정하는 마음의 능력, 그와 같은 능력 이상의 어떠한 사물이 아닐까? 왜냐하면 대체로 자기 활동에 대해서 사유하고, 어느 활동을 하거나 게을리하거나 하는 어느 한쪽을 선택하는 능력을 지닌 작용자는 의지로 불리는 기능을 갖는 것, 이를 부정할 수 없기 때문이다. 그리고 보면 의지란 이와 같은 능력과 같은 것이다. 한편 자유란 인간이 지닌 다음과 같은 능력, 즉 '어느 특정의 활동을 행할 것인지 억지할 것인지를 마음으로 현실로 선택하는 데 따라서'라고 말하는 것은 '이 사람의 의지에 따라서'라는 말과 같은데, 그 특정활동을 행하거나 억지하거나 하는 능력이다.

16.

그리고 보면 누구나 아는 바와 같이 의지는 하나의 능력 또는 성능이며, 자유는 별개의 능력 또는 성능이다. 그러므로 의지는 자유를 갖느냐 갖지 않느냐를 묻는 것은 하나의 능력이 또 다른 능력을, 하나의 성능이 다른 어떠한 성능을 갖느냐 갖지 않느냐를 묻는 것인데, 논의하거나 답을 필요로 하기에는 지나치게 불합리한 물음이다. 그것은 능력이 작용자에게만 속하고, 실체의 속성일 뿐이며, 능력 자체의 속성이 아니라는 뜻이다. 그런데 이를 모르는 것은 어떤 사람인가? 그러므로 이와 같은 물음, 즉 의지는 자유인가 아닌가를 묻는 것은 결국 의지는 실체이고 작용자인가를 묻는 것, 또는 적어도 그렇게 상정하는 것이다. 그것은 자유는 본디 실체·작용자 이외에 어떤 사물의 속성일 수 없다는 뜻이다. 만일 올바른 화법으로 자유를 능력에 적용할 수 있다 해도 다음과 같은 능력의, 즉 어느 인간이 골라서, 다시 말해서 선택해 자기 몸의 여러 부분에 운동을 낳거나 낳는 것을 억지하거나 하는 일과 같은 그 사람에게 있는 능력의 속성으로 보면 된다. 이것은 그 사람을 자유라 일컫는 것이며 자유 그 자체이다. 하지만 자유가 자유인지 아닌지를 묻는 자가 있으면 그 사람은 자기가 말한 바를 잘 이해하지 못하는 것이다. 그래서 (이를테면) 부자라는 말은 부의 소유에 따른 이름임을 알면서 부 자체가 많은 것인지를 묻는 자는 미다스의 귀*5에 상당하는 (부당한 말을 지껄이는) 자로 생각되었으리라.

17.

그렇지만 사람들은 의지로 불리는 이 능력에 기능이란 이름을 부여하고, 그 때문에 의지를 지니고 일하는 자(주체)로 하는 화법이 되고 말았는데, 이 기능이라는 이름은 의지의 참뜻을 가리는 것처럼 유용되어 (앞의 절에서 지적한) 불합리를 완화하는 데 조금은 도움이 될지도 모른다. 그러나 사실 의지란 선택 또는 고르는 능력 또는 성능 이외에 어느 사물도 의미 표시를 하지 않는다. 그리고 기능이라는 이름 아래 의지가 실제대로 (실체화되지 않고) 어느 일을 하는 성능으로만 생각될 때에는 의지가 자유라든가 자유가 아니라고 말하는 불합리는 쉽게 드러날 것이다. 그것은 만일 (우리가 의지는 명령한다거나 자유라거나 말할 때 상정하듯이) 기능을 (실체화해서) 작용할 수 있는 별개의 것으로 상정해 이야기하는 것이 도리에 맞는다면 우리는 의지와 지성으로 고르거나 지각하거나 하는 활동을 낳는 기능, 즉 (사실은) 저마다 생각의 양상에 지나지 않는 그와 같은 활동을 낳는 기능으로 할 뿐만 아니라 말하는 기능이나 걷는 기능이나 춤추는 기능을, 다시 말해 (사실은) 제각기 운동의 양상에 지나지 않은 그와 같은 활동을 낳는, 이야기하는 기능이나 걷는 기능이나 춤추는

---

*5 Midas's ears. 프리기아 왕 미다스는 판과 아폴론의 음악 경연에 끼어들었다가 아폴론의 분노를 사서 당나귀 귀를 갖게 되었다.

기능을 만들어도 관계없다. 그래서 우리는 의지가 고른다거나 지성이 상념한다거나 또는 평소에 말하듯이, 의지는 지성을 지시한다거나 지성은 의지에 복종한다거나 복종하지 않는다거나, 그런 식으로 말하는 것과 같이 노래하는 기능이 노래한다거나 춤추는 기능이 춤을 춘다고 말하는 것이 올바를 것이다. 왜냐하면 이야기하는 능력이 노래하는 능력을 지시하고, 또는 노래하는 능력이 이야기하는 능력에 복종하거나 복종하지 않거나 한다고 말하는 것은 똑같이 완전히 올바르게 이해할 수 있기 때문이다. (그러나 이것은 올바르지 않다. 마찬가지로 의지가 지성을 지시한다는 따위의 말도 잘못이다.)

18.
그럼에도 이와 같은 화법은 확산되어 나의 억측으로 큰 혼란을 낳고 만 것이다. 이러한 것(의지를 갖거나 이야기하거나 하는 것 따위)은 모두 제각기 활동을 하는 마음 또는 인간이 다른 능력이므로 인간이 적당하다고 생각하는 대로 능력을 발휘한다. 그런데 하나의 활동을 하는 능력은 현재 하나의 활동을 하는 능력의 작용을 받지 않는다. 왜냐하면 생각하는 능력이 고르는 능력에 작용하지 않고, 고르는 능력이 생각하는 능력에 작용하지 않는 것은 (이를테면) 춤을 추는 능력이 노래하는 능력에 작용하지 않고 노래하는 능력이 춤을 추는 능력에 작용하지 않는 것과 같기 때문이다. 이 점은 조금이라도 성찰하는 자라면 누구나 쉽게 알아챌 수 있을 것이다. 더구나 우리가 의지는 지성에 작용한다거나, 지성은 의지에 작용한다거나 그런 식으로 말할 때 이것은 바로 이 (하나의 능력이 다른 능력에) 작용한다는 것이다.

19.
과연 이런저런 현실의 사유는 유의(有意)의, 다시 말해서 인간이 지닌 고르는 능력을 행사하는 데 있어서 기회원인일지도 모르고, 마음이 실제로 고르는 것은 이런저런 사물을 실제로 생각하는 것의 원인일지도 모른다. 그 점은 이런저런 곡을 실제로 부르는 것이 이런저런 곡을 노래하는 것의 기회원인일지도 모르는 것과 같다. 하지만 이런 모든 경우 하나의 능력이 다른 능력에 작용하는 것은 아니다. 작용해서 그와 같은 능력을 발휘하는 것은 마음이다. 그와 같은 활동을 하는 것은 인간이며 능력을 갖는 것은, 다시 말해서 행할 수가 있는 것은 작용자이다. 왜냐하면 능력은 (본 장 제3절에서 말했듯이) 관계이지 작용자가 아니기 때문이다. 그리고 작용하는 능력을 갖거나 이 능력을 갖지 않거나 하는 것, 그와 같은 것만이 자유였거나 자유가 아니었거나 하는 것이지 능력 그 자체(가 자유였거나 자유가 아니었거나 하는 것)는 아니다. 왜냐하면 자유인가 자유가 아닌가 하는 것은 작용하는 능력을 갖거나 갖지 못하거나 하는 것에만 속할 수 있기 때문이다.

20.
　(이렇게 해서 본다) 기능에 속하지 않은 (자유라는) 것을 기능으로 귀속시키는 일이 위에서 말한 바와 같은 화법을 낳고 만 것이다. 하지만 마음을 논의할 때 기능이라는 이름으로 기능이 작용한다는 사념을 도입하는 것은 우리 자신의 (마음이라는) 이 부분의 지식을 이제까지 거의 전진시켜 오지 않았던 것이며, 그 점은 신체의 여러 작용에 기능이라는 (이름을 부여하는) 비슷한 고안을 많이 이용해 기능이라 말해도 의학의 지식이 우리에게 거의 도움이 되지 않았던 것과 같다고 나는 생각한다. (그렇게 말은 해도) 나는 몸에도 마음에도 여러 기능이 있다는 사실을 부정하는 것은 아니다. 몸도 마음도 작용하는 능력을 함께 지니고 있다. 그렇지 않으면 어느 쪽도 작용할 수 없었을 것이다. 그것은 작용 능력이 없는 사물은 작용할 수 없고, 작용할 능력이 없는 것은 작용할 능력이 없기 때문이다. 또 나는 이와 같은 (기능의) 언어와 비슷한 언어가 그와 같은 언어를 유통시킨 언어 가운데서 일상적으로 쓰여서는 안 된다고 부정하는 것도 아니다. 이런 언어를 완전히 버리는 일은 지나친 것처럼 보인다. 그래서 철학 자체도 호화로운 옷은 좋아하지 않아도 세상에 드러낼 때에는 진정으로 명쾌하다는 것과 양립할 수 없는 한, 그 나라의 일반적인 풍습과 언어로 꾸밀 정도의 아량은 갖지 않으면 안 된다. 그런데 이제까지의 잘못은 여러 기능이 그만큼 수많은 별개의 작용자로 논의되고 표상되어 온 점이었다. 왜냐하면 (예를 들어) 우리의 위에서 음식물을 소화하는 것은 무엇인가라는 질문을 받았을 때 소화기능이라고 말하는 것은 즉석에서 대답할 수 있는 매우 만족스러운 답이기 때문이다. 신체에서 어떠한 사물을 내보낸 것은 무엇이었는가? 배설기능. 움직인 것은 무엇이었는가? 발동기능. 마음에서도 똑같이 예지기능 즉 지성(또는 이해기능)을 이해했으며 선정기능 즉 의지(意志)가 의지한, 또는

호령을 한 것이다. 이것은 요컨대 소화하는 기능이 소화를 했고, 움직이는 기능이 움직였으며, 이해하는 기능(즉 지성)이 이해했다고 말하는 것이다. 그것은 나의 생각으로는 기능과 성능과 능력은 같은 사물의 다른 이름이다. 이와 같은 화법을 더욱 이해할 수 있는 언어로 고치면 다음의 것, 즉 소화는 소화할 수 있는 어느 사물에 의해서, 운동은 운동할 수 있는 어느 사물에 의해서, 이해는 이해할 수 있는 어느 사물에 의해서 영위된다는 표현만으로 충분하다고 생각한다. 만일 그렇지 않다면 매우 이상할 것이다. 같은 정도로 이상한 것이 인간은 자유의 능력도 없이 (그와 같은 성능·기능·능력을 갖지 않고) 자유라는 말이리라.

21. 하지만 (자유는) 행동자 즉 인간에 속한다

다시 자유의 탐구로 돌아가면 의지는 자유인가 아닌가를 묻는 것이 적절하지 않고 인간은 자유인가의 아닌가를 묻는 것은 적절하다. 그래서 나는 다음과 같이 생각한다.

첫째, 자기 마음의 지시 없이 선택에 의해서 어느 행동이 존재하는 쪽을 그 행동이 존재하지 않는 쪽보다, 또는 그 반대를 선택해 이 행동을 존재하게 하거나 존재시키지 않게 하거나 할 수 있는 한 그 사람은 자유이다. 왜냐하면 (예를 들어) 내가 내 손가락의 운동을 지시하는 사유에 의해서 손가락이 멈추어져 있거나 그 반대가 가능하다면 이 (손가락을 움직일 것인가 멈추게 할 것인가 하는) 점에서 나는 명백히 자유이기 때문이다. 또 내가 마음이 비슷한 사유에 의해서 (언어와 침묵의 어느) 한쪽을 다른 쪽에서 선택해 언어나 침묵을 낳게 하면 나는 이야기를 하거나 침묵을 지키거나 자유이다. 그래서 인간은 행동하거나 행동하지 않거나 어느 한쪽을 선택하는 자기 사유의 결정으로 행동하거나 하지 않는 이 능력이 미치는 한 자유인 것이다. 우리는 어떻게 해서 어떤 사람이 자신의 의지대로 행하는 능력을 갖는 것보다 더 자유롭다고 생각할 수 있을까? 그래서 어느 행동이 없는 것보다 그 행동 쪽을, 또는 어느 행동보다 정지 쪽을 선택해 그것으로 그 행동 또는 정지를 낳는 한 그 사람은 자신의 의지대로 향할 수 있는 것이다. 왜냐하면 이와 같이 행동이 없는 쪽보다 행동 쪽을 선택하는 것은 그 행동에 의지를 갖는 것이며, 우리는 어느 존재가 그 의지하는 바를 행할 수 있는 그 이상으로 자유롭다고 어떻게 상상하는지를 대부분은 말할 수가 없기 때문이다. 그러므로 어느 인간의 그와 같은 능력이 미치는 범위 내의 행동에 관해서 그 사람은 자유가 그를 자유롭게 할 수 있는 것과 같은 정도로 자유롭다고 생각되는 것이다.

22. 의지(意志)하는 것에 있어서 인간은 자유롭지 않다

그러나 인간이 알려고 하는 마음은 설사 치명적인 필연성의 상태보다 더욱 나쁜 상태에 빠지더라도 자기에게 죄가 (있고 좋지 않은 면이) 있다는 생각을 자기 자신으로부터 가능한 한 없애려고 해 앞의 절의 고찰에 만족하지 않는다. 자유는 이보다 더 멀리 다다르지 않으면 (그 사람들에게 있어서) 도움이 되지 않을 것이다. 그래서 (그 사람들의 생각에서는) 만일 인간에게 자기가 뜻하는 바를 행동할 자유가 있을수록 의지의 자유가 없으면, 인간이 완전히 자유롭지 않은 (것이고 이)것은 (앞 절의 고찰에 대한) 훌륭한 항의가 된다. 그러므로 인간의 자유에 관해서 인간에게 의지의 자유가 있는가 하는 의문이 더욱 제기된다. 나는 의지가 자유인지 아닌지를 토의할 때의 뜻은 이것이라고 생각한다. 이에 대해서 나는 이렇게 믿는다.

23.

둘째, 대체로 의지를 갖는 것. 다시 말해서 유의는 하나의 활동이며 자유는 행동하거나 행동하지 않거나 하는 능력에 있으므로 어떤 사람의 능력에 속한 어떠한 행동이 즉시 행해지는 것으로서 그 사람의 사유에 한 번 제안되기만 하면 의지를 갖는 것, 다시 말해서 유의의 작용에 관해서 그 사람은 자유일 리가 없다. 그 까닭은 매우 명백하다. 왜냐하면 그 사람의 의지에 따른 행동은 좋든 싫든 존재하거나 존재하지 않거나 (어느 한쪽)이고, 그리고 그 존재인가 비존재인가는 그 사람 의지의 결정·선택에 완전히 계속해서 일으키므로 그 사람은 그 행동이 존재인지 비존재인지를 의지하지 않을 수 없기 때문이다. 그러므로 그 사람이 (행동의 존재인지 비존재인지의) 어느 한쪽을 의지하는 것, 즉 한쪽을 다른 쪽에서 선택하는 것은 절대로 필요하다. 어느 하나는 필연적으로 계속해서 일어나지 않으면 안 되고, 그리고 계속해서 일어나는 것은 그 사람 마음의 선택·결정에 의해서, 즉 그것을 의지(意志)함으로써 계속해서 일으키기 때문이다. 왜냐하면 만일 그 사람이 의지하지 않았다면 그와 같이 (계속해서 일으키는) 일은 없었을 테니까 말이다. 그러므로 의지한다는 작용에 관해서 이와 같은 인간은 자유롭지 않다. 자유는 행동하느냐 행동하지 않느냐의 능력에 있는데 유의에 대해서 인간은 위와 같은 제안일 때 자유를 갖지 않기 때문이다. 인간의 능력 안에 있는 행동을 할 것인지 억지할 것인지가 한 번 인간의 사유에 제안되기만 하면 어느 쪽을 선택할 것인지는 좋든 싫든 필연적이다. 인간은 행하거나 억지하거나 어느 한쪽을 필연적으로 의지해야만 하며, 그 선택 즉 유의에 따른 행동이나 억지는 절대로 확실하게 계속해서 일어나 진정으로 유의적인 것이다. 그런데 유의의 작용, 즉 둘 가운데 하나를 선택하는 것은 그 인간이 피할 수 없는 일이므로 인간은 의지한다는 이 작용에 관해서 필연성 아래에 있고 따라서 다음과 같지 않은 한, 곧 필연성과 자유가 양립할 수 있고 인간은 동시에 자유로 속박된다는 것이 가능하지 않은 한 자유로울 리가 없는 것이다.*6

24.

그러고 보니 다음의 점은 뚜렷하다. 즉 현재의 행동이 제안될 때에는 인간은 모두 의지하는 것을 억지할 수 없으므로 의지하고 의지하지 않을 자유가 없다. 자유는 행동하거나 행동하는 것을 억지하거나 하는 능력에 있으며 단지 그것에만 있기 때문이다. (예를 들어) 가만히 앉아 있는 인간은 그래도 자유롭다고 한다. 그것은 만일 걸을 의지만 있으면 걸을 수 있기 때문이다. 하지만 만일 가만히 앉아 있는 인간이 자기 자신을 움직일 능력을 갖지 않으면 그 사람은 자유롭지 않다. 마찬가지로 벼랑에서 떨어지고 있는 인간은 운동 중이라도 자유롭지 않다. 왜냐하면 비록 의지가 있어도 그 운동을 멈출 수 없기 때문이다. 그러므로 누구나 알 수 있듯이 걷고 있는 사람이 걷고 있는 걸음을 멈추도록 (마음에) 제안되면 그 사람은 걸을 것인지 멈출 것인지 스스로 결정할 의지를 갖거나 의지를 갖지 않거나 그와 같은 자유는 없다. 그 사람은 필연적으로 걸을 것인지 걷지 않을 것인지 어느 한쪽을 선택하지 않으면 안 된다. 그래서 우리 능력 안에서 이와 같이 제안되는 다른 모든 행동에 대해서도 같고,

---

*6 로크는 의지의 자유를 무차별의 자유(liberty of indifference)로 이해하고 의지·유의의 그 의미 한정에서 부정하며, 그런 한 의지결정론에 동의한다. 본 장 제71절에 제5판에서 쓴 글에 이 점이 언급된다.

그와 같이 (바로 선택하지 않으면 안 될) 행동은 매우 많다. 그것은 우리 생애에서 깨어 있는 각 순간에 잇따라 계기하는 엄청난 수의 유의행동을 고찰하면 그것의 아주 소수만이 이루어지게 되는 때보다 이전에 사유되는, 다시 말해서 의지로 제안되는 이와 같은 (소수의) 행동에서는 모두 이미 (앞의 절에서) 명시해 둔 것처럼 마음은 의지하는 것에 관해서 작용하거나 작용하지 않거나 하는 능력을 갖지 않는데 이 (능력을 지닌) 점에 자유는 있는 것이다. 마음은 이때 의지하는 것을 억지하는 능력을 갖지 않는다. 마음은 아무리 짧은 고찰이건, 빠른 사유건 행동에 대해서 어느 결정을 피할 수가 없다. 마음은 그 인간을 생각하기 전의 상태로 해두거나 상태를 바꾸거나이고 행동을 계속하거나 끝내거나이다. 이것으로 명백한 바와 같이 마음은 한쪽을 다른 쪽에서 선택하며, 다시 말해서 다른 쪽을 무시해 한쪽을 명령 지시하고 이에 따라서 (행동의) 계속인가 변화인가의 어느 한쪽은 좋든 싫든 유의적으로 되는 것이다.

25. 의지는 의지 이외의 어느 사물로 결정된다

그러고 보면 누구나 알 수 있듯이 인간은 대부분, 의지하려고 의지하거나 의지하지 않을 자유가 없으므로 다음에 묻는 것은 둘 가운데 자신이 선호하는 쪽을, (이를테면) 운동이나 정지를 의지할 자유가 인간에게 있느냐 없느냐이다. 이 물음은 물음 자체 안에 그 불합리를 아주 명백하게 수반하므로 자유가 의지에 연관하지 않는 것은 이것으로 (도리어) 충분히 이해할 수 있을 것이다. 왜냐하면 인간이 (이를테면) 운동인가 정지인가, 이야기를 할 것인가 침묵할 것인가의 원하는 쪽을 의지(意志)할 자유가 있는지를 묻는 것은 자신이 의지하는 것을 의지할 수 있는지, 원하는 것을 원할 수 있는지, 그렇게 묻는 것이기 때문이다. 이 물음은 대답할 필요도 없다고 나는 생각한다. 이와 같이 물을 수 있는 사람은 하나의 의지가 다른 의지의 작용을 결정하고 더 나아가 다른 의지가 또 그것을 결정해 무한으로 이어지는 것을 상정하지 않으면 안 된다.

26.

이와 같은 불합리와 이와 비슷한 불합리를 피하려면 성찰되는 사물의 확정된 관념을 우리 마음에 확립하는 것만큼 유용한 사물은 없다. 만일 자유와 유의한 관념이 우리 지성 속에서 확실하게 고정되어 이에 제기되는 온갖 문제를 통해서 당연히 그래야만 하듯이 우리 마음에 유지되고 있으면, 사람들 사유를 헷갈리게 하고 지성을 마구 얽히게 하는 어려운 문제의 대부분은 훨씬 쉽게 해결되어 어디에서 명사가 혼란한 의미 표시를 낳고, 또 어디에서 사물의 본성이 불명료를 낳았는지 알 수 있으리라고 나는 생각한다.

27. 자유

이때 자유는 첫째로 어느 행동의 존재 또는 비존재가 우리의 유의에 따른 점에 있으며 어느 행동 또는 그 반대가 우리의 선택에 따른 점에 있지 않다는 (본 장 제8절 하에서 여러 번 설명해 온) 것을 치밀하게 기억해야 한다. '되풀이해서 말하자면' 절벽에 선 인간은 20야드 밑의 바다로 뛰어들 자유가 있다. 그 까닭은 20야드 뛰어오르는 반대의 행동을 할 능력이 있어서가 아니다. 그런 일은 할 수 없다. 그 사람이 자유로운 것은 뛰어오르거나 뛰어오르지 않거나 할 능력이 있기 때문이다. 하지만 그 사람은 이제 자유롭지 않다. 왜냐하면 그와 같은 특정의 행동을 하거나 막거나 하는 것은 이제 그 사람의 능력에는 없기 때문이다. 또 20제곱피트의 한 방에 완전히 갇혀서 방의 북쪽에 있는 자는 남으로 20피트 나아갈 자유가 있다. 왜냐하면 나아갈 수도 나아가지 않을 수도 있기 때문이다. 하지만 동시에 반대의 일을 할 자유, 즉 20피트 북으로 나아갈 자유는 없다.

그러고 보면 자유는 다음의 점, 즉 내가 택하는 대로, 다시 말해서 의지대로 행하거나 행하지 못하거나 하는 점에 있다.

28. 유의(有意)란 무엇인가

둘째로 우리는 기억하지 않으면 안 되는데 (본 장 제5절에서 말했듯이) 유의 또는 의지(意志)한다는 것은 어느 행동을 낳는 쪽으로 사유를 돌리고 그것으로 이 행동을 낳는 능력을 일으키는 마음의 움직임이다. 나는 언어의 중복을 피하기 위해 여기에서 용서를 바라고 싶은데 행동이라는 언어에 제안된 어느 행동의 억지도 포함시키고 싶다. (이를테면) 걷기나 대화의 제안을 받았을 때 가만히 앉아 있거나 말없이 있는 것은 단순한 억지인데 그 반대인 (적극적으로) 행동하는 것과 같은 정도로 의지의 결정을 필요로 하고, 그 귀결은 가끔 같은 정도로 중요하므로 그렇게 생각하면 행동으로서도 충분히 통용할 수 있을 것이다. 하지만 이런 말을 하는 것은 간결을 취지로 해 그런 식으로 (행동의 억지를) 행동으로 말해도 오해를 받지 않기 위해서이다.

29. 의지를 결정하는 것

셋째로 의지란 마음에 있는 능력, 즉 (이를테면) 어느 인간을 운동하게 하거나 멈추도록 작용하는 그 사람의 기능이 마음의 지시에 따르는 한, 그와 같은 작용기능을 지시하는, 마음에 있는 그러한 능력이다. 그러므로 의지를 결정하는 것은 무엇인가라는 물음의 올바른 답은 마음이다. 왜냐하면 지시를 한다는 일반적인 능력을 이런저런 특정 지시에 결정하는 것은, 마음이 지닌 능력을 그와 같은 특정방법으로 일으키는 작용자 자신에 다름 아니기 때문이다. 하지만 만일 이 답으로 이해하지 않는다면 누구나 알 수 있듯이 의지를 결정하는 것은 무엇인가라는 물음의 뜻은 이렇다. 즉 하나하나의 모든 사례에서 마음을 움직여 마음이 지시하는 일반적 능력을 이런저런 특정의 운동 또는 정지를 결정하는 것은 무엇인가? 이에 나는 대답한다. 같은 상태 또는 행동을 계속하는 동기는 그 상태나 활동에 현재 만족하고 있는 것뿐이며, 이를 변화하는 동기는 언제나 어느 불안정함이다.[7] 그것은 어떠한 불안정함을 제외하고는 어느 사물도 우리에게 상태를 변화시키지 않는다. 다시 말해서 어느 새로운 활동을 시키지 않기 때문이다. 이것이야말로 마음에 작용해 마음을 활동시키는 커다란 동기이다. 이를 짧게 말하기 위해 의지를 결정하는 것이라고 부르자. 이 점은 더욱 상세하게 설명하게 될 것이다.

30. 의지와 욕망을 혼동해서는 안 된다

그런데 그것으로 나아가기 전에 다음의 것을 전제로 할 필요가 있다. 즉 나는 이제까지 유의의 작용을 고르는 일, 선택하는 것, 그 밖에 유의만이 아니라 욕망도 의미 표시를 하는 비슷한 명사로 나타내는 일에 힘써왔다. 본디 이름은 의지하는 것, 즉 유의인 것 같은 마음의 작용을 표시하는 언어가 결여되기 때문인데 더구나 이 의지하는 것, 유의란 매우 단순한 작용이며 이것이 무

---

[7] 의지를 결정하는 동기를 초판처럼 현재의 쾌락이나 선으로 하지 않고 마음의 어느 불안정함에서 찾은 것이 제2판에서 수정된 로크 윤리사상의 주요점 가운데 하나이며, 여기에서 소박한 쾌락론적 결정론을 벗어나는 길이 열린다.

엇인가를 이해하고자 하는 사람은 어떤 다양한 분절음보다는(즉 언어를 가지고 하기보다는) 자기 자신의 마음을 내성해 의지할 때 마음이 하는 것을 관찰하는 편이 한층 쉬울 것이다. 이와 같이 의지와 전혀 별개인 몇 가지 마음의 움직임과 의지와의 차이를 충분히 유지하지 않는 표현으로 잘못되지 않도록 주의를 기울이는 마음은 다음의 이유로 더욱더 필요하다고 나는 생각한다. 즉 의지는 마음의 감정을 일으키는 몇 가지, 특히 욕망과 가끔 혼동되어 잘못 알고, 더구나 다음과 같은 사람들, 곧 사물의 매우 또렷한 사념을 가져오지 않았으며 사물에 대해서 매우 명석하게 기술해 오지 않았다고 그런 식으로 생각되는 것을 싫어하는 사람들이 그와 같은 혼동·착각을 하는 것을 발견하기 때문이다. 이와 같은 혼동·착각은 이제까지 이 문제에서 보게 된 또렷하지 못한 것과 잘못의 작지 않은 기회원인이었고, 그러므로 되도록 피해야만 했다고 나는 생각한다. 그것은 내가 의지할 때 사유를 내부에, 마음에 생기는 것으로 돌리는 사람은 알겠지만 의지, 다시 말해서 유의능력이 연관된 곳에는 단지 마음의 다음과 같은 특정의 결정, 즉 마음이 자기 능력에 있다고 하는 어떠한 활동을 일으키거나 계속하거나 막거나 하는 노력을 단순히 사유만으로 시키는 것과 같은 마음의 특정 결정인 것이다. 이 점을 잘 생각하면 의지는 욕망과 완전히 구별됨을 누구나 알 수 있게 된다. 욕망은 같은 활동 그 자체 안에서 의지가 우리에게 주는 경향과 완전히 반대인 경향을 가질지도 모르는 것이다. (이를테면) 나로선 거부할 수 없는 어떤 사람이 나에게 남에 대한 설득력을 발휘하게 할지도 모른다. 나는 이야기를 하는 것과 동시에 나의 설득력에 이 사람이 설득당하길 소망할지도 모른다. 이때 누구나 알 수 있듯이 의지와 욕망은 충돌한다. 나는 어느 쪽으로 향하는 (즉 설득하는) 활동을 의지하는데 욕망은 정반대의 (설득하지 못하는) 쪽으로 향한다. 또 손발의 통풍이 심한 발작 때문에 머리가 멍해지는 것과 위에 식욕이 없는 것이 가라앉는 것을 발견하는 사람은 손이나 발의 아픔이 누그러지길 바라는데(왜냐하면 아픔이 있으면 이를 없애려는 욕망이 언제나 있기 때문이다), 그러나 또 이 사람은 아픔이 사라지면 해로운 체액이 (머리나 위의) 한층 중요한 부분으로 옮겨가게 될지도 모른다는 걸 알고 있으므로 의지는 이 아픔을 없애는 데 도움이 될지도 모르는 어떠한 하나의 행동으로 결코 결정되지 않는 것이다. 이것으로도 욕망하는 것과 의지하는 것은 뚜렷이 마음의 두 별개 작용이고, 따라서 유의의 능력에 지나지 않는 의지는 욕망과 완전히 다른 것이다.

31. 불안함이 의지를 결정한다

그러면 우리 행동의 의지를 결정하는 것이 무엇인가 하는 탐구로 돌아가자. 그리고 (초판의 소론을) 다시 생각하면 나는 다음과 같이 믿기 쉽다. 즉 의지를 결정하는 것은 일반적으로 상정되고 있듯이 바라다 보인 큰 쪽의 선은 아니며 인간이 현재 놓여 있는 불안함(더구나 대부분은 가장 급박한 불안함)인 것이다. 이것이 의지를 잇따라 결정해 우리에게 그 영위하는 행동을 시키는 것이다. 이 불안함은 실제 불리고 있는 대로 욕망이라 해도 좋다. 욕망이란 실제로 없는 선이 결여되어 있는 데서 오는 마음의 불안함이다. (이를테면) 어느 종류건 모든 신체적 통증이나 마음의 불안은 불안정함이고, 감지되는 고통 즉 불안함과 같은 욕망이 언제나 이것과 이어져 있어 거의 구별이 안 된다. 왜냐하면 욕망은 감지된 무언가의 욕망과 연관해 현재 없는 선(또는 쾌락)이 결여되어 있으므로 있는 불안함이고, 현재 평안(또는 안정)이 없는 그 선이며, 이 평안을 얻을 수 있을 때까지 이것을 욕망이라 불러도 좋기 때문이다. 고통을 느끼고 평안하길 바라면서 이 고통과 마찬가지로 고통에서 분리할 수 없는 욕망을 함께 느끼지 않는 자는 없으니 말이다. (그리고) 고통으로부터의 평안이라는 욕망에 더해 선이 현재 실정적으로 없다는 것에 대한 욕망이 있다. 그리고 여기에서도 욕망과 불안함은 같다. 우리가 현실에 없는 어떤 선을 욕망하면 그만큼 우리는 이 선을 추구하는 고통 가운데 있는 것이다. 그렇지만 이때 (주의하지 않으면 안 되는데) 현실에 없는 선은 모두 그것이 지닌 크기에, 또는 지닌 것으로 인정되는 크기에 따라서 그 크기와 똑같은 고통을 낳는 것은 아니며, 그 점은 모든 고통이 고통 자체에 같은 욕망을 낳는 것과 같지는 않다. 왜냐하면 선이 없는 것은 고통이 현존하는 것처럼 언제나 고통은 아니기 때문이다. 그러므로 없는 선은 욕망 없이 바라볼 수 있고 고찰할 수 있다. 그렇지만 어딘가에 욕망이 있으면 그만큼 불안함이 존재한다.

32. 욕망은 불안함이다

욕망이 불안함이 있는 상태라는 것은 자기 자신을 내성하는 사람이면 누구나 금세 발견할 것이다. 현자가 희망(이것은 욕망과 그다지 다름이 없다)에 대해 말하는 것을 욕망으로 느낀 적이 없는 자가 있을까? 즉 미루어지면 마음을 괴롭히고,[*8] 그것도 욕망의 크기에 언제나 비례해 때로는 사람들에게 아이를 주십시오, 바라는 사물을 주십시오, 그렇지 않으면 나는 죽습니다[*9] 외치게 할 정도로까지 불안함을 높이는 것이다. 산다는 것 자체는 그 모든 향락조차도 이와 같은 불안함이 영속적으로 제거되지 않는 압박 아래에서는 견디기 힘든 무거운 짐이다.

33. 욕망의 불안함이 의지를 결정한다

과연 선악은 현실적으로 있건 없건 마음에 작용한다. 때때로 (그때마다) 모든 유의행동에 의지를 직접 결정하는 것은 (이를테면) 고통 속에 있는 자에게 있어서 그것을 느끼지 않는 소극적인 것이건, 쾌락의 향수와 같은 적극적인 것이건 실제로 없는 선에 고정된 욕망의 불안함이다. 이 불안함이야말로 잇따라 영위되는 유의행동으로 의지를 결정하는 일이며, 이와 같은 유의행동이 우리 인생의 대부분을 만들고 다양한 과정을 거쳐 다양한 목적으로 우리를 이끌어간다는 것, 이 점을 나는 경험과 사물의 도리 양쪽에서 명시하도록 노력할 것이다.

34. 이것(즉 불안함)이 행동의 동인

(이를테면) 어떤 사람이 자기가 처한 상태에 완전히 만족하고 있을 때에는 이 상태로 계속 있으려는 것 말고 어떤 부지런함, 어떤 행동, 어떤 의지가 있을까? 이 점은 모든 인간의 관찰이 이해시킬 것이다. 그것으로 우리는 이해를 하는데 우리의 전지전능한 창조주는 우리의 구조와 장치에 걸맞게, 또 의지를 결정하는 게 무엇인가를 알고 굶주림과 목마름, 그 밖의 자연적 욕망의 불안정함을 인간 안에 둔 것이며, 그 불안함이 그때마다 돌아와 자기 보존과 종의 연속을 위해 의지를 일으켜 결정하는 것이다. 왜냐하면 만일 그런 선한 목적, 즉 그와 같은 여러 불안함에 내몰려 우리가 향하는 그런 선한 목적의 단순한 관조가 의지를 결정해 우리를 움직이게 하는 데 충분했다면 우리에게 그와 같은 (굶주림 등) 자연의 고통은 아무것도 없었고 틀림없이 이 세상에 고통

[*8] '이루어지지 않은 희망은 마음을 아프게 하지만……' 〈잠언〉 13장 12절.
[*9] '나도 아들을 갖게 해주세요. 그러지 않으시면 죽어버리겠어요.' 〈창세기〉 30장 1절.

은 거의 또는 전혀 없었을 것이라고 판단할 수 있다고 나는 생각하기 때문이다. (예를 들어) 성 바오로는 말하기를 정욕을 불태우기보다는 결혼을 하는 것이 좋다.*[10] 그때 우리는 사람들이 결혼생활의 즐거움에 주로 내닫는 것이 무엇인가를 알 수 있다. 정욕이 조금 불타는 것을 느끼면 우리는 그보다 큰 쾌락의 전망이 부추기는 것보다 한층 강력하게 추진할 수 있다.

35. 더욱 큰 실정적인 선이 의지를 결정하지 않고 불안함이 결정한다

본디 선은 큰 쪽의 선이 의지를 결정한다는 것은 모든 인류의 일반적 동의에 의해서 완전히 확립된 확고한 공준(公準)으로 생각된다. 따라서 내가 이 주제를 두고 나의 생각을 처음으로 (초판에서) 밝혔을 때 이를 당연시한 것을 나는 조금도 후회하지 않는다. 또 이 정도로 받아들여지고 있는 설을 굳이 취소해 버리려는 지금보다 당연한 일로 해버리고 만 그 무렵의 일을 용서할 수 있다고 많은 사람은 생각할 것이다. 하지만 더한층 엄밀하게 탐구하면 나는 다음과 같은 결론을 내리지 않을 수 없다. 즉 선은, 한층 큰 선은 의지를 결정하는 것으로 인지되어 받아들여지고 있는데, 더구나 이 선에 균형을 맞추어 생긴 욕망이 선이 없는 것에, 우리를 불안하게 하지 않고 있는 동안은 선은 의지를 결정하지 않는 것이다. (이를테면) 부유함은 빈곤보다 이점이 있다고 어떤 사람을 아무리 이해시키고 삶에 편리한 설비는 더러운 빈곤보다 낫다고 설득을 시켜도 빈곤에 만족해 그것에서 불안함을 느끼지 않는 한 이 사람은 움직이지 않는다. 이 사람의 의지는 스스로를 빈곤으로부터 빠져나오게 하는 어떤 행동으로도 결코 결정되지 않는다. 또 덕은 현세에 무언가 커다란 목적을 지닌 인간 또는 다음 세상에 희망을 갖는 인간에게 있어서 사는 데 음식이 필요하듯이 반드시 있어야 한다고 덕의 이점을 누군가에게 아무리 믿게 해도 정의에 목마르고 굶주리기 전에는 올바름의 결여에 불안함을 느끼기 전에는, 그 사람의 의지는 이 (덕이라는) 일반적으로 인정된 한층 큰 선을 추구하는 어떤 행동으로 결정되지 않으며 그 사람이 자기 안에서 느끼는 무언가 다른 불안이 생겨 그 의지를 다른 행동으로 돌리게 할 것이다. 다른 한편 대주가에게 건강을 해치고 재산을 탕진하다가 결국엔 몸이 병들어 좋아하는 술조차 마실 수 없

---

*10 〈고린도 전서〉 7장 9절.

게 된다고 충고를 해도 술친구를 잃게 될지도 모른다는 불안이 재발하여 언제나 그때쯤 되면 술에 대한 습관적 갈망이 발걸음을 선술집으로 옮기게 한다. 더구나 이 사람은 건강과 재산을 잃고 내세의 기쁨을 잃을 것을 알고 있으며, 아주 약간이지만 스스로 고백하다시피 술잔으로 (미각기관인) 위턱을 즐겁게 하는 것이나 주정뱅이의 헛소리보다 훨씬 큰 선인 것이다. (이때) 한층 커다란 선을 바라볼 수 없는 것은 아니다. 왜냐하면 대주가는 그와 같은 선을 보고 받아들여 술을 마시는 시간 사이에 한층 커다란 선의 추구를 결의할 터이기 때문이다. 하지만 (술을 마시는 것에) 익숙해진 즐거움을 잃는 불안함이 재발하면 이 받아들여진 한층 큰 선은 버팀목을 잃고 현실의 불안이 의지를 익숙해진 행동으로 결정하며, 이에 따라서 익숙해진 행동은 한층 강한 발판을 얻어 다음 기회에 승리하게 된다. 동시에 대주가는 두 번 다시 술은 마시지 않겠다, 더한층 큰 선의 획득에 어긋나는 행동을 하는 것은 이번이 마지막이라고 자기 자신에게 은밀히 약속을 하는 것이다. 그리고 대주가는 때때로 '나는 한층 선한 것을 보고 찬성하는데 한층 악한 것에 따른다'*¹¹고 탄식하는 불행한 상태에 빠진다. 이 구절은 진리로 받아들여지고 끊임없는 경험에 의해서 사실로 되는데 위와 같이 바라볼 때 쉽게 이해할 수 있으며 다른 방법으로는 다분히 이해하지 못할 것이다.

36. 불안함을 없애는 것이 행복으로의 첫걸음이기 때문에

(그런데 이와 같이) 경험이 사실상 매우 뚜렷해지는 원인을 탐구해 왜 불안함만이 의지에 작용해 의지가 선택할 때 의지를 결정하는가를 검토하면 알게 되겠지만, 우리는 한 번에 하나의 행동에 의지를 결정할 수 있을 뿐이므로 우리의 그 근본에 있는 현재의 불안함이야말로 우리가 모든 행동에서 지향하는 행복을 위해 의지를 자연스럽게 결정하는 것이다. 왜냐하면 어떤 불안함 속에 있는 동안, 우리는 자기 자신이 행복한지 행복으로 가는 도중에 있는지를 알 수 없기 때문이다. 그것은 약간의 고통도 우리가 기뻐하고 있는 모든 쾌락에 상처를 주게 되므로 고통과 불안함은 우리가 지니고 있는 좋은 사물의 맛까지 해치고 행복에 어긋나면 누구나 판단해 느끼기 때문이다. 그러므로 말할

---

*11 Ovidius, Metamorphoses, VII. 20~21. 오비디우스(Publicus Ovidius Naso, 43 BC~17 AD ?)는 로마의 시인.

것도 없이 다음 행동으로의 우리 의지선택을 결정하는 것은 조금이라도 고통이 남겨져 있는 한, 고통을 없애는 일은 행복으로 가는 없어서는 안 될 첫걸음인 것이다.

37. 불안함만이 현실에 있기 때문에

불안함만이 의지를 결정하는 또 하나의 원인은 다음과 같은 점일 것이다. 즉 불안함만이 현실에 있으며 그리고 현실에 없는 것이 그 없는 곳에서 작용한다는 것은 사물의 본성에 반하기 때문이다. (물론) 현실에 없는 선(善)도 정관(靜觀)에 의해서 마음으로 가져오게 되어 실제로 있는 것처럼 될 것이다. 그렇게 말할 수 있을지도 모른다. 과연 실제로 없는 선의 관념도 마음에 있을 수가 있고 마음에 있는 것으로 바라볼 수도 있을 것이다. 하지만 어떤 사물도 우리 욕망을 불러일으켜 이 욕망의 불안함이 의지를 결정함에 있어서 우세하지 않은 한, 우리가 그 근본에 있는 불안함을 없애는 것과 균형을 맞추어 (따라서 불안함을 없앨 수 있는) 현재 있는 선으로서 마음에 있는 일은 없을 것이다. 그 때까지는 마음에 있는 어떤 선한 것의 관념도 다른 관념과 마찬가지로 마음에서 완전히 비활동적인 사색의 대상이며, 의지에 작용하지 않고 우리를 움직이게 할 수 없는 것이다. 그 까닭은 차츰 보여질 것이다. (이를테면) 천국의 이루 말할 수 없는 기쁨의 생생한 표상을 마음에 펼치고, 이 기쁨은 가능하며 확실하기도 하다고 인정하면서 이 세상의 행복에 연관되는 것에 만족하려는 자가 얼마나 많은가? 따라서 이 세상의 향락을 향해 해방된 이 사람들의 욕망이 우세한 불안함이 차례로 그 의지를 결정하고, 그동안 계속 내세의 좋은 사물이 아무리 크게 생각되어도 이 사람들은 그쪽으로 한 걸음도 나아가지 못하고 조금도 움직이지 못하는 것이다.

38. 천국의 기쁨은 가능하다고 인정하는 자도 모두 이를 추구하지 않기 때문에

본디 선을 정관할 수 있으면 지성(知性)으로 크게, 또는 작게 나타나 이것이 모두 현실에 없는 선의 상태이며, 또 일반적으로 승인된 견해에서는 의지는 그와 같은 쪽으로 움직이고 그것으로 움직이게 된다고 상정되는 것인데, 만일 그와 같은 선을 바라봄으로써 의지가 결정된다면 천국의 무한하고 영원한 기쁨이 한 번 제안되어 가능한 것으로 생각될 때 의지가 어떻게 이 영원하고 무한한 기쁨에서 떠날 수가 있는지 나로서는 모른다. 왜냐하면 (이 상정에서는) 현실에 없는 모든 선은 단지 그것만으로 단순히 제안되어 바라보게 되면 의지를 결정하고 나아가 우리를 행동하게 하는 것으로 생각되는데, 그와 같이 현실에 없는 선은 모두 단지 가능할 뿐 절대로 확실한 것은 아니기 때문이다. 따라서 좋든 싫든 의지가 이끄는 대로 쉼 없이 일어나는 행동에 즈음하여 무한히 위대하고 불가능이 없는 선이 규칙적으로 끊임없이 결정할 것이다. 그리고 그렇게 하면 우리는 천국으로 향하는 발걸음을 끊임없이 흔들림 없게 유지할 것이며, 이를테면 가만히 서 있거나 다른 어떤 목적으로 우리의 행동을 돌리거나 하지는 않을 것이다. 그것은 내세의 영원한 상황은 부(富)라든가 명예라든가 그 밖에 우리가 자기 자신에게 제안할 수 있는 이 세상 쾌락의 기대에 비해서 비록 이 세상의 쾌락은 한층 확실하게 얻을 것 같다고 인정을 해도 무한히 가치가 큰 것이다. 왜냐하면 미래의 사물은 아직 아무것도 소유하지 않고 따라서 이와 같은 이 세상 쾌락의 기대조차 우리를 기만할지도 모르기 때문이다. (그러므로) 만일 바라보게 된 한층 큰 선이 의지를 결정한다면 (천국의 기쁨만큼) 그렇게 큰 선은 다시 제안되면 의지를 잡아 이 무한히 큰 선의 추구에 의지를 확실하게 잡지 않을 수 없으며 두 번 떠나게 하는 일은 결코 없을 것이다. 왜냐하면 의지는 다른 여러 활동뿐만 아니라 사유에서도 능력을 지니고 이를 지시하므로, 만일 위에서 말한 것과 같다면 그 (천국의 기쁨이라는 무한히 큰) 선에 마음의 정관을 확실하게 고정시킬 것이다.

그렇지만 어떤 커다란 불안은 결코 무시할 수 없다

(거기에서) 만일 한층 커다란 선으로 생각되어 바라보게 된 것에 따라서 의지가 결정된다면 모든 의지를 결정할 때의 마음 상태와 의지의 규칙적인 경향은 위에서 말한 대로일 것이다. 하지만 그렇지 않으리란 것은 경험상 매우 뚜렷하다. (이 세상의) 하찮은 것을 추구하는 우리 욕망의 잇따른 불안함을 만족시키기 위해 (천국의 기쁨과 같은) 무한히 큰 것으로 일반 사람들에게 인정되는 선이 가끔 무시되기 때문이다. 그러나 이와 같이 가장 큰 것으로 인정되고, 영원히 계속된다고 말할 수조차 없는 선도 때로는 마음을 움직여 감동시키며, 흔들림 없이 의지를 붙잡지는 않는데, 우리가 보는 대로 무언가 대단히 큰 불안은 한 번 의지를 붙잡으면 떠나지 못하게 한다. 이것으로 우리는 의지를 결

정하는 것이 무엇인가를 이해할 수 있다. 이를테면 신체의 심한 통증이라든가, 열렬하게 사랑하는 자의 제어할 수 없는 격정이라든가, 보복의 억누를 수 없는 욕망은 의지를 흔들림 없이 만류한다. 그리고 이와 같이 결정된 의지는 지성에게 그 대상을 결코 버리지 않게 하며 마음의 사유와 신체의 능력은 모두 이 유별난 불안에 영향을 받은 의지 결정에 의해서 불안함이 지속하는 한 그 (대상)쪽으로 쉼 없이 작용하는 것이다. 이것으로 나에게는 뚜렷하게 생각이 되는데, 의지 즉 나에게 다른 모든 행동에서 하나의 행동을 선택해서 시키는 능력은 불안함에 의해서 결정된다. 그러한지 그렇지 않은지는 자기 자신 안에서 관찰하기 바란다.

39. 모든 불안함에는 욕망이 따른다

나는 이제까지 의지를 결정하는 것으로서 욕망의 불안함 사례를 주로 거론해 왔다. 왜냐하면 이것이 주로 감지할 수 있는 것이고 어떤 행동이나 유의행동에 욕망이 뒤따르지 않으면 의지가 행동을 명령하는 일은 없으며 유의행동은 영위되지 않기 때문이다. 이것이 의지와 욕망이 매우 자주 혼동되는 이유라고 생각한다. 그렇지만 욕망을 제외한 정서의 대부분을 만드는, 또는 적어도 대부분에 수반하는 불안함이 이때 완전히 배제되는 것으로 간주해서는 안 된다. (이를테면) 혐오, 두려움, 분노, 부러움, 부끄러움 등에도 제각기 불안함이 있으며 그것으로 의지에 영향을 준다. 이러한 정서는 논의나 관조에서는 현재의 마음 상태에서 가장 강하게 작용하고 가장 두드러지게 나타나는 것의 이름을 취하는 것이 통례인데, 실제로 인생에서는 어느 것도 단순히 하나뿐이어서 다른 것과 전혀 섞이지 않는 것은 없다. 이런 정서의 어느 것도 이것과 결부된 욕망 없이 발견되는 일은 없다고 생각한다. 확실히 불안함이 있는 곳, 그곳에는 언제나 욕망이 있다. 왜냐하면 우리는 끊임없이 행복을 추구하고 불안함에 대해서 무엇을 느끼건 우리의 상태와 상황을 다른 점에서 아무리 생각해도 불안함을 느낄 뿐이기 때문이다. 그만큼 절대로 확실하게 우리에게는 행복이 결여되는 것이다. 게다가 현재의 순간은 우리의 영원이 아니므로 우리는 자신의 (현재의) 즐거움이 무엇이건 현재를 뛰어넘어 바라본다. 그리고 우리의 전망에는 욕망이 함께하며 이 욕망에는 언제나 의지가 따라붙는다. 그러므로 바로 기쁨 자체 안에 있고 즐거움에 의거한 행동을 유지하는 것은 그 즐거움을 계속하는 욕망과 이것을 잃는 두려움이다. 또 그 즐거움보다 큰 불안함이 마음에 생기면 언제나 의지는 순식간에 그것에 의해서 새로운 행동으로 결정되고 현재의 좋은 기분은 무시되는 것이다.

40. 가장 절박한 불안함이 의지를 결정한다

그런데 우리는 이 세상에서 여러 잡다한 불안에 둘러싸여 다양한 욕망에 시달리고 있으므로 다음의 탐구는 당연히 그런 불안함의 어느 것이 다음 행동에서 의지를 결정할 때 우선하는가일 것이다. 이에 대한 답은 흔히 그때 없앨 수 있다고 판단되는 불안함 가운데서 가장 절박한 것이다. 왜냐하면 의지는 우리의 여러 작용기능을 어느 목적을 위해 어느 행동으로 돌리는 능력이므로 어느 때에 다다를 수 없다고 판단되는 것을 향해 바로 그때에 움직이게 될 리는 없기 때문이다. 그와 같은 것은 지능이 있는 자가 자기 노력을 잃기 위해서만 어느 목적을 향해 의도적으로 행동한다고 상정하는 일일 것이다. 다다를 수 없다고 판단되는 것을 위해 행동한다는 것은 그와 같은 (수고를 덜기 위해 의도적으로 행동하는) 일이다. 그러므로 매우 큰 불안함도 이를 없애고 싶다고 판단될 때에는 의지를 움직이지 않을 것이다. 그때는 매우 큰 불안도 우리로 하여금 노력하게 하지 않는다. 하지만 이것을 별개로 하면 우리가 (의지를 결정하는) 그때 느끼는 가장 중요하며 가장 절박한 불안함이야말로 우리 인생을 만드는 유의행동의 계열에서 잇따라 의지를 결정한다. 현실의 가장 큰 불안함은 행동으로의 박차이고 끊임없이 느껴지며, 그 대부분은 다음의 행동을 택함에 있어 의지를 결정하는 것이다. 왜냐하면 우리는 명심하지 않으면 안 되는데, 본디 의지의 유일한 대상은 우리의 어떠한 행동이지 그 밖의 어떤 사물도 아니기 때문이다. 우리 의지에 의해서 낳게 되는 사물은 우리 능력 내에 있는 행동뿐이므로 의지는 이 행동으로 끝날 뿐 그 이상으로는 이르지 않는다.

41. 모든 사람이 행복을 욕망한다

그리고 욕망을 움직이는 것은 무엇인가라고 묻는다면 나는 대답하겠다. 그것은 행복이고 행복뿐이다.[12] 행복과 불행은 양극단의 이름이며 그 궁극은

---

[12] 로크의 윤리사상은 제2판에서 수정된 뒤에도 행복론임에는 변함이 없다.

알 수 없다. 행복은 '눈이 아직 보이지 않고 귀가 아직 들리지 않으며 사람의 마음에 떠오르지도 않았던'*13 것이다. 하지만 행복과 불행의 어느 쪽에나 있는 정도에 대해서 행복 쪽에서는 편안함과 기쁨의, 불행 측에서는 고뇌와 슬픔의 여러 상황이 만드는 매우 생생한 인상*14이 우리에게는 있다. 나는 그런 것들을 짧게 말하기 위해 쾌락과 고통의 이름으로 포괄할 것이다. 그것은 신체뿐만 아니라 마음의 쾌락과 고통이 있기 때문이다. '그(神)와 함께 넘치는 기쁨이 있고 영원히 여러 즐거움이 있다.' 사실 쾌락과 고통이 있는 것은 사유에서 마음에 생기고, 어느 것은 운동의 일정한 변모에서 생긴다고는 하지만 쾌락과 고통은 모두 마음의 쾌락과 고통인 것이다.

42. 행복이란 무엇인가

그러고 보면 가장 큰 행복은 우리가 이를 수 있는 극도의 쾌락이며 (가장 큰) 불행은 극도의 고통이다. 그리고 행복으로 부를 수 있는 가장 낮은 정도는 이를 빼놓고는 누구도 만족할 수 없다는 모든 고통을 벗어난 평안함이고 그만큼 현실의 쾌락이다. 한편 쾌락과 고통은 마음이나 몸에 여러 정도의 사물이 작용함으로써 우리 안에 낳게 되므로 대체로 우리 안에 쾌락을 낳는 적성을 지닌 것을 우리는 선이라 하고, 또 우리 안에 고통을 낳는 적성이 있는 것을 우리는 악으로 부른다. 그 까닭은 다름이 아니다. 단지 그와 같은 것은 우리의 행복과 불행이 있는 쾌락과 고통을 우리 안에 낳는 적성이 있기 때문이다. 그리고 어느 정도의 쾌락을 낳는 적성이 있는 것은 그 자체가 선이며, 어떠한 악을 낳는 적성이 있는 것은 (그 자체가) 악인데 더구나 같은 종류의 한층 큰 (즉 한층 큰 쾌락 또는 고통을 낳는 적성이 있는) 것과 서로 겨룰 때에는 선이나 악으로 불리지 않을 때가 가끔 생긴다. 왜냐하면 서로 겨룰 때에는 쾌락과 고통의 정도도 당연히 선택되기 때문이다. 그러므로 우리가 선악으로 부르는 것을 올바르게 평가하려면 이것이 비교에 많이 있음을 발견할 것이다. 그것은 (비교해서) 모두 쾌락을 낳을 정도의 큰 것만이 아니며, 모두 고통을 낳을 정도의 작은 것은 선의 성질을 지니고 또 그 반대이기 때문이다.

---

*13 〈고린도 전서〉 2장 9절. 사람의 마음에 떠오르지도 않았다.
*14 인상(impression). 여기에서는 로크의 본디 용법이 아니고 흄을 생각하게 하는 의식현상론적인 용어이다.

43. 어떤 선을 바라고 어떤 선을 바라지 않는가

선악으로 불리는 것은 대체로 위에서 기술한 바와 같은 것이고 선은 욕망 전반의 본디 대상인데, 선이 모두 선으로 보이고 그렇게 인정되어도 반드시 모든 개개인 간의 욕망을 움직인다고 볼 수는 없으며, 단지 선 가운데서 그 사람의 행복에 없어서는 안 될 부분으로 생각되어 그것으로 지목되는 부분만이, 다시 말해서 선 가운데의 그것만이 욕망을 움직인다. 그 밖의 선은 모두 아무리 진실하고 또는 외견상 커도 이 선으로 자신을 만족시킬 수 있다고, 현재 생각하고 있는 행복한 부분을 이루는 것으로 보지 않는 한 그 사람의 욕망을 불러일으키지 않는다.

이렇게 보면 모든 사람은 행복을 끊임없이 추구하고 행복의 부분을 이루는 것을 욕망하며, 다른 사물이 선으로 인정되어도 이를 욕망 없이 바라보고, 지나쳐 버리고, 없어도 만족할 수 있는 것이다. (이를테면) 아는 것에 쾌락이 있음을 부정할 정도로 사물을 모르는 사람은 없으리라 생각하며, 감각기관의 쾌락에 이르러서는 뒤따르는 자가 지나치게 많아 사람들이 감각기관의 쾌락에 사로잡히는 것은 물을 것도 없다. 그런데 어떤 사람에겐 감각기관의 쾌락에 만족을 주고 다른 사람에게는 지식의 환희에 만족을 주자. 누구나 다른 쪽이 추구하는 것에 커다란 쾌락이 있음을 고백하지 않을 수 없는데, 그럼에도 어느 쪽 사람도 다른 쪽의 기쁨을 자기 행복의 부분이라 하지 않으므로 자기의 욕망은 움직여지지 않고 저마다 다른 쪽의 즐기는 것 없이 만족하며 따라서 제각기 의지는 다른 쪽이 즐기는 것을 추구하도록 결정되지 않는 것이다.

그렇지만 공부를 좋아하는 사람도 굶주림이나 목마름 때문에 불안해지면 이제까지 성찬이나 매운 소스류나 고급 포도주에서 발견한 좋은 맛에 의해서 그것들을 추구하도록 의지가 결정된 적은 한 번도 없었는데, 배고픔과 목마름의 불안함은 공부를 즐기는 이 사람의 의지를 다분히 어떤 영양식품이 나왔는지에 대해서는 대단히 무관심한데도 순식간에 먹고 마시는 쪽으로 결정을 한다. 한편 미식가도 창피함이나 애인의 마음에 들고 싶다는 욕망에서 지식의 부족으로 불안해지면 공부에 열중한다. 이렇게 해서 사람들은 아무리 열심히 끊임없이 행복을 추구하건 선을, 크고 일반적으로 받아들여진 선을 명석하게 바라보아도 그 선 없이 행복을 만들 수 있다고 생각할 때에는 이 선에 신경을 쓰지 않는 일이, 다시 말해서 이 선에 의해서 움직여지지 않는 일이 있는 것이다. 하지만 사람들은 언제나 고통에 신경을 쓴다. (고통의) 불안함을 느껴 움직여지지 않을 리가 없다. 그러므로 사람들은 자신의 행복에 없어서는 안 된다고 판단되는 어떤 것이 결여되어도 불안해지므로, 어느 선이 행복한 자기 몫의 어느 부분을 이루는 것으로 보이면 바로 그 선을 욕망하기 시작한다.

44. 왜 가장 큰 선이 언제나 욕망되지는 않는가

다음의 점은 누구나 자기 자신이나 다른 사람들에게서 관찰할 수 있으리라 생각한다. 즉 눈에 보이게 큰 쪽의 선도, 그 드러나게 인정되는 크기에 비례해서 언제나 사람들의 욕망을 불러일으킨다고 볼 수는 없는데, 약간의 고뇌도 모두 우리를 움직여 이를 몰아내도록 작용하는 것이다. 그 까닭은 우리의 행복과 불행의 본성 그 자체로 뚜렷하다. 대체로 현실의 고통은 어느 것이나 우리 현실에 있는 불행의 부분을 이루는데 현실에 없는 선은 모두 어느 때나 우리 행복에 없어서는 안 될 부분을 이루지 않으며, 또 그 없는 것이 우리 불행의 (없어서는 안 될) 부분을 이루지 않는 것이다. 만일 그와 같은 부분을 이룬다고 하면 우리는 끊임없고 무한히 불행했을 것이다. 왜냐하면 우리가 지니지 않은 여러 행복이 무한히 있기 때문이다. 그러므로 불안함이 모두 없어지면 적당한 분량의 선이 먼저 사람들을 만족시키는 데 도움이 되며, 어느 정도의 쾌락도 일상의 즐거움이 이어지는 가운데서는 행복을 만들고 그 행복에 사람들은 만족할 수 있는 것이다. 만일 그렇지 않다면 아무래도 좋고, 눈에 보이는 하찮은 행동, 즉 우리의 의지가 그것을 향해 아주 가끔 결정되고 그런 가운데 우리가 인생의 대부분을 유의적으로 허비하는 것과 같은, 아무래도 좋으며 눈에 보여도 하찮은 행동이 (영위될 여지는) 있을 리가 없었을 것이다. 그와 같은 소홀함은 (내세의 기쁨이라는) 명료한 가장 큰 선에 대한 의지 없이 맞부딪치지 않고는 도저히 있을 수 없었을 것이다. 그렇다고 이 점을 이해하는 데 많은 시간이 필요한 사람은 없으리라고 생각한다. 그래서 사실 말하자면 사람들의 행복이 그들에게 (한층 커다란 행복을 욕망하는) 불안함이 조금도 섞이지 않고 적당한 쾌락의 끊임없는 계열을 제공한다는 데까지 이른 사람은 현세에서는 많지 않은데, 그럼에도 사람들은 만족하고 이 세상에 언제까지나 머물 수 있었을 것이다. 하지만 그런 사람들도 이 세상에서 발견되는 모든 선을 훨씬 넘어서서 영원하고 지속적인 기쁨의 상태가 현세 뒤에 있을 가능성을 부정할 수 없는 것이다. 그와 같은 가능성은 (현세의) 약간의, 즉 사람들이 추구하고 그 영원한 상태를 그 때문에 무시하는, 약간의 명예나 부나 쾌락을 손에 넣어 지속하는 것에 비해 크다고 사람들은 이해하지 않을 수 없다. 하지만 그럼에도 사람들은 '내세의 기쁨과 현세의 쾌락과의' 이와 같은 차이를 빠짐없이 바라보고 내세의 완전하고 단단하며 영속하는 행복의 가능성을 이해해 그와 같은 행복은 현세의 어떤 작은 향락이나 소망의 내부에 자신들의 행복을 한정하고, 천국의 기쁨을 행복에 없어서는 안 될 부분으로 하는 것에서 모두 배제하는 동안은 얻을 리가 없다고 명석하게 이해하고 있으면서 사람들의 욕망은 이 한층 크고 뚜렷한 선에 의해서 움직여지지 않으며 사람들의 의지는 이 선을 손에 넣는 어떤 행동이나 노력으로 결정되지 않는 것이다.

45. 왜 가장 큰 선을 바라지 않고 따라서 의지를 움직이지 않는 것인가

본디 우리 인생에서 일상적으로 필요한 여러 일은, 끊임없이 되풀이해서 일으키는 배고픔과 목마름, 더위와 추위, 노동의 피로와 졸음 따위의 불안함으로 인생의 대부분을 채우고 있다. 게다가 우연한 화를 별도로 쳐도 풍습이나 실례나 교육으로 얻어진 습성이 우리 안에 정착시키고 만 (명예·권력·부를 추구하는 열망과도 같은) 공상적인 불안함과 그 밖에 습관이 우리에게 자연스럽게 새겨놓은 여러 (본디는) 정규가 아닌 욕망을 더하면 우리의 인생 가운데서 그와 같은 불안함이 없는 부분, 즉 한층 먼 (천국의 기쁨과도 같은) 현실에 없는 선으로 우리를 잡아끄는 자유를 남길 정도로, 그와 같은 불안함이 없는 부분은 매우 약간임을 우리는 발견할 것이다. 우리가 편안하게 있으면서 자연의 욕망이나 욕구 또는 획득된 습성이 겹치고 만 (욕망의) 축적으로부터의 끊임없는 불안함의 계기가 의지를 차례로 붙잡아 이와 같은 의지 결정에 의해서 시작된 하나의 행동을 처리하자마자 또 다른 불안함이 즉시 우리를 움직이게 한다. 그것은 우리가 느끼고 현재 우리를 압박하고 있는 고통을 없애는 것이 불행에서 벗어나는 일이며, 따라서 행복을 위해 먼저 해야 할 일이므로 실제로 없는 선은 비록 선으로 생각되고 일반적으로 인정되고 선으로 보여도 현실로 없으므로 이 (현실로) 행복하지 않은 것의 부분을 조금도 갖지 않으며, 따라서 우리가 느끼고 있는 바와 같은 불안함을 없애는 길을 열기 위해 밀어내게 되기 때문이다. (물론 이것은) 현실로 없는 선이 적정하게 되풀이된 정관

(靜觀)에 의해서 마음에 가까워져 조금 원하게 되고 우리 안에 욕망을 얼마간 일으킬 때까지의 일이며, 그렇게 되면 이 욕망은 우리 현실로 있는 불안함의 부분을 이루기 시작해 다른 욕망과 나란히 그것에 상당하는 만족을 하게 되고, 나아가 그 큰 압력에 따라서 그것은 그것대로 의지를 결정하게 된다.

46. 적정한 고찰은 욕망을 일으킨다

이렇게 해서 적정하게 고찰해 제안된 어떠한 선을 검토함으로써 그 선의 가치와 적정하게 균형이 맞는 욕망을 일으키는 것이 우리 능력에 있고, 그것으로 그 선은 자기 차례인 (때와) 장소에서 의지를 작용해 추구하게 될 것이다. 왜냐하면 선이 어느 정도 크게 보이고 큰 것으로 인정되어도 우리의 마음에 욕망을 일으켜 그로 말미암아 그 선의 부족한 점으로 우리를 불안하게 하지 않는 한, 의지에까지 다다르지 않기 때문이다. 우리는 (불안해질 때까지) 의지의 활동권 안에 없다. 그것은 의지가 우리에게 현재 존재하는 불안함의 결정 아래에만 있기 때문이다. 그와 같은 불안함은 (무언가 우리에게 있는 한) 언제나 우리를 유인해 의지에게 다음 (행동의) 결정을 바로 주려고 한다. 그것은 만일 마음에 무언가 균형을 이루어야 할 일이 있다고 한다면 이 균형은 단지, 어떤 욕망을 다음에 만족시킬까, 어떤 불안함을 맨 먼저 없앨까 하는 것뿐이다. 따라서 무언가의 불안함이, 무언가의 욕망이 우리 마음에 남아 있는 한, 단지 선 그 자체로서의 선이 의지에까지 다다를 여지, 다시 말해서 어쨌든 의지를 결정할 여지, 그와 같은 여지는 없게 된다. 왜냐하면 이미 (본 장 제36절에서) 말했듯이 행복을 추구하는 우리 노력의 첫걸음은 불행한 감옥에서 완전히 탈출해 불행의 어느 부분도 느끼지 않는 것이므로 우리가 느끼는 모든 불안함이 완전히 사라질 때까지 다른 사물에 관여할 틈은 의지에 있을 리가 없고, (더구나) 우리가 이 불완전한 상태에서 따라다니는 많은 욕구와 욕망 가운데서는 불안함으로부터 벗어나는 일이 이 세상에 거의 있을 것 같지도 않기 때문이다.

47. 욕망의 수행을 멈추는 능력이 고찰로 이르는 길을 연다

(이와 같이) 우리 안에는 여러 불안함이 있고 언제나 의지를 결정하도록 재촉하여 바로 결정하려고 한다. 그러므로 이미 (본 장 제31절에서) 말했듯이 가

장 크고 가장 절박한 불안함이 의지를 다음 행동으로 결정하는 것이 자연스럽다. 그리고 대체로 그렇다. 하지만 언제나 그렇지는 않다. 왜냐하면 마음은 대부분 경험상 명백하다시피 욕망의 실행이나 만족을 멈추는 능력을 지니고 있으며, 나아가 모든 욕망에 대해서 차례로 멈출 능력을 지니고 있다. 거기에서 마음은 자유롭게 그런 욕망의 대상을 고찰하고 모든 면에 걸쳐서 검토해 다각도로 헤아리는 것이다. 여기에 인간이 지닌 자유가 있다. 그리고 이 자유를 올바르게 쓰지 않는 것에서 인생을 지도해 행복을 추구하는 노력을 할 때 우리가 빠지는 다양한 잘못과 착오를 낳게 된다.

그와 같은 때에 우리는 의지 결정을 서둘러 적정한 검토를 하기 전에 일을 지나치게 빨리 하는 것이다. 이를 막기 위해 누구나 자기 자신 안에서 날마다 실제 경험을 할 수 있는데, 우리는 이런저런 욕망의 수행을 정지할 능력을 지니고 있다. 나는 이것을 자유의 모든 원천이라고 생각한다. 여기에 자유의지로 (나는 적절하지 않다고 생각하지만) 불리는 게 있는 것처럼 생각된다. 왜냐하면 무언가의 욕망이 이렇게 멈춰 있는 동안 의지가 행동으로 결정되어 (이 결정에 이어서) 행동이 이루어지기 전에는 우리가 행하려는 일의 선악을 검토해 바라보고 판정할 기회가 있는 것이며, 적정한 검토에 따라 판단을 내렸을 때 우리는 자신의 의무를 수행하고 행복의 추구에 임해서 할 수 있는, 또는 해야 할 모든 일을 한 것이기 때문이다. 그리고 공정한 검토의 최종 결과에 따라서 욕망하고 의지하고 행동하는 것은 우리 본성의 잘못이 아니라 완성인 것이다.[15]

48. 우리 판단으로 결정되는 것은 자유의 구속이 아니다

이것(즉 적정한 판단에 따라 의지를 결정하는 것)은 자유를 구속하거나 줄이거나 하는 것은 전혀 아니고 바로 자유를 늘려 이익이 되게 하는 것이다. 우리 자유의 축소가 아니라 자유의 목적이고 자유의 사용이다. 그래서 우리가 이와 같은 결정에서 멀어지면 멀어질수록 우리는 불행과 예속에 가까워진다. 마음이 (의지 결정을 함에 있어서) 완전히 무차별이며, 자신의 선택에 뒤따르는 것으로 생각되는 선악의 최종 판단에 의해서 결정할 수 없다는 것은 대체로 예지를 본성으로 하는 자의 이점과 탁월에서는 전혀 없어 큰 불완전이고, 다

---

*15 제2판의 로크 윤리사상 주요점이 이 절에 요약된다. 지성에 의한 욕망의 정지와 공정한 판단이 주장되며, 자유의지도 어느 의미에서 인정된다.

른 한편으로 의지에 의해서 결정되기까지 행동할지 행동하지 않을지 무차별이라는 것의 결여(다시 말해서 의지에 의한 결정보다 전에 행동이 결정되어 있는 것)가 크게 불완전이었던 것과 같으리라. (이를테면) 어느 인간이 자유롭게 손을 머리에 올리거나 가만히 놔두거나 한다. 그 사람은 어느 쪽이건 완전히 무차별이다. 만일 그 사람에게 그와 같은 능력이 없다면, 그와 같은 무차별을 빼앗겼다면 그것은 그 사람의 불완전이었을 것이다.

그런데 (같은 무차별이라도) 손을 들거나 멈춘 채로 두거나 하는, 선택이 올 것으로 알고 있는 타격에서 머리 또는 눈을 두고 어느 쪽을 선택할 것인가와 마찬가지로 무차별이었으므로 무차별인 것이 (무차별을 빼앗긴 전의 경우와) 마찬가지로 크게 불완전했을 것이다. (다시 말해서) 욕망 또는 선택능력이 (무차별이 아니고) 선에 의해서 결정되는 것은 행동하는 능력이 (무차별이며) 의지에 의해서 결정되는 것과 똑같이 완전하고 그와 같은 결정이 확실하면 확실할수록 완전함도 더욱 크다. 만일 우리가 어느 행동의 선악을 판단하는 우리 마음의 최종 결과보다 다른 어떠한 사물에 의해서 결정되면 우리는 자유롭지 않다. 왜냐하면 우리 자유의 목적 그 자체는 우리가 자신이 선택하는 선을 손에 넣을 수 있다는 것에 있기 때문이다. 그러므로 모든 인간은 지능이 있는 존재자로서의 구조에 따라 의지를 함에 있어서 결정되는 필연성 하에 있는 것이다. 그렇지 않다면 그 사람은 자기 자신이 아닌 어느 다른 것의 결정 아래에 있을 것이다. 이것은 자유의 결여이다. 그래서 인간의 의지가 모든 결정에 있어서 그 사람 자신의 판단에 따르는 것을 부정하는 일은 인간이 어느 목적을 지향해 의지하고 행동하는 그 목적이, 이를 지향해 행동하는 바로 그때 자신이 가지려고 하지 않았던 목적이다. 그것은 인간이 현재 사유 가운데서 어느 목적을 다른 어떤 목적보다 전에 선택한다고 하면 누구나 알 수 있는 것처럼 그 사람은 그때 그 목적을 더한층 좋게 생각하고 무언가 다른 목적보다 먼저 그 목적을 가지려고 한 것이다. 물론 그 사람이 그 목적을 갖는 것과 동시에 갖지 않을 수도 있고, 의지함과 동시에 의지하지 않을 수 있는 것이라면 이야기는 다른데 이것은 너무나 명백한 모순이어서 받아들일 수가 없다.

49. 가장 자유로운 행동조차 그렇게 결정된다
만일 (천사와 같은) 우리보다 높은 위치에 있고 완전한 행복을 누리는 자를 바라보면 그와 같은 자는 선을 택함에 있어서 우리보다 흔들림 없이 결정한다고 판단해도 될 까닭이 있을 것이다. 더구나 우리보다 행복하지 않으면 또는 자유롭지 못하면 생각할 이유는 조금도 없다. 그래서 만일 우리와 같은 가련하고 유한한 피조물이 (신의) 무한한 지혜와 자애를 행할 수 있다고 말해도 된다면 신 자신도 선이 아닌 것을 택하지 않고 전능자의 자유는 더욱더 선한 것에 의해서 전능자가 결정하는 것을 방해하지 않는다고 말해도 괜찮으리라 생각한다.

50. 끊임없이 행복의 추구로 결정되는 것은 자유의 축소가 아니다

하지만 이와 같은 (제48절에서 든 것과 같은 선악의 최종 판단에 의해서 결정되지 않는 무차별이 자유라고 말하는) 자유에 관해서 틀린 부분을 (틀린 것으로) 올바르게 보기 위해 다음과 같이 묻는다. 즉 (추하고 어리석은) 바뀐 아이*16는 현명한 인간에 비해 현명한 고찰에 의해서 결정되는 일이 적지 않기 때문이라고 말해 바뀐 아이일 거라고 하는 사람이 있을까? 어리석은 행동을 하고 있는 인간인 자기에게 부끄러움과 불행을 가져올 자유가 있다는 것, 그것이 자유의 이름에 걸맞은 일인가? 만일 이지(理知)의 지도에서 벗어나 악을 선택하거나 나쁜 쪽을 택하거나 행하지 않도록 시키는 검토와 판단의 구속을 없애는 것, 그것이 자유이고 진정한 자유라고 한다면 정신이상자나 어리석은 자만이 자유인이다. 하지만 이와 같은 자유를 위해 정신이상자 쪽을 택하려는 자는 이미 정신이상인 자를 제외하고 아무도 없으리라고 나는 생각한다. 행복의 끊임없는 욕망과 그 욕망이 우리를 행복하게 하기 위해 행동하게 하는 강요, 이를 자유의 축소로, 적어도 한심한 자유의 축소로 계산하는 자는 아무도 없으리라고 나는 생각한다. 전능한 신조차도 행복의 필연성 아래에 있다. 거기에서 무언가 지능이 있는 존재자도 그러면 그럴수록 더욱더 무한한 완전과 행복으로 다가가는 것이다. (우리가 놓여 있는) 이 무지한 상태 속에서 우리 (멀리 바라보지 못하는) 근시의 피조물이 진정한 더할 나위 없는 행복을 오인하지 않기 위해 어느 특정 욕망을 멈춰 그 욕망에 의지를 결정하게 하지 않고 우리를 행동에 종사하게 하지 않는 하나의 능력이 우리에게 주어져 있

＊16 changeling. 유괴한 아이 대신에 요정이 남기는 추하고 어리석은 아이.

다. 이것은 (행복으로의) 길을 충분히 확신하지 못하는 곳에서 가만히 멈추는 것이다.

검토는 안내자에게 상담을 하는 것이다. 탐구에 따른 의지의 결정은 이 안내자의 지시에 따르는 것이다. 거기에서 이와 같은 결정이 지시하는 대로 행동하거나 행동하지 않거나 하는 능력을 지닌 자가 자유로운 행동자이며, 그와 같은 결정은 자유가 있는 그 능력을 축소하는 것은 아니다. (이를테면 죄수이며) 사슬이 벗겨지고 감옥의 문이 열려져 있는 자는 비록 자신의 선택이 밤의 어둠이나 나쁜 날씨, 그 밖에 깃들 곳이 없는 것과 머무는 쪽으로 결정된다고 해도 머물 것인지 나아갈 것인지를 자신이 가장 원하는 쪽으로 할 수 있으므로 완전히 자유인 것이다. 감옥에서 얻을 수 있는 편의를 얻고 싶은 욕망이 그 사람의 선택을 절대적으로 결정해 감옥에 머물게 했다 해도 자유가 아닌 것은 아니다.

51. 진정한 행복을 추구하는 필연성이 자유의 밑바탕

그러므로 예지적인 성질의 가장 높은 완전은 조심스레, 끊임없이, 그리고 진실로 견고한 행복을 추구하는 것에 있는데, 마찬가지로 우리가 상상 속의 행복을 진정한 행복으로 착각하지 않기 위해 자기 자신에게 주의를 기울이는 것은 우리의 자유에 없어서는 안 될 밑바탕이다. 우리가 행복 전반의, 즉 우리의 가장 큰 선이고 그와 같은 것으로서 우리가 언제나 추구하는 행복 전반의 바꿀 수 없는 추구에 강하게 결부되어 있으면 있을수록 우리 의지가 더욱더 어느 특정의 행동으로 필연적으로 결정되는 것, 어느 특정의 그때 선택해야만 할 것으로 보이는 선으로 향해진 욕망에 필연적으로 맹종하는 것에서 자유이고, (다시 말해서 그와 같은 일을 하지 않게 되어) 그 전에 우리는 그 선이 우리에게 진정한 행복을 가져오는 경향을 갖는지, 또는 진정한 행복과 들어맞지 않는지 등을 적정하게 검토하는 것이다. 그러므로 이와 같은 점의 탐구에 대해서 사항의 중요성과 사태의 본성이 요구하는 만큼 많이 배우게 될 때까지 우리는 가장 큰 선으로서의 진정한 행복을 선택하고 추구하는 필연성에 따라 하나하나에 있어서 욕망의 만족을 멈추지 않을 수 없는 것이다.

52. 그 까닭

대체로 예지가 있는 자가 진정한 행복을 추구해 끊임없이 노력하고 흔들림 없이 수행할 때 그 자유가 성립하는 중심은 다음의 점이다. 즉 예지가 있는 자가 하나하나의 상황에서 (먼저) 앞을 바라보고 그때 제안되고 있는 특정의 사물, 다시 말해서 욕망되고 있는 특정의 사물이 자신들의 주요 목적을 이루는 과정에서 가장 큰 선의 진실한 부분을 이루는지 아닌지가 알려질 때까지 그와 같은 수행을 멈출 수 있다는 점이다. 왜냐하면 예지가 있는 자의 행복을 추구하는 본성의 경향은 그런 자에게 행복을 착각하거나 놓치지 않도록 주의를 주는 일을 맡게 하는 것이고, 또 예지 있는 자가 그렇게 주의를 주는 동기이며 나아가 행복을 얻는 수단인 낱낱의 행동을 지시함에 있어서 필연적으로 예지 있는 자에게 주의를 주고 숙고하게 하며 신중하게 하도록 하는 것이다. 어떤 필연성이 진정한 더할 나위 없는 행복의 추구로 (우리를) 결정하건 간에 같은 필연성이 같은 힘으로 잇따라 발생하는 하나하나의 욕망의 만족이 진정한 행복을 가로막고 우리를 진정한 행복에서 비껴가게 하지는 않는지, 하나하나의 욕망을 확실하게 멈추게 하고 숙고하게 하며 상세하게 조사하게 한다. 이것이야말로 예지 있는 자의 커다란 특권이라고 나는 생각한다. 나는 잘 생각해 주길 바라는데, 사람들이 지니거나 지닐 수 있는, 또는 사람들에 의해서 유용한 것일 수 있는 모든 자유의 중요한 출입구이고 또 자유의 행사인 것, 사람들의 행동 방향이 의거하는 것, 그것은 이런 것에 있지 않을까? 즉 사람들이 사물의 중요성을 요구하는 만큼 충분히 적정하고 공정하게 사물의 선악 검토를 마칠 때까지 자신의 욕망을 멈출 수 있으며 무언가의 행동으로 의지를 결정하지 않도록 욕망을 멈출 수 있는 그와 같은 것에 있지는 않을까? 우리는 이것을 할 수 있다. 그리고 이를 마쳤을 때 우리는 자기 의무를 다하고 자기 능력에 있는 모든 일을 다 마치고 또 실제로 필요한 모든 것을 다한 것이다. 왜냐하면 의지에는 그 선택을 안내하는 지식이 상정(또는 전제)되므로 우리가 할 수 있는 일은 단지 우리가 욕망하는 선악을 다 검토할 때까지 의지를 결정하지 않고 두는 것뿐이기 때문이다. 그리고 뒤에 일으키는 일은 귀결의 연결고리에 따라 일으키며, 그것들은 서로 이어져 모두 판단의 최종 결정에 따른다. 그 최종 결정은 (사물을) 조급하고 경솔하게 바라보고 이루어지건, 적절하고 분별 있게 검토해서 이루어지건 우리 능력 안에 있다. 경험이 우리에게 보여주는 바로는 우리는 대부분 어떠한 욕망을 현실에서 바로 만족시키는 것을 멈출 수 있기 때문이다.

53. 격정의 통제는 자유의 올바른 향상

그러나 (때때로 일어나는 일인데) 우리 마음 전체가 극도로 흐트러지면, 예를 들어 고문의 고통이라든가, 사랑이나 분노 그 밖에 격정의 격렬한 불안함 등이 우리에게 사상의 자유를 허용하지 않고 우리가 철저한 고찰과 공정한 검토를 할 정도로 자기 마음의 주인이 아닌 것 같은 때 신(神)이, 즉 우리의 나약함을 알고 불쌍히 여기어 우리의 능력 이상을 요구하지 않고, 우리 능력 안에 있었던 것과 없었던 것을 아는 신이 자비로운 아버지로서 판단할 것이다. 그렇지만 우리 욕망에 대한 지나친 맹종을 억누르고 격정을 누그러뜨려 지성이 자유롭게 검토할 수 있으며 이지가 치우치지 않게 판단할 수 있게 하는 것은 진정한 행복으로의 우리 행위의 올바른 지시가 의거하고 있는 것이므로 이 점에 우리는 주의를 기울이고 노력해야 한다. 이 점에서 우리는 사물 안에 있는 진정으로 고유한 선악에 마음의 취향을 맞추도록 힘쓰고, 중대한 선으로 인정되는 선, 또는 그와 같은 선일 수 있을 것으로 상정되는 선이 우리의 사유에서 빠져 마음에 아무런 풍미도, 다시 말해서 선 자체에 대한 아무런 욕망도 남기지 않는 일이 없도록 하고 이윽고 이 선의 진정한 가치의 적정한 고찰에 의해서 이 선에 맞는 욕심을 마음에 만들어버리고 이 선이 없는 것에 또는 이를 잃는 두려움에 자기 자신이 불안해진다. 이와 같은 일은 각자가[17] 자기 자신에게 하는 결의를 지킬 수 있는 것으로 하면 어느 정도 저마다의 능력 안에 있는지 시험해 보는 것은 쉽다. 또 누구건 자신의 격정을 통제하지 못하면, 다시 말해서 격정이 끓어오르면 자신을 행동으로 내모는 것을 막을 수 없다. 왜냐하면 군주나 훌륭한 사람 앞에서 할 수 있는 것(즉 격정의 통제)은 하려고 하면 자기 혼자일 때, 또는 신 앞에서만 할 수 있기 때문이다.[18]

(1) 원고에는 이에 이어서 다음의 글이 기술되어 있다.[19]

---

*17 everyone. 율튼, 저작집, 프레이저의 판(版)에는 없다.

*18 로크의 지론에 라이프니츠는 완전히 찬성한다. Cf. Leibniz. Nouveaux Essais, Ⅱ. 21. 53.

*19 킹 《로크전(傳)》에 본 장 제54절로서 기술되고 공간본(公刊本)에 삭제되었다는 글이 수록되

54.

위에 기술한 것과 같다면 때에 따라서는 다음과 같이, 즉 사람들은 자신들의 욕망을 멈출 수 있고, 행동을 그칠 수 있으며, 자신이 행하려고 하는 것을 시간을 들여서 고찰할 수 있고 숙고할 수 있다 말할 것이다. (그런데) 만일 사람들이 그 바라보고 있는 행동의 선악을 고려할 수 있다면, 만일 사람들이 (행동의) 여러 귀결을 모두 조사해 행동이 자신들의 행복 또는 불행에 어느 정도 적합하고 행복 또는 불행의 어느 계열을 행동 뒤에 가져오거나 그와 같은 점을 검토할 때까지 (행동을) 억누르는 능력을 지니고 있다면 우리가 보는 것과 같은 일, 즉 사람들이 방종 또는 방종한 인생행로의 전체를 통해서 동물적·비열·비이지(非理智)·분에 넘치는 생활에 몸을 맡겨 조금도 뉘우침이 없고 또는 그와 같은 반성하는 빛을 보이지 않는 일이 어떻게 일어나는가? 이 사람들도 이 세상의 이와 같은 행로를 절대로 확실하게 덮쳐오는 것이나 내세에서 다분히 뒤따를 것만 같은 것(즉 현세나 내세의 불행)을 약간이라도 고찰하면 절대로 확실하게 때때로 걸음을 멈추어 행동이 낳는 사악의 높이를 줄일 것이다. (왜 사람들은 그렇게 하지 않는지) 그 원인은 여러 가지가 있겠지만 그 가운데서 가장 일반적인 것을 두세 가지 들어보기로 한다.

첫째, 때때로 일어나는 일인데 어떤 사람들은 (태어난 뒤) 요람 때부터 이제까지 성찰에 익숙해진 일이 없고 다양한 정념에 끊임없이 빠져 그 때문에 하찮은 욕망이 이끌고 흔드는 대로 몸을 맡겨버리고, 더 나아가 (성찰과) 반대인 버릇에 익숙해져 성찰이 사람들의 소질과 상관없는 것처럼 성찰의 사용이나 행사를 하지 않게 되어 본성을 힘으로 압박했을 때(이 압박에 견딜 수 없는 것)와 마찬가지로 성찰에 견딜 수 없는 것이다. 아이의 응석을 받아주거나 상관하지 않거나 하는 부모들이나 태만한 교육감독자들이 이 점에서 얼마나 책임을 져야만 하는지, 그 사람들은 더할 나위 없이 뚜렷하게 보여주고 있다. 그것은 가난한 자건 부자건 이런 식으로 방임하고 있다고 나는 생각한다. 즉 가난한 자는 자기 아이의 마음을 전혀 열어주지 않는 점에서, 부자는 감각적 쾌락에만 해방하는 점에서 잘못을 저지르고 있다.

그래서 가난한 자는 궁핍한 생활에 필요한 일 이상으로는 사유를 높이게

어 있다. Cf. King, *Life of Locke*, Ⅱ. pp. 219~222. ; 1884. edition, pp. 359~360.

한 적이 한 번도 없이 이에 완전히 마음을 빼앗기고 있으며, 부자는 현재의 쾌락 말고는 아무것도 생각하지 않고 이것이 마음을 완전히 차지하고 있는 것이다. 이러한 후자(즉 부자)에게 있어서 고찰의 제안은 모두 놀림거리이고, 다른 한편(즉 가난한 자)에게 있어서 덕이나 가치는 전혀 이해할 수 없으며 행복 또는 불행한 미래의 상태에 대해서 말하는 것은 속임수와 단순한 웃음거리로 보여 그런 것을 믿는 어리석은 자로 만들지 말아달라고 즉석에서 대답을 한다. 이와 같은 일은 설교가 많은 나라에서는 이상하게 생각될지도 모른다. 하지만 이와 같은 사례를 훌륭하게 입증하는 사람들이 나에게는 많이 있다. 또 누구나 그 정도로 무지하고 배우지 못한 사람을 발견하기 위해 멀리 갈 필요는 없다고 나는 생각한다. 누구나 아는 바와 같이 설교단에서 설교가 시작되고 당연하다고 생각되어도 그 설교는 사람들을 유식한 자로 만들지는 않을 것이다.

둘째, 세상에는 다음과 같은 사람들이 많이 있는 것으로 나에게는 생각된다. 즉 (신앙의) 자질이 결여되지는 않았지만 (신앙을 멸시하는) 다른 종류의 나쁜 교육 때문에, 또 나쁜 친구들이나 잘못된 철학이 나쁘게 물든 여러 원리가 날뛰므로 내세의 사상이나 신앙을 정치가나 성직자가 세상 사람들을 두렵게 하고 어리석은 사람들을 공모한 허상으로서 버려질 사람들이다. 만일 정치가나 성직자인 누군가가 자신의 잘못으로 이 (내세의 신앙이라는) 근본적인 진리에 이와 같은 악평을 가져오게 하고 말았다면 그 책임은 크다고 나는 생각한다. 왜냐하면 다음의 점은 절대로 확실하다고 상상하기 때문이다. 즉 오늘날 세계에서 내세의 신앙이 천국과 지옥이라는 (언어의) 음이나 그 생각 아래에서 키워진 자질이 있는 사람으로부터 떨어질 때에는 덕도 그와 같은 사람과 함께 없다. 그렇게 되면 그와 같은 사람의 행복은 모두 세속적 욕망의 만족으로 귀착하므로 그 사람의 의지가 (내세를 믿는) 다른 사람들로부터는 고찰이 안 된 것으로 생각되는 수단에 의해서 결정되며 그와 같은 수단으로 생활을 이끌게 된다는 것도 의심할 여지가 없다.

셋째, 위에 든 사람들에게 다음과 같은 제3의 사람들을 보태면 좋을 것이다. 즉 교육을 받지 않아 학문적인 무종교 또는 내세를 이치로 따지길 좋아하는 무신앙에는 이르지 않고 자기 자신의 나쁜 생활양식에서 남들이 연구와 사색에 의거해 발견하기보다 무종교와 무신앙으로의 지름길을 발견하는 사람들이다. 그것은 온갖 종류의 사악과 악행에 젖어버리고 말았으므로 그 사람들의 현재 생활은 내세의 극히 나쁜 전망밖에 줄 수 없어 그들은 다음과 같이 결심한다. 즉 미래의 상태를 더 생각하지 않고 이 세상에서 얻을 수 있고 맛볼 수 있는 모든 것을 빠짐없이 누리면서 살며, 아무런 이익도 기대할 수 없는 내세를 생각해 이 세상의 쾌락을 줄이지 않는 것, 이것을 최상의 길로 결심하는 것이다.

54. 사람들이 다양한 경로를 추구하게 되는 양상

이제까지 말해 온 것에서 다음과 같은 일이 어떻게 일어나는지 쉽게 해명이 된다. 즉 모든 인간이 행복을 욕망함에도 사람들의 의지는 사람들을 완전히 반대 쪽으로 이끌어 가고, 나아가 사람들이 어떤 사람을 나쁜 일로 끌고 가는 일이 어떻게 발생하는지에 대해서 나는 말하는데, 이 세상에서 사람들이 행하는 다양한 선택은 사람들이 모두 선을 추구하는 것은 아님을 증명하지는 않으며, 단지 같은 사물이 모든 사람에게 있어서 똑같이 선이 아님을 증명하는 것이다. 이와 같은 추구의 다양성은 모든 사람이 자기 행복을 같은 사물로 두지 않는 것, 다시 말해서 행복으로의 길을 똑같이 선택하지 않는 것을 보여준다. 만일 인간의 모든 관심이 (내세에 미치지 않고) 현세에 그친다고 해도 (이를테면) 왜 어떤 사람은 학업과 지식을 추구하고 다른 사람은 매사냥과 수렵을 추구하는가, 왜 어떤 사람은 사치와 방탕을 택하며 다른 사람은 근엄과 부를 택하는가, 그 까닭은 그런 것들이 자기 자신의 행복을 지향하지 않기 때문이 아니라 저마다 다른 사물에 행복을 두었기 때문이었을 것이다. 그러므로 눈이 짓무른 환자에게 다음과 같이 말하는 것은 의사의 올바른 답이었던 것이다. 즉 시력을 쓰기보다는 술을 맛보는 것이 더욱 좋다면 술은 당신에게 유익한데, 보는 즐거움이 마시는 기쁨보다 당신에게 한층 크다면 술은 불필요하다.

55.

대체로 위턱(또는 미각)뿐만 아니라 마음에 다양한 취향이 있다. 그래서 모든 사람을 부 또는 영예(자기 행복을 여기에 두는 사람도 있는데)로 기쁘게 하려 애써도 효과가 없는 것은 모든 사람의 굶주림을 치즈나 새우로 만족시키려고 해도 효과가 없는 것과 같다. 치즈나 새우는 어떤 사람에게는 매우 신선하고 맛있는 식품인데 다른 사람에게는 심하게 구역질나는 혐오스런 것이다. 그래서 많은 사람이 남에게는 성찬의 요리보다 굶주림의 아픔을 선택했다 해도 당연할 것이다. 그래서 옛 철학자들의 최고선은 부 또는 신체적 기쁨에 있는가, 덕 또는 명상에 있는가를 탐구해도 헛수고였던 것이라고 나는 생각한다. (그와 같은 탐구가 도리에 맞는 것이라면) 맛이 가장 좋은 것은 사과, 자두, 견과류의 어느 것에서 발견될지를 옛 철학자가 토의해 그것에 따라서 여러 파로 갈라지고 말았다해도 도리에 맞았을 것이다. 왜냐하면 좋은 맛은 사물 그 자체에 따르지 않고 이런저런 입맛에 따르며 여기에는 여러 다양성이 있듯이 더욱 큰 행복은 더욱 큰 즐거움을 낳는 사물을 지니고 있다는 것과, 마음의 흐트러짐과 고통을 낳는 어떠한 것이 현실에선 없는 것에 있기 때문이다. 그런데 이런 것들은 사람이 다르면 매우 다른 사물이다. 그러므로 만일 사람들이 현세에만 희망을 갖는다면, 현세에서 누릴 수 있는 것만으로 하면 이 세상에서 자신들을 평안하게 하지 않는 것을 모두 피하고 자신들을 기쁘게 하는 것을 모두 추구해 이에 따라서 자신들의 행복을 탐구하는 일도 이상하지 않으며 도리에 안 맞는 것도 아닌데, 그때 다양한 차이가 발견되어도 조금도 이상할 게 없다. 왜냐하면 만일 묘지 멀리에 있는 곳(내세)에 아무런 전망도 없다면 다음의 추론은 절대로 확실하게 올바르기 때문이다. 즉 '우리는 먹고 또한 마시자.' 우리가 기뻐하는 것을 누리자. '내일은 죽을 것이므로.'[20] 이(와 같이 생각하는)것은 모든 사람의 욕망이 행복으로 향함에도 모든 사람이 같은 대상에 의해서 움직여지지 않는 까닭을 우리에게 보여주는 것에 도움이 되리라고 나는 생각한다. 사람들이 가련한 벌레들과 닮았다고만 가정하면 사람들은 다른 사물을 택하고 더구나 올바르게 택할 것이다. 벌레의 어느 것은 꿀벌이고 꽃과 그 단맛에 취하며, 다른 것은 딱정벌레이고 다른 먹이에 취해 어느 한 계절 마음껏 누리면 없어지고 영구히 존재하지 않을 것이다.

56. 사람들이 좋지 않은 것을 선택하게 되는 상황

이와 같은 것을 알맞게 고려하면 인간의 자유 상태를 명석하게 바라보게 해주리라고 나는 생각한다. 누구나 아는 바와 같이 자유는 행하거나 행하지 않거나 하는 능력에, (상세하게 말해서) 우리 의지대로 행하거나 행하는 것을 억

---

[20] 〈이사야서〉, 22장 13절.

누르거나 하는 능력에 있다. 이것은 부정할 수 없다. 그러나 이 자유는 유의(有意)에 이어지는 인간의 행동만 포괄하는 것처럼 생각되므로 인간은 의지할 자유가 있느냐 없느냐의 탐구가 더욱 필요하다. 이는 이미 (본 장 제23절 그 밖에서) 대답해 두었는데 인간은 대부분 유의의 작용을 억누를 자유가 없다. 인간은 자기 의지의 작용을 발휘하지 않으면 안 되고, 이로써 (마음에) 제안된 행동은 존재하게도, 또는 존재하지 않게도 되는 것이다. 그렇지만 인간은 의지하는 것에 있어서 자유롭다.*²¹ 그것은 다른 것이 아니다. 추구되는 목적으로서 멀리 있는 어떠한 선(善)을 선택하는 것이다. 이때 인간은 제안된 사물이 그 자체로도 여러 귀결에서도 자기를 진정 행복하게 해주는 것인가 아닌가를 검토해 낼 때까지 이 사물에 대한 찬성과 부정을 결정하지 않도록 자신의 선택하는 움직임을 멈출 수 있다. 그것은 그 사람이 이 사물을 일단 선택해 버리고, 그것으로 사물이 그의 행복 일부분이 되어버리면 그 사물은 욕망을 일으킨다. 그리고 욕망은 그것에 상응하는 불안함을 그 사람에게 주며, 이 불안함이 그 사람의 의지를 결정해 기회가 있을 때마다 자신이 선택한 것을 추구하도록 그를 움직이는 것이다. 그래서 이때 어떻게 해서 다음과 같이 되는지, 즉 인간은 자기 의지로 행하는 하나하나의 행동에서는 모두 절대로 확실하게 그때 최선이라 판단하는 것을 의지하며, 더구나 필연적으로 의지하는데, 그럼에도 (나쁜 행위를 해) 벌을 받는 게 정당하다는 사실을 알 수 있을 것이다. 그 사람의 의지가 그 지성이 선으로 판단하는 것에 의해서 언제나 결정된다고는 하지만 그것으로 (나쁜 행위를 한 벌을) 용서받지는 못한다. 왜냐하면 그 사람은 지나치게 빠른 선택을 했으므로 선악이 올바르지 않은 척도를 자기 자신에게 밀어붙이고, 그 척도는 아무리 허위이고 오류일지라도 진정으로 올바르다고 했을 때와 같은 영향을 미래의 모든 행위에 미치기 때문이다. 그 사람은 자기 (마음의 미각기관인) 위턱이 손상된 것이며, 거기에서 생기는 질환이나 죽음에 책임을 지지 않으면 안 된다. 사물의 영원한 법과 본성은 좋지 않은 명령의 선택에 따르기 위해 변경되어서는 안 된다. 만일 인간이 자기 행복을 진정으로 돕는 것을 검토하기 위해 지니고 있었던 자유를 무시하거나 오용하고, 이것이 그 사람을 잘못 이끈다면 이에 이어지는 여러 과오는 그 사람 자신이 선정한 탓으

---

*21 제2판의 로크 윤리사상은 여기에서 주장되는 것과 같은 의지의 자유를 인정하게 되는데, 로크는 그것을 제5판에서 스스로 깨달아 분명히 말한다.

로 돌려야 한다. 그 사람은 자신의 결정을 멈출 능력을 지니고 있었던 것이다. 자기 자신의 행복을 검토해 주의를 하고, 기만당하지 않도록 바라볼 수 있는 능력이 주어져 있었던 것이다. 그러므로 (자기 자신의 행복이라는) 매우 중요한 신변의 관심사로서 기만당하지 않는 것보다 기만당하는 쪽이 좋았다고 판단할 리는 결코 없었으리라.

이제까지 말해 온 것은 사람들이 이 세상에서 잘못된 사물을 선택하고 서로 어긋난 경과로 행복을 추구하는 까닭을 우리에게 알려줄 것이다. 그렇지만 사람들은 언제나 행복과 불행의 문제에서는 끊임없이 생각하고 진지하므로 다음의 의문은 아직 남는다. 즉 어떻게 사람들은 가끔 선한 쪽보다 악한 쪽을 선택해 놓고 자신을 불행에 빠뜨렸다고 스스로 고백하게 되는 것일까?

57. 신체적인 고통에서

사람들이 모두 행복하길 바라면서 서로 어긋나는 길을 택하는 점을 해명하려면 저마다 유의행동(有意行動)을 선택함에 있어서 의지를 결정하는 다양한 불안함이 어디에서 생기는지를 살펴보지 않으면 안 된다.

1. 불안함이 있는 것은 우리 능력에는 없는 (다시 말해서 우리가 없앨 수 없는) 원인에서 온다. 그와 같은 원인은 가끔 결핍이라든가 질병이라든가 고문과 같은 외부로부터의 위해 따위에 의한 신체적 고통이다. 이 원인이 실제로 있고 강렬할 때에는 대부분 의지에 강력하게 작용하며, 사람들의 인생행로를 덕이나 신앙심이나 종교나 (모두) 전에는 행복으로 이끄는 것으로 판단한 일에서 벗어나게 한다. 그것은 (그와 같은 상황에서) 누구나 모두 먼 미래의 선을 정관(靜觀)해 그 정관에 의해서 그러한 것(덕 따위, 자기를 행복으로 이끈다고 판단한 것)에 욕망을 충분히 강하게 일으켜 그 신체적 고뇌에 즈음하여 느끼는 불안함을 상쇄해 자기 의지에 미래의 행복으로 이끄는 행동을 흔들림 없이 계속 선택하게 하는 그와 같은 노력은 하지 않고 또 그 노력을 하지 않으므로 그와 같은 정관에 의해서 욕망을 강하게 일으킬 수 없는 것이다. 어떤 이웃나라는 요즈음 비극의 무대가 되고 있어 '필연은 배덕(背德)으로 내몬다(어쩔 수 없이 배덕한 짓을 한다)'는, 일반적으로 받아들여지고 있는 평가를 뒷받침하는 어떠한 예가 필요하고 세계의 모든 나라와 시대가 그와 같은 실례를 충분히 제공하지 않았다고 해도 우리는 이 비극의 무대에서 여러 사례를 끄집어 낼 수 있

을 것이다.*²² 때문에 '우리를 시험에 들게 하지 마십시오'*²³ 기도하는 것은 우리에게 있어서 중대한 도리이다.

2. 올바르지 않은 판단에서 올바르지 않은 욕망이 생긴다. 다른 불안함은 현실에 없는 선에 대한 우리의 욕망에서 생긴다. 이 욕망은 현실에 없는 어떠한 선에 대해서 우리가 행하는 판단과 그 선에 대해서 우리가 지닌 취향이 언제나 균형을 이루고 있고, 이에 의거하고 있는데 이 판단과 취향의 어느 쪽도 다양하게 그릇된 길로 이끌리기 쉬우며, 더구나 그것은 우리 자신의 잘못 때문에 그런 것이다.

58. 현실에 있는 선악에 대한 우리의 판단은 언제나 올바르다

첫째로 나는 미래의 선악에 대해서 사람들이 행하고 사람들의 욕망을 그릇되게 이끄는, 올바르지 않은 판단을 고찰한다. 현실의 행복과 불행이 단지 그것만 고찰되고 여러 귀결이 완전히 거리가 먼 때에는 그와 같은 행복과 불행을 인간은 잘못 선택하는 일이 결코 없기 때문이다. 인간은 자기를 가장 기쁘게 하는 것을 알고 있어 그것을 선택한다. 현실에서 즐거움을 주는 사물은 보이는 그대로의 것이다. 이때 마음에 나타나 있는 (외견상의) 선과 진실한 선은 언제나 같다. 왜냐하면 고통과 쾌락은 바로 그것만의 크기일 뿐 느껴지는 것보다 크지는 않으므로 현실의 선이나 악은 나타나 있는 대로 존재하기 때문이다.

그러므로 만일 우리의 모든 행동이 그 자체 안에서 완결되어 아무런 귀결도 뒤에 미치지 않는다면 우리는 의심할 것도 없이 선을 택함에 있어 결코 잘못 없이 언제나 틀림없이 최선을 선택했을 것이다. (예를 들어) 진지하게 노력하는 고통과, 굶주림과 추위에 얼어 죽는 고통이 우리 앞에 줄지어 있다면 (얼어 죽는 고통을 피해 노력하는 고통을 택해서) 어느 쪽을 택할지를 놓고 아무도 갈등하지 않을 것이다. 육욕의 만족과 천국의 기쁨(의 어느 한쪽)을 소유하도록 동시에 제안받은 사람이 있다면 그는 (육욕의 만족을 바로 택해) 결정할 때

---

*22 프랑스를 가리킨다. 코스트 역(譯)은 두 판 모두 프랑스 독자에 대한 배려에서 온 것일지도 모른다. 이 건을 생략하고 '세계는 무수한 실례를 공급해 필연은 배덕으로 내몬다는 일반적으로 알려진 평가의 증거는 모든 나라와 시대에서 발견된다'고만 기술한다.

*23 〈마태복음〉 6장 13절.

비교해서 고려하는 일은 없었을 테고 잘못하는 일도 없었을 것이다.

59.

하지만 우리의 유의행동은 행동이 현실로 이루어지고 있을 때 이 행동에 따른 모든 행복과 불행을 수반하는 것은 아니며, 행동 자체가 지나서 없어졌을 때 뒷날 우리에게 가져오는 선악의 원인이므로 우리의 욕망은 내가 현실에서 누리는 것을 뛰어넘은 저편을 바라보고 현실에 없는 선이 우리 행복을 만들거나 늘리는 데 필요하다고 생각되는 것을 좇아 현실에 없는 그와 같은 선으로 마음을 끌고 가는 것이다. 현실에 없는 선으로 끌어당기는 힘을 부여하는 것은 이와 같은 필요성에 대한 우리의 의견이다. 이것이 없으면 우리가 현실에 없는 선에 의해서 움직여지는 일은 없다. 우리가 이 세상에서 익숙해져 있고 감지하고 있는 이 협소한 포용능력에서는 한 번에 단 하나의 쾌락을 누릴 뿐이며, 이 쾌락은 (이에 섞여서) 불안함이 전혀 없을 때 쾌락이 이어지는 한 우리에게 자신은 행복하다고 여기게 하는데, 그와 같이 협소한 포용능력으로는 멀리 있는 선은 또렷한 선조차도 우리 마음을 움직인다고 할 수는 없으니까 말이다. 왜냐하면 우리의 현재 행복에 있어서는 고통 없이 느끼고 있다는 것으로 충분하므로 우리는 굳이 변화를 바라지 않기 때문이다. 우리는 만족하고 있으므로 이미 행복하다고 판단을 하고 있어 그것으로 충분하다. 왜냐하면 만족하고 있는 자는 행복하기 때문이다. 그렇지만 무언가 새로운 불안이 들어오면 이 행복은 사라지므로 우리는 행복의 추구에 새롭게 나서기 시작한다.

60. 사람들의 행복에 없어서는 안 될 부분을 이루는 것에 대한 올바르지 않은 판단에서

그러므로 사람들이 자칫하면 현실에 없는 가장 큰 선이 결여되어도 행복할 수 있다고 판단하기 쉬운 것, 그것이 사람들을 그와 같은 선까지 가끔 내몰수 없는 하나의 커다란 기회원인이다. 이런 생각이 사람들의 마음을 차지하고 있는 한, 내세의 기쁨도 사람들을 움직이지 못한다. 사람들은 내세의 기쁨에 신경을 쓰거나 불안해하지 않는다. 그와 같은 욕망으로 결정되지 않는 의지는 한결같이 한층 가까운 만족을 추구하며 이 만족이 모자라고 또 이에 절망하므로 그때 의지가 느끼는 불안함을 없애려고 하는 것이다. (그러나) 이와 같은 사물에 대한 인간의 시선을 바꿔보기 바란다. 덕과 종교는 행복에 없어서는 안 되는 것임을 깨닫게 하자. 더할 나위 없는 행복의 내세 또는 불행한 내세를 바라보게 해, 내세에서는 정의의 심판자인 신이 즉석에서 '모든 사람에게 그 행위에 따라서 보상을 내린다는 것을, 참고 선행을 계속해 영예와 불멸을 추구하는 사람에게는 영원한 생명을 주지만 악을 행하는 모든 영혼에게는 분노와 환난과 고뇌로 보답된다는 것'*24을 알리자. 거듭 말하는데 이 세상에서의 행실에 따라 모든 사람에게 완전한 행복 또는 불행이라는 다른 상태가 현세 뒤에 이어지는데, 이 다른 상태를 꿰뚫어 보는 자에게는 그 선택을 지배하는 선악의 척도는 두드러지게 달라진다. 그것은 현세의 쾌락과 고통의 어느 것도 이 세상 뒤 불멸의 영혼의 끝없는 행복 또는 극도의 불행과 전혀 비교가 안 될 터이므로 그와 같은 전망을 하는 사람의 능력 안에 있는 행동은 이 세상에서 그 행동에 따르거나 행동에 이어지는 한때의 쾌락과 고통에 따라서 선택되지 않으며, 이 세상 뒤의 그 완전하게 이어지는 행복을 확보하는 데 도움이 되도록 선택될 것이다.

61. 올바르지 않은 판단에 대한 더욱 상세한 설명

사람들은 모두 진지하게 행복을 추구함에도 가끔 자기 자신에게 불행을 가져오는데, 그와 같은 불행을 더욱 세밀하게 설명하려면 어떻게 사물이 사람을 기만하는 외견 아래 우리의 욕망으로 표상되는지 그 양상을 고찰하지 않으면 안 된다. 그리고 이것은 사물에 대해서 올바르지 않게 말하는 판단에 따른 것이다. 이것이 어디까지 미쳐 무엇이 올바르지 않은 판단의 원인인지를 알려면 사물은 이중의 뜻으로 선하다거나 악하다고 판단되는 것을 떠올려야 한다.

첫째로 본디의 선 또는 악한 것은 단지 쾌락과 고통뿐이다.

둘째로 그러나 현실의 쾌락과 고통만이 아니라 효력 또는 귀결에 의해서 우리에게 거리를 두고 쾌락과 고통을 가져오는 적성이 있는 것도 우리 욕망의 본디 대상이며, 예견하는 피조물을 움직이는 성질이 있다. 그러므로 뒤에 쾌락과 고통을 가져오는 사물도 선이나 악으로 생각되는 것이다.

---

*24 〈로마서〉 2장 6~10절에서 발췌.

62.

우리를 잘못 이끌어 의지를 가끔 나쁜 쪽으로 동여매는, 올바르지 않은 판단은 사물(또는 선악)의 다양한 비교에 대한 잘못된 보고에 있다. 내가 여기에서 말하고 있는 올바르지 않은 판단은 어느 인간이 남의 결정에 대해서 생각하는 게 아니라 모든 인간이 자기 스스로 올바르지 않다고 고백하지 않을 수 없는 그러한 것이다. 그것은 모든 지능이 있는 자가 진실로 행복을 추구하고 그 행복은 무언가 불안함이 눈에 띌 정도로 섞여 있지 않은 쾌락의 즐김에 있다는 것, 나는 이것을 절대로 확실한 근거로 본다. 따라서 누구나 오직 올바르지 않은 판단에 따른 것이 아니면 자기 스스로 (쾌락의) 수용에 쓰디쓴 성분을 일부러 넣거나 자기 능력 안에서 자기를 만족시키고 행복을 완성시키는 데 도움이 되는 사물을 빼거나 할 수는 없다. (또한) 나는 여기에서 도저히 극복할 수 없는 착오의 귀결 같은 잘못을 이야기하지 않을 것이다. 그와 같은 잘못은 올바르지 않은 판단이란 것에 걸맞지 않다. 내가 말하는 것은 (이 절 처음에 말한 대로) 모든 인간이 스스로 올바르지 않다고 고백하지 않으면 안 되는 것과 같은 올바르지 못한 판단이다.

63. 현재(의 쾌락과 고통)와 미래(의 쾌락과 고통)를 비교할 때

1. 현재의 (실제로 있는) 쾌락과 고통에 대해서는 이미 (본 장 제58절에서) 기술한 바와 같이 마음은 진실로 선 또는 악임을 결코 착각하지 않는다. 큰 쪽의 선 또는 큰 쪽의 악은 나타나 있는 대로 진실인 것 같다. 그렇지만 현재의 쾌락과 고통은 그 차이와 정도를 누구나 알 수 있게 명시해 틀릴 여지를 남기지 않는데, 그럼에도 현재의 쾌락과 고통을 미래의 쾌락과 고통에 비교할 때 (의지의 가장 중요한 결정일 때에는 보통 그렇다) 우리는 가끔 쾌락과 고통의 척도를 다른 거리에 다양하게 자리해 놓고 쾌락과 고통의 올바르지 않은 판단을 내린다. 대체로 가깝게 보이는 사물은 한층 멀리 있는 한층 큰 치수의 사물보다 크게 생각되기 쉬운데 쾌락과 고통에서도 같다. 현재의 쾌락과 고통은 늘 유리하여 멀리 있는 쾌락과 고통은 비교에 있어서 불리하다. 그래서 대부분이 낭비가인 상속인처럼 소유하고 있는 약간만을 장래의 많은 것보다 좋은 것으로 판단하기 쉬우며, 나아가 소유하고 있는 작은 물건 때문에 상속권이 있는 많은 물건을 양도하는 것이다. 그러나 이것이 올바르지 않은 판단임은 모든 사

람의 쾌락을 뜻대로 어떤 것에 존재하게 해도 모든 사람이 인정할 게 틀림없다. 왜냐하면 미래의 것은 절대로 확실하게 현재의 것이 될 테고, 그때에는 가깝다는 똑같은 이점을 가지므로 그 크기는 빠짐없이 제시되어 똑같지 않은 척도로 판정한 자의 제멋대로의 잘못은 알려지게 되기 때문이다. (예를 들어) 술을 마시면 얼마 지나지 않아 어김없이 구역질이나 두통을 일으키는 사람이 있는데, 만일 술을 마신 그 순간에 구역질이나 두통이 술을 마시는 쾌락에 뒤따랐다면 술잔에서 어떤 기쁨을 느끼건 그와 같은 상태에서는 아무도 술을 입에 대지 않으리라 생각한다. 그럼에도 (구역질이나 두통을 바로 일으키지 않을 때에는) 날마다 마셔 시간이 조금 다르다는 오류만으로 나쁜 쪽을 택하게 된다. 하지만 만일 겨우 몇 시간 간격으로 쾌락과 고통을 이토록 작게 할 수 있다면 (내세와 같은) 가장 큰 (시간적) 거리는 다음과 같은 인간에게는, 다시 말해서 올바른 판단에 의해 시간이 하려는 것을, 즉 (시간의 경과에 따라서 미래를 현재에 접근시켜) 쾌락과 고통을 바로 곁에 두고 쾌락과 고통을 현실로 있는 것으로 생각해 거기에서 진정한 크기를 측정하는, 그와 같은 것을 하려고 하지 않는 자에게는 어느 정도로 쾌락과 고통을 작게 할까? 이것이 (순수한) 쾌락과 고통에 관해서, 다시 말해 행복과 불행의 진정한 정도에 관해서 우리가 평소에 속게 되는 상황으로서 미래(의 쾌락과 고통)는 정확한 비율을 잃고 현실의 것(즉 현재의 쾌락과 고통)이 한층 큰 것으로서 선택되는 것이다. (또한) 여기에서 내가 말하는 올바르지 않은 판단은 현실에 없는 쾌락과 고통을 작게 할 뿐만 아니라 완전한 무(無)로 귀착시키는 그런 것은 아니다. 그때 사람들은 현재 누릴 수 있는 것을 누리며, 거기에서 아무것도 나쁜 일이 일어나지 않으리라 잘못 판단해 현재 누리는 것을 확보한다. 왜냐하면 그런 것은 여기에서 말하고 있는 것과 같은 미래의 선악 비교에는 없고, 다른 종류의 올바르지 않은 판단, 즉 선악이 일으키는 쾌락과 고통의 원인 및 초래자로 생각할 때의 선악에 관한 올바르지 않은 판단이기 때문이다.

64. 이 원인

우리가 현재의 쾌락과 고통을 미래(의 쾌락과 고통)와 비교할 때 잘못 판단하는 원인은 우리 마음의 약하고 좁은 구조에 있다고 나는 생각한다. 우리는 두 쾌락을 동시에 충분히 즐길 수가 없고 하물며 고통이 마음을 차지하고 있는 동안은 어떤 쾌락이라도 그 즐거움은 훨씬 적어진다. (과연) 현재의 쾌락이 두드러지게 시들해져 거의 없는 거나 다름없다면 우리의 좁은 영혼을 채우고 나아가 마음 전체를 점거해 현실에 없는 사물을 전혀 생각하게 하지 않는다. 또 우리의 쾌에는 멀리 있는 사물의 고찰을 배제할 정도로 강한 것도 있지만 우리는 고통을 몹시 싫어해 약간의 고통도 우리의 쾌락을 아주 뿌리째 없앤다. 술잔에 약간 쓴맛이 섞이면 단것의 좋은 맛은 조금도 남지 않는다. 그래서 아무튼 우리는 현재의 악을, 즉 현실에 없는 어떤 것도 비교할 수 없는 것으로 생각되기 쉬운 현재의 악을 몰아내려 하게 된다. 왜냐하면 현재의 고통 아래에서 우리는 자신에게 최소한의 행복조차 없다는 사실을 발견하기 때문이다. 사람들은 일상생활의 불평을 큰 소리로 입증한다. 누구나 현실에서 느끼는 고통은 언제나 온갖 것 가운데서 최악이며, 사람들은 고민하면서 이것만 아니면 무엇이든 좋다, 지금 고통을 당하고 있는 것만큼 견디기 어려운 일은 있을 리가 없다고 아우성을 친다. 그러므로 우리의 노력과 사유 전체는 뒤에 무엇이 이어지건 우리 행복에서 없어서는 안 될 첫 번째 조건으로서 모든 사물 앞에 현재의 악을 몰아내는 일에 전념한다. 우리가 열정을 담아 생각하는 동안, 어떤 사물도 우리를 그토록 무겁게 짓누르고 있는 (고통의) 불안함을 넘어설 수 없고 이에 맞설 수 없다. 또 제공되는 현재의 쾌락을 금하는 것은 고통이므로, 가끔 매우 큰 고통이므로 가까운 곳에서 마음을 부추기는 사물이 욕망을 부채질하면 가까운 곳에 있는 이 사물에 대한 욕망이 고통과 마찬가지로 작용하고 미래의 것을 우리 사유 가운데서 작게 하며, 더 나아가 우리에게 무리하게 눈가리개를 씌워 가까운 사물을 갖게 하는 것도 틀림없다.

65.

이에 더해서 현실에 없는 선은, 또는 같은 사물인데 쾌락은 특히 우리가 잘 모르는 종류이면 고통의 불안함이건 욕망의 불안함이건 실제로 있는 어떠한 불안에도 맞서지 못한다. 왜냐하면 그와 같은 쾌락의 크기는 (현실로) 이를 누릴 때 진실로 맛보게 되는 크기보다 크지 않으므로 사람들은 자칫하면 이 쾌락을 작게 하고 현실의 어떠한 욕망을 앞세워 또 다음과 같이 자기 스스로 결정하기 때문이다. 즉 (실제로) 시험해 보면 이 쾌락에 대해서 일반적으로 이야기되고 있는 보고나 의견과 일치하지 않을 것이라고 자기 스스로 결정한다. 완전히 그렇게 되기 쉽다. 사람들이 이제까지 가끔 발견해 온 곳에서는 다른 사람들이 찬미해 온 것만이 아니라 자기 자신이 언젠가 대단한 쾌락과 기쁨을 가지고 즐긴 것조차 다른 때에는 재미가 없어져 기분이 나빴음을 알게 되고 만다. 그러므로 사람들은 미래의 쾌락 가운데서 현재의 향락을 그만두어야 할 이유를 조금도 생각하지 않는 것이다. 하지만 대체로 행복한 것처럼 신이 계획한 자(즉 우리 인간)를 신은 행복하게 해줄 수 없다고 사람들이 말하려는 게 아닌 한, 이렇게 판단하는 것은 내세의 행복에 적용할 때 허위의 판단방법이라고 사람들은 고백하지 않으면 안 된다. 왜냐하면 내세는 행복한 상태로 예정되어 있으므로 절대로 확실하게 모든 사람의 소망과 욕망에 알맞을 터이기 때문이다. 설사 사람들의 취향이 이 세상과 마찬가지로 내세에서 다양하다고 가정할 수 있어도 천국의 만나*25는 모든 사람의 입맛에 맞을 것이다. 현재의 쾌락과 고통을 미래의 쾌락과 고통에 비교하고 나아가 현실에 없는 쾌락과 고통을 미래의 것으로 생각할 때 현재 및 미래의 쾌락과 고통에 대해서 우리가 내리는 올바르지 않은 판단은 이상과 같다.

66. 행동의 귀결을 생각할 때

2. 사물의 귀결이란 점에서 미래에 선 또는 악을 불러오는 사물에 속한 어떠한 성질에 의해서 좋았거나 나빴거나 하는 사물을 우리는 여러 방법으로 잘못 판단한다.

(1) 악이 그 사물에 정말로 의거하고 있는 정도, 그 정도로는 의거하고 있지 않다고 판단할 때.

(2) 귀결은 매우 중대한데 그렇게 절대로 확실한 것은 아니고 다르게 귀결이 될지도 모른다. 그렇지 않으면 부지런하거나 솜씨가 좋다거나 변심이나 후회 등, 어떤 수단으로 피할 수 있을지도 모른다고 판단할 때 이런 것들이 올바르지 않은 판단방법임을 일일이 검토하려고 하면 모든 것에 걸쳐서 쉽게 드러나는데 (여기에서는) 단지 일반적인 언급으로 그치겠다. 즉 불확실한 억측으로 사항의 무게와 우리가 틀리지 않도록 하는 배려에 균형 있는 적정한 검토를 하지 않는 동안에 작은 쪽의 선 때문에 큰 쪽의 선을 위험에 빠지게 하는 것은

＊25 manna. 〈출애굽기〉 16장 31절.

매우 올바르지 않은 비이지적인 방법이다. 이 점은 누구나 인정하지 않으면 안 된다고, 특히 이와 같은 올바르지 않은 판단의 일반적 원인을 생각하면 누구나 인정해야 한다고 나는 생각한다. 그 원인 가운데 다음과 같은 것이 있다.

67. 이 원인

1. 무지. 최대한 철저하게 조사하지 않고 판단하는 자는 잘못 판단한 죄를 면할 수가 없다.

2. 소홀. 인간이 자기가 알고 있는 것조차 대충 보아 넘길 때. 이것은 (진정한 무지가 아닌) 곁에서 봤을 때의 무지인데 다른 것과 마찬가지로 우리의 판단을 그르친다. 본디 판단이란 이른바 뺄셈을 해서 어느 쪽에 남는 것이 있는지를 결정하는 일이다. 그러므로 어느 쪽이건 서둘러 아무렇게나 모으느라 계산에 넣게 될 돈의 얼마간을 빠뜨리면 이 경솔함은 완전히 무지였을 때와 마찬가지로 올바르지 않은 판단을 낳는다. 이와 같은 사태가 불러오는 것은 어느 (내 마음에) 현실의 쾌락과 고통이 실제 존재의 작용을 가장 강하게 받는 우리의 나약하고 정으로 치닫게 되는 본성에 의해서 높여져 마음에 널리 퍼지는 것이다. 이 경솔함을 막기 위해 우리에게 지성과 이지가 주어진 것이고, 우리가 올바르게 쓰면 지성과 이지는 탐구하고 확인해 이것에 따라 판단하는 것이다. 대체로 자유가 없으면 지성은 아무런 도움도 되지 않으며, 지성이 없으면 자유는 (만일 어느 것을 할 수 있었다고 해도) 아무것도 의미 표시를 하지 않는다. 만일 인간이 자신을 위해 선한 일이나 해로운 일, 자기를 행복하게 하거나 불행하게 하는 것을 보아도 (자유가 없이) 그쪽으로, 또는 거기에서 한 걸음도 움직일 수 없다면 보는 것이 무슨 도움이 되겠는가? (또 반대로 지성이 전혀 없는) 완전한 어둠을 방황할 자유가 있는 자, 그와 같은 자의 자유는 바람의 힘으로 거품처럼 이리저리 사라져 버렸을 때에 비해 좋은 점이 있을까? 안에서부터건 밖에서부터건 맹목적 충동에 따라 행동하게 되는 것에는 차이가 없다. 그러므로 자유를 잘 누리는 길은 맹목적인 경솔함을 막는 것이다. 자유의 주요한 행사는 가만히 서서 눈을 크게 뜨고 둘러보아 자신이 행하려는 것의 귀결을 사항의 무게가 요구하는 만큼 주의 깊게 바라보는 것이다. 나태와 태만이나 정열과 열정이 풍습의 만연, 또는 습성이 되어버린 무기력의 만연이 기회가 있을 때마다 이와 같은 올바르지 못한 판단에 얼마나 이바지하는지를 나

는 여기에서 더 이상 탐구하지 않을 것이다. 다만 다른 허위의 판단을 하나 덧붙이고자 한다. 그 판단은 대단히 영향력이 큼에도 틀림없이 거의 알아차리지 못할 터이므로 거론할 필요가 있다고 나는 생각한다.

68. 우리 행복에 없어서는 안 되는 것에 관한 올바르지 않은 판단

대체로 모든 사람이 행복을 욕망한다는 것은 의심할 여지도 없다. 그렇지만 이미 (본 장 제57절 이하에서) 말했듯이 사람들은 고통에서 벗어나 있으면, 가까이 있는 쾌락이나 습관을 받아들여 이에 안주해 만족하기 쉽다. 나아가 어떤 새로운 욕망이 사람들을 불안하게 해서 이 새로운 욕망이 사람들의 행복을 앗아가고 사람들에게 자신들이 행복하지 않음을 보여줄 때까지 (현재보다) 멀리 바라보지 못하고 의지는 무언가 다른 알려진 선 또는 나타나 있는 선을 추구하는 어떠한 행동으로 결정되지 않는다. 우리가 발견하듯이 우리는 온갖 종류의 선을 (한 번에) 즐길 수가 없으며, 하나의 선은 다른 선을 배제한다. 따라서 우리 행복에 없어서는 안 될 것으로 판단하지 않는 한 우리는 모든 나타나 있는 (외견상으로) 큰 쪽의 선으로 욕망을 고정하지 않는다. 그 선이 없어도 행복할 수 있다고 생각하면 그와 같은 선은 우리를 움직이지 않는다. 이것이 사람들이 올바르지 않은 판단을 하는 또 하나의 기회원인이며, 그때 사람들은 자신들의 행복에 진실로 없어서는 안 되는 것을 그렇게 취하지 않는 것이다. 이 잘못은 우리가 지향하는 선을 택할 때 우리를 그릇되게 이끌고, 또면 선인 때에는 그 선에 대한 수단에서 매우 자주 우리를 잘못 데려가기도 한다. 하지만 진실로 선이 아닌 곳에 선을 두건, 선이 (필요한) 수단을 필요치 않다고 무시하건 인간이 자신의 큰 목적인 행복을 놓쳤을 때 그 사람은 자신이 올바르게 판단하지 않았음을 인정할 것이다. 이와 같은 잘못에 이바지하는 것은 이 (행복이라는) 목적으로의 길인 행동이 진실로 불쾌했거나 그렇게 가정되거나 하는 것이다. 행복을 위해 자기 자신을 불행하게 만드는 건 어리석은 일이라고 사람들에게는 생각되므로 사람들은 쉽게 그런 생각을 갖지 않는다.

69. 우리는 사물의 유쾌함 또는 불쾌함을 바꿀 수가 있다

여기서 마지막으로 탐구할 것은 하나의 행동에 따르는 유쾌함이나 불쾌함을 바꾸는 것이 인간의 능력에 있는지의 여부이다. 그런데 이에 대해서는 누구나 알다시피 대부분 인간은 할 수가 있다. (신체일 때는 이를테면) 사람들은 입맛을 바로잡거나 돋우거나 거부하기로 가정하거나 어느 한쪽을 선호하게 된다. 그와 같은 일이 가능하며 또 그래야만 한다. 마음의 취향도 신체의 취향도 똑같이 다양하고 신체의 취향에 맞게 바꿀 수 있다. 그래서 행동 속에 있는 바람직하지 않은 일이나 무관심함을 쾌락과 욕망으로 바꿀 수 없다고 사람들이 생각하는 것은, 사람들의 능력에 있는 것을 하려고 하기만 하면 잘못이고 (바꿀 수 있는 것이다). 어느 경우에는 적정한 고찰이 바뀔 것이며 대부분은 연습이나 전념이나 습관이 바뀔 것이다. (예를 들어) 빵 또는 담배는 건강에 도움이 된다고 밝혀져도 관심이 없다든가 좋아하지 않는다는 이유로 무시되는 일이 있을 것이다. 하지만 이지와 고찰이 먼저 시험을 하도록 권하고 시험을 하기 시작한다. 그리고 먹고 피우면 좋음을 알 수 있다. 습관이 빵이나 담배를 선호하게 한다.*26 덕도 그렇다는 것은 대단히 확실하다. 행동은 그 자체가 바람직한지 바람직하지 않은지, 또는 한층 크고 한층 욕망이 되는 목적으로의 수단으로 생각되든지 그 어느 한쪽이다. (이를테면) 어느 사람의 입맛에 맞도록 조리된 요리를 먹는다는 것은 먹는 데 따른 좋은 기분 그 자체에 의해서 다른 어떠한 목적과 무관하게 마음을 움직일 수가 있을 것이다. 하지만 (이 음식물이 촉진하는) 건강 및 체력 안에 있는 쾌락을 생각하면 새로운 맛이 더해져 (건강과 체력을 위해) 맛없는 음료를 마실 수도 있을 것이다. 이런 것 가운데 뒤엣것은 (행동하는) 목적을 정관(靜觀)해 행동이 목적을 이루는 경향에 있으면, 또는 목적과 필연적으로 결합하면 많건 적건 믿어버리는 것, 그것만이 어느 행동을 많건 적건 바람직한 것이게 한다. 하지만 행동 자체의 쾌락은 행동을 하고 행동을 함으로써 더욱더 잘 획득이 되며 또 늘릴 수 있다. 해본다는 것은 가끔 거리를 두면 혐오로 바라보게 되는 것을 우리에게 융화시키고, 반복에 의해서 처음에 시험삼아 했을 때는 다분히 우리를 불쾌하게 한 것도 좋아하게 만든다. 관습은 강력한 매력을 지니고 있으며 우리가 익숙해진 것에 마음의 평안과 쾌감이라는, 사람을 끌어당기는 강한 힘을 쏟으므로 우리는 관습적 실천에 의해서 적응하고 말아 그 때문에 우리에게 추천되는 행동을 하지 않을 수 없고, 적어도 이 행동을 빼고서는 마음이 편안할 수가 없다. 이것은

＊26 발효빵 제조법은 고대 이집트에서 연구되었는데 로크의 시대에는 식품으로서 보급되지 않았다. 담배는 신대륙에서 수입되어 겨를이 없었다.

제21장 능력 333

매우 명확하고 모든 사람의 경험이 누구든지 할 수 있다고 보여주는데 그럼에도 사람들을 행복으로 인도할 때 매우 소홀해지는 부분이므로 만일 다음과 같이 말한다고 해도, 즉 사람들은 사물이나 행동을 많건 적건 자기 자신에게 바람직하게 할 수가 있으며 그것으로 사람들이 (행복을 추구하는 도중에) 많이 방황하게 되는 원인을 바로잡을 수 있을 것이다. 풍습이나 세간의 통설은 올바르지 못한 사념을 정착하게 하고, 교육이나 습관은 나쁜 관습을 정착시키고 만다. 그 때문에 사물의 올바른 가치는 잘못 자리가 잡히며 사람들의 (선악에 대한) 입맛은 손상된다. 이를 고치려면 노력을 해야 하고 (나쁜 관습과) 반대인 관습이 우리 쾌감을 바꾸어 우리의 행복에 없어서는 안 되거나 행복으로 이끄는 것을 지향하게 한다. 이것은 누구나 그렇다고 틀림없이 고백할 것이다. 행복을 잃고 불행이 닥쳤을 때에는 누구나 그와 같은 노력을 소홀히 한 점에서 잘못을 인정하게 되므로 자기 자신을 꾸짖을 것이다. 그와 같은 일이 얼마나 자주 있었는지 나는 모두에게 묻고 싶다.

70. 덕보다 악덕을 선택하는 것은 명백하게 올바르지 않은 판단

나는 이제 더 이상, 사람들을 잘못으로 빠뜨리는 올바르지 않은 판단이나 사람들의 능력에 있는 것을 소홀히 하는 일에 대해서 말하지 않을 것이다. 그와 같은 것은 한 권의 책을 이룰 테고 그것은 내가 할 일은 아니다. 하지만 허위의 사념이나 사람들의 능력에 있는 것을 부끄럽게도 소홀히 하는 것이 얼마나 사람들을 행복의 길에서 벗어나게 해 우리가 보는 바와 같이 매우 잘못된 인생행로에서 사람들을 방황하게 하는지, 다음의 점은 절대로 확실하다. 즉 진실한 토대 위에 확립된 도덕은 대체로 생각만이라도 하려고 하는 누군가(가 행동을 택함에 있어) 그 선택을 결정하지 않을 수 없는 것이며, 무한한 행복과 불행을 진지하게 성찰할수록 이지적인 피조물이 아니길 바라는 자는 자신의 지성을 정당하게 쓰지 않은 것에 대해서 자기 자신을 어떻게든 꾸짖지 않으면 안 된다. 전능한 이가 자신의 법을 우리에게 준 것으로서 확립한 내세의 상벌은 대단히 무게가 있고 영원한 상태를 단순한 가능성으로 생각하기만 할 때에도 현세에 명시할 수 있는 어떤 쾌락과 고통에도 반하여 (행동을) 선택하도록 충분히 결정하는데, 이와 같은 영원한 상태의 가능성을 조금도 의심하는 자는 없다. 이런 사람, 즉 절묘한 끝이 없는 행복은 이 세상의 선한 생활의 귀결로서 가능한 것뿐이며 또 반대인 (한없는 불행한) 상태는 (이 세상의) 악의 생활의 대가로서 가능한 것에만 그친다고 (가능성으로서만) 인정하는 사람도 다음과 같이 단정하지 않는다면, 곧 머지않아 다가올 영구히 이어지는 행복의 절대로 확실한 기대가 뒤따르는 유덕한 생활이야말로 죄가 있는 자를 엄습할 가능성이 매우 큰, 그 불행한 소름끼치는 상태의 두려움을 수반하는 또는 (모든 것이 무가 되는) 소멸의 소름끼치는 불확실한 희망을 수반하는 악덕의 생활에서 선택되어야 한다고 단정하지 않는다면 매우 잘못된 판단을 했다고 스스로 인정하지 않으면 안 된다. 이 점은 비록 이 세상의 유덕한 생활이 고통뿐이고 악덕의 생활이 쾌락의 연속이라고 해도 명백하게 그러한데, 이 세상의 생활은 대부분 전혀 다르게 되어 있어 사악한 사람들은 현재로 지니고 있는 것마저 자랑할 정도로 매우 뛰어나지는 않다.

모든 사물을 올바르게 고찰하면 사악한 사람들의 역할은 이 세상에서 가장 나쁘다고도 나는 생각한다. 하지만 저울의 한쪽 접시에 무한한 행복을 올려놓고, 다른 한쪽 접시에 무한한 불행을 올려놓을 때 경건한 사람이 잘못하고 있다 해도 이 사람에게 덮치는 최악은 사악한 사람이 올바르다고 여겨 손에 넣게 되는 최선이라면 정신이상이 아닌 한 (현세의 쾌락만을 좇는) 모험을 굳이 할 자가 있을까? 무한한 불행의 가능성에 빠질 것을 제정신으로 선택하는 자가 있을까? 만일 잘못해서 (무한한 불행에 빠지지 않는다 해도) 이 우연에서 얻을 수 있는 것은 아무것도 없다. 그런데 다른 한편 근엄한 사람의 기대대로 된다면 이 사람은 얻게 되어 있는 무한한 행복을 잃을 위험을 아무것도 범하지 않고 있다.

선인은 만일 올바르다면 영원히 행복하며, 잘못되어 있어도 불행하지 않고 아무것도 느끼지 않는다. 한편 사악한 사람은 올바르다 해도 행복하지 않으며, 잘못되어 있으면 무한히 불행하다. 이럴 때 어느 쪽을 선택할 것인지를 즉석에서 간파하지 않는 것은 더없이 명백하게 올바르지 않은 판단이다. (또한 이 기회에 만약을 위해 말해 두는데) 나는 이제까지(의 언급에서) 내세의 절대 확실성 또는 개연성에 대해서 말하는 것을 삼가왔다. 여기에서 의도한 것은 다음과 같은 올바르지 않은 판단을, 즉 내세는 적어도 가능함을 알고 이것을 확실하게 하지 않을 수 없는데, 조금이라도 생각해서 악덕한 생활의 짧은 쾌락을 선택하는 자는 자기 취향대로 어떤 원리를 세우건 자기 자신의 원리에 따라 올바르지 않은 판단을 했다고 받아들여야 하는데 그와 같은 올바르지 않은 판단을 보여주는 것이기 때문이다.

71. 요약

이제까지 탐구해 온 인간의 자유를 정리하면 앞에 (초판에서) 한 탐구에는 잘못이 있음을 나는 처음부터 두려워했고 매우 명민한 한 친구는 '이 책'이 출판된 뒤부터 나에게 세밀하게 명시하지는 않았는데 오류가 있는 것으로 의심했기 때문에 나는 본 장을 더욱 엄중하게 다시 보았다. 그 결과 어느 언어와 외견상으로는 아무래도 좋은 다른 언어가 뒤바뀐 아주 가벼운, 거의 깨닫지 못할 정도로 잘못 쓴 부분이 문득 눈에 띄었다. 그래서 이 발견이 나에게 지금의 견해를 갖게 했으며 나는 이를 이 제2판으로 학계에 제출했다. 그 견해란 요컨대 다음과 같은 것이다. 즉 자유란 마음이 지시하는 대로 행동하거나 행동하지 않는 능력이다.

하나하나에 있어서 여러 작용기능을 운동 또는 정지에 지시하는 능력을 우리는 의지라 부른다. 우리가 유의행동의 계열 가운데서 무언가 작용을 바꾸듯이 의지를 결정하는 것은 (마음에) 현실로 있는 어느 불안함인데, 이것은 욕망의 불안함이고 또는 적어도 욕망의 불안함을 언제나 수반하고 있다. 욕망은 언제나 악에서 벗어나도록 악에 의해서 움직여진다. 왜냐하면 고통으로부터의 완전한 자유가 언제나 우리 행복에 없어서는 안 될 부분을 이루기 때문이다. 그렇지만 모든 선이, 모든 큰 쪽의 선이 끊임없이 욕망을 움직이지는 않는다. 그와 같은 선은 우리 행복에 없어서는 안 될 부분을 조금도 차지하지 않는다는 것, 또는 차지하지 않을 때가 있기 때문이다. 우리가 욕망하는 것이 단지 완전한 행복뿐이니까 말이다.

이와 같은 행복의 일반적 욕망은 늘 변동 없이 작용한다고는 하지만 (어느 욕망을 만족시키려고 하면) 그때 우리가 욕망하는 어느 특정의 것(마음)에 나타나 있는 선이 우리의 진실한 행복의 부분을 이루는지 이루지 않는지, 또는 진실한 행복과 모순되는지 모순되지 않는지 이 점을 잘 검토할 때까지 어느 특정 욕망을 만족시키기를 멈추고 (이 만족에) 도움되는 어떠한 행동으로 의지를 결정하지 않도록 할 수가 있다. 그와 같은 검토에 따른 우리의 판단결과야말로 인간을 궁극적으로 결정하는 것이며, 인간은 자기 자신의 판단에 의해서 인도된, 자기 자신의 욕망이 아닌 어떤 사물에 의해서 의지가 결정되었다고 한다면 자유로울 수가 없었던 것이다. (과연) 나는 자유를 인간의 의지 결정에 앞선 (어떤 행동도 선택할 수 있는) 무차별에 두는 사람이 있음을 알고 있다. 하지만 이와 같은, 이른바 앞선 무차별을 매우 강조하는 사람들에게 부탁하건대 이 상정된 무차별은 의지의 판결에 앞설 뿐만 아니라 지성의 사유와 판단에 앞서는지 아닌지를 누구나 알 수 있도록 말해 주기 바란다. 의지 결정은 지성의 판단에 바로 이어서 이루어지므로 이 무차별을 그런 (지성과 의지) 사이에, 즉 지성의 판단 바로 뒤에 의지를 결정하기 전의 위치로 정하기는 꽤 어렵다. 또 지성의 사유와 판단에 앞선 무차별에 자유를 두는 것은 자유를 암흑 상태에 두는 것이라고 나는 생각한다. 이 암흑 상태에서 우리는 자유를 볼 수도, 자유에 대해서 무언가를 말할 수도 없다. 적어도 이와 같은 자리매김은 자유를 갖지 않은 주체에 자유를 두는 것이다. 그것은 어떤 행동자도 사유와 판단의 귀결이라는 점에서가 아니면 자유를 가질 수가 없다고 인정되기 때문이다.

(물론) 나는 언어를 까다롭게 사용하지 않는다. 그러므로 자유는 무차별 가운데 놓인다고 말하는 것을 사랑하는 사람들과 동의한다. 하지만 (그때) 자유는 지성의 판단 뒤에, 아니 의지의 결정 뒤에도 남겨지는 것과 같은 무차별 가운데 있는 것이며, 그와 같은 무차별은 인간의 무차별이 아니고(왜냐하면 인간은 무엇이 최선인가를, 즉 무엇을 행하거나 억눌러야 하는가를 일단 판단하고 난 뒤에는 더 이상 무차별이 아니기 때문이다), 인간의 작용능력의 무차별이다. 이 작용능력은 의지의 판결 전과 마찬가지로 판결 뒤에도 작용하는 것과 이를 억누르는 것 모두 가능하므로 무차별로 부르고 싶은 사람은 그렇게 불러도 괜찮다. 이 무차별이 미치는 한, 인간은 자유이며 그 이상으로는 자유가 아니다. 예를 들어 나에게는 내 손을 움직이거나 멈추거나 할 능력이 있다. 이 작용능력은 나의 손을 움직이는 것과 움직이지 않는 것에 대해서 무차별이다. 이런 점에서 나는 완전히 자유이다. (이를테면) 나의 의지가 이 작용능력을 정지 쪽으로 결정한다. 그래도 나는 자유이다. 왜냐하면 나의 이 작용능력을 작용하거나 작용하지 않을 무차별은 여전히 남아 있기 때문이다. 내 손을 움직인다는 능력은 현재 정지를 명령하고 있는 나의 의지 결정에 의해서 조금도 손상되지 않는다. 그 능력을 작용하거나 작용하지 않거나 하는 무차별은 전과 똑같이 확실하게 있다. 그 점은 의지(즉 손을 움직이는 것)를 명령해 시험해 보면 명

확할 것이다. 하지만 내 손을 멈추고 있는 동안에 갑자기 마비가 오거나 하면 그 작용능력의 무차별은 없어지고 그것과 함께 나의 자유도 없어진다. 나는 그 점(즉 손을 움직이거나 움직이지 않거나 하는 점)에 관해서 이미 자유가 없이 나의 손을 멈추는 필연성 아래에 있다. 다른 한편 나의 손이 경련으로 운동이 된다면 그 운동에 의해서 그 작용능력의 무차별은 없어지며, 그때 나의 자유도 잃게 된다. 왜냐하면 나는 내 손을 움직일 필연성 아래에 있기 때문이다. 이와 같은 내용을 덧붙인 까닭은 자유가 있는 것으로 생각되는 무차별은 어떤 종류이고, 그 밖의 종류에는 진실이건 상상 속이건 없다는 것을 보여주기 위해서이다.

72.

본디 자유의 본성과 범위에 관한 진정한 사념은 매우 중요하다. 그러므로 이를 설명하려는 나의 계획이 이와 같이 옆길로 접어든 것을 이해해 주기 바란다. 능력에 대한 본 장 가운데서 의지라든가 유의라든가 자유라든가 필연 같은 관념은 자연스럽게 나온 것이다. 이 책의 앞선 판(즉 초판)에서 나는 그 무렵 알고 있었던 것에 따라서 그런 관념에 대한 나의 생각을 설명했다. 그런데 지금 (제2판을 공간함에 있어서) 나는 진리를 사랑하는 자이고 자기 학설을 (무턱대고) 존중하는 자가 아님을 밝히면서 나의 주장을 조금 바꾼 것을 고백한다. 그와 같이 바꾼 근거를 발견한 것이다. 처음에 (초판에서) 언급한 것에서도 진리가 나를 이끈다고 생각하는 대로 편견에 사로잡히지 않고 무차별로 진리에 파고든 것이다. 하지만 무오류를 꿈꿀 정도로 자만하지도 않으며, 명성에 흠이 가는 게 두려워 잘못을 숨길 정도로 불성실하지도 않으므로 (초판 때와) 똑같이 진리만을 찾는 성실한 목적으로 행한 엄격한 탐구가 암시한 것을 부끄럽게 공표해 버린 것이다. 나의 앞 사념이 올바르다고 생각하는 사람도 있을 테고 (내가 이미 발견하고 만 것처럼) 뒤의 사념이 올바르다고 생각하는 사람도 있을 터이며, 어느 쪽도 올바르지 않다고 생각하는 사람도 있을 것이므로 그와 같은 일이 없다고는 할 수 없다. 사람들 의견이 이와 같이 다양한 것을 나는 조금도 의심하지 않는다. 여러 가지로 논쟁이 되는 점에서 이지를 공평하게 연역하는 일은 매우 드물고, 추상적 사념으로 정확하게 연역하기란 매우 어려운 일이다. 특히 조금이라도 길 때에는 더욱 그렇기 때문이다. 그러므로 누구건 이제까지 든 근거 또는 그 밖에 어떤 근거에 의거해 이 자유라는 주제에 아직 남아 있을지도 모르는 문제점을 깨끗이 없애주었으면 매우 고맙겠다.

본 장을 마치기 전에 활동이라는 것에 대해서 우리의 생각에 좀더 정확하게 조사를 시키면 능력에 관해 더욱 명석한 상념을 얻는 데 틀림없이 도움이 될 것이다. 나는 이제까지 (본 장 제4절에서) 활동에 대해 두 종류만이, 즉 운동과 생각의 관념이 우리에게 있다고 말해 왔다. 하지만 사실, 이런 것들은 활동으로 불리고 활동으로 헤아려지지만 그럼에도 상세하게 고찰하면 언제나 완전하게 활동으로 발견되지는 않을 것이다. 왜냐하면 어느 종류건 적정하게 고찰하면 활동(또는 능동)이라기보다 수동이고, 따라서 어느 주체의 수동적 능력의 결과에 지나지 않으며, 더구나 그 주체는 그와 같은 결과로 말미암아 작용자로 생각되는 사례가 있기 때문이다. 그와 같은 사례에서 운동 또는 생각하는 실체는 그 (운동 또는 생각이라는) 활동을 이 실체에 시키는 효과를 단지 순수하게 외부에서 받아들이고, 따라서 이와 같은 효과를 어느 외적 작용자로부터 받는, 이 실체가 지닌 그러한 수용력만으로 활동하는데, 이와 같은 능력은 그 실체의 활동적(능동적) 능력은 아니며 단순히 수동적인 수용력이다.

어느 때에는 실체 또는 작용자는 자기 자신의 능력에 의해서 활동하게 한다. 이것이야말로 활동적(능동적) 능력이라고 해야 한다. 본디 실체가 어떤 변모를 갖건, 이에 의해서 실체가 어느 결과를 낳으면 그 변모는 활동으로 불린다. 이를테면 어느 고체인 실체는 운동에 의해서 다른 실체의 감지할 수 있는 관념에 작용하는, 다시 말해서 이 관념을 변경한다. 그러므로 운동의 이와 같은 변모는 활동으로 불린다. 그렇지만 그와 같은 고체인 실체의 이 운동은 만일 실체가 이 운동을 어느 외적 작용자로부터 받는 것뿐이라면 올바르게 고찰할 때 수동에 지나지 않는다. 그러므로 멈추고 있을 때 자기 자신 또는 다른 실체 안에서 운동을 시작하지 못하는 실체에는 운동의 활동적(능동적) 능력은 없는 것이다. 마찬가지로 생각에서도 어느 외적 실체의 작용에서 관념이나 사상을 받는 능력은 생각의 능력으로 불리는데 이것은 단순히 수동적인 능력, 다시 말해서 수용력에 지나지 않는다. 하지만 볼 수 없는 관념을 스스로 선택해 바라볼 수 있게 하고 그런 관념 가운데 자기가 적당하다고 생각하는 것을 비교한다. 그와 같은 일을 할 수 있는 것이야말로 활동적(능동적) 능력이다. 이 성찰은 능력이나 활동(또는 능동)에 관해서 문법, 즉 언론의 보통 뼈대가 우리

를 빠뜨리기 쉬운 잘못에서 우리를 지키는 데 조금은 유익할지도 모른다. 왜
나하면 문법학자가 능동적이라고 일컫는 동사의 의미 표시를 하는 곳은 언제
나 능동(또는 활동)을 의미 표시하는 것은 아니기 때문이다. 예를 들어 다음과
같은 명제, 즉 나는 달 또는 별을 본다거나, 태양의 열을 느낀다거나 하는 명
제는 능동사에 의해서 표현되기는 하지만 내 안에 있으며 나에게 그런 (달 등
의) 실체에 작용케 하는 어떤 활동(또는 능동)을 의미 표시하지 않고, 빛이라든
가 둥글다든가 열 같은 관념수용을 의미 표시하는 것이다. 그러한 관념의 수
용에 있어서 나는 활동적(능동적)이지 않고 단순히 수동적이며, 나의 눈 또는
몸의 그와 같은 (관념을) 받는 위치에서는 그 관념을 받아들이지 않을 수 없는
것이다. 하지만 내가 눈을 다른 쪽으로 돌리거나, 몸을 햇빛이 닿지 않는 곳으
로 옮기거나 할 때에는 나는 활동적(능동적)이라고 해야 한다. 왜냐하면 나 자
신이 선택하고 내 안에 있는 능력에 의해서 나는 스스로 그와 같은 운동을 하
기 때문이다. 이 운동이야말로 활동적(능동적) 능력의 소산이다.

73.

이렇게 해서 나는 우리의 본원적 관념, 즉 다른 모든 관념이 생겨나 만들어
지는 본원적 관념을 간단하게나마 살펴보았다. 그러한 관념은 만일 내가 학자
로서 고찰해 어떤 원인에 따라 무엇에서 만들어지는가를 검토하려고 하면 모
든 것을 다음의 아주 소수인 1차적, 본원적 관념에 귀착할 수 있으리라 믿는
다. 즉 (먼저)

연장

고체성

가동성, 다시 말해서 움직일 수 있는 능력.

이런 것들을 우리는 자기 감각에 의해서 물체로부터 받는다. (다음으로)

지각성, 다시 말해서 지각 또는 생각의 능력.

발동성, 다시 말해서 움직이는 능력.

이런 것들을 우리는 내성에 의해서 자기 마음에서 받는다. (지각성과 발동성
은 새로운 언어인데) 뜻이 헷갈리기 쉬운 언어를 써서 오류를 일으킬 위험을 피
하기 위해 이러한 새로운 용어를 이상의 여러 관념에 쓰는 것을 이해해 주기
바란다.

존재

지속

수

라는, 감각에도 내성에도 속하는 관념을 더하면 우리는 틀림없이 다른 여러 관념이 의거하는 본원적 관념을 모두 갖게 될 것이다. 그것은 만일 색이나 음이나 맛이나 향 등, 여러 감각을 우리 안에 낳는 아주 작은 물체의 여러 변모된 연장이나 운동을 지각할 정도로 예민한 기능을 갖기만 하면 그런 색 등이나 그 밖에 우리가 지닌 모든 관념의 본성을 위에 든 본원적 관념에 의해서 설명할 수 있을 것으로 나는 생각한다. 그렇지만 나의 현재 목적은 어느 쪽이냐 하면 마음이 사물에서 받듯이 신이 만든 (사물의) 관념 및 현상태(現象態)에 의해서 그런 사물에 마음이 갖는 지식과 그와 같은 지식을 얻는 방법의 탐구뿐이고, 관념이 낳게 되는 원인이나 양식의 탐구는 아니다. 그러므로 나는 이 책의 목적에 반해서 물체가 그 감지할 수 있는 여러 성질의 관념을 우리 안에 낳는 능력을 지녔다고 해서 여러 물체의 특유한 구조나 여러 부분의 배치에 관한 학문적인 탐구에는 따르지 않을 것이다. 나는 더 이상 그와 같은 연구에 관여하지 않을 것이다. 그것은 (이를테면) 금이나 사프란은 우리 안에 노란 관념을 낳는 능력을 지니며, 눈이나 우유는 흰 관념을 낳는 능력을 지니고 있어 우리는 그러한 관념을 시각에 의해서만 다루면 그와 같은 특정감각을 우리 안에 낳는, 금 등 물체의 여러 부분의 조직이라든가 물체로부터 오는 분자의 특수한 형태 또는 운동 같은 것을 검토하지 않아도 나의 목적에는 충분하다. 물론 우리가 마음의 단순한 관념을 뛰어넘어 관념의 원인을 탐구하려 할 때에는 어느 감지할 수 있는 사물의 감지할 수 없는 부분의 다양한 부피·형태·수·조직·운동 말고는 그런 사물 안에서 우리에게 다양한 관념을 낳게 하는 사물을 아무것도 생각할 수 없다.

제22장
혼합양상

1. 혼합양상이란 무엇인가

이제까지 (본 권 제13장 이하의) 여러 장에서 단순양상을 다루어 단순양상이란 어떤 것이며 어떻게 해서 얻을 수 있는지를 보여주기 위해 가장 중요한 단순양상의 몇 가지 사례를 들어왔다. 그래서 이번에는 혼합양상으로 불리는 것을 고찰해야 한다. 예를 들면 책무라든가 술기운이라든가, 거짓 따위의 이름으로 표시되는 관념이고, 종류가 다른 여러 단순관념이 모여서 이루어지므로 같은 종류의 단순관념만으로 이루어지는 한층 단순한 양상과 구별하기 위해 나는 혼합양상이라 한 것이다. 이 혼합양상은 또 (실체관념처럼) 흔들림 없이 존재하는 무언가 실재하는 것의 특징을 나타내는 표시로는 보이지 않고, 마음이 모은 제각기 독립된 관념으로 보게 되는 그러한 단순관념의 집성이기도 하므로 그 점에서 실체의 복합관념과 구별된다.

2. 마음이 만든다

대체로 마음은 단순관념에 관해서 완전히 수동적이며 감각 또는 내성이 제시하는 대로 사물의 존재 및 작용에서 단순관념을 모두 받아 하나의 관념으로 만들 수 없는데, 이것은 경험이 보여주는 바이다. 하지만 지금 다루고 있는 혼합양상과 내가 부르는 관념을 주의 깊게 살펴보면 그 기원은 완전히 다름을 알 수 있을 것이다. 마음은 혼합양상의 여러 집성을 만드는 데 있어 가끔 능동적인 능력을 행사한다. 그것은 일단 마음에 단순관념이 준비되면 마음은 이를 모아 여러 가지로 구성할 수 있고 나아가 다양한 복합관념을, 이것이 자연에도 그대로 함께 존재하는지를 검토하지 않고 만들 수가 있다. 때문에 이러한 관념의 기원이나 끊임없는 존재가 실재하는 사물보다 사람들의 사유에 있으며, 이와 같은 관념을 만들기 위해서는 마음이 그러한 관념의 여러 부분을 그러모으는 것과, 관념이 도대체 존재하는지를 생각하지 않고 지성 안에서 모순되지 않는 것과 그것만으로 충분하다는 듯이 이와 같은 관념은 사념으로 불리는 것이라고 나는 생각한다. 그렇게 말은 하지만 이러한 관념 몇 개가 관찰에서 얻어지고 지성 가운데 모아지는 대로 (미리 자연스럽게) 집성되어 있는 약간의 단순관념 존재에서 취하게 되는 것을 나는 부정하지 않는다. 그것은 (이를테면) 위선이라는 관념을 맨 처음 만든 인간은 어떤 사람이 자기가 갖지 않은 선한 성질을 보여주는 것을 관찰해 거기에서 이 관념을 얻었는지도 모르는 것이고, 만일 그렇지 않다면 이 관념을 만드는 본디의 본보기를 조금도 갖지 않고 자기 마음 안에서 관념을 형성했는지도 모른다. 사람들의 언어나 사회의 시작에는 명백히 사람들 사이에 성립한 조직의 결과인 몇몇 복합관념은 (마음에서) 다른 어딘가에 존재하기 전에 사람들의 마음속에 반드시 있어야만 했던 것이고, 그와 같은 복합관념을 나타내는 많은 이름이 쓰였으며 나아가 이름이 나타내는 관념집성이 대체로 존재하기 전에 그 관념이 형성된 것이다.

3. 때로는 이름을 설명해서 얻을 수 있다

사실 언어는 이와 같은 집성을 나타내는 언어로 만들어지며 그와 같은 언어로 가득 채워져 있다. 따라서 이 복합관념을 얻는 보통의 방법은 이를 나타내는 명사를 설명하는 데 따른다. 이와 같은 복합관념은 집성된 단순관념들로 이루어지므로 그 단순관념을 나타내는 언어에 의해서 이 언어를 이해하는 자의 마음에 나타날 수가 있고, 단순관념의 이런 복잡한 집성이 사물의 실재에 의해서 그 사람의 마음에 한 번도 제시되지 않아도 괜찮은 것이다. 이를테면 어떤 사람이 성물 모독이나 실제 살인 장면을 한 번도 보지 않아도 그와 같은 언어가 나타내는 단순관념을 그 사람에게 늘어놓음으로써 그러한 관념을 갖게 될 것이다.

4. 이름은 혼합양상의 여러 부분을 하나의 관념으로 묶는다

모든 혼합양상은 별개인 다수의 단순관념으로 이루어진다. 여기서 이 관념집성은 언제나 자연스럽게 함께 있는 것은 아니므로 혼합양상은 어디에서 그 통일을 얻는지, 어떻게 해서 그토록 많은 관념이 단지 어느 하나의 관념을 만들게 되는지를 탐구하는 일은 도리에 맞는 것으로 생각된다. 이에 나는 대답하는데 혼합양상은 그 통일을, 누구나 알 수 있게 마음의 어떠한 작용으로, 즉 몇 개의 단순관념을 하나로 모으고 이와 같은 부분으로 이루어지는 하나의 복합관념으로서 고찰한다. 마음의 어느 작용에서 얻는 것이고, 이 합일의 표시 즉 이 합일을 완성하는 것에서 일반적으로 볼 수 있는 것은 이 관념집성에 주어진 하나의 이름이다. 사람들은 흔히 혼합양상의 별개인 종을 헤아리는 것을 이름으로 규제하며, 이름이 있는 관념집성 말고는 어느 수의 단순관념이 하나의 복합관념을 만드는 것으로 인정하거나 생각하는 일은 없는 것이다. 예를 들어 노인을 살해하는 것은 어느 사람이 아버지를 죽이는 것과 마찬가지로 하나의 복합관념으로 합일되는 것에 자연스럽게 (본성상) 적합한데, 아버지 살해를 표시하는 데 노인을 살해하는 것을 정확하게 표현할 이름이 없으므로 노인을 살해하는 것은 하나의 특수한 복합관념이 되지 못하고 젊은 사람이나 그 밖에 (노인이 아닌) 누군가를 죽이는 행동과 별개인 행동으로 되지 않는 것이다.

5. 혼합양상을 만드는 원인

좀더 탐구해 단순관념의 여러 집성을 별개인 이른바 정해진 양상으로 만들게 하고, 사물 자체의 본성에서 완전히 똑같이 집성되어 별개인 관념을 만드는 적성을 지니고 있는 다른 관념집성을 무시하게 하는 식으로 사람을 움직이게 하는 것이 무엇인가를 알려고 하면 우리는 발견하겠지만 그 원인은 언어의 목적에 있다. 언어의 목적은 가능한 한 빨리 사상을 서로 표시하는 일, 다시 말해서 전달하는 것이므로 사람들은 흔히 자신들이 살아가고, 대화를 하는 도중에 자주 쓰는 관념집성을 혼합양상으로 만들어 이 집성에 이름을 곁들이며, 입에 올릴 기회가 극히 적은 다른 관념집성을 방치해 이를 묶는 이름을 붙이지 않고 둔다. 사람들은 먼저 쓸 기회가 없는, 또는 전혀 없는 것 같은 복합관념을 그 이름과 함께 늘려 기억을 괴롭히기보다는 복합관념을 나타내는 특정 이름에 의해서 그 복합관념을 만들어 내는 것과 같은 관념을 (필요한 때) 열거하는 쪽을 택하는 것이다.

6. 어느 언어가 다른 언어에 대응하는 언어를 갖지 않는 까닭

위에서 말한 것은 모든 언어에 어느 하나의 다른 언어로는 풀 수 없는 특수한 언어가 많이 있게 되는 과정을 보여준다. 그것은 한 국민의 여러 풍습이나 습관이나 풍속은 몇 가지 관념집성을, 즉 다른 국민이 만드는 기회 또는 때에 따라서는 깨닫는 기회조차 결코 없었던 것 같은 몇 가지 관념집성을 한 국민에게 친숙해지게 하고 필요로 하게 하므로 그와 같은 관념집성에는 당연히 이름이 붙고, 일상적으로 대화하는 사물에서 장황하게 에둘러 말하는 것을 피하게 되며, 나아가 그와 같은 관념집성은 그 국민의 마음에 그만큼 많은 별개의 복합관념이 되는 것이다. 이를테면 그리스인의 도편추방(陶片追放)이나 로마인 사이의 성명공시(姓名公示)*27는 이에 정확하게 대응하는 이름이 다른 언어에 없었다. 왜냐하면 이러한 언어는 다른 나라 사람들의 마음에 없는 복합관념을 나타냈기 때문이다. 그와 같은 습관이 없었던 곳에서는 그와 같은 행동의 개념은 전혀 없었으며 이와 같은 명사로 합일되어 이른바 하나로 묶는 관념집성은 쓰이지 않았던 것이고, 그러므로 다른 나라들에서는 그와 같은 관념집성의 이름은 없었던 것이다.

7. 또 언어가 변화하는 까닭

이런 점에서 우리는 또 언어가 끊임없이 변화해 새로운 명사를 받아들이고 낡은 명사를 버리는 까닭을 볼 수가 있을 것이다. 왜냐하면 습관이나 여론의 변화가 빈번하게 생각하고 이야기할 필요가 있는 새로운 관념집성을 가져오므로 긴 기술을 피하기 위해 새로운 이름이 이 관념집성에 결부되며, 나아가 그 관념집성이 복잡양상(즉 혼합양상)의 새로운 씨앗이 되기 때문이다. 수많은 다른 관념이 이렇게 해서 하나의 짧은 음으로 정리되거나, 이에 따라서 우리의 시간과 대화하는 수고가 어느 정도 덜어질 것인지는 (이를테면) 집행유예라든가 공소라든가 (하는 말) 등이 나타내는 모든 관념을 열거해 이러한 이름의 어느 것을 대신해 번거롭게 말하며, 그 뜻을 누군가에게 이해시키는 수고만 하면 누구나 알 수 있을 것이다.

---

*27 초판 proscripto는 고대 그리스에서 폴리스에 유해한 위험인물을 재판에 따르지 않고 도편(陶片) 등에 이름을 적어 투표해 추방하는 것. proscripto는 로마법으로 사형·추방 또는 재산몰수 대상자를 공표하는 것.

8. 혼합양상, 그 존재의 뜻

나는 (제3권에서) 언어와 그 사용을 다루게 될 때 (특히 제5장에서) 이 점을 더욱 상세하게 살펴볼 기회를 갖겠지만 여기에서도 혼합양상의 이름에 대해서 앞에서 말한 바와 같은 주의는 하지 않을 수 없었다. 혼합양상은 단순관념의 순간적이며 일시적인 집성이고, 이 집성은 사람들의 마음 말고는 어디나 약간 존재할 뿐이며 마음속에서도 생각되는 사이보다 길게는 전혀 존재하지 않는다. 따라서 이 집성이 그 이름 가운데 끊임없이 존재해 나타나는 곳은 어디에도 없다. 그러므로 이 같은 관념에서는 이름을 관념 자체로 착각하기가 매우 쉽다. 왜냐하면 (예를 들어) 개선이라든가, 신격화 같은 관념이 존재하는 곳을 탐구하면 그런 관념의 어디에도, 사물 그 자체로는 명백히 어디에도 전혀 존재하지 않았으며, 그것은 영위하는 데 시간이 필요하고 따라서 결코 다 같이 존재할 수 없었던 행동이었기 때문이다. 또 이와 같은 행동의 관념이 깃들 것으로 상정되는 사람들의 마음을 살펴보면 그곳에도 관념은 매우 불확실하게 존재하고, 그러므로 우리는 자기 안에 관념을 환기하는 이름에 관념을 결부시키기 쉬운 것이다.

9. 우리가 혼합양상의 관념을 얻는 방법

그러므로 우리가 혼합양상의 복합관념을 얻는 방법에는 세 가지가 있다. 1. 사물 자체의 경험과 관찰에 따른다. 이를테면 두 남자가 레슬링이나 펜싱을 하는 것을 보고 레슬링 또는 펜싱의 관념을 얻는다. 2. 창안, 즉 우리 자신의 마음에 몇 개의 단순관념을 유의적으로 늘어놓는 것에 따른다. 그렇게 해서 (이를테면) 인쇄라든가 에칭을 처음으로 창안한 사람은 그런 것이 본디 존재하기 이전에 그와 같은 관념을 자기 마음에 가진 것이다. 3. 가장 흔한 방법인데 우리가 결코 본 적이 없는 행동 또는 볼 수 없는 운동의 이름을 설명하는 데 따른다. 즉 혼합양상의 복합관념을 만들어 내기 위해 찾아와 그 조성부분으로 추측되는 모든 관념을 열거해 그것에 따라서 그런 관념들을 이른바 우리의 상상 앞에 두는 데 따른다. 그것은 우리가 감각과 내성에 의해서 단순관념을 마음에 담고, 그러한 단순관념을 나타내는 이름을 관습적으로 얻으므로 남에게 상상시키려고 한 어느 복합관념을 그와 같은 이름으로 남에게 드러내게 할 수가 있으며, 그 복합관념 가운데에는 남이 알고 있고 우리와 똑같은 이름을 갖는 것과 같은 단순관념 외에 단순관념은 없는 정도이다. 왜냐하면 복합관념의 직접 구성요소로 불러도 좋은 것은 때에 따라서는 역시 복합관념인데 우리의 복합관념은 모두 궁극적으로는 이 복합관념에 합쳐지며 이것을 본원적으로 만들어 내는 단순관념으로 분해할 수 있기 때문이다.

예를 들어 거짓이라는 언어가 나타내는 혼합양상은 다음의 여러 단순관념으로 만들어진다. 1. 분절음. 2. 화자 마음속의 일정한 관념. 3. 그러한 관념의 기호인 언어. 4. 기호가 나타내는 관념이 화자 마음에 있는 것과 별도로 긍정또는 부정에 의해서 표시된 기호. 우리가 거짓으로 부르는 복합관념의 분석에이 이상 관여할 수는 없다. 이로써 거짓이라는 복합관념이 단순관념으로 만들어지는 것은 충분히 명시된다. 여기에서 이 복합관념이 되는 모든 단순관념을더욱 세밀하게 열거해 독자를 괴롭히는 것은 독자에게 무례하고 장황한 말밖에 되지 않을 것이다. 이 복합관념은 위에서 말해 두었으므로 독자가 스스로만들지 못할 리가 없다. 똑같은 것을 어떤 (혼합양상의) 복합관념에서도 모두할 수 있을 것이다. 이 복합관념은 아무리 복합·재복합을 거듭해도 결국은 우리가 지니거나 지닐 수 있는 지식 또는 사상의 모든 자료인 (감각이나 내성의) 단순관념으로 분해할 수 있을 것이다.

또 수와 형만으로 단순양상이 바닥나는 일이 없는 축적이 마음에 제공되는가를 생각하면 매우 부족한 수의 관념에 한정될까봐 두려워할 까닭이 없으리라. 그리고 보면 다양한 단순관념과 그 무한한 양상의 다양한 집성을 허용하는 혼합양상이 수가 적고 부족한 곳에서 어느 정도로 없는지는 우리가 쉽게떠올릴 수 있을 것이다. 그러므로 조사가 끝나기 전에 알 수 있겠지만 누구나자기 사상을 넣을 충분한 넓이와 범위가 없을 거라고 걱정할 필요는 없다. 물론 그 사상은 내가 주장하듯이 감각 또는 내성에서 받은 단순관념과 그의 여러 집성에만 국한되어 있다.

10. 운동과 생각과 능력이 가장 많이 변모되어 왔다

우리의 모든 단순관념 가운데서 이제까지 어떤 관념이 가장 많이 변모되고, 어떤 관념에서 가장 많은 혼합양상의 이름이 부여되어 만들어져 왔는지, 이점은 살펴볼 가치가 있다. 그것은 다음의 세 가지였다. 즉 생각과 운동(이 둘은모든 활동을 안에 포괄하는 관념이다) 및 이러한 활동이 나오게 되는 근원으로 상상되는 능력이다. 거듭 말하는데 위에 든 생각과 운동과 능력의 단순관념이야말로 이제까지 가장 많이 바뀌어 그 변모에서 가장 많은 복잡양상(즉 혼합양상)이 그 이름과 함께 만들어져 왔다. 활동(또는 행동)은 인류의 가장 큰일이며 모든 법이 종사하는 일의 전체이므로 생각과 운동의 여러 양상이 지각되어 그 관념이 관찰되고, 기억에 쌓여 이름이 그 관념에 할당되는 것도 의심할 여지가 없다. 그와 같은 일이 없으면 법은 제대로 만들어지지지 못하고, 악덕이나 행위의 문란은 억제되지 않는다. 또 이 복합관념이 그 이름과 함께 없었다면 사상 전달이 원만하게 이루어지는 일은 없었을 것이다.

그러므로 사람들은 원인·수단·대상·목적·도구·시간·장소 그 밖의 사정으로 구별된 행동의 여러 양상에 대해서 정해진 이름을 지니고 마음에 정한 관념을 상정한다. 그와 같은 행동에 적당한 능력도 마찬가지이다. 이를테면 대담이란 두려움도 마음의 흐트러짐도 없이 우리가 말하고 싶은 것, 행하고 싶은 것을 다른 사람 앞에서 말하거나 행하는 것이다. 그리스인은 이야기하는 자신(自信)을 특별한 이름으로 부른다. 그와 같이 어떠한 일을 하는 인간의 능력이나 성능이 똑같은 일을 빈번하게 했으므로 아예 획득되었을 때에는 우리가 습성으로 이름을 붙이는 관념이며, 필요할 때마다 즉시 행동이 될 때에는 성향(性向)으로 불린다. 이를테면 성급한 것은 분노하는 성향, 즉 화를 잘 내는 것이다.

결론을 말하자면 활동이 있는 양상을, 이를테면 마음의 활동인 고찰과 동의라든가, 신체의 활동인 달리는 것과 이야기하는 것이라든가, 마음과 신체의 쌍방 활동인 보복이라든가 살인 같은 것을 검토하자. 그러면 그런 것들은 저마다 그와 같은 이름이 의미 표시를 하는 복합관념과 함께 만들어 내는 단순관념의 집합에 지나지 않음을 알 수 있을 것이다.

11. 활동을 의미 표시하는 것처럼 보이는 몇몇 언어는 결과를 의미 표시할 뿐

능력은 모든 활동을 낳는 원천이다. 그래서 이 능력이 있는 실체는 능력을 일으켜 활동시킬 때 원인으로 불리며, 이것에 따라 낳게 되는 실체나, 또는 이 능력의 발동에 의해서 어느 주체에 받아들여지게 되는 단순관념은 결과로 불린다. 새로운 실체나 관념을 낳게 되는 효능은 이 능력을 발동하는 주체에서는 활동(또는 능동)으로 불리는데 어떠한 단순관념이 바뀌거나 낳게 된 주체에게 이 효능은 수동으로 불린다. 그와 같은 효능이 아무리 다양하고 결과는 거의 무한하다 해도 예지적 작용자에게 있어서는 생각하는 것과 의지하는 것의 양상이며, 형체적 작용자에게 있어서는 운동의 변모일 뿐이라고 상정할 수 있다고 나는 생각한다. 거듭 말하지만 이러한 두 가지 이외에 무엇인지는 상념할 수 없다. 이런 것 말고는 어떤 종류의 활동이 어떤 결과를 낳건, 그 사념도 관념도 나 자신은 갖고 있지 않음을 고백한다. 따라서 그와 같은 것은 나의 사유·인지·지식에서 완전히 멀고, 다른 오관(五官)을 내가 모르며, 시각장애인이 색의 관념을 모르는 것과 마찬가지로 나는 알 수가 없다. 그러므로 어느 활동을 나타내는 것처럼 보이는 많은 언어는 활동 또는 작용양상에 대해서 어떤 사물도 전혀 의미 표시를 하지 않고 기능하게 되는 주체나 작용하는 원인의 여러 사정이 뒤따른 결과만을 의미 표시한다. 이를테면 창조나 소멸은 활동, 즉 창조와 소멸을 낳는 양식의 관념을 안에 포함하지 않으며 단지 원인과 창조되거나 소멸되는 사물과의 관념을 포함할 뿐이다.*28 또 농부가 추위는 물을 얼게 한다고 말할 때 얼린다는 언어는 어느 활동을 뜻하는 것처럼 보이는데*29 사실은 결과만을, 즉 전에는 유체였던 물이 얼어서 굳어지는 것만을 의미 표시하고 그와 같은 것을 행하는 활동의 관념은 조금도 포함되지 않는 것이다.

12. 혼합양상은 다른 관념으로도 만들어진다

(이와 같이) 능력과 활동은 이름으로 표시되어 사람들의 마음과 입에 친숙해지는 혼합양상의 대부분을 만드는데, 다른 단순관념과 그 여러 집성이 배제되지 않는 점은 여기에서 지적할 필요는 없을 것이라고 나는 생각한다. 더더욱 나는 이미 정착된 이름이 있는 모든 혼합양상을 열거할 필요는 없으리라고 생각한다. 그와 같이 늘어놓는 것은 신학·윤리학·법학·정치학 그 밖에 여러 학문에서 쓰이는 언어의 대부분에 대해서 한 권의 사전을 만들었을 것이다. 지금 나의 목적에 꼭 필요한 것은 단지 내가 혼합양상이라고 일컫는 것이 어떤 종류의 관념인지를, 어떻게 해서 마음은 그와 같은 관념을 얻는지를, 즉 혼합

---

*28 신에 의한 창조와 소멸은 인간의 이해를 초월한다는 신학적 불가지론에 바탕을 둔 발상일 것이다.

*29 seems. 제3판까지 seem. 이것도 자연세계의 궁극적 불가지(不可知)를 암시하는 발상이다.

양상의 관념은 감각과 내성에서 얻은 단순관념으로 만들어 낸 관념집성임을 보여줄 뿐이며 나는 이를 보여줬다고 생각한다.

1. 실체의 관념은 어떻게 만들어지는가

본디 마음에는 이미 (본 권 제2장 제2절에서) 밝힌 것처럼 밖의 사물에서 발견되는 대로 감관이 전하는 단순관념이나 마음 자체의 작용에 내성이 전하는 많은 단순관념이 준비되는데, 마음은 이러한 단순관념의 일정 수가 끊임없이 함께 오는 것도 지각한다. 이 일정 수의 단순관념은 하나의 사물에 속하는 것으로 추정되며, 또 언어라는 것은 공통의 인지에 알맞도록 재빠르게 처리하기 위해 쓰이므로 그러한 일정 수의 단순관념은 그런 식으로 (인지되어 처리되도록) 하나의 주체로 합쳐져 하나의 이름으로 불린다. 이것을 빠뜨리므로 우리는 나중에 하나의 단순관념처럼 말하거나 생각하기 쉬운데 실은 많은 관념이 하나로 된 복합체이다. 그것은 이미 (제1권 제4장 제19절에서) 말했듯이 복합체를 구성하는 단순관념이 스스로 존재할 수 있는 상황은 상상할 수 없으므로 우리는 어느 기본체가 있고 그 가운데 그러한 단순관념이 존립해 그것에서 결과가 나온다고 상정하도록 습관이 들어 있으며, 그래서 이 기본체를 실체로 부르는 것이다.

2. 실체 전반에 대한 우리의 관념

그러므로 순수실체 일반이란 사상을 스스로 검토하려는 자는 누구나 발견할 수 있는데 이 관념은 우리 안에 단순관념을 낳을 수 있는 여러 성질의 무언가 알 수 없는 버팀목이라는 상정 말고는 전혀 없고, 이 여러 성질은 흔히 우유성(偶有性)으로 불린다. 만일 (예를 들어) 색 또는 무게가 내속(內屬)하는

＊1 원서 각판 모두 차례·내용차례는 본문 제목과 조금 다르다.

주체는 무엇이냐고 묻는 자가 있다면 고체성이 있고 연장이 있는 부분이라는 것 빼고는 아무 말도 못했을 것이다. 또 이 고체성과 연장을 간직하는 것은 무엇이냐고 묻는다면 이 사람은 앞에서(본 권 제13장 제19절에서) 예를 들었던 인도인보다도 더 나은 상황에 있지는 않다. 그 인도인은 세계가 큰 코끼리로 지탱되고 있다고 말해 무엇 위에 그 코끼리가 서 있느냐는 질문을 받았다. 인도인의 답은 큰 거북이었는데, 이 등이 넓은 거북이를 지탱하고 있는 것을 아느냐는 재촉에 무언가 알 수 없는 사물로 대답을 한 것이다. 이때 우리는 명석명료한 관념을 갖지 않고 언어를 쓰는 다른 모든 경우와 마찬가지로 아이들처럼 이야기하는 것이다. 아이들은 자신이 모르는 사물이 무엇이냐는 질문을 받으면 어느 사물이라고 즉석에서 대답하고는 만족한다. 하지만 사실은 아이들이건 어른들이건 그럴 때 쓰는 어느 사물이란 다음의 것을 의미 표시할 뿐이다. 즉 그 사람들은 모르는 것, 그 사람들이 알고 말한다는 사물은 또렷한 관념이 전혀 없는 것이며 따라서 그것에 대해서 그 사람들은 완전히 모른다는 것을 의미 표시할 뿐이다. 그러고 보면 우리가 지닌 관념에서 실체라는 일반 이름이 부여하는 것은 존재하는 것으로 발견되는 여러 성질이 상정되기는 하는데 알려지지 않은 버팀목에 지나지 않으며, 우리는 그러한 여러 성질이 sine re substante, 즉 버팀목이 되는 사물 없이 존립할 수 없다고 상상하므로 이 버팀목을 substantia(실체)로 부르는 것인데 이 말이 나타내는 진정한 뜻에 따르면, 알기 쉬운 영어로 말해 standing under(밑에 서다)라든가 upholding(위로 유지) 같은 것이다.

3. 온갖 실체

실체 전반의 불명료하고 상관적인 관념은 이렇게 해서 만들어지는데 하나하나의 실체관념은 사람들의 감각 경험과 관찰에 의해서 함께 존재하는 것으로 지각되며, 따라서 이 실체의 특수한 내부 구조 즉 무지의 본질이 낳는 것으로 상정되는 단순관념의 집성을 정리해서 얻게 된다. 이렇게 해서 우리는 (이를테면) 인간·말·금·물 따위의 관념을 갖게 된다. 그러한 인간 등의 실체에 대해서 공존하는 일정한 단순관념이라기보다는 다른 명석한 관념을 지닌 자가 있는지 없는지를 각자의 경험에 호소하는 바이다. (이를테면) 철이라든가, 다이아몬드에서 관찰할 수 있는 일반적인 여러 성질이 하나가 되어 철이나 다이아몬드 실체의 진정한 복합관념을 만드는 것이고, 대장장이나 보석상은 보통 철학자보다 잘 알고 있다. 철학자는 실체적 형상*2에 대해서 무엇을 말하건 철이나 다이아몬드에서 찾을 수 있는 단순관념의 집합으로 형성되는 것과 다른 철이나 다이아몬드의 실체관념을 지니고 있지는 않다. 하지만 주의하지 않으면 안 되는데 실체에 대한 우리의 복합관념에는 이 관념을 만드는 모든 단순관념에 더해서 그와 같은 단순관념이 속해서 존립하는 어느 사물이라는 혼란한 관념이 언제나 있다. 그러므로 어떤 실체를 이야기할 때 우리는 그 실체가 이런저런 성질을 지닌 어느 사물이라고 말하는 것이다. 예를 들면 물체는 연장을 지니고 형태를 지니며 운동할 수 있는 어느 사물이고, 정신은 생각할 수 있는 사물이다. 마찬가지로 굳기와 유연함과 철을 끌어당기는 능력이란 자석에서 발견되는 성질이라고 우리는 말한다. 이런 것들과 비슷한 화법은 언제나 실체가 무엇인지 알 수 없는데 연장·형태·고체성·운동·생각 그 밖에 관찰할 수 있는 관념보다 다른 어떠한 사물로 상정되고 있음을 확실하게 보여주고 있다.

4. 실체 전반의 명석한 관념은 없다

그러므로 (예를 들면) 말이나 돌 등 형체적 실체가 있는 특정한 종(種)을 말하거나 생각할 때 그런 말이나 돌 어느 쪽에 대해서도 우리가 갖는 관념은 말 또는 돌로 불리는 사물에 합일하는 것으로 평소에 발견되고 있는 것과 같은 감각할 수 있는 성질의 몇 가지 단순관념의 복합체나 집합체에 지나지 않는다. 더구나 그런 성질이 단독 또는 상호 안에 존립하는 상황을 상상할 수 없으므로 우리는 그런 성질이 있는 공통 주체 안에 존재하고 이 주체에 의해서 지탱되고 있는 것으로 여긴다. 이 지지를 우리는 실체라는 이름으로 나타내는데, 우리가 어느 지지로 상정하는 사물의 명석 또는 또렷한 관념은 우리에게는 절대로 확실하게 없다.

---

*2 substantial form. 스콜라철학의 용어. 무규정인 자료를 규정해 실체를 구성하는 본질적 형상. 데카르트가 거론하는데 잉글랜드철학에서는 헨리 모어가 논한다. Cf. Descartes, Discours de la méthode, I ; Henry More, Epistolae Quatuor ad Renatum Des-Cartes, London, 1662, p. 131.

5. 정신관념의 명석함은 물체와 같다

똑같은 일이*³ 마음의 작용, 즉 생각이나 추리 또는 두려움 따위에도 생긴다. 우리는 이러한 작용이 혼자서는 존립하지 않는 것으로 결론짓고 또 어떻게 해서 물체에 속하거나 물체에 의해서 낳게 되는지를 인지하지 않아 이런 일들은 정신(또는 영혼)*⁴으로 불리는 다른 어느 실체의 활동으로 생각하기 쉽다. 하지만 이것으로 명백하듯이 (물질일 때에) 우리 감각을 일으키는 많은 감지할 수 있는 성질이 존립하는 어느 사물이라는 것 말고 물질(적 실체)의 다른 관념이나 사념을 갖지 않는데 (정신일 때도) 우리는 생각하는 것, 아는 것이나 의심하는 것이나 운동하는 능력 따위가 존립하는 어느 실체를 상정함으로써 물질에 대해서 갖는 것과 같은 정도로 명석한 (실은 명석하지 않은) 정신의 실체 사념을 지닌다. 왜냐하면 물질의 실체는 우리가 밖으로부터 얻는 단순관념의 (무엇인지 모르는) 기본체로 상정되며, 정신의 실체는 (무엇인가에 대해서 비슷한 무지를 수반해) 자기 안에서 실제로 경험되는 여러 작용의 기체(機體)로 상정되기 때문이다. 그러고 보면 누구나 알 수 있듯이 물질의 형체적 실체의 관념은 정신적 실체, 즉 정신(또는 영혼)의 관념과 마찬가지로 우리의 상념·인지에서 먼 것이고, 그러므로 우리가 정신의 실체 사념을 아무것도 갖지 않은 상태에서 정신의 비존재를 결론지을 수 없다는 것은 (같은 물체의 실체의 상념을 갖지 않는) 이유이고, 물체의 존재를 부정할 수 없는 것과 같다. 왜냐하면 물질실체의 명료한 관념을 우리가 갖지 않은 것을 이유로 물질이 없다고 단언하는 것은, 정신실체의 명료한 관념을 갖지 않은 것을 이유로 정신은 없다고 말하는 것과 마찬가지로 이치에 맞기 때문이다. (그러나 물질의 존재는 의심할 수 없다. 마찬가지로 정신도 틀림없이 존재한다.)

6. 온갖 실체

그러므로 실체 전반의 숨겨진 심오한 본성이 무엇이건, 저마다 별개인 종의 실체에 대해서 우리가 지닌 관념은 모두 단순관념의 여러 집성, 즉 알지 못하지만 단순관념 합일의 원인이며, 단순관념 전체를 스스로 존립시키는 것 안에 공존하는 단순관념의 여러 집성이다. 우리가 하나하나의 종의 실체를 우리 자

---

*3 The same. 율튼, 저작집, 프레이저 제판(諸版)은 The same thing.
*4 spirit. 본 장에서는 보완하지 않은 곳에서도 신학적 형이상학적 영혼의 뜻이 들어 있다.

신에게 제시하는 것은 단순관념의 이와 같은 집성에 따른 것이고, 그 밖의 어떤 사물에도 의존하지 않는다. 이런 것이 우리 마음에 있는 실체의 여러 종에 대해서 우리가 지닌 관념이며, 우리는 이런 것만을 이를테면 인간·말·태양·물·철이라는 실체의 종의 이름에 의해서 남에게 의미 표시를 하는 것이다. 이와 같은 언어를 들으면 언어를 이해하는 모든 사람은 이 이름 아래에 함께 존재하면 평소 관찰하거나 생각해 온 여러 공통관념의 집성을 자기 마음에 형성하며, 이러한 단순관념은 모두 알지 못하는 공통 주체 안에 있고 이 주체에 이른바 고착을 하면 그렇게 상정을 하는 것이다. 그렇지만 한편으로는 명백한 일이며 자기 사상을 탐구하는 모든 사람이 발견하게 되겠지만, 예를 들어 금·말·철·인간·황산염·빵 등 무엇이건 좋은데 어느 실체에 대해서 그 사람이 갖는 관념은 합일해서 존재하는 것으로 관찰해 온 성질 또는 단순관념에 이른바 버팀목이 되어주는 기본체의 상정과 함께 (이 기본체에) 내속하는 것으로 상정하는 것과 같은 감지할 수 있는 성질에 지나지 않은 것, 그와 같은 것 말고는 아무것도 없다. 예를 들어 태양의 관념이라 말하면 빛나고 뜨거우며 둥글고, 끊임없이 규칙적으로 운동하고, 우리에게서 일정한 거리에 있다고 하는 여러 단순관념이나 틀림없이 다른 어느 단순관념, 즉 태양에 대해서 생각하고 논의하는 자가 태양이라 부르는 사물 안에 있는 감지할 수 있는 성질·관념·특성을 관찰할 때 이제까지 많건 적건 명확했던 것과 같은 다른 어느 단순관념이나 그와 같은 단순관념의 집단이 아니고 무엇이겠는가?

7. 능력은 실체인 우리의 복합관념의 큰 부분(을 이룬다)

어느 특정한 종의 실체 안에 존재하는 단순관념의 대부분을 모으는 자는 그 실체의 가장 완전한 관념을 갖는데 그와 같은 단순관념 가운데 실체인 능동적 능력과 수동적 수용력을 구분해야 한다. 이 능동적 능력과 수동적 수용력은 단순관념이 아닌데 여기서는 편의상 단순관념으로 보아도 전혀 지장이 없을 것이다. 예를 들어 쇠를 끌어당기는 능력은 자석으로 불리는 실체인 복합관념의 여러 관념 가운데 하나이고, 그와 같이 끌어당길 수 있는 능력은 쇠로 불리는 (실체의) 복합관념의 일부이며, 그러한 능력은 자석이나 철이라는 주체에 속하는 성질로 인정되어 있다. 모든 실체는 이 실체에서 우리가 직접 받는 단순관념을 우리 안에 낳는 적성이 있듯이, 이 실체 안에서 관찰되는 능력에 의해서 다른 주체의 감지할 수 있는 성질을 바꾸는 적성이 있고 따라서 모든 실체는 다른 주체에 받아들여진 그러한 새로운 감지할 수 있는 성질에 의해서 다음과 같은 능력을, 즉 우리를 이 새로운 감지할 수 있는 성질에 의해서 간접적으로 (더구나) 실체(자체)의 감지할 수 있는 성질이 직접 일으키는 것과 마찬가지로 규칙적으로 불러일으키는 능력을 우리에게 알려주는 것이다. 이를테면 우리는 자신의 감관에 의해서 불 속에서 그 빛과 열을 직접 지각한다. 이 빛과 열은 올바르게 고찰하면 우리 안에 빛과 열의 관념을 낳는 불의 능력과 같다. 또 우리는 (나무를 불에 태워서 만드는) 숯의 색과 부서지기 쉬움도 자신의 감관으로 지각한다. 이것으로 우리는 나무의 색과 견고함을 바꾸는 불의 능력 지식을 얻는다. 불은 앞엣것(즉 불 자체의 색과 열)에 의해서 직접으로, 뒤엣것(즉 숯의 색과 부서지기 쉬움)에 의해서 간접으로 그러한 여러 능력을 우리에게 알려준다. 그러므로 우리는 이러한 능력을 성질의 일부로 간주하고 나아가 불의 복합관념의 일부로 보는 것이다. 우리가 인식하는 이러한 능력은 결국 그 능력이 작용하는 주체가 있는 감지할 수 있는 성질을 변경할 뿐이고, 따라서 이 주체에 새로운 감지할 수 있는 성질을 우리에게 보이므로 거기에서 우리는 그와 같은 능력을 그 자체로 생각하면 사실은 복잡함에도 여러 종의 실체의 복합관념을 만드는 단순관념 안에 이러한 능력을 포함시키는 것이다. 그래서 우리가 하나하나의 실체를 생각할 때 마음에 일어나는 단순관념 속에 이와 같은 잠재력 안에 있는 것의 이름을 들 때에는 이 비교적 부드러운 뜻으로 이해하기 바란다. 내가 여러 종의 실체에 대해서 진정으로 명료한 사념을 가지려고 하면 그러한 실체에 있는 여러 능력의 고찰이 필요하기 때문이다.

8. 그리고 그 까닭

또 능력이 실체인 우리 복합관념의 큰 부분을 이루는 것을 의심해서는 안된다. 왜냐하면 실체인 2차 체질은 그 대부분이 실체를 서로 구별하는 것에 주로 도움이 되며 보통은 여러 종의 실체인 복합관념의 중요한 부분을 이루기 때문이다. 우리의 감관이 여러 물체의 진실한 구조나 차이가 의거하는 미세한 부분의 부피·조직·형태를 우리에게 알리지 않으므로 우리는 어쩔 수 없이 물체의 2차 성질을, 우리 마음에 물체의 관념을 형성시켜 서로 구별하게 하는 특색을 보여주는 부호와 표시로 이용하는 것이다. 하지만 이 2차 성질은 모두 (본 권 제8장 제10절에서) 이미 명시해 두었듯이 단지 능력에 지나지 않는다. 왜냐하면 (예를 들어) 아편의 색과 맛은 그 최면이나 진통의 효능과 마찬가지로 1차 성질에 따른 단순한 능력이고, 이 능력에 의해서 아편은 우리 몸의 다른 부분에 다른 작용을 낳게 하는 데 적합하기 때문이다.

9. 세 가지 관념이 (형체적) 실체인 우리의 복합관념을 만든다

형체적 실체인 우리의 복합관념을 만드는 관념은 다음의 세 가지이다. 첫째, 사물의 1차 성질의 관념이고 우리의 감관에 의해서 발견되어 지각되지 않을 때조차 사물 안에 있다. 이를테면 물체의 여러 부분의 부피·형태·수·위치·운동이며 우리가 지각하건 하지 않건 상관없이 물체에 진실로 있다. 둘째, 감지할 수 있는 2차 성질인데 이것은 1차 성질에 의거해 있으며 우리 감관에 의해서 우리 안에 여러 관념을 낳는 것과 같은 형체적 실체가 지닌 능력이다. 그 관념은 사물 자체에 있다고 해도 어느 사물이 그 원인 안에 있는 것과 다른 모습은 아니다. 셋째, 어느 실체로 생각되는 (다른 실체의) 1차 성질을 변경하거나 (자기 자신의) 1차 성질을 변경하거나 (자기 자신의 1차 성질을) 변경당하는 적성인데 이렇게 해서 바뀐 실체는 전에 낳은 것과 다른 관념을 우리 안에 낳는다. 이런 것들은 능동적 능력과 수동적 능력으로 불린다. 이 능력은 모두 이에 대해서 우리가 무언가 지각 또는 사념하는 한 결국은 단지 감지할 수 있는 단순관념이다. (이를테면) 자석이 철의 아주 작은 부분을 아무리 변경하는 능력을 지녔다 해도 만일 철의 감지할 수 있는 운동이 이 능력을 알리지 않았다면 자석이 철에 작용하도록 지니고 있는 어떤 능력에 대해서 우리는 아무런 사념도 갖지 않았을 것이다. 그래서 나는 의심치 않는데 우리가 날마다 다루는 물체는 서로 수많은 변화를 낳는 능력을 지니고 있으며, 더구나 감지할 수 있는 결과에 결코 나타나지 않으므로 우리는 그렇게 생각하지 않는 것이다.

10. 만일 물체의 아주 작은 부분을 발견할 수 있다면 물체의 지금 2차 성질은 사라졌을 것이다

그러므로 능력은 바로 실체인 우리 복합관념의 큰 부분을 이룬다. (이를테면) 금에 대한 자신의 복합관념을 검토하려는 사람은 이 복합관념을 만드는 관념의 몇 가지가 단순히 능력임을 발견할 것이다. 그것은 불에 녹는데 완전히 없어지지 않는다거나 왕수(王水)에 녹는다거나, 그와 같은 능력은 색이나 무게와 마찬가지로 금에 대한 우리의 복합관념을 만드는 데 필요한 관념이다. 또 이 색이나 무게도 적정하게 고찰하면 다양한 능력이다. 왜냐하면 사실 노란 것은 금에 실제로 있는 게 아니고 적정한 빛 가운데 놓였을 때 우리 눈에 의해서 우리에게 노랑의 관념을 낳는 금에 있는 능력이며, 태양의 우리 관념에서 없앨 수 없는 열은 태양이 납(蠟)에 가져오는 흰빛이 태양에 실제로 없는 것과 마찬가지로 태양에는 없다. 이러한 것(태양의 열과 납의 하양)은 모두 태양의 능력이며, 태양의 감지할 수 없는 부분의 운동과 형태에 의해서 인간에게 작용해서는 인간에게 열의 관념을 갖게 하고, 납에 작용해서는 하양의 관념을 인간에게 낳는 것이다.

11.

만일 우리 감관이 날카로워서 물체의 아주 작은 부분, 즉 물체의 감지할 수 있는 성질이 의거하는 진실된 구조를 충분히 식별했다면 의심할 것 없이 감관은 우리 안에 완전히 다른 관념을 낳았을 것이다. (예를 들어) 그렇게 되면 지금 금이 노랑인 것은 사라지고 그 대신에 우리는 일정한 치수와 형태의 여러 부분의 찬탄할 만한 조직을 볼 것이다. 현미경은 이를 누구나 알 수 있도록 해준다. 왜냐하면 어느 색을 우리 맨눈에 낳는 것이 이렇게 해서 (현미경에 의해) 우리 감관의 날카로움을 더하면 완전히 다른 사물로 알려지기 때문이다. 이와 같이 색이 있는 사물의 아주 작은 부분의 부피의, 우리의 보통 시각에 대한 비율의 이른바 변경은 전에 낳은 것과 다른 관념을 낳는다. 예를 들어 모래나 젖빛유리는 맨눈에는 불투명하고 흰데 현미경에서는 투명하고, 지금 이렇게 보이는 머리카락은 먼저의 색을 잃고 두드러지게 투명해 다이아몬드나 그 밖의 투명한 물체의 반사에서 나오는 것과 같은 반짝이는 색이 섞인다. 피는 맨눈으로는 모두 빨갛게 보이는데 피의 한층 작은 부분이 보이는 좋은 현미경에서는 투명한 액체에 떠 있는 소수의 작은 공을 보여줄 뿐이다. 그래서 천 배나 만 배로 더욱 확대할 수 있는 현미경을 발견하게 되면 이 붉은 작은 공이 어떻게 보일지 확실하게 말할 수 없다.

12. 우리의 발견기능은 우리 상태에 적당하다

대체로 우리와 우리 주위의 만물의 무한히 현명한 고안자*5는 우리의 감관·기능·기관을 생활의 편의와 이 세상에서 우리가 해야 할 일에 적합하게 해준 것이었다. 우리는 자신의 감관으로 사물을 식별할 수 있으며, 우리에게 필요한 것에 맞추어 현세의 절박한 필요에 여러 가지로 적응시키도록 그 한도에서 사물을 검토할 수 있다. 우리는 사물의 찬탄할 만한 고안과 경탄할 만한 결과를 잘 간파해 조물주의 지혜와 능력과 자애를 찬탄하고 찬미한다. 우리 현실에 적합한 이와 같은 지식을 얻는 기능을 우리는 갖추고 있다. 그렇지만 신은 우리가 사물의 완전 명석하고 충분한 지식을 갖기를 바란 것 같지는 않다. 그와 같은 (지식을 갖는) 것은 틀림없이 어떤 유한한 자의 이해력에도 없다.

우리는 창조주를 알고 우리 의무를 알 수 있게 되기에 충분한 것을 피조물 가운데서 발견하는 기능이 (둔하고 약하기는 할망정) 부여되어 생활의 편의에 대응하는 재능을 충분히 갖추고 있다. 이와 같은 (신과 지식을 알고 인생을 잘 보내는) 것은 현세에서 우리가 할 일이다. 하지만 만일 우리의 감관이 바뀌어 훨씬 민감하고 날카롭게 되었다면 사물의 현상과 외부기구는 우리에게 완전히 다른 면을 보여줄 것이며, 우리의 자세와 충돌해 적어도 우리가 사는 우주의 이 부분에서의 삶(안녕)과 맞부딪칠 것이다. 우리가 보통 숨 쉬고 있는 것보다 그다지 높지 않은 대기의 부분으로 옮기면 우리의 (신체) 구조가 어떻게 견딜 수 없는지를 고찰하는 자는 다음과 같이 이해하는 이유를, 즉 우리의 주거를 정해 준 전능한 건축자(신)는 우리의 감관과 이에 영향을 미치는 여러 물체를 서로 적합하게 했음을 이해하는 이유를 갖게 될 것이다. 만일 우리 청각기관이 지금보다 천 배만 민감했다 해도 영겁의 소음이 얼마나 우리를 괴롭혔을까? 우리는 자못 조용한 곳에 있어도 해전(海戰)의 와중에 있는 것보다 잠을 이루지 못하고 명상도 못했으리라. 만일 우리의 감관이 가르치는 것이 가장 많은 것, 즉 어느 인간이 최고의 현미경을 통해 지금보다 천 배 또는 10만 배*6나 확대해 볼 수 있다면 그때에는 지금 시각의 최소 대상인 수 백만 분의 1의 사물이 맨눈으로 보였을 테고, 나아가 그 사람은 형체적 사물의 아주 작

---

*5 Contriver. 신의 설계증명으로 이어지는 표현이다. 건축자(Archtect)라는 말도 본 절에서 볼 수 있다.

*6 1000 or 100,000 times. 제3판까지 times를 뺀다.

은 부분의 조직이나 운동을 잘 발견할 수 있게 되어 형체적인 사물의 대부분에서 아마도 내부구조의 관념을 얻었을 것이다.

하지만 그때 그 사람은 다른 사람들과 전혀 다른 세계에 있었을 것이다. 그와 다른 사람들에게 똑같이 보이는 사물은 아무것도 없고 모든 사물의 시각적 관념은 달랐을 것이다. 그러므로 그와 같은 사람과 그 밖의 사람들이 시각의 대상에 대해 논의하거나 색에 대해 어떠한 사상을 전달할 수 있을지 의문이다. 왜냐하면 그런 표출은 그만큼 완전히 다르기 때문이다. 또 틀림없이 시각의 그와 같은 민감함과 감지는 이글거리는 햇빛을 견디지 못하며, 한낮의 밝음조차 견디지 못하고 어떤 대상의 아주 작은 부분밖에 받아들이지 못하며 그것도 아주 가까운 거리에서뿐이었을 것이다.

그래서 만일 이와 같은 현미경적 눈(그렇게 불러도 된다면)의 도움으로 어떤 사람이 물체의 숨겨진 구성과 근원조직을 일반적인 것보다 더 통찰할 수 있었다고 해도 그와 같은 예민한 시각이 그를 시장이나 교역으로 데리고 가는 데 도움이 되지 않았다면, 그가 피했을 사물을 편리한 거리에서 보지 못했다면, 다루지 않으면 안 될 사물을 다른 사람이 하는 것과 같은 감지할 수 있는 성질로 구별 못했다면 그는 위와 같은 변화에서 커다란 이익을 조금도 받지 못했을 것이다. (이를테면) 시계 태엽의 아주 작은 부분의 배치를 보고 그 탄성운동이 의거하는 독특한 구성이나 충격을 관찰할 정도로 날카로운 눈을 지닌 사람은 의심할 것도 없이 대단히 찬탄할 만한 사물을 발견했을 것이다. 하지만 그런 식으로 형성된 눈이 시계판의 지침이나 문자를 보고 그것에 의해서 어느 거리에서 몇 시인지를 볼 수가 없었다면 이 눈의 소유자는 눈의 예민함으로 많은 이익을 얻지 못했을 것이다. 눈의 예민함은 (시계의) 기계 여러 부분에 숨겨진 장치를 발견하면서 소유자에게 눈의 이용을 잃게 한 것이다.

13. 여러 영혼에 대한 추측

여기서 내가 하나의 당치도 않은 추측을 제안하는 것을 양해하기 바란다. 다름이 아니라 (만일 우리의 철학이 해명할 수 없는 사물에 대한 보고를 조금이라도 믿는다면) 부분이 다양한 부피나 형태나 배치한 신체를 영혼들은 자기 스스로 취할 수가 있다고 상상하는 까닭은 조금 있는 것이므로 여러 영혼들 가운데 있는 자가 우리보다 나은 하나의 큰 장점은 다음의 점에, 즉 그 현재의 의도나 그 고찰하려는 사물의 여러 사정에 꼭 맞도록 감각이나 지각의 여러 기관을 자기 자신에게 형성하고 조성할 수 있는 점에 있지는 않을까? (처음에는 우연히 만난) 안경의 도움을 빌려 상념하는 것을 배운 다양한 시각을 모두 (안경 없이) 가질 수 있게 할 정도로 눈이라는 그 하나의 감관의 구성을 변경하는 기능, 그와 같은 기능을 갖기만 하는 인간이라도 지식에서는 다른 많은 사람보다 더 뛰어날지 모른다. 눈을 모든 종류의 대상에 적응시켜 원할 때에 동물의 혈액이나 다른 체액의 아주 작은 부분의 형태나 운동을 또렷하게, 마치 다른 때에 동물 자체의 모습이나 운동을 보는 것과 마찬가지로 또렷하게 볼 수 있는 자는 얼마나 놀라운 일을 발견할까?

하지만 우리에게 있어서 현실에서는 (현재의 감관이 아니고) 지금 물체로 관찰되는 감지할 수 있는 성질에 의거한 물체의 아주 작은 부분의 형태와 운동을 알리도록 고안된 (더구나 현재의 감관으로) 바꿀 수 없는 기관은 (만일 주어졌다고 해도) 틀림없이 아무런 유리함도 없었을 것이다. 신은 의심 없이 현재 상태에서 우리에게 최선이 되도록 우리를 만들었다. 신은 우리를 둘러싸고 우리가 다루지 않으면 안 될 여러 물체와 친숙해지는 데 우리를 알맞게 했다. 그래서 비록 우리는 자기가 지닌 기능으로 사물의 완전한 지식에 이르지 못해도 우리 기능은 우리의 커다란 관심사인 위에서 기술한 (신과 의무를 알고 행복하게 사는) 목적에 충분히 도움이 될 것이다. 나는 우리 위에 있는 존재의 지각 방법에 대해서 이런 난폭한 공상을 독자 앞에 보인 것에 용서를 구한다. 하지만 아무리 엉뚱한 것이라도 천사들의 지식은 우리가 자기 안에서 발견해 관찰하는 것에 준해서 무언가 이런 식으로 떠올리는 것 말고는 어떤 사물도 떠올릴 수 없는 게 아닐까 생각한다. 또 신의 무한한 능력과 지혜는 우리의 기능과 방법과 다른, 외부 사물을 지각하는 기능과 방법을 지닌 피조물을 형성할 수 있다고 인정하지 않을 수 없는데 그럼에도 우리의 사유는 자기 자신을 넘어서는 조금도 나아갈 수 없다. 우리가 자기 감각과 내성에서 받는 관념을 넘어 억측조차 넓히는 일은 그만큼 불가능한 것이다. 적어도 천사들이 신체를 취할 때도 있다는 상정은 우리를 놀라게 하지는 않는다. 교회의 오랜 박식한 어느 교부는*7 천사들이 신체를 지닌 줄 믿었던 것으로 생각된다. 그리고 천사들의

---

*7 이를테면 겐나디우스(Gennadius, ?~492/505)에 의하면 피조물은 모두 형체를 지니며 천사도 예외는 아니다.

상태 및 존재가 우리에게 알려지지 않은 것, 이것은 절대로 확실하다.

14. 실체의 복합관념

그러면 실체에 대해서 우리가 갖는 관념과 이 관념을 얻는 방법이라는 본디 문제로 돌아가자. 나는 말하는데 실체인 (하나하나의 종에 대한) 우리의 종적 관념은 하나의 사물로 합해진 것으로 생각되는 일정 수 단순관념의 집합체 이외의 어떤 사물도 아니다. 실체의 이와 같은 관념은 단순인지로 불리며 그 이름은 단순명사로 불리는 것이 보통인데 실은 복잡하게 섞여 있는 것이다. 이를테면 영국인이 swan(백조)의 이름으로 의미 표시를 하는 것은 색이 희고 목이 길고 부리가 빨갛고 다리가 검고 발끝이 갈라지지 않고, 이들은 모두 어느 치수로 헤엄을 치는 능력과 일정한 종류의 우는 능력을 지니며, 또 틀림없이 이 종류의 새를 오래 관찰해 온 사람에게는 그 밖의 특성이 있는데 이런 모든 것은 결국 공통 주체로 합일된 감지할 수 있는 단순관념인 것이다.

15. 정신적(영적) 실체의 관념은 물질적 실체의 관념과 똑같이 명석

지금 내가 이야기해 온 물질적이고 감지할 수 있는 실체에 대해서 우리가 갖는 복합관념에 더해서 '생각한다·이해한다·의지한다·안다'와, 운동하기 시작하는 능력 등 우리 가운데서 날마다 실제로 경험되는 우리 마음의 여러 작용에서 얻어온 단순관념이 어느 실체에 공존함으로써 우리는 비물질적 정신(또는 영혼)의 복합관념을 형성할 수 있다. 그래서 이렇게 생각한다·지각한다·자유·자기 자신이나 다른 사물을 움직이는 능력과 같은 관념을 합쳐서 우리는 물질적 실체에 대해서와 마찬가지로 비물질적 실체의 지각과 사념을 명석하게 지닌다. 그것은 생각하면 의지한다는 관념이나 (물체를) 움직이거나 형체적 운동을 멈추거나 하는 능력의 관념을 합쳐서 우리에게 또렷한 관념이 없는 실체에 결부시키면 우리는 비물질적 정신 (또는 영혼의) 관념을 지닐 터이며, 응집한 고체성이 있는 부분과 움직여지게 되는 능력이란 관념을 합쳐서 똑같이 실정관념이 없는 실체와 결부시킴으로써 우리는 물질의 관념을 갖는 것이다. 비물질적 정신의 관념은 물질의 관념과 마찬가지로 명석 명료한 관념이다. 왜냐하면 물체를 움직인다는 관념은 연장·고체성·움직여지게 된다는 관념과 마찬가지로 명료하기 때문이다. 우리 실체관념은 어느 때나 불명료 또는 전무(全無)이다. 실체관념은 우리가 우유성(偶有性)으로 부르는 관념을 지지한다. 무엇인지 모르고 상정된 것에 지나지 않는 것이다. 우리 감관이 물질적인 사물 외에 아무것도 명시하지 않았다고 생각하기 쉬운 것은 성찰을 하지 않기 때문이다. 감각의 모든 기능은 적정하게 고찰하면 형체적과 정신적(영적)이라는 자연의 두 부분을 우리로 하여금 똑같이 바라보게 한다. 왜냐하면 우리가 보거나 듣거나 해서 나를 제외하고 이 감각의 대상인 형체적 어느 것이 있음을 아는 한편, 나는 내 안에 보거나 듣거나 하는 정신적(영적)인 어느 것이 있음을 한층 확실하게 알기 때문이다. 이 보거나 듣는 것을 나는 굳게 믿지 않으면 안 되는데 단순히 무감각한 물질의 작용일 리가 없고 비물질적인 생각을 하는 자가 없었다면 결코 존재할 리가 없었을 것이다.

16. 추상적 실체의 관념은 없다

연장을 갖는다거나 형태가 있다거나 색이 있다거나 그 밖에 모든 감지할 수 있는 성질의 복합관념이라는 것이 물체에 대해서 우리가 아는 전부인데, 이와 같은 복합관념에 따라서는 (물체의 실체관념에 대해서) 어느 사물도 전혀 모른다고 했을 때와 마찬가지로 우리는 이 관념에서 먼 것이며, 물질을 어떻게 숙지하고 물질에 친숙해져 있는 것으로 우리가 상상하고 물체 안에 많은 성질을 지각해 안다고 사람들이 확신해도 검토하면 틀림없이 알겠지만 사람들은 물체에 속하는 근원적 관념을 비물질적 정신에 속하는 근원적 관념보다 조금이라도 많이 또는 명석하게 지니고 있지는 않다.

17. 고체성이 있는 부분의 응집과 충격은 물체의 근원적 관념

정신과 대조해서 우리가 갖는 물체에 특유한 근원적 관념은 고체성을 지니며, 따라서 분리할 수 있는 부분의 응집과 충격으로 운동을 전달하는 능력이다. 이런 것들은 물체에 고유하면서 특유한 본원적 관념이라고 나는 생각한다. 왜냐하면 형태는 유한한 연장의 귀결에 지나지 않기 때문이다.

18. 생각과 발동성*⁸은 정신의 근원적 관념

정신에 속해서 특유하게 우리에게 있는 관념은 생각과 의지, 즉 사유에 의해서 몸을 움직이는 능력 및 그 귀결의 자유이다. 왜냐하면 물체가 마주치는 다른 멈추는 물체에 충격에 의해서만 운동을 전달하듯이 마음은 원하는 대로 몸을 움직이고, 또는 움직이는 것을 멈출 수 있기 때문이다. 존재와 지속과 가동성(可動性)의 관념은 물체에도 정신에도 공통이다.

19. 영혼들은 운동할 수 있다

나는 가동성을 정신(또는 영혼)에도 적용하는데 이를 이상하게 생각할 까닭은 없다. 왜냐하면 나는 정지하는 것으로 생각되는 다른 존재와의 거리 변화 외에 운동의 관념을 갖지 않으며, 또 물체뿐만 아니라 영혼들도 자기들이 있는 곳이 아니면 작용할 수 없고, 영혼들은 여러 시간에 여러 곳에서 작용함을 발견하므로 장소의 변화를 모든 유한한 영혼들(무한한 영혼에 대해서 나는 여기서 말하지 않고 있다)에게 귀속시키지 않을 수 없기 때문이다. 내 영혼은 나의 몸과 마찬가지로 실재하는 존재이므로 절대로 확실하게, 물체 자체와 마찬가지로 무언가 다른 물체 또는 존재와의 거리를 바꾸고, 나아가 운동을 할 수 있으니 말이다. 따라서 만일 수학자가 두 점 사이의 어느 거리나 그 거리의 변화를 생각할 수 있다면 누구나 두 영혼 사이의 거리나 거리의 변화를 절대로 확실하게 상상할 수 있을 터이며, 나아가 영혼들의 운동이나 상호 근접 또는 떨어지거나 하는 것을 상상할 수 있을 것이다.

20.

누구나 자기 영혼이 있는 곳에서 생각하고 의지하며 자기 몸에 작용할 수 있지만 100마일 떨어져 있는 신체에 작용하지 못하고, 또는 100마일 떨어진 곳에서 작용할 수 없다는 것을 스스로 깨닫는다. 누구나 자기가 (이를테면) 런던에 있는 동안에 옥스퍼드에서 생각하거나 몸을 움직일 수 있다고는 상상할 수 없으며, 자기 영혼은 자기 몸과 합일해 있으므로 자신을 태우는 역마차의 수레나 말처럼 옥스퍼드와 런던 사이를 여행 중 계속 끊임없이 장소를 바꾸고,

---

*8 motivity. 로크는 제21장 제73절에 제4판에서 이 언어를 덧붙이고 새 용어로서 그 사용을 변명하는데, 초판에서도 이곳과 본 장 제28절에서 쓰고 있다.

내 생각으로는 그동안 정말로 계속해서 운동을 하고 있었다 해도 좋으며 그렇게 인정하지 않을 수 없다. 또 그와 같은 것이 영혼의 운동에 충분하고도 명석한 관념을 제공하는 것이 아니라고 인정되어도 죽으면 영혼이 신체에서 분리되는 것은 영혼운동의 명석한 관념을 제공하는 것으로 인정되리라고 나는 생각한다. 왜냐하면 (죽으면) 영혼이 신체에서 나간다거나 신체를 떠난다고 생각하며 더구나 영혼운동의 관념을 갖지 않는다는 것은 불가능하다고 여겨지기 때문이다.

21.

만일 다음과 같이 말하는 자가 있다면, 즉 영혼은 장소를 갖지 않으므로 장소를 바꿀 수가 없다, 왜냐하면 영혼들은 (어느 곳에) 없고 (어딘가에) 있기 때문이라고 말하는 자가 있다면 나는 생각하는데 이런 이해할 수 없는 화법을 찬미하거나 그것에 기만당하거나 하는 성향에 많이 기울어 있지 않은 (현대와 같은) 시대에서는 이와 같은 화법은 많은 사람에게 존중받지 못할 것이다. 하지만 그와 같은 구별에 무언가 의의가 있으며 우리의 목적에 적용할 수 있다고 생각하는 사람이 있다면 이해할 수 있는 영어로 번역해 거기에서 비물질적 영혼들이 운동할 수 없는 이유를 끄집어 내주기를 바란다. 과연 운동은 신에게 귀속할 수 없다. 하지만 신이 비물질적이므로 귀속할 수 없는 게 아니라 무한한 영혼(또는 정신)이기 때문이다.

22. 영혼의 관념과 물체의 관념을 비교한다

그러면 비물질적 영혼(또는 정신)인 우리의 복합관념과, 물체인 우리의 복합관념을 비교해 영혼(또는 정신) 쪽에 물체보다 무언가 불명료한 점이 많은지, 어느 쪽이 가장 불명료한지 등을 살펴보자. 내 생각으로는 우리가 가진 물체의 관념은 연장이 있고 고체성이 있으며, 충격에 의해서 운동을 전달할 수 있는 실체이다. 비물질적 영혼(또는 정신)으로서의 영혼에 대한 관념은 생각하고, 의지 또는 사유에 의해서 물체(또는 신체)에 운동을 환기할 수 있는 능력을 지닌 실체라는 것이다. 이것이 대조했을 때의 영혼과 물체에 대한 우리의 복합관념이라고 나는 생각한다. 그런데 어느 쪽이 불명료한 점을 가장 많이 포함하며, 인지하기가 어려운지를 검토해 보자. 사유를 물질에 몰두시켜 감관을 초월한 사물은 거의 아무것도 고찰하지 않을 정도로 자신의 감관에 마음을 따르게 해온 자는 생각하는 사물을 이해할 수 없다고 말하기 쉽다. 어쩌면 이것은 사실이다. 하지만 단언하건대 잘 생각하면 그렇게 말하는 자도 연장이 있는 사물을 한층 잘 이해할 수는 없는 것이다.

23. 물체의 고체성이 있는 부분의 응집은 영혼의 생각과 마찬가지로 상상하기 어렵다

본디 자기 안에서 생각하는 것은 무엇인지 모른다고 말하는 자가 있다면 그 뜻은 생각하는 물체의 실체가 무엇인지 모른다고 말하는 것인데, 내 생각에 그 사람은 고체성이 있는 사물의 실체가 무엇인지를 잘 모르는 것이다. 더욱이 자신이 어떻게 생각하는지를 모른다고 말한다면 나는 대답을 하겠다. 그 사람은 어떻게 해서 자신(의 신체)이 연장하는지, 어떻게 해서 물체의 고체성이 있는 부분이 합일하거나 응집해 연장을 이루는지 모르는 것이다. 왜냐하면 (이를테면) 공기분자의 압력은 공기분자보다 크고, 공기입자보다 작은 구멍을 지닌 몇 개의 물질분자의 응집을 해명할 수 있겠지만 공기의 무게, 다시 말해서 압력은 공기분자 자체의 응집을 설명하지 않을 테고 응집의 원인일 리가 없기 때문이다. 또 만일 에테르*9 또는 공기보다 미세한 어느 물질의 압력이 다른 물체뿐만 아니라 공기분자의 여러 부분을 합일할 수 있고 확실하게 들러붙을 수 있다 해도 에테르가 스스로 접착해 (에테르라는) 그 미세물질의 모든 최소입자를 만드는 부분들을 들러붙게 할 수는 없다. 그러므로 이와 같은 가설은 감지할 수 있는 물체의 여러 부분이 다른 외적이고 감지할 수 없는 물체의 압력에 의해서 들러붙게 됨을 보여주어 아주 교묘하게 설명이 되어 있는데, 에테르 자체의 여러 부분(의 응집)에까지 미치지 않고 있는 것이며 에테르의 외적인 압력에 의해서 다른 물체의 여러 부분이 들러붙게 되어 그 응집과 합일에 대해서는 다른 원인을 생각할 수 없음을 뚜렷이 증명할수록 에테르입자 자체의 여러 부분의 응집에 관해서는 우리를 무지의 암흑으로 남겨두는 것이

---

*9 그 무렵 자연학자가 공간을 채우는 것으로 생각한 미세하고 정교한 물질. 프레이저판의 편자 각주에 의하면 로크는 야코프 베르누이(Jakob Bernoulli) 《에테르의 인력에 대해서(De Gravitate Etheris)》(1680)로부터 배웠다. 베르누이(1654~1705)는 스위스의 저명한 수학자·자연학자.

다. 이 에테르의 입자는 물체이고 분할할 수 있으므로 부분 없이는 생각할 수 없고, 더구나 다른 모든 물체의 부분응집에 대해서 주어지는 응집 원인이 없으므로 에테르입자의 부분이 어떻게 해서 응집하는지는 상상할 수 없다.

24.

하지만 사실은 (에테르와 같은) 어떠한 간접유체의 압력이 아무리 커도 물질의 고체성이 있는 부분의 응집을 이해할 수 있는 원인일 리는 거의 없다. 왜냐하면 그와 같은 압력은 두 개의 연마된 대리석의 실제 경험(또는 실험)에서 알수 있듯이 두 개의 연마된 면이 이것과 수직선 방향으로 분리되는 것을 방해하는데 이 면과 평행인 선의 운동에 의한 분리를 조금도 방해할 수가 없기 때문이다. 주변의 유체(流體)는 측면운동에서 빈 공간의 각 점에 완전히 자유롭게 숨어들므로 위에서 말한 (연마된 면으로) 이어지는 물체의 그와 같은 (측면으로의) 운동에 저항하지 않는 것이며, 그 점은 만일 그 (이어진 물체를 하나로한) 물체가 사방을 주변의 물체로 둘러싸 다른 물체에 조금도 닿지 않았다고 했을 때, 그와 같은 물체의 운동에 저항하지 않는 것과 같다. 그러므로 만일 응집의 원인이 달리 없었다면 (위에서 말한 것과 같은 연마된 면으로 이어진) 물체의 모든 부분은 이와 같은 측면으로 벗어나는 운동으로 쉽게 분리될 게 틀림없다. 왜냐하면 에테르의 압력이 응집의 완전한 원인이라 한다면 그 원인이 작용하지 않는 곳에서는 응집은 있을 리가 없기 때문이다. 그래서 에테르는 (이미 명시해 둔 것처럼) 위에서 말한 측면운동을 거부하는 작용을 할 수 없으므로, 물질의 임의의 덩어리(즉 물체)를 절단하는 평면을 상상하면 어느 평면에서나 두 개의 연마된 면과 마찬가지로 응집은 있을 리가 없고 상상하는 절단평면은 유체의 압력을 받는다고 상상됨에도 여느 때처럼 벗어날 것이다. (이와 같이 물체를 이루는 물질의 응집은 에테르의 가설로도 설명할 수 없으며 응집의 궁극원인은 알려져 있지 않다.) 그러므로 틀림없이 고체성이 있는 부분의 응집이 분명한 물체의 연장에 대해서 우리가 아무리 명석한 관념을 갖는다 해도 이 관념을 마음으로 차분하게 고찰하는 자는 물체가 어떻게 해서 생각하는가의 명석한 (실은 궁극원인을 모르는 불명석한) 관념을 쉽게 갖는다고 그렇게 결론짓는 이유를 갖게 될 것이다. 물체는 그 고성이 있는 여러 부분의 합일과 응집에 의한 것 이상, 또는 그것 이외에는 연장이 없으므로 물체의 여러 부분의 합일과 응집이 있는 까닭을 이해하지 않으면 물체의 연장에 대한 우리의 이해에는 어려움이 있을 것이다. 하지만 물체의 여러 부분이 합일하고 응집하는 원인은 생각양식, 즉 생각이 어떻게 영위되는지와 마찬가지로 이해할 수 없다고 나는 생각한다.

25.

분명 평소에 목격하게 되는 것인데 대부분의 사람들이 누구나 날마다 관찰하는 것에서 문제점을 어떻게 발견하는지 의문이다. 그런 사람들은 즉석에서 말할 것이다. 우리는 물체의 여러 부분이 굳게 들러붙어 있는 것을 보지 않는가? 이만한 보통의 사물이 있는가? 이에 대해서 어떤 의문이 생기는가? 그래서 나는 생각과 유의운동에 대해서도 비슷한 것을 말한다. 우리는 온갖 순간에 그와 같은 운동을 자기 자신 안에서 실제로 겪지 않는가? 그렇기 때문에 의심하는가? 사실은 명석하다. 그렇게 나는 고백한다. 그렇지만 우리가 좀더 잘 조사해 어떻게 이런 일이 이루어지는지를 고찰하려고 하면 아마도 우리는 물체인 경우에도 또 생각인 경우에도 곤혹스러워서 우리 자신이 어떻게 지각하거나 운동하는가를 이해하지 못하듯이 어떻게 해서 물체의 여러 부분이 응집하는가를 이해할 수 없는 것이다. 누군가 나에게 잘 이해할 수 있도록 설명해 주었으면 하는데, (방금 녹아서 물의 분자 또는 모래시계의 모래처럼 결합이 완만했던) 금 또는 청동의 여러 부분이 어떻게 몇 순간에 합일하고 서로 강하게 고착해 인간의 팔의 최고 힘도 분리할 수 없을 정도로 되는 것일까? 깊이 생각하는 사람은 여기에서 자기 자신 또는 다른 인간의 지성을 이해시키기 곤란할 것이라고 나는 생각한다.

26.

(더욱 예를 들면) 우리가 물이라 부르는 유체를 구성하는 작은 물체는 매우 작으므로 나는 아직 한 번도 현미경으로(더구나 10,000배로 아니 100,000배보다 훨씬 많이 확대한 자가 있다는 것을 나는 일찍이 들었다) 이 작은 물체의 확실한 부피·형태·운동을 지각한다고 자처하는 사람의 이야기를 들은 적이 없다. 물의 분자는 서로의 결합이 완전히 느슨하고 약간의 힘도 분자를 감지할 수 있도록 분리한다. 또 물의 분자의 영겁의 운동을 생각하면 분자는 서로 응

집하지 않음을 받아들이지 않으면 안 된다. 더구나 강추위가 닥치면 분자는 합일한다. 분자는 응고하며 그 작은 분자는 응집해 커다란 힘이 아니면 분리할 수 없다. 물과 같은 결합이 느슨한 작은 물체의 집적을 그토록 굳게 묶는 유대를 발견할 수 있는 자, 이 집적을 서로 그토록 굳게 달라붙게 하는 접합제를 알려줄 수 있는 자는 커다란 미지의 비밀을 발견한 자일 것이다. 더구나 발견했을 때조차 그와 같은 유대의, 다시 말해서 그 접합제의 여러 부분의 합일이나 응고가, 또는 대체로 존재하는 물질의 최소분자의 합일이나 응고가 어디에 있는지를 보여주지 못하는 동안은 (물체의 고체성이 있는 부분의 응집인) 물체의 연장을 이해시키기에는 아직도 멀 것이다. 이것으로 명백하듯이 물체의 (연장이라는) 근원적인 명료로 상정되는 성질도 이를 검토하면 우리 마음에 속하는 어떠한 사물과 마찬가지로 이해할 수 없으며, 어떤 이의를 주장하는 자가 있어도 고체성이 있는 연장하는 실체는 생각하는 비물질적 실체와 똑같이 상념하기 어려움을 알 것이다.

27.

그것은 우리 사유를 조금 확대하면 물체의 응집을 설명하기 위해 (본 장 제23절 이후로) 거론되고 있는 압력도 응집 그 자체와 마찬가지로 이해할 수 없을 것이다. 왜냐하면 의심할 것도 없이 물질은 유한한데, 유한으로 생각된다면 누군가에게 그 정관(靜觀)을 우주의 말단으로 보내게 하고 이 말단에 (물질을 흩날리게 하지 않는) 어떤 테두리를, 어떤 유대를 상념할 수 있으며 그 테두리와 유대가 이 (우주라는) 물질의 덩어리를, 강철이 그 굳기를 얻거나 다이아몬드의 여러 부분이 그 경도와 불용해성을 얻거나 하는 매우 높은 압력과 함께 존재하는 것을 상상할 수 있는지 살펴보게 해보자. 만일 물질이 유한하다면 물질에는 끝이 없어서는 안 되고 여기저기로 흩어지지 않게 하는 어떤 사물이 없어서는 안 된다. 이 문제점을 피하기 위해 무한물질을 상정하고, 심연에 몸을 던지는 자가 있으면 이것으로 물체의 응집에 어떤 빛을 가져오게 되는지, (무한물질이라는) 온갖 다른 상정보다도 더 불합리하고 더 이해할 수 없는 상정에 물체의 응집을 돌려도 이를 약간이라도 잘 이해시킬 수 있는지를 그 사람에게 생각하게 하자. 그 정도로 (고체성이 있는 부분의 응집에 다름 아닌) 물체인 우리의 연장은 그 본성·원인·양식을 탐구하려고 했을 때 생각의 관념보다 명석 또는 분명하고는 거리가 먼 것이다.

28. 충격에 의한 운동의 전달도 사유에 의한 전달도 똑같이 이해할 수 없다

우리가 물체에 지닌 또 하나의 관념은 충격에 의해서 운동을 전달하는 능력이고 우리 영혼에 있어서는 사유에 의해서 운동을 떠올리는 능력(이라는 관념)이다. 이러한 관념을, 즉 물체에 대한 앞의 관념과 우리 마음에 대한 뒤의 관념을 일상의 경험은 우리에게 명석하게 제공한다. 그러나 여기에서도 어떻게 이와 같은 일이 이루어지는지를 탐구하면 우리는 똑같이 (무지한) 암흑에 있는 것이다. 왜냐하면 (물질에서의) 충격에 의한 운동의 전달에는 한쪽 물체에서 얻은 만큼의 운동을 다른 쪽 물체에 잃게 되며 이것은 아주 흔한 일들인데 그때 우리는 한쪽 물체에서 다른 물체로 운동이 옮아간다는 상념 말고는 아무런 상념도 가질 수 없고, 이것은 우리 생각으로는 우리 마음이 행하면 온갖 순간에 발견되는 사유에 의해서 자기 몸을 어떻게 움직이거나 멈출 것인지와 마찬가지로 불명료해 (궁극원인을) 상념할 수 없기 때문이다. 때때로 발생하는 것으로 관찰되고, 또는 믿게 되는 충격에 의한 운동의 증가는 더더욱 이해하기 어렵다. 충격에 의해서도 사유에 의해서도 낳게 되는 명석한 확증을 우리는 일상의 경험에서 지니고 있다. 하지만 어떤 방법인지는 이해되지 않는다. 우리는 충격일 때에도 사유일 때에도 똑같이 곤혹스럽다. 그러므로 물체에서건 정신 (또는 영혼)에서건, 운동과 그 전달을 어떻게 생각하건 정신(또는 영혼)에 속하는 관념은 물체에 속하는 관념과 적어도 똑같이 명석(또는 불명료)하다. 또 움직이는 능동적 능력 즉 우리가 발동성으로 불러도 좋은 것을 생각하면 물체보다 정신 (또는 영혼) 쪽이 훨씬 명석하다. 왜냐하면 정지 상태에 있는 두 물체는 한쪽이 다른 한쪽을 움직이는 능력의 관념을 (그 한쪽이 제3의 물체에서) 빌린 어느 운동에 따른 게 아니면 결코 우리에게 제공하지 않기 때문이다. 그런데 마음은 물체 (또는 신체)를 움직이는 능동적 능력의 관념을 날마다 우리에게 준다. 그러므로 능동적 능력은 영혼들의 본디 속성이고 수동적 능력은 물질 본디의 속성이 아닌가, 이것은 우리가 고찰할 만하다. 이런 점에서 창조된 여러 영혼은 능동적이기도 하고 수동적이기도 하므로 물질과 완전히 분리되어 있지 않다고 추측해도 좋을 것이다. 순수정신(또는 영혼), 즉 신은 능동적인 것뿐이며 순수물질은 수동적인 것뿐이다. 능동적이고 수동적이기도 한 것은 정신(또는 영혼)에도 물질에도 함께 관여하는 것으로 판단해도 좋다. 그런데 이 점은 아무튼 내가 생각하기에 우리는 물체에 속하는 관념을 지닌 것과 같은 수만큼, 또 마찬가지로 명석하게 정신(또는 영혼)에 속하는 관념을 지니고 있다. 저마다 실체는 똑같이 우리에게 알려지지 않고 정신(또는 영혼)의 생각관념은 물체의 연장관념과 마찬가지로 명석하다. 또 정신(또는 영혼)으로 귀속되는 사유에 의한 운동의 전달은, 물체에 귀속되는 충격에 의한 운동의 전달과 마찬가지로 뚜렷한 것이다. 끊임없는 경험이 이 모든 것을 우리에게 감지하게 한다. 그렇지만 우리의 좁은 지성은 어느 것도 이해하지 못한다. 왜냐하면 감각 또는 내성에서 얻게 되는 그러한 본원적 관념을 넘어서 바라보고 이것들이 낳게 되는 원인과 양식을 통찰하려고 할 때 우리는 언제나 발견하는데, 마음은 자기 자신의 눈이 가까운 (그래서 원인이나 양식을 통찰하지 못하는) 것만을 발견하기 때문이다.

29.
결론을 짓자. 감각은 고체성이 있고 연장이 있는 실체가 있음을 우리에게 믿게 하고, 내성은 생각하는 실체가 있음을 믿게 한다. 경험은 이와 같은 존재자의 존재와 앞의 실체가 충격에 의해서 물체를 움직이는 능력을 지니며, 뒤의 실체가 사유에 의해서 움직이는 능력을 지녔음을 확신하게 한다. 이와 같은 것을 우리는 의심하지 않는다. 거듭 말하는데 경험은 순간마다 어느 쪽에 대해서나 명석한 관념을 우리에게 제공한다. 그렇지만 본디의 원천(인 감각과 내성)으로부터 받은 이들 관념을 뛰어넘어서는 우리의 기능들은 다다르지 않을 것이다. 만일 우리가 이러한 관념의 본성·원인·양식을 더욱 탐구하려 해도 생각의 본능을 지각하기보다 연장의 본성을 명석하게 지각하는 일은 없다. 만일 우리가 그러한 본성을 조금이라도 더욱 설명하려고 하면 둘 다 똑같이 쉬워서 우리가 모르는 실체가 충격에 의해서 물체를 어떻게 움직이는가를 상념하는 것보다 어렵지 않다. (다시 말해서 어느 쪽도 본성이나 궁극원인은 모르는 것이다.) 그러므로 물체에 속하는 관념이 존재하는 까닭을 발견하지 못하는 점은 정신에 속하는 관념과 같다. 그러므로 우리의 감각과 내성에서 받는 단순관념이 우리 사유의 한계임은 확실하다. 이를 뛰어넘어서는 아무리 노력을 해도 마음은 한 걸음도 나아갈 수 없고 그러한 관념의 본성과 숨겨진 원인을 찾으려고 할 때 마음은 아무런 발견도 못하는 것이다.

30. 물체의 관념과 정신의 관념을 비교한다

관념과 비교하면 다음과 같다. 정신의 실체는 우리에게 알려지지 않고 물체의 실체도 우리에게 알려지지 않는다. 물체의 두 가지 근원적 성질이나 특성, 즉 고체성이 있는 응집한 부분과 충격에 대해서는 뚜렷하고 명석한 관념이 있다. 마찬가지로 정신의 두 근원적 성질이나 특성, 즉 생각과 활동(또는 능동)하는 능력, 다시 말해서 여러 가지 사유나 운동을 시작하거나 멈추거나 하는 능력에 대해서도 우리는 뚜렷하고 명석한 관념을 지닌다. 우리는 또 물체에 속하는 몇 가지 성질의 관념을 지니며 그 명석하고도 뚜렷한 관념을 지닌다. 그러한 성질은 응집하는 고체성이 있는 부분의 연장 및 그와 같은 부분의 운동의 다양한 변용에 지나지 않는다. 마찬가지로 우리는 생각의 몇 가지 양상의 관념, 즉 '믿는·의심하는·지향하는·두려워하는·희망하는' 것과 같은 관념을 지닌다. 이런 모든 것은 생각의 몇 가지 양상에 지나지 않는다. 또 우리는 의지한다는 관념 및 그 결과인 신체를 움직이는 관념을 지닌다. 신체와 함께 (정신) 그 자체도 움직인다는 관념을 지닌다. 왜냐하면 이미 (본 장 제18절 이하에서) 명시했듯이 정신은 운동할 수 있기 때문이다.

31. 정신(또는 영혼)의 사념은 물체의 사념보다 문제점을 포함하지 않는다

마지막으로 비물질적 정신의 이와 같은 사념은 쉽사리 해명되지 않는 문제점을 포함하는데 그렇다고 해서 그와 같은 정신(또는 영혼)의 존재를 부정하거나 의심할 이유는 없다. 그것은 물체의 사념이 우리가 설명 또는 이해하기가 매우 어려운, 어쩌면 불가능한 여러 문제점을 짊어지고 있다 해서 물체의 존재를 부정하거나 의심할 까닭이 없는 것과 같다. 그것은 물체의 사념 자체가 내적으로 함유하는 것보다 더욱 복잡한 것, 또는 한층 모순에 가까운 것을 무언가 정신(또는 영혼)에 대한 우리의 사념 속에 예시할 수 있다면 기꺼이 그렇게 하고 싶지만 못하는 (예시할 수 없는) 것이다. 왜냐하면 (예를 들어) 어느 유한연장의 무한가분성은 그것을 허용하건 부정하건 설명할 수 없는 귀결, 또는 우리의 인지력으로 모순되지 않도록 할 수 없는 귀결, 즉 비물질적인 앎의 실체에서 생길 수 있는 어떤 사물보다 한층 큰 곤란과 한층 명확한 불합리를 가져오는 귀결에 우리를 휩쓸리게 하기 때문이다.

32. 우리의 단순관념을 넘어서는 어떤 사물도 모른다

이와 같은 점을 우리는 조금도 의심해서는 안 된다. 우리는 밖으로부터의 감관에 의해서, 또는 마음이 자기 안에서 실제로 겪는 것을 내성함으로써 우리에게 알려지게 되는 것만큼의 사물의 몇몇 표면적 관념밖에 갖지 않으므로 이를 넘어서는 아무런 지식도 갖지 않으며, 더구나 사물의 내부구조나 진정한 본성에 대한 지식을 얻는 기능이 결여되어 있으므로 더더욱 지식을 갖지 않는 것이다. 그러므로 고체성이 있는 부분의 응집과 분리, 즉 물체의 연장과 운동을 우리 밖의 사물 속에서 경험하거나 발견하는 것과 마찬가지로 절대 확실하게 우리 자신 안에 지식과 유의운동의 능력을 실제로 경험해 발견하는 것이므로 우리에게는 물체에 대한 우리의 사념과 마찬가지로 비물질적 정신에 대한 우리의 사념을 터득할 이유가 있고 물체만이 아닌 정신의 존재를 터득할 이유가 있다. 왜냐하면 생각과 고체성은 서로 독립된 단순관념에 지나지 않으므로 생각이 고체성과 분리해서 홀로 존재하는 게 모순이 아닌 것은 고체성이 생각과 분리되어 혼자 존재하는 게 모순이 아닌 것과 같으며, 고체성에 대해서와 마찬가지로 명석한 관념이 생각에 대해서 우리 안에 있으므로, 생각이 없는 고체성이 있는 사물 즉 물질과 마찬가지로 고체성이 없는, 곧 비물질적으로 생각하는 사물이 존재하는 것을 왜 받아들여서는 안 되는지 알 수 없다. 특히 생각이 물질 없이 어떻게 존재하는가를 상념하는 것은 어떻게 물질이 생각하는가에 비해 (둘 다 모르므로) 어렵지 않다. 왜냐하면 우리가 감각과 내성에서 얻는 그와 같은 단순관념을 뛰어넘어서 사물의 본성으로 뛰어들려 할 때에는 언제나 우리는 순식간에 암흑과 불명료, 혼미와 곤란에 빠져 우리의 맹목과 무지 말고는 어느 사물도 발견하지 못하기 때문이다. 하지만 그런 복합관념의 어느 쪽이, 물체의 복합관념 또는 비물질적 정신의 복합관념의 어느 쪽이 더 명석하건 다음의 점은 뚜렷하다. 즉 이러한 복합관념을 만드는 단순관념은 감각 또는 내성에서 우리가 받아둔 것 말고는 없으며, 더 나아가 실체인 다른 모든 관념은 신 자체에 대해서조차도 그러하다.

33. 신의 관념

왜냐하면 (신이라는) 헤아릴 수 없는 지고한 존재에 대해서 우리가 지닌 관념을 검토하면 발견되겠지만, 우리는 (다른 관념과) 같은 방법으로 이 관념을 갖는 것이고 신 및 (신체와) 다른 영혼들에 대해서 우리가 지닌 복합관념은 내성에서 받는 단순관념에서 만들어지기 때문이다. 이를테면 우리는 자기 안에서 실제로 겪는 것에서 존재와 지속과 능력과 쾌락과 행복과, 그 밖에 있는 것이 없는 것보다 나은 몇 가지 성질과 능력의 관념을 얻고 있다. 따라서 지고한 존재에 대해 우리가 할 수 있는 가장 적합한 관념을 형성하려고 했을 때, 위에서 말한 관념의 무엇이든 무한한 관념으로 확대하고, 이어서 그러한 관념을 합쳐 신에 관한 우리의 복합관념을 만든다. 감각과 내성에서 받은 관념의 어느 것을 확대하는 이와 같은 능력을 마음이 갖는 것은 이미 (본 장 제17장 제12절 등에서) 명시해 두었다.

34.

만일 내가 약간의 사물을 알고 있으며 그 어느 것을, 또는 어쩌면 모두를 불완전하게 알고 있음을 발견하면 (이를 기초로 해서) 나는 곱절로 많은 것을 안다는 관념을 형성할 수 있다. 이렇게 해서 알고 있는 가짓수를 나는 몇 번이고 수를 보태는 만큼 곱절로 할 수 있고, 나의 지식관념에 포괄되는 범위를 모든 존재하는 사물 또는 존재할 수 있는 사물에 미치게 함으로써 지식의 관념을 넓힐 수 있다. 똑같은 것을 나는 사물을 한층 완전하게 아는 것에 대해서도 할 수 있다. 즉 사물의 모든 성질·원인·귀결·관계 따위에서도 할 수 있으며, 결국에는 사물 안에 있는 모든, 또는 사물과 어떤 방법으로 관계가 될 수 있는 모든 것을 완전히 알게 되고 이렇게 해서 무한한 지식 또는 한계가 없는 지식의 관념을 이룰 수 있다. 능력에 대해서도 무한이라 일컫는 것에 다다를 때까지 같은 과정을 수행할 수 있고, 또 시작과 끝이 없는 존재의 지속에 대해서도 할 수 있으며, 나아가 어느 영원한 존재자의 관념을 형성할 수 있을 것이다. 우리가 신으로 부르는 그 지상의 존재자에게로 돌아가게 되는 존재·능력·지혜 그 밖의 (어떠한 관념을 지닌) 모든 재질의 정도나 범위는 모두 한계가 없이 무한하므로 (위에서 말했듯이) 우리는 신에 대해서 자신의 마음에 가능한 한 최상의 관념을 형성하는 것이고, 그 모든 것은 거듭 말하는데 내성에 따라 우리 마음의 작용에서 얻은 단순관념 또는 외부 사물에서 감각으로 얻은 단순관념을 무한히 펼칠 수 있을 만큼 드넓게 확대함으로써 이루어지는 것이다.

35.

무한이야말로 존재·능력·지식 따위에 대한 우리의 관념과 결부되어 우리에게 가능한 최상의 것, 즉 지고한 존재자를 우리 자신으로 표상하는 복합관념을 만든다. 왜냐하면 [신의 본질은 (이를테면) 작은 돌이나 파리(와 같은 흔해빠진 사물)나 우리 자신이나 그와 같은 것의 실재적 본질을 모르는 우리에게는 절대로 확실하게 알려지지 않는데] 신 자체의 본질에서 신은 단순하며 비복합적임에도 우리는 무한하고 영원한 존재·지식·능력·행복 따위의 복합관념 말고는 신의 관념을 갖지 않는다고 해도 상관없기 때문이다. 그런 것은 모두 별개의 관념이며, 그 가운데 어떤 것은 관계적이므로 다른 관념에서 더욱 복합되어 그 모든 것이 이미 (본 권 제1장부터 되풀이해서) 명시되었듯이 기원에서는 감각과 내성에서 얻을 수 있고, 신에 대해서 우리가 지닌 관념이나 사념을 만들 수 있게 되어 있다.

36. 영혼들에 대한 우리의 복합관념에는 감각이나 내성에서 얻게 된 관념 말고는 아무것도 없다

다음의 점을 더욱 말해야 한다. 즉 무한을 제외하면 신에게 귀속되는 관념에서 다른 영혼들에 대한 우리의 복합관념 부분이 아닌 것 같은 관념은 없다. 신체 이외에 어떠한 사물에 속하는 단순관념이고 우리 마음의 여러 작용에서 내성에 의해 받는 관념이 아닌 다른 관념은 가질 수 없으므로 우리는 이 내성에서 받는 관념 말고는 어떤 관념도 영혼들에 귀속할 수 없으며, 영혼들을 관상할 때 그 사이에 둘 수 있는 차이는 모두 그 지식·능력·지속·행복 따위의 여러 범위와 정도에만 있는 것이다. 왜냐하면 다른 사물에 대한 것과 마찬가지로 영혼들에 대한 우리 관념도 우리가 감각과 내성에서 받는 관념에 구속되어 있음은 다음의 점에서 뚜렷하기 때문이다. 즉 영혼들에 관한 우리의 관념에 있어서, 완전한 점에서 아무리 신체의 관념보다 나아가도, 무한한 완전에 이르러도 우리는 아직 영혼들이 상호 자신의 사상을 알리는 방법의 관념을 조금도 갖지 않는 것이다. 그렇지만 우리는 반드시 판단을 내리지 않으면 안 되는데 우리보다 완전한 지식과 커다란 행복을 지닌 것인 (신체와) 다른 영혼들은 우리가 지닌 사상전달의 방법보다 완전한 방법을 반드시 갖지 않으면 안 된다. 우리는 형체적 기호와 특정 음의 쓰임이 불가피해지고, 그러므로 이 것이 우리가 할 수 있는 가장 빠른 전달방법으로서 가장 일반적으로 이용되고 있다. 하지만 (기호나 음에 따르지 않는) 직접전달에 대해서는 우리에게 아무런 경험도 없고, 따라서 직접전달의 사념은 전혀 없다. 그러므로 우리는 언어를 구사하지 않는 영혼들이 어떻게 재빠르게 (사상을 전달)할 수 있느냐 하는 관념을 갖지 않고, 하물며 신체를 갖지 않은 영혼들이 어떻게 자기 사상의 주인이 될 수 있으며 원할 때에 사상을 전달하거나 숨기거나 할 수 있느냐 하는 관념은 더더욱 가질 수 없다. 그러나 영혼들은 그와 같은 능력을 갖는 것으로 상정하지 않을 수 없다.

37. 요약

이렇게 해서 우리는 모든 종류의 실체에 대해서 어떤 종류의 관념을 갖는지, 그러한 관념은 어떤 곳에 존재하는지, 어떻게 얻게 되는지 따위를 살펴보았다. 이런 점에서 다음은 매우 뚜렷하다고 나는 생각한다.

첫 번째로 온갖 실체에 대한 우리의 관념은 모두 단순관념이 속해 존립하는 어느 사물의 상정을 수반한, 단순관념의 집합에 다름 아니라는 것. 다만 이 상정된 어느 사물에 대해서 우리는 분명한 관념을 전혀 갖지 않는다.

두 번째로 이렇게 해서 하나의 기본체로 합일되어 온갖 실체가 우리의 복합관념을 만드는 단순관념은 우리가 감각 또는 내성에서 받아둔 관념 외의 사물은 아니라는 것. 그러므로 우리가 가장 밀접하게 숙지하고 우리의 가장 확대된 상념의 이해에 가장 가깝다고 생각되는 관념조차도 우리는 그와 같은 단순관념 너머에 닿을 수는 없다. 또 우리가 다루는 모든 사물에서 가장 먼 것처럼 생각되고 우리가 자신 안에 내성에 의해서 지각할 수 있는 사물, 또는 감각에 의해서 다른 사물에서 발견할 수 있는 어떠한 사물을 무한히 뛰어넘을 것 같은 관념조차도 우리는 기원에서는 감각이나 내성에서 얻은 단순관념이 아닌 어떤 사물에도 이를 수가 없다. 이 점은 천사들에 대해서, 특히 신에 대해서 우리가 지닌 복합관념에서 명백하다.

세 번째로 실체인 우리의 복합관념을 만들어 내는 단순관념의 대부분은 아무리 실정적 성질로 되기 쉽다 해도 진정으로 고찰하면 능력에 지나지 않는다. 이를테면 금에 대한 우리의 복합관념을 만들어 내는 관념의 대부분은 노란 빛·큰 무게·연성(延性)·가용성(可溶性)·왕수(王水)의 용해도 등(의 관념)이 모두 알려지지 않은 기체(機體)로 합일된 것인데, 이런 모든 관념은 저마다 다른 실체에 대한 관계 이외의 어느 사물도 아니고 단순히 그 자체로 생각된 금(金) 속에는 실재하지 않는다. 당연히 그러한 관념은 금의 내부구조의 실재적이며 근원적인 여러 성질에 따라 이 성질들에 의해서 금은 다른 실체에 다양하게 작용하거나, 다른 실체에 의해서 작용을 받는 적합성을 지닌다.

제24장
실체의 집합관념

1. 하나의 관념

(앞 장에서 기술한, 이를테면) 인간·말·돈·제비꽃·사과 따위와 같은 여러 단독인 실체의 복합관념 외에 마음에는 실체인 복합집합관념도 있다. 내가 그렇게 부르는 까닭은 그와 같은 관념이 하나의 관념으로 합해졌다고 치고 함께 생각할 수 있는 많은 낱낱의 실체(의 관념)로 만들어져 그렇게 결합된 관념은 하나로 바라볼 수 있기 때문이다. 예를 들어 군대를 만드는 것과 같은 사람들의 집합관념은 다수의 별개인 (인간이라는) 실체로 이루어지는데, 온갖 물체의 커다란 집합관념은 그 세계 속의 물질의 어떤 최소분자의 관념과도 같은 정도로 하나의 관념이다. 그것은 어떤 관념이 어느 정도로 많은 낱낱의 관념으로 만들어져도 하나의 표상이나 사상으로 생각되기만 하면 그 관념을 하나로 하기에 충분하다.

2. 마음의 구성능력으로 만들어진다

실체의 이와 같은 집합관념을 그 구성능력에 의해서, 즉 단순관념이나 복합관념을 여러 가지로 하나의 관념으로 합하는 능력에 의해서 만든다. 그 점은 마음이 같은 기능에 의해서 개개 실체의 복합관념을 만드는 것과 같으며, 개개 실체의 복합관념은 하나의 실체로 합해진 다양한 단순관념의 집적으로 이루어지는 것이다. 그래서 마음은 (이를테면) 1을 반복한 관념을 합쳐서 1스코어라든가, 1그로스*¹ 등 임의의 수의 집합양상 또는 복합관념을 만들도록 몇 개의 실체를 합쳐서 부대·군대·군집·도시·함대와 같은 실체의 집합관념을 만든

---

*1 a gross. 12타를 말한다. 스코어에 대해서는 이 책 제12장 *3 참조.

다. 이 집합관념을 모든 사람은 발견하는데 자기 자신의 마음으로 하나의 관념에 의해서 한눈에 표상하고 따라서 그 사념 아래 그 몇 개의 사물(즉 낱낱의 실체)을 (이를테면) 하나의 배나 하나의 원자처럼 완전히 하나로서 고찰하는 것이다. 또 1만 명의 군대가 어떻게 하나의 관념을 이루는지를 상념하는 것은 한 인간이 어떻게 해서 하나의 관념을 이루는지를 상념하기보다 어렵지는 않다. 왜냐하면 여러 인간의 관념을 하나로 합해 생각하는 것은 한 인간을 구성하는 모든 별개 관념을 (한 인간이라는) 하나의 특수관념으로 합하고, 그런 별개 관념을 모두 합쳐 하나로 생각하는 것과 마찬가지로 쉽기 때문이다.

3. 인공적인 사물은 모두 집합관념

이와 같은 종류의 집합관념 속에 인공적인 사물의 대부분, 적어도 별개인 여러 실체로 만들어지는 것과 같은 것을 헤아려야 한다. 그래서 실은 (이를테면) 저마다 단독의 관념으로 합일되고 있는 군대·별자리·우주와 같은 집합관념을 올바르게 고찰하면 그러한 관념은 매우 멀고 서로 독립해 있는 사물을 하나의 상념으로 합하며, 하나의 이름으로 의미 표시를 해 그러한 사물을 더 한층 잘 인식하고 논의하기 위해 그와 같은 매우 멀고 서로 독립한 사물을 한눈에 바라보게 되는 마음의 인공적인 제도(製圖)인 것이다. 마음이 그와 같은 구성의 기술에 의해서 하나의 관념으로 가져오지 못하게 할 정도로 먼 사물 또는 반대인 사물은 아무것도 없다.*2 이 점은 우주라는 이름으로 의미 표시되는 것이며 눈에 보이게 명확하다.

---

*2 There are no things so remote nor so contrary. 율튼판(版)만 these are……

제25장
관계

1. 관계란 무엇인가

대체로 단순관념이건 복합관념이건 (다른 것과 무관하게) 그 자신에게 있는 대로의 사물에 대해서 마음이 지닌 관념 말고도 관념 상호의 비교에서 얻는 다른 관념이 있다. 지성은 어느 사물을 고찰할 때 그 대상에만 국한되지 않는다. 어느 관념을 이른바 그 관념 자체의 밖으로까지 옮길 수 있다. 또는 적어도 이 관념을 뛰어넘어 바라보며, 다른 관념과 어떻게 합치하는가를 볼 수 있다. 마음이 어느 사물을 생각하고, 이 사물을 이른바 다른 하나의 사물에게 가지고 가 그 곁에 두고 시선을 앞의 사물에서 뒤의 사물로 옮길 때 이것이 언어가 의미 표시하는 대로 관계이자 연관이다. 그리고 실정인 (현실에 있는) 사물에 주어지는 이름이고 이 연관을 암시해 그 이름으로 불린 주체 자체를 뛰어넘어 이것과 별개인 사물로 사유를 이끄는 표시로서 도움이 되는 것과 같은 이름, 그와 같은 이름이 관계사로 불리는 것이며, 이렇게 함께 가져오게 되는 것이 관계물이다. 이를테면 마음이 카이우스를 위에서 말한 실정의 존재자로서 고찰할 때 마음은 카이우스 안에 진실로 존재하는 것 말고는 어떤 사물도 이 관념에 받아들이지 않는다. 이를테면 내가 카이우스를 한 인간으로 생각할 때 나의 마음에는 인간이라는 하나의 복합관념 외에 어떤 사물도 없다. 마찬가지로 카이우스는 백인이라고 말할 때 단지 그 흰빛의 인간을 생각하는 일 말고는 어떤 사물도 나에겐 없다. 그런데 내가 카이우스에게 남편이라는 이름을 주면 나는 어느 다른 인물을 암시하고, 한층 희다는 이름을 주면 다른 어떤 사물을 암시한다. 어느 때에도 나의 사유는 카이우스를 뛰어넘어 어느 사물에 이끌려 (카이우스와 그 사물과) 두 개의 사물이 고찰에 들어간다. (이럴 때) 어느 관념은 단순관념이건 복합관념이건, 우리의 마음이 이렇게 두 사물을 하나로 만들어 언제나 별개로 생각하면서도 이른바 한번에 바라볼 수 있거나 그 기회원인일 수가 있고 따라서 우리 관념의 어느 것은 관념의 바탕일 수가 있을 것이다. 위에서 말한 사례는 셈프로니아와의 약혼 및 결혼식이 (카이우스의) 남편이라는 이름 또는 관계의 기회원인이며, 흰색은 왜 카이우스가 프리 스톤보다 희다고 말하는가의 기회 원인이다.

2. 상관사(相關辭)가 없는 관계는 쉽게 지각되지 않는다

위의 예와 비슷한 관계, 즉 (이를테면) 아버지와 아들·크고 작음·원인 결과처럼 (관계를 표현하는 관계사가 이것과) 서로 호응해 서로 암시하는 다른 관계사를 갖는, 그와 같은 관계사에 의해서 표현되는 관계는 모든 사람에게 매우 또렷하고 모든 사람은 대번에 관계를 지각한다. 그것은 아버지와 아들이라든가, 남편과 아내라든가 그 밖에 그와 같은 상관사는 매우 긴밀하게 서로 속해 있으며, 습관을 통해 사람들의 기억 속에서 즉석에서 화해하고 서로 호응하므로 그러한 상관사의 어느 쪽 이름을 들면 사유는 순식간에 이름이 거론된 사물을 뛰어넘은 뒤 옮겨져 관계가 그토록 명확하게 암시되는 곳에서는 아무도 관계를 빠뜨리거나 의심하지 않는 것이다. 그렇지만 언어가 상관명을 부여하지 않은 경우 (다시 말해서 상관명이 결여된 경우) 관계는 언제나 쉽게 지각된다고 볼 수는 없다. (예를 들어) 첩이란 의심할 것도 없이 아내와 똑같은 관계명이다. 하지만 이 언어와 비슷한 언어가 (아내에 대한 남편과 같은) 상관사를 갖지 않는 언어에서 사람들은 그러한 언어를 관계사로 취하지 않게 되기 쉽다. 왜냐하면 상관하는 것은 서로 설명하고 함께가 아니라면 존재할 수 없는 것처럼 보이는데, 상관사를 갖지 않는 언어는 그와 같은 상관하는 것 사이에 있는 관계의 뚜렷한 표시가 없기 때문이다. 그러므로 적정하게 고찰하면 뚜렷한 관계를 포함하는 이름의 대부분이 외적 이름으로 불려온 것이다. 그렇지만 빈〔空〕 소리 이상인 이름은 모두 어느 관념을 의미 표시하지 않으면 안 되고 그 관념은 다음의 둘 가운데 어느 한쪽이다. 즉 어떤 관념은 이름이 적용되는 사물 안에 있다. 그때에는 실정적이며 이름이 주어지는 사물에 합일되어 그 안에 존재하는 것으로 간주되거나, 그렇지 않으면 관념은 마음이 이 관념 안에서 발견하는 연관, 즉 이 관점과 별개이고 마음이 이 관념과 함께 생각하는 어느 사물과의 연관, 그와 같은 연관에서 낳게 되는 것이며 그때에 관념은 관계를 포함한다.

3. 외견상 절대적인 명사에도 관계를 포함하는 것이 있다

또 한 종류의 관계적으로 간주되지 않고 외적 이름으로조차 간주되지 않는 관계사가 있다. 이것은 주체 가운데의 절대적인 어떤 사물을 의미 표시하는 형식과 겉모양 아래에 (실은) 역시 비교적 관찰되기 어려운 어떤 암묵의 관계를 숨기고 있는 것이다. 예를 들어 낡고, 크고, 불완전한 등의 실정적인 관념이 그와 같은 관념이다. 이에 대해서는 앞으로 여러 장(이를테면 제3권 제7장 등)에서 더욱 자세히 말할 기회가 있을 것이다.

4. 관계는 관계를 짓게 되는 사물과 다르다

그리고 다음의 점을 더 기술해도 좋을 것이다. 관계를 짓게 되는 사물, 다시 말해서 관계에 의해 비교되는 사물에 대해서 매우 다른 관념을 지닌 사람들도 관계의 관념은 같을 수가 있다. 예를 들면 인간에 대해서 매우 다른 관념을 지닌 사람들이 아버지의 사념에서는 일치할 수 있을 것이다. 이 사념은 실체, 즉 인간에게 곁들여진 사념이고 인간이 어떤 것이건 인간으로 불리는 사물의 모든 작용, 곧 자기 자신과 같은 부류의 한 사람의 생성에 인간을 공헌시키는 작용에만 관련하는 것이다.

5. 주체에 아무런 변화가 없어도 관계에 변화가 있을 수는 있다

그러므로 관계의 본성은 두 사물을 상호 관련 또는 비교하는 것에 있고 이 비교에서 한쪽의 사물 또는 양쪽이 이름을 얻게 되는 것이다. 거기에서 만일 그런 사물의 어느 한쪽이 없어지거나 하면 설사 다른 한쪽이 그 자체에 아무런 변화가 없어도 관계는 없어지며 관계의 결과인 이름도 없어진다. 이를테면 오늘 나는 카이우스를 아버지로 생각하는데 내일 아들이 죽으면 그것만으로 카이우스 자신에게 아무런 변화가 없어도 아버지일 수 없게 된다. 마음이 어느 사물과 비교하는 대상을 바꾸면 단지 그것만으로 같은 사물이 동시에 반대의 이름을 가질 수 있게 되는 것이다. 예컨대 카이우스가 여러 인물과 비교되면 나이라든가 젊음이라든가, 강하다든가 약하다든가의 말을 들을 수가 있고 모두가 사실일 것이다.

6. 관계는 두 개의 사물 사이에서만

본디 하나의 사물로 존재하는 것, 존재할 수 있는 것, 또는 하나의 사물로 생각할 수 있는 것은 모두 실정적이다. 따라서 단순관념과 실체뿐만 아니라 양상도, 비록 양상을 이루는 부분들이 서로 밀접한 관계에 있더라도 실정적인 것이다. 양상은 전체가 함께 하나의 사물로 생각되고 우리(의 마음)에게 하나의 사물의 복합관념을 낳으며, 그 관념은 다양한 부분의 집합이어도 우리 마음에 하나의 상징으로서 있고 한 이름의 근원에 있다. 그러므로 양상은 실정적이거나 절대적인 사물, 즉 관념인 것이다. 이를테면 삼각형의 여러 부분은 서로 비교할 때 관계적인데 삼각형 전체의 관념은 실정적 절대관념이다. 같은 것을 가족이라든가 가곡(歌曲) 등과 같은 것에 대해서 말할 수 있을 것이다. 두 사물로 생각된 두 사물의 사이가 아니면 관계는 없기 때문이다. 관계에는 언제나 두 관념, 즉 사물이 그 자체가 진실로 별개이건, 별개로 생각되건(생각될 뿐이건) 없어서는 안 되고 또 거기에서 그러한 두 관념과 사물을 비교하는 근거나 기회가 없어서는 안 된다.

7. 모든 사물이 관계할 수 있다

관계 전반에 대해서 다음을 고찰할 수 있을 것이다.

첫째로 단순관념이건 실체이건, 양상이건 관계이건, 또는 그런 것의 어느 이름이건 다른 사물과 관련시켜서는 거의 무한대로 많아 고찰할 수 없는 사물은 아무것도 없으며, 그러므로 사람들의 사상이나 언어의 적지 않은 부분은 이렇게 해서 만들어진다. 이를테면 한 인간이 한번에 다음의 모든 관계나, 더욱 많은 관계에 관여하고 그런 관계를 받을 수가 있을 것이다. 즉 아버지·형·아들·할아버지·손자·양아버지·남편·친구·적·신하·장군·판사·비호자·식객·교수·유럽인·영국인·하인·주인·소유자·선장·상위·하위·크다·작다·노인·젊은이·동시대·닮았다·닮지 않았다 등, 거의 무수한 관계이다. 그것은 이 사람이 무언가 방법의 일치 또는 불일치로, 또는 대체로 어떠한 연관에서 다른 사물과 비교할 수 있는 기회가 있으면 그만큼 많이 관계할 수 있다. 왜냐하면 이미 (앞 절에서) 말했듯이 관계란 두 사물을 함께 비교하거나 고찰하고, 이 비교에서 한쪽 또는 양쪽에 어느 이름을 부여해 때로는 관계 자체에조차 있는 이름을 부여하는 하나의 방법이기 때문이다.

8. 관계의 관념은 때때로 관계짓게 되는 주체의 관념보다 명석하다

둘째로 관계에 대해서 다음을 더욱 고찰할 수 있을 것이다. 즉 관계는 실재하는 사물에 포함되지 않고 외부에서 곁들어진 어느 사물인데 관계어가 나타내는 관념은 가끔 그 관념이 속하는 실체의 관념보다 분명하다. (예를 들어) 아버지라든가 형이라든가에 대해서 내가 지닌 사념은 인간에 대해서 갖는 사념보다 훨씬 더 명석하다. 또는 만일 이렇게 말하고 싶다면 아버지란 존재는 인간에 대해서보다 관념을 갖기 쉽다. 그래서 나는 신이 무엇인가 하는 것보다 친구란 무엇인가 하는 쪽을 훨씬 쉽게 상념할 수 있다. 왜냐하면 하나의 행동, 다시 말해서 한 단순관념의 지식은 이따금 어떤 관계의 사념을 나에게 주기에 충분한데 어떤 실체적인 자의 지식에는 잡다한 관념의 명확한 집합이 필요하기 때문이다. 어떤 사람이 두 사물을 함께 비교한다면 어떤 점에서 비교할 것인가를 알지 않으면 상정할 수 없다. 그러므로 그 사람이 어떤 사물을 함께 비교한다면 그 관계에 대해 매우 명석한 관념을 갖지 않을 수 없는 것이다. 그러고 보면 관계의 관념은 실체의 관념보다 우리 마음으로 적어도 한층 완전히 분명한 일을 할 수 있다. 왜냐하면 어느 실체 속에 진실로 있는 단순관념을 모두 아는 것은 보통은 어려운데 내가 생각하거나 이름을 갖고 있는 무언가의 관계를 만드는 단순관념을 아는 것은 대체로 쉽기 때문이다. 이를테면 두 사람을 공통의 부모에게 연관시켜서 형제의 관념을 형성하는 것은 인간에 대한 완전한 관념을 아직 갖지 않아도 매우 쉽다. 그것은 의미 있는 관계어는 다른 언어와 마찬가지로 관념만을 나타내고 관념은 모두 단순관념이거나 단순관념에서 만들어졌으므로(복합관념이므로) 관계사가 나타내는 그 관념을 알려면 관계의 바탕인 것의 명석한 상념을 가지면 충분한데 이것은 관계가 귀속되는 사물의 완전하고 명석한 관념을 갖지 않고도 가능하기 때문이다. 이를테면 한 마리가 알을 낳고 그 알에서 또 한 마리가 부화했다는 사념을 가지면 세인트 제임스 공원의 두 마리 화식조*¹ 사이의 어미새와 새끼새 관계의 명석한 관념을 나는 갖게 되지만 그 새 자체에 대해서는 틀림없이 매우 또렷하지 않은 관

---

*1 two cassiowaries in St. James' park. 세인트 제임스 공원은 헨리 8세의 명령으로 만들어지고 귀족과 상류인사가 모였다. 화식조는 오스트레일리아 특산의, 그 무렵에는 매우 희귀한 새이고 1755년판 코스트 역(譯)은 '유럽에서 알려지지 않았다'고 각주한다. 제3권 제6장 제9절 및 제34절에도 같은 예가 인용된다. 한편 욜튼판(版)은 cassowaries.

념밖에 갖지 않는 것이다.

9. 관계는 모두 단순관념으로 끝난다

셋째로 사물 상호를 비교할 수 있는 고찰은 많이 있고 나아가 수많은 관계가 있다고는 하지만 관계는 모두 감각이거나 내성이거나의 단순관념으로 끝나며 그와 같은 단순관념과 연관해 있다. 이 단순관념이야말로 내 생각에서는 우리 모든 지식의 전 재료이다. 이 점을 명확히 하기 위해 나는 (다음 장 이하에서) 우리에게 무언가의 사념이 있는 가장 주된 관계에서, 또 감각기관이나 내성으로부터 가장 멀게 생각되는 관계에서 그 점을 명시하게 될 것이다. 그와 같은 관계도 그 관념을 감각기관이나 내성에서 얻는 것은 명확할 테고, 관계에 대해서 우리가 갖는 사념은 일정한 단순관념에 지나지 않는다. 따라서 기원에서는 감각기관 또는 내성에서 나오는 것에 의심을 남기지 않을 것이다.

10. 이름으로 불리는 주체를 넘어 마음을 이끄는 명사는 관계적이다

넷째로 (고찰할 수 있는) 관계는 어느 사물을 (그 밖에 있는) 외적인 다른 사물과 함께 고찰하는 것이므로 어느 언어가 그 적용되는 사물에 실재하는 것으로 상정되는 관념보다 이외의 관념으로 마음을 반드시 이끌거나 할 때 그와 같은 언어는 모두 명백히 관계어라는 점이다. 이를테면 인간·검다·즐겁다·생각이 깊다·목이 마르다·분노·연장이 있는 것들 및 비슷한 언어는 모두 절대적이다. 왜냐하면 그러한 언어는 위의 이름으로 불리는 인간에게 실재하며 또는 실재한다고 상정되는 것 말고는 어떤 사물도 의미 표시를 하지 않고 암시도 하지 않기 때문이다. 그러나 아버지·형·왕·남편·한층 검다·한층 즐겁다 등은 그 이름으로 불리는 사물과 함께 다른 별도의 이 사물의 존재 외에 있는 사물도 포함한다. (따라서 그런 것들은 관계어이다.)

11. 결론

관계 전반에 대해서 위에서 이미 전제를 말했으므로 이번에는 몇몇 사례를 들어 우리가 지닌 관념이 어떻게 해서 관계에 대해 다른 모든 관념과 마찬가지로 단순관념으로만 만들어지는가를 명시하고 그와 같은 관념은 모두 어느 정도 세련된 것처럼, 다시 말해서 감각에서 먼 것처럼 보여도 마지막에는 단순관념에 그치는 것을 명시하게 될 것이다. 나는 먼저 존재하는 모든 사물 또는 존재할 수 있는 사물이 연관된 가장 포괄적인 관계에서 시작하게 될 것이다. 즉 원인 결과의 관계이다. 이 관념이 어떻게 해서 감관과 내성이라는 우리의 모든 지식, 두 원천에서 생겨나는지를 나는 다음 장에서 고찰할 것이다.

제26장
원인 결과 및 그 밖의 관계

1. 어디에서 그런 관념은 얻어지는가

대체로 우리의 감관은 사물의 끊임없는 변화와 움직임을 지각하는데 그때 우리는 낱낱의 여러 성질이나 실체가 존재하기 시작하는 것, 그리고 (그런 성질이나 실체의) 이와 같은 존재를 다른 어느 것의 적정한 적용 및 작용에서 받는 것을 관찰하게 된다. 이 관찰에서 우리는 원인 결과[1]에 대한 우리의 관념을 얻는다. 어느 단순관념 또는 복합관념을 낳는 것, 이를 우리는 원인이라는 일반적인 이름으로 표시하고, 낳게 되는 것을 결과라는 이름으로 표시한다. 이를테면 우리가 납이라 부르는 실체 가운데 유체성이라는, 전에는 납에 없었던 단순관념이 일정 정도의 열의 적용(또는 열을 가하는 것)에 의해서 언제나 맡아놓고 낳게 되는 것을 발견하면 우리는 열의 단순관념을 납의 유체성과의 관계에서 유체성의 원인으로 부르고 유체성을 결과로 부른다. 마찬가지로 땔나무라는 실체는 단순관념이 그렇게 불리는 일정한 집합인데 불의 적용에 의해서 재로 불리는 다른 실체에, 즉 땔나무로 불리는 복합관념과 전혀 다른 단순관념의 집합으로 이루어지는 또 하나의 복합관념으로 바뀌는 것을 발견할 때 우리는 불을 재와의 관계에서 원인이라 부르고 재를 결과라 부른다. 그러므로 전에는 존재하지 않았던 어느 특정 단순관념의, 또는 실체건 양상이건 단순관념의 어느 특정집합의 계산에 기여하면, 다시 말해서 그와 같은 계산에 작용하면 우리가 생각하는 것은 모두 이에 따라서 우리 마음 가운데서 원인이라는 관계를 지니고 그 이름으로 불리는 것이다.

---

[1] cause and effect. 로크는 전통적인 형이상학적 실체적 인과를 답습한 것을 의심하지 않는다. 이런 인과관념에 대한 의문이 영국 고전 경험론을 낳은 것은 다 알고 있는 일이다.

2. 창조, 생성, 작성, 변경

이렇게 해서 물체 상호의 작용 가운데 우리 감관이 발견할 수 있는 것으로부터 원인 결과의 사념을 얻고 나면, 즉 원인이란 단순관념이건 실체건 양상이건 어느 다른 사물을 존재하기 시작하게 하는 것이며, 결과란 그 시작을 다른 어느 사물에서 얻은 것이라는 사념을 얻으면 마음은 큰 어려움 없이 사물의 다양한 기원을 두 종류로 구별한다.

첫 번째로 사물이 완전히 새롭게 만들어지고 따라서 어느 부분도 전에는 존재하지 않았을 때, 이를테면 전에 조금도 존재하지 않았던 새로운 물질분자가 자연계에 존재하기 시작했을 때와 같은 경우에 이를 우리는 창조*²라고 한다.

두 번째로 어느 사물이 모두 전부터 존재하는 분자로 만들어져 있는데 그 어느 사물 자체는 기존의 분자에서, 즉 모든 것을 함께 생각하면 그와 같은 (어느 사물이라는) 단순관념의 집합을 만드는 기존의 분자에서 그런 식으로 (어느 사물을 만들도록) 구성되어 있어 전에는 조금도 존재하지 않았는데, 이를테면 이 인간, 이 알(卵), 장미, 벚꽃 등이다.

그리고 이것을 다음과 같은 실체에 연관시킬 때, 즉 어느 내부원리에 의해서 자연스런 일상적인 경과 가운데서 낳게 되는데, 이 내부원리는 외부의 어느 작용자 곧 원인에 의해서 작용이 되고, 이 작용자와 원인에서 받고 있으며 그 작용도 감지하지 못하고 지각되지 않는다는 그런 실체에 연관시킬 때 우리는 생성으로 부른다. 또 원인은 밖에 있고 식별할 수 있는 부분을 감지할 수 있는 분리 또는 병치(竝置)에 의해서 결과를 낳게 될 때 우리는 이를 작성이라고 한다. 인공의 사물은 모두 그와 같은 것이다. (그리고) 그 실체에 전에는 없었던 무언가의 단순관념을 낳게 될 때 우리는 이를 변경이라고 한다. 이를테면 어느 인간이 생성되고 어느 그림이 작성된다. 또 전에는 없었던 무언가 새로운 감지할 수 있는 성질, 즉 단순관념이 인간 또는 그림의 어느 쪽에 낳게 될 때 그 어느 한쪽은 바뀐다. 그리고 전에는 없었으며 이와 같이 존재하게 된 사물은 결과이고 이 존재에 작용한 사물은 원인이다. 이 경우도, 다른 모든 경우도 원인 결과의 사념은 감각이나 내성이 받는 관념에서 발생하고 이

＊2 그리스도교의 '무(無)로부터의 창조'에 기초한 발상이다.

(원인 결과의) 관계는 아무리 포괄적이어도 마지막에는 그와 같은 관념에 그친다. 그렇게 말해도 좋을 것이다. 원인 결과의 관념을 갖기 위해서는 어느 단순관념 또는 실체가 다른 어느 단순관념 또는 실체의 작용에 의해서 그 작용 방법은 모른 채 존재하기 시작한다고 생각하면 충분하다.

3. 시간의 관계

시간과 장소도 매우 광범한 관계의 바탕에 있으며, 적어도 유한한 것은 모두 시간과 장소에 연관된다. 하지만 이미 다른 장소(즉 본 권 제13장 제7절 이하 및 제14장 제17절 이하)에서 우리는 시간과 장소의 관념을 어떻게 얻는지를 명시해 두었으므로 여기에서는 사물의 이름으로 시간에서 받은 것의 대부분은 단순히 관계임을 나타내면 충분하리라. 이를테면 누군가가 엘리자베스 여왕[*3]은 89년을 살고 45년 군림했다고 말할 때 이런 말은 그와 같은 지속과 다른 어느 지속과의 관계를 의미 표시하는 것뿐이고 그 뜻하는 바는 다음의 것, 즉 여왕의 존재지속은 태양의 69년차 주전(周轉)과 같았으며 통치의 지속은 45년차 주전과 같았다 그 이상의 것은 아니다. 어느 정도 길다는 언어는 모두 그렇다. 그리고 정복왕 윌리엄[*4]은 1070년 무렵 인도에 침입했다는 뜻은 이렇다. 즉 우리의 구세주인 때부터 이제까지의 지속을 하나의 단절도 없는 큰 시간의 길이로 하면 이 침입은 (구세주인 때와 지금과의) 두 끝에서 어느 정도의 거리에 있었는지를 명시하는 것이다. 그래서 언제라는 물음에 답하는 시간의 언어는 모두 그렇고, 그와 같은 언어는 단순히 어느 시점(時點)의, 한층 긴 지속의 다음과 같은 기간으로부터의 거리를, 즉 우리가 그 기간에서 측정하고 이것으로 그 시점을 그 기관과 관련지어 생각하는 것과 같은 기간으로부터의 거리를 보여줄 뿐이다.

4.

위에 든 언어 말고 시간에 관한 다른 언어가 더 있어 주로 실정관념을 나타

---

*3 Queen Elizabeth(1533~1603), 재위 1558~1603. 튜더(Tudor) 왕조 마지막 군주이고 영국 절대주의 황금기의 통치자.

*4 William the Conqueror. 노르망디(Normandie) 공이며, 1066년 잉글랜드를 정복해 노르만(Norman) 왕조를 연 윌리엄 1세(1027~87)의 별명.

내는 것으로 생각되는데 잘 살펴보면 관계적임을 알 수 있다. 이를테면 젊다거나 늙었다거나 등에서 이런 것들은 우리 마음속에 관념의 어느 일정한 길이의 지속에 대한 어느 사물의 관계를 포함하고 암시한다. 이를테면 우리의 사유 가운데서 인간의 일반적인 지속관념을 70년이라 정하면 어떤 사람은 젊다고 말할 때는 이 사람의 나이가 인간이 보통 다다르는 나이의 아직 매우 작은 부분이라는 뜻이고, 늙었다고 말하면 그 사람의 지속이 사람들의 통례를 뛰어넘지 않은 지속의 거의 끝까지 와 있다는 뜻이다. 따라서 이것은 저 인간이 인간의 나이, 즉 지속을 (인간이라는) 그 부류의 동물에게 보통 속하는 것으로서 우리 마음에 있는 지속의 관념과 비교하는 일에 지나지 않는다. 이 점은 이와 같은 이름을 다른 사물에게 적용하면 누구나 알 수 있다. 인간은 20세에는 젊은이로 불리고 7세에는 어린아이로 불리지만 말은 20세, 개는 7세 때 늙었다고 여겨진다. 왜냐하면 말과 개 둘 다 우리는 그 나이를 자연의 경과에서 동물의 종에 속하는 것으로서 우리 마음에 정해진 지속의 다른 관념과 비교하기 때문이다. 그렇지만 태양이나 별은 인간의 몇 세대보다 길게 이어져 왔는데도 늙은 것으로는 불리지 않는다. 왜냐하면 신이 이런 것에게 어떤 기간을 정해 주었는지 우리는 모르기 때문이다. 이 (늙은이란) 명사가 본디 속하는 사물은, 사물의 일반적인 경과 속에서 자연히 쇠퇴해 시간의 일정 기간에 종말이 되면 관찰할 수 있으며, 따라서 그 지속의 여러 부분을 비교할 수 있는 이른바 기준이 우리 마음에 있어 이 기준과 지속의 각 부분과의 관계에서 젊은이라든가 늙은이로 불리는 것이고, 그러므로 평균적인 기간을 모르는 사물인 루비나 다이아몬드와 같은 것은 그렇게 부를 수 없다.

5. 장소와 연장의 관계

여러 사물이 장소와 거리로 상호 지닌 관계도 (이를테면) 위로, 아래로, 차링 크로스*5에서 1마일 떨어진 잉글랜드에서, 런던에서와 같은 식으로 매우 또렷하게 관찰된다. 하지만 지속에서와 마찬가지로 연장과 크기에 있어서도 크고 작은 것이 사실은 관계인 것처럼 실정적으로 생각되는 이름으로 의미 표시가 되는 관계적인 관념이 있다. 왜냐하면 여기에서도 관찰에 의해서 여

---

*5 Charing-Cross. 런던, 스트랜드(Strand) 거리 서쪽 끝에 있는 번화한 광장.

러 종의 사물 크기의 관념을 우리는 가장 익숙한 사물에 따라 마음에 정하고 있으므로 우리는 이 관념을 (그 종의) 다른 사물의 크기를 이름하는 기준으로 삼기 때문이다. 이를테면 우리에게 익숙한 일반적인 사과에 비해서 큰 것을 우리는 큰 사과라고 한다. 또 말에 속하는 것으로 우리 마음에 지니고 있는 주된 관념의 치수에 다다르지 않는 것을 작은 말로 부른다. 그래서 플랑드르[*6] 사람들에게는 작은 말도 웨일스인에게는 큰 말일 것이다. 이 두 민족은 그 나라 (말의) 다른 혈통에서 저마다 치수의 관념을 갖고는 이것과 비교하며 이것과의 관계에서 크고 작음을 이름하는 것이다.

6. 절대명사도 가끔 관계를 나타낸다

마찬가지로 강함과 약함은 능력의 크고 작음에 있어서 (생각하는) 그때 우리가 지닌 어떤 관념과 비교해서 능력에 붙이는 관계적인 이름에 지나지 않는다. 이를테면 약한 인간이라고 말할 때는 사람들이 보통 지닐 정도의, 또는 이 사람의 신체치수와 같은 자가 보통 지니는 정도의 체력, 즉 움직이는 능력조차 갖지 않은 사람을 뜻하는 것이다. 이는 그의 체력을 사람들의, 또는 그 크기 사람들의 보통 체력에 대해서 우리가 지닌 관념과 비교하는 것이다. 우리가 피조물은 모두 약한 사물이라고 말할 때도 같다. 여기에서 약하다는 것은 신의 능력과 피조물의 능력과의 불균형을 의미 표시하는 관계사에 지나지 않는다. 따라서 흔히 이야기를 할 때 대부분의 언어는 단지 관계만을 나타내며 (더구나 틀림없이 가장 많은 부분인데) 그런 언어는 언뜻 보기에 그와 같이 관계를 의미 표시하는 것으로 생각되지 않는다. 이를테면 배에 필요한 비품이 있다(는 것은 그 예이다). 여기에서 필요한 것과 비품은 모두 관계어이다. 필요함은 지향하는 항해를 완료하는 것과 관계가 있고, 비품은 미래의 사용과 관계하기 때문이다. 이런 모든 관계가 감각 또는 내성에서 나오는 관념에 얼마나 국한되고 그와 같은 관념에 그치는지, 너무나 또렷해 구태여 밝힐 필요도 없다.

[*6] 플랑드르(Flandre) 지방(벨기에의 서부)은 마격이 큰 종류를 낳고 웨일스(Wales)는 작은 말의 산지로 알려졌다.

제27장

동일성과 차이성

1. 동일성이 존재하는 곳

또 하나, 마음이 가끔 비교할 기회는 사물의 존재 그 자체이다. 이때 우리는 어느 사물을 어느 확정된 시간과 장소에 존재하는 것으로 생각해 이를 다른 시간에 존재하는 그 사물 자체와 비교하고 이에 따라 동일성과 차이성의 관념을 만든다. 우리는 어느 사물이 시간의 어느 순간에 어느 장소에 있는 것을 볼 때 (어떤 것이건) 바로 그 사물이며, 다른 모든 점에서 아무리 비슷해 구별할 수 없어도 다른 장소에 그 똑같은 시간에 존재하는 다른 사물이 아님을 확인한다. 따라서 동일성은 다음일 때에 존재한다. 즉 동일성이 귀속되는 (사물의) 관념들이 전에 존재한 것으로 생각되고 또한 현재의 존재와 비교되는 순간에 있었던 곳과 조금도 바뀌지 않은 때이다. 왜냐하면 우리는 같은 종류의 두 사물이 같은 시간에 같은 장소에 존재하면 결코 발견할 수 없으며 이것이 가능하다고도 생각하지 않기 때문이다. 그래서 대체로 어느 시간에 어느 장소에 존재하는 것은 같은 종류의 모든 것을 배제하고 그곳에 그것 자체만 있다고 판단하는 것이 올바르다. 그러므로 어느 사물이 같은지를 물을 때 그 사물은 언제나 어느 시간에 어느 곳에 존재한 어느 사물과 관련하는 것이며, 이 일찍이 존재한 사물은 그 순간에는 절대로 확실하게 그 사물 자체와 똑같고 다른 사물은 아니었던 것이다. 이런 점에서 하나의 사물이 존재의 두 개 시작을 가질 수 없고 두 개의 사물이 하나의 시작을 가질 수 없다는 것이 된다. 왜냐하면 같은 종류의 두 사물이 같은 순간에 바로 같은 장소에 있을 수는, 즉 존재할 수는 없고, 같은 하나의 사물이 (같은 순간에) 다른 장소에 있을 수도 없기 때문이다. 그러므로 시작이 하나였던 것은 같은 사물이며, 그 사물과 시간과 장소에서 시작이 다른 사물은 같지 않고 차이가 나는 것이다. 이 (동일성의) 관계를 어렵게 해온 것은 이 관계가 귀속되는 사물이 정확한 사념을 지닐 때 기울이게 되는 배려와 주의의 부족이었다.

2. 실체의 동일성

본디 우리는 세 종류의 실체에 대해서만 관념을 지닌다. 1. 신. 2. 유한한 지능이 있는 것. 3. 물체. 첫째로 신은 시작이 없이 영원하고, 변경되는 일이 없이 어디에나 있다. 그러므로 신의 동일성은 의심할 수가 없다. 둘째로 유한한 영혼들은 제각기 존재하기 시작한 확정적인 시간과 장소를 지니고 있다. 따라서 이 시간도 장소에 대한 관계가 유한한 영혼들이 존재하는 한, 그 동일성을 언제나 제각기 결정할 것이다.

셋째로 물질의 덧붙임도 덜어냄도 없이 똑같은 모든 물질분자에 대해서도 똑같이 말할 수 있을 것이다. 왜냐하면 위에 이름이 붙여진 세 종류의 실체는 같은 장소에서 다른 것을 서로 배제하지 않는다(다시 말해서 동시에 같은 장소에 존재할 수 있다)고는 하지만, 그럼에도 우리는 그런 실체가 (신만 별도로 하고)*¹ 저마다 같은 종류의 어떤 것도 같은 장소에서 반드시 배제하는 것으로 상념하지 않을 수 없기 때문이다. 그렇지 않으면 동일성과 차이성이라는 사념과 이름은 헛되며 실체 그 밖의 어떤 사물도 서로 구별하지는 못했을 것이다. 예를 들어 만일 두 물체가 동시에 같은 장소에 있을 수 있었다면 그런 물체의 두 조각은 크고 작음에 상관없이 같은 하나가 아니면 안 된다. 아니, 모든 물질이 같은 하나가 아니면 안 된다. 왜냐하면 두 개의 물질분자가 하나의 장소에 있을 수 있는 것과 같은 이유이고, 모든 물체는 하나의 장소에 있을 수 있기 때문이다. 이를 상정할 수 있을 때 1과 그 이상과의 동일성과 차별성의 구별은 제거되어 그와 같은 구별은 우스꽝스럽게 된다. 하지만 두 개 또는 그 이상이 똑같다는 것은 모순이므로 동일성과 차이성은 바탕이 확실한, 지성에 유용한 관계이며 비교의 방법이다.

양상의 동일성

다른 (실체 이외의) 모든 사물은 양상 또는 관계뿐이고 그런 것들은 궁극적

---

*1 신은 유일하다. 보충한 이유이다. 또한 본 장의 동일성은 시간과 장소에 연관된 사물 하나하나의 동일성이다.

으로 실체에 그친다. (다시 말해서 실체의 양상이며 실체 간의 관계이다.) 따라서 그런 양상 또는 관계의 각 존재의 동일성과 차이성도 (실체와) 같은 방법으로 결정될 것이다. 다만 유한한 자의 활동처럼 그 존재가 잇따라 일어나는 사물, 이를테면 운동과 사유는 어느 쪽이나 계기(繼起)의 연속적 계열에 존재하는데 그와 같은 사물에 대해서는 그 차이성에 의문이 있을 리가 없다. 왜냐하면 제각기 시작하는 순간에 사라지므로 항구적인 것이 다른 시간에 다른 장소에 존재할 수 있도록 다른 시간 또는 동떨어진 곳에 존재할 수 없기 때문이다. 그러므로 다른 시간에 이루어진 것으로 생각되는 운동도 사유도 같을 수는 없다. 그 부분은 저마다 존재의 시작이 다르기 때문이다.

3. 개체화의 원리

위의 기술에서 계속 탐구되고 있는 개체화의 원리*2도 쉽게 발견할 수 있다. 이 원리는 누구나 알 수 있듯이 어느 것을 같은 부류의 두 존재자에게 전달할 수 없는 특정의 시간과 장소로 확정하는 존재 그 자체이다. 이 점은 단순실체나 양상에서는 비교적 쉽게 상념할 수 있으리라 생각되는데, 복합적인 것도 이 원리가 어떤 것에 적용되는지에 주의를 기울이면 그리 어렵지만은 않다. 이를테면 (단순실체를 생각해) 하나의 원자, 즉 하나의 불역면(不易面 ; 변하지 않는 면)으로 뒤덮인 연속적 물체가 어느 확정된 시간과 장소에 존재한다고 상정하자. 이 원자를 그 존재의 어느 순간에 고찰해도 그 순간에는 명백히 원자는 원자 자체와 같다. 왜냐하면 그 순간에는 그 있는 곳의 것이며 다른 어떤 사물도 아니므로 원자는 같고, 나아가 그 존재가 이어지는 한 이어지지 않으면 안되기 때문이다. 그것은 그런 한 원자는 같고 다른 아무것도 아닐 것이다. 마찬가지로 (복합실체에서) 두 개 또는 그 이상의 원자가 연결해서 같은 덩어리를 이루어도 앞의 규칙에 의해서 각 원자는 같을 것이다. 따라서 그런 원자가 합일해 존재하는 동안은 같은 원자로 이루어지는 덩어리는 아무리 부분이 다양하게 모아졌다 해도 같은 덩어리, 즉 같은 물체임에는 틀림없다. 그렇지만 만일 그와 같은 원자의 하나가 없어지고, 또는 새로운 원자가 보태어진다면 이제는 같은 덩어리, 곧 같은 물체는 아닌 것이다. (당연히) 살아 있는 피조물의 상

---

*2 principium individuationis. 스콜라철학에서 개체를 개체로 하는 형이상학적인 원리.

태에서 그 동일성은 같은 분자의 덩어리라는 점에 의거하지 않고 다른 어느 사물에 의거한다. 그리고 살아 있는 피조물에서는 (이를 구성하는) 물질의 큰 조각의 변동도 동일성을 변경하지 않는다. (이를테면) 어린나무에서 큰 나무로 성장하고 거기에서 가지가 잘린 참나무는 언제나 똑같은 참나무이며, 망아지가 말로 성장해 때로는 살이 찌고 때로는 야위어도 그동안은 계속 말이다. 하지만 어느 쪽도 부분의 명백한 변화가 있을 것이다. 그러므로 사실은 어느 쪽도 물질의 같은 덩어리는 아니다. 그렇기는 하지만 그런 것의 하나는 진정으로 같은 참나무이며 같은 말이다. 물질의 덩어리와 생명체와의 이러한 두 경우에 동일성이 같은 사물에 적용될 수 없기 때문이다.

4. 초목의 동일성

따라서 한 그루의 참나무가 물질의 어느 덩어리와 어디가 다른지를 고찰하지 않으면 안 된다. 이 차이는 다음의 점에 있다. 즉 물질의 덩어리는 무언가의 방법으로 합일된 물질분자의 응집에 지나지 않는다. 참나무는 물질분자가 참나무의 부분들을 조직하도록 배치되고, 그런 여러 부분은 양분을 섭취해서 배분해 목질이나 나무껍질이나 잎 따위를 이루기에 적절한 체제를 이루고 있어 초목의 생명이 존재하는 것이다. 그리고 보면 하나의 공통 생명에 관여하는 하나의 응집체 여러 부분이 그와 같은 체제를 이루고 있는 것이 하나의 식물이며, 따라서 그것은 같은 생명에 관여하는 한 (계속 같은 식물일 수 있고) 설사 그 생명이 새로운 물질분자로, 즉 산 식물로 생명이 있도록 합일되는 새로운 물질분자로 이 같은 식물에 합치한 비슷한 연속적인 체제 가운데서 전달되어도 계속 같은 식물일 수 있다. 이 체제는 어느 한 순간에 어느 하나의 물질집합에 있어 그 특정의 응결점에서 다른 모든 체제와 구별되며 그 하나의 생명인 것이고, 그 하나의 생명은 그 순간부터 앞으로도 뒤로도, 식물의 생명체에 합일된, 감지되지 않고 (생명을) 이어가는 부분의 같은 연속 가운데서 끊임없이 존재하므로 이 체제에 동일성은 있다. 그리고 그 동일성이 같은 식물을 만들어 그 식물의 모든 부분이 연속적 체제로, 곧 그렇게 합일된 모든 부분에 그 공통 생명을 전하기에 적당한 연속적 체제로 합일되어 존재하는 시간 내내 이 식물의 모든 부분을 같은 식물의 부분으로 만드는 것이다.

5. 동물의 동일성

동식물도 그다지 다르지 않다. 위의 글에서 무엇이 동물을 만들고 계속해서 같은 동물로 해두는지 누구나 알 수 있을 것이다. 기계에도 이와 비슷한 사물이 있어 동물의 동일성을 이해하는 데 도움이 된다. 이를테면 시계란 무엇인가? 누구나 알 수 있듯이 시계는 여러 부분이 일정한 목적에 적당한 체제 또는 구조체에 다름 아니고, 여기에 어떤 충분한 힘이 가해지면 목적을 이룰 수 있는 것이다. 만일 이 기계가 하나의 (시간적으로) 연속하는 물체이며 그 체제화된 부분 전체가 하나의 공통인 생명을 지니면서 감지할 수 없는 부분의 끊임없는 덧붙임이나 분리에 의해서 보수되고 증감된다고 상정하면 동물의 몸과 매우 비슷한 어느 사물을 얻을 수 있을 것이다. 다만 다음의 점은 다르다. 동물의 경우 적당한 체제와 생명이 존재하는 운동은 함께 시작된다. 그것은 운동이 내부에서 오기 때문이다. 하지만 기계에서 힘은 밖에서 오는 것으로 감지된다. 따라서 장치가 갖추어지고 힘을 받기에 적당한 때에도 힘없이 있을 때가 가끔 있다.

6. 인간의 동일성

이것으로 같은 인간[*3]의 동일성이 어디에 존재하는지도 명시된다. 즉 끊임없이 바뀌어 가는 물질분자가 같은 체제인 신체에 생명이 계속해서 존재하도록 합일하며, 이에 따라서 같은 연속적 생명을 함께하는 그와 같은 점에만 존재하는 것이다. 인간의 동일성을 다른 동물의 동일성처럼 하나의 적당한 체제의 신체에 두지 않고, 그러니까 어느 순간에 시작해 그 뒤 이어서 하나의 생명 체제 아래에서 그 체제로 합일된, 다양하게 잇따라 바뀌어 가는 물질분자 속에 연속하는 하나의 적당한 체제의 신체에 두지 않고 무언가 다른 사물에 두는 사람은 (다른 인간 이를테면) 셋, 이스마엘, 소크라테스, 빌라도, 성 오스틴, 체사레 보르지아[*4]를 같은 인간으로 할 수 없는 것과 같은 무언가의 상정에

---

*3 로크는 신체를 지닌 생명이 있는 것으로서 생물적인 인간(man)과 의식을 지니고 심적 기능을 영위하는 인물 또는 인격인 person을 구별한다. 뒤엣것이 본디의 인간이고 그 동일성은 본 장 제9절 이하에서 탐구된다.

*4 Seth. 아담의 셋째 아들. 〈창세기〉 4장 25절 참조. 이스마엘―원저 각판을 비롯해서 여러 간행본은 모두 Ismael인데 아브람(아브라함의 전 이름)이 하갈과의 사이에 얻은 Ismael일 것이다. 〈창세기〉 16장 15절 참조. 빌라도(Pilatus). 그리스도를 처형한 로마총독. 〈마가복음〉 15장

의해서 태어나 나이가 들거나 미치거나 제정신이었거나 하는 인간을 같은 인
간으로 하는 것의 어려움을 발견할 것이다. (다시 말해서 다른 인간을 다른 인
간으로 하면 다른 때나 상태가 같은 인간을 같은 인간으로 하는 일이 어렵게 되
고, 반대로 다른 때나 상태가 같은 인간을 같은 인간으로 하면 다른 인간을 같
은 인간으로 하지 않을 수 없게 될 것이다) 왜냐하면 만일 (피타고라스파의 주장
처럼) 영혼의 동일성만이 같은 인간을 만드는 것이고 또 같은 하나의 정신(또
는 영혼)이 다른 신체로 합일되어선 안 되는 까닭이 물질의 본성상 아무것도
없다고 한다면 시대에 떨어져 살고, 기질이 다른 위의 (셋 등의) 사람들이 같은
인간이었을지도 모른다는 것은 가능하기 때문이다. (그러나) 이와 같은 화법
은 인간이라는 언어를 매우 이상하게 구사하고 있어, 그 때문에 이 화법은 신
체나 모습을 제외한 (인간이라는) 관념에 적용되지 않으면 안 된다. 또 그와 같
은 화법은 환생을 인정하는 다음과 같이 주장하는 철학자(즉 피타고라스파)의
사념과 일치해[5] 역시 좋지 않았을 것이다. 그 주장은 사람들의 영혼이 그 부
주의 때문에 적당한 삶으로서 야수와 같은 기질을 만족시키기에 적합한 기관
(器官)을 수반해 짐승의 몸에 이식할 수가 있다는 것이다. 그러나 나는 생각하
는데 누구도 헬리오가발루스[6]의 영혼이 그의 수퇘지 한 마리에 있는 것으로
확실하게 믿을 수 있었다고 해도 수퇘지가 인간, 즉 헬리오가발루스라고는 말
하지 않았을 것이다.

7. 관념에 적합한 동일성

그러므로 실체의 단일성은 모든 종류의 동일성을 포괄하지 않고 모든 경우
에 동일성을 결정하는 일은 없을 것이다. 하지만 동일성을 올바르게 상념하고
판정하려면 동일성이 적용되는 언어가 어떤 관념을 나타내는지를 고찰하지 않
으면 안 된다. 만일 인물과 인간과 실체가 세 개의 다른 관념을 나타내는 세
개의 이름이라고 한다면 같은 실체와 같은 인간과는 다르고, 같은 인물은 더

1~15절 참조. 성 오스틴(St. Austin). 성 아우구스티누스와 같다. 체사레 보르지아(Cesare
Borgia, 1476~1507). 이탈리아의 전제군주, 추기경. 목적을 위해서는 수단을 가리지 않았다.
마키아벨리는 그를 이상적인 군주로 높이 평가했다.
*5 환생은 그 무렵 널리 믿어졌다. Cf. Shakespeare, Merchant of Venice, IV, I. 131.
*6 Heliogabalus. 로마황제 Elagabalus(204~222, 재위 218~222)의 별칭.

욱 다르기 때문이다. (제각기) 그 이름에 속하는 관념과 같은 것, 그와 같은 것이야말로 (그 이름인 사물의) 동일성이어야 하니까 말이다. 이 점에 좀더 치밀하게 주의해 왔다면 이 문제에서 가끔 일어나는, 외견상 적지 않게 곤란을 수반하는 많은 혼란은 어느 정도 막을 수 있었을 것이다. 그와 같은 혼란은 특히 인물(또는 인격) 동일성에서 일어난다. 그러므로 다음에는 이를 약간 고찰하게 될 것이다. (먼저 같은 인간임을 생각하자.)

8. 동일한 인간

동물은 체제를 지닌 생명체이다. 따라서 같은 동물이란 앞에서 (본 장 제5절에서) 언급한 바와 같이 다양한 물질분자가 (어느 동물이라는) 체제가 있는 생명체에 가끔 계속적으로 합일될 때, 이 물질분자에 전달되는 같은 연속적 생명(을 말하는 것)이다. 그러므로 다른 여러 정의에 대해서 어떻게 말하건 솔직한 관찰은 다음과 같다. 즉 우리가 말하는 인간이라는 음이 기호인 것과 같은, 우리 마음에 있는 (인간의) 관념은 (인간이라는) 그와 같은 일정한 형상의 동물의 관념이다. 누구나 자기 모습·체격의 피조물(또는 생물)을 보면 비록 그가 평생토록 고양이나 앵무새보다 많은 이지를 지니지 않았다고 해도 인간으로 불렀을 것이다. 또 누구든지 고양이나 앵무새가 논의하거나 추리하거나 철학하는 것을 들었다고 해도 고양이나 앵무새로 불러 그렇게만 생각하고, 앞의 것은 둔한 비이지적인 인간이며 뒤의 것은 매우 지능 있는 이지적인 (고양이거나) 앵무새라고 말했을 것이다. 대단히 고명한 어느 저자가 하는 말(윌리엄 템플《1672년부터 1679년까지 그리스도교 세계에서 일어난 일의 기록》57페이지)*7은 이지적인 앵무새라는 상정을 가장 알맞은 표현으로 하기에 충분하다. 저자의 말은 이렇다.

---

*7 제4판도 제5판도 저자를 거론하지 않고 Memories of what pass'd (제4판은 past) in Cristondom from 1672 to 1679로만 바깥쪽에 기술한다. 욜튼판은 저자를 거론해 pass'd를 past로 하고, from 이하를 begun 1672 to ……1679. 1692. pp. 57~60으로 한다. 프레이저판은 페이지를 p.66으로 하는데 욜튼판이 올바르다. 저자 템플(Sir William Temple, 1623~1699)은 그 무렵 활약한 정치가·외교관. 책은 욜튼판이 기술하는 해에 출판되어 프레이저판의 편자 각주에 의하면 이 앵무새의 이야기는 대단한 반응을 불러일으켰다.

나는 그 (모리스 공) 자신*8의 입을 통해 브라질 통치 중에 그곳에서 본 한 마리의 나이 많은 앵무새에 대해서 이제까지 매우 자주 많은 사람에게 들은, 시시하지만 꽤 믿을 만한 이야기의 자초지종을 듣고 싶다. 그 앵무새는 말을 하고 이지적인 피조물(또는 생물)처럼 이야기를 하거나 보통의 문답을 하거나 했으므로 그곳에서의 수행원들은 일반적으로 요술을 부리거나 악마에게 홀린 것으로 판단했다. 목사 한 사람은 그 뒤 오랫동안 네덜란드에서 살았는데 그때부터 앵무새에 대해 모두 악마가 들어 있다고 말했던 것이다. 나는 이 이야기를 여러모로 자세히 듣고 사람들이 말하는 바로는 믿을 수밖에 없다고 단정하고 말았다. 그래서 나는 이것이 무슨 이야기인지를 모리스 공에게 물어보았다. 공(公)이 평소의 꾸밈없는 무뚝뚝한 투로 전하는 바에 의하면 사실일 때도 있는데 거짓일 때도 많다고 한다. 나는 처음의 점(즉 사실)으로 어떤 일이 있었는지 알려달라고 말했다. 공이 짤막하게 대답한 바로는 브라질에 부임했을 때, 나이가 많은 앵무새의 이야기를 들었다. 그 무렵 공은 아무것도 믿을 수 없었고 꽤 떨어져 있었는데 매우 호기심이 생겨 데리고 오게 했다. 아주 크고 늙은 앵무새였다. 앵무새는 공이 많은 네덜란드인과 함께 있는 방에 처음으로 들어왔을 때 바로 말했다. '정말 많은 백인이 이곳에 있군.' 사람들은 공을 가리키면서 어떤 분으로 생각하느냐 물었다. 앵무새는 '장군이거나 그 밖의 다른.' 이같이 대답했다. 사람들이 앵무새를 공의 바로 곁으로 들고 왔을 때 공이 물었다. '어디에서 왔느냐?' 앵무새가 대답을 했다. '마리난에서.' 공이 '어디 사느냐?' 앵무새, '포르투갈 사람의 집에.' 공, '그곳에서 뭘 하고 있나?' 앵무새, '병아리를 돌보고 있습니다.' 공은 웃으면서 말했다. '병아리를 돌보고 있나?' 앵무새가 대답을 했다. '네, 그렇습니다.' 그러고는 사람들이 병아리를 부를 때 흔히 하는 것처럼 대여섯 번 구구 하고 말했다. 나는 이 하찮은 대화를 공이 나에게 이야기해 준 대로 프랑스어로 썼다. 나는 공에게 앵무새가 어느 나라 말로 말했는지 묻자 공은 브라질어라고 말해 주었다. 나는 브라질어를 아느냐고 물었다. 공은 알지 못하는데 두 통역을 곁에 두도록 배려해 한 사람은 브라질어를 말하는 네덜란드인, 또 한 사람은 네덜란드어를 말하는 브라질 사람이어서 각각 따로 물었는데 둘 다 앵무새가 말한 대로 똑같이 말을 했다. 나는 이

---

*8 Prince Maurice. 로크는 괄호에 넣어 보충한다. 원문에는 이 전에 모리스는 나소공(Prince of Nassau)이고 76세일 때 스네프(Sneffe)의 싸움에 참가했다고 쓰여 있다.

이야기가 매우 색다르며, 직접 보고 들은 내용이라 거짓이 아닌 이야기로 인정해도 좋으므로 이 기묘한 이야기를 하지 않을 수 없다. 매우 근엄하고 경건한 분으로서 이제까지 알고 지내온 공이 나에게 말한 전부를 적어도 나 자신은 믿을 수 있었기 때문이다. 이 이야기를 논하는 것은 박물학자에게 맡기기로 하고 다른 사람은 자기 취향에 따라 믿는 대로 맡기겠다. 이것이 도움이 될는지는 별개로 치고 때로는 이같이 옆길로 벗어나 마음에 여유가 없는 궁색한 삶을 추구하거나 유쾌하게 하는 것은 틀림없이 잘못은 아니다.

나는 독자가 이 이야기를 저자 자신의 언어로 상세하게 알 수 있도록 배려해 두었다. 저자가 이 이야기를 믿을 수 있으리라 생각되기 때문이다. 왜냐하면 저자처럼 증언을 충분히 보증할 수 있는 유능한 사람이 (책의 본 줄거리와) 무관한 곳에서 저자가 친구라고 말하는 사람뿐만 아니라 대단히 근엄하고 경건함을 인정하는 왕공에게, 만일 저자 자신이 믿지 않으면 우스꽝스럽다고 생각할 수밖에 없는 이야기의 (신뢰성의) 책임을 완전히 지게 하는 노력을 이토록 쏟았다는 것은 상상할 수 없는 일이기 때문이다. (하지만 그것은 그렇다 치고) 누구나 알 수 있듯이 이 이야기(의 진실성)의 주인공인 왕공도, 왕공에게 의거해 이야기하는 저자도 모두 이 (이야기 속의) 말하는 자를 앵무새로 부르고 있다. 그래서 이와 같은 이야기가 전해져도 좋다고 생각하는 사람들에게 묻겠는데 만일 이 앵무새와 그 종류의 모든 것이 왕공의 말대로 이 늙은 앵무새가 (이 이야기에서) 한 것처럼 언제나 말을 했다면 그 앵무새들은 이지적 동물의 하나로 통용되지 않았을까? 그럼에도 인간이고 앵무새는 아닌 것으로 인정되지는 않았을까? 왜냐하면 많은 사람들의 견해에서 인간의 관념을 만드는 것은 어느 생각하는, 다시 말해서 이지적인 자의 관념만이 아니고 이에 결부된 (인간다운) 모습의 신체 관념이라고 나는 추정하기 때문이다. 만일 이것이 인간의 관념이라면 같은 비물질적 정신뿐만 아니라 한번에 모두 바꿀 수 없는 계속적 신체도 같은 인간을 만드는 데 가해지지 않으면 안 된다.

9. 인물동일성

위에서 말한 것을 전제로 해서 인물(또는 인격인) 동일성이 어디에 있는지를 발견하기 위해 인물(인격인)이란 무엇을 나타내는지 고찰하지 않으면 안 된다. 내가 생각하는 바로는 인물이란 이지와 성찰을 지니고 자기 자신을 자기 자신으로 생각할 수 있는 지능이 있는 자, 다른 시간과 장소에서 똑같은 생각을 하는 사물이고, 이와 같은 것은 생각과 분리할 수 없는, 생각에 본질적*9으로 생각되는 의식*10에 의해서만 이루어진다. 그것은 누구나 자신이 지각하는 것을 지각하지 않고 지각할 수는 없기 때문이다. (이를테면) 내가 어떤 사물을 보거나, 듣거나, 냄새를 맡거나, 맛보거나, 만지거나, 사색하거나, 의지하거나 할 때 우리는 그렇게 하는 것을 알고 있다. 그래서 이렇게 아는 것은 언제나 우리 현재의 감각과 지각에 관해서 있고, 이에 따라 모든 사람은 그 사람 자신에게 있어서 자기(또는 자아)로 부르는 것이다. 그것은 이때 같은 자아가 계속해서 같은 실체에 있는지 다른 실체에 있는지는 생각하지 않는다. 왜냐하면 의식이 언제나 생각에 뒤따르며, 이 의식이 모든 사람에게 그 사람을 자기로 부르게 하고, 이에 따라서 그 사람 자신을 다른 모든 생각하는 사물과 구별하므로 이 의식에만 인물동일성, 즉 이지적인 자의 동일성은 존재하기 때문이다. 또 이 의식을 과거의 어떠한 행동 또는 사상에 미치게 하는 한, 그 인물의 동일성은 그만큼 멀리 다다른다. 그 무렵 있었던 것은 지금과 같은 자아이며, 어느 행동이 이루어진 것은 그것을 성찰하는 현재와 똑같은 자아에 의해서인 것이다.

10. 의식이 인물동일성을 만든다

하지만 과거에 행동한 것이 동일한 실체인지 아닌지, 이것의 탐구가 더욱 필요하다. 이 점은 만일 그와 같은 (과거 행동의) 지각이 그 의식과 함께 언제나 마음에 현존해 있고, 이에 따라서 같은 생각을 하는 사물이 언제나 의식되면서 현존해 자기 자신과 뚜렷이 같다고 생각할 정도로 같았다면 아무도 의심할 까닭이 있다고는 생각하지 않았을 것이다. 그런데 이 문제를 어렵게 만드는 것은 다음의 점이다. 즉 우리가 과거 모든 행동의 계열 전체를 눈앞에 보는 순간은 생애에 한 번도 없고 최선의 기억조차 (그 계열의) 어느 부분을 보고 있는 동안은 다른 부분을 놓친다. 또 우리는 때때로, 그리고 그것은 생애의 가

---

*9 본질적(essential)이란 표현을 로크가 인정해 사용하는 드문 경우이다. 본질(essence)은 제3권 제3장 제12절 이하에서 고찰된다.

*10 consciousness 코스트 역(譯)은 두 판 모두 con−science로 기술하고 긴 각주를 붙인다. 배리지 역(譯)은 conscientia로 번역하고 원어를 각주에 곁들인다. 옥스퍼드사전에 의하면 원어를 철학어로서 우리가 이해하는 뜻으로 사용한 것은 로크가 최초이다.

장 큰 부분인데, 현재의 사유에 전념해 과거의 행동을 성찰하지 않고, 숙면 중에는 전혀 사유하지 않으며 적어도 깨어 있을 때의 사유를 재인식하는 의식을 수반해 조금도 사유하지 않으므로 위에 있었던 (과거 행동의) 의식은 언제나 망각으로 멈춰진다. 거듭 말하는데 위의 모든 경우에 우리 의식은 멈춰지고 우리는 과거의 자신을 상실한다. 따라서 우리가 똑같이 생각하는 사물, 즉 같은 사물인지 아닌지의 의혹이 생기는 것이다. (그러나) 이 의혹은 어느 정도 도리에 맞건 맞지 않건 인물동일성과는 아무런 연관이 없다. (여기에서 고찰하고 있는) 의문은 같은 인물을 만드는 것은 무엇인가이고, 같은 인물로 언제나 생각하는 것은 동일의 실체인가의 여부는 아니다. 이 (뒤의) 점은 지금 전혀 문제가 아니다. (비록 현재의 나와 과거의 내가 다른 실체라고 해도) (다른 실체가 같은 의식에 관여하는 경우) 다른 실체가 같은 의식에 의해서 같은 인물로 합일되는 것은 (본 장 제3절에서 든 망아지에서 어른 말로의 예에서 알 수 있듯이) 다른 신체가 같은 생명에 의해서 하나의 동물로 합일되고, 그 동일성이 실체 (즉 이때는 신체)의 변화 가운데서 하나의 연속한 생명의 단일성에 의해서 유지되는 것과 같다. 왜냐하면 어느 인간을 그 사람이게 하는 것은 같은 의식이므로 인물동일성은 이 의식에만 의거해 의식이 하나의 개별적 실체에만 결부되어 있는지, 또는 몇몇 실체의 계기 속에 연속할 수 있는지는 아무래도 상관없기 때문이다. 그것은 어느 재능 있는 자가 과거행동의 어느 관념을, 이 행동에 대해서 맨 처음에 가졌던 같은 의식과 함께, 또 현재의 어느 행동에 대해서 갖는 같은 의식과 함께 되풀이할 수 있는 한, 그 지능 있는 자는 같은 인물의 자아인 것이다. 왜냐하면 그자가 현재의 사상과 행동에 대해 갖는 의식에 의해서 그자는 지금 그 자신에게 있어서 자아이며, 나아가 같은 의식이 과거의 행동 또는 다가올 행동에 미칠 수 있는 한 같은 자일 것이고 시간의 거리나 실체의 변화가 있어도 두 인물은 아니기 때문이다. 그것은 (이를테면) 한 인간이 오늘 어제와 다른 옷을 입고, 그동안에 길거나 짧게 잠을 잤다고 해도 두 인간이 아니라고 말하는 것과 같다. 그런 거리가 있는 행동을 낳는 데 어떤 실체가 공헌을 하건 같은 의식이 그와 같은 공백이 있는 행동을 같은 인물로 합일하기 때문이다.

11. 실체의 변화 가운데 인물동일성

위에 기술한 바와 같다는 것은 우리의 신체 자체에 하나의 뚜렷한 증거가 있다. 신체의 모든 분자는 이 똑같이 생각하고 의식하는 자아에게 생명이 있도록 합일한다. 따라서 우리는 접촉이 되면 느끼고, 신체에 일으키는 선함과 행복*¹¹이나 재해에 의해서 마음이 움직여져 그런 선함과 행복 및 재해를 의식하는데, 그 동안은 우리의 자아 즉 생각하고 의식하는 자아의 일부인 것이다. 이를테면 모든 사람에게 있어서 그 사람의 팔다리는 그 자신의 일부이다. 그 사람은 팔다리와 느낌을 함께하고 팔다리에 대해서 염려한다. (그러나) 한 팔을 잘라내고 그에 따라서 우리가 손의 차가움과 뜨거움, 그 밖에 감각을 지닌 의식으로부터 손을 분리하자. 그렇게 하면 손은 물질의 가장 먼 부분과 완전히 마찬가지로 이미 그 사람 자신의 부분은 아니다. 이와 같이 인물의 자아를 어느 때는 조성하는 실체가 다른 때에는 바뀌고, 더구나 인물동일성에 변화가 없는 그와 같은 때가 있음을 알 수 있다. 이제까지 인물의 일부였던 팔다리가 잘려나가도 같은 인물임에는 틀림없기 때문이다.

12. 생각하는 실체의 변화 가운데서는 어떨까

하지만 만일 생각하는 같은 실체가 바뀌어도 같은 인물일 수 있을까? 또는 실체는 똑같이 머물면서 다른 인물일 수가 있을까? 이것이 문제이다.

이에 나는 먼저 대답하는데 비물질적 실체가 결여된 순수하게 물질적인 동물적 구조에 사유를 두는 자에게 이와 같은 것은 전혀 문제일 리가 없다. 왜냐하면 누구나 알 수 있다시피 그 사람들은 동물의 동일성이 실체의 동일성이 아니라 생명의 동일성 가운데 유지되는 것은 아닌 것과 마찬가지로, 진실 여부에 상관없이 인물동일성은 실체보다 그 밖의 어느 사물 가운데 유지되는 것으로 상정하기 때문이다. 그러므로 (이 사람들과 반대로) 생각을 비물질적 실체에만 두는 자는 이 사람들과 상호 논의하게 되기 전에 왜 인물동일성은 동물의 동일성이 물질적 실체의 변화 가운데, 다시 말해서 개개 신체의 다양성 속에 유지되는 것과 마찬가지로 비물질적 실체의 변화 가운데, 즉 개개의 비물질적 실체의 다양성 속에 유지되지 못하는지 그 까닭을 밝히지 않으면 안 된

---

*11 good. 로크의 선은 본디 쾌락론과 행복론의 관점이다.

다. (다만) 이것은 (비물질적 실체에 생각을 두는) 그 사람들이 (동물의 동일성과 인물동일성을 똑같이 바라보고) 인간에게 있어서 같은 인물을 만드는 것이 하나의 비물질적 정신이듯이 동물류에게 있어서 같은 생명을 만드는 것은 하나의 비물질적 정신이라고 말하지 않을 때의 일이고, 그렇게 말한다면 이야기는 달라진다. (그러나 비물질적 실체에 생각을 두는) 데카르트파는 적어도 동물류까지도 생각하는 사물로 하는 것을 두려워해 그러한 (같은 생명을 만드는 것은 하나의 비물질적 정신이라고 말하는) 일을 허용하지 않을 것이다.*12

13.
하지만 다음으로 문제 전반의 부분, 즉 (비물질적 실체만이 생각하는 것으로 상정해) 똑같이 생각하는 실체가 바뀌어도 같은 인물일 수가 있는지의 여부, 이에 나는 이렇게 대답한다. 이 문제는 생각하는 것이 어떤 종류의 실체인지, 또 과거 행동의 의식은 하나의 생각하는 실체에서 다른 생각하는 실체로 옮겨질 수 있는지 없는지, 그와 같은 점을 아는 자가 아니면 해결할 수 없다. 과연, 같은 의식이란 것이 하나의 같은 (심적) 활동이라면 의식은 옮겨질 수 없을 것이다. 하지만 의식은 (지금) 단지 과거 행동의 현재의 표상이므로 (과거의 진실한 행동을 나타내는 것은 당연한데 그뿐만이 아니고) 왜 진실에는 이제껏 없었던 것이 있었는지 마음에 나타나서는 안 되는 것인지, 그 이유도 밝혀야 할 것이다. 그러므로 과거 행동의 의식이 어느 하나의 작용자(즉 생각하는 비물질적 실체)에 어디까지 결부되고, 다른 작용자는 도저히 이 의식을 가질 수 없을 정도인지, 이 점은 다음의 것을 모르는 동안은, 즉 행동에 동반하는 지각의 반성적인 작용이 없으면 행할 수 없다는 것은 어떤 종류의 행동인지, 또 (이와 같은 행동은) 의식하지 않고는 생각할 수 없는 것과 같은 생각하는 실체에 의해서 어떻게 영위되는지를 모르는 동안은 결정하기 어렵다. 그런데 우리가 같은 의식이라 부르는 것은 같은 하나의 (마음의) 작용이 아니기 때문에, 왜 하나의 예지적 실체가 이제껏 행하지 않고 다른 어느 작용자가 틀림없이 행한 것과 같은 일을 자기 자신이 행한 것처럼 의식에 표상해 버리면 안 되는지, 거듭 말하는데 왜 그와 같은 표상이 꿈을 꾸는 동안은 (사실이 아닌데) 아직 사실

---

*12 동물을 자동기계로 하는 데카르트파에 대한 야유를 담은 언급이다.

과 같은 꿈속의 여러 표상과 마찬가지로 사실의 진실성이 결여되면서, 있어서는 안 되는 것인지는 사물의 본성상 단정이 곤란할 것이다. 그런데 결코 그렇지는 않고, (자기가 행하지 않은 것을 자기 의식에 표상하지 않는다는 것은) 생각하는 실체의 본성에 대해서 우리가 더욱 또렷하게 바라볼 때까지 우리는 이를 신의 자애로 귀착시키는 것이 최상이다. 신은 그 감지할 수 있는 피조물의 모든 행복과 불행이 이 (자기가 행하지 않은 것을 의식으로 표상할 것인가 하지 않을 것인가 하는) 점에 관한 한, 피조물들이 벗어날 수 없는 잘못에 의해서 상벌을 수반하는 것과 같은 의식을 어느 피조물에서 다른 피조물로 옮기지 (자신이 행하지 않은 것의 의식으로 벌을 받게 되는 불행에 빠지게 하는 것과 같은 무자비한 일은 하지) 않을 것이다. 이것이 끊임없이 바뀌는 동물 정기의 체계에 생각을 두는 자에 대해서 어디까지 반대의 논의가 될 수 있을지는 (사람들의) 생각에 맡긴다. 그렇지만 우리의 문제로 돌아가면 만일 같은 의식〔이것은 (본장 제10절에서) 명시해둔 것처럼 신체에 수적으로 같은 형태라든가 운동이라든가는 전혀 다른 사물인데〕하나의 생각하는 실체에서 다른 생각하는 실체로 옮길 수 있다면 생각하는 두 실체가 단 하나의 인물을 만들 수는 있을 것이라고 인정하지 않으면 안 된다. 왜냐하면 같은 실체이건 다른 실체이건 같은 의식을 유지할 수 있으므로 인물동일성은 유지되기 때문이다.

14.
문제의 뒷부분, 즉 같은 비물질적 실체가 (똑같이) 머물면서 별개의 두 인물이 있을 수 있는지 없는지는 다음 문제 위에 구축되어 있다고 할 수 있다. 즉 같은 비물질적인 것이 그 과거지속의 여러 행동을 의식하면서 과거존재의 의식을 모두 빼앗겨 적어도 되찾을 능력을 넘어선 저편에 의식을 잃고 따라서 어느 새로운 시기부터 이른바 새롭게 헤아리기 시작하므로 그 의식은 이 새로운 상태를 초월한 곳에 다다를 수 없는, 그와 같은 일이 있을 수 있는지 없는지의 문제이다. 대체로 (현세 이전의) 선재(先在)를 주장하는 자는 뚜렷이 이렇게 (과거 존재의 의식을 갖지 않는다고) 말한다. 왜냐하면 이 사람들은 영혼이 완전히 분리되건, 다른 어느 신체에 깃들건 영혼은 선재의 상태에서 행한 것의 의식을 조금도 남기지 않으면 인정하는 것이며, 설사 인정하지 않았다고 해도 누구나 아는 바와 같이 경험이 이에 반대할 터이기 때문이다. 그러므로 인간동일성은 의식이 다다르는 것 이상으로 다다르지 않으므로 매우 긴 세월을 무의식 상태에서 계속해 오지 않은 (다시 말해서 의식을 지닌) 선재의 영은 반드시 다른 인물을 만들지 않으면 안 된다. (이를테면) 그리스도교적 플라톤파 또는 피타고라스파인 자가*13 창조의 위업을 모두 7일에 마친 것에 의거해 자신의 영혼은 그 이래 존재해 왔다고 생각해 몇 사람의 몸을 돌아왔다고 상상했다 치자. 내가 일찍이 만난 어떤 사람은, 자신의 영혼이 소크라테스의 영혼이었다고 굳게 믿은 (어느 정도 도리에 맞는지 따지지 않겠다. 단지 나는 알고 있는데 이 사람은 그가 차지한 천하지 않은 지위로는 매우 이지적인 인간으로서 통하고 있으며 그 저술도 재능이나 학식이 결여되지 않고 있음을 명시하고 있다) (이렇게 상정했을 때) 소크라테스의 행동이나 사상을 아무것도 의식하지 않은 이 사람은 소크라테스와 같은 인물일 수 있다고 말하는 자가 있었을까? 누군가에게 자기 자신을 내성시켜서 자기 안에 비물질적인 영혼이 있으며 이 영혼은 자기 안에서 생각하고, 신체의 끊임없는 변화 가운데서 자신을 똑같이 유지해 자기 자신으로 불리는 것이라고 판단하게 하자. 또 트로이 전쟁 때 네스토르 또는 테르시테스*14의 어느 쪽 행동에 대해서도 지금은 무엇 하나 의식하지 않으므로 자기 자신이 네스토르 또는 테르시테스의 어느 한쪽과 같은 인물이라고 상정하거나 상상할 수 있을까? 이 사람들의 행동 가운데 어느 하나를 대체로 일찍이 존재한 누군가 다른 인간*15 행동보다 염려하거나, 자기 자신에게 귀속시키거나, 자기 행동으로 생각할 수 있을까? 이 의식은 그 사람들의 어느 행동에도 다다르지 않는 것이므로 비록 네스토르 또는 테르시테스의 몸에 깃든 똑같은 영혼은 지금 (그들의 영혼을 지닌 것으로 상정한) 사람에게 깃든 것과 수적으로 같다는 점이 아무리 진실이라 해도, 이 사람이 네스토르 또는 테르시테스의 어느 쪽과도 같은 자기가 아닌 것은 그 사람에게 지금 깃드는 영혼 즉 비물질적인 영이 현재의 신체에 깃들기 시작했을 때 창조되고 존재하기 시작했다는 것과 같다. 왜냐하면 (설사 네스토르의 영혼과 같다고 상정해도) 이것이 그 사람을 네스토르와 같은 인물로 하지 않는 것은 일찍이 네

---

*13 영혼의 불멸과 환생을 그리스도교 신앙 가운데서 생각하는 사람들이다.

*14 누구인지 불확실.

*15 Nestor. 필로스(Pylos) 왕. 그리스군의 현명한 조언자. 테르시테스—Tersites. 그리스인 가운데서 가장 추악한 인물. 한편 제2·3판에서는 Thirsites.

스토르의 일부분이었던 물질분자의 어느 것이 지금은 그 인간의 일부분이라고 했을 때와 같은 것이며, 같은 의식을 갖지 않는 같은 비물질적 실체가 어느 신체에 합일되어도 같은 인물을 만들지 않는 점은 의식이 없는 같은 물질분자가 어느 신체에 합일되어 같은 인물을 만들지 않는 것과 같기 때문이다. 하지만 이 사람에게 네스토르 행동의 무언가를 의식하게 해 일단 발견하게 하자. 그렇게 하면 이 사람은 자기 자신이 네스토르와 같은 인물임을 깨달을 것이다.

15.

이렇게 해서 우리는 별 어려움 없이 부활에 즈음하여 동일 인물을 비록 신체로는 그 체격이나 부분이 이 세상에서 지닌 것과 정확하게 같지 않아도 상상할 수 있다. 같은 의식이 부활자에게 깃든 영혼에 뒤따르기 때문이다. 그렇지만 신체가 바뀐 영혼만으로는 이 영혼의 소유자 이외에 아무나 동일 인간으로 하기에는 모자랄 것이다. (이를테면) 어느 왕공의 영혼이 그 왕공의 과거 생활 의식을 지니고서 구두수선공의 신체에 구두수선공의 영혼이 떠나자마자 들어와 깃들었다고 치자. 누구나 이 사내는 왕공과 같은 인물이며 왕공의 행동에만 책임을 갖는다고 볼 것이다. 하지만 (왕공과) 동일 인물이라고 말하는 자가 있을까? 몸도 인간을 만드는 데 필요하므로 나의 억측으로는 이때 모든 사람에게 있어서 신체가 인간을 결정할 것이다. 그때 영혼은 과거의 행동에 대해서 왕공의 모든 사상을 수반해도 (구두수선공에서) 다른 인간을 만들지 않을 것이다. (왕공의 의식을 지니고 스스로 왕공이라 생각하고 있는) 그 사람은 자신 말고 모든 사람에게 있어서 같은 구두수선공일 것이다. 일반적인 화법으로 동일 인간과 동일 인물은 하나의 동일한 사물을 나타낸다. 또 실제로 모든 사람은 자신의 취향대로 이야기하며, 어떤 분절음(즉 언어)이든 자기가 적당하다고 생각하는 어느 관념에나 적용해 원하는 만큼 몇 번이고 바꿀 자유를 지니고 있다. 그렇지만 우리는 같은 정신(또는 영혼)·인간·인물을 만드는 것이 무언가를 탐구하려고 할 때, 우리 마음에 정신(또는 영혼)·인간·인물의 관념을 고정하지 않으면 안 된다. 그리고 우리가 그러한 관념에서 뜻하는 것을 자기 자신에게 정해 버리면 그런 관념이 비슷한 무언가로 같은 때와 같지 않은 때를 결정하는 일은 어렵지 않을 것이다.

16. 의식이 동일 인물을 만든다

(위에서 말했듯이) 같은 비물질적 정신, 즉 영혼은 그것만으로는 어디에 있건 어떤 상태이건 같은 인간을 만들지 않는다고는 하지만, 더구나 누구에게나 알 수 있게 의식은 과거의 시대에도 미칠 수 있는 한 시간적으로 먼 존재와 행동을, 직전 순간의 존재나 행동과 마찬가지로 같은 인물로 합일하는 것이며, 따라서 현재 및 과거 행동의 의식을 지닌 것은 모두 같은 인물이고 과거와 현재의 행동은 모두 그 인물에 속하는 것이다. (이를테면) 내가 지난겨울의 템스 강의 범람을 본 의식 또는 지금 쓰고 있다는 의식과 같은 의식으로 노아의 방주와 홍수를 본 의식을 지녔다면 지금 쓰고 있는 나, 지난겨울 범람한 템스 강을 본 나, (노아의) 대홍수를 본 나, 이런 것들은 동일한 내가 그 자아를 어떤 실체로 두건 상관없이 이를 의심할 수 없다. 이것은 이를 쓰고 있는 내가 (모든 같은 물질적 또는 비물질적 실체로 이루어지건 이루어지지 않건 상관없이) 쓰고 있는 동안인 지금도 어제의 나와 같은 나 자신임을 의심하지 않는 것과 같다. 왜냐하면 같은 자아라는 점에서는 현재의 이 자아가 같은 실체로 만들어지는지 다른 실체로 만들어지는지는 문제가 아니며, 나는 이 자아의 의식(또는 자의식)에 의해서 지금의 내 것이 되는 천 년 전에 이루어진 어떠한 행동을 한순간 전에 내가 한 것과 똑같이 신경을 써 이에 올바르게 책임을 지기 때문이다.

17. 자기(또는 자아)는 의식에 바탕을 둔다

자기(또는 자아)란 쾌락과 고통을 감지하고, 다시 말해서 의식하고, 행복하거나 불행할 수가 있으며, 나아가 의식이 미치는 한 자기 자신에 신경을 쓰는, 의식하고 생각하는 사물(어떤 실체로 만들어지건, 정신적이건 물질적이건, 단순하건 복합적이건, 아무래도 좋다)이다. 누구나 발견하다시피 이를테면 이 의식에 포괄되는 동안은 새끼손가락도 자기 자신의 부분이며 그 점은 최대로 그런 것(다시 말해서 최대의 부분)과 같다. 만일 이 새끼손가락을 분리해 이 의식이 새끼손가락에 따라붙고 나머지 신체가 떠나면 명백히 이 새끼손가락이 인물이며 같은 인물일 것이다. 따라서 그때 자아는 나머지 신체와 아무런 관계도 없을 것이다. (새끼손가락이라는) 한 부분이 다른 부분에서 분리될 때 (새끼손가락이라는) 실체에 따라가는 의식이 같은 인물을 만들어 떼려야 뗄 수 없는 자아를 구성하듯이 시간적으로 먼 실체에 대해서도 그렇다. 현재의 생각하는 사물의 의식이 결부될 수 있는 것이 같은 인물을 만들어 의식과 하나의 자아이고, 의식 이외의 어느 사물과도 하나의 자아가 아니며 나아가 이 의식이 닿는 한 그(생각하는 사물)의 모든 행동을 그 사물 자체의 행동으로서 자신에게 귀속시켜 내 것으로 하는 것이고, 의식이 닿지 않는 곳에는 미치지 않는다. 이 점은 내성하는 모든 사람이 알아차릴 것이다.

18. 상벌의 대상

올바른 상벌과 정당성은 바로 이 인물동일성을 바탕으로 한다. 왜냐하면 행복과 불행은 모든 사람이 그 자신을 위해 신경을 쓰는 일이며, 그 (인물동일성을 만드는) 의식과 결부되지 않는, 다시 말해서 그 의식에서 일어나지 않는 어느 실체가 어떻게 되건 상관이 없기 때문이다. 방금 (앞 절에서)든 사례로 뚜렷하듯이 만일 새끼손가락이 잘렸을 때 의식이 새끼손가락을 따라가면 그와 같은 (의식을 수반하는 새끼손가락이란) 것은 자기 자신의 부분을 만드는 것으로서 어제의 신체 전체에 신경을 쓴 같은 자신이었을 것이다. 그렇다면 어제의 신체 행동을 지금의 자기 자신의 것으로 허용하지 않을 수 없다. 그러나 만일 같은 신체가 아직 살아 있고 새끼손가락이 분리된 뒤, 바로 자기 자신이 독자적 의식을 지니며, 이에 대해서 새끼손가락은 아무것도 몰랐다면 이 의식은 새끼손가락을 자기 자신의 부분으로서 신경 쓸 일은 전혀 없었을 테고 새끼손가락의 어느 행동도 내 것으로 할 수가 없으며, 어느 것도 이 (새끼손가락을 잃은) 사람의 탓으로 돌릴 수 없었을 것이다.

19.

이것으로 인물동일성이 어디에 있는지는 드러났다. 즉 실체의 동일성에 있지 않고 (본 장 제9절 이하에서) 이미 말한 대로 의식의 동일성에 있으며, (이를 테면) 소크라테스와 퀸버러 현 시장이 의식의 동일성으로 일치하면 두 사람은 같은 인물인 것이다. (이에 반해서) 깨어 있는 소크라테스와 잠자고 있는 소크라테스라는 같은 소크라테스가 같은 의식에 관여하지 않는다면 깨어 있는 소크라테스와 잠자고 있는 소크라테스는 같은 인물이 아니다. 그래서 자고 있는 소크라테스가 생각하고, 깨어 있는 소크라테스가 결코 의식하지 않았던 일 때문에 깨어 있는 소크라테스를 벌하는 것은 쌍둥이의 외모가 너무 똑같아서 두 사람을 구별하지 못할 정도라고 해서 그 가운데 한 사람이 아무것도 모르는 형제가 한 일 때문에 벌을 받게 되는 것과 마찬가지로 올바르지 않다. 그런 쌍둥이를 본 적이 있다.

20.

그러나 다분히 다음 같은 반대를 받게 될 것이다. 내가 내 생활의 어느 부분의 기억을 되찾지 못할 정도로 완전히 잃어버렸기 때문에 두 번 다시 의식하는 일이 아마도 없으리라고 상정하자. 그럼에도 나는 지금은 잊었지만 일찍이 의식한 것과 같은 행동을 하고, 사상을 지닌 같은 인물이 아닌가? 이에 나는 대답하는데 우리는 이 기회에 나라는 언어가 적용되는 것에 주의하지 않으면 안 된다. 이 (상정인) 경우(에 적용되는 것은) 인간뿐이다. 그리고 같은 인간은 같은 인물로 추정되므로 나(라는 언어)는 여기에서 같은 인물을 나타내면 쉽게 상정할 수 있는 것이다. 그렇지만 만일 같은 인간이 다른 때에 별개인 (남에게) 전달할 수 없는 의식을 지닐 수 있다면 의심할 바도 없이 같은 인간이 다른 때에 다른 인간을 만들 것이다. 이것이 인류의 통설을 매우 엄숙하게 언명하는 (법정일) 때의 인류의 견해라고 우리는 본다. 인간의 법은 진심인 인간의 행동 때문에 광기의 인간을 벌하지 않고, 광기의 인간이 행한 것 때문에 진심인 인간을 벌하지 않는데 이로써 진심인 인간과 광기의 인간을 두 인물로 보는 것이다. 이와 같은 것은 우리가 저 사람은 not himself(그 사람 자신이 아니다)라든가 besides himself(그 사람 자신을 벗어나 미치고 있다)라고 말할 때의 우리 영어화법으로 조금 해명될 것이다. 이러한 구절에서는 지금 그 구절을 쓰는 자, 또는 적어도 최초에 쓴 자는 자기라는 것이 바뀌어 자기의 똑같은 (자기동일이 바뀌지 않는) 인물은 이제 그 인간에게 없다고 생각한 것 같다는 점이 암시되고 있다.

21. 인간의 동일성과 인물동일성의 차이

그러나 아직 (이를테면) 같은 한 인간인 소크라테스가 두 인물이라고 생각하기는 어렵다. 이 점에서 우리(의 고찰)를 약간 돕기 위해 소크라테스 또는 같은 인간이란 뜻을 고찰하지 않으면 안 된다.

첫 번째, 같은 하나의 비물질적인 생각하는 실체, 요컨대 수적으로 같은 영혼이고 그 밖에 어떤 사물도 아닌 것이어야 한다.

두 번째, 또는 비물질적인 영혼과 아무런 연관도 없는 같은 동물이어야 한다.

세 번째, 또는 같은 동물과 합일한 같은 비물질적인 정신(또는 영혼)이어야만 한다.

그런데 이러한 상정의 어느 것을 멋대로 취해도 인물(또는 인격인)의 동일성을 의식 이외의 어떠한 사물에 존재하게 하거나 의식이 미치는 이상으로 미치게 할 수는 없다.

왜냐하면 첫 번째 상정에 따르면 (본 장 제14절 고찰에서 알 수 있듯이, 이를테면) 다른 여성에게서 시간을 경과해 태어난 인간이라도 같은 인간일 수 있다고 인정되어야 하기 때문이다. (이것은) 같은 인간이 다른 시대에 서로 사상을 모르고 산 두 사람과 마찬가지로 두 사람이 별개 인물일 수 있다고 인정하지 않으면 안 되는 (이상한) 화법이다.

(다음으로) 두 번째와 세 번째의 상정에 따르면 (예를 들어) 현세의 소크라테스와 내세의 소크라테스는 같은 의식에 따르지 않으면 아무래도 같은 인간이 될 수 없으며, 따라서 우리가 인물의 동일성을 두는 것과 같은 사물(즉 의식)에 인간의 동일성을 있게 하므로 같은 인간을 같은 인물로 인정하는 데 아무런 곤란도 없을 것이다. 하지만 그렇게 하면 (이와 같이) 인간의 동일성을 의식에만 두고 그 밖의 어느 사물(즉 신체)에 두지 않는 자는 어린 소크라테스와 환생한 소크라테스를 어떻게 같은 인간으로 볼까 하는 점을 생각하지 않으면 안 된다. 하지만 어떤 사람들에게 있어서 인간을 만들고 따라서 같은 하나의 인간을 만드는 것이 무엇이건 이 점에서 일치하는 자는 분명 없는데, 우리는 인물동일성의 의식(이것만이 우리의 자기(또는 자아)로 이름하는 것을 만든다)에만 두고 큰 불합리에 휩쓸리지 않을 수가 있는 것이다.

22.

그러나 취하거나 제정신인 한 인간은 같은 인물(또는 인격인)이 아닐까? 그렇지 않다면 왜 취했을 때에 저지른 일을 나중에 완전히 의식하지 않음에도 이 일 때문에 벌을 받게 되는 것인가? (이 인간은) 때마침 잠들어 있는 동안에 걸어다니며 여러 다른 일을 하는 인간이 같은 인물이고, 잠자고 있는 동안에 저지른 어떠한 나쁜 짓에 책임이 있는 것과 마찬가지로 같은 인물이다. 본디 인간의 법은 그 아는 방법에 걸맞은 정의를 가지고 어느 경우든지 벌한다. 왜냐하면 이러한 사건에서 법은 진실과 거짓을 절대로 확실하게 구별하지 못하고 따라서 취하거나 잠자거나 했을 때 모르는 것은 변명으로 인정되지 않기 때문이다. 벌은 인격과 결부되며 인격은 의식과 결부되어 술 취한 사람은 틀림없이 자신이 한 일을 의식하지 않는데, 그럼에도 인간의 법정이 그를 벌하는 것은 올바르다. 왜냐하면 사실은 그에게 불리하게 증명이 되지만 의식의 결여는 그에게 유리하게 증명될 수가 없기 때문이다. 하지만 마음의 모든 비밀이 명확히 밝혀지는 최후의 심판 날에는 누구든지 자기가 아무것도 모르는 것에 책임이 지워지지 않고 양심의 가책 여부로 마지막 심판을 받을 것이다. 그렇게 생각하는 것이 도리에 맞을지도 모른다.

23. 의식만이 자아를 만든다

대체로 의식만이 멀리 떨어진 여러 존재를 같은 인물로 합일할 수 있다. 실체의 동일성은 이와 같은 일을 하지 않을 것이다. 왜냐하면 어떤 실체가 어떻게 형성되건, 의식이 없으면 같은 인물은 없는 것이고 (그렇지 않으면) 어떤 종류의 실체도 의식 없이 인물일 수 있을 뿐만 아니라 시체도 한 인물일 수가 있기 때문이다.

만일 두 개의 별개인 (남에게) 전달할 수 없는 의식이 같은 신체에, 하나는 끊임없이 낮에 작용하고, 또 하나는 밤에 작용한다 상정하고, 다른 한편 같은 의식이 간격을 두고 두 개인 별개의 신체에 (번갈아) 작용한다고 상정할 수가 있다면 맨 처음 낮의 인간과 밤의 인간은 (이를테면) 소크라테스와 플라톤처럼 별개인 두 인물이 아닐까? 또 두 번째 경우에는 한 인간이 두 개의 다른 옷을 입어도 같은 인물이듯이 두 개의 별개인 신체에 한 인물이 있는 것이 아닐까? 위에 든 경우, 이 같은 의식과 별개인 의식은 그와 같은 의식을 (같은 또는 별개인) 신체에 가져오는 비물질적 실체가 같거나 별개인 것에 따른, 그런 것을 말해도 이것은 전혀 중요하지 않다. 이것이 진실이건 아니건 사정은 달라지지 않는다. 왜냐하면 이 의식이 어느 하나의 비물질적 실체에 결부되건 않건 인물동일성은 명백히 그 의식에 의해서 똑같이 결정되었을 테니 말이다. 그것은 인간이 생각하는 실체는 비물질적이라고 반드시 상정하지 않으면 안 된다고 인정해도, 생각하는 비물질적인 사물은 명백히 때때로 과거의 행동을 가끔 잊어버림으로써 또렷한 것이며, 마음은 (이를테면) 20년도 더 전에 완전히 잊고 만 과거의식의 기억을 몇 번이고 되찾는 것이다. (거기에서) 기억과 망각의 틈을 낮과 밤에 규칙적으로 번갈아 취하게 하자. 그렇게 하면 앞의 사례에서 같은 신체에 두 인물이 있었던 것처럼 같은 비물질적 정신을 지닌 두 인물이 있다. 그러므로 자기(또는 자아)는 실체의 동일성 또는 차이성이라는 불확실한 것이 아닌 의식의 동일성만으로 결정되는 것이다.

24.

과연 자기를 지금 만들고 있는 실체가 의식하는 같은 자에게 합일되어 이전에 존재했었다고 생각할 수 있을 것이다. 하지만 의식이 제거되면 그 실체는 다른 어느 실체와도 똑같이 자기 자신이 아니며 그 부분을 이루지 않는다. 이 점은 (본 장 제17절에서) 이미 든, 팔다리가 잘린 사례로도 뚜렷하다. 절단된 팔다리는 추위나 더위 그 밖의 감각유발 원인에 대해서도 이미 아무런 의식도 갖지 않으므로 한 인간인 자기에게 속하지 않고, 그 점은 우주의 다른 어떤 물질과도 같다. 나를 나 자신에 대해서 나이게 하는 의식이 결여된 무언가의 비물질적 실체에 관해서도 같을 것이다. 만일 그와 같은 실체의 존재의 어느 부분을 내가 기억하고, 나를 지금의 나로 하는 현재의 의식과 결합시킬 수 없다면 이 비물질적인 실체는 존재하는 그 부분이지*16 다른 어느 비물질적인 것과 마찬가지로 나 자신은 아니다. 왜냐하면 어느 실체가 무엇을 생각하거나 행했건 내가 이를 기억하지 않고, 내 의식이 나 자신의 사상이나 행동으로 할 수가 없으면 그와 같은 것을 나의 어느 부분이 생각하거나 행하거나 해도 이것은 나에게 속하지 않기 때문이다. 그것은 어딘가에 존재하는 다른 무언가의 비물질적 실체가 생각하거나 행하거나 했을 때와 같을 것이다.

25.

비교적 확실한 주장은 이 의식이 하나의 개별적인 비물질적 실체와 결부되

---

*16 '만일 그와 같은 실체인 존재의…… 그 존재의 그 부분에서'는 제2·3판에서 '그러므로 나는 그와 같은 실체의 어느 부분을 기억해 내 나를 지금 나의 자기로 하게 하는 현재의 의식과 결합시킬 수가 없다. 이 비물질적 실체는 그 존재의 그 부분에서'이다.

어 있고 그 실체의 감각유발 원인이라는 설인데 이에 나는 동의한다.

하지만 이 점은 사람들에게 그 다양한 가설에 따라서 원하는 대로 해결하게 하자. 본디 행복과 불행을 감지할 수 있는 (우리처럼) 지능 있는 자는 모두 다음의 점을 인정하지 않으면 안 된다. 즉 자기 자신인 것과 같은 어느 사물이 있어, 이에 신경을 써 행복하게 하려는 것, 이 자아는 일순간 이상의 연속한 지속 가운데 존재해 왔고, 따라서 이제까지와 마찬가지로 앞으로의 세월도 그 지속에 일정한 한도를 조금도 두지 않고 존재할 수 있으며 미래로 연속하는 같은 의식에 의해서 같은 자아일 수가 있다는 것, 이를 인정하지 않으면 안 된다.

이렇게 해서 이 의식에 의해 지능 있는 모든 자는 자기 자신이 같은 자아이고 이 자아가 여러 해 동안 이런저런 행동을 하고 이 행동에 의해서 지금 행복 또는 불행해졌음을 발견한다. 자신의 이와 같은 해명에서는 완전히 수적으로 같은 실체가 같은 자아를 만든다고는 생각되지 않고 같은 연속적 의식이 만드는 것이며, 이제까지 이 의식에 여러 실체가 합일했다가 다시 분리해 온 것이고, 그와 같은 실체는 이 의식이 그때 깃든 것과 연속적으로 생명이 있는 합일을 하고 있는 동안, 같은 자아의 일부분을 이룬 것이다. 이를테면 신체의 어느 부분은 내 안에 의식되는 것과 생명이 있도록 합일해 우리 자아의 일부분을 이룬다. 그러나 그 의식을 전달하는 생명적 합일에서 분리되면 순간 전에 우리 자신의 부분이었던 것도 남의 자아인 일부분이 나의 일부분이 아닌 것과 마찬가지로 지금은 우리의 자아 부분이 아니며, 조금 지나면 다른 (자아를 지닌) 인물의 진실한 부분이 되는 것도 불가능하지는 않다. 그와 같이 우리는 수적으로 같은 실체를 다른 두 인물의 일부분이 되게 하거나 같은 인물을 다양한 실체의 변화 아래에 보존시키기도 한다.

우리는 마음이 언제나 과거행동이 대부분인, 때로는 전부의 기억이나 의식을 빼앗기는 것을 발견하는데 만일 어느 정신(또는 영혼)이 그와 같이 과거행동의 온갖 기억이나 의식을 완전히 빼앗겼다고 상정할 수 있다면 그와 같은 정신적(영적) 실체가 합일해도 분리해도 임의의 물질분자의 합일이나 분리와 마찬가지로 인물동일성은 아무런 변동도 받지 않았을 것이다. 대체로 현재 생각하는 것과 생명이 있도록 합일한 실체는 지금 있는 자아의 부분이고, 이전의 행동의식에 의해서 이 자아에 합일한 사물 역시 그때나 지금이나 같은 자아의 부분을 이룬다.

26. 인격인(人格人)은 법정 전문용어

인격인이란 이 자아에 대한 이름이다. 나는 그렇게 받아들인다. 대체로 인간이 자기 자신이라고 부르는 것을 발견하는 곳에는 같은 인격인이 있다고 다른 사람은 말할 수 있을 것이다. 나는 그렇게 생각한다. 인격인(또는 사람)은 행동과 그 공과에 충당하는 법정용어이다. 따라서 인격인은 법 및 행복과 불행이 가능한 지능 있는 행동자에게만 속한다. 이 인격은 단지 의식에 의해서만 현재의 존재를 뛰어넘어 과거의 것으로 자기 자신을 확대한다. 이에 따라서 인격은 현재 행동의 경우와 완전히 동일한 근거이며, 같은 이유로 과거의 행동을 반성해 이에 책임을 갖게 되고 이를 자신의 것으로 해 스스로를 탓한다. 이런 모든 일은 의식이 피할 수 없는 동반자인 행복에 대한 우려를 바탕으로 한다.

그것은 쾌락과 고통을 의식하는 것은 의식하는 자신이 행복을 욕망하기 때문이다. 그러므로 어떤 과거의 행동이건, 의식하는 자신이 의식에 의해서 현재의 자아와 타협하지 못하고, 다시 말해서 현재의 자아에게 충당할 수 없는 것은 이제까지 행하지 않았던 때와 마찬가지로 의식하는 자아가 관여할 수 없으며, 이와 같은 어떠한 행동 때문에 쾌락과 고통 즉 상벌을 받는 것은 최초로 태어난 때부터 아무런 실수도 없이 행복 또는 불행해지는 것과 완전히 같다. 만일 어떤 사람이 의식을 갖게 할 리가 전혀 없는 전생에서 한 일 때문에 (현세인) 지금 벌을 받았다고 상정하면 그 벌과 (태어날 때부터) 불행하게 창조된 것과 무슨 차이가 있을까?

그러므로 이(의식하지 않은 악행으로 벌을 받지 않는)것에 합치해 사도는 이렇게 말한다. 마지막 심판의 날, 모든 사람이 그 행위에 따라서 보상을 받을 때 가슴의 모든 비밀은 명백해질 것이다.[17] 이 심판을 정당화하는 것은 모든 인격인이 지닌 의식, 즉 어떤 신체에 출현하건, 다시 말해서 (자신을 만드는) 그 의식이 어떤 실체에 고착하건 자기 자신은 그와 같은 행동을 저지른 같은 인물이고 그 행동 때문에 그 벌에 상당한다는 의식일 것이다.

---

*17 〈로마서〉 2장 6절 및 16절.

27.

나는 이 (인물동일성이라는) 주제를 다룸에 있어서 어느 독자에게는 우습게 보이는 상정을 하고 말았고 또 다분히 상정은 그 자체가 우습다고 생각하기 쉽다. 그렇지만 우리 안에서 우리의 자아로 보게 되는 어느 생각하는 사물의 본성에 대해서 우리는 이렇게 무지하므로 그러한 상정은 용서될 수 있다고 생각한다. 만일 우리가 이 생각하는 사물은 무엇인가라든가, 어떻게 바뀌어가는 동물정기(動物精氣)의 일정한 체계와 결부되었다거나, 또는 우리의 몸처럼 체제화된 신체가 없어도 생각하는 사물은 그 생각이나 기억의 여러 작용을 영위한다거나 영위하지 않는다거나, 또 이와 같은 정신(또는 영혼)의 어느 하나도 그 기억이 여러 기관의 올바른 구조에 의거한 (우리 인간의 신체와) 같은 신체 외에는 어느 신체에도 대체로 합일하지 않는다는 것, 그것이 신의 뜻에 걸맞은 것인지의 여부를 알았다면, 내가 세운 상정의 불합리성을 알았을지도 모른다. 하지만 (이와 같은 일에 대해서 무지한 암흑에 있는) 우리가 지금 일반적으로 인간의 영혼은 물질에서 독립해 물질과 모두 똑같이 무관한 비물질적 실체라고 한다면 같은 영혼이 다른 때에 다른 신체와 합일하고 그동안은 그 신체와 한 인간을 만들 수 있으리라고 상정하는 것에 사물의 본성으로 말해 불합리는 조금도 없을 것이며, 그 점은 (이를테면) 어제의 양(羊)의 몸 일부가 내일 어느 인간의 몸 일부이고, 그 합일 가운데 (어제) 멜리보이오스*[18]의 양의 생명이 있는 부분을 만든 것과 마찬가지로 (내일은) 멜리보이오스의 생명 있는 부분을 만들 거라고 상정하는 것과 같다. (그러므로 영혼만을 이러쿵저러쿵 말하는 것은 잘못이다.)

28. 어려움은 언어의 잘못된 용법에서

결론을 짓자면 어떤 실체가 존재하기 시작하건, 그 실체는 그것이 존재하는 동안 반드시 같지 않으면 안 된다. 여러 실체의 어떤 구성이 그런 실체의 합일 사이에 존재하기 시작하건, (구성된) 응결체는 같아야 한다. 어떤 양상이 존재하기 시작하건 그것이 존재하는 동안은 같다. 따라서 여러 별개인 실체와 여러 다른 양상으로 구성되어도 동일한 규칙이 적용된다. 이것으로 명백하지만

---

*18 Meliboeus. 양치기의 이름. Cf. Vergilius. Eclogae, Ⅰ. 6.

이 (동일성의) 문제에서 이제까지 있었던 어려움이나 불명료는 사물 자체의 어떠한 불명료보다 오히려 잘못된 용법에서 발생하는 것이다. 왜냐하면 이름이 적용되는 종적(種的) 관념을 만드는 것이 무엇이건 관념이 흔들림 없이 유지되기만 하면 어느 사물을 같은 것과 다른 것으로 구별하는 일은 쉽게 상념될 테고, 그것에 대해서 아무런 의문도 생길 리는 없기 때문이다.

29. 연속적 존재가 동일성을 만든다

그것은 이를테면 이지적 정신(또는 영혼)이 인간의 관념이라고 상정하면 같은 인간이 무엇인지 쉽게 알 수 있다. 즉 (신체와) 별개이건, 신체 안에 있건 같은 정신(또는 영혼)은 같은 인간인 것이다. 또 여러 부분에 일정하게 배치된 신체와 생명 있게 합일된 이지적 정신(또는 영혼)이 인간을 만드는 것임을 상정하면 이 이지적 정신(또는 영혼)이 그와 같은 (신체의) 여러 부분의 생명 있는 배치와 함께 바뀌어 가는 계기적인 신체 가운데서의 연속인데, 존속하는 동안 이 (신체와 합일한) 정신(또는 영혼)이 같은 인간일 것이다. 하지만 (정신 또는 영혼을 인정하지 않는) 사람에게 인간의 관념이란 (신체의) 여러 부분이 일정한 모습으로 생명 있게 합일하는 것뿐이라고 하면, 이 생명 있는 합일과 모습이 (신체라는) 응결체로 존속해 바뀌어 가는 분자의 연속적 계기에 의한 것 이외에는 같지 않은 동안 (다시 말해서 그와 같은 연속적 계기에 의해서만 같은 동안) 그동안에만 그 생명 있는 합일과 모습이 같은 인간일 것이다. 그것은 복합관념을 만드는 구성이 어떤 것이건, 존재한다는 것이 복합관념을 어느 이름 아래에 하나의 개별적인 사물로 할 때에는 언제나 똑같이 연속하는 존재가 복합관념을 같은 이름 아래에 같은 개체로 유지하는 것이다.

제28장
그 밖의 여러 관계

1. 비율관계

시간과 장소와 인과라는 사물 상호를 비교하는, 다시 말해서 연관짓는 (본 장 제11장 제4절 등에서) 앞서 말한 기회 외에 (같은 절에서) 말했듯이 비교할 기회는 수없이 많다. 나는 (이 장에서) 그 가운데 어느 것을 거론할 것이다.

첫 번째로 내가 이름을 드는 것은 어느 하나의 단순관념, 즉 부분 또는 정도를 허용하므로 이 관념이 있는 주체 상호를 이 단순관념에서 비교할 기회를 제공하는 그러한 단순관념, 이를테면 한층 희고 한층 달고 한층 크고 한층 많은 것 따위이다. 이러한 관계는 몇 개의 주체에 같은 단순관념이 같거나 지나치게 많은 것에 따르므로 비율적이라 부르려는 자가 있다면 그렇게 불러도 좋다. 또 이러한 관계가 단순히 감각이나 내성에서 받은 단순관념과 연관된다는 것, 이 점은 매우 뚜렷하여 따로 증명할 필요는 없다.

2. 자연관계

두 번째로 사물을 함께 비교하는 또 하나의 기회, 다시 말해서 하나의 사물을 고찰할 때 그 고찰에 다른 사물을 포함하는 또 하나의 기회는 사물의 기원 또는 시작이라는 사정이다. 이 사정은 나중에 바뀔 리가 없으므로 이에 따른 관계를 그 관계가 속하는 주체와 똑같이 영속시킨다. 이를테면 여러 정도로 참여하는 하나의 혈연공동체에 의해서 관계를 맺게 되는 부자·형제·사촌이나 동향인, 즉 같은 지방이나 지역에서 태어난 자이다. 나는 이를 자연관계라고도 부른다. 이 자연관계라고 말할 수 있는 인류는 자기들의 사념이나 언어를 일상생활의 쓰임에 적용해 오고 사물의 진리나 범위에 적용해 오지 않은 것이다. 그것은 인간뿐만 아니라 다른 각 종속의 동물에서도 낳는 것과 태어나는 것과의 사이에서는 관계가 절대로 확실하게 같은데 (이를테면) 이 황소는 이 송아지의 할아버지라든가, 두 마리의 비둘기는 사촌이라든가의 말은 하지 않는다. 인류에서는 이와 같은 관계를 별도의 이름으로 말하고 표시하는 것이 매우 편리하다. 왜냐하면 법에서도, 상호의 사상전달에서도 이와 같은 관계에서 사람들에게 언급하고 유의할 필요가 있으며, 그래야 또 사람들 사이에 여러 책무도 생기기 때문이다. 그런데 짐승들에게서는 이와 같은 관계에 신경을 쓸 원인이 적거나 전혀 없으므로 별도의 특유한 이름을 부여하는 것이 적당하다고 사람들은 생각해 오지 않은 것이다. 이것으로 언어의 다양한 상태와 발달이 조금이나마 이해가 되었을지도 모른다. 언어란 단지 사상전달의 편의에 적합할 뿐이므로 사람들이 지닌 사념이나 사람들 사이에서 익숙한 사상교류에 걸맞고, 사물의 실재나 범위에도, 사물 사이에서 발견할 것 같은 다양한 연관에도, 사물에 대해서 형성할 수 있을 것 같은 다양한 추상적 고찰에도 걸맞지 않은 것이다. 사람들이 학문적 사념을 갖지 않는 곳에는 이를 나타낼 명사가 없다. 그래서 사람들이 논의할 필요를 발견하지 못한 사물의 이름을 형성하지 않은 것도 이상할 건 없다. 이것으로 어느 나라처럼 말에 대한 이름조차 없을지도 모르는데 사람들이 자신의 혈통보다 자신들의 말의 혈통에 더욱 주의하는 다른 나라, 그곳에서는 개개의 말(馬)의 이름뿐만 아니라 말 상호의 여러 혈족관계에 대해서도 이름을 가질지도 모르는 이유도 쉽게 떠올릴 수 있다.

3. 제정(制定)관계

세 번째로 때때로 사물을 서로 연관시켜서 고찰하는 것은 어느 사람에게 어느 일을 하는 도덕적 권리와 권력, 또는 책무를 갖게 하는 행위이다. 이를테면 장군이란 한 군을 지휘하는 권리를 가진 자이고, 장군 밑의 하나의 군대란 한 인간에게 복종하는 책무를 지닌 무장한 사람들의 집합체이다. 시민이나 공민이란 이런저런 장소에서 일정한 특권에 대한 권리를 갖는 자이다. 이런 것은 모두 사회 내에서의 사람들의 의지 또는 합의에 따른 것으로, 나는 이를 제정관계나 유의관계(有意關係)라고 하여 다음의 점에서 자연관계와 구별할 수 있다. 즉 제정관계는 모두는 아니라도 대부분 그 관계에 있는 실체의 어느 것도 없어지지 않았건만, 여러 가지로 바꿀 수 있으며 이 관계가 이제까지 속한 적이 있는 어느 인물로부터 분리시키는 것이다. 그런데 이 관계는 다른 관계와 마찬가지로 모두 상호적이고 두 사물의 상호연관을 포함하는데 두 사물의 하나에 가끔 이 연관을 의미 표시하는 관계명이 없으므로 이 하나의 사물을 알아채지 못하는 것이 통례이며, 관계는 보통 간과하게 된다. 이를테면 비호자와 식객은 관계라면 쉽게 인정된다. 그러나 치안관이나 집정관은 처음 들었을 때 즉석에서 관계적이라고는 그다지 생각되지 않는다. 왜냐하면 집정관 또는 치안관의 명령 아래 있는 자에 대해서 그 어느 쪽과의 관계를 표현하는 특별한 이름이 없기 때문이다. 그렇지만 둘 다 절대로 확실하게 다른 사람들에 대한 일정한 권력을 지니고 있으며 따라서 그런 한, 비호자와 식객이 관계가 있고 장군과 그 군대가 관계하듯이 남들과 관계하고 있는 것이다.

4. 도덕관계

네 번째로 또 하나의 관계가 있다. 이 관계는 사람들의 유의행동과 규칙, 즉 이 행동에 관련된 행동을 판정하는 규칙과의 합치 또는 불일치이고, 우리의 도덕행위에 이름을 부여해 잘 검토할 가치가 있으므로 도덕관계로 불러도 좋다고 나는 생각한다. 지식 가운데서 이 부분만큼 확정된 관념을 치밀하게 얻어 가능한 한 불명료와 혼란을 피해야 할 부분은 없다. 본디 인간의 행동은 그 다양한 목적·대상·양식·사정을 수반해 별개인 복합관념으로 이루어질 때 이미 (본 권 제22장 제1절에서) 명시해둔 것처럼 그것만의 수많은 혼합양상이며 그 대부분에는 이것과 결부된 이름이 있다. 이를테면 감사란 받은 친절을 즉석에서 인정해 이에 보답하는 일로 상정하고, 일부다처란 아내를 여러 명 동시에 갖는 것이라고 상정해 우리 마음에 그와 같은 사념을 그런 식으로 이룰 때 우리는 그만큼 수많은 혼합양상이 확정된 관념을 지닌다. 그렇지만 이것이 우리의 행위와 관련된 모든 것은 아니다. 행동이 확정된 관념을 지니고 어떤 이름이 관념의 이런저런 집성에 속하는지를 아는 것만으로는 모자라다. 우리에게는 그보다 훨씬 커다란 관심사가 있다. 즉 그와 같이 만들어진 행동이 도덕적으로 선한지 악한지를 아는 일이다.

5. 도덕적 선악

선악은 이미 (제2권 제20장 제2절 및 제21장 제42절에서) 명시했듯이 쾌락과 고통이나 다름없다. 또는 우리에게 쾌락과 고통을 낳게 하거나 불러일으키는 것이다. 그러고 보면 도덕적으로 선 또는 악이라는 것은 유의행동이 어느 법과, 즉 입법자의 의지와 능력에 따라 우리에게 선 또는 악을 가져오는 법과 합치하거나 불일치하는 것에 지나지 않으며, 이 법을 지키거나 어기는 것에 입법자의 판결에 의해서 뒤따르게 되는 선과 악 그리고 쾌락과 고통을 우리는 상벌로 부르는 것이다.

6. 도덕규칙

사람들이 일반적으로 기준으로 삼아 자신들의 행동이 올바른지 나쁜지를 판정하는 이와 같은 도덕규칙이나 법에는 세 가지가 있는데, 이것은 세 가지 다른 강제 즉 상벌을 수반한다. 왜냐하면 인간의 의지를 결정하는 선과 악(또는 쾌락과 고통)이 강제를 규칙에 결부시키지 않고 인간의 자유로운 행동에 대해서 규칙을 세운다고 상정하는 것은 매우 헛된 일일 것이므로 우리는 어느 법을 상정할 때 이 법과 결부된 어떤 상벌도 언제나 상정하지 않으면 안 된다. 지능이 있는 자가 다른 사람의 행동에 대해서 어느 규칙을 세워도 만일 그 행동 자체의 자연적 소산·귀결이 아닌 것 같은 어느 선악에 의해서 자신이 세운 규칙에 대한 순응을 가리고 규칙으로부터의 일탈을 벌하는 능력이 없었다면 규칙을 세우는 것은 헛된 일이었을 것이다. 왜냐하면 그것(즉 자연적 소산·귀결)은 자연의 형편에 따른 것이므로 법이 없어도 자연스레 작용했을 터이기 때문이다. 이(상벌을 수반하는)것이 만일 내가 잘못되어 있지 않다면 대체로 법이라 불리는 모든 법의 진정한 본성인 것이다.

7. 여러 법

사람들이 흔히 자신들의 행동을 기준으로 행동이 바른지 부정한지를 판정하는 법에는 다음의 세 가지가 있다. 1. 신법(神法). 2. 시민법. 3. 여론 또는 세평의 법이라고 해도 된다면 그와 같은 법. 사람들은 자신의 행동이 이러한 법의 제1에 대해서 갖는 관계에 따라 그 행동이 죄인지 의무인지를 판단하고, 제2의 법에 의해서 범죄인지 범죄가 아닌지를 판단하며, 제3의 법에 따라 덕인지 악덕인지를 판단한다.

8. 신법, 죄와 의무의 척도

첫째로 내가 신법이라고 말하는 것은 신이 (이지라는) 자연의 빛에 의해서 사람들에게 넓혔든, 계시의 목소리에 의해서 넓혔든지 사람들의 행동에 세운 법이라는 뜻이다. 대체로 신이 어느 규칙을 부여한 것이며, 사람들은 이 규칙에 의해서 자기 자신을 다룬다. 이를 부정할 정도로 짐승 같은 자는 아무도 없다고 나는 생각한다. 신은 규칙을 세울 권리를 가졌다. 우리는 신의 피조물이다. 신은 최선의 것으로 우리 행동을 지시하는 자애로움과 지혜를 지녔다. 신은 내세의 무한으로 무겁게 이어지는 상벌에 의해서 신이 지시하는 행동을 강제하는 능력을 지녔다. 왜냐하면 누구도 신의 손에서 우리를 끌어내지 못하기 때문이다. 이 법이 도덕적 방법의 유일하고도 진정한 준거이고 사람들은 자신들의 행동을 이 법과 비교해, 행동의 가장 중요한 도덕적 선악을, 즉 행동이 의무나 죄로서 전능자의 손에서 행복 또는 불행을 사람들에게 가져올 것인지 아닌지를 판정한다.

9. 시민법, 범죄와 범죄가 아닌 것의 척도

둘째로 시민법, 즉 국가가 자체에 속하는 자의 행동에 대해서 세우는 규칙은 또 하나의 규칙, 그러니까 행동이 범죄인지 아닌지를 판단하기 위해 사람들이 자신들의 행동을 기준 삼게 하는 규칙이다. 이 법을 도외시하는 자는 아무도 없다. 이 법을 강제하는 상벌은 즉석에서 이루어지며 법을 만드는 권력에 걸맞다. 그 권력이란 법에 따라서 사는 자의 생명·자유·소유물을 보호하는 일에 종사하는 국가의 힘이고, 이 권력은 또 법에 따르지 않는 자로부터 생명·자유·재물을 빼앗는 능력을 지니고 있다. 이 (생명·자유·소유물을 빼앗는) 능력을 지니고 있으며 이(생명·자유·재물을 빼앗기는)것이 그 법을 어긴 데 대한 벌이다.

10. 학문법,*1 덕과 악덕의 척도

셋째로 여론 또는 세평의 법. 본디 덕과 악덕은 어디에서나 행동 자체의 본성이고 올바른 행동이나 올바르지 않은 행동을 나타내는 이름이며, 또 그렇게 상정되는 이름이다. 그리고 사실 그렇게 적용되는 한 덕과 악덕은 앞에서 말

＊1 제2판에서 세평 또는 여론의 법으로 고쳐 학문법이라는 용어를 버렸음에도 내용 차례와 본문 외 요약에서는 원저 각판 모두 이 언어를 남긴다.

한 신법에 들어맞는다.*² 하지만 어떻게 나타내건 이것만은 뚜렷하다. 즉 이러한 덕과 악덕이라는 이름은 그 적용되는 낱낱의 사례에서는 전 세계의 여러 국민·인간사회를 통해서 언제나 맡아놓고 제각기 국가나 사회에서 호평 또는 악평에 있는 행동에만 속한다는 것이다. 또 사람들이 어디에서나 자기들 사이에서 칭찬할 만한 것으로 판단한 행동에 덕이라는 이름을 부여하고, 비난해야 할 것으로 생각하는 행동을 악덕으로 부르는 것을 이상하게 생각해서는 안 된다. 왜냐하면 그렇게 하지 않고 만일 사람들이 제안하는 것을 인정하지 않는 어떠한 사물을 올바르다고 생각하거나, 비난하지 않고 통하는 어떠한 사물을 올바르지 않다고 생각하거나 하면 사람들은 자기 자신을 비난했을 테니 말이다. 이렇게 해서 어디에서나 덕 또는 악덕으로 불리며 그렇게 간주되는 것의 척도는 은밀한 암묵적 동의에 의해서 세계 사람들의 여러 사회·민족·집단 속에 확립되고, 따라서 여러 행동이 그 장소의 판단·격률(格率)·풍습에 따라서 사람들 사이에 평판 또는 좋지 않은 평을 발견하게 되는 것이다. 사람들은 정치사회에 합일해 자신들의 모든 힘의 처리를 공공의 손에 맡기고 말아서 국법이 지시하는 이상으로는 같은 시민에 대해서 힘을 행사할 수 없는데, 그럼에도 동료가 되어 살고 교제하는 자의 행동을 좋다거나 나쁘다고 생각해 권장하거나 권장하지 않는 능력은 아직 유지하며, 이 권장과 혐오에 의해서 자신들이 덕과 악덕으로 부르려는 것을 확립한다.

11.

이런 것이 덕과 악덕의 보통 척도인 것은 어느 나라에서 악덕으로서 통하는 것이 다른 나라에서는 덕으로 간주되고 또는 적어도 악덕으로 간주되지 않음에도 어디에서나 덕과 칭찬이, 악덕과 비난이 뒤따르는 점을 생각하는 자에게는 뚜렷할 것이다. 대체로 덕은 어디에서나 칭찬받을 만한 것으로 생각되는 것이며, 대중이 우러르고 중시하는 것만이 덕으로 불린다.*³ 덕과 칭찬은

---

*2 제2판의 수정은 초판의 현세적 공리주의 도덕이 비판되었기 때문이다.

*3 저자는 제2판 머리말에서 이제까지 사람들이 자기를 얼마나 오해하기 쉬웠는지를 생각하며 다음 글을 덧붙였다. 이 (나를 오해한) 점의 최근 사례를, 다른 것을 들지 않아도 인간본성론의 명민한 저자가 나에게 보여주었다. 이 저자의 표현은 정중하고 그의 계층에 속하는 '사람들에게서 볼 수 있는' 공평무사한 것이어서 그 머리말을 마침에 있어 다음과 같이 암시했다는 것은, 즉 내가 제2권 제28장에서 사람들의 행동이 준거가 되는 제3의 규칙에 관해

완전히 합일해 있고 가끔 같은 이름으로 불릴 정도이다. '덕은 그에 걸맞는 보답을 받는다' 베르길리우스는 말하고, 마찬가지로 키케로도 '본성상 명예·명망·명성·영예보다 위의 것은 아무것도 없다'고 말한다. 키케로는 이러한 모든 것이 같은 사물의 이름이라고 말하고 있는 것이다. 《투스쿨룸 대화》 제2권(제20장). 이것은 덕과 악덕에 관한 자신들의 사념이 어떤 것인가를 잘 이해한 이교철학자의 말이다. 분명 여러 부류 사람들의 기질·교육·풍습·격률·이해의 차이로 어느 장소에서 칭찬받을 만한 일로 생각된 것이 다른 곳에서 비난을 면할 수 없고, 나아가서는 사회의 차이로 덕과 악덕이 바뀌게 되었다고 해도 대체로 어디에서나 덕과 악덕의 대부분은 같다. 왜냐하면 자신의 이익으로 발견한 것을 존중과 호평으로 장려하고 그 반대를 비난해 찬성하지 않는 것보다 자연스러운 일은 있을 리가 없으므로 존경과 악평, 덕과 악덕이 어디에서나 신의 법이 확립해 둔 정의와 부정의 불변의 법칙과 현저하게 대응한다는 것도 의심해야 할 일은 아니기 때문이다. 또한 신이 사람들에게 둔 법에 복종하는 것만큼 이 세상 인류의 전반적인 선과 행복을 단적이고도 명확하게 확보해 전진시키는 사물은 없으며, 이 법의 무시만큼 화(禍)와 혼란을 자아내는 사물은 없기 때문이다. 그러므로 사람들은 분별이나 이지나 자신들이 그토록 끊임없이 충실한 자기 자신의 이해와 같은 것을 모두 버리지 않고는 전반적으로 잘못되고 진실하지 않은 측을 천거하거나 비난하거나 할 리가 없다. 실천이 잘못된 사람조차도 올바르게 천거하지 못하는 사람은 없었다. 왜냐하면 자기 자신이 저지른 잘못을 적어도 다른 사람에게는 힐난하지 않을 정도로, 그토록 타락한 자는 없기 때문이다. 이에 따라서 비록 풍속이 부패해도 덕과 악덕의 규칙이어야 할 자연법의 진정한 한계는 매우 잘 보존된 것이다. 그러므로 계시를 받은

서 말한 것인데 마치 내가 덕을 악덕으로, 악덕을 덕으로 한 것처럼 암시한 것은 나의 뜻을 오해한 거라고 할 수 있다. 이 오해는 거기에서 내가 기준으로 삼은 이론과 그 장의 중요 의도를 고찰하는 수고를 저자가 취하기만 하면, 할 리가 없었을 것이다. 이 점은 (같은 장) 제4절 및 그 이하에서 충분히 명료하게 다루고 있다. 나는 거기에서 도덕규칙을 말한 게 아니고 도덕관념의 기초와 본성을 명시해 사람들이 도덕관계에서 사용하는 규칙을 그 규칙의 옳고 그름에 상관없이 열거했다. 따라서 나는 어디에 있건 그 장소의 언어로 우리 언어의 덕과 악덕에 대응하는 이름을 가진 것을 말하는 것이다. 비록 사람들이 일반적으로는 자신들의 행동을 (그 사는) 장소의, 또는 그 속하는 유파의 평가·풍습에 따라서 판정하고 이름해도 (덕과 악덕이라는) 사물의 본성을 바꾸는 것은 아니다.

측의 권고조차 사람들 평가에 호소하기를 두려워하지 않았다.

'사랑스러운 것과 영예로운 것은 무엇이든지, 또 덕이 되는 것과 칭송받는 것은 무엇이든지……'(《빌립보서》 4장 8절).*⁴

＊4 만일 내가 (이 책) 제1권 제3장 제18절 및 (제2권) 본 장 제13·14·15·20절에서 말한 것을 《인간 본성론》의) 저자가 성찰하는 수고를 한다면 옳고 그름의 영원하고 불변한 본성에 대해서 내가 생각하는 것과 덕이나 악덕으로 부르는 것을 저자는 알아차렸을 것이다. 또 저자가 드는 장소에서 나는 단지 다른 사람이 덕이나 악덕으로 부르는 것을 사실로서 보고하는 것뿐임을 관찰할 수 있으면 비난의 여지가 없거나 크게 있다고는 조금도 발견되지 않았을 것이다. 그것은 도덕관계의 근거 또는 척도로서 세간에서 쓰는 규칙의 하나는 여러 행동이 사람들이 여러 사회에서 다양하게 발견하는 평가·비평이고 이에 따라서 행동은 그 사회에서 덕이라든가 악덕으로 불린다고 할 때 나는 그다지 잘못이 아니라 생각할 것이며, 학식이 있는 로드 씨가 그의 저술 《우리의 영어사전》*⁵에 어떤 권위를 부여하건 나는 감히 말하는데 (이 사전에 묻는다 치고) 그 어디를 보아도 어느 장소에서 나쁜 평판을 받고 악덕의 이름으로, 그 이름 아래 통하는 행동과 같은 행동이 다른 장소에서 덕으로 불리고 덕으로 간주되는 일은 없다고 로드 씨에게 알리지는 않는 것이다. 이 세평의 규칙에 따라서 사람들이 덕이나 악덕의 이름을 부여하는 점에 주목했다는 것만이 악덕을 덕으로 하거나 덕을 악덕으로 하기 위해 내가 행한 전부, 또는 행했다고 내 탓으로 할 수 있는 전부이다. 하지만 (로드 씨와 같은) 훌륭한 사람은 확실하게 그 천직에 걸맞게 이와 같은 점에서 신중하고 단독으로 그것에만 있다고 나쁘게 전해져 의심을 갖게 될지도 모르는 표현에까지 놀라게 되는 것이다.

이와 같은 로드 씨의 직무상 열의에 나는 그가 본 장 제11절의 나의 말, 즉 '계시를 받은 측의 권고조차 사람들 평가에 호소하기를 두려워하지 않았다. 사랑스러운 것과 영예로운 것은 무엇이든지, 또 덕이 되는 것과 칭송받는 것은 무엇이든지……'(《빌립보서》 4장 8절)를 인용하면서 그 직전에 이 언어를 이끄는 다음의 언어, 즉 '이에 따라서 비록 풍속이 부패해도 덕과 악덕의 규칙이어야 할 자연법의 진정한 한계는 매우 잘 보존된 것이다. 그러므로 계시를 받은 측의 권고조차 등'에 주의하지 않았던 점을 너그럽게 보는 것이다. 위의 말과 그 절의 나머지에 의해서 누구나 알 수 있듯이 내가 성 바오로의 어구를 인용한 것은 세계에서 사람들이 덕이나 악덕으로 부르는 것의 일반적인 척도가 각 사회 내부에서의 세평·풍습이었던 것을 증명하기 위해서가 아니고 비록 그렇다고(그와 같은 세평·악평이) 척도였다고 해도 내가 거기에서 든 이유에 의해서 사람들은 자신들의 행동을 그처럼 (덕이나 악덕으로) 이름할 때 대체로 자연법에서 심하게 벗어나 있지 않았던 점을 보여주기 위해서이며, 이 자연법이야말로 사람들이 그 행동의 올바름과 열악(劣惡)을 판정해 그것에 따라서 행동을 덕 또는 악덕으로 이름해야 할 정상의 변경할 수 없는 이름인 것이다. 이 점을 로드 씨가 성찰했다면 내가 쓰지 않았던 뜻으로 위의 어구가 인용된 것은 그의 목적에 거의 도움이 되지 않았음을 발견했을 테고 이 어구에 덧붙인 해설은 그다지 필요치 않은 것으로 생략되었으리라 생각한다. 하지만 이 제2판이 이 점에서 로드 씨를 이해시켰을 것이며 이 문제가 지금은 완전히 뚜렷하게 표현되어 있어 아무런 의혹이 없음을 그에게 보여주리라 생각한다.

로드 씨가 그 머리말 끝에서 덕과 악덕에 대한 내 말에 관해서 표현된 관념에서 나는 그와 다르다. 그가 제3장 78페이지에서 자연적 명기(銘記)와 생득관념에 관해서 하는 이야기

12. 학문법의 강요는 천거와 악평

(그런데 앞 절에서 말했듯이) 내가 덕과 악덕을 사람들에게 판정하게 하는 법은 (세상 전반의) 사적인 사람들의, 즉 특히 법을 강요하는 권력이라는 법에

는 그가 생각하는 것보다 우리는 서로 일치하고 있다. 나는 그가 52페이지에서 요구한 특권을 거부하지 않을 것이다. 즉 문제를 그가 원하는 대로 말하는 특권을, 특히 내가 말해 둔 것과 반대인 어떤 사물도 안에 남기지 않도록 말할 때 원하는 대로 말하는 특권을 거부하지 않을 것이다. 이는 로드 씨에 의하면 '생득사념은 조건부의 사물이고 영혼이 이를 발현하려면 여러 다른 사정의 협력에 의존하므로' 그가 '생득의 각인되고 날인된 사념'(이라는 것은 생득관념에 대해서 그는 전혀 아무것도 말할 수 없는) 때문에 말하게 되는 모두는 결국 오직 다음의 것이 될 뿐이다. 즉 영혼이 처음부터, 다시 말해서 인간이 태어날 때, 모른다고는 하지만 '외부감각기관으로부터의 지원이나 예전부터의 교양의 도움'에 의해서 나중에 진리인 것을 절대로 확실하게 알게 되는 일정한 명제가 있는 것, 이것뿐이다. 이는 내가 저서 제1권에서 단언해 둔 것 이상은 아니다. 왜냐하면 영혼이 그런 것(생득관념)을 발현하면 로드 씨가 말하는 뜻은 영혼이 그것(생득관념)을 알기 시작한 거라고 나는 생각하기 때문이다. 그렇지 않다면 '영혼이 사념을 발현한다'는 것은 나로선 대단히 이해할 수 없는 표현일 테고, 이 경우는 매우 부적당한 표현이라고 나는 생각한다. 이 표현은 그런 (이른바 생득)사념이 '그런 것들을 영혼이 발현하기' 전에, 즉 그런 것이 알려지기 전에 마음에 있었던 것처럼 암시해 사람들의 생각을 잘못 이끌기 때문이다. 하지만 사실은 알려지기 전에는 마음에 그런 사념에 대해서 어떤 사물도 없으며 단지 '영혼이 그런 것들을 발현하는 데' 필요하다고 이 명민한 저자가 생각하는 '여러 사정의 협력'이 그런 사념을 우리에게 알릴 때 이 사념을 아는 능력이 있을 뿐이다.

52페이지에서 나는 발견하는데 로드 씨는 이 점을 다음과 같이 나타내고 있다. 즉 '이런 자연의 사념은 (바로 아이들이나 바보는) 외부감관으로부터의 지원 없이, 또 예전부터의 교양의 도움 없이 자연스럽고도 필연적으로 자기 자신을 발현하듯이 영혼에 각인되어 있는 것은 아니다.' 여기에서 그는 '그런 것(자연의 사념)이 자기 자신을 발현한다' 말하는데 78페이지에서는 '영혼이 그런 것들을 발현한다'고 말한다. '영혼이 생득관념을 발현한다'거나 '그것(생득관념)이 자기 자신을 발현한다'거나, 그가 말하는 의미는 무언가, 또 사념이 '발현'되기 위한 '전부터의 교양이나 사정'은 무언가, 이와 같은 점을 로드 씨가 자신 또는 다른 사람에게 설명되었을 때 그는 '사념을 발현한다'고 부른 것을 내가 갖는다고 통속적인 표현으로 '안다'고 부르는 점을 제외하고 당면한 논점에서 나와 논쟁하는 것이 거의 없음을 발견하리라고 나는 생각한다. 그러므로 내가 이렇게 생각하는 것도 마땅하다. 즉 로드 씨가 이런 기회에 나의 이름을 거론하는 것은 단지 나에 대해서 정중하게 말해 주는 뜻일 뿐이며 그가 내 이름을 거론할 때 어디에서나 그렇게 해주고 나에게 권리가 없는 칭호를, 그 밖에도 똑같이 하고 있는 사람이 있는데 나에게는 부여되지 않고 있음에 감사한다.

*5 Mr. Lowde. 제임스 로드(James Lowde, 1640~1699)는 케임브리지 대학 클레어 홀(Clare Hall)의 특별연구원, 에싱턴(Esington), 요크(Yorks) 등의 교구사제를 역임, 브리지워터 백작 담당목사가 된다. 《인간본성론 Discourse concerning the Nature of Man》(1694)의 저자. 이 책에서 홉스도 논한다.

매우 필요하고 본질적인 것이 없으므로 법을 만들 충분한 권위를 갖지 않은 사적인 사람들의 동의 말고는 어떤 사물도 없다고 할 때, 법에 대한 나 자신의 사념을 망각한 것이라고 상상하는 자가 있(을지도 모른다. 그러나 만일 그와 같은 자가 있)다면 나는 말해도 좋다고 생각하는데 (세상 전반의) 천거나 나쁜 평판이 사람들을 그 교제하는 사람들의 세론과 규칙에 적응시키는 강한 동기가 아니라고 보는 자는 인류의 본성 또는 사상기술(事象記述)에 그다지 숙달해 있지 않은 것으로 생각된다. 이와 같은 상상을 하는 자도 (조금 탐구하면) 발견하겠지만 인류의 대부분은 이 풍습의 법에 따라서 비록 그것만은 아니어도 주로 자신을 다루고 나아가 교우의 호평을 지속할 수 있는 일을 해, 신의 법이나 위정자의 법을 거의 고려하지 않는 것이다. 신법을 어긴 것에 뒤따르는 처벌을 어떤 자는, 아니 대부분은 거의 진지하게 성찰하지 않는다. 신법을 어긴 자의 대부분은 법을 어기면서 그렇게 법을 어긴 것에 대해서 언젠가는 융화하고 화해한다는 생각을 품고 있다. 또 국가의 법으로 받아야 할 벌에 대해서 이런 사람은 은밀하게 벌을 받지 않게 되는 희망을 자주 갖는다. 하지만 자기가 교제를 해 천거되길 바라는 교우의 풍습이나 의견에 거스르는 자는 교우들에게 비난받고 혐오되는 벌을 아무도 면할 수 없다. 자기 단체에서 끊임없는 혐오와 비난을 받아도 견뎌낼 정도로 고집이 세고 무감각한 자는 1만 명에 한 사람도 없다. 끊임없는 악평 속에서 자기 자신이 속하는 특정사회와 함께 안주할 수 있는 자는 이상체질임에 틀림없다. (과연) 많은 사람은 고독을 추구해 왔으며 이것과 어울려 왔다. 하지만 주위 한 인간의 일을 조금이라도 생각하거나 느끼는 자는 누구나 친한 자나 교제하는 자에게 끊임없이 혐오당하고 나쁜 평을 들으면서 사회에 살 수가 없다. 이는 인간에게 견딜 수 없는 무거운 짐이고, 교우를 즐기면서 동료의 모멸과 비평에 무감각하게 있을 수 있는 자는 융화할 수 없는 모순으로 만들어진 게 틀림없다.

13. 이런 세 개의 법이 도덕적 선악의 규칙

그러고 보면 이러한 세 가지, 즉 첫째로 신의 법, 둘째로 정치사회의 법, 셋째로 풍습 또는 사적 비난(또는 천거)의 법은 사람들이 자기 행동을 여러모로 비교하는 법이다. 거기에서 사람들이 자신의 도덕적 옳고 그름을 판정하고 자신들의 행동을 선하다거나 악하다거나 이름하려고 할 때에는 그런 법의 하나와의 합치에 의해서 측정하는 것이다.

14. 도덕은 이러한 법과 행동과의 관계이다

우리가 자신의 유의행동(有意行動)을 검토해 그 선함을 시험하고 이에 따라서 행동에 붙이는, 이른바 가치의 표시인 이름을 부여하기 위해 시금석으로서 우리의 유의행동을 적용하는 규칙, 거듭 말하는데 그와 같은 규칙을 국가의 풍습에서 취하건, 입법자의 의지에서 취하건 마음은 어느 행동이 이 규칙에 대해서 갖는 관계를 쉽게 관찰할 수 있고 행동이 규칙에 일치하는지 일치하지 않는지를 판단할 수 있으며, 나아가 도덕적 선악의 관념을 지닌다. 이 도덕적 선악은 어느 행동과 그와 같은 규칙과의 합치인가 불일치인가이고, 그러므로 가끔 도덕적 청렴(또는 부정)으로 불린다. (그런데) 이 규칙은 몇 가지 단순관념의 집합이므로 규칙과의 합치는 행동에 속하는 단순관념이 법이 요구하는 단순관념과 대응할 수 있도록 행동에 질서를 갖게 하는 데에 지나지 않는다. 따라서 우리는 도덕적인 사람이나 사념이 감각 또는 내성에서 우리가 받아둔 단순관념을 바탕으로 하고 이것으로 그치는 경과를 보는 것이다. 이를테면 살인이란 단어로 우리가 의미 표시를 하는 복합관념을 살펴보자. 이 복합관념을 쪼개서 하나하나의 관념을 모두 검토해 보면 그런 관념은 감각 또는 내성에서 나오는 단순관념의 집합이 됨을 알 것이다. 첫째, 우리들 마음 작용의 내성에서 의지하는 것, 생각하는 것, 미리 계획하는 것, 악의, 다시 말해서 다른 사람에게 좋지 않은 것을 소망하는 것, 그와 같은 관념을 얻을 수 있고, 또 생명 즉 지각과 자기운동의 관념도 얻는다. 둘째, 감각에서 어느 인간에게 발견될 감지할 수 있는 단순관념의 집합과 우리가 그 인간의 지각과 운동을 그치게 하는 어느 행동의 (감지할 수 있는 단순관념의) 집합을 얻는다. 이러한 단순관념은 모두 살인이라는 언어에 포괄되어 있다. 나는 이 단순관념의 집합이 내가 이제까지 자라온 국가의 평가와 일치하는지 일치하지 않는지, 그 나라 대부분 사람이 칭찬할 만한 것인지 비난할 만한 것인지를 발견한다. 거기에서 나는 이 행동을 덕 또는 악덕으로 부른다. 또 만일 내가 지고한 입법자의 의지를 나의 규칙으로 삼는다면 신이 행동을 명했다거나 금지했다고 상정함에 따라서 행동을 선 또는 악, 죄 또는 의무로 부르고 국가의 입법자가 만든 규칙인 시민법과 행동을 비교하면 합법 또는 불법, 범죄 또는 범죄가 아니라고 부른다. 그러므로 우리가 도덕적 행동의 규칙을 어디에서 취하건, 다시 말해서 어떤 기준에 의해서 우리 마음에 덕 또는 악덕의 관념을 이루건 도덕적 행동(행동의 복합관념)은 기원으로 말하자면 감각기관 또는 내성에서 받은 단순관념으로만 이루어지고 거기에서 만들어지며, 이 행동의 올바름 또는 그릇됨은 어느 법이 제정하는 본보기형과의 일치 또 불일치에 있는 것이다.

15.

대체로 도덕적 관념을 올바르게 상념하기 위해서는 이 행동을 다음의 두 가지 고찰 아래 지각하지 않으면 안 된다. 첫째로 도덕적 행동 그 자체가 있는 그대로이고 행동은 제각기 상술한 바와 같은 단순관념의 집합으로 만들어져 있다. 이를테면 취한다거나 거짓을 말하는 것은 내가 혼합양상으로 부르는 것과 같은 단순관념의 이런저런 집합을 의미 표시하며 이러한 의미에서는 (이를테면) 말이 물을 마신다거나 앵무새가 말을 하는 것과 같이 실정적 절대관념이다.

둘째로 우리의 행동은 선하거나 나쁘거나 어느 쪽도 아닌 것으로 생각된다. 이 점에서 행동은 관계적이다. 왜냐하면 행동을 규칙에 맞느냐 벗어나느냐, 선하냐 악하냐로 하는 것은 어느 규칙과 그 행동과의 합치 또는 불일치이고 따라서 행동이 규제와 비교되고 이에 의거해 부르는 한, 행동은 관계 아래에 들어가기 때문이다. 이를테면 어느 사내에게 도전해 싸우는 것은 다른 모든 관념과 구별된 특정의 관념에 의한 일정한 실정적인 양상 또는 특정 종류의 행동일 때 결투로 불린다. 하지만 신의 법과의 관계에서 고찰될 때에는 죄라는 이름에, 어느 나라 풍습과의 관계에서는 용맹함과 덕이라는 이름에, 어느 정부의 국내법과의 관계에서는 중죄라는 이름에 해당할 것이다. 이와 같이 실정적 양상이 하나의 이름을 지니고 또 법과의 관계에 있을 때 다른 이름을 가질 경우 그 구별은 실체일 때와 마찬가지로 쉽게 관찰할 수 있다. 실체에서는 하나의 이름, 이를테면 인간은 (인간이라는) 그 사물을 의미 표시하는 데 쓰이며 다른 이름, 예컨대 아버지는 관계를 의미 표시하는 데 쓰인다.

16. 행동의 이름은 흔히 우리를 그릇된 길로 이끈다

그렇지만 행동의 실정관념과 그 도덕적 관계는 매우 자주 하나의 이름 아래

하나로 포괄되고, 양상 즉 행동과 그 도덕적 올바름이나 그릇됨을 표현하는데 같은 이름이 쓰이는 점 때문에 관계 자체는 비교적 깨닫지 못하고 행동의 실정관념과 그 행동이 어느 규칙에 대해서 갖는 관련과는 가끔 구별되지 않는다. 이런 식으로 (실정적과 관계적인) 두 개의 별개 고찰을 하나의 명사 아래 혼동하는 것에서 음(또는 언어)의 각인에 너무나 쉬워져서 이름을 사물로 잘못취하는 자는 행동의 판단에 있어서 가끔 그르칠 수 있다. 이를테면 남의 것을그 사람이 모르는 사이에 또는 허락을 받지 않고 그 사람에게서 취하는 것은도둑으로 불려도 당연하다. 하지만 이 도둑이라는 이름은 행동의 도덕적 열악도 의미 표시하고 행동이 법에 반대되는 것을 표시하면 보통은 이해가 된다.거기에서 사람들은 자칫하면 도둑으로 불린 어떤 사람도 올바른 것의 규칙에일치하지 않는 좋지 않은 행동으로서 비난받기 쉽다. (이를테면) 미친 사람에게서 화를 당하는 것을 막기 위해 칼을 은밀하게 빼앗는 것은 이와 같은 혼합양상의 이름으로서 도둑으로 불려도 당연하지만, 신의 법과 비교해서 이 지고한규칙과의 관계에서 생각할 때에는 도둑이라는 이름이 일반적으로는 죄나 위반을 암시함에도 죄 또는 위반은 조금도 없는 것이다.

17. 관계는 다 헤아릴 수 없다

인간의 행동과 법과의 관계는 이제까지 말한 대로이다. 그러므로 나는 이관계를 도덕관계로 부른다.

(그런데) 관계의 모든 종류를 열거하자면 한 권의 책이 될 것이다. 그러므로내가 여기에서 모든 관계를 거론하리라 기대해서는 안 된다. 이제까지 든 것에서 관계로 불리는 이 포괄적인 고찰에 대해서 내가 갖는 관념이 어떤 것인지를 보여주면 우리의 당면 목적에는 충분하다. 이 관계라는 것은 매우 다양하며, 그 (관념을 지닐) 기회는 아주 많기(사물을 상호 비교할 수 있는 기회가 있는만큼 많은) 때문에 관계를 규칙적으로 정리하거나 정확한 항목 아래 통합하거나 하는 일은 그리 쉽지 않다. 내가 든 것은 가장 두드러진 관계가 있는 것과,우리가 얻은 관념의 근거는 어디에 있는지 등을 우리에게 알게 하는 데 도움이 될 수 있다고 나는 생각한다. 다만 이 장의 논의에서 떠나기 전에 이제까지말해 온 것에서 다음의 점을 말하고 싶다.

18. 관계는 모두 단순관념에 그친다

첫 번째, 관계는 모두 뚜렷하게 감각 또는 내성에서 얻은 단순관념에 그치며 궁극적으로는 이를 바탕으로 한다. 그러므로 우리가 관계를 나타내는 언어를 쓸 때 (어떤 사물에 대해서 생각하고, 다시 말해서 어떤 뜻이 있다면) 자신의 사유 가운데서 스스로가 지닌 모든 것, 또는 개인에게 의미 표시를 하려고 한 모든 것은 서로 비교된 어느 단순관념이거나 단순관념의 집합에 지나지 않는다. 이 점은 비율관계로 불리는 종류에서는 매우 명백하고 그 이상으로 명백한 사물은 없을 정도이다. 왜냐하면 어떤 사람이 (이를테면) 꿀은 납보다 달다고 말할 때에는 누구나 알 수 있듯이 이 관계에서 그 사람의 사유는 달다는 단순관념에 그치기 때문이다. 이 점은 다른 모든 관계에서도 똑같이 진실이다. 물론 그 사람의 사유가 복합 또는 재복합되어 있을 때는 이 사유를 만드는 단순관념은 틀림없이 거의 지각되지 않는다. 예를 들어 아버지라는 말을 하게 되면 첫째로 인간이란 언어로 의미 표시가 되는 특정의 종, 즉 집합관념의 뜻이 된다. 둘째로 생성이라는 언어로 의미 표시되는 것과 같은 감지할 수 있는 단순관념(의 뜻이다). 셋째로 생성의 결과, 즉 아이라는 언어로 의미 표시되는 모든 단순관념(이 의미 표시된다). 마찬가지로 친구라는 언어는 남을 사랑해 즉석에서 친절한 거동을 하는 인간을 말하며 따라서 이 언어에는 다음과 같은 관념이 있어 언어를 만들고 있다. 첫째로 인간 즉 지능이 있는 자라는 언어에 포괄되는 모든 단순관념, 둘째로 사랑의 관념, 셋째로 즉석이라든가 성향이라든가 하는 관념, 넷째로 어느 종류의 사유 또는 운동인 활동의 관념, 다섯째로 선의 관념이다. 이 관념은 그 사람의 행복을 진행하는 어떠한 사물을 의미 표시하고 이를 검토하면 마지막에는 낱낱의 단순관념에 그쳐 선이라는 언어 전반은 그 어느 하나를 의미 표시하는데, 만일 모든 단순관념을 제거하면 이 언어는 어느 사물도 전혀 의미 표시를 하지 않는다. 이렇게 해서 도덕의 언어도 모두 (단순관념과의 거리가) 비교적 멀어도 마지막에는 단순관념의 집합에 그친다. 관계어의 직접 의미 표시는 이미 알려져 있는 것으로 상정되는 다른 관계인데 이 관계도 서로 더듬어 가면 역시 종말은 단순관념이 되는 것이다.

19. 우리는 관계의 사념을 관계의 밑바탕(인 단순관념)의 사념과 똑같이 명석하게(또는 한층 명석하게) 갖는 것이 보통이다

두 번째, 관계에서 우리는 비록 늘 그런 것은 아니어도 대부분은 관계의 밑바탕인 단순관념과 마찬가지로 관계에 대해서 명석한 사념을 갖는다. 그것은 관계에 기인하는 일치 불일치는 다른 어떤 사물과도 마찬가지로 명석한 관념을 우리가 보통 갖는 것과 같은 사물이고, 관계가 단순관념끼리 또는 그 정도로 서로를 구별하는 것이며, 그와 같은 구별을 하지 않으면 우리는 조금도 분명한 지식을 가질 수 없는 것이다. (이를테면) 내가 감미로움이나 빛이나 연장의 명석한 관념을 가지면 그 각각에 대해서 똑같거나 많거나 적다는 관념을 갖는다. 또 만일 한 남자에게 있어서 한 여성, 즉 셈프로니아*6에게서 태어났다는 것이 어떤 일인지를 알면 다른 남자에게 있어서 셈프로니아라는 같은 여성에게서 태어난 것이 어떤 일인가를 알고, 나아가 출생의 사념과 마찬가지로 형제의 명석한 사념을 가질 터이며, 어쩌면 (출생의 사념보다) 한층 명석한 사념을 갖는다. 왜냐하면 (사람들이 아이들에게 흔히 말하듯이) 셈프로니아가 티투스를 파슬리 밭에서 캐내 그것으로 티투스의 어머니가 되었다 믿고 또 뒤에 똑같이 카이우스를 파슬리 밭에서 캐낸 것이라 믿었다면 나는 완전히 숙련된 조산사라고 했을 때와 마찬가지로 둘의 형제관계의 사념을 명석하게 갖는다. 같은 여성이 어머니로서 똑같이 둘의 출생의 근원이었다는 사념은 (어떤 식으로 근원이었는지를 내가 모른다 해도, 또는 그 점에서 잘못되어 있었다고 해도) 내가 형제관계의 근거를 만드는 것이고 출생의 사정이 어떻든 간에 그 사정으로 둘이 일치했다는 것이다. 그러고 보면 같은 인물로부터 태어났다는 점에서 둘을 비교하는 것은 그 태생의 상세한 사정을 모르고도 둘이 형제관계를 갖거나 갖지 못하거나 하는 나의 사념을 만들기에 충분하다. 그렇지만 (이와 같이) 하나하나의 관계관념은 이를 적정하게 고찰하려는 자의 마음에서는 (명석 분명하고) 혼합양상의 관념과 마찬가지로 명석 분명할 수가 있으며, 실체인 관념보다 더욱 확정적일 수가 있는데 그럼에도 관계에 속하는 이름은 가끔 실체

＊6 Sempronia. 로마에서 가장 많이 알려진 씨족명 Sempronius의 여성 이름. 일족에 티투스와 카이우스(또는 가이우스)가 있다. 어머니가 아이를 파슬리 밭에서 파낸다는 이야기는 그 무렵 잉글랜드에서 전해져 옥스퍼드사전 '파슬리(parsley)' 항에서도 그 설화를 볼 수 있는데 셈프로니아 등, 옛 로마의 인명에 결부된 예는 보이지 않는다.

나 혼합양상의 이름과 마찬가지로 의심스러운 불확실한 의미 표시이며, 단순 관념의 이름보다도 훨씬 그러하다. 왜냐하면 관계어는 위에서 말한 것과 같은 비교의 표시이고 이 비교는 사람들의 마음으로만 만들어져 사람들 마음속만의 관념이므로 사람들은 빈번하게 자신의 상상에 따라서 사물의 다양한 비교에 관계어를 적용하는데 그 비교는 같은 이름을 쓰는 다른 사람들의 비교와 언제나 대응하지는 않기 때문이다.

20. 어느 행동이 비교되는 규칙의 참 거짓에 상관없이(도덕)관계의 사념은 같다

세 번째, 내가 도덕관계로 부르는 관계에서는 행동을 규칙과 비교함으로써 규칙의 참 거짓에 상관없이 나는 관계의 진정한 사념을 갖는다. 그것은 (대체로 비교할 때, 이를테면) 내가 어느 사물을 1야드에서 측정하면 어쩌면 내가 측정하는 야드가 정확하게 기준(인 1야드)이 아니라도 이 상정된 야드에 비교해서 내가 측정하는 사물이 긴지 짧은지를 나는 알며, 내가 측정하는 야드가 정확하게 기준인지 아닌지는 사실 별도의 탐구이다. 비록 규칙이 잘못되어 있어 그 규칙에서는 내가 잘못되어 있었다고 해도 내가 규칙과 비교하는 것에서 관찰할 수 있는 (규칙과의) 일치 불일치는 나에게 관계를 지각시키기 때문이다. 물론 내가 올바르지 않은 규칙으로 측정하면 그것으로 인해서 도덕적 올바름에 관한 잘못된 판정으로 이끌릴 것이다. 왜냐하면 진정한 규칙도 아닌 것으로 시험해 보고 말았기 때문이다. 그렇지만 일치 불일치라는 그 행동과 내가 행동을 비교하는 규칙과의 관계에서는 나는 잘못하지 않고 있다.

제29장

명확한, 불분명한, 분명한, 혼란된 관념

1. 어떤 관념은 명확 분명하고 어떤 관념은 불명확 혼란한 것

지금까지 이 책의 여러 장에서 관념의 기원을 밝혀 그것의 여러 종류를 보아왔고, (관념의 종류에서) 단순한 것과 복잡한 것의 차이를 고찰하여 복합관념이 양상, 실체, 관계의 여러 관념으로 구분되는 모양을 관찰해 왔다. 이들 모두는 마음이 사물을 인지할 때 그것이 진행되는 방식을 철저히 알려고 하는 사람이라면 누구나 행할 필요가 있다고 생각하는데, 어쩌면 관념의 검토에 내가 너무 오래 머물렀다고 여길지도 모른다. 그럼에도 나는 관념에 대해서 아직도 다른 고찰을 좀더 제시하는 것을 양해하기 바란다. 먼저 (관념의) 어떤 것은 명확하고, 어떤 것은 불분명하며, 어떤 것은 분명[1]하고, 그 밖의 것은 혼란하다.

2. 명확과 불분명, 시각으로 설명한다

마음의 지각은 시각[2]에 관계되는 말로 가장 잘 설명된다. 따라서 시각 대상으로 명확하다거나 불명확하다는 것을 살펴보면, 우리의 관념에서 명확하다거나 불명확하다는 뜻을 가장 잘 이해할 수가 있을 것이다. 빛은 눈으로 볼 수 있는 대상을 우리에게 알려준다. 그래서 우리는 다음과 같은 것에, 즉 충분한 빛 속에 놓이지 않고, 그 자체에서 관찰할 수 있는 모양이나 색을 우리에게 자세하게 알리지 않으며, 그러한 모양이나 색은 빛이 더 있었으면 식별할 수 있

---

* 1 명확(clear), 분명(distinct). 알다시피 이 말들은 데카르트에게서 나온 철학어로, 데카르트 철학의 보급에 따라 일상어가 되기도 했으나 로크는 '분명'에 대해서 이 장 제6절에서 독자적인 견해를 말한다.
* 2 시각은 마음의 대표적인 지각으로 로크는 지성의 작용을 곧잘 눈에 비유한다.

는 그러한 것에 불명확이란 이름을 부여한다. (다시 말하면 충분한 빛 속에서 모양이나 색을 자세히 알 수 있음은 명확하다.) 이와 마찬가지로 우리의 단순개념이 다음과 같은 것일 때, 즉 관념을 얻을 수 있는 대상 자신에 의해서 잘 정돈된 감각 또는 지각으로 (마음에) 제시되거나, 제시할 수 있는 것일 때 그것은 명확한 것이다. (또) 기억이 그와 같이 (다시 말하면 정돈된 감각 또는 지각으로 제시된 대로) 파악하여 고찰할 때마다 마음에 관념을 낳을 수 있는 동안에는 그것은 명석한 관념이다. 관념이 그러한 본원적인 정확성을 (처음부터) 얼마쯤 갖추고 있지 못하거나 또는 신선함을 잃고서 시각과 함께, 말하자면 퇴색하든가 변색하든가 그 어느 쪽인 한, 그 관념은 불명확하다. 복합관념은 단순관념으로부터 만들어지는 것이므로, 복합관념을 구성하는 관념이 명확하며, 어떤 복합관념의 구성요소인 단순관념의 수와 순서가 확정되고 일정할 때 복합관념은 명확하다.

3. 불명확의 원인

단순개념에서 불명확의 원인은 감각기관이 둔하든가, 대상이 주는 인상이 보잘것없어서 흐려지기 쉽거나, 그렇지 않으면 기억이 약해서 관념을 받아들인 대로 간직하지 못하는 것들 가운데 어느 하나로 여겨진다. 이 점을 이해하기 위해 눈에 보이는 대상으로 되돌아가서 생각해 보면, 지각기관이나 기능이 추위로 너무 단단해진 양초처럼 평소에 인상을 받고 있던 충격으로부터 (예를 들어 대상으로서) 봉인(seal)의 각인을 받지 않거나, 너무 무른 양초처럼 봉인을 받아도 잘 각인되지 않거나, 그렇지 않으면 적당한 단단함을 유지한 양초라도 명확한 봉인을 받을 만큼 충분한 힘이 없거나 이들 가운데 어느 한쪽이라면 봉인이 남기는 흔적은 불명확할 것이다. 이 점을 더 잘 알기 쉽도록 (봉인을 일부러) 적용할 필요는 없다고 생각한다.

4. 분명함과 혼란은 무슨 뜻인가?

명확한 관념이란, 마음이 잘 정돈된 기관으로 알맞게 작용하는 외부 대상으로부터 받는 빈틈없고 뚜렷한 지각을 갖는 것이지만, 이와 마찬가지로 분명한 관념은 마음이 다른 모든 관념으로부터 그것이 다르다는 점을 지각하는 관념이며, 혼란된 관념은 달라야 할 다른 관념으로부터 충분히 구별할 수 없는 관넘이다.

5. 반대론

만약에 어떠한 관념이 서로 다른 관념으로부터 충분히 구별할 수 있다면, 혼란스럽지 않다면 혼란된 관념을 어딘가에서 찾아내기란 어려울 것이라고 말하는 사람이 있을지도 모른다. 왜냐하면 어떤 관념이 무엇이 되었든 간에 마음이 지각하지 않는 것일 수는 없고, 이 지각 자체가 이 관념을 다른 모든 관념과 충분히 구별하기 때문이다. 다른 관념은 다른 것이라고, 곧 다르다고 지각되지 않으면 다른 것일 수가 없다. 다시 말하면 다를 리가 없는 것이다. 그러므로 어떠한 관념도 자기 자신과 다르지 않는 한, 달라야 할 다른 관념으로부터 구별할 수 없을 리가 없다. 왜냐하면 그 어떤 관념도 다른 모든 관념과는 분명히 다르기 때문이다.

6. 관념의 혼란은 그 이름과 관련이 있다

이러한 어려움을 없애고, 관념이 어떤 때 혼란을 만들어 내는가를 알기 위해 우리는 다음과 같은 일을 생각하지 않으면 안 된다. 즉 서로 다른 이름으로 유별(類別)되는 사물은 구별할 수 있을 정도로 충분히 다르다고 여겨질 것, 따라서 각 종류의 사물은 그것에 특유한 이름으로 표시되어, 필요가 있을 때마다 따로따로 논의할 수 있다는 것 등을 고려하지 않으면 안 된다. 따라서 무엇보다도 명백하지만, 서로 다른 거의 모든 이름은 서로 다른 사물을 나타낸다고 여겨지는 것이다. 그런데 어떤 사람이 갖는 관념은 무엇이든 간에 눈으로 보아도 분명히 그 관념이며 자기 자신 이외의 모든 관념과 다르다. 그러므로 관념을 혼란시키는 것은, 관념이 그와 같이 혼란된 관념일 때 이 관념을 표현하는 이름과 마찬가지로 다른 이름에 의해서도 불릴 수가 있다는 점이다. 왜냐하면 (그러한 두 개의 다른 이름 아래 유별되어야 할) 사물을 따로 유지하여, 어느 사물을 그러한 이름의 하나에 속하게 하고 (다른) 어떤 사물을 다른 이름에 속하게 하는 그러한 차이가 사라져, 더 나아가서는 그러한 다른 이름으로 보존하려고 한 구별은 완전히 상실되기 때문이다.[*3]

[*3] 이러한 까닭으로 로크는 '명확 분명' 대신에 '확정적'이라는 표현을 주장한다.

7. 혼란을 만드는 (관념의) 단점. 첫째, 너무 작은 단순관념으로부터 만들어지는 복합관념

일반적으로 이러한 혼란을 일으키는 (관념의) 단점은 주로 다음과 같다.

첫째, 어떤 복합관념이 (왜냐하면 혼란에 가장 빠지기 쉬운 것은 복합관념이므로) 너무 적은 수의 단순관념으로 이루어지고, 더욱이 다른 사물과 공통되는 관념뿐으로, 그 때문에 복합관념에 (다른 것과) 다른 이름을 붙일 만한 차이가 없을 때이다. 예를 들어 단순히 반점이 있는 짐승이라고 하는 단순관념으로 이루어진 관념을 가진 사람은 표범의 혼란된 관념을 가질 뿐이다. 왜냐하면 이것으로는 살쾡이나 반점이 있는 다른 여러 종류의 짐승과 충분히 구별되지 않기 때문이다. 따라서 이러한 관념은 비록 표범이라고 하는 독자적인 이름을 가지고서도 살쾡이 또는 검은표범이라는 이름이 지정하는 관념과 구별할 수가 없어서 표범과 같은 살쾡이(또는 검은표범)라는 이름 아래에 넣을 것이다. 말을 일반명사로 정의하는 습관이, 말로 나타내려고 한 관념을 혼란시켜 불확실하게 만드는 데에 얼마만큼 공헌하는가는 다른 사람들이 생각해 주기를 바란다. 다음과 같은 점은 뚜렷하다. 즉 혼란된 관념은 말의 사용을 불확실하게 해서, 별개의 이름이 갖는 혜택을 없애는 것과 같다. 다른 명사를 쓰는 관념이 그 별개의 이름에 호응하는 차이를 가지지 않으며 나아가서는 이름으로 구별할 수 없을 때, 관념은 문자 그대로 혼란에 빠져 있는 것이다.

8. 둘째, 단순관념이 무질서하게 섞여 있을 때

둘째, 우리의 관념을 혼란케 하는 다른 단점은, 어떤 관념을 만드는 낱낱의 단순관념이 수적으로는 충분해도 어수선하게 섞여 있으므로 그 관념이 다른 이름보다는 이들에게 주어진 이름에 속하는지를 쉽사리 구별할 수 없을 때이다. 이 혼란을 이해하기 위해서는 (역시 시각을 예로 들어) 흔히 놀라운 예술품으로서 제시되기 마련인 하나의 그림보다 적절한 사물은 없다. 그림에는 여러 색이 화필로 화판에 칠해져 있는데, 그러한 여러 색은 매우 기묘해서 평소 볼 수 없는 모양을 나타내고, 위치에서 그 어떤 질서도 식별할 수가 없는 것이다. (그러나) 이런 식으로 대칭도 질서도 볼 수 없는 부분으로 만들어진 이 그림도, 그것 자체로는 흐린 하늘을 그린 그림보다 혼란된 사물은 아니다. 흐린 하늘의 그림에서는 색이나 모양의 질서는 마찬가지로 찾아볼 수 없으나 누구나 혼란된 그림이라고는 생각하지 않는다. 그렇다면 대칭의 결여는 위에 든 그림을 혼란된 것이라고 여기게 하지 않은데, 그렇게 여기게 하는 것은 무엇일까? 대칭의 결여는 누구나 알 수 있는 바와 같이 혼란된 것이라고 여기게 하지 않는다. 왜냐하면 이 그림을 단지 본떠서 만들어진 다른 그림은 (모사이므로) 혼란하다고 불릴 리가 없기 때문이다. (그러므로) 그림을 혼란스럽다고 여기게 하는 것은 그림을 어떤 이름에, 즉 다른 이름보다는 이 이름에 속한다고 (분명히) 식별할 수 없는 어떤 이름에 적용시키는 일이다.

예를 들어 그림이 어떤 인간 또는 카이사르*⁴의 그림이라는 말을 들으면 그때에는 누구나 이 그림을 혼란하다고 생각해도 당연하다. 왜냐하면 위에서 말한 상태로는 그림이 개코원숭이 또는 폼페이우스*⁵라고 하는 이름에, 즉 인간 또는 카이사르로 뜻이 표시되는 관념과 다른 관념을 나타낸다고 여겨지는 개코원숭이 또는 폼페이우스라는 이름에 속하는 것보다는 인간 또는 카이사르라고 하는 이름에 속한다고 식별되지 않기 때문이다. 그런데 올바르게 놓인 원통경(圓筒鏡)*⁶이, 위에서 말한 화판의 불규칙한 선을 적정한 질서와 비율로 고쳐버리면 그때에는 혼란은 없어지고 눈은 이내 그 그림이 인간 또는 카이사르라고 본다. 그림이 그와 같은 이름에 속해서 개코원숭이나 폼페이우스로부터, 즉 이 이름으로 뜻이 표시되는 관념에서 충분히 구별될 수 있다고 보는 것이다. 우리의 관념도 바로 이와 같은 것으로, 관념은 말하자면 사물의 그림이다.

이 (관념이라고 하는) 심적인 그림의 어느 것도 부분(인 단순관념)이 제아무리 나열되어 맞추어져 있어도 (누구나 알 수 있도록, 있는 그대로 식별할 수 있으므로) 일반적으로 붙일 수 있는 이름 밑에, 즉 다른 뜻의 표시라고 인정된 이름보다 이 이름에 속하면 조금도 식별할 수 없는 것 같은, 어떤 일반적으로 붙여지는 이름 밑에 유별되지 않는 한, 혼란하다고 일컬어질 까닭이 없다.

---

*4 Gaius Julius Caesar(BC 100~44). 로마의 군인, 정치가.

*5 Gnaeus Pompeius Magnus(BC 100~48). 로마의 무장, 정치가로 카이사르와 제1차 삼두정치를 조직했다.

*6 cylindrical mirror. 이것을 장치해서 일그러진 그림을 고치는 기구를 anamorphoses라고 한다.

9. 셋째, (복합관념이) 변하기 쉽고 불확정일 때

셋째, 우리의 관념에 혼란하다는 이름을 자주 주는 제3의 결함은, 관념의 어떤 것이 불확실하며 불확정할 때이다. 예를 들어 말의 복잡한 의미 표시를 완전히 배울 때까지 자기들 언어의 통상적인 말을 쓰는 것을 삼가지 않는 사람들은 이러저러한 명사로 나타낼 수 있는 관념을 거의 명사를 사용할 때마다 바꾸는 경우를 우리는 관찰할 수가 있다. (이를테면) 교회 또는 우상숭배라고 하는 관념은 그것을 생각할 때마다 무엇을 그 관념에서 제거해야 할 것인가, 무엇을 그 관념에 넣어야 할 것인가, 이것이 불확실하기 때문에 이러한 일(명사로 뜻을 표시하는 관념을 바꾸는)을 해서 그 관념을 만드는 (단순)관념의 하나의 자세하고 확실한 집성을 확고하게 지키지 않는 사람을 우상숭배 또는 교회의 혼란된 관념을 갖는다고 일컫는다. 이것도 앞(절)에서 든 것과 같은 이유에 의한다. 즉 어떤 변하기 쉬운 관념이 (이것을 하나의 관념이라고 인정한다면) 다른 이름보다는 하나의 이름에 속할 수가 없어서, 나아가서는 별개의 이름이 의도하는 차이를 잃어버리기 때문이다.

10. 이름과 관련이 없는 혼란은 생각할 수 없다

지금까지 살펴본 바로 이름이, 즉 사물의 확고한 기호이자, 그 자신과 다른 사물을 그 (이름의) 차이에 의해서 나타내어 따로 유지한다고 여겨지는 이름이, 그러한 이름에 마음이 (그 이름에 본디 속하는, 또는 속하지 않는) 자기 관념을 남이 알아채지 못하게 관련시킴으로써 얼마나 많은 관념이 분명하다거나 혼란된 것이라고 말하는 기회원인이 되는가를 알 수가 있을 것이다. 이 점은 아마도 내가 제3권에서 말에 대해서 설명한 것을 읽고 이해한 뒤 한층 더 정확하게 이해할 수가 있을 것이다. 그러나 별개 사물의 기호로서의 별개 이름에 이와 같이 관념을 관련시킨다는 점에 유의하지 않으면 혼란된 관념이 어떠한 것인가를 말하기가 어려울 것이다. 그러므로 어떤 사람이 어떤 이름으로 어떤 종류의 사물을, 다시 말하면 다른 모든 사물과는 다른 하나의 사물을 의도할 때, 이 이름에 그 사람이 결부시키는 복합관념은 이것을 이루는 (단순)관념이 특정한 것이며, 그 수와 질서가 많아서 확정적일수록 더욱더 분명한 것이다. 왜냐하면 복합관념이 이와 같은 점을 많이 가질수록, 다른 이름에 속하는 모든 관념으로부터, 가장 가까운 관념으로부터도 그 복합관념을 분리해서 뚜렷하게 유지하는 차이는 늘 더욱더 지각되고 이로써 다른 이름에 속하는 관념과의 혼란은 전적으로 피할 수 있기 때문이다.

11. 혼란은 늘 두 개의 관념에 관련된다

혼란은 분리되어야 할 두 사물의 분리를 곤란하게 한다. 따라서 혼란은 늘 두 개의 관념에 관련되고, 더욱이 가장 가까운 두 개의 관념과 가장 관련이 있다. 그러므로 어떤 관념이 혼란되어 있다고 의심될 때 우리는 늘 다른 어떤 관념이 이 관념과 혼동될 위험에 놓여 있는가, 다시 말하면 어떤 관념이 이 관념과 쉽사리 분리될 수 없는가를 검토하지 않으면 안 된다. 그러면 알 수 있는 일이지만 그러한 관념은 다른 이름에 속하는 관념이며 따라서 다른 사물이어야 하는데, 더욱이 혼란을 일으킨 관념은 이것과 완전히 별개의 것은 아니다. 왜냐하면 이 다른 관념은 혼란된 관념과 같거나 그 부분을 이루거나 또는 적어도 (본디) 유별되는 다른 이름과 마찬가지로 적절하게 그 (혼란된 관념의) 이름으로 불리어, 따라서 (각기) 다른 이름이 나타내는 것과 같은 다른 관념(즉 혼란된 관념)과의 차이를 유지하지 않기 때문이다.

12. 혼란의 원인

내 생각으로는 위에서 말한 것이 애초 관념에서 볼 수 있는 혼란이며 이 혼란에는 이름과의 숨은 관련이 늘 따라다닌다. 적어도 관념에 무엇인가 다른 혼란이 있다 해도, 위에서 말한 것이 사람들의 사유나 논의를 가장 많이 흐트러뜨리는 것이다. 이름 아래 유별된 관념은 사람들이 자기 안에서 추리하는 대부분이고, 늘 남과 이야기를 주고받는 것이므로 두 개의 다른 이름으로 표시되는 두 개의 서로 다른 관념이 이것을 나타내는 소리(또는 이름)와 마찬가지로 구별할 수 없으면 그렇게 여겨지는 경우에는 늘 혼란을 면할 수 없고, 어떤 (두 개의) 관념이 이를 나타내는 두 개의 소리(또는 이름)와 마찬가지로 별개의 것일 때에는 그 두 관념 사이에는 아무런 혼란도 있을 리가 없다. (그렇게 본다면) 혼란을 막는 길은, 우리의 복합관념에 이것을 다른 관념과 차이가 나게 하는 모든 요소(관념)를 될 수 있는 대로 세밀하게 모아서 합치고, 그런 식으로 확정적인 수와 질서로 합일된 요소(관념의 집합)에 같은 이름을 확고하게 적용하는 일이다. 하지만 이러한 일은 사람들의 느긋한 기분이나 자만에 적응하지 않고, 생생한 진리(다시 말하자면 진리 자체)를 의도하는 이외에는 아무런 쓸모가 없으며, 그러한 생생한 진리는 늘 지향된다고는 할 수 없으므로 그 정확성은 희망(또는 기대)되기보다는 오히려 (다만 단순히) 바라지는 일인 것이다. 또 불확정하고 바뀌기 쉬운 관념에, 거의 관념이 없는 곳에 이름을 엉성하게 적용한다는 것은 자신의 무지를 숨기는 데에 유용함과 동시에 다른 사람을 당혹스럽게 하고 어리둥절하게 하는 데에 쓸모가 있어, 이것이 지식에서 널리 뛰어나다고 여겨지므로, 대부분의 사람들이 이러한 일(불확정한, 거의 관념이 없는 것에 이름을 적용하는 일)을, 다른 사람의 경우에는 불평을 말하면서 자기 자신은 그렇게 하는 것도 이상한 일은 아니다. 나는 사람들의 생각에서 발견되는 혼란의 적지 않은 부분이 배려와 연구로 피할 수 있다고 생각하지만, 그렇다고 해서 어디에서나 이것이 갈망되고 (계획된다고) 단정짓기는 어렵다. 어떤 관념은 아주 복잡해서 매우 많은 부분으로 만들어지므로, 단순관념의 정확한 집성을 기억이 하나의 이름 아래 파악한다는 것은 쉬운 일이 아니고, 다른 사람이 그러한 이름을 쓸 때 그 이름이 어떤 정확한 복합관념을 나타내는가를 늘 일정하게 알기란 더더구나 불가능하다. 이들 최초(의 사정으)로부터 인간 자신 안에서의 추리와 의견에 혼란이 생겨 다른 사람과 논의할 때 혼란이 자주 발생한다. 그러나 다음 권에서 언어와 그 결함, 오용(誤用)을 한층 자세하게 다루었으므로 여기에서는 이 정도로 그치기로 한다.

13. 복합관념은 어떤 부분에서는 명확하고 다른 부분에서는 혼란할 수가 있다

우리의 복합관념은 단순관념의, 더욱이 매우 다양한 단순관념의 집합에서 만들어지므로, 어느 부분에서는 아주 명확하며 분명하고, 다른 부분에서는 매우 불명확하고 혼란을 이룰 수 있다. (예를 들어) 천면체(千面體), 즉 천 개의 변(邊)을 가진 물체에 대해서 이야기하는 사람의 경우, 수의 관념은 매우 분명하지만 형태의 관념은 혼란스러울 수가 있을 것이다. 따라서 그러한 사람은 자기의 복합관념 가운데에서 천(千)이라고 하는 수에 기초한 부분에 대해서는 논의, 논증할 수 있으므로 천면체의 분명한 관념을 갖는다고 생각하기가 쉽다. 하지만 누구나 알 수 있는 바와 같이, 천면체를 999개의 면을 지닌 것과 모양을 구별할 정도로 천면체 모양에 대한 정확한 관념은 가지지 못한다. 이 점을 고려하지 않음으로써 사람들 사유의 잘못, 논의의 혼란이 적지 않게 발생한다.

14. 이것에 주의하지 않으면 우리 논의에 혼란이 생긴다

(예를 들어) 천면체 모양에 분명한 관념을 가졌다고 생각하는 사람에게, 시험 삼아 마찬가지로 균질(均質)한 물질의, 예컨대 금 또는 밀랍의 같은 부피의 덩어리를 가지게 하여, 999개의 변을 가진 모양으로 만들게 해보자. 나는 의심하지 않지만, 그 사람은 이들 두 개의 개념 가운데에서 수에 포함되는 부분에 한해서 생각할 때에만 변의 수로 두 관념을 서로 구별할 수 있고, 관념에 대해서 분명하게 추론하고 논의할 수가 있을 것이다. 예를 들어 천면체의 변은 두 개의 같은 수로 나눠지는데 999개의 변은 그렇게 할 수 없는 등과 같이 말이다. 하지만 두 관념을 모양으로 구별하려고 하면 그 사람은 이내 어리둥절해져서, 내 생각으로는 (위에서 든 것과) 같은 금 덩어리의 하나를 정육면체로, 다른 것을 오각형으로 만들 때처럼은, 그러한 두 조각의 금의 모양만으로 두 관념의 하나를 자기 마음속에서 다른 것과 별도로 형성할 수는 없을 것이다. 완전무결하지 않은 이러한 관념의 경우, 우리는 자신을 속이고 남과 다투기가 매우 쉽다. 특히 관념이 특정하고 익숙한 이름을 가질 때 그러하다. 왜냐하면 (한편으로는) 관념 가운데 우리가 명확하게 갖는 부분을 이해하고 (다른 한편으로는) 우리에게 친근한 이름은 불완전하며 불명확한 부분도 포함하는 전체에 적용되므로, 우리는 그러한 혼란된 부분에 이름을 써서 이름이 나타내는 관념의 불명확한 부분이라도 다른 명확한 부분으로부터 연역하는 것과 마찬가지로 자신 있게 연역하기 때문이다.

15. 영원한 사례

(다른 예를 들어보자. 이를테면) 영원이라는 이름을 자주 입에 담으면 우리는 영원의 실정적(實定的), 포괄적인 관념을 갖는다고 생각하기가 쉽다. 이것은 영원이란 부분에, 우리의 관념에 명확하게 포함되지 않는 것이 없다고 말하는 것과 마찬가지이다. (그러나 그렇지가 않다.) 과연 그렇게 생각하는 사람은 지속의 명확한 관념도 가질 수가 있을 것이다. 지속의 매우 길고 명석한 관념을 가질 수가 있을 것이다. 이 큰 길이와 한층 더 큰 길이와 비교되는 명확한 관념도 가질 수가 있을 것이다. 하지만 그 사람은 지속에 대한 자기 관념이 바라는 대로 아무리 커도, 어떤 지속의 관념 속에 끝이 없다고 생각하는 지속의 모든 범위를 포함시킬 수가 없으므로, 그 사람의 관념 가운데에서 자신에게 표상하

는 방대한 지속의 한도를 늘 넘는 부분은 매우 불명확하고 불확정하다. 이런 점 때문에 우리는 영원 또는 다른 어떠한 무한에 대한 토의나 추리를 잘못하여 명백한 모순에 빠지기 쉽다.

16. 무한가분성

(또 하나의 예를 들어보자.) 물질에서 우리는 우리의 감각기관이 받아들이는, 가장 적다는 생각을 넘어서는 최소에 대한 명확한 관념을 가지지 않는다. 그러므로 우리는 물질의 무한한 가분성을 이야기할 때 분할과 가분성의 명확한 관념을 가지게 되며, 전체로부터 분할에 의해서 만들어진 부분의 명확한 관념을 갖는다고는 하지만, 이제까지의 분할에 의해서 물체가 우리의 어떤 감각기관을 훨씬 넘는 작은 것으로 줄어들었을 때, 우리는 그와 같이 분류된 입자 또는 아주 작은 물체의 매우 불명확하고 혼란된 관념밖에 가지지 못하고, 따라서 우리가 명확하고 분명한 관념을 갖는 모든 것은, 일반적으로 바꾸어 말하면 추상적인 분할이라고 하는 관념과 전체와 부분의 관계뿐이다. 이와 같이 무한히 분할되어야 할 물체가 어느 정도 (분할이) 진행된 뒤의 분량에 대해서는, 우리는 명확한 관념도 분명한 관념도 전혀 갖지 못하는 것이다. 누구든지 이제까지 본 먼지의 최소원자를 취하여 그 100,000분의 부분과 1,000,000의 부분 사이의 명확한 관념을 (연장과 관계없는 수는 제외하고) 가질 수 있는가? 또 만약에 그 사람이 이들 두 부분을 놓치지 않고 이 정도까지 관념을 세분할 수 있다면 위의 각 수에 0을 10개씩 더 붙이게 하자. 이 정도로 작은 것을 생각해도 이치에 맞지 않는 점은 없다. 왜냐하면 그 정도로 분할을 해도 처음에 두 개의 반으로 분할한 데에 비해서 원자를 무한분할의 마지막으로 조금도 접근시키지 못하기 때문이다. 나로서도 (나도 또한) 이러한 물체의 갖가지 분량, 또는 연장에 대해서 매우 불명확한 관념밖에 가지지 못하므로 그 어느 쪽에 대해서도 명확하고 분명한 관념은 아무것도 가지지 않는다고 고백하지 않으면 안 된다.

따라서 나는 생각하는 바이지만 우리가 물체의 무한한 분할을 이야기할 때 물체에서 (분할할 때마다 얻어지는) 별도의 크기에 대한 우리의 관념, 즉 분할의 주체이자 바탕인 관념은 (분할이) 약간 진행되면 혼동되어 불명확 속에서 거의 사라지는 것이다. 왜냐하면 (수에 상관없이) 다만 크기만을 나타내는 관넘은 매우 불명확하고 혼란되어 있음에 틀림없고, 우리는 단지 수에 의해서만 이것을 10배 큰 관념에서 구별할 수 있기 때문이다. 그러므로 우리는 10과 1(이라고 하는 수)에 대해서 명확한 관념을 갖는다고 할 수 있지만, 그러한 (위에서 든 것과 같이 수에 관련이 없는) 두 연장의 분명한 관념은 아무것도 가지지 않는다. 이것으로 보아 누구나 알 수 있는 바와 같이, 물체 또는 연장의 무한가분성을 이야기할 때 우리의 분명하고 명확한 관념은 다만 수에 대해서일 뿐, 연장(또는 물체)의 명확 분명한 관념은 분할이 어느 정도 진행되면 깡그리 사라진다. 그래서 우리는 그러한 아주 작은 부분에 대해서 분명한 관념을 전혀 가지지 못하며, 그러한 관념은 무한에 대한 우리의 관념이 모두 그렇게 되는 것처럼 마지막에는 언제나 더해지게 될 수의 관념에 귀착되지만, 이것으로는 결코 현실의 무한한 부분의 그 어떤 분명한 관념이 되지는 않는다. 하기야 우리는 분할을 생각하려고 할 때마다 몇 번이고 분할에 대한 뚜렷한 관념을 갖는다. 그러나 이것만으로는 물질의 무한 부분의 명확한 관념을 가지지 못하며, 이 점은 우리가 실제로 갖는 어느 정해진 수에 늘 새로운 수를 더하는 것만으로는 무한수의 명확한 관념을 갖지 않는 것과 마찬가지이다. 왜냐하면 끝이 없는 가분성은 실제로 무한한 부분의 명확 분명한 관념을 주지 않고, 그 점은 끝없는 부가가능성(이렇게 말해도 좋다면)이 실제로 무한한 수의 명확 분명한 관념을 주지 않는 것과 마찬가지인데, 그 까닭은 끝이 없는 가분성과 끝이 없는 부가가능성이 모두 수가 아무리 크다고 해도 수를 늘 증가시키는 능력에만 있기 때문이다.

그러므로 더해져야 할 나머지(여기에 무한은 존재한다)에 대해서는 우리는 불명확하며 불완전해서 혼란된 관념을 가질 뿐으로 그러한 관념으로부터, 또는 그러한 관념에 대해서 절대 확실성 또는 명확성을 가지고 논의하거나 추리할 수가 없다. 이 점은 산수(算數)에서 다음과 같은 수, 즉 4나 100에 대해서 갖는 것 같은 분명한 관념을 가지지 않고 다만 무엇인가 다른 수와 비교하면 늘 크다고 하는 상대적인 관념만을 갖는 수, 그러한 수에 대해서 절대 확실성 또는 명확성을 가지고 논의하거나 추리할 수 없는 것과 마찬가지이다. (예를 들어) 수가 400,000,000보다 크면, 다시 말해 그 이상이면 말하거나 생각을 할 때 우리는 그 수의 명확하고 실정적인 관념을 가지지 못하고, 이러한 점은 수가 40 또는 4보다 크다고 말했다 할 때와 마찬가지이다. 왜냐하면 400,000,000

이 부가(附加) 또는 수의 끝에 접근하는 비율은 4와 마찬가지이기 때문이다. 4에 4를 더하기만 하는 것으로, 그렇게 해서 앞으로 나아가는 사람, 그러한 사람이 모든 부가(또는 수)의 끝에 다가가는 속도는 400,000,000에 400,000,000를 더하는 사람과 동일할 테니까 말이다. 영원에서도 그와 같은 것으로, 불과 4년의 관념을 가지는 사람도 400,000,000년의 관념을 가진 사람과 마찬가지로 영원의 실정적이며 완전무결한 (실은 비실정적이고 완전무결하지 않은) 관념을 갖는다. 왜냐하면 영원 속에서 이들 두 햇수 가운데 어느 것인가를 넘은 나머지는 4년이나 400,000,000년이나 마찬가지로 명확(실은 불명료)하기 때문이다. 즉 어느 쪽이나 나머지에 대한 명확하고 실정적인 관념을 전혀 가지지 않는 것이다. 4년에 4년을 더하는 것만으로, 그렇게 해가는 사람이 영원의 끝에 다다르는 빠르기는 400,000,000년을 더하여 그렇게 해가는 사람과, 또는 만약에 하고 싶으면 증가시키는 것을 몇 번이고 바라는 대로 곱절로 하는 사람과 같을 것이다. 왜냐하면 (시간이) 남기는 심연이 이러한 모든 진행의 종말을 훨씬 뛰어 넘는다는 것은 하루 또는 한 시간의 길이로부터와 마찬가지이기 때문이다. 유한한 사물은 무한과 아무런 비율도 가지지 않으니까 말이다. 그러므로 모두가 유한인 우리의 관념은 무한과는 아무런 비율을 가질 수가 없다. (마찬가지로) 연장에 대한 우리의 관념으로, 분할에 의해 연장을 작게 할 때뿐만 아니라 더해서 연장을 늘여, 우리의 생각을 무한한 공간으로 확대해 가려고 할 때에도 이와 같다. 우리가 익숙하게 가지고 있는 가장 큰 연장의 관념을 몇 차례만 곱절로 하면 그러한 공간의 명확 분명한 관념을 우리는 잃게 된다. 그러한 공간은 더 큰 나머지가 따르는 혼란스럽고 막대한 크기가 되어, 이에 대해서 논의하거나 추리를 하려고 하면 늘 어리둥절해지는 자기 자신을 발견하게 될 것이다. 왜냐하면 우리의 논의에 있어서 혼란된 관념이나 논의의 혼란된 부분으로부터의 연역은 늘 우리를 혼란으로 이끌기 때문이다.

제30장
실재적 관념과 공상적 관념

1. 실재적 관념은 원형(原型)에 합치한다

관념에 대해서 이미 말한 것 말고도, 관념이 얻어지는 맨 처음 사물과의, 다시 말하면 관념이 나타낸다고 여겨지는 사물과의 관련에서 따로 고찰할 것이 있다. 관념은 다음 세 가지로 구별된다.

첫째, 실재적인가, 공상적인가?

둘째, 완전한가, 완전하지 않는가?

셋째, 참인가, 거짓인가?

첫 번째의 실재적 관념은 자연에 바탕을 갖는 관념, 실재로서 현존하고 존재하는 사물과, 다시 말하면 원형과 합치하는 관념을 뜻한다. 자연에 아무런 바탕도 가지지 않고, 원형으로서 암묵적으로 관련되는 실재의 존재물과 조금도 합치하지 않는 관념을 나는 공상적 또는 망상적이라고 부른다. (이 점에 대해서 단순개념 따위) 앞에 든 여러 종류의 관념을 검토하면 다음과 같은 것을 알 수 있다.

2. 단순관념은 모두 실재적

첫째로 우리의 단순관념은 모두 실재적이고 모두 실재하는 사물과 일치한다. 그렇다고 단순개념이 모두 실제로 존재하는 것의 심상(心像)이나 표상은 아니다. 물체의 1차 성질을 제외한 모든 것에서 반대라고 하는 것은 이미 (제2권 제8장 제15절에서) 명시해 두었다. 그러나 (예를 들면) 하양과 차가움은 눈[雪]에만 있는 것이 아닌데 그 점은 아픔과 마찬가지이다. 더욱이 이들 하양과 차가움과 아픔 등과 같은 관념은 우리 안에서 외부 사물이 작용한 결과, 즉 우리 조물주가 우리 안에 그러한 (하양 등의) 감각을 낳도록 정한 결과이므로 이들 관념은 우리 안에서 실재하는 관념이며, 이에 의해서 우리는 사물 자체에 실재하는 여러 성질을 구별하는 것이다. 이들 (하얗다는 관념 등) 여러 현상은 우리가 관여하는 사물을 우리에게 알리고 구별하게 하는 표지인 것처럼 의도되어 있으므로, 우리의 관념은 (2차 성질의 관념처럼 사물 능력의) 단순히 항상적인 결과이든, (1차 성질의 관념처럼) 사물 자체 안에 있는 사물의 정확한 유사물이든 마찬가지로 그러한 (사물을 우리에게 알리는) 목적에 효과적이며, 마찬가지로 (사물을) 구별하는 실재의 문자이다. 왜냐하면 실재성은 관념이 여러 가지로 실재하는 존재물의 별개 구조와 정상적으로 대응하는 데에 있기 때문이다. 그러나 관념이 (2차 성질의 관념처럼) 원인으로서의 그러한 구조에 응하는지, (1차 성질의 관념처럼) 원형으로서의 구조에 응하는지는 어떻게 되든 상관없다. 관념이 사물의 구조에 의해서 항상적으로 생겨나면 그것으로 충분하다. 그리하여 우리의 단순관념은 모두 실재적이며 참이다. 왜냐하면 단순개념은 우리 내부에 이를 낳는 사물의 능력에 따라 일치하므로, 이것이 단순관념을 실재적인 것으로 만들어 제멋대로의 허상으로 만들지 않게 하는 모든 것이기 때문이다. 단순관념에서는 (이미 제2권 제1장 제25절에서 밝혔듯이) 마음은 자신에 대한 사물의 작용에 전적으로 국한되어, 받아들인 것 이상으로는 단순관념을 만들 수가 없다.

3. 복합관념은 유의적인 집성이다

(이와 같이) 마음은 단순관념에 대해서는 완전히 수동적이지만, 복합관념에 관해서는 그렇지 않다고 보아도 괜찮다. 왜냐하면 복합관념은 하나의 일반이름 아래에 모아진 합일된 단순관념의 집성이므로, 누구나 알 수 있다시피 그러한 복합관념을 만드는 데에 있어 인간의 마음은 어떤 종류의 자유를 쓰기 때문이다. 그렇지 않다면 어떤 사람의 (예를 들어) 돈이나 정의라고 하는 관념이 다른 사람의 관념과 어떻게 차이가 나게 되는가? (그것은) 오직 그 사람의 복합관념에 다른 사람이 받아들이지 않는 어떤 단순관념을 도입하거나 또 그 복합관념으로부터 다른 사람이 제거하지 않는 단순관념을 없앨 뿐이기 때문이다. 그렇다면 의문은, 이들 복합관념의 어느 것이 실재적 집성이고 어느 것이 단순히 상상적 집성인가 하는 점이다. 도대체 어떤 집합이 실재하는 사물과 일치하며 어떤 것이 일치하지 않는지를 살펴보기로 하자.

4. 정합적(整合的)인 관념에서 만들어진 혼합양상과 관계들은 실재적이다

둘째로 (복합관념 가운데에서) 혼합 양상과 그 관계는, 이들 관념이 사람들의 마음속에서 갖는 것(즉 관념이 마음속에 존재하는 것) 이외의 실재성*1을 가지지 못한다. 따라서 그러한 종류의 관념을 실재적으로 만드는 데에 필요한 것은, 그 관념에 합치해서 존재할 가능성이 있도록 (다시 말하면 관념이 마음속에 존재할 수 있도록) 관념이 형성되어야 한다는 것 그 이상으로는 아무것도 없다. 도대체 이와 같은 관념은 (앞 절에서 말한 바와 같이 마음을 만드는 것으로, 마음 밖에 원형이 없고) 그 자신이 원형이므로 원형과 다를 수가 없다. 따라서 (마음속에 존재할 수 없는 것과 같은, 논리적으로) 정합되지 않는 관념을 이 관념 안에 긁어모으려고 하는 사람이 없는 한 망상적일 수가 없는 것이다.

하기야 이러한 관념의 그 어느 것에나 이미 아는 언어의 이름이 주어져 있으며, 관념을 마음에 갖는 자는 흔히 이 이름에 의해서 관념을 다른 사람에게 뜻하고 이를 표시하곤 했다. 그러므로 (관념이 실재적이기 위해서는) 존재하는 단순한 가능성으로는 부족하다. 관념은, 이를테면 어떤 사람이 (예를 들어) 보통의 사용법으로 마음이 넓다는 관념에 정의라고 하는 이름을 부여하려고 한다면 (공상적이라 여겨지겠지만) 공상적으로 여겨지지 않게 하기 위해서는 관념에 부여되는 이름의 일상적인 뜻과 합치하지 않으면 안 되는 것이다. 하지만 이와 같은 공상성은 관념의 실재성과 관계가 있다기보다는 이야기하는 방법의 적절성과 관계가 있다.

왜냐하면 (예를 들어) 어떤 사람이 위험에 마음이 흔들리지 않고 무엇을 할 것인가를 침착하게 생각하여 이를 차질 없이 실행하는 것, 이것은 어떤 행동의 혼합양상, 즉 복합관념으로서 그러한 행동은 존재할 수가 있기 때문이다. 그러나 사람이 이지 또는 노력 없이 위험에 마음이 흔들리지 않는 일, 이것도 가능하다. 따라서 앞의 관념과 마찬가지로 실재적인 관념이다. 하지만 이들 두 관념의 처음 것은 용기라고 하는 이름이 주어져 있으므로, 이 이름에 관련해서 올바른 관념 또는 올바르지 않은 관념일 수가 있을 것이다. 반면 뒤의 것은 이미 아는 어떤 언어의 기존 이름이 여기에 붙여지지 않는 동안에는 무엇인

---

*1 실재성의 뜻이 앞의 제2절에 나왔던 단순개념이나 다음 절의 실체관념의 집합과는 전혀 다르다. 라이프니츠도 이 점을 지적하고 있다. 로크 경험론에 있어서의 논리주의 또는 합리론의 발로이며 양상관념의 진리성이나 논증도덕의 가능성도 여기에서 나온다.

가 불구(의 관념, 즉 결함이 있는 관념)일 수가 없다. 왜냐하면 이 관념은 자신 이외의 그 어떤 사물과도 관련되지 않고 만들어지며 따라서 실재적이기 때문이다.

5. 실체의 관념은 사물의 존재와 일치할 때 실재적이다

셋째로 우리 모든 실체의 복합관념은 우리 외부에 존재하는 사물과의 관련으로 만들어지고, 실체가 실재하는 대로의 표상이 되도록 의도되고 있다. 따라서 실체의 복합관념은 단순관념의 다음과 같은 집성일 때, 즉 우리 밖의 사물에 실재하도록 합일되며, 이 사물 안에 공존하는 것과 같은 집성일 때에만 실재적이다. 이에 반해 어떤 실체 안에서 실재로서는 결코 합일되지 않고 결코 함께 발견되지 않는, 단순관념이 그러한 집합으로부터 만들어진 것은 공상적이다. 예를 들어 인간 모습의 신체에 말 머리로 이루어진 이지적 피조물(또는 생물), 즉 켄타우로스*2를 그린 것과 같은 것이나, 또는 (황금처럼) 노랗고 전성(展性)이 뛰어나며 녹기 쉽고 단단하지만 (황금과 달라서) 보통의 물보다 가벼운 물체라든가 또는 체제화되지 않고 감지되는 곳에서는 모두 서로 비슷한 부분으로 이루어져 있으며, 여기에 지각과 유의운동(有意運動)이 결부되어 있는 물체(또는 신체)와 같은 그런 것이다. 이러한 실체가 가정으로라도 존재할 수 있는지 없는지는 모른다. 그러나 그것은 어떻든, 실체의 이러한 관념은 우리가 아는 것과 합치해서 존재하는 원형으로 만들어질 수 없고, 합치되면 실체가 우리에게는 결코 명시되지 않았던 관념집합으로 이루어지므로 우리로서는 단순히 상상적이라고 인정해야 한다. 부분적인 부정합(不整合) 또는 모순을 포함하는 복합관념은 더욱 그러하다.

---

*2 centaur. 그리스 신화에 나오는 반인반마(半人半馬)의 공상적 동물.

제31장
완전한 관념과 불완전한 관념

1. 완전한 관념이란 그 원형을 완전히 나타내는 것이다

우리의 실재적 관념 가운데 어떤 것은 완전하고 어떤 것은 완전하지가 않다. 원형, 즉 마음이 관념을 얻는 바탕이라 생각하고, 관념으로 나타내려 하며, 관념을 관련시키는 그러한 원형을 완전히 표상하는 관념, 이것이 완전한 관념이다. 불완전한 관념이란, 관념이 관련되는 원형을 부분적, 다시 말하면 불완전하게밖에 나타내지 못하는 것이다. 그러므로 다음과 같은 점은 누구나 알 수 있다.

2. 단순관념은 모두 완전하다

첫 번째로 우리의 단순관념은 모두 완전하다. 왜냐하면 단순관념(중에서 1차 성질이 완전하다는 것은 명백하다. 2차 성질의 관념)은 사물의 어떤 작용, 즉 우리 내부에 그러한 관념을 낳도록 신이 정한 사물의 어떤 작용 바로 그것이기 때문이다. 따라서 단순관념은 그러한 작용에 대응하여 완전하지 않을 수가 없으며, 실재하는 사물과 확실히 일치한다. 왜냐하면 (예를 들어) 설탕이 우리에게 하얗다거나 달다고 하는 관념을 낳는다면, 그러한 관념을 낳은 작용이 분명히 설탕에 있기 때문이다. 만약에 그러한 작용이 없다면 설탕은 관념을 낳지 못했을 것이다. 그와 같이 각 감각은 우리 감각기관의 어느 것인가에 작용하는 능력에 따르므로 그렇게 해서 생긴 관념은 실재적 관념으로(단순관념을 낳는 작용이 조금도 없는, 마음이 만들어 내는 허상이 아닌), 완전한 것이 되지 않을 수가 없다. 왜냐하면 그러한 관념은 오직 이것을 낳는 작용에 응해야 하기 때문이다. 따라서 단순개념은 모두 완전한 것이다. 그런데 (여기에서 주의하지 않으면 안 되는데) 우리는 그러한 단순관념을 우리 내부에 낳는 사물 가운데 아주 보잘것없는 부분을 관념의 원인인 것처럼 여기고, 그 밖에는 그러한 관념이 사물에 실재하는 존재물인 것처럼 여긴다. (예를 들어) 불은 피부에 닿았을 때 아프다는 느낌을 주고 이것으로 우리에게 아프다는 관념을 낳는 작용이 표시되는데, 또 밝다거나 뜨겁고 일컬어져, 마치 밝기나 뜨겁다는 것이 우리 내부에 그러한 (밝기나 뜨거움의) 관념을 불러일으키는 작용이라기보다는 불에 실재하는 사물인 것처럼 말이다. 그래서 밝기나 뜨거움은 불이 가진 성질 또는 불의 성질이라고 불린다. 그러나 밝기나 뜨거움은, 사실을 말하자면 (빛 또는 열로서) 우리 내부에 그러한 (밝기나 뜨거움의) 관념을 불러일으키는 불의 작용에 지나지 않는다. 그러므로 내가 (밝기 등의) 2차 성질이 사물에 있다고 이야기하고, 또는 우리 내부에 이들 2차 성질의 관념을 불러일으키는 사물(또는 대상 그 자체) 안에 있다고 이야기할 때, 위에서 말한 (작용이라고 하는) 뜻으로 이해해야 한다. 이러한 화법은 일반적인 생각에 적합하며, 그러한 통속적 생각이 없으면 그렇게 말하는 것을 아무도 이해할 수는 없지만, 그러한 화법은 사실 사물 안에 있는 작용, 즉 일정한 감각이나 관념을 우리 내부에 불러일으키는 작용을 나타내는 데에 지나지 않는다.

왜냐하면 만일 불이 시각과 촉각에 만드는 인상을 받는 적당한 기관이 (우리에게) 없고, 그러한 기관에 결부되어 불 또는 태양으로부터 그러한 인상에 의한 밝기나 뜨거움의 관념을 받는 마음이 없었다고 한다면, 비록 태양이 지금과 똑같이 비추고 에트나산[*1]이 이제까지 없었을 정도로 높이 분화해도, 이 세상에 밝기도 뜨거움도 없었을 터이기 때문이다. 이 점은 아픔을 감지할 수 있는 피조물(또는 생물)이 없었다면 아픔은 없었을 거라고 하는 것과 마찬가지이다. (이에 반해서 1차 성질의) 고체성이나 연장이나, 연장의 끝, 즉 모양 그리고 운동과 정지 등은 (마찬가지로) 우리가 관념을 갖지만, 이들을 지각하는 어떠한 감지할 수 있는 존재물이 있건 없건, 있는 그대로 실재해서 이 세상에 있을 것이다. 그러므로 고체성이나 그 밖의 것은 물질에 실재하는 물질의 변용으로, 물체로부터 우리가 얻는 모든 다양한 감각을 불러일으키는 원인이라고 간주하는 까닭이 있는 것이다. 그러나 이것은 이 장소에 속하는 탐구가 아니므로 나는 더 이상 깊이 들어가지 않고 (이 장의 주요 주제인) 어떤 복합관념이

---

*1 Mount Aetna. 이탈리아, 시칠리아섬 동부의 유명한 활화산.

완전하며 어떤 것이 불완전한가를 보여주기 위해 이야기를 계속하겠다.

3. 양상은 모두 완전하다

두 번째로 양상(樣相)에 대한 우리의 복합관념은, 마음 어딘가에 존재하는 그 어떤 실재의 원형, 즉 정상적(定常的)인 원형과 관련시키지 않고 긁어모은 단순개념의 의도적인 집합이므로 충분한 관념이거니와 그렇지 않을 수가 없다. 왜냐하면 이 관념은 그 지향하는 바가 실재하는 사물의 모사가 아니라, 사물을 종류에 따라 나누고 이름하기 위해 마음이 만든 원형이므로 결여된 사물이 있을 리가 없기 때문이다. 양상에 대한 복합관념이 저마다 갖는 관념의 집성 또는 이 집성에 의해서 갖는 완전성은 그렇게 되도록 마음이 지향하는 집성과 완전성이며, 따라서 마음은 이것을 그대로 받아들여 결여되는 사물을 조금도 발견하지 못하는 것이다.

예를 들어 세 각으로 이루어진 세 변의 어떤 도형의 관념을 가지면, 이로써 나는 (삼각형의) 완전무결한 관념을 가지며, 이것을 완전무결하게 하기 위해 그 밖의 사물을 전혀 필요로 하지 않는다. 마음이 이러한 마음의 관념의 완전성을 이해한다는 것은 다음과 같이 생각하지 않음을 말한다. 즉 삼각형이라고 하는 사물이 (이 세상에) 존재한다고 생각하고, 마음은 어떤 지성이 삼각형이란 말이 뜻하는 사물에 대하여 위에서 말한 세 변과 세 각의 복합관념으로 마음 자신이 갖는 이상으로 완전무결 또는 완전한 관념을 갖거나 가질 수 있다는 따위를 생각하지 않아도 누구나 쉽게 알 수가 있다. 이 세 변과 세 각 안에 삼각형의 관념이 어디에 존재하고 또는 어떻게 존재하든 간에, 그 관념에 본질적인 모든 것, 다시 말하면 그 관념을 완전무결하게 하는 데에 필요한 모든 것이, 또 본질적이고 필요한 모든 것이 포함되어 있는 것이다. 그런데 실체에 대한 우리의 복합관념에서는 그렇지가 않다.

왜냐하면 이 관념의 경우 우리는 실재하는 대로 사물을 모사하며, 사물의 모든 특성이 입각하는 구조를 자기 마음속에 나타내려 하므로, 우리가 지향하는 완전성에 관념이 다다르지 않는다는 점을 알게 되기 때문이다. 우리는 관념 안에 있으면 기쁘게 느껴질 어떤 사물이 늘 관념에 결여되어 있고, 따라서 관념은 모두 완전하지 않다는 것을 알게 된다. 그러나 혼합양상과의 관계는 본보기가 없는 원형이며, 따라서 자기 자신 이외에 표상하는 사물을 아무것도 가지지 않는다. 그러므로 완전하지 않을 수가 없다. 모든 사물은 자기 자신에게 완전하기 때문이다. (예를 들어 앞 장 제4절의 예를 다시 사용하면) 위험을 알기는 하지만, 공포에 의한 마음의 흔들림 없이 해야 할 일을 올바르고 침착하게 생각하며, 실행의 공포로 마음이 흐트러지거나 단념하지 않고 실행하는 이러한 관념을 처음으로 긁어모은 사람은, 그러한 집성으로 만들어진 복합관념을 절대 확실하게 자기 마음에 갖는다. 이 복합관념은 있는 그대로의 사물됨을 조금도 지향하지 않으며 그것이 갖는 단순관념 말고는 그 어떤 단순관념도 내부에 가지려 하지 않는다. 따라서 완전한 관념이지 않을 수가 없다. 또 그 사람은 이 관념을 기억에 담아놓고, 여기에 용기라고 하는 이름을 결부시켜서 남에게 표시하고 이에 입각해서 관념에 일치한다고 관찰되는 어떤 행동을 이름한다. 따라서 그 사람은 관념에 일치하는 행동을 평가하며 이름하는 기준을 가진 것이다. 이런 식으로 만들어져서 원형이 되도록 (기억에) 비축된, 위에 적은 관념은 필연적으로 충분해야만 한다. 왜냐하면 자기 자신 이외의 사물과 조금도 관련지워지지 않고, 처음에 이 관념의 집성을 만든 사람의 기호와 의지 말고는 그 어떤 동기로도 만들어지지 않기 때문이다.

4. 정해진 이름과 관련되는 양상은 완전하지 않을지도 모른다

하기야 나중에 다른 사람이 이 (용기라고 하는 복합관념을 처음으로 만든) 사람의 이야기에서 용기라고 하는 이름을 배우면, 자기가 그 용기라고 하는 이름에 부여하는 관념을, 처음에 만든 사람이 그 이름을 쓸 때 마음에 가졌던 것과는 다르게 만들지도 모른다. 이 경우 뒷날 말을 배운 사람이 다음과 같이 의도한다면, 즉 자기가 이야기할 때 쓰는 이름이, 그 이름을 배운 처음에 만든 사람의 이름과 소리로 합치하도록, 생각할 때의 관념이 처음에 만든 사람의 관념과 일치하기를 의도한다면 이 사람의 관념은 매우 옳지 않으며, 완전하지 않을지도 모른다. 왜냐하면 이때 그 사람의 관념은 다른 사람(즉 처음에 만든 사람)의 말이나 소리가, 이야기할 때의 자기 말이나 소리의 원형이 되도록 다른 사람의 관념을 생각할 때의 자기 관념의 원형으로 삼기 때문이다. 그러므로 그 사람의 관념은, 이것을 관련시켜 자기 관념을 위하여 쓰는 이름으로 (동시에) 표시하여 뜻을 나타내려고 하는 원형(즉 처음에 만든 사람의 관념)에서 멀어질수록 결함이 있으며 완전하지가 못한 것이다. 그 사람은 이름을 (본디 사용법으로는 먼저 결부되는) 다른 사람(즉 처음에 만든 사람)의 관념 및 이에 일치하는 자기 관념의 기호로 만들려고 했다. 그러나 만약 그 사람 자신의 관념이 (처음으로 만든 사람인) 다른 사람의 관념과 정확하게 들어맞지 않는다면 그 사람의 관념은 결함이 있고 완전치가 못한 것이다.

5.

그러므로 위에서 말했듯이 양상의 복합관념은, 마음이 이것을 다음과 같은 관념에 부합시키려 할 때, 즉 어떤 지능이 있는 사람의 마음에 있는 것을, 우리가 위에서 말한 복합관념에 적용하는 이름으로 표현되는 관념에 관련시켜 이것과 부합되도록 하려고 할 때 그것은 모자란 점이 많고 올바르지 않으며 완전하지 않을지도 모른다. 왜냐하면 (그러한 경우는) 마음이 원형으로 삼은 것과 복합관념이 일치하지 않기 때문이다. 이 점에서만 양상에 대한 어떤 관념은 올바르지 않고 불완전하다고, 다시 말하면 충분하지 않다고 말할 수가 있다. 이로 말미암아 혼합양상에 대한 우리의 관념은 다른 어떠한 것에 못지않게 가장 결함이 있기 쉽다. 그러나 이것은 올바르게 안다고 하기보다는 적절하게 이야기하는 것과 관련이 있다.

6. 실재적 본질에 관련된 것으로서 실체의 관념은 완전하지가 않다

세 번째로 실체에 대해서 우리가 어떠한 관념을 갖는지를 나는 앞에서 (제2권 제23장 제1절 이하에서) 밝혀두었다. 그런데 이 관념은 마음속에서 두 가지로 관련을 갖는다. 1. 때로는 사물의 각 종(種)의 실재적 본질이라 여겨지는 것에 관련되어 그 모사로 여겨진다. 2. 때로는 존재하는 사물에서 발견되는 여러 성질의 관념으로, 마음속에 이들이 존재하는 사물의 사상(寫像)과 표상이기만 하도록 의도된다. 어느 경우나 그러한 원형의 이러한 모사는 불완전하다.

첫째, 사람들은 일반적으로 실체의 이름에 의해서 사물을, 즉 그 사물을 어떠한 종의 사물이게 하는 일정한 실재적 본질을 갖는 것으로 표현한다. 또 이름은 사람들의 마음에 있는 관념만을 나타내므로, 사람들은 관념을 그 원형으로서의 실재적 본질에 관련시키지 않으면 안 된다. 사람들(특히 세계의 이 부분, 즉 유럽에서 가르치는 학문 속에서 자라온 사람들)이 실체의 일정한 종적(種的) 본질을, 즉 여러 종류의 각 개체가 합치되어 이에 관여되는 일정한 종적 본질을 생각하는 일은 입증을 필요로 하기는커녕 만약에 누군가가 그렇지 않은 일을 한다면 이상하게 여겨질 것이다.

이렇게 해서 사람들은 일반적으로 하나하나의 실체를 유별하는 종의 이름을, 그러한 종의 실재적 본질에 의해서 구별된 사물에 적용한다. (예를 들면) 인간이 실재적 본질을 갖는다고 하는 것 말고 다른 뜻으로 자기 자신을 인간이라 부르는가 어떤가, 그러한 의심을 받게 되면 기분이 언짢지 않을 사람이 있을까? 더욱이 그러한 실재적 본질은 어떠한 것인지 물음을 받는다면 누구나 알 수 있는 바와 같이, 사람들은 아는 게 없으며 알지 못하는 것이다. 이리하여 사람들이 마음에 갖는 관념은 알 수 없는 원형으로서 실재적 본질에 관련되므로 완전하지 못함에는 틀림없고, 실재적 본질의 그 어떤 표상이라고는 전혀 생각할 수 없는 것이 된다.

실체에 대해서 우리가 갖는 복합관념은 이미 (제2권 제23장 제1절에서) 명시해 둔 바와 같이 끊임없이 함께 존재한다고 관찰되어 왔거나 그렇게 여겨져 온 단순관념의 일정한 집합이다. 그러나 그러한 복합관념은 그 어떤 실체의 실재적 본질일 리가 없다. 왜냐하면 만약에 실재적 본질이라면 그 물체(또는 실체)에서 발견되는 여러 특성은 이 복합관념에 입각해서 연역할 수 있을 테고 여러 특성과 복합관념과의 필연적 결합은 알려질 것이기 때문이다.

이것은 삼각형의 모든 특성이 하나의 공간을 둘러싼 세 개의 선이라고 하는 복합관념에 기초하여 특성을 발견할 수 있는 한, 이 복합관념에서 연역할 수 있는 것과 마찬가지이다. 그러나 누구나 알 수 있는 바와 같이 실체에 대한 우리의 복합관념에는 실체에서 발견되어야 할 다른 모든 특성이 기초할 만한 관념은 포함되어 있지 않다. (예를 들어) 쇠에 대해서 사람들이 일반적으로 갖는 관념은 일정한 색과 무게와 굳기를 가진 물체이며, 쇠에 속한다고 사람들이 생각하는 하나의 특성은 전성(展性)이다. 하지만 이 특성은 위에서 말한 복합관념 또는 그 어떤 부분과 필연적인 결합을 전혀 가지지 않는다. 전성이 그러한 색, 무게, 굳기에 의존한다고 생각할 까닭이 없다는 것은, 그러한 색 또는 그러한 무게(또는 굳기)가 쇠의 전성에 달려 있다고 생각할 까닭이 없는 것과 마찬가지이다. 더욱이 우리는 이러한 실재적 본질의 그 어떤 것도 알지 못함에도 사람들이 사물의 종(種)을 그러한 실재적 본질에 귀속시키는 일보다 더 흔한 일은 없는 것이다. (예를 들어) 내가 손가락에 끼고 있는 반지를 만드는 특정한

한 조각의 물질은 실재적 본질을 갖는다고 대부분의 사람들은 이내 생각하며, 이 실재적 본질이 물질을 금으로 만들어 그 가운데에서 발견되는 여러 성질, 즉 그 특유한 색, 무게, 굳기, 녹는 성질, 고정성이나 조금만 수은에 닿아도 색이 변한다는 것 따위는 이 실재적 본질에서 나오는 것이다. (하지만) 이들 모든 특성이 나오는 바탕이 되는 본질은 이것을 탐구하고 탐색하면 발견되는 것은 아니다. (이 점에 대해서) 내가 끝까지 밀고 나아갈 수 있는 일은 다음과 같이 추정하는 일뿐이다. 즉 금은 물체 이외의 사물이 아니므로, 위에서 든 여러 성질이 기초하는 실재적 본질, 즉 내부구조는 금의 고체성이 있는 부문의 모양, 치수, 결합 이외의 사물일 리가 없다고 추정할 뿐이다. (그러나) 이들 모양, 치수, 결합의 어느 것에 대해서도 나는 분명한 지각을 전혀 가지지 않으므로 금이 그 특유의 빛나는 노랑을 띠고, 내가 아는 같은 부피의 그 어떤 사물보다도 큰 무게를 가지며 수은에 닿으면 색을 변화시키는 데에 알맞은 성질을 갖는다는 (여러 특성의) 원인인 금의 본질에 대해서 나는 아무런 관념도 가질 수가 없다.

만약에 위에서 말한 여러 특성이 기초하는 실재적 본질, 내부구조는 금의 고체성이 있는 부분의 모양, 치수, 배열 또는 결합이 아니라 금의 특수한 형상이라 불리는 다른 어떤 사물이라고 말하는 사람이 있다 해도, 나는 금의 실재적 본질에 대한 그 어떤 관념을 전보다 더 가지지 않는다. 왜냐하면 (분명) 나는 (물체 또는 실체의) 고체성이 있는 부분의 모양, 치수, 위치 일반의 관념을 가지고 있기 때문이다. 하지만 위에서 말한 여러 성질을 낳는 (금의) 여러 부분의 특정한 모양이나 치수, 다시 말하면 부분의 집합에 대해서는 아무런 관념도 없으며 그러한 여러 성질을 나는 (다만 금반지라고 하는) 내가 손가락에 끼고 있는 특정한 한 조각의 물질에서 발견하고, 내가 쓰고 있는 펜을 자르는 다른 한 조각의 물질에서는 발견하지 않는다.

그러나 (금이라고 하는) 그 물체의 고체성이 있는 부분의 모양, 치수, 정황 이외의 다른 어떤 사물이 그 물체의 본질이며 실체적 형상이라 불리는 어떤 사물이라고 알려질 때에는, 나는 고백하는 바이지만 이에 대한 관념을 전혀 가지지 않고, 단지 형상이라고 하는 소리의 관념을 가질 뿐이며, 이 소리의 관념은 (금이라고 하는) 물체의 실재적 본질이나 구조와는 관련이 멀다. (이렇게 해서 금이라고 하는) 특정한 실체의 실재적 본질을 모르는 것처럼 다른 모든 자연적 실체의 실재적 본질에 대해서도 나는 잘 알지 못한다. 그러한 본질에 대해서, 나는 고백하지만 분명한 관념을 전혀 가지지 않는다. 또 나는, 다른 사람들도 자기 지식을 검토하면 이 한 가지 점에서는 같은 종류의 무지를 자신 안에서 발견하리라는 생각이 자꾸만 드는 것이다.

7.

그렇게 되면 사람들이 내 손가락의 이 특정한 한 조각의 물질에, 이미 쓰이고 있는 하나의 일반명칭을 적용해서 금이라 부를 때, 사람들은 그러한 한 조각의 물질이 어떤 실재적 내부본질을 갖는 어떤 특정한 종의 실체에 속한다고 해서, 이 한 조각의 물질에 그 (금이라고 하는) 이름을 주어 그 특정한 실체는 이 본질을 가짐으로써 그 종의 것이 되고 그 이름으로 불리게 되는 일은 일반적으로 없는가, 또는 그렇다고 이해되는 일은 없는가? 누구나 알 수 있는 바와 같이 그렇지만, 만약에 그렇다고 한다면 그러한 본질을 갖는 것으로서의 사물을 표시하는 이름은 먼저 그 본질과 관련되어야 하고 따라서 이 이름이 주어지는 관념도 이 본질에 관련되어 이를 표상하는 것을 지향하도록 되어야 한다. (하지만) 이름을 그와 같이 쓰는 사람은 이 본질을 모르므로 그 사람들의 실체관념은 그 점에서 완전하지 않은 것이어야 한다. 왜냐하면 그 사람들의 실체관념은 이 관념이 포함하도록 마음이 지향하는 실재적 본질을 안에 포함하고 있지 않기 때문이다.

8. 여러 성질의 집합체로서의 실체관념은 모두 완전하지가 않다

둘째, 실체를 구별하는 알지 못하는 실재적 본질이라고 하는 저 쓸데없는 생각을 무시하고, 실체에 공존하는 것으로 발견되는 감지할 수 있는 성질의 관념을 모아서 이것으로 이 세상에 존재하는 여러 실체를 모사하려고 노력하는 사람은 (앞의 제6절에서 보아온 바와 같이) 자기들의 알 수 없는 실재적 종적 본질을 떠올리는 사람에 비해서 실체와 닮은 모습에 훨씬 가까이 간다고는 하지만, 그렇게 해서 자기들 마음에 모사하려고 한 실체의 완전히 충분한 관념에는 이르지 못하며, 그러한 모사는 그 원형에서 발견되어야 할 모든 것을 정확하고 빠짐없이 포함하고 있지도 않다. 왜냐하면 우리가 실체의 복합관념을 만드는 실체의 여러 성질, 여러 작용은 매우 가짓수가 많고 다양하므로 그 어떤 인간의 관념도 그러한 성질과 작용을 모두 포함하지는 못하기 때문이다.

실체에 대한 우리의 추상관념이 사물 자신에 합일되어 있는 모든 단순관념을 내부에 포함하지 않는다는 것은, 사람들이 어떤 실체 안에 존재한다 알고 있는 모든 단순관념을 사람들이 실체에 대한 자기들의 복합관념에 포함하는 일이 드물다는 점에서 명백하다. 왜냐하면 사람들은 (여러 종류의 실체에 주는) 종적 이름의 의미 표시를 될 수 있는 대로 명확하게 번거롭지 않게 하려 노력하므로, 여러 종의 실체에 대한 종적 관념의 대부분을 실체에서 발견될 단순개념 안의 몇몇 관념에서 만들지만, 이 (선택된) 관념은 버려진 관념에 비해서 종적 관념으로 도입되어 관념을 만드는 본원적 우선성 또는 권리를 많이 가지고 있지 않으므로, 누구나 아는 바와 같이 (실체적 본질을 생각하는 방법과 지금 방법과) 이들 어느 한 방법으로라도 우리의 실체관념은 결여되는 곳이 있어서 완전하지가 않기 때문이다. 실체에 대한 우리의 복합관념을 만드는 단순관념은 (어떤 종류의 모양이나 부피 등 1차 성질만을 제외하고) 모두 작용이지만, 작용은 다른 실체와의 관계이므로 어떤 하나의 물체(또는 실체)가 다른 실체에 여러 방법으로 부딪쳐 어떤 변화를 주거나 받을 수 있게 되어 있는가를 시험할 때까지 우리는 그 물체에 있는 작용을 확실하게 알 수는 없다. 이러한 일을 어떤 하나의 물체로 (완전히) 시험할 수는 없으며, 모든 물체에서는 더더욱 불가능하다. 그러므로 우리가 어떤 실체에 대해서 그 모든 특성의 집합으로 만들어지는 완전한 관념을 가질 수는 없는 것이다.

9.

(예를 들어) 우리가 금이라는 말로 나타내는 종의 실체의 한 조각과 처음으로 마주치는 사람은 그 덩어리에서 관찰한 부피나 모양(과 같은 1차 성질)이 그 실재적 본질, 즉 내부구조에 기초한다고 이지적으로 생각할 수가 없었다. 그래서 이들(부피나 모양)은 그 종의 물체에 대한 그 사람의 관념에 (처음에는) 결코 들어오지 않고, 아마도 물체의 특유한 색과 무게(와 같은 2차 성질)가 먼저 물체로부터 추상되어, 그 종의 복합관념을 만든 것이다. 그러나 그 어느 것이나 작용에 지나지 않는다. 색은 우리 눈에서 일정한 방식으로 감각을 일으켜 우리가 노랑이라 부르는 관념을 우리 내부에 낳는 능력이며, 무게는 한 쌍의 같은 접시저울의 한쪽에 금을 얹고 다른 한쪽에 같은 부피의 물체를 얹으

면 그 물체를 밀어올리는 작용이다. 또 때에 따라서는 여기에 녹는 성질과 고정성, 즉 이 물체에 미치는 불의 작용과의 관계에서 다른 두 가지 수동적 능력의 관념을 덧붙이는 사람이 있을 것이다. (또한) 다른 사람은 연성(延性)과 왕수(王水) 속에서의 녹는 성질(의 관념)을, 즉 이 물체의 외형을 바꾸거나 물체를 감지할 수 없는 부분으로 분리하거나 하는 다른 물체의 작용에 관계하는, 다른 두 작용(의 관념)을 덧붙였을 것이다. 이들이, 또는 이들 부분이 가해져서 일반적으로 우리가 금이라 부르는 종류의 물체에 대해서 사람들의 마음에 있는 복합관념을 만드는 것이다.

10.
하지만 여러 물체 일반의 특성을 고찰해 온 사람은, 또는 특히 (금이라고 하는) 이 종(의 물체)을 고찰해 온 사람은 금이라 불리는 이 물체가 그 (앞 절에서 든 것과 같은) 복합관념에 포함되지 않는 다른 특성을 무한히 갖는 것을 의심할수가 없다. 이런 종류(의 물체)를 더 엄밀하게 검토한 사람은, 나는 믿는 바이지만 열 배나 많은 특성을 금에 열거할 수 있으며, 그 모두가 금의 색이나 무게와 마찬가지로 금의 내부구조에서 분리할 수가 없었던 것이다. 그래서 만일 이 금속에 대해서 여러 사람들이 아는 모든 특성을 안 사람이 있다고 한다면, 아마도 어떤 한 사람이 그때까지 자기 관념에 가지고 있었던 것보다 100배가 많은 관념이 금의 복합관념으로 들어왔을 것이다. 더욱이 이것은 아마도 금에서 발견될 것의 1000분의 1도 되지 않을 것이다. 왜냐하면 이 (금이라고 하는) 하나의 물체가 다른 물체에 부딪칠 때 받거나 다른 물체에 만들기 쉬운 변화는 우리가 아는 것을 훨씬 넘어설 뿐만 아니라 떠올리기 쉬운 점을 훨씬 앞지르기 때문이다. 이러한 점은 다음과 같은 사람에게는, 즉 삼각형에 대해서 수학자가 이미 발견한 특성은 적은 숫자는 아니지만 인간은 이 삼각형이라고 하는 하나의 그다지 복합적이지 않은 도형의 모든 특성을 아는 것으로부터 얼마나 먼가까지 생각하려는 사람에게는 그다지 심한 역설로는 여겨지지 않을 것이다.

11. 여러 성질의 집합체로서 실체에 대한 관념은 모두 완전하지 않다
그러므로 실체에 대한 우리의 복합관념은 모두 완전하지가 않다. 이것은 수학적 도형에서도, 만약에 (도형의 본질을 모르고) 다른 도형과의 관련성에서 특성을 모으는 것만으로 그 도형에 대해 우리가 복합관념을 갖는다고 한다면 마찬가지였을 것이다. (예를 들어) 타원에 대해서 몇몇 특성 말고는 그에 대한 관념을 가지지 않았다고 한다면, 우리 관념은 얼마나 불확실하고 불완전했을까? 그러나 우리는 (타원의) 알기 쉬운 관념 안에 이 도형에 대한 모든 본질을 가지므로 앞으로 그 특성을 발견하여, 어떻게 해서 특성이 본질에서 나오며 본질과 분리할 수 없는가를 논증적으로 보는 것이다.

12. 단순관념은 엑투바*²이며 완전하다

이렇게 해서 마음에는 세 종류의 추상관념, 다시 말하면 유명적(唯名的) 본질*³이 있다.

첫째로 단순관념. 이것은 엑투바, 즉 모사인데 더욱이 절대 확실하게 완전하다. 왜냐하면 (1차 성질의 관념은 사물의 1차 성질의 정확한 모사*⁴이며, 지금 탐구하고 있는 2차 성질의 관념에서는 마음에 가져오는) 그 감각은 마음에 그러한 감각을 낳는 사물의 작용만을 나타내는 것을 지향하도록 되어 있고, 따라서 그 감각이 생성될 때에는 이 작용의 결과가 아닐 수가 없기 때문이다. 그와 같이 (예를 들어) 내가 쓰고 있는 종이는 밝을 때 (나는 밝기에 대한 보통의 생각으로 이야기한다) 내가 하얗다고 부르는 감각을 내 안에 낳는 작용을 갖지만, 이 감각은 마음이 자기 자신 안에 그러한 (감각의) 관념을 낳는 작용을 가지지 않으므로 마음 밖에 있는 사물의 그러한 (감각을 낳는) 작용의 결과이다. 그래서 그 단순관념은 그러한 작용의 결과가 아닌 그 어떤 사물도 가리키지 않으므로 실재적이며 완전하다. 내 마음속의 하얗다는 감각은 종이 안에 있고 이 감각을 낳는 작용의 결과이므로 그 작용에 완전히 충분하다. 만약에 그렇지 않다면 이 작용은 다른 관념을 낳았을 것이다.

13. 실체의 관념은 엑투바이며 완전하지 않다

둘째로 실체에 대한 복합관념 또한 복사, 모사이지만 완전한 관념이 아니며

＊2 ektuba. 모사(模寫).

＊3 nominal essences.

＊4 1차 성질의 관념이 사물에 실재하는 성질의 정확한 모사이며, 따라서 완전하다는 것은 명백하므로 이 절의 고찰은 오직 2차 성질로 집중되어 있다.

충분하지가 않다. 이 점은 다음과 같은 일로 매우 뚜렷하다. 즉 마음이 무엇인가 존재하는 실체에 대해서 그 어떤 단순관념의 집합체를 만들든지 이 집합체가 그 실체에 있는 모든 것에 정확하게 대응한다는 점을 확신할 수가 없으면 마음은 누구에게나 알 수 있도록 파악된다. 왜냐하면 이 실체에 대한 다른 모든 실체의 작용을 시험해서 다른 실체로부터 받는 변경 또는 다른 실체에 낳는 변경을 모두 발견한 것이 아니므로 그 실체의 모든 능동적이고 수동적인 능력의 정확하며 완전한 집합체를 마음은 가질 수가 없고, 나아가서는 존재하는 그 어떤 실체의 여러 능력과 (다른 실체에 대한 이 실체의) 여러 관계와의 완전한 복합관념을 가질 수는 없지만, 이러한 것이 실체의 복합관념에 대해서 우리가 갖는 종류이기 때문이다. 또 결국 만약에 어떤 실체의 모든 2차 성질이나 작용의 정확한 집합체를 우리의 복합관념 안에 가질 수 있었고, 실제로 가졌다고 해도 우리는 그래도 그 사물의 (즉 실체의) 본질에 대한 관념을 가지지는 못했을 것이다.

왜냐하면 우리가 관찰할 수 있는 작용이나 성질은 이 실체의 실재적 본질이 아니며 실재적 본질에 기초해 거기에서 나오게 되므로 그러한 성질의 어떤 집합체도 그 사물의 실재적 본질일 리가 없기 때문이다. 이로써 누구나 알 수 있는 바와 같이 우리의 실체관념은 완전하지가 않고 마음이 그렇게 되도록 지향하는 것도 아니다. 또 인간은 실체 일반의 관념을 가지지 않으며, 실체 자체가 무엇인가를 모르는 것이다.

14. 양상과 관계의 관념은 원형이며 완전하지 않을 수가 없다

셋째로, 양상과 관계에 대한 복합관념은 원물(原物)이고 원형이지 모사가 아니며 원형에 따라서, 즉 마음이 합치시켜 정확하게 대응하려고 하는 무엇인가의 실재하는 원형에 따라서 만들어진 것은 아니다. 이 복합관념은 마음 자신이 긁어모은 단순개념의 집합체이며 각자가 포함하도록 마음이 지향하는 것을 모두 내부에 정확하게 포함하는 집합체이다. 따라서 존재할 수 있는 양상(및 관계)의 원형이자 본질이며, 나아가서는 실제로 존재할 때 그러한 복합관념과 정확하게 합치하는 양상(및 관계)을 위해서만 계획되어 이것에만 속한다. 그러므로 양상과 관계에 대한 관념은 완전하지 않을 수가 없다.

제32장
참의 관념과 거짓 관념

1. 참 거짓은 본디 명제에 속한다

참 거짓은 적절한 화법에서는 명제에만 속하지만, 관념에 대해서도 참 또는 거짓이라고 규정된다(왜냐하면 매우 느슨하게 쓰이지 않고, 엄격한 본디의 의미 표시로부터 조금 벗어나서 쓰이지 않는 그 어떤 말이 있기 때문이다). 내 생각으로는 관념 자체가 참이나 거짓이라고 규정될 때에는 이러한 말의 바닥에 숨은 어떤, 다시 말하면 암묵의 어떤 명제가 늘 있다. 이 점은, 만약에 관념이 참이나 거짓이라고 일컬어지게 되는 개별적인 경우를 검토해 보면 알게 될 것이다. 그 모든 것에서 어떤 종류의 긍정 또는 부정을 발견할 수가 있을 것이다. 이것이 그렇게 (관념을 참 또는 거짓이라고) 일컫는 까닭이다. 우리 관념은 마음의 단순한 현상이나 지각에 지나지 않으므로, 본디 그 자체만으로는 단순히 참 또는 거짓이라 말할 수 없으며, 이 점은 어떤 사물의 단독 이름이 참이나 거짓이라고 말할 수 없는 것과 마찬가지이다.

2. 형이상학적인 진리는 암묵의 명제를 포함한다

관념이나 말도, 진리라고 하는 말의 형이상학적*[1](또는 존재론적) 뜻으로 보면 참이라고 말할 수가 있다. 그 점은, 어떤 방식으로 존재하는 다른 모든 사물이 참이라고 일컬어지는 것과, 즉 존재하는 대로 실재한다고 일컬어지는 것과 마찬가지이다. 그런 뜻으로 보아 참이라 불리는 사물에는 아마도 그러한 진리의 기준으로 간주되는 우리 관념의 숨은 관련이 있으며, 이것은 심적 명제가 된다. 그러나 흔히 알아채지는 못한다.

---

*1 metaphysical. 로크를 포함한 그 무렵 진보적 사상가 사이에서는 나쁜 어감으로 사용되는 경우가 많은데 여기에서는 이 말의 역사적 원뜻에 따라서 쓰이고 있다.

3. 마음속 모습으로서의 관념은 참도 거짓도 아니다

그러나 우리의 관념이 참 또는 거짓일 수가 있는지를 검토할 때, 우리가 여기에서 탐구하는 것은 진리의 그러한 형이상학적인 의의가 아니라, 참과 거짓이라는 말의 가장 통상적인 뜻이다. 그러므로 우리 마음속의 관념은 저마다 마음의 지각이나 표상에 지나지 않으므로 어느 관념도 거짓이 아니다. (예를 들어) 켄타우로스에 대한 관념이 우리 마음에 나타날 때 그 안에 거짓이 없으며, 이 점은 켄타우로스의 이름이 우리 입으로 발음될 때 또는 종이에 쓰일 때 그 안에 거짓이 없는 것과 마찬가지이다. 왜냐하면 진리나 거짓은 늘 심적 또는 언어적인 어떤 긍정이나 부정에 있기 때문이다. 따라서 마음이 관념에 대해서 어떤 판단을 내리지 않는 한, 즉 관념에 대해서 어떤 일을 긍정하거나 부정하지 않는 한 우리 관념의 어느 것도 거짓일 수가 없다.

4. 어떤 사물에 관련된 관념은 참 또는 거짓일 수가 있다

마음이 그 관념의 어느 것을 관념 바깥의 어떤 사물에 관련시킬 때에는 언제나 관념은 참 또는 거짓이라고 일컬을 수가 있다. 왜냐하면 마음은 이러한 관련에 의해서 관념과 외부 사물의 합치를 암암리에 생각하고, 이 생각이 우연히 참이나 거짓이면 관념 자신도 참이나 거짓이라 일컬어지기 때문이다. 이러한 일이 일어나는 가장 흔한 경우는 다음과 같다.

5. 다른 사람들의 관념과, 실재와, 상정된 실재적 본질은 사람들이 일반적으로 자기들의 관념을 관련시킨다

첫째로 마음이 갖는 어떤 관념을, 다른 사람의 마음에서 공통된 이름으로 불리는 관념과 합치한다고 생각할 때, 예를 들어 마음이 정의와 절제 및 종교 등과 같은 관념을, 다른 사람들이 그러한 이름을 붙인 것과 같도록 지향하거나 같다고 판단할 때.

둘째로 마음이 자기 자신 안에 갖는 관념을, 어떤 실재와 합치한다고 생각할 때. 예를 들어 인간과 켄타우로스의 두 관념을 실재하는 실체의 관념이라고 생각하면 인간 쪽은 참이고, 켄타우로스 쪽은 거짓이다. 왜냐하면 인간의 관념은 실재해 온 것과 합치하며 켄타우로스의 관념은 합치하지 않기 때문이다.

셋째로 마음의 관념의 어떤 것을, 어떤 사물의 모든 특성이 기초하는, 그 사물이 실재하는 구조, 본질과 관련시킬 때. 이렇게 해서 우리의 실체관념은 비록 전부는 아니더라도 대부분 거짓이다.

6. 이러한 관련의 원인

마음은 이러한 생각을 자기 자신의 관념에 대해서 암암리에 매우 저지르기가 쉽다. 만약에 검토하려고 한다면 발견할 수 있겠지만, 이러한 생각을 하는 것은 마음의 추상복합관념에, 단지 그것만은 아니지만 주로 관련된 것들이다. 왜냐하면 마음의 자연적 경향은 참다운 앎으로 향하지만 만약에 마음이 단지 낱낱의 사물만으로 나아가 낱낱의 사물에만 머문다면 마음의 진행은 매우 더디고 그 작업은 끝나지 않을 터이기 때문이다. 그러므로 참다운 앎에의 길을 단축하여 (참다운 앎의) 하나하나의 지각을 한층 포괄적으로 하기 위해 마음이 알려고 하는 사물을 관조해서든, 사물에 대해서 다른 사람과 협의를 해서든 참다운 앎을 한층 손쉽게 확대하는 바탕으로서 마음이 맨 먼저 하는 일은 사물을 다발로 묶어서 종으로 나누어 구별해서 그것으로 사물의 어떤 하나에 대해서 얻는 참다운 앎을 그 종 모두에 확신을 가지고 미치게 하며, 더나아가서는 마음이 하는 중요한 일, 즉 참다운 앎을 향하여 성큼성큼 나아가게 하는 일이다. 이것이, 이미 다른 곳(제2권 제11장 제9절)에서 명시한 것처럼, 우리가 사물을 포괄적인 관념 아래에 모아서 여기에 이름을 결부시켜 게누스와 스페키에스, 즉 유(類)와 종(種)으로 분류하는 까닭이다.

7.

그러므로 마음의 움직임에 빈틈없이 주의하여, 참다운 앎에의 길에서 마음이 일반적으로 어떠한 경과를 취하는가를 관찰하려고 하면 다음과 같은 일이 발견되리라고 나는 생각한다. 즉 마음이 관조나 논의에서 써도 좋다고 생각하는 어떤 관념을 얻고 나면, 마음이 하는 최초의 일은 이 관념을 추상해서 여기에 이름을 붙이고, 더 나아가서는 그 이름을 늘 표지(標識)로 삼는 어떤 종(種)의 사물의 본질을 포함하는 것으로 해서 마음의 저장소인 기억에 비축하는 일이다. 그래서 자주 관찰할 수 있는 일이지만, 어떤 사람이 자기가 모르는 어떤 종류의 새로운 사물을 보면 무엇이냐고 바로 묻는데, 이 질문이 뜻하는 것은 이름뿐이며, 마치 이름이 종에 대한 참다운 앎 또는 종의 본질에 대한 참다운 앎을 수반하고 있는 것처럼 여긴다. 이름은 종 또는 그 본질의 표지로서 쓰이고, 일반적으로 이것과 결부되어 있다고 여겨진다.

8. 이러한 관련의 원인

그런데 이 추상관념은 마음속에 있는 사물로서 (마음 밖에) 존재하는 사물과 여기에 주어지는 이름의 중간에 있으므로, 우리의 참다운 앎의 정당성도, 이야기가 적절하고 이해할 수 있는 것도 모두 우리의 관념에 있다. 이런 점 때문에 사람들은 매우 조급하게 다음과 같이 생각한다. 즉 사람들이 마음속에 갖는 추상관념은 이 관념이 관련되는, 사람들 마음 밖에 있는 사물과 일치하며, 또 사람들이 관념에 부여하는 이름이 그 언어의 적절한 쓰임에 의해서 속하는 것(즉 그 이름이 나타내는 본디 관념)과도 같다고 생각한다. 왜냐하면 관념의 이러한 이중 합치가 없으면 사람들은 자기들이 사물 그 자체에 대해서 잘못 생각할 터이고, 남에게 이야기해서 이해시키는 일이 불가능함을 알게 되기 때문이다.

9. 단순관념도 같은 이름의 다른 관념과의 관련에서 거짓이 되는 경우가 있겠지만 그렇게 되기는 가장 어렵다

이렇게 보면 첫째로 우리 관념의 진리성을 그 관념과 다른 사람들이 가지고 있는, 보통 같은 이름으로 나타내는 관념과의 합치에 의해서 판단할 때에는 어느 관념이나 거짓이 되는 일이 있을 것이다. 하지만 단순개념은 모든 관념 중에서 그러한 잘못이 일어나기가 가장 어렵다. 왜냐하면 인간은 자기 감각과 날마다의 관찰에 의해서, 일반적으로 쓰이는 여러 이름이 나타내는 단순관념이 무엇인지를 쉽게 이해할 수 있기 때문이다. 즉 단순개념은 소수에 머물러 있고, 만약에 의심하거나 잘못을 저지른 사람이 있으면 관념이 형성된 대상에 의해서 쉽사리 정정할 수가 있는 것이다. 그러므로 누구든지 단순관념의 이름으로 오류를 일으키는 일, (예를 들면) 빨강이라는 이름을 초록이라는 관념에 적용하거나 달다는 이름을 쓰다는 관념에 적용하거나 하는 일은 없다. 하물며 사람들이 서로 다른 감각에 속하는 관념의 이름을 혼동해서 (예를 들어) 미각의 이름으로 색을 말하는 일은 더더욱 있을 것 같지가 않다. 이로써 명백하지만, 사람들이 어떤 이름으로 부르는 단순관념은 다른 사람들이 같은 이름을 쓸 때 뜻하는 관념과 같은 것이 보통이다.

10. 혼합양상의 관념은 이런 뜻에서 가장 거짓이 되기 쉽다

복합관념은 이 점에서 훨씬 거짓이 되기 쉽고, 혼합양상의 복합관념은 실체의 복합관념보다 그렇게 되기가 더욱 쉽다. 왜냐하면 실체에서는 (특히 어떤 언어의 일반적인, 빌려온 것이 아니라 흔히 쓰이는 이름이 적용되는 실체에서는) 약간의 두드러진 감지할 수 있는 성질이 보통은 하나의 종을 다른 종으로부터 구별하는 데에 쓸모가 있으며, 따라서 말의 쓰임에 조금이라도 주의하는 사람이 말을 그것에 전혀 속하지 않는 종의 실체에 적용하는 일이 없도록 편하게 해주기 때문이다. 그러나 혼합양상에서는 훨씬 불확실하다. 왜냐하면 여러 행동에 대해서 (예를 들면) 정의라고 부를지, 잔인하다고 부를지, 쓰임새가 대담하다고 할지, 낭비라고 할지를 결정한다는 것은 그다지 쉬운 일이 아니기 때문이다. 그래서 우리의 관념을 같은 이름으로 불리는 다른 사람들의 관념에 관련시키면 우리 관념이 거짓이 될 때가 있어서, 우리가 정의라는 말로 표현하는 관념도 때에 따라서는 다른 이름을 가져야 한다.

11. 또는 적어도 거짓으로 여겨지기가 쉽다

그러나 혼합양상에 대한 우리의 관념이, (다른) 어떤 종(의 관념)에 비해서도 같은 이름으로 표시되는 다른 사람들의 관념과 다른 경우가 자주 있는가, 그렇지 않은가와는 별도로 다음과 같은 일은 적어도 절대 확실하다. 즉 이 종의 (이름과 그것이 적용되는 관념이 서로 다른) 거짓이 혼합양상에 대한 우리의 관념에 속하게 되는 경우는 다른 어떠한 종의 관념에 비해서도 훨씬 많이 볼 수가 있다. (예를 들어) 어떤 사람이 정의나 감사나 영예 등에 대해 거짓 관념을 가지고 있다 여겨졌을 때, 그 사람의 관념이 다른 사람들이 갖는 그러한 관념과 일치하지 않기 때문이다.

12. 그리고 그 까닭

그 까닭은 다음과 같다. 즉 혼합양상에 대한 추상관념은, 단순관념이 그러한 (혼합양상에 대한 추상관념을 만드는 것 같은) 정확한 집합으로 이루어진 사람들의 유의적(有意的)인 집성이며, 따라서 (이 관념의) 각 종의 본질은 사람들만으로 만들어지며, 이름 자신 또는 이름의 정의를 제외한 감지할 수 있는 다른 기준은 어디에도 존재하지 않는다. 그러므로 혼합양상에 대한 그러한 우리의 관념을 합치시키려고 하는 기준으로서 관념을 관련시키는 사물은, 이들 이름을 가장 적절한 의미 표시로 쓴다고 여겨지는 사람의 관념 말고는 아무것도 없는 것이다. 그리하여 우리 관념이 그러한 사람들의 관념과 합치하느냐 않느냐에 따라서 우리의 관념은 참 또는 거짓으로 인정되는 것이다. 이름과 관련시킨 우리 관념의 참과 거짓은 이상과 같다.

13. 실재와의 관련에서 실체에 대한 관념을 제외하고 우리의 관념은 어느 것이나 거짓일 리가 없다

둘째로 사물의 실재와 관련된 우리 관념의 참과 거짓에 대해서는, 이 관련을 관념의 진리성 기준으로 삼을 때, 다만 실체에 대한 우리의 복합관념만을 제외하고 우리 관념의 그 어느 것도 거짓이라고 이름 붙여질 리는 없는 것이다.

14. 첫째, 이 뜻에서는 단순관념은 거짓이 아니다. 그리고 그 까닭

(왜냐하면) 첫째, 우리의 단순관념은 단지 다음과 같은 지각이기 때문이다. 즉 신이 우리에게 이 지각을 받을 수 있게 한 것으로, 외적 사물에 이 지각을 낳는 작용, 그러니까 우리로서는 알 수 없으나 신의 지혜와 자애에 어울리는, 확립된 법과 도리에 의해서 우리 내부에 이 지각을 낳는 능력을 준 그러한 지각이다. 그러므로 단순관념의 진리성은 우리 내부에 생성된, 신이 외적 사물에 놓은 작용에 어울리지 않으면 안 되는 그러한 현상태 말고는 그 어떤 사물에도 존재하지 않는다. 만약 그렇지 않다면 단순관념이 우리 내부에 생겨날 리가 없었을 것이다. 그래서 이와 같이 그러한 작용에 응하므로 단순관념은 있어야 하는 것, 즉 참다운 관념이다. 또 비록 마음이 (대부분 사람의 마음은 그렇다고 나는 믿는다) 단순관념을 사물 자체에 있다고 판단해도 이 관념이 쉽게 거짓이라는 비난을 당하는 일은 없다. 왜냐하면 신의 지혜는 단순관념을 사물을 구별하기 위한 표지로 삼았고, 이에 의해 우리는 하나의 사물을 다른 사물로부터 식별할 수 있으며, 더 나아가서는 필요에 따라 쓰기 위해 단순

관념의 어느 하나를 고를 수가 있기 때문이다. 그래서 (예를 들어) 우리가 파랑의 관념을 제비꽃 안에 있다고 생각하든, 우리 마음에만 있고, 일정한 방식으로 빛의 분자를 반사하는 제비꽃 부분의 조직에 의해서 관념을 낳는 작용이 제비꽃 자체에 있을 뿐이라고 생각하든 우리 단순관념의 본성은 달라지지 않는다.

왜냐하면 (제비꽃이라고 하는) 대상의 그러한 조직은 규칙 바른 항상적 작용에 의해서 우리 내부에 파랑과 같은 관념을 낳으므로, 이것은 우리가 제비꽃을 어떠한 다른 사물로부터 눈으로 구별하는 데 유용하며, 제비꽃에 실재하는 이 (파랑이라고 하는) 구별의 표지가 (제비꽃의) 여러 부분의 특유한 조직에 지나지 않은가, 그렇지 않으면 (우리 내부에 있는) 색의 관념을 정확한 유사물로 하는 색 그 자체인가는 상관이 없기 때문이다. 그래서 파랑이 그러한 실재하는 색이든, 우리 내부에 파랑의 관념을 낳는 제비꽃의 특유한 조직에 지나지 않든, 제비꽃은 그 현상태로 보아 똑같이 파랑이라고 불려야 한다. 파랑이라고 하는 이름은 본디 제비꽃 안에 있어서 우리 눈만이 식별할 수 있는 구별의 표지를 적을 뿐이며, 그 표지가 무엇에 존재하는가는 아무 상관없는 일이니까 말이다. 이것을 뚜렷하게 안다는 것은 우리 능력을 넘어서는 일이며, 아마도 식별하는 기능을 가졌다고 해도 이로운 점은 비교적 적었을 것이다.

15. 비록 어떤 사람의 파랑에 대한 관념이 다른 사람의 관념과 달라도 (거짓이 아니다)

또 만약에 우리 기관(器官)의 구성 차이로 같은 대상이 여러 사람의 마음에 서로 다른 관념을 동시에 낳도록 정해져 있다고 해도, 예를 들어 제비꽃이 한 인간의 마음속에 그 눈에 의해서 낳은 관념은 천수국(千壽菊)이 다른 사람의 마음에 낳은 것과 같거나 그 반대라 할지라도 우리 단순관념에 거짓이라는 비난은 쏟아지지 않을 것이다. 왜냐하면 한 사람의 마음이 다른 사람의 몸속으로 들어와서 그러한 기관이 어떠한 현상태를 낳는가는 지각할 수 없으므로 이 (사람들이 다른 관념을 낳는) 점을 결코 알 수가 없고, 따라서 이에 의해서 관념도 이름도 혼동되는 일은 전혀 없었을 것이며 어느 쪽이나 아무런 거짓도 없었을 터이기 때문이다.

제비꽃의 조직을 갖는 사물은 모두 그 사람이 파랑이라고 부르는 관념을 항상적으로 낳고, 천수국의 조직을 갖는 사물은 그 사람과 마찬가지로 노랑색이라고 하는 관념을 항상적으로 낳으므로 이들(제비꽃과 천수국)의 현상태를 그 사람의 마음이 어떻게 받아들이건 (비록 다른 사람들과 달라도) 그 사람은 이들 현상태에 의해서 (제비꽃과 천수국이라고 하는) 사물을 자기에게 유용하도록 규칙 바르게 구별할 수 있으며, 파랑과 노랑이라고 하는 이름으로 표지되는 구별을 이해할 수 있거나 뜻을 표시할 수 있다. 이 점은 그 사람의 마음에 있는 두 꽃에서 받은 현상태나 관념이 다른 사람들의 마음의 관념과 정확히 같다고 했을 때와 다르지 않을 것이다. 하지만 어떤 대상이 다른 사람들의 마음에 낳는 감지할 수 있는 관념은 매우 가까워서 식별할 수 없을 정도로 비슷한 것이 가장 일반적이라고 생각하기가 쉽다. 이 주장에는 많은 이유를 제시할 수 있다고 나는 생각한다.

그러나 이것은 내가 지금 해결해야 할 과제가 아니므로 그러한 이유로 독자들을 번거롭게 하지는 않을 것이다. 다만 독자가 주의하여 관심을 가져주기를 바라지만, 만약에 (같은 대상의 관념이 다른 사람에 따라서 서로 다르다고 하는) 반대 생각을 증명할 수 있었다 해도 우리의 참다운 앎의 진보나 인생의 편의에도 그다지 쓸모가 없고 따라서 이것을 검토할 필요는 없다.

16. 첫째로 이 뜻에서는 단순관념은 거짓이 아니다. 그리고 그 까닭

우리의 단순관념에 대해서 지금까지 (이 장에서) 살펴본 바로 명백하다고 나는 생각하지만, 우리의 단순관념은 어느 하나도 우리 바깥에 존재하는 사물에 관해서 거짓일 리가 없다. 왜냐하면 우리 마음속에 있는 단순개념의 현상태나 지각의 진리성은 이미 (앞의 앞 절에서) 말한 바와 같이, 감각기관에 의해서 그러한 현상태(또는 지각)를 낳는 외적 사물의 작용에 응하는 일에만 존재하고, 각 현상태(또는 지각)는 마음에 있는 것이지만 그러한 현상태(또는 지각)를 낳은 작용으로, 현상태(또는 지각)는 단지 이 작용만을 나타낸다고 하는, 그러한 작용에 어울리기 때문이다. 다시 말하면 그러한 (작용이라고 하는) 원형(原型 : pattern)에 관련해서는 거짓일 리가 없는 것이다. (예를 들어) 파랑이나 노랑, 쓰다거나 달다거나 하는 것은 거짓 관념일 리가 결코 없다. 마음의 이러한 지각은 신이 이들 지각을 낳도록 지정하신 작용에 따라 마음에 있는 바로 그러한 것이며 있는, 있도록 한 것으로서 진실로 존재하는 것이다. 하기야 (이

장 제9절에서 말한 바와 같이) 이름은 잘못 적용될지도 모른다. 그러나 이것은 이러한 연관으로는 관념에 거짓을 만들어 내지 않는다. 이 점은 영어를 모르는 사람이 (예를 들어) 자줏빛을 빨갛다고 (잘못된 이름으로) 말했을 때(자줏빛이란 관념 자체는 거짓이 아닌 것)와 마찬가지이다.

17. 둘째로 양상은 거짓이 아니다

둘째로 양상에 대한 우리의 복합관념도 실재하는 어떤 사물의 (실재적) 본질과 관련해서 거짓일 리가 없다. 왜냐하면 어떤 양상에 대해 우리가 어떤 복합관념을 갖든 이 관념은 존재하는 (원형, 즉) 자연에 의해서 만들어진 어떤 원형과도 무관하기 때문이다. 양상에 대한 복합관념은 그 안에 있는 관념 이외의 그 어떤 관념도 안에 포함하지 않으며, 이 복합관념이 나타내는 관념 복합체 말고는 그 어떤 사물도 나타내지 않는다. 예를 들어 어떤 사람의 부나 자산이 충분히 공급하고 지위가 요구하는 음식, 음료, 의류 그 밖의 생활 편의품을 자기 자신에게 제공하는 것을 억제하는 인간 행동의 관념을 가질 때 나는 거짓 관념을 지니지 않고, 다만 내가 발견하거나 상상하는 대로 행동을 나타내며, 따라서 참도 거짓도 될 수 없는 그러한 관념을 갖는 것이다. 다만 내가 이 행동에 절약이나 덕과 같은 이름을 부여할 때에는 그것에 의해서 적절한 화법으로 절약이라고 하는 이름이 속하는 관념과 일치한다고 생각하거나 또는 덕과 악덕의 기준인 법에 합치한다고 생각한다면 (이 행동은 인색이라고 부르는 것이 옳으므로 이 장 제10절에서 말한 바와 같이) 거짓 관념이라고 불러도 좋을 것이다.

18. 셋째로 실체의 관념, 거짓일 때

셋째로 실체에 대한 우리의 복합관념은 모두 사물 자신의 원형과 관련되므로 거짓인 경우가 있다. 이 관념이 사물의 알려지지 않은 (실재적) 본질의 표상이라고 간주될 때 모두 거짓이라는 것은 매우 뚜렷하므로 이에 대해서는 아무 말도 할 필요는 없다. 그러므로 나는 그러한 망상적 생각을 생략하고 마음속 단순관념의 집합체로서, 즉 사물 가운데 늘 함께 존재하는 단순관념의 집성으로부터 취해져서 그러한 (집성이라고 하는) 원형의 모사라고 여겨지는 마음속 단순관념의 집합체로서 실체의 복합관념을 고찰할 것이다. 따라서 사물의 존재와의 이러한 관련에서 실체의 복합관념은 다음과 같을 때 거짓이다.

1. 관념이 실재한 사물과 합치되지 않는 단순관념을 모았을 때. 예를 들어 말과 함께 존재하는 모습과 크기가 같은 복합관념 안에서 개처럼 짖는 작용과 결합될 때이다. 이 (말의 모습과 크기와 개처럼 짖는 작용의) 세 관념은 마음 안에서 어떻게 하나로 모아지든 간에 자연에는 결코 존재하지 않았으며, 그러므로 이것은 말에 대한 거짓 관념이라고 해도 괜찮다.

2. 실체의 관념은 이 (실재하는 사물과의) 관련에서 다음과 같을 때에도 거짓이다. 즉 늘 함께 존재하는 단순관념의 어떤 집합체로부터, 이것과 항상적으로 결부되어 있는 다른 어떤 단순관념이 단적인 (또는 직접적인) 부정에 의해서 분리될 때이다. 예를 들어 금의 연장, 고체성, 용해성, 특유한 무게, 노랑에, 어떤 사람이 자기 생각 안에서 납이나 구리보다도 큰 정도의 고형성의 부정 (즉 납이나 구리보다도 단단하지 않다는 것)을 결부시키면, 완전하고 절대적인 고형성(즉 절대로 녹지 않는)이라는 관념을 이들 (연장 등) 다른 단순관념에 결부시킬 때와 마찬가지로 그 사람은 (금의) 거짓 복합관념을 가졌다고 할 수 있다. 왜냐하면 어느 쪽이나 (그 사람의) 금에 대한 복합관념은 자연적으로는 합치해 있지 않은 단순관념에서 만들어지므로 거짓이라고 해도 좋기 때문이다. 다만 만약에 그 사람이 자기의 이러한 복합관념으로부터 고형성의 관념을 전적으로 없애 마음속의 나머지 관념에 결부시키거나 관념에서 분리시키지 않는다면, 내 생각으로는 거짓 관념이라고 하기보다는 오히려 (앞 장에서 고찰한) 완전하지 않은 불완전한 관념으로 보아야 한다. 왜냐하면 자연히 합일되어 있는 단순관념을 모두 포함하고 있지는 않지만 함께 실재하는 것 말고는 아무것도 함께하고 있지 않기 때문이다.

19. 참과 거짓은 긍정 또는 부정을 생각한다

이제까지 나는 일반적인 화법에 맞추어서 우리 관념이 가끔 참이나 거짓이라고 불리는 일이 있는 것은 어떠한 뜻이며, 또 어떠한 근거에서 그런가를 보여주었는데, 어떤 관념이 참이나 거짓이라고 여겨지는 모든 경우에 걸쳐서 이 문제를 좀더 자세히 조사하려면 (이 장 제1절에서 말한 바와 같이) 참이나 거짓은 마음이 행하는 어떤 판단 또는 행한다고 여겨지는 판단에 기초해서이다. 왜냐하면 터놓고 하든 남몰래 하든 어떤 긍정 또는 부정이 없으면 참과 거짓은 결코 없으므로, 참과 거짓은 기호가 그것이 나타내는 사물의 일치 또는 불일치에 따라서 결합되거나 분리되는 것이 아니라면 발견될 리가 없기 때문이다. (그런데) 우리가 주로 쓰는 기호는 관념이나 언어 가운데 어느 한쪽이며, 이것으로 심적 명제 또는 언어적 명제의 어느 것인가가 만들어진다. (그러므로) 진리란 그러한 (기호라고 하는) 대표물을 그것이 나타내는 사물이 그 자체로 일치하거나 불일치한 대로 결합되거나 분리되는 데에 있으며, 거짓은 그 반대쪽에 있다. 이 점은 나중에 (제4권 제1장 제1절에서) 더 자세히 보게 될 것이다.

20. 관념 자체는 참도 아니고 거짓도 아니다

그렇게 본다면 우리 마음속에 있는 그 어떤 관념도, 존재하는 사물과 합치하든 안 하든, 또는 다른 사람의 마음에 있는 그 어떤 관념과 합치하든 안 하든 이것만으로 거짓이라고 말하는 것은 적절하다고 할 수가 없다. 왜냐하면 만약에 이 (관념이라고 하는) 표상 가운데 외부 사물에 실재하는 것 말고 그 어떤 사물도 없다면 그러한 표상은 (실재하는) 사물의 정확한 표상이며, 따라서 거짓이라고 생각할 수가 없지만, 비록 실재하는 사물과 다른 그 어떤 사물이 표상 안에 있다 해도 표상은 거짓 관념이라고, 그러니까 표상하지 않는 사물의 관념(즉 표상)이라고 말하는 것은 적절하다고는 할 수 없기 때문이다. 그러나 잘못과 거짓(이라고 할 수 있는 경우도 있는데) 그것은 다음과 같을 때이다.

21. 거짓인 것은 첫째, 다른 사람의 관념과 일치하지 않는데 일치한다고 판단할 때

첫째로 마음에 어떤 관념이 있어서, 마음이 그 관념을 같은 이름으로 의미 표시되는 다른 사람의 마음의 관념과 같으면, 또는 그 말이 일반적으로 받아들여지고 있는 의미 표시 또는 정의와 실제로는 합치하지 않는데 합치한다 판단하고 단정할 때 이것은 혼합양상에서 가장 흔한 잘못인데, 다른 관념도 이런 일에 빠지기 쉽다.

22. 둘째, 실재와 일치하지 않는데 일치한다고 판단할 때

둘째로 자연적으로는 결코 긁어모을 수 없는 단순관념의 집합으로 만들어진 복합관념이 마음속에 있어서, 마음이 그 관념을 어떤 종의 실재하는 피조물에 일치한다고 판단할 때, 예를 들어 주석의 무게를 금의 빛깔, 녹는 성질, 고형성과 결부시킬 때이다.

23. 셋째, 완전하지 않은데 완전하다고 판단할 때

셋째로 어떤 종의 피조물에 함께 실재하는 일정 수의 단순관념을 마음이 그 복합관념에 합일했지만, 같은 정도로 분리할 수 없는 다른 복합관념을 빠뜨렸을 때 마음은 이 복합관념을 어떤 종의 사물의 완전하고 무결(즉 완벽)한 관념과 진실은 그렇지 않은데 판단하는 그러한 때이다. 예를 들어 실체, 노랑, 전성(展性), 가장 무겁다, 녹는다, 그러한 관념을 결합시켜 놓고, 마음은 이 복합관념을 금의 완전무결한 관념으로 삼지만, 이때 금의 (이 관념에서는 빠져 있는) 특유한 고형성이나 왕수(王水)에서의 용해성은 이들 서로 다른 관념을 분리할 수 없는 것처럼 이 물체의 다른 관념이나 성질로부터 분리할 수 없다.

24. 넷째, 실재적 본질을 나타낸다고 판단할 때

넷째로 이 복합관념이, 존재하는 그 어떤 물체의 실재적 본질이나 구조에서 생기는 여러 특성의 소수밖에 포함하고 있지 않는데, 이 물체의 실재적 본질을 내부에 포함한다고 판단할 때 잘못은 한층 더 크다. 나는 이들 여러 특성의 어떤 소수만이라고 말한다. 왜냐하면 그러한 여러 특성의 대부분은 그 물체가 다른 사물과의 관련에서 갖는 능동적 및 수동적 작용에 존재하며, 따라서 어떤 하나의 물체에 대해서 세상 일반에 알려지고, 그런 종류의 사물의 복합관념을 만드는 것이 일반적인 모든 것은, 여러 방식으로 이 사물을 시험하고 검토한 사람이 그 하나의 종인 사물에 대해서 아는 것과 비교해서 아주 소수에 지나지 않는 것이며, 가장 숙달한 사람이 아는 모든 특성까지도 이 물체에 실재하여, 그 내적 또는 본질적 구조에 기초하고 있는 것과 비교하면 소수에 지나지 않기 때문이다. (예를 들어) 삼각형의 본질은 아주 작은 범위에 있으며 매우 소수의 관념에 존재한다. 하나의 공간을 둘러싼 세 개의 선이 삼각형의 본질을 만든다. 그러나 이 본질에서 나오는 특성은 쉽게 알려지거나 열거되는 것 이상이다. 나는 실체에서도 그렇다고 생각한다. 실체의 실재적 본질은 작은 범위에 있으나, 그 내용이나 구조에서 나오는 여러 특성은 끝이 없다.

25. 관념, 거짓일 때

결론을 내리면, 인간은 자기를 제외한 그 어떤 사물에 대해서 자기 마음에 갖는 그 사물의 관념(그 사람은 이 관념을 자기가 좋아하는 이름으로 부를 능력을 갖는다)에 의하는 것 말고는 아무런 생각도 가지지 않는다. 그래서 인간은 실재하는 사물에 호응하지 않는 관념을 만들 수 있고, 다른 사람들의 말이 일반적으로 뜻하는 관념과 일치하지 않은 관념도 만들 수 있으나, 자기가 갖는 관념에 의하는 때 말고는 알려지지 않는 사물에 대해서 올바르지 않는 관념 또는 거짓 관념을 만들 수는 없는 것이다. 예를 들어 내가 인간의 다리와 팔과 동체에 대한 관념을 형성해서, 여기에 말의 머리와 목을 결부시킬 때 나는 어떤 사물의 거짓 관념을 만드는 것이 아니다. 왜냐하면 이 관념은 나의 바깥에 있는 어떠한 사물도 표상하지 않기 때문이다. 그러나 내가 이 관념을 인간이나 타타르인이라고 불러서 나의 바깥에 있는 실재의 존재물을 나타내거나 다른 사람이 같은 이름으로 부르는 관념과 같은 관념이라고 상상할 때, 어느 경우나 나는 잘못을 저지른다고 말할 수 있을 것이다. 그렇기 때문에 나의 관념은 거짓 관념이라 불리게 된다. 하지만 실제로는 관념에 거짓은 없고, 관념이 가지지 않는 합치와 유사를 관념에 귀속시키는 암묵의 심적 명제에 있는 것이다. 그러나 또, 만약에 나의 마음에 그러한 관념을 형성해 두고, 이 관념에 존재가 속한다거나 인간 또는 타타르인이라고 하는 이름이 속한다거나 하는 일을 생각하지 않고 내가 이 관념을 인간 또는 타타르인이라 부르려 한다면 나는 명명(命名)의 면에서 공상적이라 불려도 맞다고 할 수 있지만 내 판단이 잘못되어 있다거나 관념이 거짓이라고 여겨진다면 정당하지 않다고 말할 수 있을 것이다.

26. 옳다거나 옳지 않다고 말하는 것이 한층 적절하다

요컨대 마음이 우리 관념을 그 이름의 본디 뜻과 관련시켜 고찰하든, 실재하는 사물과 관련시켜서 고찰하든 우리의 관념은 그것이 관련되는 원형에 일치하는가 일치하지 않는가에 따라 올바른 관념 또는 옳지 않은 관념이라고 부르는 것이 매우 적절하다고 할 수 있다. 누군가가 이러한 관념을 참 또는 거짓이라 불렀다 해도 그 사람은 누구나 가지고 있는 자유를, 즉 자기가 가장 좋다고 생각하는 이름으로 사물을 부를 자유를 써도 좋다. 다만 적절한 화법에서는, 관념이 이러저러한 방식으로 사실상 어떤 심적 명제를 내부에 포함할 때가 아니면 참과 거짓이 관념에 일치하는 일은 없을 것이다. 인간의 마음에 있는 관념을 (단지 그것만으로) 고찰하면 꼭 들어맞지 않는 부분이 아무렇게나 긁어모아진 복합관념이 아닌 한, 옳지 않을 리가 없다. (부분이 정합되지 않은 관념을 제외하고) 다른 모든 관념은 그 자체로는 옳고, 그 관념에 대한 지식은 올바르고 참되다. 그러나 우리가 이 관념을 그 원형에 관련시킨다고 하여 어떤 사물에 연관시키면 그때 관념은 그러한 원형에 일치하지 않는 한, 옳지 않은 일이 되는 것이다.

제33장
관념의 연합

1. 대부분 사람들의 반이지적인 면

남의 의견과 추리와 행동이 기묘하게 보이고, 진실에서 벗어난 것처럼 여겨지는 사물을 관찰한 적이 없는 사람은 아무도 없을 것이다. 누구나 자기 의견과 추리와 행동과 조금만 달라도, 이러한 관찰의 매우 보잘것없는 결점도 이내 발견하여 이지의 권위를 빌려 비난할 것이다. 그런데 그 사람 자신도 자기 주장이나 행동에서 훨씬 큰 반지성적인 일을 저지르고 있고, (더욱이) 이것을 결코 알아차리지 못하며 이를 이해한다는 것은 전혀 불가능하지는 않겠지만 매우 어려운 일일 것이다.

2. 전적으로 자기애 때문에 그런 것은 아니다

이러한 (이지에 위배되는) 일은 자기애가 크게 관련된다고는 하지만, 전적으로 자기애에서 일어나는 일은 아니다. 공정한 마음을 가진, 독단적인 독선에 빠져 있지 않은 사람도 이러한 일을 자주 저지른다. 또 많은 사람들이 여러 경우에, 훌륭한 인간이 대낮과 같이 분명하고 이지적인 증명이 눈앞에 제시되어도 이를 따르지 않고 (이지에 위배되는 일을) 논하는 것을 들으면 그 고집에 놀라지 않을 수가 없다.

3. 교육 때문이 아니다

이런 종류의 반이지(反理知)는 교육과 선입견 탓이라고 여기는 것이 통례이며, 대부분의 경우는 그러하다. 그러나 교육이나 선입견은 이 병의 안쪽 깊숙한 곳까지 이르지 못하고, 병이 어디에서 일어나는지 또는 어디에 있는지 뚜렷이 보여주지도 않는다. 교육은 자주 그 원인으로 여겨지는데 이것은 옳은 일이고 선입견은 이러한 사물 자체에 대한 가장 좋은 일반명칭이다. 하지만 이런 종류의 광기(狂氣)를 그것이 생기는 근본까지 추적하고 설명하여, 매우 정상적이고 이지적인 마음의 어디에 이러한 결점의 원인이 있으며 어떤 곳에 결점이 있는가를 제시하고자 하는 사람은 좀더 잘 조사해야 한다고 나는 생각한다.

4. 어느 정도의 광기

나는 이것을 광기라고 하는 지독한 이름으로 부르지만 이지에 대립하는 것은 그렇게 부를 만하며, 만일 그것이 진정 사실일 때에는 양해해 주리라 생각한다. 또 어떤 경우에 으레 하는 것처럼 기회 있을 때마다 논하거나 행하거나 해도, 시민과의 교제보다도 베들럼 정신병원 쪽이 적합하다 여겨지지 않을 정도로 광기를 벗어나 있는 인간은 없는 법이다. 내가 여기에서 말하는 것은 통제할 수 없는 격정의 권력 아래에 있을 때가 아니라, 안정되고 조용한 인생 항로에 있는 사람에 대한 것이다. 또 인류의 거의 모든 부분에 대한 이 지독한 이름, 달갑지 않은 비난을 변명한다고 여겨지는 것은 다음과 같은 때이다. 즉 내가 (제2권 제11장 제13절에서) 광기의 본성을 잠깐 탐구했을 때, 광기는 여기에서 내가 이야기하고 있는 것과 같은 뿌리에서 생기고 같은 원인에서 일어난다는 점을 알아냈다는 것이다. (광기라고 하는) 사물 자체의 이러한 고찰이 내가 지금 다루고 있는 주제를 조금도 생각하지 않았을 때, 나에게 그러한 (광기와 현재의 주제가 같은 원인에 기초한다는) 점을 시사한 것이다. 그래서 이것이 만약에 모든 사람이 빠지기 쉬운 약점이라 한다면, 만약에 이것이 인류 전반에 걸쳐 스며든 병독(病毒)이라고 한다면 이것을 (광기라고 하는) 적절한 이름 아래 폭로하도록 한층 배려하여, 그로써 예방과 치료에 대한 배려를 더욱 강화해야 할 것이다.

5. 관념의 올바르지 않은 결합

우리 관념의 일부는 서로 자연적인 일치와 연관을 가지고 있다. 그 관념을 더듬어서, 그 독자적인 존재 양식을 바탕으로 하는 합일과 대응하는 그대로 관념을 함께 유지하는 것이 우리의 이지가 갖는 임무이자 장점이다. (그러나) 이 밖에 우연 또는 습관에 전적으로 기인하는 다른 관념의 결합이 있다. 즉 그 자체로는 조금도 같은 종류가 아닌 관념이 어떤 사람들의 마음속에서 굳게 하나가 되어 분리시키기가 매우 어려울 정도가 된다. 관념은 늘 서로 같이 가다가 어떤 계기가 생겨서 한 관념이 지성으로 들어오면 그 연합 패거리가 이내 나타나며, 만약 이러한 관념이 둘 이상이면 이것들이 늘 분리되지 않고 함께 모습을 나타내는 것이다.

6. 이 결합은 어떻게 해서 만들어지는가

관념의 이런 강력한 집성은 저절로 결합되지 않고, 마음이 자체적으로 자발적으로 또는 우연히 만든다. 그래서 사람이 다르면 저마다 다른 개성이나 교육이나 관심 따위에 따라서 매우 달라진다. 습관은 의사 결정이나 신체 운동의 습성뿐 아니라 지성의 사고 습관까지 정하게 된다. 이들 모두는 (물성적(物性的)으로 고찰하면) 동물 정기(精氣)의 운동 계열에 지나지 않는 것처럼 보인다. 동물 정기는 일단 움직이기 시작하면 이제까지 걸어왔던 같은 길을 계속 걷게 되고, 그 길을 자주 밟게 되면 평탄한 도로로 변하여 거기에서의 운동은 쉬워지며, 말하자면 자연스러운 것이 된다.

생각한다고 하는 것을 우리가 이해할 수 있는 한, 관념은 이와 같이 해서 우리 마음에 생기는 듯하다. 또 관념이 이런 식으로 생기지 않는다 해도 이것은 신체의 그러한 (습성적) 운동을 설명하는 데에 유용할 뿐만 아니라, 관념이 그러한 노선에 일단 놓이면 습성적 계열로 서로 이어진다는 점을 설명하는 데에 유용할 것이다. (예를 들어) 어떤 곡을 자주 들은 음악가는 알 수 있을 테지만, 일단 그 곡이 머릿속에서 시작되기만 하면 어떠한 배려나 주의를 하지 않아도 여러 가락의 관념이 지성에 순서 있게 서로 이어져, 그 바른 규칙은 비록 음악가의 부주의한 생각이 어딘가 다른 곳을 헤매고 있어도 손가락이 오르간 건반 위를 순서 있게 움직여서, 이미 시작한 곡을 연주하게 되는 것과 마찬가지이다.

음악가의 손가락이 그처럼 규칙성을 띠고 움직이는 것에 대한 자연적인 원인뿐 아니라 곡의 가락에 대한 관념이 (차례로 이어지는) 자연적 원인이 음악가의 동물 정기의 운동인지 어떤지, 이 사례에서 아무리 그렇게 보인다 해도 나는 결정할 생각은 없다. 그러나 이와 같이 본다는 것은 인식 능력의 습성을, 관념을 함께 결합하는 일에 대하여 생각하는 일에 조금은 도움이 될지도 모른다.

7. 어떤 반감(과 공감), 그 (결합의) 결과

습관에 의해 만들어지는 이러한 관념연합이 거의 모든 사람들의 마음속에 있다는 것은, 자기 자신이나 남에 대해 깊이 고찰하는 사람이라면 아무도 의문을 품지 않으리라 나는 생각한다. 그러므로 사람들에게서 관찰되는 공감과 반감의 대부분은 이 관념연합에 귀속시켜도 좋을 것이다. 이 공감과 반감은 (마음의) 자연적(인 작용)이라고 했을 때와 마찬가지로 강하게 작용하여, 규칙 바른 결과를 낳는다.

따라서 자연적이라고 불리는데, 그 기원은 두 가지 관념의 우연적인 결합 외에는 없고, 그 두 관념은 처음에 강한 각인을 받은 탓인지, 나중에 깊이 생각한 탓인지 굳게 하나가 되어 그 뒤에 이르러서는 하나의 관념처럼 그 사람의 마음속에서 늘 함께하게 된 것이다. (공감도 마찬가지지만) 나는 대부분의 반감이라고 말하지 모두라고는 말하지 않는다. 왜냐하면 어떤 반감은 정말로 자연적인 것으로, 우리의 본원적 구조에 기초한 것으로 타고나기 때문이다. 그러나 자연적 반감으로 생각할 수 있는 것의 대부분은, 만약에 꼼꼼하게 관찰했다면 처음에는 아마도 이른 시기에, 자기도 모르는 각인이나 자의적인 심상(心想)에 온 것으로 여겨져 이것이 그 기원이라고 받아들여졌을 것이다. (예를 들어) 벌꿀을 싫증이 날 정도로 먹은 사람은 벌꿀이라는 말을 들으면, 그 생각이 위에 기분 나쁜 감정과 구토증을 이내 가져와 벌꿀이라고 하는 그 관념을 견디지 못한다. 다른 혐오감이나 기분 나쁜 생각, 그 밖의 구역질의 생각이 이내 뒤따라서 마음은 산만해진다.

그러나 이 사람은 이 약점이 언제부터인가를 알고 있으며, 어떻게 해서 이 혐오증을 얻었는가를 말할 수가 있다. (하지만) 만약에 이 사람에게 이러한 일이 어렸을 때 벌꿀을 너무 먹은 데에서 생긴 것이라고 하면 전적으로 같은 결과가 이어졌을 테지만 그 원인은 잘못 여겨져 반감은 자연적인 일로 간주되었을 것이다.

8.

내가 이런 말을 하는 것은 자연적 반감과 (후천적으로) 얻어진 반감을 분명하게 구별하는 일이 현재 논의에 크게 필요해서가 아니다. 다른 목적에서 나는 주의를 하는 것이다. (즉) 자녀를 둔 사람 또는 자녀의 교육에 책임을 지는 사람은, 젊은이들 마음의 부적절한 관념 결합을 부지런히 지켜보고 꼼꼼하게 방지하는 것이 중요하다고 생각하도록 주의하려는 것이다.[*1] 어렸을 때에는 영속되는 각인을 가지기 쉽다. 그래서 신체 건강에 관계되는 일은 사려가 깊은 사람에 의해서 보살펴지고 보호가 되는데, 마음이 특별히 관여해서 지성 또는 정서로 끝나는 그러한 사물에 상응하는 주의는 훨씬 적은 것 같다. 아니 순수하게 지성에 관계되는 일에 있어서는 대부분의 사람들이 이제까지 전적으로 간과해 왔다고 나는 생각한다.

9. 잘못의 큰 원인

우리 마음에서 볼 수 있는, 그 자신에게는 결합되지 않고 서로 독립된 관념의 이러한 옳지 않은 결합은 큰 영향력을 가져서, 우리의 자연적(물적, 신체적) 활동[*2]뿐 아니라 정신적 활동에서, 정서, 추리, 생각 자체에 있어서 우리를 왜곡시키는 막강한 힘이 있으므로 더 이상 지켜볼 가치가 있는 사물은 아마 하나도 없을 것이다.

10. 여러 사례

(예를 들어) 악귀와 악령에 대한 관념은 빛과 관계가 없는 것처럼, 사실은 암흑과 관계가 없다. 그런데 어리석은 하녀가 아이들 마음에 악귀와 악령의 관념과 암흑(의 관념)을 자주 불어넣어서 함께 일어나게 하면 아이들은 아마도 한평생 이것들을 다시는 분리시키지 못하고, 나중에 암흑은 악귀와 악령이라는 무서운 관념을 늘 수반하여 그것이 굳게 결합되므로 아이들은 악귀와 악령의 관념을 무서워하듯이 암흑을 견딜 수가 없게 될 것이다.

11.

어떤 사람이 다른 사람으로부터 뼈저린 해를 입어 그 사람과 그 행동을 되풀이해서 생각한다. 그리고 사람과 행동을 강하게, 또는 몇 번이고 마음속에서 되풀이하여 이 두 관념은 거의 하나가 될 정도로 밀착된다. 그러한 사람은 해를 끼친 사람을 생각하면 동시에 그때 받은 아픔과 불쾌한 심정이 반드시

[*1] 로크는 교육론에서도 어렸을 때의 습관의 중요성을 말한다.
[*2] moral action. 원어는 좁은 뜻의 도덕적 윤리적 행동이 아니라, 널리 정신활동을 뜻한다.

마음속으로 들어와서, 그 때문에 거의 구별되지 않은 채 아픔이나 불쾌함과 마찬가지로 그 사람을 몹시 혐오한다. 이렇게 해서 미움은 가끔 보잘것없는, 거의 죄가 없는 계기에서 생겨나 이 세상에 다툼이 퍼지고 이어지는 것이다.

12.

한 사람이 어떤 장소에서 아픔이나 불쾌한 기분을 기억하고 말았다. 어떤 방에서 친구의 죽음을 보았다. 장소와 그러한 일은 그 본성으로 보아 아무런 관계도 없으나 장소의 관념이 그 사람의 마음속에 일어나면 아픔이나 불쾌한 기분을 (일단 각인되었으므로) 수반하여 그 사람은 이것을 마음속에서 혼동하며 아픔이나 불쾌한 기분과 마찬가지로 장소의 관념을 거의 견디지 못하는 것이다.

13. 흩어진 마음의 어떤 것을 이성은 고치지 못하는데 시간이 고치는 까닭

이러한 (관념의 옳지 않은 조합이나) 집성이 정착해서 이것이 오랫동안 이어질 때에는, 우리를 도와서 이 집성의 결과로부터 우리를 구하는 능력은 이지에는 없다. 우리 마음의 관념은 마음에 있을 때, 그 본성과 사정에 따라 작용하는 것이다. 그래서 우리는 여기서 시간이 어떤 감동을 고치는 까닭을 보게 된다. 이지는 비록 정당하고 또 그렇게 인정되어도 이 감동에 대한 작용을 가지지 못하며 감동에 반대해서, 다른 경우라면 이지에 귀를 기울이기 쉬운 사람들을 설득할 수가 없는 것이다. (예를 들어) 날마다 어머니의 눈을 기쁘게 하고 영혼을 기쁘게 했던 아이의 죽음은 어머니의 영혼으로부터 살아가는 즐거움을 모두 빼앗고 상상할 수 있는 온갖 고뇌를 준다. 이 경우 이지의 위로를 써보자. 그러면 고문대 위에 있는 사람에게 평안을 설교하고, 이지를 논하여 관절이 찢기는 것 같은 고통이 가라앉기를 바라도 좋았을 것이다. 시간이 지나 아이와 관련된 일이 없어지고, 즐거운 마음과 그것을 잃었다는 사실을 어머니의 기억으로 되돌아가게 하는 아이의 관념으로부터 분리될 때까지 그 어떤 이지적인 말도 전혀 소용이 없다. 그런 까닭에 그러한 관념의 결부가 결코 풀리지 않는 사람은 평생 한탄 속에 지내며 치유할 수 없는 슬픔을 무덤까지 가져가는 것이다.

14. 관념이 연합한 결과의 다른 사례

내 친구 하나는 매우 잔혹하고 무정한 조치를 받아 광기(狂氣)를 완전히 고친 사람을 알고 있었다. 이렇게 해서 회복한 신사는 큰 고마움을 가지고 그 뒤 일생 동안 이 치료를, 그가 받을 수 있는 가장 큰 은혜로 생각했다. 하지만 감사와 이지가 무엇을 시사하든 간에 그 신사는 그를 치료한 사람을 차마 볼 수가 없었다. 치료한 사람에 대한 심상(心像)은 그 손으로부터 받은 무지막지한 통증과 함께 떠오르게 했고, 이 관념은 너무나 강력해서 그는 참을 수가 없었던 것이다.

15.

많은 어린이들은 학교에서 참았던 고통과, 책 때문에 야단을 맞았다는 이들 (고통과 책)의 관념을 결합시키는 까닭에 책을 싫어하게 된다. 그래서 아이들은 그 뒤 평생 동안 책과 화해를 해 책으로 공부하거나 책을 이용하는 일이 결코 없다. 이렇게 해서 독서는 아이들에게 고통이 되지만, 만약에 그렇지 않았더라면 아마도 아이들은 책을 생활의 가장 큰 즐거움으로 삼을 수가 있었을 것이다. (또) 매우 편리한 방이지만 거기에서는 공부를 할 수 없는 사람이 있고, 아무리 편리하고 좋은 모양으로 만들어진 그릇이라도 그것으로는 마실 수 없는 사람이 있다. 왜냐하면 그러한 방이나 그릇에 결부되어 화가 치밀게 하는 부수적인 관념 때문이다. (또) 다음과 같은 사람, 즉 어떤 인물이 눈앞에 나타나거나 패거리에 끼면 기가 죽는데, 그 까닭도 그 사람이 다른 점에서 뛰어나서가 아니라 단지 어느 기회에 자기보다 위에 선 일이 있어서 권위와 거리감이 그 사람의 관념에 뒤따랐기 때문이다. 그런 식으로 종속된 사람은 이들 (인물과 권위, 거리감)을 분리시킬 수 없다는 단지 그 이유만으로 그렇게 되는 것이다.

16.

이런 종류의 사례는 어디에나 풍부하게 있지만 하나 더 예로 든다면 다음과 같다. 어느 젊은 신사에 관한 일이다. 그 신사는 춤을 배웠다. 그것도 철저히 배웠다. 그 춤을 배운 방에 우연히 트럼프가 놓여 있었다. 이 눈에 띈 가정용품에 대한 관념이 그 신사의 춤 전체의 회전이나 보조에 대한 관념과 서로 뒤섞여, 그 때문에 신사는 그 방에서는 훌륭하게 춤을 출 수가 있었다. 그러나 그것도 트럼프가 방 안에 놓여 있을 때뿐이며, 다른 어떠한 장소에서도 그 트럼프나 그와 같은 다른 트럼프가 제자리에 놓여 있지 않으면 춤을 제대로 출 수가 없는 것이었다. 만약에 이 이야기가 우스꽝스러운 어떤 사정으로 진실보다 조금 부풀려졌다고 의심한다면, 나 자신을 위해 답변하는 바이지만 나는 매우 근엄하고 훌륭한 사람으로부터 들은 것이다. 또 나는 감히 말하는데, 호기심이 많은 사람들 가운데 내가 쓴 것을 읽고 이와 비슷한, 또는 적어도 이것을 정당화하는 것 같은 이런 성질의, 비록 실례가 아니라 해도 이런 이야기를 들은 적이 없는 사람은 매우 적다.

17. 지적인 습성에 미치는 관념연합의 영향

(지식인에게도) 이러한 방법으로 붙게 된 (습성이 있고, 이) 지적인 습성과 결합은 (앞 절의 것에 비하면) 비교적 관찰되는 일이 적지만, 빈번하고 강력하다는 점에서는 뒤지지 않는다. (예를 들어) 존재와 물질의 관념을 교육으로든, 많이 생각하는 것으로든 강하게 결부시킨다. 마음에 이들 관념이 늘 집성되어 있는 한, (신체와) 분리된 여러 영혼에 대해서 어떠한 생각과 어떠한 추리가 있을까? 매우 어려서부터 습관적으로 신에 대한 관념과 모양, 모습을 결합시킨다. 그렇게 되면 그러한 마음은 신에 대해서 어떠한 불합리에 빠지기 쉬울까?

또한 무오류의 관념과 어떤 인물을 분리할 수 없도록 결합시켜서, 이 두 가지를 마음속에 끊임없이 자리잡게 해보자. 그러면 잘못이 없다고 상상된 이 인물이 탐구 없이 동의를 지시하고 요구할 때에는 언제든지, (예를 들어) 한꺼번에 두 장소에 하나의 물체(와 같은 불합리)가 암묵의 신앙에 의해서 검토됨이 없이 절대 확실한 진리라고 건성으로 받아들여졌을 것이다.

18. 여러 유파에서 관찰할 수 있다

관념의 이러한 옳지 않고 부자연스러운 결합의 어떤 것은, 철학과 종교의 여러 유파 사이의 조화될 수 없는 대립을 확립하게 된다. 왜냐하면 그러한 유파의 추종자들은 누구나 고의적으로 자기 자신을 속이고, 이지가 알기 쉽게 제시하는 진리를 진리인 줄 알면서 거부한다는 것은 상상할 수 없는 일이기 때문이다. 이때 이해(利害)가 크게 작용한다고는 하지만, 인간 사회 전체에 작용해서 그 사회의 모든 사람이 그것이 거짓임을 알면서 거짓을 주장할 정도로 모두를 사리에 어두운 사람으로 만든다고는 말할 수 없다. 적어도 어떤 사람은 모든 사람이 행한다고 자처하는 일을, 즉 진리를 진지하게 추구하는 일을 한다고 인정하지 않으면 안 된다.

그러므로 사람들의 지성을 맹목으로 만들며, 자기들이 참된 진리라고 신봉하는 것의 거짓을 알지 못하게 하는 그 어떤 사물이 있어야만 한다. 이와 같이 사람들의 인지를 포로로 잡고 진지한 사람들을 상식으로부터 눈을 돌리게 한 채 이끄는 것을 검토해 보면 그 내용이 우리가 이야기하고 있는 것임을 알게 된다. 즉 서로 아무런 연관도 없는 어느 독립된 관념이 교육이나 습관에 의해서, 또 그 유파 사람들의 끊임없는 세뇌 때문에 그 사람들의 마음속에서 늘 함께 나타날 정도로 굳게 결합되고, 사람들이 자기 생각 안에서 그러한 관념을 분리할 수 없는 것은, 이들 관념이 오직 하나의 관념인 때와 마찬가지로 그러한 관념은 하나의 관념인 것처럼 작용한다.

이것이 헛소리에 뜻을, 불합리에 논증을, 무의식에 정합을 부여해 이 세상의 가장 많은, 나는 거의 모두라고 말하는 바이지만, 잘못의 바탕이 된다. 또 거기까지 가지 않아도 적어도 가장 위험한 바탕이 되는 것이다. 왜냐하면 이것이 일단 일어나게 되면 사람들로 하여금 살펴보거나 검토하지 못하게 하기 때문이다. 그 자체로서는 결부되지 않은 두 가지 사물이 시각(視覺)에 끊임없이 하나로 나타날 때 만약에 눈이 이들 별개의 사물에 못 박혀 (하나가 되어) 있다고 본다면 (잘못이 생기게 되는데, 마찬가지로 관념의 경우에 일어난 잘못, 즉) 사람들이 마음속에서 결합하는 데에 익숙해서 하나를 다른 것의 대신으로 삼고, 나는 그렇게 생각하는데, 가끔 사람들이 지각하지 않고 대신으로 삼아버리는 두 가지 관념에서 일어나는 잘못은 어디에서 바로잡힐 수가 있을까? 이래서는, 그런 식으로 속임을 당하고 있는 한, 사람들로 하여금 (잘못을) 인정케 할 수 없고, 잘못을 찾아 다투고 있을 때 사람들은 진리의 열렬한 투사라고 스스로를 칭찬한다. 그래서 사람들의 마음 안에서 서로 다른 두 관념의 습관적인 결합이 사람들에게 사실상 하나의 관념으로 만들어버린 그러한 두 가지 관념의 혼란은, 사람들의 머리를 거짓된 견해로 가득 채우고 사람들의 추리를 그릇된 귀결로 채우게 되는 것이다.

19. 결론

이렇게 해서 우리 관념의 기원과 범위를 설명했고, 그 밖에 우리 지식의 이들 (말해도 좋은지 알 수 없지만) 도구 및 재료에 대해서 몇 가지 고찰을 했으므로 처음에 내가 나 자신에게 제안한 순서로는, 이번에는 지성이 이 관념을 어떻게 쓰고 그 관념으로 우리는 어떠한 지식을 갖는가를 보여주는 쪽으로 나가야 한다. 바로 이것이, 처음에 내가 이 (지식의 탐구라고 하는) 주제를 전반적으로 바라보았을 때 내가 하지 않으면 안 된다고 생각한 것의 전부였다. 하지만 더 가까이 가보니, 관념과 말 사이에는 매우 긴밀한 결합이 있어서 우리의 추상관념과 일반어는 서로 끊임없이 관계되므로, 모두가 명제에 존재하는 우리의 지식에 대해서 명확하고 분명하게 이야기를 하려면 먼저 언어의 본질, 사용, 의미 표시부터 살펴보지 않으면 불가능한 일이다. 그러므로 이것이 다음 권에서 해야 할 일이다.

추영현(秋泳炫)

서울대학교 사회학과 졸업. 조선일보 편집위원 역임. 율리시스학회 동인. 휴머니스트철학회
간사. 옮긴책 베네딕트《국화와 칼》알랭 칼데크《천국과 지옥》등이 있다.

세계사상전집061
John Locke
AN ESSAY CONCERNING HUMAN UNDERSTANDING
인간지성론 I
존 로크/추영현 옮김
동서문화창업60주년특별출판
1판 1쇄 발행/2017. 1. 20
발행인 고정일
발행처 동서문화사
창업 1956. 12. 12. 등록 16-3799
서울 중구 다산로 12길 6(신당동 4층)
☎ 546-0331~6 Fax. 545-0331
www.dongsuhbook.com
✳

사업자등록번호 211-87-75330
ISBN 978-89-497-1576-6 04080
ISBN 978-89-497-1514-8 (세트)